Inglés en 21 días

YOUR TRAINERS GROUP

INGLÉS EN 21 DÍAS

Técnicas de memoria y estrategias de aprendizaje eficaz para escribir, entender y hacerse entender

Traducción de
HELENA AGUILÀ

RBA

Título original italiano: *Inglese in 21 giorni.*
Autores: Giacomo Navone, Massimo de Donno y Luca Lorenzoni.

Avda. Diagonal, 189 - 08018 Barcelona.
rbalibros.com

Primera edición: junio de 2015.
Sexta edición: julio de 2016.

REF.: RPRA224
ISBN: 978-84-9056-457-8
DEPÓSITO LEGAL: B. 11.669-2015

ANGLOFORT, S.A. • PREIMPRESIÓN

Impreso en España • Printed in Spain

CONTENIDO

INTRODUCCIÓN

Gracias a las técnicas de aprendizaje que hemos creado a lo largo de varios años de experiencia, todos los meses tenemos la oportunidad de ayudar a miles de personas a mejorar sus resultados en nuestros cursos. Muchos de nuestros alumnos son estudiantes deseosos de superar los retos que les imponen el colegio o la universidad, o bien profesionales, docentes e investigadores que se ven obligados a dedicar tiempo y energías a reciclarse, pero otros muchos sencillamente quieren perfeccionar su eficiencia mental y aprender una lengua extranjera.

Hoy, no saber inglés nos puede costar muy caro y, en un momento difícil como este, invertir en nuestra formación y en conocimientos puede marcar la diferencia. Pese a todo, la naturaleza humana siempre tiende a encontrar mil excusas para no empezar a estudiar seriamente.

Nuestra experiencia nos ha permitido comprender que uno de los motivos más comunes que frenan a quienes desearían aprender inglés es la sensación de no estar a la altura del objetivo. El esfuerzo necesario para memorizar reglas gramaticales, excepciones, palabras, ortografía, verbos y modismos, unido a la desarmante facilidad con que olvidamos lo aprendido, suelen desanimar incluso a los estudiantes con mayor capacidad y motivación.

En cambio, cuando los alumnos aprenden nuestras técnicas de memorización a breve y largo plazo (descritas en *Genio en 21 días*, publicado también por RBA en 2015, y base de los cursos de aprendizaje Your Magister), se dan cuenta de que muchos objetivos que consideraban imposibles son totalmente realizables. Y su motivación aumenta hasta el punto de que muchos deciden empezar a estudiar una nueva lengua, pues confían en que, gracias a los nuevos instrumentos adquiridos, por fin conseguirán llegar a la meta.

Además, a nosotros también nos motivan los resultados de nuestros alumnos. Por eso decidimos crear un itinerario exclusivo, que aúna los métodos de aprendizaje de la lengua inglesa más modernos con las mnemotecnias que van a garantizar un aprendizaje duradero.

Estamos convencidos de que el objetivo de este libro, por ambicioso que pueda parecer, está al alcance de todo el mundo, incluso de quienes partan de cero. Se trata de llegar a desenvolverse en 21 días en todas las situaciones: una simple conversación, una entrevista de trabajo, una negociación empresarial, un viaje al extranjero, escribir un e-mail, leer un libro o ver una película en lengua original ¡escuchando la verdadera voz de nuestro actor favorito!

DESCUBRE LAS TRAMPAS QUE TE IMPIDEN APRENDER INGLÉS

Al final de este itinerario de aprendizaje, todo lector diligente será capaz de mantener una conversación con un nativo de lengua inglesa y de desenvolverse en cualquier situación, incluso en el extranjero.

Tras el éxito de *Genio en 21 días*, vamos a referirnos de nuevo a los estudios y las certeras investigaciones del doctor Maxwell Maltz, quien demostró que el cerebro humano necesita tres semanas para adquirir nuevos hábitos.

Sin duda, aprender una lengua extranjera requiere más tiempo que acordarse de beber un vaso de agua al levantarnos por la mañana. Sin embargo, con este texto estamos seguros de ofrecer a nuestros lectores un método rápido y eficaz para llegar a un nivel de conocimiento suficiente y desenvolverse con naturalidad en numerosas situaciones cotidianas: ver una película, inicialmente con la ayuda de subtítulos y luego sin ellos; escuchar una canción en la radio y reconocer primero algunas palabras y luego frases enteras; conversar con un turista que pide indicaciones por la calle; asistir con éxito a un curso de formación o reciclaje de nivel internacional, etc.

Obviamente, para obtener dichos resultados, no basta con el típico «leer y repetir». Para aprender en tan poco tiempo y para siempre la gramática, 2000 palabras, los modismos más frecuentes, los verbos irregulares, las excepciones gramaticales y a escribir correctamente, resultan indispensables las técnicas de aprendizaje eficaz que explicamos en las siguientes páginas.

¿Cómo funciona el método? Cada uno de los días en que se subdivide el itinerario incluye un tema de gramática, presenta nuevos modismos y, en los ejercicios, se utilizan términos relativos a situaciones siempre distintas, con el fin de estimular el aprendizaje por asociación.

Memorizar las estructuras gramaticales y las palabras no es suficiente para hablar con soltura, ni garantiza la comprensión de lo que dice un nativo, pero supone un punto de partida irrenunciable. Conversar y practicar la comprensión, la escritura y la lectura son ejercicios indispensables, y hacerlos resultará más satisfactorio cuanto más sólidos sean nuestros cimientos.

¿CUÁL ES TU OBJETIVO?

Seguro que no es la primera vez que coges un libro con la intención de estudiar inglés. ¿Cuántas Nocheviejas te has dicho: «De este año no pasa: ¡voy a aprender bien inglés!» y luego, a los pocos días, has olvidado tus buenos propósitos?

La pregunta es: ¿cuál es tu objetivo?

Si la respuesta es que el inglés te resultaría útil para encontrar trabajo, ascender, impresionar a las chicas o a los chicos, aprobar un examen, obtener un certificado como el IELTS..., mucho nos tememos que te rendirás ante las primeras dificultades, como la mayoría de las personas. La única motivación realmente válida para poder comunicar es tener la auténtica necesidad de aprender una lengua.

Luca, Giacomo y yo somos expertos en técnicas de aprendizaje eficaz desde hace años. Aplicamos dichas técnicas a numerosos ámbitos y, basándonos en nuestra experiencia, revolucionamos los cursos de formación, donde miles de alumnos han podido adquirir nuestros métodos. Lo que hicimos fue llevar a cabo un verdadero trabajo de investigación para crear una síntesis de las estrategias de aprendizaje más modernas.

Así pues, sabíamos que poseíamos los instrumentos más eficaces para estudiar lenguas extranjeras y nos dábamos cuenta de que debíamos aprender a hablar un inglés fluido, un requisito fundamental para cualquier profesional hoy en día. Sin embargo, nuestro esfuerzo y dedicación al estudio de las lenguas empezaron a ser totales y produjeron resultados notables solo cuando decidimos que Your Trainers estaba lista para expandirse por el extranjero, hasta Estados Unidos y España.

Los impulsos decisivos fueron las ganas, mejor dicho, la necesidad de transmitir a quienes no hablan nuestra lengua nativa las mismas enseñanzas que impartimos en Italia a nuestros alumnos, así como la posibilidad de encontrarnos en breve ante una sala repleta de personas con las cuales debíamos entendernos. La única fuerza que nos empuja realmente a actuar es la motivación, y la nuestra era muy intensa.

El problema de la mayoría de las personas que estudian inglés es la falta de una verdadera pasión por la lengua como instrumento para entrar en contacto con distintas culturas, para vivir en un mundo más grande. Muchos se limitan a pensar en los beneficios que debería reportarles saber inglés y eso no es suficiente. Lo importante es tener ganas de hablar y comunicarse con otros seres humanos. Para aumentar tus posibilidades de éxito, debes alimentar en tu interior un ingrediente siempre fundamental: la pasión.

CREENCIAS DESPOTENCIADORAS

Si sientes que tu pasión y tu motivación son invencibles, estás listo para empezar. O casi, porque aún queda un posible obstáculo.

Si hasta hoy no has aprendido el inglés de manera fluida, ello puede deberse a motivos de lo más dispares, y antes de empezar a analizar los instrumentos que utilizaremos para alcanzar el objetivo que te has marcado, es necesario hacer un poco de «limpieza mental» y eliminar convicciones improductivas, viejas referencias negativas, cualquier tipo de prejuicio y todas las excusas que pueden llevarte a desistir una vez más al encontrarte las primeras dificultades.

Puedes ser víctima de varias *creencias despotenciadoras*, es decir, de pensamientos que menguan tu poder personal y te hacen creer que tu potencial es menor de lo que es. En lo tocante a la posibilidad de aprender lenguas extranjeras, algunas de esas creencias son más frecuentes y perjudiciales que otras. Lo más importante es librarnos de la idea de que el ADN contiene el «gen» de las lenguas extranjeras. No existe nada semejante. El cerebro humano está predispuesto por naturaleza a aprender el lenguaje y todos tenemos las mismas posibilidades de aprender lenguas, independientemte de la edad, el sexo o el nivel de estudios.

Trata de ser honesto contigo mismo y admite que son simples pretextos para no esforzarte al máximo.

Está claro que tropezarás con algunas dificultades, al igual que sucede cada vez que aprendes algo nuevo; es normal. En esos momentos, lo más inteligente es respirar hondo, esbozar una gran sonrisa y reconocer lo que has hecho. Luego vuelve a intentarlo, tal vez cambiando de estrategia.

En los estudios, como en la vida, solo puede haber excusas o resultados, jamás ambas cosas. Ha llegado el momento de eliminar las excusas. Recuerda lo que decía Henry Ford: «Tanto si crees que lo lograrás como si no, siempre vas a tener razón».

Soy demasiado mayor

Es bien sabido que el cerebro de los niños posee una neuroplasticidad superior a la del cerebro de los adultos. La naturalidad con que los pequeños aprenden a hablar, comparada con nuestro esfuerzo para aprender una segunda lengua, podría llevarnos a pensar que, a partir de cierta edad, todo esfuerzo es inútil. Como docentes, hemos conocido a miles de personas y casi todas estaban convencidas de que habían dejado atrás el período «áureo» del aprendizaje.

En realidad, esta idea no se basa en ningún estudio científico. El dato empírico de nuestras dificultades es real, pero debemos atribuirlo a la actitud tan distinta con que adultos y niños nos enfrentamos al aprendizaje, no a unas capacidades cerebrales debilitadas.

Las verdaderas causas de muchos fracasos suelen ser un método incorrecto, falta de compromiso y poco entusiasmo. Si te repites una y otra vez que eres demasiado mayor y que todo es inútil, vas minando tus posibilidades de éxito, y lo único que te falta es no empezar siquiera. Es un círculo vicioso. Cualquiera puede aprender a hablar inglés de manera fluida a cualquier edad.

Suele decirse que los niños aprenden con mayor facilidad porque son *tabulae rasae*, pero es una afirmación fácil de rebatir. Basta pensar que existe una enorme diferencia entre aprender una primera y una segunda lengua extranjera y, en general, cuanto más sabemos, más fácil nos resulta aprender algo nuevo. Ten en cuenta los miles de palabras que la segunda lengua puede tener en común con la primera, términos que, por tanto, ya conoces. En cambio, para un niño todas las palabras son completamente nuevas. Si piensas en el tiempo que tarda un niño en distinguir todos los sonidos de su lengua materna y hablar correctamente, es evidente que cuando empiezas a estudiar una lengua extranjera siendo adulto hay muchas cosas que para ti serán obvias y que un niño tarda años en aprender. Por otra parte, tal vez creas que el cerebro de los niños es más «abierto» y rápido que el tuyo; si es así, te equivocas otra vez. En la Universidad de Haifa (Israel), realizaron un estudio con grupos de varias edades (niños, adolescentes y adultos), a los que les explicaron algunas reglas gramaticales que desconocían. Y los adultos resultaron los mejores con diferencia en todas las pruebas.

Así pues, ¿cuál es el verdadero origen de las dificultades que encontramos en la edad adulta? ¿Por qué no obtenemos mejores resultados que los niños? Todo está relacionado con nuestra actitud y con los métodos de enseñanza.

El ambiente académico tradicional no funciona en el caso de los niños ni tampoco garantiza resultados con los adultos. Con todo, podemos decidir que vamos a aprender, a implicarnos mucho en el estudio y que superaremos las dificultades con pasión y entusiasmo. Podemos organizar nuestro tiempo para dedicarnos a practicar la lengua, matricularnos en un curso o... comprar un libro para aprender inglés en 21 días y ponernos manos a la obra.

Sin duda, los niños tienen menos miedo a equivocarse, menos miedo de hacer el ridículo, menos prejuicios y una gran capacidad para divertirse mientras aprenden. Cuando aprendimos nuestra primera lengua, adquirimos miles de vocablos sin estudiar, simplemente interaccionando con las personas de nuestro entorno.

Arriesgarse, lanzarse, comunicar desde el primer momento sin el temor de no ser perfectos y tomarnos un poco a la ligera a nosotros mismos son ingredientes fundamentales para tener éxito.

Según mi experiencia personal, gracias a las técnicas adquiridas y a la motivación, hoy, a mis treinta y cuatro años, soy mejor estudiante que cuando tenía veintitantos.

No tengo tiempo

«Si solo tuviera que hacer eso, si pudiera viajar por el mundo y estudiar cada día, yo también hablaría inglés, pero ¡alguien tiene que trabajar!».

Esa es la excusa del siglo: no tengo tiempo.

Sabemos muy bien lo complicada que puede ser nuestra vida y lo difícil que resulta para ciertas personas organizar su propio tiempo. El caso es que, al igual que muchas otras cosas, aprender inglés no es una cuestión de tiempo, sino de enfoque. Piensa en las horas que desperdiciamos todos los días delante del televisor o con las redes sociales. Piensa en los tiempos muertos mientras esperas un transporte público, una llamada, el ascensor o la visita de un amigo. Piensa en los minutos que pasas haciendo cola en la caja de un supermercado o atrapado por el tráfico. Ese es todo el tiempo que necesitas.

Para aprender algo de una manera definitiva no se necesitan meses o años, sino una inmersión total para condensar todas tus energías y pensamientos y extraer los máximos resultados en el mínimo tiempo posible. En un segundo momento, para finalizar el trabajo realizado, será necesario crear un condicionamiento continuo, al menos hasta que lo aprendido forme parte de ti para siempre.

Gracias a nuestra experiencia como *coaches* y tutores, sabemos que otro obstáculo fundamental que las personas encuentran consiste en subestimar la importancia de la inmersión total y de la «concentración» del tiempo dedicado a estudiar y conversar en inglés durante la primera fase. ¿Quieres saber cómo no aprender nunca una lengua extranjera? Estudia una hora a la semana y verás como, dentro de un año, habrás desperdiciado 52 horas de tu tiempo.

Para optimizar el tiempo de aprendizaje es necesaria una inmersión mental completa. El programa que encontrarás en este libro ha sido creado para que obtengas en solo tres semanas lo que normalmente, en un curso tradicional, no se obtiene ni en seis meses. Tendrás que dedicar tiempo a estudiar, pero te garantizamos que, con las técnicas de memorización y siguiendo nuestros consejos sobre cómo empezar a hablar la lengua desde el primer momento, tus esfuerzos se verán recompensados por la gran satisfacción de obtener los resultados que deseas con la mínima inversión de energías y tiempo.

Lo más importante es que seas disciplinado. El cerebro humano está hecho para aprender, pero también tiende a olvidar. Probablemente, ya has experimentado que cuanto más tiempo pasa entre una clase y otra, más le cuesta recordar a tu mente, con la perversa consecuencia de que te ves obligado a volver a estudiar algo que ya sabías y que, por falta de regularidad, has perdido por el camino. Con la técnica de los *repasos programados*, tendrás la posibilidad de almacenar a largo plazo toda la información adquirida en poquísimo tiempo. Pero, cuidado: para que los repasos sean realmente funcionales y den el máximo rendimiento, debes seguir exactamente nuestras indicaciones.

Cuando llegamos a Florida, descargamos en nuestros *smartphones* una aplicación con 1900 palabras en inglés. Las memorizamos en una semana, con disciplina, pero sin tener que buscar «tiempo para estudiar». Tres cuartos de hora de bici por la mañana; esperando mesa en un restaurante; incluso en el cuarto de baño, en vez de leer la etiqueta del gel (aunque estaba escrita en inglés...).

Este libro tiene que acompañarte a todas partes por lo menos 21 días. Lo sacarás en todos los momentos muertos del día. Irá contigo en el metro, en el autobús, en el tren, al trabajo, al colegio. No importa si haces los ejercicios todos juntos o si memorizas las palabras una detrás de otra. Lo fundamental es la inmersión total a nivel mental y aprovechar todos los momentos de que dispongas para dar un pequeño paso adelante.

Con todo, tendrás que dedicarle al menos una, dos o tres horas de estudio concentrado en la gramática, el vocabulario y los ejercicios. Después podrás ver tus series de televisión favoritas en la lengua original (ahora muchos canales permiten hacerlo), o podrás navegar con tu *smart-*

phone y ver vídeos en lengua original, descargar revistas inglesas o norteamericanas sobre los temas que te interesan y practicar, practicar, practicar. La mayoría de las personas gestiona de manera pésima su tiempo y actúa según la urgencia, no según la importancia. Es un principio equivocado que nos induce a posponer toda la vida lo que realmente deseamos hacer y a dejar de aprender algo que podría darnos la posibilidad de mejorar nuestros resultados, condenándonos así a una vida estresante y con escasas satisfacciones.

Los cursos son muy caros

Este tema es delicado. Si bien es posible aprender una lengua con métodos bastante económicos, es innegable que si puedes invertir en los recursos adecuados, llegarás antes a la meta.

Vivir unos meses en el extranjero o, más modestamente, abonarte a canales por satélite, comprar DVD, libros y revistas en inglés o mandar a tus hijos a un colegio internacional son decisiones que comportan un desembolso de dinero que no todo el mundo puede permitirse, pero también son soluciones que aceleran enormemente el camino del aprendizaje.

Nuestro consejo es que valores sin precipitación si puedes o no puedes permitirte invertir en medios tan útiles como los instrumentos tecnológicos más avanzados, un profesor o una buena academia.

No pienses solo en el tiempo y el dinero que requiere aprender algo nuevo; reflexiona acerca de las oportunidades que te estás perdiendo a causa de tus lagunas. Benjamin Franklin dijo: «Si la educación os parece cara, pensad en lo que cuesta la ignorancia». Si posees recursos financieros para aprender lo que necesitas y sin embargo prefieres reservarlos para otra cosa, te estás perjudicando a ti mismo.

A pesar de que internet ofrece todo tipo de contenidos, a veces gratuitos, los cursos y los profesores siguen siendo muy válidos, pues te ahorran el interminable trabajo de seleccionar la información que te llevaría días, semanas o meses de búsqueda y de errores. Además, un buen profesional sabe construir itinerarios de crecimiento que dan resultados concretos. Recuerda: el único recurso que nunca puede recuperarse es el tiempo. En cambio, el dinero, si está bien invertido, trae más dinero. Y creo que no hay mejor inversión que gastarlo en nosotros mismos.

Para empezar está bien cualquier cosa, no tienes por qué matricularte en un curso muy caro si consideras que no merecerá la pena. En cualquier caso, creo que ya has dado el paso más inteligente: comprar un libro que te enseñe a gran velocidad los rudimentos. Aunque el objetivo de *Inglés en 21 días* es mucho más ambicioso...

Necesito estudiar mucho antes de poder mantener una conversación

Tienes que empezar a hablar en inglés desde el primer día. Si esperas a tener la sensación de poseer un vocabulario suficientemente amplio y una gramática perfecta, tal vez no comiences nunca.

Consiguen más éxitos en el estudio de las lenguas, así como en otros ámbitos, las personas que no tienen miedo a equivocarse, que no temen el juicio de los demás, que son capaces de preguntar dos y tres veces, que se fijan en los progresos y no en las derrotas.

Obviamente, llegar a dominar el inglés en apenas 21 días no es fácil, por eso debes encontrar el contexto adecuado para aplicar desde el primer momento lo que estás aprendiendo. Regálale el libro a un amigo (o a más de uno... siempre funciona) o a tu pareja y marcaos como objetivo abordar juntos este itinerario. Busca todas las ocasiones posibles para hablar o chatear con nativos o con otros estudiantes de inglés. No importa que los primeros días solo sepas sonreír y asentir aunque te hagan preguntas abiertas. *Please, slowly, I'm still learning. Could you repeat?* (Por favor, despacio, aún estoy aprendiendo. ¿Podrías repetirlo?) son las frases que seguramente repetimos más veces durante nuestras primeras semanas en Florida.

En el cuaderno de ejercicios encontrarás sugerencias para empezar una conversación con un nativo desde el primer día.

La excelencia es inalcanzable

Cuando aprendemos una lengua extranjera, la frustración es una sensación extremadamente difundida y suele ser el principal motivo para dejar de estudiarla. Si existe una gran diferencia entre las expectativas que nos hemos creado tras el esfuerzo realizado y el resultado objetivo que hemos conseguido, nos sentiremos frustrados, de modo que podemos caer en la tentación de empezar con unas expectativas muy bajas para no decepcionarnos. Nosotros creemos que esa no es la solución; es mejor aprender a ser felices y a estar motivados aun teniendo un nivel alto de frustración provocada por el hecho de que estamos dando mucho y, por tanto, esperamos mucho. Para sobrellevar lo mejor posible esta desagradable sensación, es importante que nos concentremos en los pasos que estamos dando sin prisa, sin la ansiedad de tener que llegar antes de una fecha determinada y sin dudas sobre nuestro nivel de implicación y competencia. Hemos subdividido el programa en 21 días para ofrecerte la posibilidad de dividir el trabajo en microobjetivos, con la seguridad de que llegarás a la meta.

Por otra parte, si crees que saber inglés consiste en entender todas las canciones, todos los acentos y las tragedias de Shakespeare, en hablar con una entonación perfecta y filosofar con desenvoltura en el círculo intelectual de Oxford, quizá deberías recordar que nadie tiene estándares tan bajos como quien tiene estándares excesivamente elevados. Con ello queremos decir que si tienes demasiadas expectativas, el programa entero podría fracasar antes de empezar. Nuestro objetivo es partir de los rudimentos para adquirir la capacidad de comprender y lograr que nos comprendan. Y eso es posible, sin lugar a dudas.

Debes tener en cuenta que, al finalizar las tres semanas del programa, durante las cuales habrás exprimentado un crecimiento gradual de tus conocimientos, habrá períodos más o menos largos en los que tendrás la sensación de estar siempre más o menos en el mismo nivel. Esto forma parte del juego y es algo muy común cuando aprendemos cualquier clase de técnica, incluso un deporte. ¿Significa que te estás equivocando? No, sencillamente significa que ha llegado el momento de hacer algo distinto, de barajar de nuevo las cartas que estaban sobre la mesa y buscar otro enfoque que te lleve a dar un nuevo salto adelante.

El inglés es aburrido

Pues sí, en eso estamos de acuerdo. Voy a ser sincero: nunca me ha gustado. Lo que me ayudó fue encontrar una manera divertida de memorizar las palabras, un método muy eficaz para recordar a corto y largo plazo términos, reglas y excepciones, y luego ponerlo todo en práctica en situaciones muy distintas: pedir información en la calle, cerrar tratos de negocios importantes y de sumo interés, responder un e-mail o charlar un rato con un desconocido en la barra de un auténtico pub inglés. Las técnicas de memorización funcionan perfectamente y el hecho de no tener que repetir cien veces lo mismo para recordarlo hace que todo sea mucho más divertido y motivador.

Siempre notarán que soy español

¿Y qué? A menos que necesites infiltrarte en secreto, como un espía, no creemos que eso vaya a ser un problema, ni para ti ni para tu interlocutor. Al contrario, así tendremos ocasión de exhibir ese atractivo latino que nos hace únicos. En el extranjero, España es sinónimo de cultura, turismo y gastronomía. Siempre que no se empiece a hablar de corrupción...

En resumidas cuentas, la mayoría de las creencias despotenciadoras no son más que excusas.

A estas alturas, ya te habrás dado cuenta de que no hay justificación para no aprender inglés. Si aún tienes dudas sobre si vas a estar a la altura o si no posees el gen de las lenguas, asiste en persona a un seminario en uno de los centros de Your Trainers; haremos que memorices cien palabras nuevas en una hora aproximadamente. Los lectores de *Inglés en 21 días* pueden participar gratuitamente. Encontrarás personas como tú, que están aprendiendo, y otras que han avanzado más en el itinerario y pueden echarte una mano para que crezcas. ¡Nada es más convincente que los hechos!

La motivación es un resorte interno que te empuja a considerar el inglés una especie de «mal necesario», una obligación impuesta por la escuela o el jefe, y a la vez un recurso útil y una satisfacción.

En nuestro caso, la idea de aprender a impartir cursos en una lengua que no era la nuestra fue la motivación necesaria para obtener resultados, y de los resultados nació el entusiasmo. En realidad, las cosas que hacemos con mayor frecuencia son las que se nos dan mejor, y las cosas que se nos dan mejor son las que más nos gustan, y las cosas que más nos gustan son las que hacemos con más ganas... Es un círculo virtuoso que nos conduce a la excelencia.

Para estudiar y aprender de forma duradera, siempre debes partir de tus pasiones. Así lo hicimos nosotros y hoy tenemos el honor de compartir contigo el método que nos dio resultado.

Ahora que hemos afrontado las creencias despotenciadoras más perjudiciales, estamos listos para hablar de las técnicas y estrategias que nos permitirán aprender inglés en 21 días.

INSTRUCCIONES DE USO

Este manual se ha concebido según el principio de la «dosis mínima eficaz», esto es, la cantidad de una sustancia capaz de producir el efecto deseado. Para llevar el agua a ebullición es necesario alcanzar la temperatura de cien grados; a noventa y nueve no sucede nada, pero sobrepasar los cien es un derroche de energía. Si trasladamos esta lógica a nuestra vida, enseguida nos daremos cuenta de que a veces no hacemos bastante, pero otras intentamos hacer demasiado y el efecto es que obtenemos un rendimiento insuficiente con respecto al esfuerzo, lo cual nos lleva a abandonar el proyecto.

Las actividades que incluye nuestro programa son fruto de una selección de estructuras gramaticales y palabras, y garantizan a quienes sigan el libro a rajatabla la capacidad de desenvolverse en cualquier situación con el inglés. Hacer menos nos impediría obtener un resultado digno de mención; hacer más en tan pocos días generaría confusión, estrés y fatiga mental, lo cual llevaría al lector a dejar de estudiar. Para funcionar, todo método debe ser sostenible.

La subdivisión del programa en tres semanas requiere dedicar todos los días cierto tiempo a estudiar y practicar. Saltarse páginas podría reducir de forma significativa los resultados. Con todo, el sistema es realmente funcional, e incluir algún día suelto de pausa no perjudica el aprendizaje. Lo importante es respetar la planificación de los *repasos programados* y mantener la inmersión total de la mente (los conceptos están bien explicados en las páginas siguientes).

En la primera parte del texto, describiremos las técnicas utilizadas para estudiar la gramática y las palabras y te daremos consejos esenciales extraídos de los mejores expertos en este ámbito. Luego empieza la parte de teoría y el cuaderno de ejercicios, divididos en 21 días.

Algunas de las estrategias propuestas son fruto de varios años de investigación en el ámbito del aprendizaje eficaz, que tiene sus orígenes en la Antigüedad. Para tener una visión más completa, te aconsejamos que estudies *Genio en 21 días*, libro que expone el funcionamiento de nuestro método Your Magister, una síntesis de las técnicas de aprendizaje más eficaces para concentrarse, memorizar, leer rápidamente y organizar desde un punto de vista conceptual y temporal la adquisición de nuevos conocimientos.

Toda exigencia mnemónica se puede satisfacer si utilizamos una estrategia apropiada. Por eso el libro ofrece muchos ejemplos de memorización para vocablos y reglas gramaticales.

Los instrumentos técnicos que vamos a usar son las *mnemotecnias* y las *técnicas de memorización a largo plazo*.

UNA BREVE DIGRESIÓN SOBRE LA MEMORIA*

En la Antigüedad, los griegos ya conocían los principios de funcionamiento de la memoria y los tenían en tan alta con-

* Para profundizar sobre el tema, puedes leer *Genio en 21 días*, Barcelona, RBA, 2015.

sideración que personificaron dicha facultad en la diosa Mnemósine, de la cual deriva la palabra «mnemotecnia». Según la mitología, Mnemósine y Zeus engendraron a las Musas, divinidades de la danza, la tragedia, la comedia, la retórica, la historia, la astronomía, la poesía épica, la poesía lírica y la música.

En otras palabras, las distintas expresiones artísticas nacen de la unión entre la capacidad para memorizar y una enorme energía creativa.

La idea de que la memoria actúa de forma visual, por asociaciones y concatenaciones de imágenes, también es un concepto que se remonta a la Antigüedad.

En el siglo IV a. C., Aristóteles afirma en el *De Anima* que «la psique, incluso cuando piensa en clave especulativa, necesita imágenes mentales». Así pues, la memoria consiste en una colección de imágenes derivadas de impresiones sensoriales, de las cuales procede cualquier tipo de saber.

Si la memoria humana deriva de la experiencia, podemos imaginar que pasa por dos fases: una de depósito y otra de evocación de informaciones.

Wilder Penfield (1891-1976), científico y neurólogo canadiense muy reputado por sus investigaciones en el ámbito de enfermedades neurológicas como la epilepsia, gracias a sus estudios sobre el tejido nervioso contribuyó de forma sustancial a demostrar que la fase de depósito de la memoria es perfecta en sí misma. Penfield fue uno de los primeros en aplicar la estereotaxia, técnica consistente en estimular eléctricamente pequeñas áreas de tejido nervioso cerebral por medio de agujas o electrodos muy finos. Sus numerosos experimentos lo llevaron a descubrir algo sorprendente: la estimulación de determinadas zonas del cerebro provoca la reevocación de recuerdos, es decir, puede hacernos revivir con suma claridad hechos aparentemente olvidados, por ejemplo de nuestra infancia, e incluso sensaciones físicas (sonidos, olores, etc.) asociadas a ellos. Por tanto, la mente es capaz de «archivar» todo aquello que perciben y almacenan los cinco sentidos. Los problemas surgen cuando queremos evocar una información en concreto.

Pensemos en la típica palabra que tenemos «en la punta de la lengua». ¿Cuántas veces somos incapaces de recordar una información que estamos seguros de conocer (algo tan banal como el nombre de una persona) en el momento en que la necesitamos y luego nos acordamos de ella cuando ya no nos sirve? Eso ocurre porque la mente lo archiva todo, pero suele hacerlo de manera desordenada.

Sin duda, podemos mejorar esta fase de evocación, y en esta área intervienen las técnicas. Piensa en un diccionario, en el que puedes encontrar cualquier término siguiendo un orden alfabético; es un método sencillo, un tipo de búsqueda fácil y rápido. En cambio, si las palabras aparecieran en un orden casual, sería necesario hojear todo el volumen y leer cada palabra hasta llegar a nuestro objetivo; una búsqueda que no podríamos realizar en poco tiempo, que no nos permitiría utilizar un método conocido y que, probablemente, no nos daría muchas satisfacciones.

La diferencia entre el diccionario con un orden alfabético y el diccionario con un orden casual es la misma que existe entre una mente que aprende mediante técnicas de memorización y una mente que aprende de forma casual: la fase de evocación en el primer caso es perfecta, en el segundo, no.

Obviamente, esto solo es una analogía para explicar que tener información no basta si no somos capaces de utilizarla cuando deseemos. La fase de evocación se puede perfeccionar al aprender y aplicar las técnicas presentadas en este libro, que aprovechan las características naturales de la memoria.

Concretamente, nuestra memoria es visual, asociativa y emotiva.

- **La memoria es visual:** cada vez que pensamos o recordamos, la mente crea de forma natural una imagen de ese pensamiento o ese recuerdo. Dicho proceso, que podemos denominar «visualización», se da porque el cerebro memoriza y recuerda con mayor facilidad las imágenes que cualquier otro tipo de información. Las técnicas de aprendizaje eficaz se basan en este principio y permiten crear imágenes fáciles de visualizar para cada información que deseemos recordar, por abstracta que pueda ser.
- **La memoria es asociativa:** comparemos nuestros recuerdos con el eslabón de una cadena: en el momento en que recordamos un hecho, una persona o un episodio de nuestra vida, suelen aparecer en la mente todas las imágenes y sensaciones vinculadas a ellos. Por ejemplo, para muchas personas, es suficiente escuchar la canción del Mundial de Fútbol de 2010 para evocar las imágenes y emociones de la victoria española. Es igual que en una cadena: el primer eslabón sería la canción y todo el resto viene como consecuencia. Por eso, las técnicas de memoria nos enseñan a asociar de manera eficaz la información que debemos recordar.
- **La memoria es emotiva:** los recuerdos más vivaces y duraderos siempre van asociados a una fuerte emo-

ción o a algo que nos produjo una gran impresión. En cambio, olvidamos fácilmente todo lo que es lógico o rutinario. Por ejemplo, a menos que ocurriese algo especial, nos es imposible recordar qué comimos hace un mes. El uso de la creatividad, la paradoja y la emotividad es una de las claves fundamentales del éxito y los resultados de las mnemotecnias.

INSTRUMENTOS Y TÉCNICAS

La visualización PAV

Entremos en un terreno más específico dentro de la aplicación de las técnicas y analicemos la famosa cita extraída de *Psicocibernética* de Maxwell Maltz: «Nuestra mente no distingue una experiencia vivazmente imaginada de una vivida realmente». Intenta recordar una pesadilla, o que vuelvan a tu mente las desagradables sensaciones que percibiste al despertar. Si despertaste sobresaltado, bañado en sudor o con el pulso acelerado, es porque tu cuerpo estaba reaccionando como si estuviera realmente en peligro, perseguido por los zombis o en lo alto de un rascacielos durante un terremoto. Eso significa que la mente no distingue el sueño de la realidad y que, gracias a la visualización y la asociación creativa y paradójica, es posible crear recuerdos artificiales para memorizar todo tipo de información con la misma intensidad con que esculpimos para siempre en la memoria episodios de nuestra vida. Partiendo de esta premisa, es evidente que, para ser un experto en el campo del aprendizaje, debes sacarle el máximo partido a la visualización. Para poder crear asociaciones de imágenes que se nos graben en la mente, es necesario seguir tres reglas muy sencillas, que nos permiten recordar la información de un modo fácil y rápido:

P PARADOJA: distorsionar, exagerar, crear imágenes absurdas. Debemos suscitar emociones fuertes y liberar nuestra imaginación.

A ACCIÓN: es el mejor nexo para recordar las imágenes que estamos visualizando. Basta moverlas e interactuar para que se nos graben más fácilmente.

V VIVEZA: la imagen debe ser nítida en la mente y tener detalles que atraigan, como unos colores llamativos, sonidos fuertes y sensaciones peculiares.

El secreto para convertirnos en hábiles memorizadores es desarrollar nuestro potencial creativo y liberar la mente de esquemas inútiles y hábitos improductivos.

Por ejemplo, si tu mente tuviera que crear un rotulador PAV, ¿de qué forma y tamaño podría ser? ¿Qué acciones podría hacer? ¿De qué color sería? ¿Y si tuviera que recordar un elefante? ¿O una casa?

La mayoría de las cosas que nos rodean es fruto de la creatividad del ser humano: el escritorio, los libros, el ordenador, el tranvía que pasa, un avión. Antiguamente, todo eso no existía, pero luego nació bajo la forma del sueño de alguien hasta convertirse en realidad.

Einstein dijo: «La imaginación es más importante que el conocimiento». ¿Por qué? Porque es la base de la evolución y el crecimiento, de la adaptación y el cambio. En estos momentos de crisis, es indispensable encontrar soluciones alternativas, aprender a adaptarse con facilidad, renovarse y crear nuevas oportunidades. Así pues, es más importante que nunca desarrollar esta facultad, aunque a menudo sea considerada un don misterioso que se tiene o no se tiene en vez de un conjunto de capacidades que se pueden aprender, desarrollar y gestionar de forma sistemática.

La idea de que la creatividad depende de factores como la inspiración, el talento, el humor o la casualidad, es decir, de que no va unida a estrategias concretas y, por tanto, no tiene por qué estar disponible siempre, probablemente se deba al hecho de que quienes no utilizan su creatividad no saben cómo empezar a hacerlo y quienes la usan no son conscientes de las estrategias que emplean.

Desarrollar nuestra imaginación significa adquirir mayor elasticidad mental, saber cómo salir de los esquemas de razonamiento lógico, encontrar soluciones nuevas y originales a los problemas de cada día... en pocas palabras, darle espacio al genio que tenemos en nuestro interior.

Si aplicas las técnicas de memorización a las palabras extranjeras, pronto notarás un efecto colateral interesante: tu potencial creativo se desarrollará muchísimo.

Las asociaciones PAV

Mezclando bien creatividad y racionalidad siguiendo los principios PAV, es posible aprender el vocabulario de un nativo de manera eficaz, divertida y sobre todo duradera.

La estrategia consiste en asociar a la imagen de la palabra española otra imagen que evoque su traducción por asonancia, lo cual facilita que evoquemos cómo se pronuncia la palabra en lengua extranjera.

Por ejemplo, supongamos que debes memorizar que la traducción de «libro» en inglés es *book*.

Estos son los pasos que debes seguir:

1. **Busca una imagen concreta para la palabra en español:** un libro ya es algo concreto, de modo que puedes utilizar la imagen de tu novela favorita.
2. **Busca una imagen concreta para la correspondiente traducción en inglés:** *book* se pronuncia [buk], así que por asonancia podrías elegir «bucal».
3. **Asocia las imágenes con PAV:** por la noche, antes de irme a la cama a leer mi libro favorito, no olvido mi higiene bucal.
4. **Cierra los ojos y visualiza bien la asociación.**

Puedes hacer lo mismo para memorizar los paradigmas de los verbos irregulares. Por ejemplo:

To fall = caer

PARADIGMA	*To fall*	*fell*	*fallen*
PRONUNCIACIÓN	[tu fol]	[fel]	[folen]

Siguiendo los pasos anteriores:

1. «Caer»: visualiza una caída.
2. [fol] suena como «folio»,
   [fel] suena como «felino»,
   [folen] suena como «polen».
3. Memorízalo todo asociando las imágenes, Por ejemplo, puedes visualizar que se te cae en el jardín un folio donde habías dibujado un felino y se llena de polen.
4. Cierra los ojos y visualízalo todo.

Sabemos lo que estás pensando: «¿Tendré que usar este tipo de historietas para aprenderme todo el vocabulario?».

Nos han hecho esta pregunta miles de veces. Y nuestra respuesta siempre ha sido: «¿Tienes una alternativa mejor? Porque si me dices una forma de memorizar mil palabras en menos de diez horas... *I'm all ears!* (¡Soy todo oídos!)».

Un poco de escepticismo es perfectamente comprensible, todos hemos pasado por ello. Al principio, el método de la visualización y las asociaciones puede parecer largo y complejo, como si te hiciera ir más despacio en vez de acelerar el aprendizaje. En realidad, no necesitarás recordar toda la historia para evocar un vocablo. Aprender no es una cuestión de tiempo, sino de dedicación. Puedes repetir un paradigma hasta el infinito de forma completamente pasiva y sin poner especial energía en ello. En cambio, usar la creatividad, visualizar y crear las asociaciones PAV supone un aprendizaje activo, que requiere energía hasta que no se convierte en automatismo. He dicho energía, no tiempo. Según vayas practicando, serás cada vez más rápido y, al igual que ocurre con cualquier otra técnica, al final se convertirá en un hábito y no te supondrá ningún esfuerzo. Tras los 7 primeros días del programa, experimentarás una mejora notable en la velocidad y calidad del recuerdo, porque habrás averiguado qué tipo de asociaciones funciona mejor en tu caso.

Lo cierto es que barajamos la posibilidad de sugerir en el libro todas nuestras asociaciones PAV. Al final, no las hemos incluido, porque te habríamos impulsado a creer que existe una sola forma de crear una asociación. El mejor sistema para memorizar es que uses tus propias imágenes, tu imaginación y tus asociaciones. Además... nos temíamos que más de uno, al abrir distraídamente el libro y leer nuestros PAV, lo habría devuelto de inmediato a la estantería pensando: «¡Están locos estos tíos!».

En la página web www.ingleseinz1giorni.it encontrarás todas las palabras grabadas en audio y divididas por días. Úsala solo si no has podido memorizarlas tras haberte esforzado, o para hacer repasos programados.

Los primeros días, el número de vocablos es muy reducido, pero luego va creciendo gradualmente hasta el final del itinerario, en relación con la velocidad que se adquiere al practicar con las técnicas de memoria. El tiempo necesario para memorizar diez palabras nuevas el primer día será el mismo que necesitarás para memorizar cien al final del itinerario. Al llegar al día 21, serás capaz de crear asociaciones en pocos segundos. ¿No merece la pena empezar cuanto antes?

Como ya hemos señalado, no tendrás que recordar una historia entera cada vez que desees evocar una palabra. Durante los cursos, utilizamos esta metáfora: la asociación PAV es como la cola que se aplica detrás de los azulejos. Sirve para pegar las palabras a nuestra memoria y, al igual que la cola de los azulejos, se convierte en parte integrante de la pared; la historia desaparece bajo el recuerdo de la información memorizada y permanecerá allí ejerciendo su función para siempre. Solo tendrás que repasar tres o cuatro veces la asociación que has creado para evocar el vocablo sin pensar en cómo lo memorizaste. Por este motivo, no podemos confundir una asociación con otra. Al fin y al cabo, no importa demasiado cómo se haya producido la sinapsis; lo importante es el resultado, y no existe en el mundo una estrategia más eficaz que esta para memorizar vocabulario.

La asociación de imágenes no es el único método que te vamos a proponer, pero lo consideramos el más eficaz.

Tarjetas de aprendizaje

Son tarjetas, de papel o digitales, que por un lado llevan una pregunta o una imagen y por el otro, la respuesta o el nombre del objeto representado.

Solo podemos evaluar su utilidad si monitorizamos el nivel de dificultad que encuentra el usuario, las informaciones que incluyen las tarjetas y los errores cometidos en la fase de repetición. De esta forma, es posible concentrar los esfuerzos en las categorías de estudio que crean mayores problemas.

Si utilizas tarjetas de aprendizaje para memorizar frases, modismos, paradigmas y vocablos, tendrás que organizarlas colocando en el fondo las informaciones que evocas con mayor facilidad. Así te aseguras que vas a ver las tarjetas que te crean más dificultades en cada repaso. *The quicker your remember it, the further down it should go* (Cuanto más deprisa recuerdes, más al fondo debes llegar).

La aplicación que utilizamos en Florida funciona según este principio: mide el tiempo que tardas en dar cada respuesta y organiza tus repasos de forma que aparezcan con mayor frecuencia las palabras frente a las que el usuario muestra más dudas. Huelga decir que, tras haber memorizado los vocablos con las asociaciones PAV, nuestra velocidad de evocación era altísima en el 99% de las palabras. La gran ventaja de los instrumentos como las aplicaciones informáticas es que, como siempre llevamos encima nuestro *smartphone*, nos permiten aprovechar los tiempos muertos y sumergirnos varias veces al día en el estudio de la la nueva lengua. Busca en nuestra web todos los instrumentos que te aconsejamos descargar y utilizar.

Otra estrategia que puedes adoptar para enriquecer tu vocabulario es observar los lugares donde te encuentras y pensar en el nombre inglés de los objetos que estás viendo. Cuando encuentres uno que no conozcas, trata de describirlo con otros términos en inglés y luego busca enseguida cómo se dice. En internet hay un gran número de diccionarios bilingües y monolingües; entre los mejores, te recomendamos WordReference (www.wordreference.com).

Se trata de un diccionario que contiene más de 175.000 términos y 240.000 traducciones del inglés al español y viceversa. Además, sigue creciendo y mejorando gracias a su foro, que incluye miles de vocablos y expresiones que no aparecen en el diccionario principal. Si no encuentras la palabra que estás buscando, puedes hacer tu pregunta en el foro, donde miles de usuarios nativos ingleses y españoles están encantados de ayudar a los demás a encontrar las traducciones que buscan. Además, la web te permite escuchar todas las veces que quieras cómo se pronuncia una palabra con acento norteamericano y con acento británico.

En este sentido, es necesario hacer una aclaración. En un primer momento, el inglés norteamericano y el inglés británico parecen casi idénticos, pero lo cierto es que se diferencian en muchos pequeños detalles relativos a la ortografía, el léxico, la pronunciación y las expresiones de la lengua oral. A los españoles nos cuesta distinguir estas diferencias al principio y nos vemos expuestos al peligro de adquirir un acento y una entonación que no sean ni carne ni pescado. Para obviar el problema, debemos sensibilizarnos para reconocer las diferencias y, si es posible, decidir a qué orilla del Atlántico queremos darle preferencia. Con todo, en este manual no hemos tomado partido; como sabes, nuestro objetivo es que puedas comunicarte con un nativo. Si la única objeción que te ponen es que suenas demasiado inglés o demasiado estadounidense... ¡nos sentiremos orgullosos de ti!

WordReference u otros diccionarios bilingües son óptimos para traducir cualquier término que necesitemos, pero los diccionarios monolingües son perfectos cuando alcanzamos un buen nivel de conocimiento del vocabulario. Utilizar este tipo de diccionarios favorece el proceso a través del cual llegamos a pensar directamente en inglés, un objetivo que es necesario alcanzar si queremos hablar con fluidez dicha lengua.

Según vamos adquiriendo confianza, resulta más molesta la interferencia de nuestra lengua materna. Mientras tratamos de hablar inglés, nuestro cerebro no debe seguir proponiéndonos la traducción de lo que diríamos en español, sino lo que diría una persona angloparlante en la misma situación.

Búsqueda por imágenes

Utilizando un buscador como Google es posible teclear una palabra en inglés y buscar imágenes relacionadas con ella en vez del término correspondiente en español. Comprender el significado de un nuevo vocablo sin pasar previamente por su traducción puede ayudarte a no caer en el «vicio» de traducirlo siempre todo a partir de tu lengua materna.

Palabras y frases con música

Obviamente, memorizar palabras nuevas es fundamental, pero también es muy importante empezar a aprender enseguida las frases que te permiten comunicar de verdad. Por ejemplo: *Excuse me, where is the restroom?* (Perdone, ¿dónde está el servicio? Pero recuerda que un norteamericano llama *restroom* o *bathroom* a lo que un inglés llamaría *toilet* o *loo*), *Thank you very much* (Muchas gracias), *How do you do, nice to meet you* (Encantado de conocerlo), *How much is it?* (¿Cuánto vale?), etc.

Conocer el significado de estas frases no es suficiente; tenemos que recordarlas en el momento en que nos resulten útiles y saberlas pronunciar con naturalidad. Si pensamos en cómo transmitieron los aedos los poemas homéricos, podemos encontrar nuestra clave en la música y el ritmo. Por ejemplo, combina varias imágenes (muy útiles para crear un vínculo inmediato) y asocia las frases a breves melodías con rima.

Pensar en inglés

Estos instrumentos nos sirven para crear un vocabulario y un repertorio de frases en poco tiempo, algo necesario para alcanzar el objetivo de comunicar con fluidez. Ahora bien, para conseguirlo de veras, como ya hemos dicho, tienes que empezar a pensar en inglés desde el principio. Esfuérzate para controlar tu diálogo interior y trata de preguntarte cómo les dirías las cosas que estás pensando a unos amigos ingleses.

Si pierdes el autobús, en vez de pensar en español: «¡Jolín!, he perdido el autobús. Ahora el siguiente tardará más de una hora. Creo que debería coger el coche», esfuérzate y encuentra una manera (aunque sea más simple) de expresar lo mismo en inglés, como si se lo tuvieras que decir a alguien que está contigo en ese momento. Cuando veas que no sabes una palabra o una expresión, simplifícalas hasta que logres comunicar lo que piensas. Puedes decir solo *Damn!* (Las palabrotas las sabe todo el mundo) *I've missed the bus, I must go by car*. Este es un paso fundamental para progresar en la práctica de la lengua.

El concepto es: debes crear en tu mente una inmersión total. Cuando no tengas posibilidades de hablar con un nativo, pregúntales a tus amigos si quieren practicar un poco en inglés e intentad comunicaros sin usar el español. Cuando estés solo y dialogues contigo mismo, hazlo en inglés. Toma nota de lo que no sabes decir, búscalo en el diccionario y memorízalo.

Memorizar la grafía

Damos por descontado que, tras memorizar las reglas fonéticas de la lengua, un estudiante de inglés difícilmente escribirá «casa» (*house*) como [haus]. Sin embargo, para ciertas palabras la grafía no se puede deducir de manera directa de la pronunciación.

En tal caso, usaremos el denominado *principio del contraste figura-fondo*.

Partimos de la siguiente premisa: el modo en que se escribe cada palabra que conocemos queda depositado en nuestra memoria en forma de imagen. Seguro que alguna vez has dudado de la ortografía de una palabra y, al verla escrita, has detectado enseguida si era correcta o no. Un ejemplo es la palabra «ahora». Obviamente, todos sabemos que se escribe con H intercalada, y si la viéramos escrita así: «aora», nuestra mente generaría una sensación de malestar que no experimentamos al ver la palabra escrita correctamente.

Si queremos utilizar el principio del contraste figura-fondo para recordar que la palabra «ahora» lleva H, tendremos que resaltar este detalle con un color llamativo para fotografiarlo visualmente.

Podemos aplicar el mismo principio a los vocablos ingleses. Tomemos, por ejemplo, la palabra *hearth*, que significa «hogar» (en el sentido de «chimenea»).

La particularidad de dicha palabra son las dos H, pues es fácil que olvidemos escribir alguna. Para memorizarla visualmente, podemos utilizar nuestro principio del contraste figura-fondo visualizando la palabra así:

HEARTH

Es una estrategia simple pero muy eficaz; se trata de sacarle el máximo partido a nuestra memoria fotográfica. Por otra parte, con la técnica PAV podrías visualizar un hogar llameante (chimenea) dentro de tu hogar (casa), y con eso ya tenemos las dos H.

LA MEMORIA A LARGO PLAZO

Una vez nos hayamos acostumbrado a trabajar correctamente con la memoria en la fase de estudio, es importante potenciar nuestras capacidades para recordar informaciones a largo plazo.

Lo cierto es que la memoria reacciona de una manera que puede sorprenderte. Varios estudios científicos han demostrado que:

- Recordamos más cosas minutos después de que haya terminado una clase que inmediatamente después.
- En las 24-48 horas siguientes, perdemos más del 80% de lo que habíamos aprendido.

Para depositar una información en la memoria a largo plazo, debemos someterla a un proceso de repaso de cierta duración. Al margen de dicha limitación, nuestro «almacén» mnemónico posee una capacidad teóricamente ilimitada y puede guardar información por un tiempo indefinido, siempre que no intervengan daños cerebrales.

Así pues, todo aquello que un sujeto aprende lo almacena para toda la vida en la memoria a largo plazo. Según Larry Squire, profesor de Psiquiatría y Neurociencias de la Universidad de California, dentro de la memoria a largo plazo podemos distinguir entre:

- **Memoria declarativa (o explícita):** vinculada a las informaciones comunicables, que recordamos conscientemente. Dentro de esta existen la *memoria episódica* (la «película» de nuestra vida) y la *memoria semántica* (conocimientos en los que un elemento nos induce a la reevocación de otros elementos asociados).
- **Memoria procedimental (o implícita):** vinculada a las informaciones referidas a comportamientos automáticos, sobre todo las habilidades motrices o fonéticas, que aprendemos simplemente ejercitándolas y utilizamos sin control voluntario. En ellas recae la

memoria procedimental o prospectiva (cuyo fin es conservar los planes de acción para el futuro).

Para que se produzca un verdadero aprendizaje es necesario que la memoria pueda recuperar las informaciones y disponga de ellas para posteriores elaboraciones. La recuperación de las informaciones depende de la eficiencia del almacenamiento, de modo que quien aplica las técnicas de memoria obtiene con mayor facilidad resultados buenos y duraderos.

El método recomendado en *Genio en 21 días* para retener las informaciones aprendidas consiste en efectuar *repasos programados* cuando la capacidad de evocación empieza a descender.

Varios investigadores han analizado los tiempos en que disminuyen las informaciones analizadas y han identificado los momentos en que es necesario efectuar los repasos programados para fijar nuestro recuerdo de forma indeleble. Es útil hacerlos después de una hora, un día, una semana, un mes o seis meses.

Eso significa que si repasamos la información al cabo de una hora, cuando la capacidad de recordar y comprender está en su nivel más alto, la fijaremos en nuestra mente y mantendremos alta la curva del recuerdo al menos un día. Si la repasamos de nuevo al día siguiente, el rastro mnemónico (es decir, relativo al patrimonio de la memoria) se refuerza y será válido al menos una semana, y así sucesivamente.

Debemos utilizar los repasos programados dentro de estos plazos para toda nueva información que memoricemos.

Para explicarte mejor el método, aquí tienes un ejemplo

de cómo utilizar los repasos programados y optimizar los tiempos de aprendizaje:

Primer día:
1 hora para estudiar gramática, vocabulario y hacer los ejercicios, distribuida según estos ritmos: 2 minutos de relax, 50 minutos de estudio (y ejercicios), 5 minutos de pausa, repaso programado de lo estudiado.

Segundo día:
Antes de abordar un nuevo tema, efectúa el repaso programado de los temas y ejercicios del primer día.

Luego, durante la primera hora: 2 minutos de relax, 50 minutos de estudio, 5 minutos de pausa, repaso programado de lo que acabas de estudiar.

Durante la segunda hora: 2 minutos de relax, 45 minutos de estudio, repaso programado de lo que has estudiado en la segunda hora.

Tercer día:
Antes de abordar un nuevo tema, efectúa el repaso programado del segundo día (no del primero).

Luego, durante la primera hora: 2 minutos de relax, 50 minutos de estudio, 5 minutos de pausa, repaso programado de lo que acabas de estudiar.

Durante la segunda hora: 2 minutos de relax, 45 minutos de estudio, repaso programado de lo que has estudiado en la segunda hora.

Cuarto, quinto, sexto y séptimo días:
Sigue el mismo esquema del tercer día.

Octavo día:

Antes de abordar un nuevo tema, efectúa el repaso programado del primer día (ha pasado una semana y ha llegado el momento de reforzar el recuerdo) y del séptimo día.

Luego, durante la primera hora: 2 minutos de relax, 50 minutos de estudio, 5 minutos de pausa, repaso programado de lo que acabas de estudiar.

Durante la segunda hora: 2 minutos de relax, 45 minutos de estudio, repaso programado de lo que has estudiado en la segunda hora.

A lo largo de los siguientes días, repite las indicaciones del octavo día.

CONSEJOS PRÁCTICOS

Con los métodos descritos, puedes ir incrementando cada día tu vocabulario y tu capacidad de comunicar. Para aprender nuevos términos y expresiones y saberlos utilizar en el momento oportuno, debes hacer lo siguiente:

1. Crea asociaciones con el método PAV. Cierra los ojos y visualiza las imágenes con detalle.
2. Repasa las imágenes de las asociaciones una hora después de haberlas creado para comprobar si son lo bastante eficaces. Repásalas de nuevo al día siguiente y al cabo de una semana; así podrás fijar las informaciones a largo plazo.
3. Si tardas más de treinta segundos para aprender una sola palabra, te estás equivocando en algo. No te obstines; sigue adelante con otro vocablo y, mien-

tras tanto, tu cerebro encontrará las mejores imágenes para asociarlas a todos los términos, incluidos los más difíciles. No existen formas correctas o incorrectas de crear asociaciones; lo más eficaz siempre será utilizar tus imágenes y tu imaginación. Con todo, los ejemplos pueden servirte para saber cómo aplicar la técnica.

4. Aprende frases útiles como *What does it mean?* (¿Qué significa?) y memorízalas con las asociaciones musicales y los PAV.
5. Escribe una breve «autobiografía» para presentarte, pídele a un nativo que te la traduzca correctamente y memorízala. Será divertido decirla de memoria en tus primeras conversaciones.

La mejor manera de asimilar el uso natural de la lengua es hacerla familiar. Usa este libro para aprender en el menor tiempo posible las bases que te permitirán aprovechar los mil y un recursos disponibles en internet y en otros ámbitos. Luego practica en conversaciones reales.

Si te estás preguntando cómo podrías hacer una inmersión en un ambiente anglófono sin tomar el avión, *listen up* (aguza bien las orejas): quedarte en casa podría ser la opción ideal para aprender los rudimentos de una lengua. Visitar otros países es fantástico, pero una buena preparación previa mejora cualquier viaje. Al principio, hay mucho trabajo que hacer, pues es necesario memorizar las estructuras gramaticales más importantes y el vocabulario. Pero, si has seguido con precisión el programa de *Inglés en 21 días*, estamos seguros de que luego tendrás muchas ganas de llegar a la parte más divertida del estudio de una lengua: ir a descubrir un mundo distinto y conocer gente nueva. Te proponemos que reserves ahora mismo un fin de semana en Londres al final de los 21 días y así tendrás otro motivo para implicarte al máximo.

Lo más importante es rodearte de personas que hablen inglés y que te den la oportunidad de practicar. Una de las formas más inteligentes de crear este contexto son las redes sociales; no te será difícil encontrar nativos en tu ciudad. Si no tenéis la posibilidad de quedar, siempre podéis chatear; si están en España, quizá ellos también busquen la manera de practicar una lengua nueva, o quizá se alegren de encontrar a alguien dispuesto a comunicarse con ellos en inglés. De todo ello podría surgir una interesante colaboración.

En los centros Your Trainers de España organizamos *meet-ups* donde se habla exclusivamente en inglés e impartimos clases breves en dicha lengua sobre temas de formación. De esta forma, hemos activado un contexto útil y divertido, en el que puedes practicar y conocer personas nuevas. Si no encuentras amigos nativos, te será muy útil frecuentar a otras personas que, al igual que tú, estén buscando la oportunidad de practicar.

Para hablar, lo más obvio es dar con alguien que sepa muy bien inglés, si es posible un nativo. Pero también debes trabajar tu capacidad de comprensión, lectura y escritura. En este caso, también debes realizar una inmersión total.

Ante todo, te aconsejo que busques en internet una radio inglesa que transmita en *streaming*; en nuestra web encontrarás una lista de emisoras interesantes. También podrías buscar tu serie de televisión favorita en lengua original. En Wikipedia es muy fácil averiguar el título original para comprarla luego en línea. Y lo mismo puedes hacer con libros, cómics o revistas. En las películas en DVD puedes elegir en el menú la lengua y los subtítulos. Por último, en internet hay una infinidad de contenidos en inglés; para orientarte, incluimos una lista básica en nuestra web.

En los últimos años, la era digital ha ampliado mucho las posibilidades para quienes deseen practicar lenguas extranjeras. También hay ingleses que buscan un español para ejercitarse con nuestra lengua; probablemente encontrarás a alguien dispuesto a compartir parte de su tiempo para responder a tus preguntas a cambio de poder hacer lo mismo contigo en español. Incluso hay una web dedicada a buscar el perfil que buscas; se llama italki (www.italki.com) y te permite consultar los datos del resto de los usuarios para que encuentres al «interlocutor» adecuado para ti.

También existen varios foros en línea donde se puede ofrecer o pedir ayuda para hablar una determinada lengua y, gracias a Skype, es posible charlar con alguien que está en la otra punta del mundo sin gastar ni un céntimo.

Por último, puedes aprender con un profesor de inglés en línea, que trabajando cómodamente desde su casa te puede dar excelentes clases a precios competitivos.

Como ves, existen muchas soluciones (algunas incluso gratuitas) para quien tenga ganas de hacer un esfuerzo.

LAS BASES

Antes de empezar a estudiar las estructuras gramaticales y el vocabulario propiamente dichos, creemos que puede resultarte útil familiarizarte con los sonidos de la lengua inglesa, a menudo muy distintos de los sonidos a los que estamos acostumbrados.

Es importante ser realistas respecto a la pronunciación. El objetivo de este libro no es que adquieras un perfecto acento inglés. Si nos imponemos una óptica de perfeccionismo, nunca llegaremos a sentirnos a gusto mientras hablamos con un nativo. Para nosotros es tan difícil pronunciar realmente bien la H aspirada como para ellos hacer vibrar la R. Como ya he dicho, solo podemos adquirir una entonación y un buen acento ingleses tras haber vivido durante años en un ambiente anglófono, una posibilidad poco frecuente para un español y muy difícil de recrear. Por otra parte, escoceses e irlandeses nos demuestran que no es necesario reproducir todos los sonidos estándar del inglés para hablar una lengua de manera perfecta. Bien, pero ¿cuál puede ser nuestro objetivo? Adquirir una pronunciación gracias a la cual nos entiendan, para lo cual debemos evitar los errores más comunes. En este sentido, señalamos que la pronunciación entre corchetes pretende ser orientativa para facilitar la tarea a los neófitos.

A [ei]
B [bi]
C [si]
D [di]
E [i]
F [ef]
G [yi]
H [eich]
I [ai]
J [yiei]
K [kei]
L [el]
M [em]
N [en]
O [ou]
P [pi]
Q [kiu]
R [ar]
S [es]
T [ti]
U [iu]
V [vi]
W [dabliu]
X [ecs]
Y [uai]
Z [dsed]

Para memorizar la pronunciación de las letras (cuando difiera de la pronunciación española), es necesario elegir un cliché que nos evoque inmediatamente la letra y otra imagen para la pronunciación, que asociaremos según los criterios PAV.

Las letras se pueden «transformar» en imágenes inspiradas en su forma gráfica. Por ejemplo, la A puede recordar la punta de un lápiz. Además de la forma, para elegir una imagen concreta puedes usar un objeto o un personaje famoso cuyo nombre empiece por dicha letra.

Veamos unos ejemplos:

A = gráficamente puede recordar una montaña o una cabaña, la punta de un lápiz, etc. Si usas la inicial, podrías asociarla a un personaje famoso como Aníbal o Atila; si optas por un objeto, podría recordar un ancla o una antena.

B = puede recordar gráficamente unas gafas, un antifaz o unos labios, o podrías elegir la imagen de una ballena, que empieza por B.

Cualquier asociación debe partir de informaciones que ya conocemos, en este caso de la letra sola. Por ejemplo:

A se pronuncia [ei].

A = árbol, alambre, o, según la forma, puedo pensar en una montaña, una tienda o un lápiz.

EI = ¡Ey! (exclamación para llamar la atención de alguien).

Ejemplo de asociación: cuando era niño solía cogerle el lápiz a mi compañero de pupitre y él siempre protestaba diciendo: «¡Ey!».

Para la B no es necesario hacer una asociación PAV, ya que se pronuncia casi igual que en español, lo mismo que las letras D, P, T.

Vocales y semiconsonantes

Las vocales mantienen su sonido ([ei], [i], [ai], [ou], [iu]) cuando el acento tónico recae sobre ellas. La sílaba que lleva el acento tónico se pronuncia con mayor intensidad que el resto de las sílabas de la palabra. En inglés, dicho acento carece de representación gráfica.

Es importante saber que en inglés no existen letras con tilde y que el acento tónico suele caer a principio de palabra.

E

La E es muda cuando va al final de una palabra, a menos que se trate de un monosílabo.

name	[neim]
note	[nout]

tune	[tiun]
be	[bi]

Ahora memoricemos cómo se pronuncia la E tomando una imagen concreta para cada elemento de la regla:

E = elefante

Muda = un esparadrapo en la boca

Final = la final de una competición

Ejemplo de asociación: un elefante llega el último a la final de un concurso de canto, pierde la voz y se coloca un esparadrapo enorme en la boca.

Y

La Y es una semiconsonante y se pronuncia [i] a final de palabra y [ai] en otro lugar dentro de la palabra.

lady	[leidi]
type	[taip]

Para memorizar:

Y = yate

I = isla

Final de palabra = popa del yate

AI = ¡ay! (exclamación de dolor)

Ejemplo de asociación: ibas en yate hacia la isla, la popa chocó contra una roca y tú, situado en el centro de la embarcación, te diste un golpe y chillaste: «¡Ay!».

W

La W es una semiconsonante y se pronuncia [u], pero es muda cuando va delante de la consonante R.

water	[uote(r)] la R casi no se oye
write	[rait]

Para memorizar:

W = whisky

U = ¡uy! (exclamación de asombro)

R = un rey

Muda = un esparadrapo en la boca

Ejemplo de asociación: bebes un sorbo de un vaso creyendo que es zumo de manzana y, al notar que es whisky, exclamas: «¡Uy!». Entonces el rey te pone un esparadrapo en la boca para que dejes de gritar.

U

La U es muda cuando va entre una consonante y una vocal.

build	[bild]
guest	[gest]

Ahora intenta crear una asociación que te resulte útil.

Diptongos

AI, AY se leen [ei], como en *rain* [rein].

AI = aire
AY = ayuda
EI = la torre Eiffel
Ejemplo de asociación: hacía mucho aire, te tambaleabas y pediste ayuda para bajar de la torre Eiffel.

AU, AW se leen [oo], como en *fault* [foolt]
EA se lee [ii], como en *read* [riid]
EE se lee [ii], como en *week* [uiik]
EI se lee [ii], como en *deceive* [disiiv]
EU, EW se leen [iu], como en *neuter* [niuter], *new* [niu]
IE se lee [ii], como en *field* [fiild]

Para memorizar, tomo una sola imagen para el sonido [ii], por ejemplo, el relincho de un caballo: «¡Hiiii!».
EA = Bea, una amiga tuya o un personaje de ficción
EE = una pareja de elefantes
EI = la torre Eiffel
IE = una yema
Ejemplo de asociación: un caballo persigue a Bea, que va montada en una pareja de elefantes que se suben a la torre Eiffel y comen una yema de huevo.

OA se lee [ou], como en *oak* [ouk]
OI, OY se leen [oi], como en *oil* [oil], *boy* [boi]
OO se lee [uu], como en *boot* [buut]
OU, OW se leen [au], como en *noun* [naun], *now* [nau]

Consonantes

B

La B después de la M es muda en las siguientes palabras: *climb, lamb, tomb, womb, dumb, thumb, comb, numb*.

C

La C se lee [k] (como en «casa») delante de A, O, U y cuando es la última letra de una palabra.

Se pronuncia [s] delante de E, I, Y, como en *pharmacy* [farmasi].

CCE, CCI se leen [kse] [ksi], como en *accent* [aksent].

CH, TCH se leen [ch] (como en «chal»), como en *chill* [chil], *match* [mach].

Cuidado: CH se lee [k] (como en «casa») en las palabras de origen griego, como *school* [skuul].

G

La G es sonora (como en «goma») delante de A, O, U y cuando es la última letra de una palabra, como en *game* [gueim], *log* [log].

También es sonora delante de E, I en las palabras de origen germánico, como *gift* [gift], *get* [get].

En cambio, es similar a la Y española (como en «yo»), aunque más fuerte, delante de E, I en las palabras de origen griego, como *geometry* (yeometri).

H

La H suele ser aspirada, es decir, su pronunciación es similar a una J española, pero mucho más suave, como en *hit* [hit].

No se pronuncia en casos excepcionales, como *honest, honour* (*honor* con ortografía norteamericana), *hour, heir*.

En WH siempre es muda: *what* se pronuncia [uot].

K

Se lee [k] (como en «casa») en la mayoría de los casos, pero delante de la letra N es muda, como en *know* [nou].

J

Se pronuncia de forma similar a la Y española (como en «yo»), aunque más fuerte y sonora, como en *jacket* [yaket].

L

Normalmente la L se lee como en español.

Pero no se pronuncia cuando va delante de F, K, M en la misma sílaba. En tales casos, solo debes prolongar la vocal que la precede: *walk* [uook].

La L también es muda en los verbos modales *could* [cuud], *should* [shuud] y *would* [uud].

P

Como en español, la P delante de S es muda, como en *psicology* [saicoloyi].

PH

Se lee [f] como en *phone* [foun].

R

La R en inglés se pronuncia de un modo muy distinto al español, ya que no se produce vibración. Si va seguida de consonante o es la última letra de una palabra, recuerda que prolonga el sonido de la vocal que la precede, como en *far* [faa], *smart* [smaat].

S

Se pronuncia como en «serpiente» si va a principio de palabra, si forma una consonante doble (como en *sweet* [suiit]) o en los monosílabos (como *bus* [bas]).

En cambio, entre vocales (por ejemplo, *easy* [isi]), o cuando la preceden los sonidos CH, SH, S, X, se pronuncia sonora, es decir, más suave que la S española de «serpiente».

SH

La SH se lee como en *show* [shou].

TH

En algunas palabras se pronuncia como una Z española («zapato»), como en *think* [zink], *three* [zri].

En otras palabras TH se pronuncia como [d], pero con la lengua entre los dientes: *then* [den], *father* [fada]. Mientras soplas el aire hacia fuera debes usar las cuerdas vocales; después de pronunciar la primera vocal, la boca tiene que volver a su posición normal. Con un poco de práctica, lograrás pronunciar bien, no te preocupes.

V

A diferencia del español, en inglés la B y la V se leen de manera distinta. La V se pronuncia de un modo similar a la F, pero más suave y con vibración en las cuerdas vocales.

X

Se lee [gs] delante de una vocal: *examine* [igsemin].

Se lee [cs] cuando va delante de una consonante o al final de una palabra: *fox* [focs], *except* [icsept].

Z

Se pronuncia como una S sonora, es decir, más suave que la S española de «serpiente».

Otras reglas... y excepciones

- En los verbos regulares, al añadir la desinencia *-ed* para formar el *simple past* o el participio, la pronunciación cambia en función de la parte anterior de la palabra.
- ED precedida de P, K, F, CH, SH, S, X se pronuncia [t] (*finished* se pronuncia [finisht]).

  Precedida de T, D se pronuncia [id] (*commanded* [comandid]). En el resto de casos, se pronuncia simplemente [d] (*played* [pleid]).

Al margen de estas reglas básicas, no te podemos garantizar que no vayas a cometer errores de pronunciación. Los más frecuentes suelen formar parte de estas dos categorías:

a) Letras que en inglés son mudas y se pronuncian por error.
b) Letras que en inglés poseen un valor fonético irregular pero se pronuncian como si fuesen regulares.

Por ejemplo, en *tomb* y *womb* la O, irregularmente, se lee [u]. En el nombre *Stephen*, PH se pronuncia [v] y no [f]. Un nativo lee *Warner Bros* pronunciando la palabra *brothers* (hermanos) entera, no [bros] como hacemos nosotros. La palabra *says* (dice) no se pronuncia [seis] sino [ses]. Y la palabra *said* [dijo] no se pronuncia [seid] sino [sed]. En el nombre *Lincoln*, la segunda L es muda, al igual que la primera L de *folksong, folklore*, o la L del apellido del famoso detective privado *Sherlock Holmes*.

Para resolver las dudas que plantean todas estas excepciones, existen tutoriales en YouTube (incluidos en nuestra web) que explican de manera clara cómo se pronuncian palabras y sonidos; además, personas nativas dan consejos para mejorar. Naturalmente, un vídeo será más exhaustivo que cualquier libro; nuestro único objetivo era que tomaras nota de los sonidos a los que debes prestar más atención, ya que son distintos a los de tu lengua.

Para mejorar la pronunciación, la solución más efectiva es que un nativo te explique en qué te equivocas y te muestre la pronunciación correcta. También lo puedes hacer mediante una videoconferencia con un profesor inglés. Según aconsejan los expertos, puedes pedirle al profesor que repita primero lo que tú has dicho y luego te enseñe la pronunciación correcta. Tal vez te sientas un poco torpe, pero es un paso necesario para alcanzar la excelencia.

¡EL INGLÉS ES FÁCIL!

Todo el mundo dice: «El inglés es fácil». Pero si tienes que aprenderlo desde cero, quizá no te lo parezca. Al igual que todas las lenguas, el inglés tiene su complejidad, pero es cierto que, en muchos aspectos, su gramática es más simple que la española. Además, si lo comparamos con lenguas como el chino o el árabe, encontraremos muchos más puntos en común con nuestro idioma.

Falsos amigos y cognados

En inglés encontramos una serie de vocablos que se denominan *false friends* (falsos amigos), palabras que suenan muy parecidas a términos españoles pero que no significan lo mismo. Un ejemplo muy típico es *parents*, que no significa «parientes» como podríamos pensar, sino «padres». O *exit*, que no significa éxito (que se dice *success*), sino «salida».

Encontraremos varios falsos amigos en el proceso de memorización de palabras.

También existen «amigos verdaderos», es decir, vocablos ingleses que son muy similares a su equivalente correcto en español. Por ejemplo, la traducción de «restaurante» es *restaurant*. Estas parejas de términos se denominan *cognados*. No es necesario crear una asociación PAV para estos vocablos, pero si no recuerdas que los términos son similares en ambas lenguas, puedes recurrir a un cliché: si en la historia que inventas aparece determinado elemento (por ejemplo, un espejo), significa que la pronunciación inglesa es parecida a la española. Si deseas memorizar cuáles son las letras distintas, puedes resaltarlas imaginando un rotulador de color; de este modo, grabarás en tus recuerdos el detalle importante a través de la memoria fotográfica.

El inglés tiene muchísimos cognados en común con las lenguas románicas, es decir, los idiomas que derivan del latín, la lengua del Imperio romano. El motivo es muy simple: la conquista normanda abrió las puertas a una gran influencia francesa y muchos vocablos existen en dos formas, la de origen anglófono y la de origen latino. Por ejemplo: *freedom* y *liberty*, *come in* y *enter*, *thought* y *opinion*, *point of view* y *perspective*, *easy* y *simple*.

Aquí el truco es saber qué sinónimo debemos utilizar y cuándo. Si piensas en la vía por la que llegaron al inglés estas palabras, intuirás una regla básica y muy sencilla: como la aristocracia era de origen francés, los cognados son más frecuentes en el lenguaje formal y a veces suenan inútilmente pomposos fuera de ese contexto.

Por tanto, tienes que decidir qué tono quieres adoptar y, además, debes tener mucho cuidado con los falsos amigos. Con todo, puedes confiar en estos términos para incrementar tu vocabulario a gran velocidad.

Por ejemplo, muchos términos que en español terminan en *-ción* en inglés terminan en *-tion*, y el resto de la palabra es prácticamente idéntico. Piensa en *action, application, destruction, communication, population, inspiration, invitation, nation, option, solution, protection, tradition, frustration, compilation, convention, deregulation, evolution, station*.

Nuestra terminación *-tud* suele corresponder con la inglesa *-tude*: *gratitude, magnitude*, etc.

La desinencia española *-sión* es igual en inglés, pero sin tilde (*explosion, implosion, expression*) y *-mento* pierde la vocal final para convertirse en *-ment* (*segment, moment*). Hay muchos casos similares, así que puedes intentar encontrar más.

Con todo, entre el español y el inglés hay más diferencias que semejanzas; lo importante es aprovechar correctamente ambas. Las semejanzas nos permiten aprender rápidamente muchas palabras nuevas y, a veces, entender términos que nunca habíamos oído. Las diferencias nos crean algunos problemas; a menudo leemos un texto inglés y nos conformamos con entenderlo pasivamente, sin «sensibilidad» frente a las diferencias con el español, con lo cual no las memorizamos. En cambio, si te acostumbras a ir «en busca de las diferencias», es decir, si analizas cada texto que lees para saber dónde se aparta la lengua extranjera del español, con el tiempo hablarás un inglés más espontáneo y auténtico y no caerás en traducciones artificiosas y mecánicas.

Verbos modales

Los verbos modales son grandes aliados que nos ayudan a expresar determinados conceptos sin preocuparnos demasiado por la gramática y las conjugaciones.

Lo cierto es que las conjugaciones son mucho más sencillas que en español, pues aparte del presente de indicativo de «ser/estar» (*to be*) y «haber» (*to have*), todos los verbos se conjugan del mismo modo: todas las personas son iguales, excepto la tercera del singular, a la cual debemos añadirle la desinencia *-s*.

Los verbos modales aún son más fáciles, ya que todas las personas tienen la misma forma. Memorízalos cuanto antes, porque son imprescindibles.

- *I can* [ai kan], (*I am able to*) [ai em ebol tu] = Yo puedo/soy capaz de
- *I could* [ai kuud] = Yo podía/podría
- *I should* [ai shuud] = Yo debería
- *I would like to* [ai uud laik tu] = Me gustaría
- *I must* [ai mast] = Yo debo (si te diriges a alguien con el imperativo *you must*, significa que la obligación parte de ti)
- *I want to* [ai uant tu] = Yo quiero

- *I have to* [ai hav tu] = Yo debo (pero esta vez la obligación parte de otros)
- *I need* [ai niid] = Yo necesito

Tratar de usted

Otra regla que le simplifica la vida al estudiante de inglés es que el tratamiento de cortesía no incluye el uso de «usted» a la hora de dirigirse a un extraño o a una persona anciana o respetable. Siempre se trata a todo el mundo de tú (y, para el plural, vosotros, aunque en inglés la segunda persona del plural y del singular son iguales: *you*).

Para mostrar respeto o mantener las distancias, las personas se llaman por el apellido en vez de por el nombre de pila.

PREPARADOS, LISTOS... ¡YA!

Por fin ha llegado el momento de empezar a trabajar en serio.

Si quieres que tu esfuerzo se vea recompensado por el éxito, tienes que reunir las condiciones ideales para conseguirlo.

¿Sabías que si declaras públicamente y pones por escrito tus sueños y fijas una fecha límite para convertirlos en realidad, tus probabilidades de éxito aumentan un 50%?

Por eso, te aconsejamos que hagas un *public commitment*, que le declares al mundo tu objetivo. Publica en nuestra página de Facebook (www.inglesen21dias.com) tus progresos, preguntas y resultados. Documenta tu trabajo, comparte estrategias y felicítate por cada paso que das en la dirección correcta. Implica a otros compañeros en tu proyecto; en equipo se obtienen resultados muy difíciles o imposibles de conseguir para una persona sola.

Si crees que puede resultarte útil, llama a nuestro centro más próximo y pide cita con un tutor para resolver tus dudas.

De momento, te felicitamos por haber llegado hasta aquí en tu lectura; eso significa que tienes todos los papeles en regla para conseguirlo. Ahora cierra un instante los ojos para verte dentro de 21 días, cuando llegues a la última página del cuaderno de ejercicios o converses en inglés con un amigo que has conocido en internet. Mira qué satisfecho estás, recuerda el momento en que abriste por primera vez este libro y te hiciste una promesa que has sabido mantener. *Great!*

Posiblemente, fue Alan Kay quien dijo: «La mejor manera de predecir el futuro es inventarlo». Crea tu futuro; está en tus manos... mejor dicho, *it's in your hands...*

Good luck, and have fun!

DAY ONE

Cada día te proponemos un programa que incluye gramática (*grammar rules*), vocabulario y modismos (*vocabulary and idioms*) y pautas de conversación (*conversation time*). Ten un cuaderno a mano para los ejercicios. *Let's start!*

GRAMMAR RULES

Pronombres personales sujeto

En cualquier lengua extranjera, si quieres empezar a formular alguna frase, el primer elemento que debes conocer son los pronombres personales con función de sujeto.

Es muy probable que ya los conozcas; a continuación puedes repasarlos brevemente. En caso de que partas de cero, aprovecha para memorizarlos utilizando las técnicas expuestas en el capítulo «Instrucciones de uso».

Nuestro pronombre «yo» en inglés es *I* (se pronuncia [ai]). Un ejemplo de asociación podría ser: el profesor de inglés pregunta: «¿Quién quiere aprender inglés?». Al levantar la mano, me doy un fuerte golpe contra el pupitre y grito de dolor: «¡Ay!».

Recuerda: cada vez que creas una asociación, es fundamental visualizar con el ojo de la mente la escena que has inventado para que las imágenes, los sonidos y las sensaciones sean lo más vivos posible.

Ahora crea tus asociaciones útiles para recordar todos los pronombres personales. Luego tapa con una hoja las columnas de la pronunciación y la grafía e intenta reescribirlos.

	GRAFÍA	PRONUNCIACIÓN	REESCRIBE
yo	*I*	[ai]	
tú	*you*	[yu]	
él	*he*	[hi]	
ella	*she*	[shi]	
ello	*it*	[it]	
nosotros/nosotras	*we*	[ui]	
vosotros/vosotras	*you*	[yu]	
ellos/ellas	*they*	[dei]	

Verbo ser

Después del sujeto, necesitamos el verbo. En orden lógico y de importancia, el primero es el verbo «ser», *to be*, que en muchos casos también equivale a nuestro verbo «estar». Abrimos aquí un breve paréntesis para decir que, en inglés, los verbos en modo infinitivo van siempre precedidos de *to*. Obviamente, cuando busques el lema en el diccionario, debes omitir dicho elemento.

Con respecto a la conjugación del presente de indicativo (*simple present*), ya hemos dicho que en la mayoría de los verbos es muy sencilla, porque solo requiere añadir una *-s* final a la tercera persona del singular. Pero «ser» y «haber» son dos casos excepcionales y tendrás que memorizar unas cuantas palabras más.

Empecemos por la forma afirmativa.

	GRAFÍA	PRONUNCIACIÓN	FORMA CONTRAÍDA	REESCRIBE
yo soy	*I am*	[ai em]	*I'm*	
tú eres	*you are*	[yu ar]	*you're*	
él/ella/ello es	*he/she/ it is*	[hi/shi/it is]	*he/she/it's*	
nosotros/ nosotras somos	*we are*	[ui ar]	*we're*	
vosotros/ vosotras sois	*you are*	[yu ar]	*you're*	
ellos/ellas son	*they are*	[dei ar]	*they're*	

Considerando que las tres personas del plural son idénticas a la segunda persona del singular, solo tendrás que memorizar las tres primeras formas. Crea una asociación entre «ser» y *to be*, luego únele las tres primeras personas del singular [em], [ar], [is].

Sugerencia: para el verbo «ser», la imagen puede ser la famosa escena en que Hamlet dice: «Ser o no ser...». *To be* [bi] puedes asociarlo por asonancia a un billar. El sonido [em] podría ser el principio del nombre del rapero Eminem, [ar] el principio de la palabra «arena» e [is] el de «isla».

Ejemplo de asociación PAV: Hamlet no lleva una calavera en la mano, sino una bola de billar mientras recita *To be or not to be*. De pronto, lanza la bola contra Eminem, que está tumbado en la arena de una isla desierta.

Para utilizar la forma contraída, añade un apóstrofo después del sujeto y elimina la primera vocal del verbo. Por ejemplo, *I am* se transforma en *I'm*. El apóstrofo sustituye una vocal que no se pronuncia.

¿A que es fácil? Mejor dicho, *easy* [isi].

Ahora vamos a formar una frase sencilla con estos elementos:

sujeto + verbo + complemento o predicado.

Soy feliz	*I am happy* [ai em hẹpi]
El gato es pequeño	*The cat is little* [de kat is lit(e)l]

Recuerda que en inglés nunca puede sobreentenderse el sujeto.

Ejercicio 1.1

Traduce estos ejemplos.

Somos jóvenes (*young*). ____________________

Ella es bonita (*beautiful*). ____________________

Tú eres feliz. ____________________

Forma interrogativa e interrogativo-negativa

Para la forma negativa, debemos añadir *not* después del verbo ser. El modelo es:

sujeto + verbo + *not* + complemento o predicado.

Ejercicio 1.2

Lee los ejemplos y completa.

Yo no soy Marcus.	*I am not Marcus.*
El gato no es pequeño.	*The cat is not little.*
No somos jóvenes.	____________________
Ella no es bonita.	____________________
Tú no eres feliz.	____________________

En español, la interrogación se distingue gracias al tono en que planteamos la pregunta y a los dos signos de interrogación que abren y cierran la frase escrita. En inglés, solo se usa el signo de interrogación final y cambia la estructura de la frase, pues verbo y sujeto se invierten:

verbo + sujeto + complemento o predicado.

Ejercicio 1.3

Lee los ejemplos y completa.

¿Eres Marcus?	*Are you Marcus?*
¿El gato es pequeño?	*Is the cat little?*
¿Somos jóvenes?	____________________
¿Ella es bonita?	____________________
¿Eres feliz?	____________________

Por último, la forma interrogativa-negativa se estructura de este modo:

verbo + *not* (en forma contraída) + sujeto
+ complemento o predicado.

Ejercicio 1.4

Lee los ejemplos y completa.

¿No eres Marcus?	*Aren't you Marcus?*
¿El gato no es pequeño?	*Isn't the cat little?*
¿No somos jóvenes?	______________________
¿Ella no es hermosa?	______________________
¿No eres feliz?	______________________

Short answers

Ahora que ya sabes hacer preguntas, vamos a aprender a contestar con *short answers* (respuestas breves). En inglés, no es correcto responder con un simple «sí» (*yes*) o «no» (*no*).

Short answer positiva: *yes* + sujeto + verbo (por ejemplo: *Are we invited? Yes, you are*).

Short answer negativa: *no* + sujeto + verbo + *not* (por ejemplo: *Am I right? No, you are not/aren't*).

Números cardinales

Aprendamos a contar.

	GRAFÍA	PRONUNCIACIÓN		GRAFÍA	PRONUNCIACIÓN
1	*one*	[uan]	**11**	*eleven*	[ileven]
2	*two*	[tu]	**12**	*twelve*	[tuelv]
3	*three*	[z(r)ii]	**13**	*thirteen*	[z(i)rtiin]
4	*four*	[foor]	**14**	*fourteen*	[foo(r)tiin]
5	*five*	[faiv]	**15**	*fifteen*	[fiftiin]
6	*six*	[sics]	**16**	*sixteen*	[sicstiin]
7	*seven*	[seven]	**17**	*seventeen*	[seventiin]
8	*eight*	[eit]	**18**	*eighteen*	[eitiin]
9	*nine*	[nain]	**19**	*nineteen*	[naintiin]
10	*ten*	[ten]	**20**	*twenty*	[tuenti]

21	*twenty-one*	[tuenti-uan]	**40**	*forty*	[fo(r)ti]
22	*twenty-two*	[tuenti-tu]	**50**	*fifty*	[fifti]
23	*twenty-three*	[tuenti-z(r)ii]	**60**	*sixty*	[sicsti]
24	*twenty-four*	[tuenti-foor]	**70**	*seventy*	[seventi]
25	*twenty-five*	[tuenti-faiv]	**80**	*eighty*	[eiti]
26	*twenty-six*	[tuenti-sics]	**90**	*ninety*	[nainti]
27	*twenty-seven*	[tuenti-seven]	**100**	*a/one hundred*	[a/uan handred]
28	*twenty-eight*	[tuenti-eit]			
29	*twenty-nine*	[tuenti-nain]	**1000**	*a/one thousand*	[a/uan zausen(d)]
30	*thirty*	[z(i)rti]			
			10000	*ten thousand*	[ten zausen(d)]
			100000	*a/one hundred thousand*	[a/uan handred zausen(d)]
			1000000	*a/one million*	[a/uan milion]

Como puedes ver, al escribir en letras los números del 21 al 99, es necesario unir con un guion decenas y unidades. Las centenas se unen a las decenas, y los millares a las centenas, mediante la conjunción *and*. Por ejemplo, 150230 se escribe *one hundred and fifty thousand and two hundred and thirty*.

Cuando escribas, ten en cuenta la siguiente peculiaridad: en el mundo anglófono, la coma es el símbolo que separa los millares, mientras que el punto separa el número entero del decimal. Por ejemplo, el número que nosotros escribimos como 12.000,50 se «traduce» así en inglés: *12,000.50*.

Para concluir, hay tres vocablos distintos para designar el cero:

- *O* [ou] en los números leídos cifra por cifra.
- *Nought* [nout] en las numeraciones y los cálculos.
- *Zero* [siro] en las escalas de numeración y la cuenta atrás.

VOCABULARY

Adjetivos fundamentales

En inglés, los adjetivos no concuerdan con el sustantivo al que se refieren. Eso significa que no hay diferencia entre masculino, femenino, neutro, singular o plural.

	GRAFÍA	PRONUNCIACIÓN	REESCRIBE
Bonito	*Beatiful*	[biutiful]	
Feo	*Ugly*	[agli]	
Feliz	*Happy*	[hepi]	

	GRAFÍA	PRONUNCIACIÓN	REESCRIBE
Triste	*Sad*	[sad]	
Joven	*Young*	[yan]	
Viejo	*Old*	[old]	
Pequeño	*Little/small* (referido a cosas)	[litt(e)l/smol]	
Grande	*Big*	[bik]	
Alto	*Tall*	[tol]	
Bajo	*Short*	[short]	

Sustantivos y verbos

Además de los términos incluidos en las listas que te proponemos, a lo largo de los ejercicios quizá encuentres palabras que no conoces. Recuerda que también debes memorizarlas.

	GRAFÍA	PRONUNCIACIÓN	REESCRIBE
Libro	*Book*	[buk]	
Nombre	*Name*	[neim]	
Amigo	*Friend*	[frend]	
Puente	*Bridge*	[bridch]	
Profesor	*Teacher*	[ticha]	
Escuela	*School*	[skuul]	
Gato	*Cat*	[kat]	
Bolso/bolsa	*Bag*	[bag]	

	GRAFÍA	PRONUNCIACIÓN	REESCRIBE
Ir	*To go, went, gone*	[tu go, uent, gon]	
Estudiar	*To study* (regular)	[tu stadi]	
Hablar	*To speak, spoke, spoken*	[tu spik, spok, spoken]	

¿Estás utilizando asociaciones PAV para memorizar las palabras? Vamos a poner unos ejemplos.

Sad [sad] = triste

Triste: imagina una cara triste.

Sad es el principio de «sádico».

Ejemplo de asociación: el asesino tenía una cara triste pero en el fondo era un sádico.

Friend [frend] = amigo

Amigo: tu mejor amigo.

[Frend] suena como la parte central del verbo «refrendar».

Ejemplo de asociación: mi mejor amigo suele refrendar mis opiniones.

Sigue tú solo. Recuerda que, con la práctica, irás creando con mayor rapidez las asociaciones y que estas son la mejor manera de memorizar en poco tiempo muchas palabras. Si, además, utilizas los repasos programados, no las olvidarás nunca.

Los *idioms* son modismos y expresiones que debes aprender de memoria tal como son. En inglés hay muchos y se utilizan con frecuencia. Cada día te proponemos algunos para que al menos aprendas los más importantes.

Out of order (literalmente «fuera de orden»)

Pronunciación: [aut of orda].

Significado: averiado, fuera de servicio (suele referirse a máquinas).

Ejemplo: *The coffee machine is out of order* (La máquina del café está fuera de servicio).

Para memorizar los *idioms*, visualiza una asociación PAV que empiece siempre con una imagen extraída de la expresión en español y después la vinculas a las imágenes de las palabras inglesas. Cuantas más palabras conozcas, más fácil te resultará.

Puedes hacer lo siguiente:

Averiado: un lavabo con un cartel que diga AVERIADO (todos lo hemos visto alguna vez).

Out of [aut of]: un auto.

Order [orda]: una horda de bárbaros.

Ejemplo de asociación: el lavabo con el cartel AVERIADO se estropeó cuando chocó contra él un auto conducido por una horda de bárbaros.

Ejercicio 1.5

Escribe la forma contraída [*she's, we aren't,* etc.] de las siguientes formas verbales.

She is	____________	*They are*	____________
It is not	____________	*He is not*	____________
I am not	____________	*You are*	____________

Ejercicio 1.6

Completa con *am, is, are,* o con las formas negativas *am not, isn't, aren't.*

This book ________ *very big!*	*They* ________ *my friends.*
I ________ *Spanish.*	*The bridge* ________ *tall.*
We ________ *young.*	*You* ________ *happy!*
She ________ *beautiful.*	*My name* ________ *Carl.*

Ejercicio 1.7

Utiliza los siguientes elementos para escribir frases con el *simple present* de *to be* en forma afirmativa contraída y entera.

ella/española	*She is/She's Spanish*
él/profesor	____________________
el libro/pequeño	____________________
ellos/tristes	____________________
yo/alto	____________________
tú/feliz	____________________
el gato/bonito	____________________
ella/vieja	____________________
ello/grande	____________________
nosotros/bajos	____________________

Ejercicio 1.8

Ahora transforma las frases que has escrito en forma negativa e interrogativa y responde a la pregunta con una *short answer.*

Negativa	Interrogativa	Short answer
She is not/isn't Spanish	*Is she Spanish?*	*Yes, she is / No, she is not*
______________	______________	______________
______________	______________	______________
______________	______________	______________
______________	______________	______________
______________	______________	______________
______________	______________	______________
______________	______________	______________
______________	______________	______________
______________	______________	______________

Enhorabuena. Has llegado al final de los ejercicios del primer día. Si no te sientes seguro, comprueba las respuestas en las últimas páginas del libro.

No olvides efectuar el repaso programado antes de hacer una pausa.

CONVERSATION TIME

Para aprender de verdad una lengua, es fundamental practicarla. Si todavía no te sientes lo bastante preparado, recuerda que nunca es demasiado pronto para lanzarse y tomar la iniciativa; ya te hemos explicado lo importante que es en los dos primeros capítulos. Encontrar a alguien con quien hablar por internet es la opción más cómoda y económica. Además, te sentirás menos cohibido, porque con un desconocido no tienes nada que perder. Veamos cómo puedes llegar a tu primera conversación en línea en inglés.

1. Decide buscar a alguien con quien practicar inglés.
2. Busca en Facebook a alguien que hable inglés y mándale un mensaje privado: *I would like to practice my English. Can you help me, please?* (Quisiera practicar mi inglés. ¿Me puedes ayudar, por favor?).
3. Escribe a italki y busca un compañero que te ayude a practicar, o un profesor para una clase de *conversation*.
4. Fija el momento en que vas a conectarte por primera vez a través de un chat especializado o simplemente por Skype.

Con estos cuatro pasos ya vas a tener una fuerte motivación para memorizar en el menor tiempo posible las primeras frases. Es inútil esperar a que llegue el famoso día en que te sientas preparado. El momento adecuado es ahora.

Pues bien, prepárate para tu primera conversación *live* (en vivo). En primer lugar, debemos crear una serie de frases básicas para que puedas realizar un intercambio de preguntas y respuestas al menos durante un minuto. Como puedes imaginar, al principio te serán muy útiles estas frases:

- *I don't understand* [ai dont anderstend] = No comprendo.
- *Could you repeat that?* [cuud yu ripit dat?] (O más breve: *Again, please* [aguein plis] = ¿Puedes repetir?
- *Can you speak slower, please?* [ken yu spik sloue plis?] = ¿Puedes hablar más despacio, por favor?
- *What does it mean?* [uot das it min?] = ¿Qué significa?

Recuerda que es tu primer día; solo necesitas saber unas pocas frases y relajarte. Es muy poco probable que al otro lado de la pantalla te encuentres con la reina de Inglaterra.

Memoriza estas frases o ten el libro abierto a tu lado.

Hi, my name is ________________ [hai, mai neim is ________________] = Hola, me llamo________________

I'm from Spain. Where are you from? [aim from spein. uer ar yu from?] = Yo soy español. ¿Tú de dónde eres?

How old are you? I'm ______________ [hau old ar yu? aim ______________] = ¿Cuántos años tienes? Yo tengo ______________.

En el momento en que te conectes, di solamente: *Hello!* [helou!], y tu nuevo amigo te responderá con otro *hello*. Entonces puedes presentarte y preguntarle: *How are you?* [hau ar yu?] = ¿Cómo estás? Seguro que no te habla de su último desengaño amoroso, ni de sus problemas económicos. Te contestará superficialmente, como hacemos todos en un primer encuentro: *Fine, thanks, and you?* (debería sonar más o menos así: [fain, zenks, end yu?]). Tú puedes decir: *Excited, this is my first time* [icsaitid, dis is mai f(i)rst taim]. Y aquí es inevitable citar a John Peter Sloan cuando dice que la I de *first* debe recordar a un hombre emitiendo un gemido.

Así, al reconocer que estás nervioso porque es tu primera vez, romperás el hielo. Puede que no entiendas nada del resto de la conversación, pero no importa, no es el momento de rendirse. Has estudiado las frases que puedes necesitar; pide que te repitan las frases y que te escriban una palabra si no la tienes clara (así la podrás buscar enseguida en internet). Al final, si obtienes algún tipo de información sobre lo que hace en la vida tu interlocutor, perfecto, y si no, también. Lo importante es que has mantenido tu primera conversación en inglés. Recuerda: del dicho al hecho... no hay tanto trecho si empiezas con buen pie. Y tú ahora ya has recorrido muchos kilómetros. Felicidades, nos vemos mañana.

DAY TWO

Antes de estudiar algo nuevo, es importante que repases rápidamente lo que aprendiste ayer. Es la mejor manera de fijar en la memoria a largo plazo tus nuevos conocimientos.

GRAMMAR RULES

Artículos determinados

A diferencia del español, en el que el artículo determinado concuerda en género y número con el sustantivo al cual acompaña, en inglés existe un único artículo determinado para masculino, femenino y neutro, singular y plural. ¿A que es fácil?

Así, para traducir «el», «los», «la», «las», solo necesitas una palabra: *the* [de].

Ejemplos:

El libro	*The book*	La chica	*The girl*
Los libros	*The books*	Las chicas	*The girls*

En inglés, el artículo determinado se utiliza más que en español, pero nunca lo encontrarás delante de términos pertenecientes a estas categorías:

- Deportes (Me gusta el tenis = *I like tennis*).
- Nombres de comidas (He preparado el almuerzo = *I made lunch*).
- Títulos (Conozco al doctor Martínez = *I know Dr Martínez*).
- Colores (El azul es mi color favorito = *Blue is my favourite colour*).
- Categorías generales (Las rubias se divierten más = *Blondes have more fun*).

Ni tampoco antes de las siguientes palabras:
- *next/last* (El año que viene... = *Next year...*)
- *television* (Vamos a ver la televisión = *Let's watch television*)

Para memorizar estas excepciones, puedes inventar una asociación de imágenes que reúna en una escena toda la lista. Como siempre, elige una imagen concreta para cada elemento y después asócialas con los criterios PAV, cierra los ojos y memoriza.

Ejemplo de asociación: Leo Messi (una imagen nuestra para el deporte) almuerza en exceso (nombres de comidas), luego le duele el estómago y va a la visita del doctor Martínez (títulos), que le recomienda que se relaje contemplando el arcoíris (colores) o viendo la televisión y le da un catálogo (categorías generales) con el fin de que planee actividades de relax para la semana que viene (*next/ last*).

Ahora inténtalo tú. Si usas tu creatividad y tus asociaciones, obtendrás resultados más eficaces. Si vas un poco lento al principio, no te preocupes; cuanto más practiques, más rápido irás. Al terminar estas tres semanas, habrás interiorizado el método y lo podrás aplicar incluso cuando pases a la fase siguiente y profundices más en la lengua.

Artículos indeterminados

En este caso, la gramática inglesa también es más sencilla que la española. Existen dos formas para el artículo indeterminado singular («un», «una»): *a* [a], *an* [an], válidas para todos los géneros. El uso de una u otra forma depende de la inicial del sustantivo al que acompañan: si la palabra empieza por vocal, se usa *an*; si empieza por consonante, se usa *a*. El artículo indeterminado carece de plural (para expresar el equivalente a «unos», «unas», se utilizan otros términos).

Veamos unos ejemplos.

Una balanza	*A scale* [a skeil]	Una manzana	*An apple* [an apol]
Un tren	*A train* [a trein]	Un ejercicio	*An exercise* [an egsersais]

Plural de los sustantivos

Otra regla muy fácil. En general, el plural de los sustantivos ingleses se contruye añadiendo una -S final. Pero hay algunas excepciones...

- Cuando la palabra singular termina con -S, -SH, -CH, -Z, se añade -ES (*ash, ashes*).
- Cuando la letra final es una Y precedida de vocal, se añade -S (*toy, toys*), pero si va precedida de consonante, la Y se transforma en I y se añade -ES (*party, parties*).
- En los sustantivos que terminan en -F, -FE, la desinencia se sustituye por -VES (*knife, knives*).

Recapitulemos con algunos ejemplos más:

	SINGULAR	PLURAL
Balanza	*Scale*	*Scales*
Libro	*Book*	*Books*
Pestaña	*Lash*	*Lashes*
Iglesia	*Church*	*Churches*
Chico	*Boy*	*Boys*
Estudio	*Study*	*Studies*
Estante	*Shelf*	*Shelves*

Por último, existen algunos plurales irregulares que no siguen una regla propiamente dicha.

	SINGULAR	PLURAL
Persona	*Person*	*People*
Niño	*Child*	*Children*
Hombre	*Man*	*Men*
Mujer	*Woman*	*Women*
Ratón	*Mouse*	*Mice*

	SINGULAR	PLURAL
Pez/Pescado	*Fish*	*Fish*
Oveja	*Sheep*	*Sheep*
Pie	*Foot*	*Feet*
Diente	*Tooth*	*Teeth*

Conjunciones y preposiciones indispensables

Empecemos a enriquecer las frases con algunos elementos que te permitirán conectar los verbos y sustantivos que conoces. Obviamente en inglés, como en español, hay muchas conjunciones y preposiciones con distintos matices. Pero con este «repertorio mínimo» ya llegarás muy lejos...

And

Es la conjunción más común. Se pronuncia [end] y significa «y» (*I like apples and oranges*, Me gustan las manzanas y las naranjas).

Because

Because [bicós] significa «porque» y se usa en frases afirmativas y negativas, para explicar un motivo (*I study English because I want to travel*, Estudio inglés porque quiero viajar). En las interrogativas, como veremos más adelante, se usa *why* [uay] (*Why do you study English?* ¿Por qué estudias inglés?).

But

But [bat] significa «pero» (*I love you, but I must leave*, Te quiero, pero tengo que marcharme).

With, without

With [uiz] significa «con» (*I come with you*, Voy contigo).

Without [uizaut] significa «sin» (*I want to leave without you*, Quiero marcharme sin ti).

Pronombres personales complemento

Ayer vimos los pronombres personales en función de sujeto. Pero los pronombres también sirven para designar, sin repetir su nombre, a todas las personas y cosas que rodean al sujeto, es decir, a lo que en un análisis sintáctico llamamos complementos.

A continuación, incluimos una tabla con los pronombres personales sujeto (repásalos) junto a los pronombres complemento. Utílizalos siempre que necesites un pronombre con una función que no sea la de sujeto (Él trabaja para ella = *He works for her*).

PRONOMBRES PERSONALES SUJETO	PRONOMBRES PERSONALES COMPLEMENTO
I	*Me* [mi]
You	*You* [yu]
He	*Him* [him]
She	*Her* [her, con la E muy cerrada]
It	*It* [it]
We	*Us* [as]
You	*You* [yu]
They	*Them* [dem]

La familia

	GRAFÍA	PRONUNCIACIÓN	REESCRIBE
Familia	*Family*	[femili]	
Madre/mamá	*Mother/mom*	[moda]/[mam]	
Padre/papá	*Father/dad*	[foda]/[dad]	
Hijo	*Son*	[son]	
Hija	*Daughter*	[douter]	
Hermano	*Brother*	[broda]	
Hermana	*Sister*	[sista]	
Tío	*Uncle*	[áncol]	
Tía	*Aunt*	[ant] para los ingleses [ent] para los norteamericanos	
Abuelo	*Grandfather*	[grandfoda]	
Abuela	*Grandmother*	[grandmoda]	
Padres	*Parents*	[parents]	
Abuelos	*Grandparents*	[grandparents]	
Nieto (sin especificar género)	*Grandchild*	[grandchaild]	
Nieta	*Granddaughter*	[granddouter]	
Nieto	*Grandson*	[grandson]	
Sobrina	*Niece*	[nis]	
Sobrino	*Nephew*	[nefiu]	

	GRAFÍA	PRONUNCIACIÓN	REESCRIBE
Esposa	*Wife*	[uaif]	
Marido	*Husband*	[hasband]	
Pariente	*Relative*	[relativ]	

En el caso de los parientes políticos, se utilizan los mismos términos que para los consanguíneos, pero se les añade *in-law* [in lou].

Suegro	*Father-in-law*
Suegra	*Mother-in-law*
Cuñado	*Brother-in-law*
Cuñada	*Sister-in-law*
Yerno	*Son-in-law*
Nuera	*Daughter-in-law*

Madrastras, hijastros, etc., van precedidos de *step* [step]: *stepmother, stepson*...

Las palabras del día

	GRAFÍA	PRONUNCIACIÓN	REESCRIBE
Automóvil	*Car*	[car]	
Así/entonces	*So*	[so]	
Hoy	*Today*	[tudey]	
Jardín	*Garden*	[garden]	
Flor	*Flower*	[flauer]	

	GRAFÍA	PRONUNCIACIÓN	REESCRIBE
Perro	*Dog*	[dog]	
Manzana	*Apple*	[apol]	
Animal doméstico	*Pet*	[pet]	
Ley	*Law*	[lou]	
Bueno/bonito/ agradable	*Nice*	[nais]	
Niño/niños	*Child*/ *children*	[chaild]/[children]	
Persona/ personas	*Person*/ *people*	[person]/[pipol]	
Lluvia	*Rain*	[rein]	
Vacaciones	*Holiday*	[holidei]	
Decir	*To tell, told, told*	[tu tel, told, told]	
Jugar/ tocar (un instrumento)	*To play* (regular)	[tu plei]	
Trabajar	*To work* (regular)	[tu uork]	

Ahora vamos a memorizar algunas palabras.

Car [car] = automóvil.

Automóvil: tu automóvil.

[Car]: los dibujos animados de Pixar *Cars*.

Ejemplo de asociación: tu coche choca contra Rayo McQueen, el coche rojo protagonista de *Cars*.

El mismo sistema funciona con los verbos:

To work [tu uork] = trabajar

Trabajar: trabajadores del zoo.

[Uork] = una orca.

Ejemplo de asociación: los trabajadores del zoo limpian la piscina de la orca.

En este caso, existe una asociación menos paradójica que podría funcionar bien: el típico cartel de que se hacen obras (se trabaja) con la frase WORK IN PROGRESS.

IDIOMS

It's raining cats and dogs (literalmente: «Llueven gatos y perros»)

Pronunciación: [its reinin cats end dogs].

Significado: llueve a cántaros.

Ejemplo: *What's the weather like in London? It's raining cats and dogs* (¿Qué tiempo hace en Londres? Llueve a cántaros).

Para este *idiom*, aprovecha que hoy has aprendido que «perro» se dice *dog*, «gato» se dice *cat* y «lluvia» se dice *rain* y memoriza la expresión con imágenes españolas. Por ejemplo, imagina que llueven cántaros a los que van agarrados gatos y perros.

Keep an eye on... (literalmente: «Tener un ojo en...»)

Pronunciación: [kiip an ai on].

Significado: vigilar a..., echarle un ojo a...

Ejemplo: *Please, keep an eye on the children while I'm away* (Por favor, vigila a los niños mientras estoy fuera).

EJERCICIO 2.1

Completa con el artículo indeterminado correcto.

_______ *pool*
_______ *dog*
_______ *uncle*
_______ *apple*
_______ *book*
_______ *aunt*
_______ *lash*
_______ *wife*
_______ *holiday* (la H aspirada se considera una consonante)

EJERCICIO 2.2

Coloca estas palabras en singular en el grupo correcto según las reglas de formación del plural.

buzz	*cousin*	*hobby*	*boy*	*sister*
canary	*flash*	*lunch*	*bridge*	*holiday*

-s: ____________ ____________ ____________ ____________ ____________
-es: ____________ ____________ ____________
-ies: ____________ ____________

EJERCICIO 2.3

Completa las frases con el pronombre personal complemento correcto.

Regalas un libro a los tíos con los que te alojas en California: *This is a book for* ____________ .

Le declaras tu amor a May: *I love* ____________ .

Encuentras una carta dirigida a ti: *This letter is for* ____________ .

Describes a una amiga que trabaja para tu padre: *She works for* ____________.

Te encuentras a Lucy y Carl por la calle: *I call* ____________.

Celebras tu cumpleaños el mismo día que tu mejor amigo: *Happy birthday to*____________*!*

Repasa lo que has aprendido hoy y utilízalo en tus próximas conversaciones.

CONVERSATION TIME

Ayer mantuviste tu primera conversación; seguro que no duró más que unos segundos. Hoy aprenderás una serie de frases para intercambiar unas palabras más.

What do you do? [uot du yu du?] = ¿En qué trabajas?

How do you spend you free time? [hau du yu spend yo(u)r fri taim?] = ¿Cómo pasas tu tiempo libre?

I work with... [ai uork uiz] = Trabajo con...

Have you any hobbies? [hav yu eni hobis?] = ¿Tienes alguna afición?

Where are you from? [uer ar yu from?] = ¿De dónde eres?

My mom and dad are from... [mai mam end dad ar from] = Mi mamá y mi papá son de...

What is your favorite dish? [uot is yo(u)r feivorit dish] = ¿Cuál es tu plato preferido?

I love... [ai lov] = Me encanta...

Durante la conversación, ten a mano un bloc de notas y escribe todo lo que te gustaría decir pero no sabes cómo. Después, puedes buscar las traducciones en internet.

De ahora en adelante, simplemente tienes que repetir el proceso de la primera conversación con el objeto de prolongarla cada vez más. El principio de todo intercambio es prácticamente el mismo. Repasa bien qué vas a decir en los primeros instantes, cuando te presentas y conoces a alguien, para empezar siempre bien preparado y con soltura.

Puedes hacer una lista de palabras o frases y colocarla al lado de la pantalla para echarle un vistazo si la necesitas. Ten siempre abierto WordReference para encontrar rápidamente el significado de una palabra o saber cómo se pronuncia un término que todavía no hayas aprendido.

DAY THREE

Repasa lo que aprendiste ayer y luego, después de relajarte un par de minutos, empieza a estudiar y a hacer los ejercicios del tercer día.

GRAMMAR RULES

Verbo haber/tener: to have, to have got

El verbo «haber» realiza dos funciones: verbo auxiliar para formar los tiempos compuestos (en este caso se usa solo *to have*) y verbo normal con el significado de «tener» o «poseer» (en este caso se usan *to have* y *to have got*).

Utilizaremos *to have got* si queremos subrayar más que con un simple *to have* la idea de «poseer», o también para decir «obtener». *To have got* se usa solo en presente.

Empecemos con la forma afirmativa.

	GRAFÍA	PRONUNCIACIÓN	FORMA CONTRAÍDA	REESCRIBE
yo he/tengo	*I have*	[ai hav]	*I've*	
tú has/tienes	*you have*	[yu hav]	*you've*	
él/ella/ello ha/ tiene	*he/she/it has*	[hi/shi/it has]	*he/she/it's*	
nosotros/ nosotras hemos/ tenemos	*we have*	[ui hav]	*we've*	
vosotros/ vosotras habéis/tenéis	*you have*	[yu hav]	*You've*	
ellos/ellas han/tienen	*they have*	[dei hav]	*they've*	

Como ves, la conjugación es siempre igual, excepto la tercera persona del singular. Aún es más fácil que el verbo ser.

La forma afirmativa se compone de:

sujeto + verbo + complemento

o de:

sujeto + *have/has (got)* + complemento.

Algunas expresiones para las que existe un verbo específico en español, en inglés se construyen con el verbo *to have*. Por ejemplo, *to have breakfast* (desayunar) o *to have a shower* (ducharse).

Por último, ten cuidado: cuando *to have (got)* va seguido de la preposición *to*, adquiere el significado de «tener que» (*I have got to go*, Me tengo que ir).

Ejercicio 3.1

Lee los ejemplos y completa.

Yo tengo un perro.	*I have a dog.*
Él tiene un coche.	*He has a car.*
Nosotros damos una fiesta.	*We have a party.*
Nosotros tenemos un ordenador.	______________________
Ana tiene vacaciones (*to have a holiday*).	______________________
Ellos tienen los ojos azules (*blue eyes*).	______________________

Forma negativa, interrogativa e interrogativa-negativa

Es necesario distinguir entre *to have got* y *to have*. Si quieres preguntarle a alguien si tiene una bicicleta, la estructura será:

have/has + sujeto + *got* + complemento + ?

En caso de que el verbo *to have* no indique lo que se posee (por ejemplo *to have a shower* o *to have breakfast*), la frase interrogativa se construye con el auxiliar *to do* [tu du] y el verbo *have* en infinitivo:

do/does + sujeto + *have* + complemento + ?

Ejercicio 3.2

Lee los ejemplos y completa.

¿Tú tienes un perro?	*Have you got a dog?*
¿Él tiene un coche?	*Has he got a car?*
¿Nosotros damos una fiesta?	*Do we have a party?*

¿Nosotros tenemos un ordenador? ____________________
¿Ana está de vacaciones? ____________________
¿Ellos tienen los ojos azules? ____________________

En cuanto a las *short answers*, siempre debes repetir el auxiliar de la pregunta.

Así, para responder a una pregunta con *have got*, dirás *Yes, I have*, o *No, I haven't*. En cambio, si la pregunta lleva el auxiliar *to do*, utilizarás *Yes, I do* o *No, I don't*.

Para la forma negativa, solo hay que añadir *not* después del auxiliar; en el caso de *to have got*, después de *have/has*:

sujeto + *have/has* + *not* + *got* + complemento.

En caso de que el verbo *to have* no signifique «tener», usaremos el auxiliar *to do* seguido de *not*:

sujeto + *do/does* + *not* + *have* + complemento.

EJERCICIO 3.3

Lee los ejemplos y completa.

Yo no tengo un perro.	*I have not got a dog / I haven't got a dog.*
Él no tiene un coche.	*He has not got a car / He hasn't got a car.*
Nosotros no damos una fiesta.	*We do not have a party / We don't have a party.*

Nosotros no tenemos un ordenador. ____________________
Ana no está de vacaciones. ____________________
Ellos no tienen los ojos azules. ____________________

Por último, siguiendo las reglas que hemos visto hasta ahora, la forma interrogativa-negativa se puede estructurar en dos modelos, según los casos.

Si *to have* significa «tener»:

have/has + sujeto + *not* + *got* + complemento + ?

Si no:

do/does + sujeto + *not* + *have* + complemento + ?

Ejercicio 3.4

Lee los ejemplos y completa.

¿Tú no tienes un perro?	*Have you not got a dog? / Haven't you got a dog?*
¿Él no tiene un coche?	*Has he not got a car? / Hasn't he got a car?*
¿Nosotros no damos una fiesta?	*Do we not have a party? / Don't we have a party?*

¿Nosotros no tenemos un ordenador? ______________________

¿Ana no está de vacaciones? ______________________

¿Ellos no tienen los ojos azules? ______________________

La forma contraída suele utilizarse más en el lenguaje coloquial. En los textos formales (incluidos los trabajos académicos y los documentos laborales importantes), siempre es mejor escribir los verbos enteros.

Aquí no vamos a detenernos en las diferencias entre inglés británico e inglés norteamericano; tal vez algún nativo llegue a fruncir la nariz por ello, pero no van a interferir en tu capacidad de comunicar ni en su capacidad de entenderte. Para sensibilizarte un poco ante este tipo de «complicaciones», solo mencionaremos que los ingleses utilizan *to have got* con más frecuencia que los norteamericanos. Se nota sobre todo en las interrogativas, ya que un londinense siempre dice: *Have you got a pen?*, mientras que un neoyorquino puede decirte: *Do you have a pen?*

Además, a un norteamericano puede sonarle rara la forma contraída del verbo *to have* cuando se utiliza como auxiliar. Así, si dices *I've a new car* (en vez de *I have a new car*), podrían tomarte por un súbdito de la reina.

VOCABULARY

House y home

Tanto *house* [haus] como *home* [hom] significan «casa», pero con distintos matices de significado.

House es la casa entendida como edificio y, en cambio, *home* tiene una acepción más sentimental: se refiere al «hogar», como en la expresión *home sweet home*, que significa «hogar, dulce hogar».

Los colores

	GRAFÍA	PRONUNCIACIÓN	REESCRIBE
Color	*Colour* (ortografía inglesa) *Color* (ortografía norteamericana)	[color]	

	GRAFÍA	PRONUNCIACIÓN	REESCRIBE
Azul	*Blue*	[blu]	
Azul (claro)	*Light blue*	[lait blu]	
Negro	*Black*	[blak]	
Verde	*Green*	[griin]	
Amarillo	*Yellow*	[yelou]	
Blanco	*White*	[uait]	
Rosa	*Pink*	[pink]	
Rojo	*Red*	[red]	
Gris	Grey (ortografía inglesa) Gray (ortografía norteamericana)	[grei]	
Naranja	*Orange*	[oranch]	
Violeta	*Violet, purple*	[vayolet], [parpol]	
Marrón	*Brown*	[braun]	

La casa

	GRAFÍA	PRONUNCIACIÓN	REESCRIBE
Habitación	*Room*	[ruum]	
Cocina	*Kitchen*	[kitchen]	
Comedor	*Dining room*	[dainin ruum]	
Sala de estar	*Living room*	[livin ruum]	
Cama	*Bed*	[bed]	
Dormitorio	*Bedroom*	[bedruum]	
Baño/bañera	*Bath*	[baz]	

	GRAFÍA	PRONUNCIACIÓN	REESCRIBE
Cuarto de baño	*Bathroom*	[bazruum]	
Ático/desván	*Attic*	[atic]	
Techo/tejado	*Roof*	[ruuf]	
Sótano	*Cellar*	[selar]	
Garaje	*Garage*	[garach]	
Lavandería	*Laundry room*	[loundry ruum]	
Ventana	*Window*	[uindou]	
Piso/ apartamento	*Flat* (para los ingleses) *Apartment* (para los norte-americanos)	[flat] [apartment]	
Suelo/piso (planta de un edificio)	*Floor*	[floor]	
Mesa	*Table*	[teibol]	
Silla	*Chair*	[cher]	
Sofá	*Sofa*	[soufa]	
Sillón	*Armchair*	[armcher]	
Armario	*Wardrobe*	[uordrob]	
Escaleras	*Stairs*	[stears]	

Las palabras del día

	GRAFÍA	PRONUNCIACIÓN	REESCRIBE
Cada	*Every*	[evri]	
Fiesta	*Party*	[parti]	
Ciudad	*City*	[siti]	
Ojo	*Eye*	[ai]	
Desayuno	*Breakfast*	[brekfast]	
Ducha	*Shower*	[shauer]	
Bolígrafo	*Pen*	[pen]	
Montaña	*Mountain*	[maunten]	
Zapato	*Shoe*	[shu]	
Almuerzo	*Lunch*	[lanch]	
Balón/Pelota	*Ball*	[boll]	
Estrella	*Star*	[star]	
Cielo	*Sky*	[skai]	
Luego	*Then*	[den]	
Día	*Day*	[dei]	
Piano	*Piano*	[piano]	
Cansado	*Tired*	[taied]	
Mirar	*To look*	[tu luk]	
Gustar	*To like* (no te confundas con *like*, «como»)	[tu laik]	

To see, to look, to watch

Estos tres verbos se refieren al sentido de la vista y podemos traducirlos por «ver», aunque poseen significados ligeramente distintos. Ante todo, es necesario saber si la acción es activa o pasiva, es decir, si es voluntaria o espontánea.

- *To see* indica una acción pasiva, cuando vemos algo que no necesariamente queríamos ver.
  Ejemplos:
  I saw your mother at the supermarket yesterday (Vi a tu madre en el supermercado ayer).
  Did you see that ugly mouse in the pool? (¿Has visto ese feo ratón en la piscina?).
- *To look* se utiliza cuando debemos implicarnos activamente y prestar atención para ver algo.
  Ejemplos:
  Look! It's raining (¡Mira! Está lloviendo).
  Last night we went looking at the stars (Anoche fuimos a mirar las estrellas).
- *To watch* indica una acción activa que todavía requiere más atención. Lo usamos para referirnos a algo que está ocurriendo o está en movimiento. Por ejemplo, un programa de televisión, una película o un partido de fútbol.
  Ejemplos:
  Did you watch this film? (¿Has visto esta película?).
  I want to watch the game tonight (Quiero ver el partido esta noche).

IDIOMS

To walk on air (literalmente: «Andar por el aire»)

Pronunciación: [tu uóok on ea].

Significado: estar en la gloria.

Ejemplo: *Nina: How is it going with the new job? Darren: I am walking on air* (Nina: ¿Cómo te va en el nuevo trabajo? Darren: Estoy en la gloria).

To go bananas (literalmente: «Ir plátanos»)

Pronunciación: [tu gou bananas].

Significado: perder la cabeza, volverse loco de rabia o de alegría.

Ejemplo: *I have a new puppy, the children will go bananas* (Tengo un cachorro nuevo, los niños se volverán locos).

In a nutshell (literalmente: «En una cáscara de nuez»)

Pronunciación: [in a natshel].

Significado: en pocas palabras.

Ejemplo: *Mary: How did it go with Sam last night? Kim: In a nutshell, we broke up* (Mary: ¿Cómo te fue con Sam anoche? Kim: En pocas palabras, rompimos).

EJERCICIO 3.5

Escribe el verbo en forma contraída.

She has got ____________

It has not got ____________

I have not got ____________

They have ____________

He has not got ____________

You have ____________

EJERCICIO 3.6

Utiliza las palabras entre paréntesis para decir que tienes una cosa o que no la tienes.

(*camera* = cámara fotográfica) *I have a camera. I haven't got a camera.*

(*ball* = balón) ____

(*book*) ____

(*pair of shoes* = par de zapatos) ____

(*pen*) ____

Ejercicio 3.7

Utiliza los siguientes elementos para escribir frases con el *simple present* de *to have*, en forma afirmativa contraída y entera.

yo/armario grande	*I have / I've got a big wardrobe*
Luisa/ojos azules	______________________
ellos/almuerzo	______________________
ellos/piscina	______________________
ella/fiesta	______________________
nosotros/manzana verde	______________________
perro/se baña	______________________
Carlos/cocina roja	______________________
Justin y yo/dos hermanos	______________________
nosotros/casa grande	______________________

Ejercicio 3.8

Transforma las frases que has escrito en forma negativa e interrogativa y responde a la pregunta con una *short answer*.

Negativa	Interrogativa	Short answer
______________	______________	______________
______________	______________	______________
______________	______________	______________
______________	______________	______________
______________	______________	______________
______________	______________	______________
______________	______________	______________
______________	______________	______________
______________	______________	______________

Estás llegando al final. No olvides repasar los temas del día, las palabras, las nuevas frases y los *idioms*.

Añade unas preguntas más a tu repertorio y busca una forma de responder:

- *Which is your best quality?* = ¿Cuál es tu mejor cualidad?
- *And your worst shortcoming?* = ¿Y tu peor defecto?
- *How would you describe yourself, in a nutshell?* = ¿Cómo te describirías en pocas palabras?
- *Do you make friends easily?* = ¿Haces amigos con facilidad?
- *What do you do when you go out with your friends?* = ¿Qué haces cuando sales con tus amigos?
- *Do you do any kind of sport?* = ¿Practicas algún deporte?

Durante las primeras conversaciones, necesitarás pensar lo que vas a decir y buscar una forma de expresarte que resulte comprensible. Recuerda que tu objetivo es comunicar, por lo cual debes concentrarte en la manera más sencilla de expresar lo que dirías con total desenvoltura en español pero que no sabes cómo traducir al inglés.

Por ejemplo, supongamos que el tema de la charla son los viajes, y que tú quieres decir: «En septiembre viajaré a Manchester». Como aún no hemos estudiado el futuro, podrías tener la tentación de rendirte. ¡No lo hagas! Ya conoces los verbos modales, así es que puedes sustituir el futuro por *I want to*. Puedes decir: «En septiembre quiero hacer un viaje a Manchester». Los verbos modales son muy útiles mientras aún estás aprendiendo la gramática, ya que puedes combinarlos con cualquier verbo en infinitivo, sin preocuparte de tiempos, paradigmas ni nada.

Si no sabes cómo se dice «viajar», no hay problema; simplifica la frase y usa el verbo «ir», *to go*. Si tampoco conoces este, simplifica todavía más y usa el verbo «ser»; la frase quedaría así: *I want to be in Manchester in September*. No es perfecta, pero es comprensible y eso es lo importante. Estás haciendo grandes progresos.

DAY FOUR

Repasa lo que aprendiste ayer, luego relájate un par de minutos y márcate como objetivo empezar a estudiar los temas y hacer los ejercicios del cuarto día.

GRAMMAR RULES

Adjetivos y pronombres posesivos

Los adjetivos y pronombres posesivos indican a quién pertenecen algo o alguien. Por ejemplo, *It's my dog* (Es mi perro), o *The dog is mine* (El perro es mío).

Los adjetivos posesivos siempre van seguidos del sustantivo al que se refieren; en cambio, los pronombres, por definición, lo sustituyen.

A continuación, repasaremos los pronombres que ya hemos estudiado (sujeto y complemento) junto a las nuevas palabras que debes memorizar.

PRONOMBRES PERSONALES SUJETO	PRONOMBRES PERSONALES COMPLEMENTO	ADJETIVOS POSESIVOS	PRONOMBRES POSESIVOS
I	*Me*	*My* [mai]	*Mine* [main]
You	*You*	*Your* [yo(u)r]	*Yours* [yo(u)rs]
He	*Him*	*His* [his]	*His* [his]
She	*Her*	*Her* [her]	*Hers* [hers]
It	*It*	*Its* [its]	*Its* [its]
We	*Us*	*Our* [au(a)r]	*Ours* [au(a)rs]
You	*You*	*Your* [yo(u)r]	*Yours* [yo(u)rs]
They	*Them*	*Their* [d(e)ir]	*Theirs* [d(e)irs]

Un consejo para memorizar: encontrarás estos pronombres y adjetivos muy a menudo, por lo cual no te resultaría útil buscar imágenes PAV para cada palabra. Es mejor que utilices el principio del contraste-fondo y marques con colores distintos las diferencias entre adjetivos y pronombres.

Adjetivos y pronombres demostrativos

En los adjetivos y pronombres demostrativos no hay variación entre masculino, femenino y neutro. Estas son las formas:

This [dis] Este, esta, esto
That [dat] Aquel, aquella, aquello/ ese, esa, eso

These [diis] Estos, estas
Those [doos] Aquellos, aquellas/ esos, esas

Ejemplos:

This is my dog. Yours is that one.	Este es mi perro. El tuyo es aquel.
Is that your dog? No, this is mine.	¿Aquel es tu perro? No, es este.
These aren't my dogs. Those are mine.	Estos no son mis perros. Aquellos son los míos.

Genitivo sajón

Para expresar una relación de pertenencia con respecto a personas, animales, expresiones de tiempo, naciones o ciudades, se utiliza el genitivo sajón, construido según la siguiente estructura:

poseedor + *'s* + cosa poseída.

Por ejemplo, «El bolígrafo de Lory» no se dice *The pen of Lory*, sino *Lory's pen*.

Cuando el sustantivo que designa al poseedor termina en -S (es el caso de la inmensa mayoría de los plurales), solo se añade el apóstrofo: *The girls' shoes are in their room* (Los zapatos de las chicas están en su habitación).

Excepción de la excepción: cuando se trata de un nombre propio terminado en -S, puedes elegir si prefieres añadir 'S o solo el apóstrofo. Así, «La esposa de Thomas» se puede traducir por *Thomas' wife* o *Thomas's wife*. Pero si dices *I like my house, but Thomas's is better* puede parecer que estás comparando tu casa con tu amigo. En tales casos, es mejor añadir (y pronunciar) la segunda S [ai laik mai haus bat tomasis is better]. Por último, en la construcción del genitivo sajón, algunos sustantivos se pueden sobreentender. Si añades solo 'S, tu interlocutor, por el contexto, sabrá que estás omitiendo palabras como *house, shop, office, surgery* (consultorio médico) o *church*.

Por ejemplo, si hay una fiesta en casa de Jaime, puedes decir *There is a party at Jaime's house*, o bien *There is a party at Jaime's*.

Preposiciones de lugar

At

At [at] significa «en» y denota el lugar en que se realiza la acción del verbo.

Ejemplo: *I'm at the bus stop* (Estoy en la parada del autobús).

También se utiliza *at* para indicar las direcciones. Memoriza este modelo:

at + número de la calle, calle.

Ejemplo: *Tom lives at 15, Birch Road* (Tom vive en el 15 de Birch Road).

On

On [on] significa «en» en el sentido de «sobre», «encima», cuando existe un contacto con lo que está debajo.

Ejemplo: *The glass is on the table* (El vaso está en la mesa).

Above

Above [abov] significa «sobre», sin contacto.

Ejemplo: *The shelf is above the desk* (El estante está sobre del escritorio).

In

In [in] significa «en», «dentro», en un espacio delimitado (una casa, la ciudad de Londres).

Ejemplo: *She lives in town* (Ella vive en la ciudad).

Inside

Inside [insaid] significa «en», «dentro», «en el interior de».

Ejemplo: *The hat is inside the box* (El sombrero está dentro de la caja).

Outside, out of

Outside [autsaid] y *out of* [aut of] significan «fuera de», «en el exterior de».

Ejemplo: *The kids are outside* (Los niños están fuera).

Under

Under [ander] significa «debajo».

Ejemplo: *The dog is under the chair* (El perro está debajo de la silla).

Behind

Behind [bihaind] significa «detrás».

Ejemplo: *The pen is behind the sofa* (El bolígrafo está detrás del sofá).

Among

Among [among] significa «entre» e indica una cosa entre varias.

Ejemplo: *Your socks are among other things in the bag* (Tus calcetines están entre las demás cosas en la bolsa).

Between

Between [bituin] significa «entre» e indica una cosa entre dos.

Ejemplo: *My office is between the hair salon and the bank* (Mi oficina está entre la peluquería y el banco).

Near

Near [niar] significa «cerca de», sin contacto.

Ejemplo: *The cinema is near the bus stop* (El cine está cerca de la parada de autobús).

Next to

Next to [next tu] significa «cerca de» con contacto, «al lado de».

Ejemplo: *The cinema is next to the restaurant* (El cine está al lado del restaurante).

Beside

Beside [bisaid] significa «al lado de», «junto a», sin contacto.

Ejemplo: *I keep a glass of water beside my bed* (Tengo un vaso de agua al lado de la cama).

In front of

In front of [in front of] significa «enfrente de».

Ejemplo: *My house is in front of the bank* (Mi casa está enfrente del banco).

From

From [from] significa «de» en el sentido de origen.

Ejemplo: *I'm from Sweden* (Soy de Suecia).

Far

Far [far] significa «lejos».

Ejemplo: *The train station is not very far from here* (La estación de tren no está muy lejos de aquí).

Una ayuda para recordar: el *far west* de las películas de vaqueros es el «lejano Oeste».

Right

Right [rait] significa «a la derecha».

Ejemplo: *The bed is to the right of the wardrobe* (La cama está a la derecha del armario).

Left

Left [left] significa «a la izquierda».

Ejemplo: *Turn left* (Gira a la izquierda).

Preposiciones de finalidad

To + verbo

La finalidad de una acción (que normalmente en español va introducido por las preposiciones «a», «para») se traduce con *to* [tu], seguido del verbo que indica dicha finalidad.

Ejemplo: *I go to the mountain to ski* (Voy a la montaña a esquiar).

For

Si en vez de un verbo, se trata de un sustantivo (en este caso en español se utiliza «por»), se usa la preposición *for* [for].

Ejemplo: *I am here for you* (Estoy aquí por ti).

Veamos dos ejemplos con el mismo significado:
I play tennis to have fun (Juego a tenis para divertirme).
I play tennis for fun (Juego a tenis por diversión).

VOCABULARY

La ciudad

	GRAFÍA	PRONUNCIACIÓN	REESCRIBE
Ciudad	*Town*	[taun]	
Edificio	*Building*	[bildin]	
Ascensor	*Lift*	[lift]	
Carretera	*Road*	[roud]	
Camino	*Way*	[uey]	
Metro	*Underground*	[andergraund]	
Semáforo	*Traffic lights*	[trafic laits]	
Tráfico	*Traffic*	[trafic]	
Autobús	*Bus*	[bus]	
Gasolinera	*Petrol station*	[petrol steishon]	
Estación de autobús/de tren	*Bus/train station*	[bas]/[trein] [steishon]	
Centro comercial	*Shopping centre/ shopping mall*	[shopin senter]/ [shopin mol]	
Tienda	*Shop/store*	[shop]/[stor]	
Oficina	*Office*	[ofis]	
Oficina de correos	*Post office*	[post ofis]	
Banco	*Bank*	[bank]	

	GRAFÍA	PRONUNCIACIÓN	REESCRIBE
Hotel	*Hotel*	[hotel]	
Vestíbulo del hotel	*Lobby*	[lobi]	
Mercado/ supermercado	*Market/ supermarket*	[market]/ [supermarket]	
Restaurante	*Restaurant*	[restoran]	
Parque	*Park*	[park]	
Aparcamiento	*Car park*	[car park]	
Peatón	*Pedestrian*	[pedestrian]	
Paso subterráneo	*Pedestrian subway*	[pedestrian sabuey]	
Paso de peatones	*Pedestrian crossing*	[pedestrian crosing]	
Dirección (domicilio)	*Adress*	[adres]	
Calle	*Street*	[striit]	
Avenida	*Avenue*	[aveniu]	
Plaza	*Square*	[scuer]	
Accidente	*Accident*	[acsident]	
Hospital	*Hospital*	[hospital]	

Las palabras del día

	GRAFÍA	PRONUNCIACIÓN	REESCRIBE
Gafas de sol	*Sunglasses*	[sanglasis]	
Toalla	*Towel*	[tauel]	
Hueso	*Bone*	[bo(u)n]	
Llave	*Key*	[ki]	
Mar	*Sea*	[sii]	
Cumpleaños	*Birthday*	[b(i)rzdei]	

	GRAFÍA	PRONUNCIACIÓN	REESCRIBE
Pájaro	*Bird*	[berd]	
Móvil/Teléfono	*Phone*	[foun]	
Refresco	*Drink*	[drink]	
Fotografía	*Picture*	[pikcha]	
Pocos	*Few*	[fiu]	
Aproximadamente	*About*	[abaut]	
Árbol	*Tree*	[trii]	
Caseta para el perro	*Doghouse*	[doghaus]	
Correr	*To run, ran, run*	[tu ran, ren, ran]	
Llamar	*To call* (regular)	[tu col]	
Querer	*To want* (regular)	[tu uont]	
Escribir	*To write, wrote, written*	[tu rait, rout, riten]	
Dar	*To give, gave, given*	[tu giv, geiv, given]	
Ofrecer	*To offer* (regular)	[tu ofer]	

IDIOMS

To be dying for something (literalmente: «Morir por algo»)
Pronunciación: [tu bi dain for samzin].
Significado: Morirse de ganas de..., morirse por...

Ejemplo: *I'm dying for a biscuit* (Me muero por una galleta).

To miss the boat (literalmente: «Perder el barco»)
Pronunciación: [tu mis de bo(u)t].
Significado: Perder el tren, perder la oportunidad.
Ejemplo: *They've just sold the last ticket for the play. I guess I missed the boat* (Acaban de vender la última entrada para la función. Supongo que he perdido la oportunidad).

Short but sweet (literalmente: «Corto pero dulce»)
Pronunciación: [short bat suiit].
Significado: Breve pero intenso.
Ejemplo: *Jim: How was your weekend? Kim: It was short but sweet* (Jim: ¿Qué tal el fin de semana? Kim: Ha sido breve pero intenso).

Ejercicio 4.1

Completa con el adjetivo y el pronombre posesivo correctos, como en el ejemplo.

1. *Is this my pen? Yes, it's yours.*
2. *Is that* (suyo, de ella) ________ *ball? No,* ________ (mío).
3. *Are these* (tuyas) ________ *sunglasses, Lory? Yes,* ________ .
4. *Lucy, is this* (mío) ________ *drink? No,* ________ (suyo, de él).
5. *Are these* (nuestras) ________ *apples? Yes,* ________ .
6. *Are those* (vuestras) ________ *towels? Yes,* ________ .
7. *Is that* (suyo, del perro) ________ *bone? Yes,* ________ .
8. *Ken, are these* (tuyas) ________ *keys? No,* ________ (suyas, de ella).
9. *Is this* (suya, de ellos) ________ *house? Yes,* ________ .
10. *Is that* (suyo, de él) ________ *dog? Yes,* ________ .

Ejercicio 4.2

Observa el árbol genealógico de la página siguiente. Identifícate con Mark y utiliza el genitivo sajón para escribir frases sobre las relaciones de parentesco de tu familia.

1. (Yo/hijo/Susy) *I am Susy's son.*
2. (Brian/Miranda/tío) ______________________________
3. (Marcus/Miranda/papá) ______________________________
4. (Mary/mía/mis hermanos/abuela) ______________________________
5. (Marcus y Brian/hermanos/Lucy) ______________________________
6. (Miranda/hija/Sylvia) ______________________________
7. (Sylvia/esposa/Marcus) ______________________________
8. (Sylvia/tía/Arthur) ______________________________
9. (Philippa/hermana/Arthur) ______________________________
10. (Miranda/prima/Philippa) ______________________________

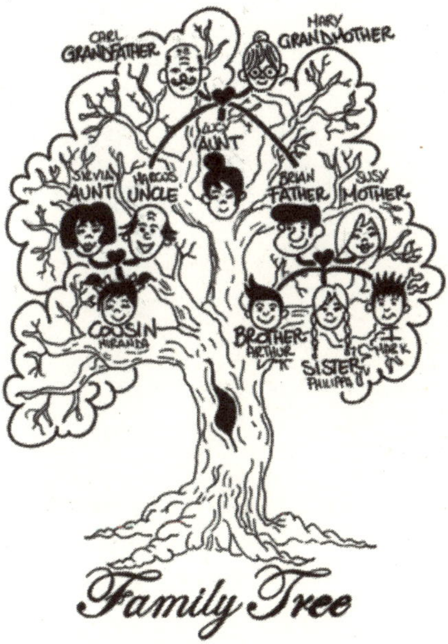

EJERCICIO 4.3

Completa con las preposiciones *at* o *in*.

1. *There's traffic ________ town today.*
2. *Lucy is ________ school.*
3. *The new office is ________ number 5, Victoria Square.*
4. *They write about the accident ________ the newspaper* (periódico).
5. *My office is ________ that building, on the 3rd* (tercero) *floor.*
6. *We are ________ the park.*
7. *Charlie is ________ the hospital.*
8. *The cat is ________ my room.*
9. *The car is waiting* (está esperando) ________ *the traffic lights.*
10. *Jessica is studying* (está estudiando) ________ *her desk.*
11. *Sue works ________ a shop.*
12. *Our hotel is ________ a small street near the station.*
13. *You look sad ________ this picture.*
14. *There are few people ________ the party.*

EJERCICIO 4.4

Indica la posición correcta del perro con respecto a los objetos que ves en los dibujos.

1. *The dog is in his house.*
2. ________________________________

3. ____
4. ____
5. ____
6. ____

Ejercicio 4.5

Completa las frases con *for* o *to*.

1. *They go to the shopping centre ____ work.*
2. *I go to the beach ____ my holiday.*
3. *She goes to the park ____ write.*
4. *I play with my dog ____ make him happy* (hacerlo feliz).
5. *I'm here* (aquí) ____ *buy a drink for my friends.*
6. *He goes in his room ____ study.*
7. *I need to go shopping ____ shoes.*

Ejercicio 4.6

Traduce las siguientes frases utilizando la preposición correcta.

1. El pájaro está en vuestro tejado.
2. Estoy en casa por vacaciones.
3. El gato está debajo de nuestra cama.
4. Vamos al parque a correr.
5. Ellos van al centro comercial, enfrente del hotel.

CONVERSATION TIME

Hoy vamos a ver algunas fórmulas para describir algo de forma positiva, dos o tres expresiones especialmente importantes para tus primeras conversaciones, porque encajan en muchas circunstancias y te permiten comunicar de manera lineal.

Fine

Fine [fain] es una de las palabras que oirás con mayor frecuencia. Puedes utilizarla siempre que quieras decir que algo está bien: si una persona es guapa, el día va bien, el vino está bueno... Recuerda que, al igual que todos los adjetivos, debes colocarlo delante del sustantivo al que califica.

Nice

Nice [nais] también es un adjetivo positivo, que puede aplicarse prácticamente a cualquier cosa. En Estados Unidos, te desearán continuamente *Have a nice day* (Que tengas un buen día).

Very good

Con *very good* [veri guud] también puedes sustituir una cantidad enorme de adjetivos positivos. Por supuesto, cuanto más enriquezcas tu vocabulario, más preciso serás, pero al principio, si te limitas a decir *A very good meal* (Una comida muy buena) en vez de *A delicious meal* (Una comida deliciosa), ningún cocinero se ofenderá. Tu objetivo es llegar a comunicar; ya irás pensando sobre la marcha cómo mejorar tus descripciones y relatos.

Vamos a añadir más preguntas a tu repertorio de frases:

- *Where did you spend your best holiday?* = ¿Dónde pasaste tus mejores vacaciones?
- *Why was it your best holiday?* = ¿Por qué fueron tus mejores vacaciones?
- *Which places have you visited in the world?* = ¿Qué lugares del mundo has visitado?

Tú también puedes responder a las preguntas.

Antes de cerrar el libro, no olvides repasar lo que has aprendido hoy.

DAY FIVE

Repasa lo que aprendiste ayer. Cuando termines, relájate un par de minutos y márcate el objetivo de estudiar y hacer los ejercicios del quinto día.

GRAMMAR RULES

Números ordinales

Los números ordinales se forman añadiéndoles el sufijo –TH a los números cardinales correspondientes, con algunas variaciones que encontrarás en la tabla.

	GRAFÍA	PRONUNCIACIÓN		GRAFÍA	PRONUNCIACIÓN
1st	*first*	[f(i)rst]	**11th**	*eleventh*	[ilevenz]
2nd	*second*	[second]	**12th**	*twelfth*	[tuelz]
3rd	*third*	[z(i)rd]	**13th**	*thirteenth*	[th(i)rtiinz]
4th	*fourth*	[foorz]	**14th**	*fourteenth*	[foo(r)tiinnz]
5th	*fifth*	[fifz]	**15th**	*fifteenth*	[fiftiinz]
6th	*sixth*	[sicsz]	**16th**	*sixteenth*	[sicstiinz]
7th	*seventh*	[sevenz]	**17th**	*seventeenth*	[seventiinz]
8th	*eighth*	[eitz]	**18th**	*eighteenth*	[eitiinz]
9th	*ninth*	[nainz]	**19th**	*nineteenth*	[naintiinz]
10th	*tenth*	[tenz]	**20th**	*twentieth*	[tuentiz]

	GRAFÍA	PRONUN-CIACIÓN		GRAFÍA	PRONUN-CIACIÓN
21st	*twenty-first*	[tuenti-f(i)rst]	**40**	*fortieth*	[fo(r)tiez]
22nd	*twenty-second*	[tuenti-second]	**50**	*fiftieth*	[fiftiez]
23rd	*twenty-third*	[tuenti-z(i)rd]	**60**	*sixtieth*	[sicstiez]
24th	*twenty-fourth*	[tuenti-foorz]	**70**	*seventieth*	[seventiez]
25th	*twenty-fifth*	[tuenti-fifz]	**80**	*eightieth*	[eitiez]
26th	*twenty-sixth*	[tuenti-sicsz]	**90**	*ninetieth*	[naintiez]
27th	*twenty-seventh*	[tuenti-sevenz]	**100**	*hundredth*	[handredz]
28th	*twenty-eighth*	[tuenti-eitz]	**1000**	*thousandth*	[zausen(d)z]
29th	*twenty-ninth*	[tuenti-nainz]	**1000000**	*millionth*	[milionz]
30th	*thirtieth*	[z(i)rtiez]			

Pronombres interrogativos

Los pronombres interrogativos, que sirven para formular preguntas con respuesta abierta, en inglés se llaman *questions words*. Los más importantes son *who, what, why, where, when* (las llamadas «5W»), *how, which*.

Las *questions words* no admiten auxiliares como *to do* (que veremos más adelante) cuando desempeñan la función de sujeto en la interrogativa, y siempre van al comienzo de la frase. El modelo es el siguiente:

question word + *am/are/is* + sujeto + adjetivo/sustantivo

Who? [hu] ¿Quién?	*Who is he?*	¿Quién es él?
What? [uot] ¿Qué?/¿Cuál?	*What's your name?* *What's you favourite colour?*	¿Cómo te llamas? ¿Cuál es tu color favorito?
Why? [uay] ¿Por qué?	*Why are you going to the bank?*	¿Por qué estás yendo al banco?
Where? [uer] ¿Dónde?	*Where are you?*	¿Dónde estás?

When? [uen] ¿Cuándo?	*When is your birthday?*	¿Cuándo es tu cumpleaños?
How? [hau] ¿Cómo?	*How are you?* *How old are you?*	¿Cómo estás? ¿Cuántos años tienes?
Which? [uinch] ¿Cuál?	*Which one of them?*	¿Cuál de ellos?

Fecha

Para preguntar «¿Qué día es hoy?», en inglés existen dos frases equivalentes: *What's the date today?* o *What date is it today?*

La fecha se lee y se pronuncia mediante un número ordinal, pero también puede escribirse con números cardinales.

LENGUA ESCRITA	LENGUA ORAL
25/25th December	*The twenty-fifth of December*
December 25/25th	*December the twenty-fifth*

Tiempo

En inglés, a diferencia del español, los nombres de los días de la semana y de los meses siempre se escriben con mayúscula inicial.

	GRAFÍA	PRONUNCIACIÓN
lunes	*Monday*	[mondei]
martes	*Tuesday*	[chusdei]
miércoles	*Wednesday*	[uensdei]
jueves	*Thursday*	[ceersdei]
viernes	*Friday*	[fraidei]
sábado	*Saturday*	[saturdei]
domingo	*Sunday*	[sandei]

Delante de los días y las fechas siempre se utiliza la preposición *on* sin artículo.

Ejemplos:
See you on Saturday (Nos vemos el sábado).
The party is on August 15th (La fiesta es el 15 de agosto).

Si te refieres a una acción habitual que repites todas las semanas el mismo día, solo debes añadir una -S final al nombre del día, exactamente lo mismo que para formar el plural.

Ejemplo: *I wash my dog Sundays* (Lavo a mi perro cada domingo).

Delante de los nombres de los meses y las estaciones se usa la preposición *in* sin artículo.

	GRAFÍA	PRONUNCIACIÓN
enero	*January*	[yanuari]
febrero	*February*	[februari]
marzo	*March*	[march]
abril	*April*	[eipril]
mayo	*May*	[mei]
junio	*June*	[yun]
julio	*July*	[yulai]
agosto	*August*	[ogust]
septiembre	*September*	[septemba]
octubre	*October*	[octoba]
noviembre	*November*	[novemba]
diciembre	*December*	[disemba]

primavera	*spring*	[spring]
verano	*summer*	[sam(e)r]
otoño	*autumn*	[otumn]
invierno	*winter*	[uinter]

Ahora veamos las distintas partes del día y las preposiciones que se utilizan con ellas:

a las 5.30	*at 5.30*	de noche	*at night*
por la mañana	*in the morning*	a mediodía	*at midday*
por la tarde	*in the afternoon*	a medianoche	*at midnight*
por la tarde (a partir del atardecer)	*in the evening*	at dawn	*al amanecer*

Hora

Para preguntar la hora se dice *What time is it?* o *What's the time?* Obviamente, puedes añadir *please* como fórmula de cortesía.

Para responder a quien te haga esa pregunta (o para entender la respuesta que te den), ten en cuenta que los ingleses y los norteamericanos, en vez de usar 24 horas, suelen utilizar 12, que se repiten dos veces. En la lengua escrita, se le añade a la hora AM (*ante meridiem*, es decir, antes del mediodía) o PM (*post meridiem*, es decir, después del mediodía). En la lengua oral, podemos añadir *in the morning, in the afternoon* o *in the evening*, según los casos.

Se utiliza la expresión *o'clock* para designar la hora en punto. *It's seven o'clock* significa que son las siete en punto.

Para indicar los minutos que pasan de la hora, usamos *past* antes de la media hora (*It's ten past seven*); después, se usa *to* para indicar los minutos que faltan para la hora siguiente (*It's ten to eight*).

La media hora se indica con *half past* (*It's half past seven*). Para los cuartos de hora: *It's a quarter past seven*, son las siete y cuarto; *It's a quarter to eight*, son las ocho menos cuarto.

Para memorizarlo todo, piensa que *ante* y *post* son preposiciones latinas con un significado perfectamente comprensible: *ante* significa «antes» y *post*, «después». *Meridiem* significa «mediodía», por tanto, es obvio que AM es de medianoche (00.00) a mediodía (12.00) y PM de mediodía (12.00) a medianoche (00.00).

Para recordar *past* y *to*, puedes imaginar un reloj de agujas que a la derecha lleva dibujado un plato de pasta (*past*) y a la izquierda, un teléfono que da la señal «tuu tuu» (*to*, que se pronuncia [tu]).

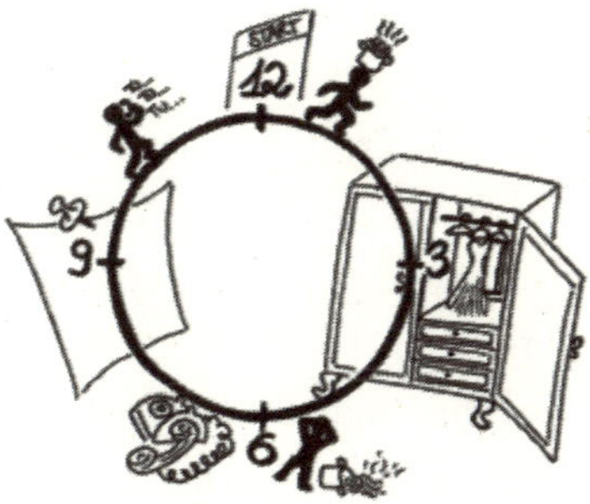

Aquí tienes unos ejemplos para que te sirvan de ayuda. Si crees que lo has entendido todo, tapa la columna de la derecha y lee la hora en inglés.

10.00	*It's ten o'clock in the morning*
18.35	*It's a quarter past six in the evening*
22.30	*It's half past ten in the evening*
12.35	*It's 25 to one in the afternoon*
05.05	*It's five past five in the morning*

¿Te parece complicado? La verdad es que en el lenguaje común, sobre todo en Estados Unidos, suelen indicar simplemente las horas y los minutos seguidos (*It's seven ten, It's seven fifteen, It's seven thirty*, etc.).

VOCABULARY

El trabajo

Hoy vamos a dedicarnos al área temática del trabajo, a los oficios y profesiones y los lugares o acciones vinculados a ellos.

Puede serte útil reflexionar sobre la formación de las palabras inglesas a partir de una misma raíz etimológica. Es fácil identificar algunas desinencias que suelen modificar el lema original de la misma forma.

Por ejemplo, -ER indica un comparativo de superioridad si va unido a un adjetivo (por ejemplo, *bigger* = «más grande»); en cambio, después de un verbo indica el sujeto que realiza la acción. Por ejemplo, *to work* significa «trabajar» y *worker* significa «obrero», «trabajador»; *to sell* significa «vender» y *seller* significa «vendedor», «dependiente».

Otra desinencia recurrente en las profesiones es -IST.

Por eso te aconsejamos que memorices los distintos tipos de establecimientos o trabajos agrupándolos según sus características lingüísticas.

	GRAFÍA	PRONUNCIACIÓN		GRAFÍA	PRONUNCIACIÓN
Lema original			**Profesión**	**Job**	**[yob]**
Granja	*Farm*	[farm]	Agricultor	*Farmer*	[farmer]
Construir	*To build, built, built*	[tu bild, bilt, bilt]	Constructor	*Builder*	[bilder]
Carpintería	*Carpenter shop*	[carpenter shop]	Carpintero	*Carpenter*	[carpenter]
Panadería	*Bakery*	[beikeri]	Panadero	*Baker*	[beiker]
Farmacia	*Pharmacy*	[farmasi]	Farmacéutico	*Pharmacist*	[farmasist]
Quiosco	*News-stand*	[nius stand]	Quiosquero	*Newspaper seller*	[niuspeipa seler]
Limpiar	*To clean* (regular)	[tu clin]	Limpiador	*Cleaner*	[cliner]
Carnicería	*Butcher's*	[bachers]	Carnicero	*Butcher*	[bacher]
Pescadería	*Fish shop*	[fish shop]	Pescadero	*Fish seller*	[fish seler]
Floristería	*Florist shop*	[florist shop]	Florista	*Florist*	[florist]
Joyería	*Jeweller's*	[yiuelers]	Joyero	*Jeweller*	[yiueler]
Vela/navegación	*Sail*	[seil]	Marinero	*Sailor*	[seilor]
Fuego	*Fire*	[faie(r)]	Bombero	*Fireman*	[faie(r)men]
Barbería	*Barber shop*	[barber shop]	Barbero	*Barber*	[barber]
Vivero/jardín	*Garden centre*	[garden senter]	Jardinero	*Gardener*	[gardener]
Frutería	*Greengrocer's*	[gringrosers]	Frutero	*Greengrocer*	[gringroser]

Las palabras del día

	GRAFÍA	PRONUNCIACIÓN	REESCRIBE
Novedad/ nuevo	*New*	[niu]	
Hombre	*Man*	[men]	
Mujer	*Woman*	[uoman]	
Chica	*Girl*	[gerl]	
Novia/novio	*Girlfriend*/ *boyfriend*	[gerlsfrend]/ [boifrend]	
Cabello	*Hair*	[hea]	
Número	*Number*	[namba]	
Periódico	*Newspaper*	[niuspeipa]	
Disculpa	*Sorry*	[sorri]	
Dolor de cabeza	*Headache*	[hedeik]	
Favorito	*Favourite*	[feivorit]	
También	*Also*	[olso]	
Pregunta	*Question*	[question]	
Respuesta	*Answer*	[ansa]	
Hora	*Hour*	[auar]	
Otro	*Other*	[oder]	
Comprar	*To buy, bought, bought*	[tu bai, bout, bout]	
Vender	*To sell, sold, sold*	[tu sel, sold, sold]	
Lavar	*To wash* (regular)	[tu uosh]	
Ver	*To see, saw, seen*	[tu sii, sou, siin]	
Esperar	*To wait for* (regular)	[tu ueit for]	

A piece of cake (literalmente: «Un trozo de pastel»)

Pronunciación: [a pis of keik].

Significado: Un juego de niños.

Ejemplo: *That test was a piece of cake* (Aquel examen fue un juego de niños).

Icing on the cake (literalmente: «Glaseado sobre el pastel»)

Pronunciación: [aisin on de keik].

Significado: La guinda del pastel, el broche de oro.

Ejemplo: *I'm happy to help you: getting paid for it is just icing on the cake* (Me alegro de ayudarte. Que me paguen por hacerlo solo es la guinda del pastel).

Actions speak louder than words (literalmente: «Las acciones hablan más alto que las palabras»)

Pronunciación: [acshions spik lauder dan uords].

Significado: Una acción vale más que mil palabras.

Ejemplo: *You keep saying that you'll take care of the dogs. Remember that actions speak louder than words* (No paras de decir que cuidarás de los perros. Recuerda que una acción vale más que mil palabras).

EJERCICIO 5.1

Traduce estas frases para aprender a plantear correctamente las preguntas:

1. ¿Quiénes son (ellos)?
2. ¿Quién es esa mujer?
3. ¿Cuál es tu dirección?
4. ¿Cuál es tu número de teléfono (*phone number*)?
5. ¿De dónde eres?
6. ¿Dónde están mis fotografías?
7. ¿Cuándo es su (de ella) cumpleaños?
8. ¿Cuándo es la fiesta?
9. ¿Cómo están los animales?
10. ¿Cuánto mides?
11. ¿Por qué estás aquí (*here*)?
12. ¿Por qué él está triste?

EJERCICIO 5.2

En una fiesta, Paul te presenta a John. Completa la conversación.

Paul: John, this is my friend (tu nombre) ________ .

John: Hi ________ .

You: ____________________ .

John: ___________________________*?*

You: I'm from ________ .

John: Where is it?

You: ____________________ *. And where are you from?*

John: I'm from Paris.

You: ___________________________*?*

John: I'm a fireman. Oh, look! There's my cousin near that table.

You: Your cousin? Oh, he's a nice boy! ____________________*?*

John: His name is Luke.

You: There's a beautiful girl with him. ___________________________*?*

John: No, she is not his girlfriend. She's mine...

You: Oh, I'm sorry...

EJERCICIO 5.3

Traduce las frases como en el ejemplo. Presta especial atención a las *questions words* y utiliza de forma correcta el artículo determinado *the*.

Ejemplo:
¿Dónde está el jardinero? El jardinero está en el garaje.
Where is the gardener? The gardener is in the garage.

1. ¿Cómo está Andrés? Andrés tiene dolor de cabeza. ¿Por qué? Porque está cansado.
2. ¿Quién es? Es el señor Erman. ¿De qué trabaja? Es frutero.
3. ¿Cuál es tu color favorito? Mi color favorito es el rojo.
4. ¿Cuál es tu animal doméstico favorito? Mi animal doméstico favorito es el gato.

EJERCICIO 5.4

Escribe las siguientes fechas primero de forma abreviada y a continuación en versión extendida (es decir, tal como las pronunciarías en voz alta).

25/4 ____________ ____________
1/5 ____________ ____________
10/8 ____________ ____________
14/1 ____________ ____________
2/6 ____________ ____________
30/11 ____________ ____________
6/9 ____________ ____________

Ejercicio 5.5

Escribe la preposición correcta delante de las siguientes expresiones.

________ *August 12th*	________ *a quarter past eight*
________ *Monday evening*	________ *15.30*
________ *1986*	________ *spring*
________ *the week*	________ *Tuesday night*
________ *midday*	________ *March*
________ *the morning*	________ *summer*
________ *December 25th*	________ *dawn*

Ejercicio 5.6

Quizá conozcas este poema, o tal vez no. Complétalo con los meses:

30 days in ____________,
with ____________, ____________, ____________,
28 there is one (____________),
all the others are 31 /____________, ____________, ____________, ____________, ____________, ____________, ____________).

Ejercicio 5.7

What time is it? Escribe la respuesta completa, como en el ejemplo.

12.20	*It's twenty past twelve p.m. / in the afternoon.*
8.50	________________________________
10.30	________________________________
21.00	________________________________
5.08	________________________________
22.35	________________________________
11.15	________________________________
15.45	________________________________
23.30	________________________________

PRACTICA CON EL TIEMPO Y LAS HORAS

Trata de integrar el inglés en tu vida cotidiana. Por ejemplo, acostúmbrate a pensar en inglés cada vez que leas la hora o te preguntes qué día es.

CONVERSATION TIME

Al principio todo es lícito, especialmente equivocarse. De hecho, aprendemos a base de corregirnos. Por eso te aconsejamos que siempre tomes nota de lo que no sabes, o de cómo se dice correctamente algo en lo que te hayas equivocado. Crea tarjetas de aprendizaje (como te explicamos en el capítulo «Instrucciones de uso») y repasa continuamente el repertorio de frases; repite mentalmente las respuestas dadas la vez anterior para familiarizarte cada vez más con la lengua hablada. Si identificas nuevas frases que se utilizan más que otras, toma nota y estúdialas.

Ahora que aún estás empezando, puedes hacerte un guion para seguirlo durante las conversaciones, pero, según vayas avanzando, puede resultar improductivo atenerse a esquemas fijos. La estrategia debe cambiar con los progresos logrados durante el aprendizaje de la lengua.

En esta primera semana, mientras vas releyendo y escuchando de nuevo las frases y estudias el vocabulario y las estructuras gramaticales, el oído empieza a acostumbrarse a los sonidos de la nueva lengua. Es un primer paso fundamental, ¡sigue así!

Ahora busca en nuestra página web los enlaces a repertorios de frases más completos que pueden encontrarse en línea y elige cinco o seis frases para enriquecer tus conversaciones.

Por último, no olvides repasar todo lo que has estudiado hoy.

DAY SIX

Repasa lo que aprendiste ayer. Cuando termines, relájate un par de minutos y márcate el objetivo de estudiar y hacer los ejercicios del sexto día.

GRAMMAR RULES

Para comprender mejor el tema de hoy, es necesaria una breve premisa.

Countables, uncountables

Los sustantivos ingleses se dividen en dos categorías: *countables* (contables) y *uncountables* (incontables).

Los primeros son los que se pueden contar, como *dog, pencil*, y delante de ellos podemos usar el artículo indeterminado singular (*a dog, a pencil*).

Los segundos no se pueden contar, como los líquidos (*milk, water*), los materiales (*wood, iron*), algunos alimentos (*bread, sugar*) y muchos más. Delante de estos sustantivos, no podemos poner un número, sino otras unidades de medida; no puedo contar la leche, pero puedo contar los vasos de leche (*a glass of milk*).

Some, any

Una cantidad imprecisa de algo se indica con *some* [sam] (*some milk* significa «algo de leche», «un poco de leche») si la frase es una afirmación o una oferta (*There is some milk on the table, Would you like some milk?*) o con *any* [eni] si la frase es negativa (*I haven't got any milk*) o interrogativa (*Have you got any milk?*).

Some se puede utilizar como adjetivo antes de un sustantivo, y si este es contable hay que utilizarlo en plural (*I have some pens in my bag*). Obviamente, cuando es pronombre va solo y sustituye al sustantivo.

Ejemplos:

Would you like some bread? No, thank you, I have some. (¿Quieres pan? No gracias, ya tengo).

Can I have some coffee, please? Of course, take some, it's on the table. (¿Puedo servirme un poco de café? Por supuesto, coge un poco, está en la mesa).

Any también puede ser adjetivo o pronombre, y si va seguido de un nombre contable, este tiene que ir en plural.

Ejemplos:

Is there any coffee in the cup? There isn't any. (¿Hay café en la taza? No, no hay).

Además, en las frases afirmativas *any* adquiere el significado de «cualquiera». En este caso, es adjetivo y va seguido de un sustantivo en singular.

Ejemplo:

Which day do you prefer for our date? Any date, as soon as possible (¿Qué día prefieres que quedemos? Uno cualquiera, lo antes posible).

¿Cuántos? ¿Cuánto? ¿Cuánto vale?

Ahora ya podemos abordar el nuevo tema... Seguro que les va a gustar mucho a las personas aficionadas a ir de compras. Aprenderemos a preguntar los precios y las cantidades.

How many?

How many...? [hau meni] significa «¿cuántos...?» y se usa con los sustantivos contables (en plural).

Ejemplo: *How many students are there in your class?* (¿Cuántos alumnos hay en tu clase?).

How much?

Cuando tenemos que preguntar (frase interrogativa) por la cantidad de algo, usamos *How much...?* [hau mach], que significa «¿cuánto...?». Solo se usa con los sustantivos incontables (en singular).

Ejemplo: *How much water do you want?* (¿Cuánta agua quieres?).

Cuando en la pregunta no se utiliza el verbo *to be*, como en el ejemplo anterior, necesitamos el auxiliar *to do*, que veremos con más detalle mañana.

How much...? también se usa para preguntar el precio de algo.

Ejemplos:

How much is this car? How much does it cost? (¿Cuánto vale este coche?).

How much are these apples? How much do they cost? (¿Cuánto valen estas manzanas?).

Mucho, demasiado... o poco

Hay muchas maneras de decir si una cantidad es demasiado o demasiado poco. Veamos cómo distinguir el uso de estas expresiones.

Much

Much [mach] significa «mucho» y se usa en las frases negativas e interrogativas con los sustantivos *uncountables*.

Ejemplos:

Is there much milk? (¿Hay mucha leche?).

No, there isn't much milk. (No, no hay mucha leche).

Many

Many [meni] significa «muchos» y se usa en las frases negativas e interrogativas con los sustantivos *countables*.

Ejemplos:

Are there many pencils on the table? (¿Hay muchos lápices en la mesa?).

No, there aren't many pencils on the table (No, no hay muchos lápices en la mesa).

Too much

Too much [tuu mach] significa «demasiado» y se usa delante de nombres *uncountables* (en singular).

Ejemplos:

There is too much traffic on the road at five (Hay demasiado tráfico en la calle a las cinco).

There is too much sugar in this cake (Hay demasiado azúcar en este pastel).

Too many

Too many [tuu meni] significa «demasiados» y se usa delante de nombres *countables* (en plural).

Ejemplos:

There are too many pens on this desk (Hay demasiados bolígrafos en el escritorio).

There are too many presents to wrap (Hay demasiados regalos por envolver).

Too

Too [tuu] delante de cualquier adjetivo significa «demasiado».

Ejemplos:

I'm too angry with you (Estoy demasiado enfadado contigo).

That boy is too fat (Ese chico está demasiado gordo).

It's too good to be true (Es demasiado bonito para ser verdad).

Cuidado: al final de una frase, *too* significa «también» (*I like you too* = A mí también me gustas).

A lot of

A lot of [a lot of] significa «mucho» o «muchos» y se usa en frases afirmativas con sustantivos *countables* (en plural) y *uncountables* (en singular).

Existe la expresión *lots of* [lots of], que se usa igual, pero es más informal (*There are lots of words to learn today*, Hay muchas palabras que aprender hoy).

Ejemplos:

There is a lot of milk in the fridge (Hay mucha leche en la nevera).

There are a lot of pencils on the table (Hay muchos lápices en la mesa).

Not enough

Not enough [not inaf] significa «no... bastante» y se utiliza como *too much* y *too many*, con el verbo *to be*.

Ejemplos:

There isn't enough sugar (No hay bastante azúcar).

There are not enough oranges (No hay bastantes naranjas).

Very, really

Very [veri] y *really* [rili] se usan delante de un adjetivo para reforzar su intensidad.

Very significa «mucho»; por ejemplo, *very important* significa «muy importante».

Really convierte el adjetivo en un superlativo absoluto: *really important* significa «importantísimo», «realmente importante», «importante de verdad».

Ejemplos:

It is hot (Hace calor).

It is very hot (Hace mucho calor).

It is really hot (Hace muchísimo calor).

Barcelona is nice (Barcelona es bonita).

Barcelona is very nice (Barcelona es muy bonita).

Barcelona is really nice (Barcelona es bonita de verdad).

There is/there are

There is [der is] y *there are* [der ar] significan «hay». La forma *there is* se utiliza cuando el sujeto de la frase es singular y la forma *there are*, cuando el sujeto es plural.

Ejemplos:

There is a bike in the car park (Hay una bici en el aparcamiento).

Is there a bike in the car park? (¿Hay una bici en el aparcamiento?).

Are there any bikes in the car park? (¿Hay bicis en el aparcamiento?).

There isn't a bike in the car park (No hay ninguna bici en el aparcamiento).

VOCABULARY

Otras profesiones

	GRAFÍA	PRONUNCIACIÓN	REESCRIBE
Peluquero	*Hairstylist*	[heastailist]	
Agente inmobiliario	*Estate agent*	[esteit eiyent]	
Óptico	*Optician*	[optishan]	
Dentista	*Dentist*	[dentist]	
Médico	*Doctor*	[doctor]	
Enfermero	*Nurse*	[ne(r)s]	
Veterinario	*Veterinary*	[veterineri]	
Vigilante de seguridad	*Security guard*	[sekiuriti gard]	
Soldado	*Soldier*	[solyer]	
Policía	*Policeman*	[polismen]	
Abogado	*Lawyer*	[loier]	
Pescador	*Fisherman*	[fishermen]	
Cocinero	*Cook*	[cuuk]	

	GRAFÍA	PRONUNCIACIÓN	REESCRIBE
Camarero	*Barman*	[barmen]	
Cajero	*Cashier*	[cashir]	
Cliente	*Customer*	[castomer]	
Mecánico	*Mechanic*	[mecanic]	
Electricista	*Electrician*	[electrishian]	
Fontanero	*Plumber*	[plamber]	
Obras viales	*Roadworks*	[rouduorks]	

Las palabras del día

	GRAFÍA	PRONUNCIACIÓN	REESCRIBE
Clase	*Class*	[class]	
Estudiante	*Student*	[stiudent]	
Fármaco	*Drug*/ *medicine*	[drag]/[médisin]	
Aquí	*Here*	[hiar]	
Todo	*All*	[ol]	
Libra esterlina	*Pound*	[paund]	
Paquete	*Package*	[pekich]	
Zumo	*Juice*	[yus]	
Concierto	*Concert*	[consert]	
Albaricoque	*Apricot*	[eipricot]	
Galleta	*Biscuit*	[biskit]	
Melocotón	*Peach*	[piich]	
Nevera	*Fridge*	[fridch]	
Lápiz	*Pencil*	[pensil]	
Leche	*Milk*	[milk]	
Caliente	*Hot*	[hot]	
Frío	*Cold*	[cold]	

	GRAFÍA	PRONUNCIACIÓN	REESCRIBE
Saco	*Sack*	[sak]	
Cosa	*Thing*	[zin]	
Algo	*Something*	[samzin]	
Azúcar	*Sugar*	[shugar]	
Bien	*Well*	[uel]	
Dinero	*Money*	[mani]	
Litro	*Litre*	[liter]	
Información	*Information*	[informeishon]	
Bien/bueno	*Good*	[guud]	
Regalo	*Present*	[present]	
Leer	*To read, read, read*	[tu riid, red, red]	
Irse/abandonar	*To leave, left, left*	[tu liiv, left, left]	
Aprender	*To learn, learnt, learnt*	[tu l(e)rn, l(e)rnt, l(e)rnt]	
Poder	*To can, could, could*	[tu can, cuud, cuud]	

IDIOMS

To kill two birds with one stone (literalmente: «Matar dos pájaros con una piedra»)

Pronunciación: [tu kil tu b(i)rds uiz uan ston].

Significado: Matar dos pájaros de un tiro.

Ejemplo: *I was in Paris for a meeting, so I killed two birds with one stone and I visited the Eiffel Tower* (Estaba en París por una reunión, pero maté dos pájaros de un tiro y visité la torre Eiffel).

Not for all the tea in China (literalmente: «Ni por todo el té de China»)

Pronunciación: [not for ol de tii in chaina].

Significado: Ni por todo el oro del mundo.

Ejemplo: *I wouldn't miss that concert for all the tea in China* (No me perdería ese concierto ni por todo el oro del mundo).

To make up your mind (literalmente: «Formar tu mente»)

Pronunciación: [tu meik ap yo(u)r maind].

Significado: Decidirse.

Ejemplo: *I can't make up my mind whether to have a sandwich or a salad* (No me decido entre coger un bocadillo o una ensalada).

It's in the bag (literalmente: «Está en la bolsa»)

Pronunciación: [its in de bag].

Significado: Tener en el bote, meterse en el bolsillo.

Ejemplo: *Alan: How did the job interview go? Marcus: It's in the bag* (Alan: ¿Cómo te ha ido la entrevista de trabajo? Marcus: Los tengo en el bote).

Ejercicio 6.1

Reescribe las palabras y colócalas en la lista *countable* o en la lista *uncountable*.

class	*student*	*water*
drug	*pound*	*juice*
milk	*carton* (envase)	*apricot*
biscuit	*money*	*time*

peach	*piece*	*advice* (consejo)
cake	*pencil*	*sugar*
sack	*litre*	*information*

COUNTABLE	UNCOUNTABLE
________________	________________
________________	________________
________________	________________
________________	________________
________________	________________
________________	________________
________________	________________
________________	________________
________________	________________
________________	________________
________________	________________
________________	________________

EJERCICIO 6.2

Escribe la pregunta adecuada para la respuesta, como en el ejemplo.

1. *How much are the apples? They are 6 pounds a sack.*
2. ________________________________? *There are five pens.*
3. ________________________________? *My computer was 930 pounds.*
4. ________________________________? *I have got three cartons of orange juice.*
5. __________________________? *I have a lot of orange juice.*
6. __________________________? *There are 3,000 people at the concert.*
7. ______________________________? *We want ten apricots.*
8. ______________________________? *She has seven biscuits.*
9. ________________________? *The peaches are 4.50 pounds a kilo.*
10. __________________________? *He has three pieces of cake.*

Ejercicio 6.3

Completa las frases con *much*, *many* o *a lot of*.

1. *There is ____________ cheese in the fridge.*
2. *There isn't ____________ time!*
3. *Are there ____________ families in this block of flats* (edificio de viviendas)*?*
   Yes, there are 60.
4. *Have we got some sugar? We've got some but not ____________.*
5. *There are ____________ people today.*
6. *He has not ____________ peaches in his bag.*

Ejercicio 6.4

Ahora transforma las frases positivas en negativas y viceversa.

1. *There isn't much cheese in the fridge.*
2. ______________________________
3. ______________________________
4. ______________________________
5. ______________________________
6. ______________________________

Ejercicio 6.5

Traduce estas frases usando *many, much, a lot of, too, not enough, very* o *really.*

1. No hay bastantes alumnos en clase.
   There aren't enough students in class.
2. Hay demasiadas personas en el autobús.
   ____
3. Son demasiados.
   ____

4. Es una persona realmente feliz.

____

5. No tenemos suficiente dinero para comprar el regalo.

____

6. La nevera está muy fría.

____

7. Mi té está demasiado caliente.

____

8. Nosotros estamos muy cansados.

____

9. Nuestro hijo está muy bien.

____

10. Veo demasiadas personas en esta habitación.

____

CONVERSATION TIME

Hasta ahora nos hemos centrado en qué puedes decir y preguntar para entablar conversación, pero la comunicación se basa en intercambios y probablemente a veces no habrás entendido nada de lo que te contestaban. Seguro que has sentido cierta frustración; no es fácil entender lo que parecen sonidos inarticulados, sin el más mínimo significado.

Es normal que sea así, hay que tenerlo en cuenta y aceptarlo. Además, una cosa es escuchar una grabación realizada por un *speaker* profesional en una sala, en silencio absoluto, y otra enfrentarse a personas corrientes, que hablan con un fuerte acento o con voz ronca a través del micrófono del ordenador por Skype.

Al principio, para entender algo tendrás que fijarte en las palabras que reconoces dentro de cada frase; dichos términos te permitirán adivinar el significado general del discurso o de la pregunta. Estos primeros días serán pocos vocablos, pero no te preocupes. Conforme sigas practicando, tu vocabulario se irá ampliando.

Por último, no olvides repasar lo que has aprendido hoy.

DAY SEVEN

Repasa lo que aprendiste ayer. Cuando termines, relájate un par de minutos y luego márcate el objetivo de estudiar y hacer los ejercicios del séptimo día.

GRAMMAR RULES

Simple present

Hasta ahora, en la mayoría de los ejemplos y ejercicios hemos procurado utilizar el presente de indicativo o *simple present* para simplificar las cosas.

En inglés, este tiempo verbal se utiliza para expresar que la acción a la cual nos referimos, si bien tiene lugar en el presente, no se limita al momento en que estamos hablando. En este sentido, es muy distinto al presente español.

Debemos utilizar el *simple present* en una serie de casos muy concretos.

1. Cuando describimos un hecho permanente; por ejemplo, *I'm a man, I'm a teacher*. Se trata de características estables, que no se pueden o en principio no se van a modificar.

2. Cuando expresamos una acción que se repite con cierta frecuencia. Si un nativo dice *I read*, no pretende decir que en ese momento está leyendo, sino que suele leer. Muchas veces, la acción va acompañada de una expresión de tiempo, como *in the morning, in the evening, usually, every day* o un adverbio de frecuencia.

Incluimos aquí los adverbios de frecuencia más comunes.

	GRAFÍA	PRONUNCIACIÓN	REESCRIBE
Siempre	*Always*	[olueis]	
Normalmente	*Usually*	[iusuali]	
A menudo	*Often*	[ofen]	
A veces/de vez en cuando	*Sometimes*/ *seldom*	[samtaims]/ [seldom]	
Rara vez	*Rarely*	[rearli]	
Casi nunca	*Hardly ever*	[hardli eva]	
Nunca	*Never*	[neva]	
Nunca (en las interrogativas)	*Ever*	[eva]	

Las expresiones de tiempo se colocan al principio o al final de la frase en las afirmaciones y siempre al final en las interrogativas y las negativas.

Ejemplos:

I go to my favourite restaurant every month.
Every month I go to my favourite restaurant.
Do you go to your favourite restaurant every month?

El verbo *to be* constituye una excepción a la hora de construir frases afirmativas, pues requiere que el adverbio vaya siempre detrás del verbo:
She is often late (Ella llega tarde a menudo).

3. Para expresar el presente de los verbos que en inglés no forman nunca tiempos progresivos (como el *present continuous*, el tiempo de las acciones realizadas en el momento en que hablamos, que veremos mañana). Los principales verbos de este tipo son:

   a) Verbos que designan sentimientos, como *to like* (gustar), *to love* (amar, querer), *to hate* [tu heit] (odiar).
   b) *To want* (querer, en el sentido de desear).
   c) Verbos que designan actividades intelectuales, como *to know* (saber), *to understand* (comprender).
   d) Verbos que indican posesión, como *to have* (haber o tener), *to own* [tu o(u)n] (poseer), *to get* (obtener).
   e) Verbos de percepción, como *to hear* [tu hiar] (oír), *to see* (ver).

Antes de memorizar la conjugación y los distintos verbos, asegúrate de que has entendido bien la diferencia conceptual que existe entre utilizar el *simple present* en inglés y utilizar el presente de indicativo en español. Vamos a tomar unas palabras clave que evoquen los conceptos expresados por las reglas gramaticales, las transformamos en imágenes y las asociamos:
Simple present: un presente, un regalo
Permanente: hacerse la permanente

Frecuencia: frecuencia de la radio
Sentimientos: una canción de amor
Querer: un ser querido
Intelectual: gafas de leer
Posesión: posesión diabólica
Percepción: los tres monos sabios que simbolizan no ver, no oír y no hablar.

Ejemplo de asociación: abro un regalo, es un vale para ir a hacerme la permanente. Voy a la peluquería y tienen sintonizada la radio en mi frecuencia preferida. Suena una canción de amor y pienso en mi ser más querido. Lo imagino con gafas de leer, absorto en un libro sobre la posesión diabólica con una ilustración que representa tres monos sabios.

En cuanto a la conjugación del presente, como ya hemos dicho, es igual para todas las personas, excepto para la tercera del singular, a la que debemos añadirle una -S.

Ejemplo:

I write	Yo escribo
You write	Tú escribes
He/she/it writes	Él/ella/ello escribe
We write	Nosotros/nosotras escribimos
You write	Vosotros/vosotras escribís
They write	Ellos escriben

Cuidado: tal como hemos visto con el plural, en algunos casos debemos añadir -ES (por ejemplo, *She watches*, ella mira), o transformar la Y en -IES (por ejemplo, *He tries*, él intenta).

En general, una frase afirmativa se estructura así:

sujeto + verbo + complemento.

Ejercicio 7.1

Lee los ejemplos y completa.

Yo juego a tenis.	*I play tennis.*
Joe trabaja en un supermercado.	*Joe works in a supermarket.*
A los gatos les gusta la leche.	*Cats like milk.*
Los viernes siempre comes pizza.	______________________
Ana rara vez escribe e-mails.	______________________
A ellos les gusta su ciudad.	______________________

Forma negativa, interrogativa e interrogativo-negativa

Para las formas negativa, interrogativa e interrogativa-negativa, el *simple present* utiliza el verbo auxiliar *to do* (*does* en tercera persona del singular, sin necesidad de añadir otra -S detrás del verbo principal).

La interrogativa se estructura así.

do/does + sujeto + infinitivo sin *to* + complemento + ?

Ejercicio 7.2

Lee los ejemplos y completa.

¿Juegas a tenis?	*Do you play tennis?*
¿Joe trabaja en un supermercado?	*Does Joe work in a supermarket?*
¿A los gatos les gusta la leche?	*Do cats like milk?*
¿Tú comes siempre pizza los viernes?	______________________
¿Ana rara vez escribe e-mails?	______________________
¿A ellos les gusta su ciudad?	______________________

Las *short answers* funcionan más o menos como en el caso de los verbos *to be* y *to have*, pero utilizando el auxiliar *to do*.

Ejemplos:

Does she have a job? Yes, she does.

Do you want to marry (casarse) *me? Yes, I do.*

Do they travel often? No, they don't.

Para la forma negativa, siempre se utiliza el auxiliar *to do*; basta añadir *not* justo después, sin olvidar la excepción de los verbos *to be* y *to have got*:

sujeto + *do/does* + *not* + infinitivo sin *to* + complemento.

Ejercicio 7.3

Lee los ejemplos y completa.

Yo no juego a tenis.	*I don't play tennis.*
Joe no trabaja en un supermercado.	*Joe doesn't work in a supermarket.*
A los gatos no les gusta la leche.	*Cats don't like milk.*

Tú no comes siempre pizza los	____________________
viernes.	____________________
Ana no escribe rara vez e-mails.	____________________
A ellos no les gusta su ciudad.	____________________

Por último, la forma interrogativa-negativa:

do/does + *not* + sujeto + infinitivo sin *to* + complemento + ?

Double object

Algunos verbos transitivos, cuando además de un complemento directo llevan un complemento indirecto (introducido por las preposiciones *to* o *for*), se pueden construir de dos maneras:

a) *Why don't you give me a glass of water?* (construcción llamada *double object*, con el complemento indirecto inmediatamente después del verbo, sin preposición).
b) *Why don't you give a glass of water to me?*

Así, por ejemplo, la construcción con el *double object* forma parte del régimen verbal en los siguientes casos:

	GRAFÍA	PRONUNCIACIÓN
Dar	*To give, gave, given*	[tu giv, geiv, given]
Mandar	*To send, sent, sent*	[tu send, sent, sent]
Ofrecer	*To offer* (regular)	[tu ofer]
Comprar	*To buy, bought, bought*	[tu bai, bout, bout]
Vender	*To sell, sold, sold*	[tu sel, sold, sold]
Mostrar	*To show, showed, shown*	[tu shou, shoud, shoun]
Decir	*To tell, told, told*	[tu tel, told, told]
Encontrar	*To find, found, found*	[tu faind, faund, faund]
Escribir	*To write, wrote, written*	[tu rait, rout, riten]
Leer	*To read, read, read*	[tu riid, red, red]

En general, es preferible la construcción con el *double object*, a excepción de los siguientes casos:

1. El complemento indirecto (introducido por *for* o *to*) está compuesto por más atributos o aposiciones que el complemento directo (*Dora offers a bone to her funny dog Guillermo*).
2. Queremos dar mayor relevancia al complemento indirecto (*She always shows her paintings to Micky, not to me*).
3. El complemento directo es un pronombre (*Why do we sell it to them?*).
4. Estamos utilizando un verbo que no admite esta construcción, como por ejemplo:

	GRAFÍA	PRONUNCIACIÓN
Confesar	*To confess* (regular)	[tu confes]
Entregar	*To deliver* (regular)	[tu d(e)liva]
Describir	*To describe* (regular)	[tu discraib]
Dictar	*To dictate* (regular)	[tu dicteit]
Explicar	*To explain* (regular)	[tu ecsplein]
Presentar	*To introduce* (regular)	[tu introdius]
Responder	*To reply* (regular)	[tu riplai]
Informar	*To report* (regular)	[tu ripo(r)t]
Decir	*To say, said, said* (regular)	[tu sei, sed, sed]

Por ejemplo, no puedes decir *He always introduces his friends me*. La traducción de «Siempre me presenta a sus amigos» es *He always introduces me to his friends*.

El deporte

En primer lugar, veamos los deportes que casi no necesitan traducción, ya que en español se usa el nombre tomado del inglés, unas veces adaptado a nuestra grafía y otras no, o se utilizan tanto el nombre español como el inglés:

american football (fútbol americano)
baseball (béisbol)
basketball (baloncesto, abreviado, básquet)
bowling (bolos)
cricket (críquet)
tennis (tenis)
golf
hockey
rafting
rollerblading
rugby
surfing
windsurfing

Como puedes ver, muchos nombres de deportes se forman añadiendo la desinencia -ING a la acción que se realiza (*swimming*) o al objeto utilizado (*skateboarding*).

	GRAFÍA	PRONUNCIACIÓN	DEPORTE	GRAFÍA	PRONUNCIACIÓN
Correr (con un medio de transporte: bici, caballo...)	*To ride, rode, ridden*	[tu raid, ro(u)d, ridden]	Equitación	*Horse riding*	[hors raidin]
Nadar	*To swim, swam, swum*	[tu suim, suem, suam]	Natación	*Swimming*	[suimin]
Pescar	*To fish*	[tu fish]	Pesca	*Fishing*	[fishin]

	GRAFÍA	PRONUN-CIACIÓN	DEPORTE	GRAFÍA	PRONUN-CIACIÓN
Navegar (hacer vela)	*To sail*	[tu seil]	Vela	*Sailing*	[seilin]
Esquiar	*To ski*	[tu ski]	Esquí	*Skiing*	[skiing]
Moto	*Motor-bike*	[motorbaik]	Moto-ciclismo	*Motorbike racing*	[motorbaik reisin]
Patines de ruedas	*Roller skates*	[roler skeits]	Patinaje sobre ruedas	*Roller skating*	[roler skeitin]
Monopatín/ Skateboard	*Skate-board*	[skeit-bord]	Ir en monopatín/ skateboard	*Skate-boarding*	[skeit-bordin]
Escalar	*To climb*	[tu claim]	Escalada	*Climbing*	[claimin]
Esgrima	*To fence*	[tu fens]	Esgrima	*Fencing*	[fensin]

Más palabras dentro de esta área temática:

	GRAFÍA	PRONUNCIACIÓN	REESCRIBE
Gimnasio	*Gym*	[yim]	
Ejercicio	*Exercise*	[egsersais]	
Fútbol	*Soccer* (Estados Unidos) *Football* (Reino Unido)	[soker], [fuutbol]	
Equipamiento	*Equipment*	[icuipment]	
Atletismo	*Athletics*	[atletics]	
Gimnasia	*Gymnastics*	[gimnastics]	
Tiro con arco	*Archery*	[archeri]	
Billar	*Pool*	[puul]	
Carrera	*Race*	[reis]	
Entrenar	*To train* (regular)	[tu trein]	

Las palabras del día

	GRAFÍA	PRONUN-CIACIÓN	REESCRIBE
Despertar	*To wake, woke, woken up*	[tu ueik, uo(u)k, uo(u)ken ap]	
Beber	*To drink, drank, drunk*	[tu drink, drenk, drank]	
Comer	*To eat, ate, eaten*	[tu it, eit, iten]	
Vivir	*To live* (regular)	[tu liv]	
Coger/llevar	*To take, took, taken*	[tu teik, tuuk, teiken]	
Pensar	*To think, thought, thought*	[tu zink, zout, zout]	
Dueño	*Owner*	[oune(r)]	
Avión	*Airplane*	[eaplein]	
Caballo	*Horse*	[hors]	
Pronto	*Early*	[(e)rli]	
Té	*Tea*	[tii]	
Universidad	*University*	[iuniv(e)rsiti]	
Pingüino	*Penguin*	[penguin]	
Helado	*Ice cream*	[ais crim]	
Justo/apenas	*Just*	[yast]	
A través de	*Through*	[zru]	
Deberes (escolares)	*Homework*	[homuork]	
Hacia/en dirección a	*Towards*	[touords]	

A storm in a teacup (literalmente: «Una tormenta en una taza de té»)

Pronunciación: [a storm in a tiicap].

Significado: Mucho ruido y pocas nueces.

Ejemplo: *Don't worry if the dog growls at you. It's just a storm in a teacup* (No te preocupes si el perro te ladra. Mucho ruido y pocas nueces).

To get the message (literalmente: «Captar el mensaje»)

Pronunciación: [tu get de mesach].

Significado: Captar el mensaje, ¿entendido?

Ejemplo: *This is my new computer, be careful when you use it. Do you get the message?* (Este es mi ordenador nuevo, ten cuidado cuando lo uses, ¿entendido?).

Better safe than sorry (literalmente: «Mejor prudente que arrepentido»)

Pronunciación: [beter seif dan sorri].

Significado: Más vale prevenir que curar.

Ejemplo: *Could you hold ladder for me while I climb up? Better safe than sorry.* (¿Podrías aguantarme la escalera mientras subo? Más vale prevenir que curar).

Ejercicio 7.4

Describe lo que haces habitualmente en tu día a día utilizando las expresiones que incluimos a continuación. Luego, con el fin de practicar más, habla de la rutina diaria de algún amigo o familiar. Presta atención y escribe correctamente las frases cuando el sujeto esté en tercera persona del singular.

Wake up early
Catch the bus
Buy a newspaper
Have lunch at home
Drink tea at 5 o'clock
Call a friend from the office
Read a book
Watch television
Study English
Drink a lot of water
Go to school/work
Go to the gym

Ejemplo básico: *I sometimes wake up early in the morning.*

Ejemplo avanzado: *I sometimes wake up early in the morning, but my friend Mark always wakes up early.*

EJERCICIO 7.5

Completa las frases con los siguientes verbos conjugados en la forma afirmativa del simple present.

go	*prefer*	*run*	*pass*	*study*
speak	*like*	*play*	*eat*	*live*

1. *Sylvia ________ at university.*
2. *He ________ football.*
3. *I ________ English and French.*
4. *George ________ to school.*
5. *The road ________ through the woods.*
6. *I ________ with my friends.*
7. *We ________ all animals, but he ________ dogs.*
8. *Clare ________ ice cream very often.*
9. *Children always ________ in the garden.*
10. *Penguins ________ at the South Pole.*

Ejercicio 7.6

Transforma las frases del ejercicio anterior y pásalas a la forma negativa e interrogativa. Luego responde libremente con una *short answer*.

Negativa	**Interrogativa**	**Short answer**

Ejercicio 7.7

Esta primera semana has aprendido muchas palabras y reglas. Pon a prueba tu memoria y traduce estas frases del español al inglés.

1. ¿Cuándo es tu cumpleaños? El 7 de enero. ¿Normalmente das una fiesta? Sí. Almuerzo con mi familia y salgo (*to go out*) con mis amigos por la noche. ¡Es bonito!
2. ¿Dónde viven los Merton? Viven aquí cerca, en aquella calle de la derecha. Tienen una casa bonita, con el tejado azul y dos perros grandes en el jardín.
3. Bob nunca hace deberes por la tarde. Siempre estudia por la noche y por la mañana suele estar cansado.
4. ¿Qué hora es, por favor? Son las 10.05. ¿En serio? Quiero ir a comprarle un regalo a Clare.
5. La fiesta de verano es el 21 de junio. Tengo muchas ganas de ir. Siempre hay muchas personas y es una fiesta preciosa.

6. ¿A qué hora sale el avión? A las 13.25. Tengo que comprar el periódico. Coge otro para él, ¿vale?
7. ¿Te gustan los deportes? Sí, normalmente cuando voy a la playa hago vela y cuando tengo ganas de escalar voy a la montaña.
8. ¿Cuánto tiempo se tarda en ir a Londres desde Madrid? Ella cree que unas dos horas.
9. ¿Por qué no llamamos a Ted? ¿Cuál es su número de teléfono? Él siempre va a ese centro comercial.

CONVERSATION TIME

Consulta un repertorio de frases y busca nuevas frases para describirte durante tus conversaciones por internet. Anota las nuevas expresiones en la tarjeta de aprendizaje y también en un archivo que tendrás abierto en la pantalla del ordenador, delante de ti.

Copia todas las palabras que has memorizado hasta ahora en un documento; marca las que consideres más útiles y las que te cuesta más recordar. Así, cada día podrás efectuar un nuevo repaso.

Mientras hablas en inglés con alguien por Skype, mantén abierto WordReference. Si durante la conversación no entiendes una palabra, pide que te la escriban por chat para poder buscarla inmediatamente. Tu principal objetivo tiene que ser no desistir y proseguir la conversación, aunque todavía necesites repetir varias veces *Again please*, *Slowly please*, o *I don't understand*.

Y recuerda que ya casi estás listo para mantener tu primera conversación en persona.

Antes de cerrar el manual, repasa todo lo que has estudiado hoy.

DAY EIGHT

La primera semana ha pasado muy deprisa. Has aprendido muchísimas palabras y numerosas reglas gramaticales. Así que hoy dedica un momento a felicitarte por todos los logros alcanzados.

Numerosos estudios, como los de Tony Buzan, el inventor de los mapas mentales, inciden en la importancia de los repasos a la hora de adquirir nuevos conocimientos de forma duradera. Según parece, son fundamentales los repasos efectuados al cabo de una hora, un día y una semana.

A partir de hoy, como ya han transcurrido 7 días desde el comienzo del programa, además de efectuar el repaso de lo aprendido el día anterior, tendrás que dedicar el tiempo necesario a refrescar rápidamente lo que estudiaste el mismo día de la semana pasada.

Antes de seguir adelante, repasa lo que hicimos el primer día y a continuación vuelve a mirar todo lo que aprendiste ayer. Cuando termines, relájate un par de minutos y márcate el objetivo de estudiar y hacer los ejercicios del octavo día.

Present continuous

El *present continuous* o presente progresivo se usa para expresar una acción que:

a) Se está desarrollando mientras se habla (por ejemplo, es un tiempo verbal que utilizarás a menudo por teléfono, o en otras situaciones en las que ni tu interlocutor ni tú podéis ver qué está haciendo el otro).
b) Se está desarrollando en este período (*I am cooking and cleaning for my family this week*, Esta semana cocino y limpio para mi familia: significa que estas actividades no las haces habitualmente, sino solo estos días).
c) Está programada de forma concreta para el futuro (*We are going to Rome next Saturday*, El sábado que viene vamos a Roma).
d) Es habitual e... irritante (*He is always looking at other girls...* Siempre mira a las demás chicas...).

Recuerda que con algunos verbos no se puede formar el *present continuous* («querer» y los verbos referidos a sentimientos, percepción, actividad intelectual y posesión); los memorizamos ayer al estudiar el *simple present*.

Vamos a ver unos ejemplos.

Kevin is doing his homework (Kevin está haciendo los deberes).

I'm working at a shop in the city centre at the moment (En este momento trabajo en una tienda del centro).

Why are you always interrumping me? (¿Por qué me interrumpes siempre?)

I'm going out with Mary tomorrow (Salgo con Mary mañana).

Como ya habrás observado, la forma afirmativa se construye con:

sujeto + auxiliar *to be* en *simple present* + verbo en -ING.

La forma -ING de los verbos ingleses corresponde a nuestro gerundio regular (el modo que termina en *-ando*, *-iendo*).

Para añadir correctamente esta desinencia, es necesario estudiar varias reglas, como ocurría con la -S del *simple present*.

1. Los verbos monosílabos que terminan en consonante precedida de vocal doblan la consonante antes de añadir -ING. Así, el gerundio de *to stop* es *stopping*, el gerundio de *to run, running*...

   Para recordarlo, marca con un color llamativo el detalle siguiendo el principio del contraste-fondo y lee en voz alta la forma -ING de estos verbos como si las consonantes, más que dobles, fueran triples, cuádruples... multiplicadas por veinte. Entretanto, visualízate mientras realizas la acción que designa el verbo.
2. Los verbos que terminan por -E muda pierden dicha vocal antes de añadir la desinencia -ING. Pongamos unos ejemplos con verbos que ya conoces: la -E cae en *having* y *writing*, pero no en *being* y *seeing*.

   En este caso también te aconsejamos que uses el principio del contraste-fondo para resaltar la excepción. Además, *to be* y *to see* son verbos tan frecuentes que los leerás muchas veces en su forma -ING. Así, después de memorizar correctamente esta regla, cada vez la repasarás de una manera natural.

3. El sufijo -IE se transforma en -Y antes de añadir la desinencia -ING. No hay muchos verbos que sigan esta regla, pero dos de ellos son muy frecuentes: *to die*, «morir» (*dying*) y *to lie*, que significa «mentir» o «estar tendido» (*lying*).

   Para memorizar esta excepción, piensa en la imagen de una hiena (-IE) que termina aplastada por un enorme yate (Y) mientras juega a ping-pong (la forma -ING del verbo).

4. Los verbos que terminan en -L precedida de una sola vocal doblan la -L. Así, el gerundio de *to control* («controlar») es *controlling*, el de *to cancel* («cancelar»), *cancelling*, etc.

   En este caso, tenemos que referirnos a una excepción de la excepción: los verbos *to fuel* («alimentar») y *to dial* («componer», «llamar»), pese a tener dos vocales antes de la -L, también siguen esta regla y sus respectivos gerundios son *fuelling* y *dialling*.

Ejercicio 8.1

Lee los ejemplos y completa.

Estoy andando.	*I am walking.*
El sol está brillando.	*The sun is shining.*
Los leones están corriendo deprisa.	*The lions are running fast.*
Estamos yendo a ayudarlo.	______________
Él está alquilando un coche.	______________
Estás escuchando al profesor.	______________

Forma negativa, interrogativa e interrogativa-negativa

La forma negativa del *present continuous* se hace colocando la negación *not* entre el auxiliar to be en *simple present* y la forma en -ING del verbo:

sujeto + *to be* en *simple present* + *not* + verbo en -ING.

EJERCICIO 8.2

Lee los ejemplos y completa.

Yo no estoy andando.	*I am not walking.*
El sol no está brillando.	*The sun is not shining.*
Los leones no están corriendo deprisa.	*The lions are not running fast.*
No estamos yendo a ayudarlo.	________________
Él no está alquilando un coche.	________________
No estás escuchando al profesor.	________________

La forma interrogativa del *present continuous* se construye siguiendo el modelo:

to be en *simple present* + sujeto + verbo en -ING + ?

EJERCICIO 8.3

Lee los ejemplos y completa.

¿Estás andando?	*Are you walking?*
¿El sol está brillando?	*Is the sun shining?*
¿Los leones están corriendo deprisa?	*Are the lions running fast?*
¿Estamos yendo a ayudarlo?	________________
¿Él está alquilando un coche?	________________
¿Estás escuchando al profesor?	________________

Por último, la forma interrogativo-negativa:

to be en *simple present* + *not* + sujeto + verbo en -ING + ?

Ejercicio 8.4

Lee los ejemplos y completa.

¿No estás andando?	*Aren't you walking?*
¿El sol no está brillando?	*Isn't the sun shining?*
¿Los leones no están corriendo deprisa?	*Aren't the lions running fast?*
¿No estamos yendo a ayudarlo?	____________________
¿Él no está alquilando un coche?	____________________
¿No estás escuchando al profesor?	____________________

To make, to do

Tanto *to make* como *to do* significan «hacer», pero existe una diferencia sutil.

To make se usa cuando nos referimos a algo que ha sido creado donde antes no había nada, como un pastel, un dibujo, una presentación, etc.

Por ejemplo: *To make an omelet* (Hacer una tortilla).

En cambio, *to do* significa «hacer» en el sentido de «actuar».

Por ejemplo: *To do push-ups* (Hacer flexiones).

To wait

Para evitar malentendidos desagradables, ten cuidado al utilizar u oír este verbo.

To wait on someone significa «servir a alguien» y *to wait tables* significa «ser camarero» (es decir, *waiter*).

En cambio, con la preposición *for*, *to wait* significa «esperar»: *I'm waiting for you* (Te estoy esperando).

VOCABULARY

Las vacaciones

	GRAFÍA	PRONUNCIACIÓN	REESCRIBE
Viaje	*Journey*	[jo(u)rnei]	
Viaje corto/excursión	*Trip*	[trip]	
Equipaje	*Luggage*	[loguich]	
Equipaje de mano	*Hand luggage*	[hand loguich]	
Aeropuerto	*Airport*	[eapot]	
Vuelo	*Flight*	[flait]	
Aterrizaje	*Landing*	[lendin]	
Facturar (el equipaje)	*Check-in*	[chek in]	
Irse (dejar la habitación de un hotel)	*Check-out*	[chek aut]	
Asiento	*Seat*	[siit]	
Tarjeta de embarque	*Boarding pass*	[bordin pas]	
Embarcación	*Boat*	[bo(u)t]	
Barco	*Ship*	[ship]	
Puerto	*Port*	[pot]	
Costa	*Coast*	[co(u)st]	

	GRAFÍA	PRONUN-CIACIÓN	REESCRIBE
Capitán	*Captain*	[capten]	
Tripulación	*Crew*	[criu]	
Autopista	*Motorway*	[motoruei]	
Pasajero	*Passenger*	[pasenyer]	
Billete/tique	*Ticket*	[tíket]	
Despegue	*Take off*	[teik of]	
Retraso	*Delay*	[dilei]	
Impuesto	*Tax*	[tacs]	
Consigna	*Left luggage office*	[left lagich ofis]	
Andén	*Platform*	[platform]	

Las palabras del día

	GRAFÍA	PRONUN-CIACIÓN	REESCRIBE
Viajar	*To travel* (regular)	[tu travel]	
Escuchar	*To listen* (regular)	[tu lisen]	
Estar/ quedarse	*To stay* (regular)	[tu stei]	
Confirmar	*To confirm* (regular)	[tu conf(i)rm]	
Cancelar	*To cancel* (regular)	[tu cans(o)l]	
Cambiar	*To change* (regular)	[tu cheinch]	
Llegar	*To arrive* (regular)	[tu araiv]	
Alquilar	*To rent* (regular)	[tu rent]	
Reservar	*To book* (regular)	[tu buk]	
Bajar	*To get, got, got down*	[tu get, got, got daun]	

	GRAFÍA	PRONUN-CIACIÓN	REESCRIBE
Subir (a un vehículo)	*To get, got, got on*	[tu get, got, got on]	
Encontrarse con/conocer	*To meet, met, met*	[tu miit, met, met]	
Visitar	*To visit* (regular)	[tu visit]	
Planificar	*To plan* (regular)	[tu plen]	
Lugar	*Place*	[pleis]	
Cena	*Dinner*	[dina]	
Nube	*Cloud*	[claud]	
Mañana	*Tomorrow*	[tumorrou]	
Rápido	*Fast*	[fast]	
Lento	*Slow*	[slou]	
Vida	*Life*	[laif]	
Dios	*God*	[god]	
Nadie	*No one*	[no uan]	
Ahora	*Now*	[nau]	
Después	*After*	[after]	
Cada	*Each*	[ich]	

IDIOMS

To be all ears (literalmente: «Ser todo oídos»)

Pronunciación: [tu bi oll i(a)rs].

Significado: Ser todo oídos.

Ejemplo: *Tell me what happened at the party last night. I'm all ears* (Dime qué pasó en la fiesta anoche. Soy todo oídos).

To keep someone posted (literalmente: «Mantener a alguien informado»)

Pronunciación: [tu kip samuan post(i)d].

Significado: Tener a alguien al corriente, mantener a alguien informado.

Ejemplo: *Keep me posted on anything that happens while I'm away* (Mantenme informado de lo que ocurra mientras estoy fuera).

People person (literalmente: «Persona de gente»)

Pronunciación: [pipol person].

Significado: Persona sociable, a quien le gusta la compañía.

Ejemplo: *Jacob likes to have parties at his house, he is a people person* (A Jacob le gusta dar fiestas en su casa, es una persona sociable).

A pain in the neck (literalmente: «Un dolor en el cuello»)

Pronunciación: [a pein in de nek].

Significado: Un incordio, una lata, un rollo.

Ejemplo: *Stop complaining! You are a pain in the neck!* (¡Deja de quejarte! ¡Eres un incordio!).

Seeing is believing (literalmente: «Ver es creer»)

Pronunciación: [siin is bilivin].

Significado: Ver para creer, si no lo veo no lo creo.

Ejemplo: *It's real silk, seeing is believing* (Es seda auténtica. Si no lo veo, no lo creo).

Ejercicio 8.5

Coloca estos infinitivos en el grupo correcto según las reglas indicadas para la forma terminada en -ING.

to arrive	*to cancel*	*to change*	*to buy*
to think	*to plan*	*to lie*	*to swim*
to stay	*to travel*	*to speak*	*to take*

Pierden la -E: __________ __________ __________
Doblan la consonante: __________ __________ __________ __________
Añaden -YING: __________
Añaden solo -ING: __________ __________ __________ __________

Ejercicio 8.6

Describe lo que estás haciendo en este momento. Si la acción propuesta no es algo que estés realizando tú, di quién o quiénes la realizan (un familiar, un amigo, el perro...).

1. *(work) I'm not working. My mom is working.*
2. *(watch/TV)* ______________________________
3. *(talk/phone)* ______________________________
4. *(do/homework)* ______________________________
5. *(read/book)* ______________________________
6. *(play/garden)* ______________________________
7. *(wash/car)* ______________________________
8. *(study/English)* ______________________________
9. *(listen/radio)* ______________________________
10. *(go/university or school)* ______________________________

Ejercicio 8.7

Conjuga los verbos entre paréntesis en el tiempo y la forma correctos.

1. *Where (be) Mr Benson? (He/be) at home? No, he (be) in Vienna on a two-week vacation. He (often/travel) around Europe. What (he/do) now? (he/take) a picture.*
2. *(The Mertons/be) in the kitchen? Yes, Mrs Merton (cook), and her husband (always/help) her in the kitchen. Their cat (play) on the floor.*
3. *What (you/do), Carl? (I/watch) TV. You are (always/watch) TV! I don't understand you.*
4. *(I/think) about a trip with my wife. Where (you/think) about going? We (often/say) we want to see the USA!*
5. *(Mrs Thompson/make) a cake every Saturday, because her (children/want) dessert. Today (they/leave) for a trip, but (she/wake up) early to make it. (She/is) a very good mom!*
6. *What (you/wait) for? (I/be) at the platform, (I/wait) to get my luggage.*

Ejercicio 8.8

Traduce al inglés esta breve historia.

John vive cerca de Madrid. Cada sábado va a la ciudad y se lleva su bolsa preferida, un pequeño equipaje de mano.

Normalmente va en bici (*by bicycle*), pero hoy está lloviendo mucho y decide coger el tren a las 9. Cuando está llegando a Madrid, se encuentra a un viejo amigo. Hablan de sus vidas y John olvida bajar del tren.

Al cabo de una hora aproximadamente, su amigo le dice:

—Adiós, John, me alegro de haberte visto. Yo estoy en mi parada.

—¿Dónde estamos? —pregunta John.

—¡Estamos llegando a Toledo!

El objetivo de tus conversaciones en línea es hacer una inmersión total, por lo cual no debería haber espacio para el español. Tienes que acostumbrarte a pensar directamente en inglés, porque traducir mentalmente, por muy rápido que seas, no es un método eficaz a largo plazo. Si vas a clase, pídele al profesor que te hable siempre en inglés, sin excepciones.

En cambio, si hablas con alguien interesado en aprender o practicar el español, no debes ser tan categórico. Dividid la conversación en dos mitades de la misma duración y netamente separadas; en una escuchas y ayudas, en la otra hablas y pides ayuda. En «tu» mitad no permitas que tu interlocutor te conteste en español.

Como siempre, repasa enseguida todo lo que has aprendido hoy.

DAY NINE

Repasa con atención lo que aprendiste el segundo día de la primera semana y luego dedícate a lo que aprendiste ayer.

Por último, relájate un par de minutos y márcate el objetivo de estudiar y hacer los ejercicios del noveno día.

GRAMMAR RULES

Futuro simple

Hay dos maneras de expresar el futuro simple en inglés: con *will* [uil] o con *to be going to* [tu bi goin tu].

En algunas situaciones, ambas formas son intercambiables, pero en otras expresan conceptos distintos. En un primer momento, quizá la diferencia te parezca más bien abstracta, pero la verás más clara cuando adquieras cierta sensibilidad frente a los matices de la lengua inglesa.

Tal como hemos hecho para los demás tiempos verbales, vamos a ver cuándo se usa el *simple future*:

1. Para manifestar la decisión, tomada en el momento en que hablamos, de hacer determinada cosa (una acción no preestablecida, sino voluntaria), utilizare-

mos *will*: *I will go to the gym on Thursday* (Iré al gimnasio el jueves).
Excepción: el verbo *to be*, que puede usarse con *will* aunque la acción sea preestablecida: *I'll be there at nine o'clock* (Estaré allí a las nueve en punto).

2. Si prevés que va a ocurrir algo, usa el *simple future* en la forma que prefieras: *I think it will be sunny next week* o *I think it's going to be sunny next week*. Ambas frases son correctas si quieres decir: «Creo que hará sol la semana que viene».
3. Para ofrecerte a hacer algo en un futuro inmediato o para hacer una promesa, usa *will*.
Ejemplos:
I will bring you a cup of coffee (Te llevo una taza de café).
I will buy you a motorcycle this summer (Te compraré una moto este verano).

Respecto a la construcción de las frases, recuerda que *to be going to* no es más que el *present continuous* del verbo *to go* unido al infinitivo del verbo que deseas conjugar en futuro. Literalmente, es como si dijeras que «estás empezando» a hacer algo. El *simple future* construido con esta forma se llama «futuro intencional», ya que indica la intención de hacer algo no inminente.

Ejemplos:
I'm going to buy a house (Tengo la intención de comprarme/me compraré una casa).
What are you going to do? (¿Qué tienes intención de hacer?)
I am not going to go with you (No tengo intención de ir contigo).

Aren't you going to say anything? (¿No piensas de decir nada?)

En cambio, con *will* la forma afirmativa se estructura así:

sujeto + *will* + infinitivo sin *to* + complemento.

La forma contracta de *will* es *'ll* y se utiliza mucho en el lenguaje hablado e informal. Pronunciar *will* entero hará que tus promesas suenen muy serias e importantes.

EJERCICIO 9.1

Lee los ejemplos y completa.

Yo jugaré a fútbol.	*I'll play football.*
Tú comerás pasta.	*You'll eat pasta.*
Ella tocará el piano.	*She'll play the piano.*
Cocinaremos huevos (*eggs*).	________________
Él andará rápido.	________________
Se irán pronto.	________________

Forma negativa, interrogativa e interrogativa-negativa

El modelo para la forma negativa del *simple future* construido con *will* es:

sujeto + *will* + *not* + infinitivo sin *to* + complemento.

Will not se puede contraer en *won't*. En este caso, también es la forma más utilizada.

Ejercicio 9.2

Lee los ejemplos y completa.

Yo no jugaré a fútbol.	*I won't play football.*
Tú no comerás pasta.	*You won't eat pasta.*
Ella no tocará el piano.	*She won't play the piano.*
No cocinaremos huevos.	______________
Él no andará rápido.	______________
No se irán pronto.	______________

La forma interrogativa sigue este modelo:

will + sujeto + infinitivo sin *to* + complemento + ?

Las *short answers* se forman usando *will* y *will not* o *won't* de esta manera: *Yes, I will*, *No, I won't* o *No, I will not*. No se puede usar la forma contraída de *will* en la respuesta breve positiva.

Ejercicio 9.3

Lee los ejemplos y completa.

¿Jugaré a fútbol?	*Will I play football?*
¿Comerás pasta?	*Will you eat pasta?*
¿Tocará ella el piano?	*Will she play the piano?*
¿Cocinaremos huevos?	______________
¿Andará rápido?	______________
¿Se irán pronto?	______________

Por último, la forma interrogativo-negativa se construye así:

won't + sujeto + infinito sin *to* + complemento + ?

Quizá un día oigas esta frase para hacer peticiones «desesperadas», casi súplicas: *Baby, won't you please come home* (Pequeña, por favor, vuelve a casa). En realidad, es una preciosa canción de blues.

VOCABULARY

Los animales

	GRAFÍA	PRONUNCIACIÓN	REESCRIBE
Animal	*Animal*	[animol]	
Conejo	*Rabbit*	[rabit]	
Pollo	*Chicken*	[chiken]	
Tortuga	*Turtle*	[tartol]	
Carpa dorada	*Goldfish*	[goldfish]	
Cerdo	*Pig*	[pic]	
Vaca	*Cow*	[cau]	
Zorro	*Fox*	[focs]	
Ratón	*Mouse*	[maus]	
Tigre	*Tiger*	[taiger]	
Águila	*Eagle*	[igol]	
Oso	*Bear*	[be(a)r]	
Abeja	*Bee*	[bii]	
Rana	*Frog*	[froc]	
Araña	*Spider*	[spaider]	
Mosca	*Fly*	[flai]	
Loro	*Parrot*	[parrot]	
Pato	*Duck*	[dak]	

Entretenimiento, lugares y diversiones

	GRAFÍA	PRONUN-CIACIÓN	REESCRIBE
Teatro	*Theatre*	[ziat(e)r]	
Juego	*Game*	[geim]	
Ajedrez	*Chess*	[ches]	
Juego de mesa	*Board game*	[bord geim]	
Pintura	*Painting*	[peintin]	
Colección	*Collection*	[colecshion]	
Instrumento	*Instrument*	[instrument]	
Canción	*Song*	[song]	
Camping	*Camping*	[kempin]	
Tienda de campaña	*Tent*	[tent]	
Excursionista	*Hiker*	[haiker]	
Cocinar	*To cook* (regular)	[tu cuuk]	
Cantar	*To sing, sang, sung*	[tu sing, sang, sung]	
Perder	*To lose, lost, lost*	[tu lus, lost, lost]	
Vencer	*To win, won, won*	[tu uin, uon, uon]	
Pintar	*To paint* (regular)	[tu peint]	
Mostrar	*To show, showed, shown*	[tu shou, shoud, shoun]	

Las palabras del día

	GRAFÍA	PRONUNCIACIÓN	REESCRIBE
Venir	*To come, came, come*	[tu com, keim, com]	
Dormir	*To sleep, slept, slept*	[tu sliip, slept, slept]	
Necesitar	To need (regular)	[tu niid]	
Divertirse	*To have fun*/ *enjoy*	[tu hav fan]/ [enyoi]	
Probablemente	*Probably*	[probabli]	
Huevo	*Egg*	[ek]	
Lleno	*Full*	[ful]	
Paraguas	*Umbrella*	[ambrela]	
Pronto	*Soon*	[suun]	
Pesado	*Heavy*	[hevi]	
Broma	*Joke*	[youk]	

IDIOMS

To have half a mind (literalmente: «Tener media mente»)

Pronunciación: [tu hav haf a maind].

Significado: Tener en mente.

Ejemplo: *I've half a mind to go to the gym tomorrow* (Tengo en mente ir al gimnasio mañana).

To take someone for a ride (literalmente: «Llevar a alguien a dar una vuelta»)

Pronunciación: [tu teik somuan for a raid].

Significado: Tomar el pelo, engañar a alguien.

Ejemplo: *I trusted him, but I found out he was only taking me for a ride* (Confiaba en él, pero descubrí que solo me estaba tomando el pelo).

To keep it under your hat (literalmente: «Tenerlo debajo del sombrero»)

Pronunciación: [tu kiip it ander yo(u)r hat].

Significado: Guardar el secreto.

Ejemplo: *I'm going to ask her to marry me, but keep it under your hat* (Voy a pedirle que se case conmigo, pero guárdame el secreto).

To see red (literalmente: «Ver rojo»)

Pronunciación: [tu sii red].

Significado: Ponerse negro, encenderse de rabia.

Ejemplo: *When she talks to me like that I see red* (Cuando me habla de esa manera, me pongo negro).

To deliver the goods (literalmente: «Entregar la mercancía»)

Pronunciación: [tu del(i)va de guuds].

Significado: Mantener la palabra, una promesa.

Ejemplo: *My husband delivered the goods and took me to the restaurant last night* (Mi marido mantuvo su promesa y anoche me llevó al restaurante).

EJERCICIO 9.4

Completa las frases con *I think I'll* o *I don't think I'll* + el verbo indicado.

have *take* *climb* *go* *make* *go*

1. *This luggage is very heavy. I think I'll take it with me.*
2. *It's hot today.* ______________________ *out.*
3. *My daughter wants some biscuits.* ______________________ *them, because* ______________________ *time.*
4. *It will be sunny next weekend.* ______________________ *camping.*
5. *I'm a hiker, but* ______________________ *this afternoon.*

EJERCICIO 9.5

Completa las frases con *will, 'll* o *won't.*

1. *It's Kevin's birthday next Sunday. He* __________ *be 18!*
2. *She wants to win the game. She* __________ *need some help.*
3. *I* __________ *cook an omelet for dinner.*
4. *We're short on petrol. I* __________ *go to the petrol station.*
5. *It's not going to rain. I* __________ *take an umbrella with me.*

EJERCICIO 9.6

Escribe dónde estarás en el momento indicado.

1. *This evening I'll probably be out with my boyfriend.*
2. *Three years from now* ______________________
3. *At midday* ______________________
4. *Five minutes from now* ______________________
5. *Tomorrow* ______________________

EJERCICIO 9.7

Utiliza las sugerencias para completar las frases, como en el ejemplo.

1. *This hotel is full. (another one) We'll book another one.*
2. *We're lost. (policeman)* ______________________
____

3. *I'm painting a butterfly. (it/beautiful)* ______________________
____

4. *I love this singer. (we/concert)* ______________________
____

5. *The circus is in town! (tickets/tomorrow)* ______________________
____

6. *I'm buying some great wine. (you/dinner)* ______________________
____

7. *My uncle is leaving tonight. (at home/tomorrow)* ______________________
____

8. *We like to play chess. (soon)* ______________________
____

9. *I want to speak to Linda. (think here/soon)* ______________________
____

10. *He is cancelling the flight. (call you)* ______________________
____

EJERCICIO 9.8

Ahora transforma las frases del ejercicio anterior en negativas e interrogativas. Responde a la pregunta con una *short answer*.

Negativa	**Interrogativa**	**Short answer**
____________	____________	____________
____________	____________	____________
____________	____________	____________
____________	____________	____________
____________	____________	____________
____________	____________	____________
____________	____________	____________
____________	____________	____________
____________	____________	____________
____________	____________	____________

Muchas veces, obtener los primeros resultados concretos nos motiva para seguir adelante e ir mejorando cada vez más. En otras ocasiones, después de tanto trabajo, nos empieza a entrar pereza con la excusa de que ya es suficiente. Sabemos que puedes sentir la tentación de interrumpir tu viaje y conformarte con los grandes progresos que has hecho hasta ahora. Recuerda que en momentos como este debes tomar una gran decisión vital: dejarlo o aspirar a la excelencia. Escucha a tu mejor parte; siempre tiene la respuesta adecuada.

Si sigues adelante con el programa, te darás cuenta de que estabas a punto de renunciar a la fase que motiva más, la que te da la posibilidad de interaccionar realmente con otro ser humano.

Organiza un encuentro con un nativo. Por ejemplo, puedes invitar a alguien con quien hayas contactado por Facebook a tomar un café a cambio de una breve charla. Prepárate las primeras frases de la conversación y relájate. Te alegrará saber lo fácil que puede llegar a ser entender a las personas cuando las tienes delante y no a través de un teléfono o un ordenador. Después de un «entreno» tan duro, el «partido» te resultará más fácil de lo previsto.

Si no encuentras a nadie en Facebook, busca a un profesor nativo inglés hoy mismo, o como máximo mañana. Si esto también te resultase imposible, llama a nuestro centro más próximo y organízate para quedar con uno de nuestros tutores.

DAY TEN

Después de repasar lo que aprendiste el tercer día y lo que hicimos ayer, relájate un par de minutos y márcate el objetivo de estudiar y hacer los ejercicios del décimo día.

GRAMMAR RULES

Simple past

El *simple past* es el tiempo verbal para expresar una acción ya realizada que guarda relación con el presente. Existen, pues, dos condiciones para usar un verbo en *simple past*:

1. La acción debe pertenecer al pasado y tiene que haber terminado en el momento en que hablamos; por ejemplo *I moved last year* (Me trasladé el año pasado). Si nos referimos a un período que aún no ha finalizado, usaremos el *present perfect*: *I have moved this month* (Me he trasladado este mes).
2. El tiempo en que se realizó la acción debe explicitarse en la frase o quedar muy claro por el contexto; si no es así, utilizaremos el *present perfect*. Para expresar en qué momento del pasado situamos la acción, puedes usar:

a) Adverbios de tiempo, como *yesterday* (ayer).
b) Proposiciones temporales, como *when he was young* (cuando era joven).
c) Complementos de tiempo, como *a few days ago* (hace unos días), *last year* (el año pasado) o *during the Renaissance* (durante el Renacimiento).

Puedes utilizar el *simple past* sin una expresión de tiempo en algunos casos excepcionales:

a) En las preguntas, cuando se presupone que la acción tuvo lugar en un momento concreto del pasado y que ya ha concluido: *When did you buy your first car?* (¿Cuándo compraste tu primer coche?).
b) En las proposiciones temporales introducidas por *when*: *When I looked into your eyes...* (Cuando te miré a los ojos...).
c) Cuando te refieres a una persona fallecida: *Napoleon was a great conqueror* (Napoleón fue un gran conquistador).

Ahora pasemos a ver cómo se forma este tiempo verbal. Te resultarán muy útiles los paradigmas de los verbos irregulares que has memorizado hasta ahora.

Son verbos regulares todos aquellos a los que solo debes añadirles -ED al final del infinitivo. Por ejemplo, *to want* se transforma en *wanted* (*I wanted a new car*).

La -E muda cae (*to love* se convierte en *loved*), la -Y precedida de consonante se transforma en -IED (*to cry, cried*), la -L final precedida de vocal se dobla (*to travel, travelled*). Seguro que estas normas de escritura te resultan muy familiares...

En cambio, para los verbos irregulares lo único que puedes hacer es aprenderte de memoria los paradigmas. La técnica más eficaz siempre es la misma: busca imágenes de referencia para cada voz verbal y luego asócialas de forma creativa, cierra los ojos y visualízalo todo con detalle.

Vamos a poner un ejemplo.

To eat, ate, eaten = comer

Comer: están comiendo su plato favorito

Eat [it]: Ítaca

Ate [eit]: *E.T., el extraterrestre*

Eaten [iten]: la palabra «(comp)iten»

Mientras comen su plato favorito en Ítaca viendo la película *E.T.*, compiten para ver quién es el primero en terminar de cenar.

La forma afirmativa del *simple past* sigue el modelo habitual:

sujeto + verbo + complemento.

Ejercicio 10.1

Lee los ejemplos y completa.

El año pasado navegué (*to surf*, regular) a menudo por internet.	*I often surfed the internet last year.*
Cuando era niño, John rompió (*to break, broke, broken*) la muñeca de Cristina.	*When he was a child, John broke Cristina's doll.*
Anoche cenasteis juntos.	*You had dinner together last night.*
Él olvidó el león en clase.	__________________
Ayudaste a los niños.	__________________
La semana pasada dieron una fiesta.	__________________

Forma negativa, interrogativa e interrogativo-negativa

Al igual que en el *simple present*, las otras formas verbales están compuestas por el auxiliar *to do*, en este caso conjugado en pasado (cuidado, es irregular: *to do, did, done* [tu du, did, dan]), mientras el verbo que expresa la acción se queda en infinitivo, sin el *to*.

Este es el modelo para la forma negativa:

sujeto + *did* + *not* + infinitivo
sin *to* + complemento.

Ejercicio 10.2

Lee los ejemplos y completa.

El año pasado no navegué a menudo por internet.	*I didn't often surf the internet last year.*
Cuando era niño, John no rompió la muñeca de Cristina.	*When he was a child, John didn't break Cristina's doll.*
Anoche no cenasteis juntos.	*You didn't have dinner together last night.*

Él no olvidó el león en clase.	____________________
No ayudaste a los niños.	____________________
La semana pasada no dieron una fiesta.	____________________ ____________________

Para la forma interrogativa:

did + sujeto + infinitivo sin *to* +
complemento + ?

Ejercicio 10.3

Lee los ejemplos y completa.

¿El año pasado navegaste a menudo por internet?	*Did you often surf the internet last year?*
Cuando era niño, ¿John rompió la muñeca de Cristina?	*Did John break Cristina's doll when he was a child?*
¿Anoche cenasteis juntos?	*Did you have dinner together last night?*
¿Él olvidó el león en clase?	____________________
¿Ayudaste a los niños?	____________________
¿La semana pasada dieron una fiesta?	____________________ ____________________

Por último, la forma interrogativo-negativa:

did + *not* + sujeto + infinitivo sin *to* + complemento + ?

Ejercicio 10.4

Lee los ejemplos y completa.

¿El año pasado no navegaste a menudo por internet?	*Didn't you often surf the internet last year?*
Cuando era niño, ¿John no rompió la muñeca de Cristina?	*Didn't John break Cristina's doll when he was a child?*
¿Anoche no cenasteis juntos?	*Didn't you have dinner together last night?*
¿No olvidó el león en clase?	____________________
¿No ayudaste a los niños?	____________________
¿La semana pasada no dieron una fiesta?	____________________ ____________________

En las *short answers*, se usa el auxiliar *to do*: *Yes, I did, No, I didn't* (o *No, I did not*), y lo mismo para todas las personas.

And/then

En la mayoría de los casos, *and* («y») y *then* («luego») se usan de la misma manera.

Obviamente, basta que haya dos verbos o proposiciones (*I'll go to my mom's, then I will call you*, Voy a casa de mi madre, luego te llamo) para utilizar dichos términos. Si se trata de una lista más larga, no es indispensable utilizarlos delante del último elemento, aunque ayuda a indicar el fin de la sucesión.

Ejemplo:

Today I woke up, ate pancakes, drank a cup of tea, and had a shower; then you called me (Hoy me de despertado, he comido tortitas, he bebido una taza de té y me he duchado; luego me has llamado tú).

VOCABULARY

Verbos

	GRAFÍA	PRONUNCIACIÓN	REESCRIBE
Olvidar	*To forget, forgot, forgotten*	[tu forget, forgot, forgoten]	
Romper	*To break, broke, broken*	[tu breik, brouk, broken]	
Reír	*To laugh* (regular)	[tu laf]	

	GRAFÍA	PRONUNCIACIÓN	REESCRIBE
Abrir/ abierto (adjetivo)	*To open* (regular)/*open*	[tu oupen]/[oupen]	
Cerrar/ cerrado (adjetivo)	*To close* (regular)/*closed*	[tu clo(u)s]/ [clo(u)sed]	
Guardar	*To keep, kept, kept*	[tu kiip, kept, kept]	
Buscar	*To look for*	[tu luk for]	
Llevar	*To bring, brought, brought*	[tu brin, bro(u)t, bro(u)t]	
Besar	*To kiss* (regular)	[tu kis]	
Casarse	*To marry* (regular)	[tu marri]	
Amar	*To love* (regular)	[tu lov]	
Odiar	*To hate* (regular)	[tu heit]	
Secar	*To dry* (regular)	[tu drai]	
Empezar	*To start* (regular)	[tu start]	
Caer	*To fall, fell, fallen*	[tu fol, fel, folen]	
Soñar	*To dream, dreamt, dreamt*	[tu drim, dremt, dremt]	
Preguntar	*To ask* (regular)	[tu ask]	
Sentarse	*To sit, sat, sat*	[tu sit, sat, sat]	
Estar de pie	*To stand, stood, stood*	[tu stend, stuud, stuud]	

Las palabras del día

	GRAFÍA	PRONUNCIACIÓN	REESCRIBE
Hace (referido al tiempo)	*Ago*	[agou]	
Intensamente	*Intensely*	[intensli]	
Pasado	*Last*	[last]	
Solo	*Only*	[onli]	
Fuera (de aquí)	*Away*	[auey]	
Ayer	*Yesterday*	[yesterdei]	
Reloj	*Watch*	[uotch]	
Antes	*Before*	[bifor]	
Enfadado	*Angry*	[angri]	
Nada	*Nothing*	[nozin]	
Patatas fritas	Chips (para los ingleses) French fries (para los americanos)	[chips]/ [french frais]	
Fin	*End*	[end]	
Últimamente	*Lately*	[leitli]	
Jarrón	*Vase*	[veis]	
Guitarra	*Guitar*	[gitar]	
Juntos	*Together*	[tugedar]	
Hasta	*Until*	[antil]	
Atardecer	*Sunset*	[sanset]	
Sentido (percepción)	*Sense*	[sens]	

In the doghouse (literalmente: «En la caseta del perro»)
Pronunciación: [in de doghaus].
Significado: Estar castigado.
Ejemplo: *Yesterday I got home late, so now I'm in the doghouse* (Ayer volví tarde a casa y ahora estoy castigado).

Head in the clouds (literalmente: «Cabeza en las nubes»)
Pronunciación: [hed in de clauds].
Significado: Estar en las nubes, estar distraído.
Ejemplo: *Sorry, I wasn't listening you, I had my head in the clouds* (Perdona, no te estaba escuchando, estaba distraido).

To face the music (literalmente: «Afrontar la música»)
Pronunciación: [tu feis de miusic].
Significado: Asumir la responsabilidad.
Ejemplo: *I lost the keys to the car and my dad is very angry. So now I'm going home to face the music* (He perdido las llaves del coche y mi papá está muy enfadado. Ahora me voy a casa y asumo mi responsabilidad).

To lose the sense of time (literalmente: «Perder el sentido del tiempo»)
Pronunciación: [tu lus de sens of taim].
Significado: Perder la noción del tiempo.
Ejemplo: *I was so focused that I lost the sense of time and missed the bus* (Estaba tan concentrado que perdí la noción del tiempo y se me escapó el autobús).

A cash cow (literalmente: «Una vaca de dinero»)

Pronunciación: [a cash cau].

Significado: La gallina de los huevos de oro.

Ejemplo: *Nowadays, the internet is becoming a cash cow for a lot of people* (Hoy en día, internet se está convirtiendo en la gallina de los huevos de oro para mucha gente).

EJERCICIO 10.5

Conjuga los verbos (regulares e irregulares) en *simple past* y úsalos para completar las frases.

sleep	*be*	*marry*	*make*	*do*
kiss	*work*	*take*	*break*	*lose*

1. *You ________ really well at your driving test.*
2. *Linda only ________ for three hours last night.*
3. *He ________ all the money and ran away.*
4. *Last year she ________ 17, so now she is 18.*
5. *George ________ in a bank from 1990 to 2013.*
6. *He ________ me intensely.*
7. *Yesterday I ________ my watch.*
8. *I ________ a really good cake!*
9. *You ________ the window with a ball!*
10. *They ________ about one year ago.*

EJERCICIO 10.6

Responde a las preguntas utilizando las sugerencias entre paréntesis.

1. *What did you do last night? (go/cinema/Clare)*
2. *Where did Tommy live last year? (Scotland/six/month)*
3. *Did they find their child? (be/bedroom)*

4. *What happened to you? (fall)*
5. *How much was a sack of potatoes? (they/not/know)*
6. *Why was she so angry? (want/buy/shoes)*
7. *When did Bennie travel there? (three/month)*
8. *Didn't they buy a new armchair? (not/find)*
9. *Why were you late this morning? (traffic)*
10. *Didn't you sit down next to your mom? (sit/Carl)*

Ejercicio 10.7

Mark está haciendo un viaje muy bonito por Florida. Completa las frases con *he was, he's* o *he'll be*.

1. *Tomorrow ___________ in Port St. Lucie.*
2. *At the moment ___________ in Sarasota.*
3. *Yesterday ___________ in Tampa.*
4. *Last week ___________ in Jacksonville.*
5. *Four days ago ___________ in Orlando.*
6. *Next week ___________ in Miami.*
7. *At the end of his trip ___________ very tired but happy too!*

Ejercicio 10.8

Traduce al inglés las siguientes frases:

1. Os divertisteis en la fiesta.
2. El jueves estábamos en casa.
3. La película de ayer era bonita.
4. Encontramos mis llaves.
5. Esta tarde he abierto la tienda a las 16.
6. El perro corrió todo el día.
7. Comiste demasiadas patatas fritas.
8. La escuela empezó el viernes.
9. He cambiado de coche.
10. Tenías que hacer una pregunta.

EJERCICIO 10.9

Ahora transfórmalas en frases negativas e interrogativas y luego responde con una *short answer.*

Negativa	Interrogativa	Short answer

CONVERSATION TIME

Parece increíble que solo hayan pasado 10 días desde que empezaste este itinerario. Si has seguido nuestras indicaciones, seguro que te sorprende la cantidad de progresos que has realizado.

Hasta ahora, hemos utilizado un método centrado en proporcionarte las bases necesarias (gramática, vocabulario y expresiones útiles), unido a un enfoque totalmente interactivo, que te impulsa a lanzarte y crear situaciones en las que se produzcan diálogos en línea o en persona. Lo hemos hecho así porque creemos firmemente que la única manera de apasionarse estudiando cualquier tema consiste es verle de inmediato una aplicación real. Y, sin lugar a dudas, poder comunicarse con más de 850 millones de personas en el mundo nos parece un resultado muy concreto.

Ahora ha llegado el momento de sumergirte cada vez más en el acto de escuchar la lengua para ejercitar la comprensión; entretanto, seguiremos avanzando en la lectura y la escritura.

Puedes empezar a ver películas o series de televisión que ya hayas visto en español, e incluso hacerlo más de una vez. El hecho de conocer los diálogos y personajes te ayudará a comprender mejor y ampliarás tu vocabulario. Cuando te encuentres con términos o expresiones que consideres útiles, anótalos en la tarjeta de aprendizaje y memorízalos con el método PAV.

Un apunte importante: ver películas solo es útil si lo haces con la máxima atención, no de forma pasiva. Recuerda que no estás viendo la televisión para relajarte, sino para mejorar tu inglés, un objetivo que requiere una implicación total. Mejor hacerlo un cuarto de hora con la máxima atención que tener la radio encendida todo el día mientras haces otra cosa.

Es muy cómodo escuchar documentos de audio mientras corres, entrenas en el gimnasio o conduces. Pero solo debes utilizar grabaciones que ya conoces y en las que ya has trabajado para extraer vocabulario y expresiones. Si mientras escuchas estás haciendo otra cosa (recordemos un término inglés que muy probablemente conoces: *multitasking*), lo único que puedes pretender es dar un repaso (eso sí, eficaz).

Para concluir, no olvides repasar lo que has estudiado hoy.

DAY ELEVEN

¡Enhorabuena! Has superado los primeros 10 días del programa y estás en un momento decisivo. Ahora tienes que seguir con más fuerza que nunca.

Tómate algo de tiempo para repasar todo lo que aprendiste el cuarto día y también todo lo que hicimos ayer. Cuando hayas terminado, relájate un par de minutos y márcate el objetivo de estudiar y hacer los ejercicios del undécimo día.

GRAMMAR RULES

Past continuous

El *past continuous* tiene la misma estructura que el *present continuous*: designa una acción «en curso» en el pasado. La única diferencia entre ambos en el aspecto gramatical es que el auxiliar *to be* se conjuga en pasado; recuerda que es un verbo irregular (*to be, was, been*). Luego hay que añadirle al verbo principal -ING según las reglas que ya hemos visto.

<table>
<tr><td>I
he
she
it</td><td>was</td><td rowspan="2">doing
watching
meeting
...</td></tr>
<tr><td>we
you
they</td><td>were</td></tr>
</table>

Ejemplos:

Present continuous: *I am making a cake* (Estoy haciendo un pastel).

Past continuous: *I was making a cake* (Estaba haciendo un pastel).

Este tiempo verbal se usa a menudo cuando la acción pasada se ha visto interrumpida por algo: *You called me while I was playing the guitar* (Me llamaste mientras yo estaba tocando la guitarra). Por eso encontrarás muchas veces el *past continuous* en frases secundarias introducidas por *when* ([uen], cuando) o *while* ([uail], mientras).

Preposiciones, adjetivos y verbos seguidos de -ING

Si las siguientes preposiciones van seguidas de un verbo, este debe conjugarse en gerundio (-ING) y no en infinitivo como en español:

After (después)
Before (antes)
Without (sin)
Instead of ([inste(a)d of], en vez de)

Ejemplos:

He always calls me after arriving (Siempre me llama después de llegar).

Before sitting down, take the glass! (Antes de sentarte, coge el vaso).

I can't live without singing (No puedo vivir sin cantar).

Why don't you study instead of playing? (¿Por qué no vas a estudiar en vez de a jugar?).

También existen algunos adjetivos útiles para describir hábitos y preferencias, que van seguidos de una preposición y del verbo en -ING.

Aquí tienes algunos:

Tired of (cansado de)

Sick of ([sik of], harto de)

Afraid of ([afreid of], tener miedo de)

Fond of ([fond of], apasionado de)

Used to ([iusd tu], acostumbrado a)

Ejemplos:

I am tired of waiting for you (Estoy cansado de esperarte).

You are sick of running (Estás harto de correr).

We are afraid of driving fast (Nos da miedo conducir rápido).

I am fond of gardening (Soy un apasionado de la jardinería).

She is used to getting up early (Ella está acostumbrada a levantarse temprano).

Por último, existen verbos que, si van seguidos de otro verbo, este tiene que acabar en -ING:

To start (empezar a)
To stop ([tu stop], dejar de)
To finish ([tu finish], terminar de)

Ejemplos:
I need to start doing something (Necesito empezar a hacer algo).
Stop talking! (¡Dejad de hablar!)
I will call you when I finish running (Te llamaré cuando termine de correr).

To say/to tell

Ambos verbos, *to say* y *to tell*, se traducen por «decir», pero tienen significados y usos ligeramente distintos.

To tell sirve para dar una orden, informar o contar; rige un complemento indirecto sin la preposición *to* (¿recuerdas el *double object*?).

To say es el verbo de las conversaciones en general y habitualmente lo encontrarás seguido de un complemento directo y de un indirecto introducido por *to* o *that* (que introduce el discurso indirecto).

Ejemplos:
I'm telling you something (Te estoy diciendo una cosa).
Tell me a story (Cuéntame una historia).
I'm saying something to you (Te estoy diciendo algo).
She said that I can't go to the cinema (Ha dicho que no puedo ir al cine).

La oficina

	GRAFÍA	PRONUN-CIACIÓN	REESCRIBE
Archivo/carpeta/informe	*File*	[fail]	
Organizador de escritorio	*Desk organizer*	[desk organaiser]	
Agenda	*Planner*	[pla(e)na]	
Bloc de notas	*Notepad*	[noutpad]	
Etiqueta	*Label*	[leibol]	
Teclado	*Keyboard*	[kibord]	
Cajón	*Drawer*	[droua]	
Cajonera	*Drawer unit*	[drouaiunit]	
Sobre	*Envelope*	[envelop]	
Rotafolio	*Flipchart*	[flipchart]	
Sala de reuniones	*Meeting room*	[miiting rum]	
Orador/conferenciante	*Speaker*	[spika]	
Cita	*Appointment*	[apointment]	
Impresora	*Printer*	[printa]	
Cinta adhesiva	*Sticky tape*	[stiki teip]	
Grapa	*Paper clip*	[peipa clip]	
Archivo	*Archive*	[archaiv]	
Papelera	*Wastebasket*	[ueistbasket]	
Puerta	*Door*	[doo]	

Las palabras del día

	GRAFÍA	PRONUNCIACIÓN	REESCRIBE
Historia	*Story*	[stori]	
Cerradura	*Lock*	[lok]	
Taza	*Cup*	[cap]	
Ladrón	*Burglar/ thief*	[bargla]/[zif]	
Aún	*Still*	[still]	
Frase	*Sentence*	[sentens]	
Recto/directo	*Straight*	[strait]	
Grito	*Scream*	[scriim]	
Timbre	*Bell*	[bel]	
Ternera	*Beef*	[biif]	
Una vez/hace tiempo	*Once*	[uons]	
Inútil	*Useless*	[iusles]	
Raro	*Weird*	[uiird]	
No más	*Not anymore*	[not enimor]	

Otros verbos útiles

	GRAFÍA	PRONUNCIACIÓN	REESCRIBE
Cortar	*To cut, cut, cut*	[tu cat, cat, cat]	
Intentar/ probar	*To try* (regular)	[tu trai]	
Recordar	*To remember* (regular)	[tu rimemba]	

	GRAFÍA	PRONUNCIACIÓN	REESCRIBE
Imprimir	*To print* (regular)	[tu print]	
Vestirse	*To get, go, got dressed*	[tu get, got, got dresed]	
Robar	*To steal, stole, stolen*	[tu stiil, stol, stolen]	
Arrestar	*To arrest* (regular)	[tu arest]	
Tener miedo	*To be, was, been afraid*	[tu bi, uos, biin afreid]	
Conducir	*To drive, drove, driven*	[tu draiv, dro(u)v, driven]	
Sentir	*To feel, felt, felt*	[tu fiil, felt, felt]	
Prestar	*To lend, lent, lent*	[tu lend, lent, lent]	
Vestir	*To wear, wore, worn*	[tu uea(r), uo(r), uo(r)n]	
Traducir	*To translate* (regular)	[tu transleit]	
Llamar	*To ring, rang, rung*	[tu ring, reng, rang]	
Comprobar	To check (regular)	[tu chek]	
Malgastar	To waste (regular)	[tu ueist]	
Ordenar/ arreglar	To tidy up (regular)	[tu taidi ap]	
Desatar	To untie (regular)	[tu antai]	
Escuchar/oír	*To hear, heard, heard*	[tu hiar, h(e)rd, h(e)rd]	

To ask for trouble (literalmente: «Pedir desgracias»)
Pronunciación: [tu ask for trabol].
Significado: Buscarse problemas, jugársela, meterse en líos.
Ejemplo: *Get down from that tree, Michael! You're just asking for trouble* (¡Baja de ese árbol, Michael! Te la estás jugando).

To see eye to eye (literalmente: «Ver ojo a ojo»).
Pronunciación: [tu sii ai tu ai].
Significado: Ver las cosas de la misma forma.
Ejemplo: *I see eye to eye with John* (Lo veo igual que John).

My foot! (literalmente: «¡Mi pie!»)
Pronunciación: [mai fuut].
Significado: ¡Y un cuerno!
Ejemplo: *He says his phone is not working. Not working my foot, he just doesn't want to answer* (Dice que su teléfono no funciona. ¿Que no funciona? ¡Y un cuerno! Lo que pasa es que no quiere contestar).

Rome was not built in a day (literalmente: «Roma no se construyó en un día»)
Pronunciación: [rom uosent bilt in a dei].
Significado: Roma no se construyó en un día.
Ejemplo: *Just be patient... Rome wasn't built in a day* (Ten paciencia... Roma no se construyó en un día).

EJERCICIO 11.1

Describe qué estaba haciendo Annie ayer por la tarde en los horarios indicados.

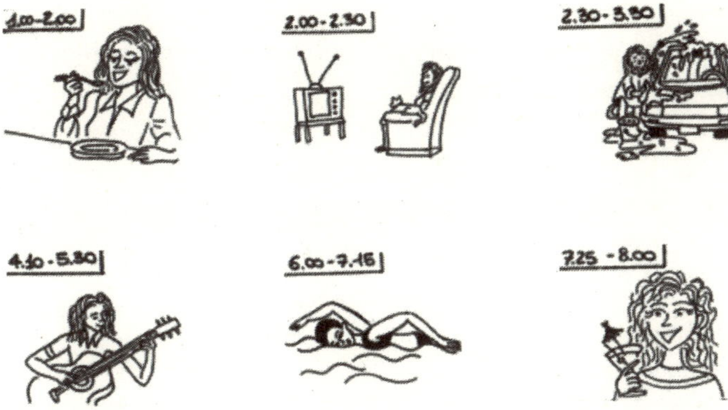

1. *At 1.00 p.m. she was eating.*
2. *At 2.50 p.m.* ______________________
3. *At 5 o'clock p.m.* ______________________
4. *At 2.15 p.m.* ______________________
5. *At 7.45 p.m.* ______________________
6. *At 6.15 p.m.* ______________________

EJERCICIO 11.2

Piensa en lo que estabas haciendo anoche a las 20.00 y describe qué estaba o no estaba haciendo en aquel momento tu amigo Lucas. Compara las dos acciones.

1. *(eat/at home) Lucas was eating at home while I went out for a drink.*
2. *(open/door)* ______________________
3. *(watch/television)* ______________________
4. *(read/paper)* ______________________

5. *(cut/some beef)* ______________________________
6. *(wear/t-shirt)* ______________________________
7. *(drink/wine)* ______________________________

Ejercicio 11.3

Completa las frases con los verbos correctos, conjugándolos en *simple past* o en *past continuous*.

steal get be go write
see put send drive arrest
arrive try check waste

Luke ______________ back home when he ______________ burglars in his garden. One of them ______________ the house, while the other one ______________ to open the lock on the front door. Luke (not) ______________ any time: he ______________ into his sports car and ______________ to the police station. The policeman ______________ down Luke's address and ______________ two policemen there straight away. The two burglars ______________ still in the house when the police ______________ . One ______________ picture and the other ______________ jewellery in a sack. The policemen ______________ them.

Ejercicio 11.4

Traduce del español al inglés.

1. Estaba viendo a Michael Jordan en la televisión cuando has llegado.
2. ¿Qué te ha pasado? Me he caído mientras iba en bici.
3. Yo estaba limpiando los cajones de la oficina cuando empezaron los gritos.

4. He dejado de estudiar cuando has entrado, mamá. En serio.
5. Antes de salir estabas limpiando la cocina.
6. ¡Deja de fumar! Tu salud te lo agradecerá.
7. Me daba miedo olvidar la cita cuando encontré la agenda.
8. En vez de perder el tiempo, termina los deberes.
9. Estaba traduciendo estar frases cuando ha sonado el timbre.
10. Mamá nos estaba contando una historia cuando entró papá en la habitación a decir buenas noches.

CONVERSATION TIME

At work

Cada vez más, la globalización nos hace entrar en contacto con distintas culturas. Por ejemplo, en el trabajo, si tratas con clientes, colegas o socios extranjeros, es casi seguro que os comunicaréis en inglés (siempre resultará más fácil que aprender una lengua diferente cada vez, ¿no?). Cualquiera de nosotros puede recibir o verse obligado a enviar un e-mail en inglés, hacer una videoconferencia con alguien que está en la otra punta del mundo, o reunirse con un cliente o un proveedor que no hablan español. En estos casos, es importante ir bien preparados.

Ante todo, recuerda que ser formal no significa ser rígido y serio. No importa el nivel de *fluency* que hayas alcanzado; parecer cómodo y desenvuelto siempre te hará ganar puntos. Practica imaginando varias veces estas situaciones como si estuvieran sucediendo de verdad. Así, luego te resultará más fácil mantener la lucidez y acceder a todos los conocimientos que has adquirido.

Como ya hemos dicho, en inglés no existen formas de cortesía especiales, como nuestro «tratarse de usted». Utiliza siempre *you*, pero llama a las personas por el apellido, anteponiendo el título de Mr [mister] para los hombres, Mrs [misis] para una mujer casada y Miss [miss] para una mujer soltera. Normalmente, en el trabajo las mujeres prefieren Ms [mis], término que no hace distinción entre señora o señorita.

Si recibes a un invitado extranjero por primera vez, dale una bienvenida cálida diciendo: *Hello Mr English, I'm ______ and I'm very pleased to meet you* (Buenos días, señor English, soy ______ y estoy encantado de conocerlo).

En cambio, si ya os conocíais, puedes decirle: *Hello Mr English, I'm very pleased to see you again* (Buenos días, señor English, estoy encantado de volver a verlo).

Recuerda que, en la comunicación, no cuentan solamente las palabras que utilizas: el tono, el timbre, el volumen de la voz, la forma de vestir, la postura, la gestualidad y la mímica tienen un impacto decisivo en la relación que estableces con tu interlocutor.

Antes de empezar a hablar de trabajo con tu *visitor*, está bien romper el hielo utilizando lo que los ingleses llaman, precisamente, *icebreakers*:

So, how was your flight? (Y bien, ¿qué tal el vuelo?).

Have you ever been to Madrid? (¿Ya había estado en Madrid?).

Can I get you anything? (¿Puedo ofrecerle algo?).

I love London/New York/Dubai, I would like to spend more time there (Me encanta Londres/Nueva York/Dubai, me gustaría pasar más tiempo allí).

En español, solemos utilizar la expresión «adelante» o «pase» cuando le permitimos a alguien entrar en una habitación o un ascensor antes que nosotros y «por favor» cuando deseamos dar una orden de forma muy educada (por ejemplo, cuando queremos que nuestro interlocutor coja una bebida y se siente). En inglés, para este tipo de situaciones se usa *please* (por favor), siempre acompañado de una orden específica (por ejemplo, *Please, go ahead* o *Please, have a seat*). La palabra sola se usa como exclamación (*Oh, please!*), al igual que nosotros decimos «¡Por favor!», o «Hazme el favor».

Para dejar pasar a alguien, la expresión más utilizada es *After you* (Después de ti).

Si alguien te dice *thank you*, responde *you're welcome* (literalmente: «Eres bienvenido»).

Si eres tú el primero en presentarte en el despacho de alguien con quien tienes una cita, seguramente tu primer encuentro será con un portero o una secretaria: *I have an appointment with Mr English, can you let him know that Mr/Mr ______ is here?* (Tengo una cita con el señor English, ¿puede decirle que el señor/la señora ______ está aquí?).

Si quieres, déjale tu tarjeta de visita: *Here is my business card* (Aquí tiene mi tarjeta).

Un apunte importante: en el momento de la despedida, evita el típico *bye bye* infantil. Dejarás un buen recuerdo si te lanzas y dices una frase de este tipo:

It was a pleasure to meet you, and I hope you enjoy your stay in our city (Ha sido un placer estar con usted y espero que su estancia en nuestra ciudad haya sido agradable).

Goodbye, and have a nice week, Mr English (Adiós, que tenga una feliz semana, señor English).

Let me walk you out, this way... (Deje que lo acompañe fuera, por aquí...).

Ya verás, al final de la cita, podrás decir: *That went very well!* (¡Ha ido muy bien!).

DAY TWELVE

Repasa todo lo que aprendiste el quinto día y en el día de ayer, luego relájate y márcate el objetivo de estudiar y hacer los ejercicios del duodécimo día.

GRAMMAR RULES

Preposiciones y adverbios útiles

Hoy el apartado de gramática se concentra en reglas y vocablos que tal vez ya hayas interiorizado o adquirido «de oídas».

Antes de nada: en inglés no existen las constracciones (como «al» y «del» en español, formadas por la unión de una preposición y un artículo) y todas las preposiciones se escriben separadas de los artículos (de nuevo aparece la idea de una lengua fácil).

En cuanto al orden de las palabras en la frase, queremos destacar una peculiaridad: en las interrogativas introducidas por una *question word* (*who, when, where*, etc.), la preposición se coloca al final de la frase.

Ejemplos:

Who were you with? (¿Con quién estabas?)
Where are you from? (¿De dónde eres?)

Por último, incluimos a continuación algunas preposiciones útiles para que las añadas a las que hemos visto en días anteriores.

Preposiciones de lugar

By ([bai], cerca de).
In front of ([in front of], delante de).
Over ([ouva], encima de, sobre, sin contacto).
Upstairs ([apstears], en el piso de arriba).
Downstairs ([daunstears], en el piso de abajo).
In the middle of ([in de middol of], en medio de).
Across ([acros], al otro lado en línea recta).
Against ([egenst], contra).
Beyond ([biiond], más allá de).

Preposiciones de tiempo

At introduce horarios concretos (*at 10 o'clock*), edades (*Mary could write at five years old*) o períodos de fiesta como Semana Santa o Navidad (*at Christmas* significa «en época navideña»).

On introduce los días de la semana, las fechas normales y las señaladas (*on Christmas* significa «el día de Navidad»).

In introduce los meses, los años, las estaciones, los períodos largos (*in the last few years*) y las partes del día (*in the morning*).

After (después).
Before (antes).
During ([diurin], durante).
Since ([sins], desde: *since 1990* significa «desde 1990». Cuidado, porque a veces también significa «puesto que», «dado que»: *Since we are friends, let's hekp each other*, Dado que somos amigos, ayudémonos el uno al otro).

For (durante: *Jack cried for an hour*).

In (dentro de: *I'll see you in two weeks*).

By (para, indica un plazo concreto: *by next Tuesday*).

Within ([uizin] antes de, dentro de, indica una fecha o período límite: *within a month*).

Till/until (hasta).

Then (después).

Preposiciones de movimiento

Como habrás visto, la palabra *to* posee muchos significados. También se usa para traducir «a» en los complementos de lugar con verbos de movimiento (*I'm going to the movies*, Voy al cine), con la excepción de *to arrive*, que requiere la preposición *at*.

Into ([intu], a, en, dentro: indica el movimiento de fuera hacia dentro).

Onto ([ontu], en, sobre: es similar a *into*, pero se usa para indicar el movimiento de abajo hacia arriba).

From (desde, de).

Out of (fuera de).

Off (de, lejos de, indica un movimiento intenso de alejamiento: *Get off the couch!*).

Across ([acros], a través de, en movimiento genérico de un punto a otro).

Through (a través, como en el caso de una bala que entra y sale de un cuerpo).

Over (encima de una superficie: *I walked over the bridge*).

Round (alrededor).

Along ([alon] a lo largo de).

Towards (hacia).

Up to ([ap tu], hasta).

Up ([ap], hacia arriba).
Down ([daun], hacia abajo).

Preposiciones de medio de transporte

Dejando a un lado «a pie», que se traduce por *on foot* [on fuut], cuando quieras decir con qué medio de transporte te has desplazado (sin referirte a un vehículo concreto), tienes que utilizar *by*: *I came by car/taxi/boat/bus/bicycle/airplane*, etc.

En cambio, si quieres decir que estás en un vehículo concreto, usa *in* para *car/taxi/boat* y *on* para *bus/bicycle/airplane*.

Otras preposiciones

About (sobre).
Like (como, similar a).
Unlike ([anlaik], a diferencia de).
Plus ([plas], más).
Despite ([despait], no obstante).
Except (excepto).
With (con).
Without (sin).

VOCABULARY

Los alimentos

	GRAFÍA	PRONUNCIACIÓN	REESCRIBE
Ternera	*Veal*	[viil]	
Ahumado	*Smoked*	[smokt]	
Carne	*Meat*	[mit]	
Bistec	*Steak*	[steik]	

	GRAFÍA	PRONUNCIACIÓN	REESCRIBE
Hielo	*Ice*	[ais]	
Atún	*Tuna*	[tuna]	
Trucha	*Trout*	[traut]	
Hinojo	*Fennel*	[fenel]	
Cebolla	*Onion*	[onion]	
Guindilla	*Chili pepper*	[chili pepa]	
Pimiento, pimienta	*Pepper*	[pepa]	
Coliflor	*Cauliflower*	[coliflauer]	
Espinacas	*Spinach*	[spinach]	
Seta	*Mushroom*	[mashrum]	
Ajo	*Garlic*	[garlik]	
Arroz	*Rice*	[rais]	
Sal	*Salt*	[solt]	
Mantequilla	*Butter*	[bater]	
Berenjena	*Aubergine*	[obergin]	
Gamba	*Schrimp*	[shrimp]	
Verdura	*Vegetable*	[vegetabol]	
Chocolate	*Chocolate*	[chocoleit]	
Postre	*Dessert*	[deser]	
Horno	*Oven*	[aven]	
Plato	*Dish*	[dish]	
Botella	*Bottle*	[batol]	
Cuenta	*Bill*	[bil]	

Las palabras del día

	GRAFÍA	PRONUN-CIACIÓN	REESCRIBE
Hambriento	*Hungry*	[hangri]	
Licencia	*Licence*	[laisens]	
Playa	*Beach*	[biich]	
Guerra	*War*	[uor]	
Jaula	*Cage*	[keich]	
Peligro	*Danger*	[deinya]	
Estuche	*Case*	[keis]	
Ropa	*Clothes*	[clouzs]	
Chaqueta	*Jacket*	[yaket]	
Voto	*Grade*	[greid]	
Curioso	*Inquiring*	[inkuairin]	
Volverse/ convertirse en	*To become, became, become*	[tu bicam, bikeim, bicam]	
Pedir	*To order* (regular)	[tu orda]	
Llorar	*To cry* (regular)	[tu crai]	
Cruzar	*To cross* (regular)	[tu cros]	
Pertenecer	*To belong* (regular)	[tu bilon]	
Creer	*To believe* (regular)	[tu biliv]	
Ladrar	*To bark* (regular)	[tu bark]	
Evitar	*To avoid* (regular)	[tu avoid]	
Permitirse	*To afford* (regular)	[tu aford]	
Combatir	*To fight, fought, fought*	[tu fait, fout, fout]	
Emocionar	*To excite* (regular)	[tu ecsait]	
Permitir	*To permit* (regular)	[tu permit]	
Hervir	*To boil* (regular)	[tu boil]	
Hornear	*To bake* (regular)	[tu beik]	

	GRAFÍA	PRONUNCIACIÓN	REESCRIBE
Discrepar/ no estar de acuerdo	*To disagree* (regular)	[tu disagrii]	
Morir	*To die* (regular)	[tu dai]	
Engañar	*To deceive* (regular)	[tu disiiv]	
Responder	*To answer* (regular)	[tu ansa]	
Estar de acuerdo	*To agree* (regular)	[tu agrii]	

IDIOMS

To eat like a horse (literalmente: «Comer como un caballo»)

Pronunciación: [tu it laik a hors].

Significado: Comer como una lima, comer mucho.

Ejemplo: *You eat a horse, but you eat healthy food* (Comes como una lima, pero comes alimentos sanos).

To sell like hot cakes (literalmente: «Vender como tartas calientes»)

Pronunciación: [tu sel laik hot keiks].

Significado: Venderse como churros.

Ejemplo: *I must have a copy of that book. It's selling like hot cakes!* (Tengo que conseguir un ejemplar de ese libro. ¡Se vende como churros!).

I'll eat my hat (literalmente: «Me comeré mi sombrero»)

Pronunciación: [ail it mai hat].

Significado: Que el diablo me lleve.

Ejemplo: *I'll eat my hat if he passes the exam* (Que el diablo me lleve si él aprueba el examen).

First come, first served (literalmente: «Primero en llegar, primero en ser servido»)

Pronunciación: [f(i)rst cam, f(i)rst serv(e)d].

Significado: Por orden de llegada.

Ejemplo: *We have only a few computers on offer. It's first come, first served* (Tenemos pocos ordenadores de oferta. [Se asignarán] por orden de llegada).

EJERCICIO 12.1

Describe tu habitación ideal. ¿Dónde están los muebles, los cuadros, los libros y el resto de los objetos?

EJERCICIO 12.2

Describe el trayecto que recorres para ir de tu casa a tu centro de estudios o al trabajo.

EJERCICIO 12.3

Contesta las preguntas utilizando las preposiciones, como en el ejemplo:

1. *Where is she?* (en el salón) *She is in the living room.*
2. *Where is the bottle?* (en la mesa) ______________________
3. *Where are the rabbits?* (en la jaula) ______________________
4. *Where are the biscuits?* (en el horno) ______________________
5. *Where is the pen?* (delante del estuche) ______________________
6. *Where is the meeting room?* (en el piso de abajo) ______________________
7. *Where are you?* (en la parada del autobús) ______________________
8. *Where is my dress?* (debajo de la chaqueta) ______________________
9. *Where are your friends?* (en la piscina) ______________________
10. *Where are her shoes?* (cerca del armario) ______________________

Ejercicio 12.4

Concluye las siguientes frases con una expresión de tiempo coherente con el texto, como en el ejemplo.

- *Santa Claus brings children presents on Christmas Day.*
- *Spanish children begin to attend primary school* ______________
- *Easter* (Semana Santa) *is usually* ______________
- *During the summer holidays, spanish students stay home from school* ______________
- *Valentine's day is* ______________
- *People generally get dressed* (por la mañana) ______________
- *I eat dessert* ______________
- *People eat chocolate eggs* ______________
- *In Spain you get your driver's license* ______________
- *Employees* (trabajadores) *go to work* (de 9 a 18) ______________

____

Ejercicio 12.5

Completa el texto con *then* o *after.*

When Linda's dad comes home ____________ work at about seven o'clock, he is often tired. First he takes a shower and changes his clothes, ____________ he reads the paper, and ____________ he has dinner with the family. ____________ Linda and her little brother take their dog Argo out for a walk. While the children are getting ready for bed, Linda's mum washes the dishes and ____________ she tells her brother a good-night story. Argo is always tired ____________ the walk, so it goes straight to its doghouse. Linda's dad relaxes in front of the TV, but not for long. ____________ he goes to bed.

Ejercicio 12.6

Traduce las siguientes frases.

1. El sábado que viene es mi cumpleaños. Mi hija y yo siempre salimos el día de mi cumpleaños. ¿Quieres venir con nosotros?
   Next Saturday is my birthday. My daughter and I always go out on my birthday. Do you want to come with us?
2. Cada domingo vamos a visitar a la abuela antes de almorzar y nos quedamos hasta la hora del té.
3. Voy a ir a verte unos días.
4. Mary estará en Valencia unos días.
5. En este momento, Philip está tocando la guitarra. Siempre toca a esta hora.
6. Tienes que estar aquí antes de las 13.00, hemos programado un buen almuerzo. Primero comeremos pasta con calabacines y gambas, arroz con verduras, luego un bistec grande con patatas fritas y ensalada. Al final, pastel de chocolate. ¡Estará riquísimo!
7. Mi abuelo estuvo en Rusia durante la guerra.
8. Esperamos a Max y Jack antes de pedir.
9. Las atracciones de la feria estarán aquí del 3 de agosto al 5 de septiembre.
10. Mis amigos se irán de vacaciones dos semanas en Navidad.

Ejercicio 12.7

Completa con las preposiciones o adverbios oportunos.

1. *I rarely go to work by car.*
2. *Mr and Mrs Marfin are travelling ______ a luxury cruise ship.*
3. *Ted is going to the park ______ bike.*
4. *I always take a plane ______ go abroad.*
5. *I would like to go ______ a boat in Venice.*
6. *They ran ______ the woods up to the lake.*
7. *Why doesn't Lucy go ______ school on her scooter?*

8. *The ship goes ______ the island.*
9. *Every morning my grandparents walk ______ the beach.*
10. *Ghosts pass ______ walls!*
11. *Tom flies ______ Rome to see his girlfriend.*
12. *Luke is going to school ______ his new bicycle.*
13. *She went to the city centre ______ foot.*
14. *They will come ______ Mexico to celebrate your graduation here.*
15. *The children slide ______ of the slide.*

Repasa lo que has estudiado hoy antes de hacer una pausa.

CONVERSATION TIME

Los e-mails

Hoy en día, los e-mails se utilizan para cualquier tipo de mensaje: personal, publicitario o profesional. Son un medio de comunicación ágil y rápido, y eso siempre ayuda, porque ya no es necesario escribir mil formalidades que nos hacían perder un tiempo precioso.

Los e-mails profesionales deben ser breves y concisos; se utiliza un estilo bastante coloquial, sin florituras inútiles, entre otras cosas, porque si el mensaje es claro y fácil de leer, quien lo recibe no tardará en comprenderlo y podrá contestar rápidamente.

Cuando estuvimos en Florida, la mujer de Luca se puso a buscar una niñera; los primeros contactos fueron todos por e-mail, tras haber encontrado las referencias en internet. Nos dedicamos a escribir correos largos para explicar mil cosas... y luego nos llegaban respuestas de dos líneas, fáciles y rápidas, en las que la *nanny* de turno iba al grano: *Ok, great, when can we meet?*

Los e-mails de trabajo tienen que ir dirigidos, por ejemplo, a *Dear Mr English* o *Dear Ms English* si sabes el apellido del destinatario. Si no, empieza con *Dear sir* o *Dear madam* (suena pomposo, pero es la forma que se usa normalmente).

A partir de la primera respuesta, ya puedes omitir el encabezado y escribir directamente lo que quieres decir o responder.

Las fórmulas de despedida para un contexto formal pueden ser:

- *Sincerely* se usa para expresar que algo es muy importante para ti, que es una situación fundamental (utilízalo siempre, por ejemplo, en los mensajes de disculpa).
- *Regards* es lo mínimo indispensable si no queremos parecer maleducados; es simplemente un frío «saludos». Si le añades un adjetivo, el significado, claro está, cambia: *best regards* es «con los mejores saludos»; *kind regards* se podría traducir por «saludos cordiales» y suele utilizarse cuando quieres que la otra persona te dé algo o haga algo por ti; *warm regards* («saludos afectuosos») debes reservarlo para personas con quienes tienes un poco de confianza, ya que es la despedida más afectuosa que se puede usar en un mensaje profesional.
- *Take care!* es informal, pero amable, y significa exactamente: «cuídate».
- *Speak soon* («hablamos pronto») es perfecto si quieres meterle un poco de prisa a la persona que debe contestarte.

No te dejes engañar por la rapidez del medio y la proverbial cortesía de los ingleses (o la jovialidad de los norteamericanos); mantén siempre un tono profesional y te perdonarán los errores de gramática que puedas cometer. Lamentablemente, algunos mensajes son desagradables, no importa en qué lengua se escriban. Procura ser amable, evita las polémicas y no seas crítico ni negativo; si hay problemas, casi siempre es mejor discutirlos en persona, o al menos por teléfono, y no enviar un e-mail que puede ser malinterpretado si es muy seco o brusco.

Recuerda que la comunicación escrita no permite mirar a la otra persona a los ojos ni oír su tono de voz. Y, si tienes que decir algo desagradable, ponlo como si fuera el jamón en un bocadillo: entre dos rebanadas de mensajes positivos. Por ejemplo, imagina que has comprado este libro por internet y que ya llevas una semana esperándolo cuando el transportista te escribe este e-mail:

Dear Mr Spanish,

I have just finished preparing your new shipment order with an enclosed complementary gift for you.

We had a problem with your shipment which has now been resolved. We are sending the package out today. We apologize for the delay, and I can assure you that this will not happen again.

Please feel free to call me if you have any questions or for any details concerning your order.

Once again we apologize for the inconvenience that this might have caused and we look forward to working with you again.

Sincerely,

John Smith

El señor Smith no puede volver atrás en el tiempo y evitarte la molestia del retraso, pero te ha escrito un mensaje que lees con agrado (el problema se ha solucionado y, además, recibirás un pequeño regalo), gracias a lo cual tendrás un recuerdo positivo de cómo gestionó el problema. Lo más importante es que seguramente la próxima vez que necesites un transportista, llamarás al mismo sin dudarlo.

DAY THIRTEEN

Repasa lo que aprendiste el sexto día y lo que hicimos ayer, luego relájate un par de minutos y márcate el objetivo de estudiar y hacer los ejercicios del decimotercer día.

GRAMMAR RULES

If

If significa «si» y sirve para expresar posibilidad, probabilidad o hipótesis en las subordinadas hipotéticas. Puede ir en posición inicial o intermedia en la frase, invirtiendo la subordinada y la principal (*I'll take my umbrella if it rains* o *If it rains I'll take my umbrella*).

Las oraciones hipotéticas se subdividen en cuatro tipos, según el grado de probabilidad de la acción introducida por *if* y sus consecuencias. Cada tipo requiere la utilización de tiempos verbales adecuados.

- **Hipotética de tipo cero:**
  Es la más simple y sirve para expresar la certeza absoluta de que cuando se dé una condición se producirá determinada consecuencia. Se utiliza para hechos

científicos, datos comprobados y verdades absolutas. Requiere el uso del *simple present* tanto en la subordinada como en la principal.

SUBORDINADA	PRINCIPAL
if + sujeto + *simple present*	sujeto + *simple present*

Ejemplo:
If I touch a flame, I get a burn.
Si toco una llama, me quemo (es siempre así, no hay alternativas).

- **Hipotética del primer tipo:**
Expresa la posibilidad real y concreta de que un hecho pueda ocurrir y la certeza de que, en tal caso, se producirá determinada consecuencia.

SUBORDINADA	PRINCIPAL
if + sujeto + *simple present*	sujeto + *simple future (will)*

Ejemplo:
If I get up early, I will go to the gym.
Si me levanto pronto (y existe una posibilidad concreta de que ello ocurra), iré al gimnasio (y es seguro que lo haré, siempre y cuando me levante pronto).

- **Hipotética del segundo tipo:**
Se usa para expresar una pura hipótesis o el deseo de que un hecho determinado se produzca.

SUBORDINADA	PRINCIPAL
if + sujeto + *simple past*	sujeto + *would/could* + infinitivo sin *to*

Ejemplo:
If I woke up early, I would go to the gym.
Si me levantase pronto (y me gustaría, pero como voy a acostarme tarde es poco probable), iría al gimnasio.

- **Hipotética del tercer tipo:**
El último tipo de hipotética se refiere a hechos que habrían podido producirse, pero que ya forman parte del pasado y, por tanto, no se pueden cambiar.

SUBORDINADA	PRINCIPAL
if + sujeto + *past perfect*	sujeto + *would/could* + *have* + participio

Este tipo de hipotética nos obliga a anticipar un tema gramatical que veremos en profundidad los próximos días.

De momento, baste decir que el participio es la tercera y última forma del paradigma de un verbo (por ejemplo, en *to be, was, been* es *been*), y que el *past perfect* se forma con el auxiliar en *simple past* + participio (por ejemplo: *She had been to New York twice*, Había estado en Nueva York dos veces; *I had eaten that dish already*, Ya había comido ese plato).

Ejemplo:
If I had woken up early, I would have gone to the gym.
Si me hubiera despertado pronto (pero no ha ocurrido y ahora ya no puedo hacer nada), habría ido al gimnasio.

Trataremos con detalle el *past perfect* y el uso de *would* más adelante.

Las relaciones

	GRAFÍA	PRONUNCIACIÓN	REESCRIBE
Relación	*Relation*	[releishon]	
Parentesco/ relación sentimental	*Relationship*	[releishonship]	
Pareja	*Couple*	[capol]	
Novios (que han decidido casarse)	*Engaged*	[engueich]	
Novio	*Fiancé*	[fianse]	
Novia	*Fiancée*	[fianse]	
Recién casado	*Just married*	[yast married]	
Matrimonio	*Marriage*	[marrich]	
Boda	*Wedding*	[uedin]	
Vecino	*neighbour*	[neiba]	
Amigo por correspondencia	*Pen friend*	[pen frend]	
Conocido	*Acquaintance*	[akueintans]	
Director/gerente	*Manager*	[manayer]	
Ayudante/ adjunto	*Assistant*	[asistent]	
Socio	*Business partner*	[bisnes partner]	
Jefe (que da trabajo)	*Employer*	[empluoyer]	
Trabajador	*Employee*	[empluoye]	
Colega	*Colleague*	[coleik]	
Divorcio	*Divorce*	[divors]	

Las palabras del día

	GRAFÍA	PRONUNCIACIÓN	REESCRIBE
Reto	*Challenge*	[chalench]	
Enorme	*Enormous*	[inormous]	
Cereza	*Cherry*	[cherri]	
Indicaciones	*Directions*	[dairecsions]	
Planeta	*Planet*	[planet]	
Nave espacial	*Spaceship*	[speis-ship]	
Derretir	*To melt* (regular)	[tu melt]	
Traicionar	*To cheat* (regular)	[tu chiit]	
Cartera (billetera, monedero)	*Wallet*	[uolet]	
Baile de beneficencia	*Foundraising dance*	[faundreisin dans]	
Celoso	*Jealous*	[yeles]	
Descuento	*Discount*	[discaunt]	
Decidir	*To decide* (regular)	[tu disaid]	
Darse prisa	*To hurry up* (regular)	[tu harri ap]	

IDIOMS

Mixed feelings (literalmente: «Sentimientos mixtos»)

Pronunciación: [micsd fiilings].

Significado: Tener sentimientos encontrados, estar indeciso.

Ejemplo: *I have mixed feelings about my trip to London, I can't wait to be there, but I'm sorry to leave* (Tengo sentimientos encontrados sobre mi viaje a Londres. Tengo muchas ganas de ir, pero siento tener que marcharme).

To be in the same boat (literalmente: «Estar en el mismo barco»)

Pronunciación: [tu bi in de seim bo(u)t].

Significado: Estar en el mismo barco, verse en la misma situación.

Ejemplo: *We are in the same boat, team work will help us get over the crisis* (Estamos en el mismo barco, el trabajo en equipo nos ayudará a superar la crisis).

To get the green light (literalmente: «Obtener la luz verde»)

Pronunciación: [tu get de griin lait].

Significado: Tener luz verde, tener vía libre.

Ejemplo: *I'm waiting for my mom to give me the green light to go to the cinema* (Estoy esperando a que mi mamá me dé luz verde para ir al cine).

Fast and furious (literalmente: «Rápido y furioso»)

Pronunciación: [fast end fiurios].

Significado: Muy rápido y enérgico, frenético.

Ejemplo: *Everything has been fast and furious at work lately* (Últimamente en el trabajo todo es muy frenético).

Dead man walking (literalmente: «Hombre muerto que anda»)

Pronunciación: [ded men uokin].

Significado: Estar sentenciado.

Ejemplo: *He made the boss angry. Dead man walking* (Ha hecho enfadar al jefe. Está sentenciado).

Ejercicio 13.1

Escribe junto a cada frase qué tipo de hipotética es (0, 1, 2, 3) y qué tiempo verbal ha sido utilizado.

	tipo + tiempo verbal subordinada	tiempo verbal principal
If she leaves early, she will get to school on time.		
If you boil water, it evaporates.		
If he goes to sleep now, he will be on time tomorrow.		
If Maggie had come yesterday, we would have done our homework together.		
If she had known him better, she wouldn't have married him.		
If I wasn't so tired, I would come to the gym with you.		
If you loved me, you would come here.		
If you were engaged, you would be very happy!		

Ejercicio 13.2

Une correctamente las subordinadas de la izquierda con las oraciones principales de la derecha.

1. *If I'm late this evening,*	a. *I wouldn't be so bored.*
2. *If you pass the exam,*	b. *you'll get a degree.*
3. *If John eats too much chocolate,*	c. *I can find it in the phone book.*
4. *If you're hungry,*	d. *he'll be sick.*
5. *If we go to the cinema,*	e. *they would agree.*
6. *If I need a telephone number,*	f. *we'll watch a great movie.*
7. *If he didn't have to work,*	g. *it would have been repaired by now.*
8. *If you had taken an umbrella,*	h. *you wouldn't have got wet.*
9. *If you had taken our car to that mechanic,*	i. *go eat something.*
10. *If she talked to him,*	j. *don't wait for me.*
11. *If I had something to do,*	k. *I wouldn't have believed it.*
12. *If I hadn't seen it with my eyes,*	l. *he would go on holiday.*

Ejercicio 13.3

Traduce estos breves monólogos utilizando los tiempos verbales oportunos. Observa que las oraciones hipotéticas están en orden; así puedes aprender rápidamente la construcción correcta de las frases.

Jake: Si tengo un trabajo, gano dinero.
Si gano mucho dinero, podré comprarme una casa.
Si además tuviera una casa en el extranjero, iría de vacaciones allí.
Si lo hubiera pensado antes, habría empezado a trabajar antes.

Susy: Frederick y yo nos hemos prometido.
Si la dama de honor es Hillary, seré feliz.
Si fuera mañana, aun sería más feliz.

Si lo hubiera sabido cuando envié la carta, se lo habría escrito a Rosy, mi amiga por correspondencia.

Clare: Si tienes 18 años, puedes sacarte el carnet de conducir.
Si estudias, te lo sacarás en tres meses.
Si Jo mañana tuviera tiempo, pediría información en la autoescuela.
Si Jo hubiera tenido ganas de sacarse el carnet de conducir, ya se habría matriculado.

Matthew: Si Tommy abre todas las ventanas, hay demasiado viento.
Si Tommy abre una sola ventana, estaremos bien.
Si Tommy cerrara las cortinas, sería fantástico (*awesome*).
Si nos hubiéramos ido todos fuera a dar un paseo (*to go out for a walk*), habríamos hecho un picnic.

EJERCICIO 13.4

Traduce las siguientes frases utilizando el período hipotético correcto, como en el ejemplo.

1. Si te veo, soy feliz. *If I see you, I am happy.*
2. Si calientas, el hielo, se derrite.
3. Si viviéramos en una nave espacial, volaríamos de un planeta a otro.
4. Si estudias, el examen irá bien.
5. Si sigues las indicaciones de este libro, aprenderás inglés en 21 días.
6. Si hubiéramos salido con ellos, nos habríamos divertido un montón.
7. Si como demasiadas cerezas, me encuentro mal.
8. Si tuviera una casa enorme, pondría un cine en mi salón.
9. Si Sue hubiera sido más decidida (*determined*), habría ganado el reto.

Por teléfono

Cuando hagas tu primera llamada, te darás cuenta de que las frases que vas a tener que repetir con mayor frecuencia son:

Could you repeat? [cuud yu ripit?] = ¿Puede repetir?

Again, please [agein, plis] = ¿Cómo, perdón? (literalmente: De nuevo, por favor).

Can you speak slower, please? [ken yu spik sloue plis?] = ¿Puedes hablar más despacio, por favor?

Muchas personas hablan por teléfono a una velocidad increíble y se comen las palabras. No finjas que las entiendes si no es así; insiste y pide que te lo repitan, porque a tu interlocutor también le interesa que tú comprendas lo que está diciendo. Puede que encuentre un modo más fácil de formular la frase; lo importante es que logréis seguir adelante con la conversación.

Entender a un nativo por teléfono es una meta importante, que demostrará lo mucho que has progresado.

Obviamente, hay que distinguir entre llamadas formales y llamadas informales, ya que requieren lenguajes completamente distintos.

En una llamada formal, lo primero que debes decir es: *Good morning, it's* (nombre y apellido) *here, could I speak to Mr English, please?*

Entonces quizá descubras que ya estás hablando con Mr English, pues este podría contestar *Speaking!* y pedirte que repitas tu nombre, porque no lo ha entendido: *Excuse me, who's calling?*

Si no contesta directamente la persona que buscas, puede que te digan algo así: *Certainly, one moment please, hold on a minute* (o *hold the line*, es decir «permanezca en línea»). La persona que te ha respondido puede añadir: *I'm verifying if Mr English is in his office. I'll put him on* («se lo paso»).

Tras escuchar la típica música de espera o el ruido de fondo de la oficina, si tienes suerte, la secretaria te dirá: *Sorry to keep you waiting. I'll put you through to Mr English. Have a nice day.*

En caso de que el señor English esté ocupado, puede decirte: *Sorry to keep you waiting. I'm sorry but Mr English is not available at the moment, he is on another call* (Está ocupado, tiene otra llamada).

Entonces puedes preguntar *Can I please leave a message?*, aunque es muy probable que la persona que te ha contestado se ofrezca para ello: *Would you like to leave a message?*, o *If you leave your number I'll ask him to call you back* (Si me deja su número, le devolverá la llamada).

No dejes mensajes largos; mejor un simple *Thank you, that would be great. I'm* (nombre y apellido) *from* (tu empresa) *and this is my phone number:* (tu teléfono). *Could you ask him call me?*

Los nombres y apellidos españoles pueden crearles problemas de comprensión a los ingleses (y si das también el segundo apellido, se extrañarán, porque ellos solo tienen uno), de modo que prepárate para oír *Excuse me, how do you spell that?* o *I'm sorry, could you spell that for me?* Si puedes, no te limites a pronunciar las letras; por teléfono es fácil confundir la D y la T, la M y la N, etc. Usa las iniciales de palabras sencillas que conozcas: *Sure, it's spelled A as in apple...* Prepárate al menos para dar tu nombre y apellido o apellidos, así deletrearás más rápido.

Una llamada informal será mucho más sencilla. Cuando te respondan *Hello?* puedes decir simplemente: *It's Mario here* (o *Mario speaking*). *Is James there?*

Si está, te lo pasarán. Si no, pregunta: *Can I leave a message? Please tell him I called* (Por favor, dígale que he llamado), o *I'll call back later* (Llamaré más tarde).

Si tienes que hacer una llamada a cobro revertido, comunícale a la centralita: *I want to make a collect call to...*

Si quieres hacer una llamada desde el hotel, antes pregunta por la tarifa: *How muchs does a phone calla cost? A three-minute call is 1 dollar, each extra minute is 5 dollars* (Una llamada de tres minutos vale 1 dólar, luego cada minuto vale 5 dólares).

Si la respuesta es esta, quizá prefieras buscar el teléfono público más próximo: *Where is the nearest public phone?*

También puedes comprar una tarjeta de teléfono: *I want to buy a telephone card.*

Por último, aquí tienes unas frases útiles en caso de problemas con la línea.

It's engaged (Comunica).

I've been cut off (Se ha cortado).

The connection is bad (Hay interferencias/la línea va mal).

The line is breaking up (Hay cortes en la línea).

I've got bad reception (No hay cobertura).

DAY FOURTEEN

Repasa lo que aprendiste el séptimo día y lo que hicimos ayer, luego relájate un par de minutos y márcate el objetivo de estudiar y hacer los ejercicios del decimocuarto día. Ánimo, ya llevas dos terceras partes del programa hechas.

GRAMMAR RULES

Todo o nada

En inglés, los adjetivos y los pronombres indefinidos se expresan con *every, some, any, no* combinados con un sustantivo, o bien «fundidos» en palabras como *everyone, somebody*, etc., que te será muy útil aprender.

	GRAFÍA	PRONUNCIACIÓN	REESCRIBE
Cada	*Every*	[evri]	
Todo	*Everything*	[evrizin]	
Todos/todo el mundo	*Everybody*	[evribadi]	
Todos	*Everyone*	[evriuan]	
Cada uno	*Each one*	[ich uan]	
Cualquiera	*Anybody*	[enibadi]	

	GRAFÍA	PRONUNCIACIÓN	REESCRIBE
Nada	*Nothing*	[nozin]	
Nadie	*Nobody*	[noubodi]	
Algo	*Something*	[somzin]	
Alguien	*Somebody/ someone*	[sombadi]/[somuan]	

Todas estas palabras son pronombres singulares o adjetivos que deben referirse a un sustantivo singular (por ejemplo, *every house*), con un verbo que, claro está, irá conjugado en singular. Cuidado con *everyone* y *everybody*, que unas veces se traduce por «todo el mundo» pero otras, por «todos», que es plural en español: *Everyone was at the party*, «Todos estaban en la fiesta».

Orden de los adjetivos

Como ya hemos visto, en inglés los adjetivos son invariables en género y número («bonito», «bonita», «bonitos» y «bonitas» se dice siempre *beautiful*) y preceden al sustantivo al que se refieren: *He lives in a beautiful house* (Vive en una bonita casa).

Si describes algo con varios adjetivos, recuerda que debes colocarlos de una manera específica según su función: primero el adjetivo que designa la medida, luego los referidos a edad, opinión, color y material. Todos ellos antes de colocar el sustantivo.

Lee las líneas de la siguiente tabla en sentido horizontal; hemos incluido varios adjetivos adecuados para cada sustantivo.

medida	edad	opinión	color	material	sustantivo
short	*old*	*sad*	*white*		*woman*
big	*old*	*nice*		*wooden*	*house*
long		*pleasant*			*road*
tall	*young*	*happy*	*black*		*boy*
big	*new*	*expensive*	*yellow*		*car*

Ejemplo:
Today I bought a big, new, expensive, yellow car. I love it!

VOCABULARY

Las medidas

	GRAFÍA	PRONUNCIACIÓN	REESCRIBE
Grande	*Big*	[big]	
Pequeño	*Small*	[smol]	
Alto	*High*	[hai]	
Bajo	*Low*	[lou]	
Alto de estatura	*Tall*	[tol]	
Bajo de estatura	*Short*	[short]	
Ancho	*Wide*	[uaid]	
Estrecho	*Narrow*	[narrou]	
Largo	*Long*	[long]	
Profundo	*Deep*	[diip]	
Superficial/ poco profundo	*Shallow*	[shalou]	

La edad

	GRAFÍA	PRONUNCIACIÓN	REESCRIBE
Viejo	*Old*	[old]	
De mediana edad	*Middle-aged*	[mideleich]	
Adulto	*Adult*	[adolt]	
Adolescente	*Adolescent* o *teen* (de 13 a 19 años)	[adolescent] o [tiin]	
Joven	*Young*	[yaun]	
Nuevo	*New*	[niu]	

Las opiniones

Muchos adjetivos forman parte de esta categoría, ya que sirven para expresar una opinión sobre algo o alguien.

	GRAFÍA	PRONUNCIACIÓN	REESCRIBE
Bueno	*Good*	[guud]	
Malo	*Bad*	[bad]	
Feliz	*Happy*	[hapi]	
Triste	*Sad*	[sad]	
Rico	*Rich*	[rich]	
Pobre	*Poor*	[poa]	
Bonito	*Beautiful*	[biutiful]	
Feo	*Ugly*	[agli]	
Delgado	*Thin*	[zin]	
Gordo	*Fat*	[fat]	

	GRAFÍA	PRONUNCIACIÓN	REESCRIBE
Bueno/ simpático/ guapo	*Nice*	[nais]	
Agradable	*Pleasant*	[plesant]	
Desagradable	*Unpleasant*	[anplesant]	
Afortunado	*Lucky*	[laki]	
Desafortunado	*Unlucky*	[anlaki]	
Fácil	*Easy*	[isi]	
Difícil	*Hard*	[hard]	
Vacío	*Empty*	[empti]	
Lleno	*Full*	[ful]	
Caro	*Expensive*	[expensiv]	
Barato	*Cheap*	[chiip]	
Mojado	*Wet*	[uet]	
Seco	*Dry*	[drai]	
Seguro	*Safe*	[seif]	
Ligero/ luminoso	*Light*	[lait]	
Fuerte	*Strong*	[stron]	
Débil	*Weak*	[uiik]	
Mejor	*Better*	[beter]	
Generoso	*Generous*	[genero(u)s]	
Avaro/ descortés/malo	*Mean*	[miin]	
Interesante	*Interesting*	[intrestin]	
Aburrido	*Boring*	[borin]	
Sucio	*Dirty*	[d(i)rti]	

	GRAFÍA	PRONUNCIACIÓN	REESCRIBE
Excelente	*Excellent*	[ecselent]	
Romántico	*Romantic*	[romantic]	
Maravilloso	*Wonderful*	[uonderful]	
Ocupado	*Busy*	[bisi]	
Atractivo	*Attractive*	[atractiv]	
Suelto/fluido (al hablar)	*Fluent*	[fluent]	
Decidido	*Determined*	[ditermind]	
Orgulloso	*Proud*	[proud]	
Oscuridad	*Dark*	[dark]	
Cuidadoso/ prudente	*Careful*	[kerful]	
Peor	*Worse*	[uors]	
Caliente	*Warm*	[uorm]	
Dulce	*Sweet*	[suiit]	
Afectuoso	*Affectionate*	[afekshoneit]	
Delicioso	*Delightful*	[dilaitful]	
Fantástico/ grandioso	*Awesome*	[ousom]	
Considerado/ atento	*Thoughtful*	[zoutful]	
Atractivo/ magnífico	*Handsome*	[handsom]	

A menudo, el prefijo UN- delante de un adjetivo lo transforma en su contrario.

Los materiales

	GRAFÍA	PRONUNCIACIÓN	REESCRIBE
De madera	*Wooden*	[uuden]	
De acero	*Steel*	[stiil]	
De plástico	*Plastic*	[plastic]	
De cristal	*Glass*	[glas]	
De metal	*Metal*	[metal]	
De algodón	*Cotton*	[coton]	
De tela	*Cloth*	[cloz]	
De lana	*Wool*	[uul]	

Las palabras del día

	GRAFÍA	PRONUN-CIACIÓN	REESCRIBE
Rubio	*Blonde*	[blond]	
Cantante	*Singer*	[singa]	
Vino	*Wine*	[uain]	
Cuerpo	*Body*	[badi]	
Musculoso	*Muscular*	[maskiula]	
Tiempo (meteorológico)	*Weather*	[ueda]	
Película	*Movie*	[muvi]	
Medida	*Size*	[sais]	
Tarea/encargo	*Task*	[task]	
Extranjero (país)	*Abroad*	[abrod]	
Costa/litoral	*Seashore*	[siisho]	
Obtener	*To obtain* (regular)	[tu obtein]	

	GRAFÍA	PRONUNCIACIÓN	REESCRIBE
Preparar	*To prepare* (regular)	[tu pripeir]	
Cuidar	*To take, took, taken care*	[tu teik, tuuk, teiken kea]	
Quedarse	*To remain* (regular)	[tu rimain]	
Disfrutar	*To enjoy* (regular)	[tu enjoi]	

IDIOMS

In the long run (literalmente: «En la larga carrera»)

Pronunciación: [in de lon ran].

Significado: A largo plazo.

Ejemplo: *It may seem uncomfortable now, but it will be the best solution in the long run* (Ahora puede parecer incómodo, pero a largo plazo será la mejor solución).

Let sleeping dogs lie (literalmente: «Deja estar tumbados a los perros que duermen»)

Pronunciación: [let slipin dogs lai].

Significado: Más vale dejar las cosas como están.

Ejemplo: *I wanted to ask my mom if she found the broken bowl in the trash can, but I decided to let sleeping dogs lie* (Iba a preguntarle a mi mamá si había encontrado el cuenco roto en la basura, pero decidí que más valía dejar las cosas como estaban).

The light at the end of the tunnel (literalmente: «La luz al final del túnel»)

Pronunciación: [de lait at di end of de tanel].

Significado: La luz al final del túnel.

Ejemplo: *I had a hard time, but now I'm starting to see the light at the end of the tunnel* (He pasado una mala época, pero ahora empiezo a ver la luz al final del túnel).

To lick someone's boots (literalmente: «Lamerle las botas a alguien»)

Pronunciación: [tu lik somuans buuts].

Significado: Hacerle la pelota a alguien.

Ejemplo: *He got the job, but had to lick someone's boots to have it* (Ha conseguido el trabajo, pero ha tenido que hacerle la pelota a alguien para lograrlo).

A slice of heaven (literalmente: «Un trozo de paraíso»)

Pronunciación: [a slais of heven].

Significado: Ser el paraíso.

Ejemplo: *This place is a slice of heaven* (Este lugar es el paraíso).

Ejercicio 14.1

Traduce al inglés este relato.

Esta es la historia de cuatro personas llamadas Todo el Mundo, Alguien, Cualquiera y Nadie.

Había que hacer un trabajo muy importante, y Todo el Mundo estaba seguro de que Alguien lo haría. Cualquiera podía hacerlo, pero Nadie lo hacía. Entonces Alguien se enfadó, porque era el trabajo de Todo el Mundo. Todo el Mundo pensaba que Cualquiera podía hacerlo, pero Nadie creía que Todo el Mundo habría tenido que hacerlo. Al final, Todo el

Mundo culpó a Alguien, porque Nadie había hecho lo que Cualquiera habría podido hacer.

This is the story of four people, called Everybody, Somebody, Anybody and Nobody.

Sigue tú.

Ejercicio 14.2

Ordena los adjetivos tal como hemos explicado al principio del día de hoy.

1. *Tommy is a (young/attractive/unpolite/tall) __________ man.*
2. *I have an (old/wool/expensive/white) __________ t-shirt.*
3. *Hillary is a (blonde/beautiful/rich/short/thin/young) __________ woman.*
4. *Sam has a (big/purple/important/new) __________ book.*
5. *Laura has a (light blue/big/pleasant) __________ bedroom.*
6. *They have a (small/glass/light/pink/wonderful) __________ picture.*

Ejercicio 14.3

Escribe frases completas utilizando los siguientes elementos.

1. *Jo / girl / nice* — *Jo is a nice girl.*
2. *Glasses / Annie / red / expensive* __________
3. *It / ship / fabulous* __________
4. *There / wardrobe / big / her bedroom* __________
5. *My / bottle / full* __________
6. *It / film / interesting / ?* __________
7. *He / singer / good / ?* __________

8. *They / drink / wine / dry / ?* ____________________

9. *You / boy / determined / ?* ____________________

10. *You / have / day / busy / ?* ____________________

EJERCICIO 14.4

Describe los dibujos añadiendo los adjetivos y sustantivos que faltan en los siguientes espacios.

happy man	*short*	*ghosts*	*big win*	*dirty*
strong body	*orange*	*muscular*	*full*	*red sky*
new car	*old*	*lucky woman*	*wonderful sunset*	

There are dark clouds in the sky.
It's going to rain!

There is a ________ ______. He has just bought a ________.

There is a ________ ________. She had a ________!

There is a ________ ________. The sun is ________ in the ________.

There is a ________ ______ builder. He is ________ but very ________.

There is an ________ house. It is ________ and ________ of ________.

Ejercicio 14.5

Traduce las siguientes frases al inglés.

1. ¿Qué tiempo hará hoy? Hará mucho frío.
2. ¿Cómo es el inglés de Jessie? Esa chica habla inglés de manera muy fluida.
3. Nadie ha visto jamás un vestido tan bonito. Te queda muy bien. ¿Dónde lo has comprado?
4. Siempre vas muy rápido cuando ordenas y limpias el sótano (*basement*). ¿Cómo lo haces?
5. ¿Has visto esa chaqueta, la marrón? ¡Es fea!
6. ¿A quién conociste ayer? Al señor Patterson, pero fue un encuentro desagradable; es una persona importante, pero avara.
7. ¿Por qué lloras? He visto una película romántica y triste.
8. ¿Por qué estás de acuerdo con él? Porque ha dicho algo acertado.
9. ¿Priscilla es profesora? Sí, es una profesora excelente.
10. Te presto mis gafas, pero ten cuidado, porque son nuevas.
11. ¿Puedes decirme algo de John? Está triste porque su chica lo ha engañado.
12. ¿Cuáles son sus rosas preferidas? Le gustan las rosas amarillas.
13. ¿Me has comprado los zapatos nuevos? Gracias, me los pruebo. Me da miedo que te hayas equivocado de número.
14. ¿Qué has hecho estos meses de verano? Nada interesante, he tenido unas vacaciones aburridas.
15. ¿Adónde irás los próximos meses? Iré al extranjero por trabajo y estoy muy orgullosa de haber conseguido este encargo.

CONVERSATION TIME

Eating out

En el extranjero, hay muchos sitios donde comer, lo difícil es encontrar uno donde se coma realmente bien. Para los españoles, amantes de la buena cocina, puede resultar difícil comprender el arte culinario inglés o norteamericano. De todos modos, nosotros debemos reconocer que en Florida nos sentimos muy bien. Es cierto que en Estados Unidos es más frecuente encontrar locales de comida rápida que restaurantes de verdad, y que en Reino Unido te arriesgas a sufrir un infarto ya en el desayuno (el tradicional *English breakfast* incluye salchichas, panceta, judías y huevos... todo frito con manteca de cerdo), pero si tienes ganas de buscar, descubrirás lugares deliciosos y platos exquisitos.

Aquí te damos información básica sobre los hábitos alimentarios que puedes encontrar en Reino Unido o en Estados Unidos y, sobre todo, te proporcionamos los términos necesarios para evitar que tu filete llegue muy hecho si lo quieres medio crudo, o viceversa.

Norteamericanos e ingleses tienen horarios muy distintos a los nuestros. El desayuno (*breakfast*) se considera fundamental, pues debe permitir que nos mantengamos activos todo el día. En Estados Unidos, muchos ni siquiera hacen una pausa para el almuerzo (*lunch*), se conforman con un tentempié y aguantan hasta la cena (*dinner*). Por eso los restaurantes abren a las 17 y suelen cerrar la cocina a las 22. También forma parte de la tradición americana el *brunch*, que ahora también se ha puesto de moda entre nosotros: es una mezcla de desayuno y almuerzo, menos formal que un almuerzo, con la posibilidad de servirse platos de un bufé, en el que se puede elegir entre muchos tipos de comida dulce y salada. El *brunch* es algo muy típico los domingos, cuando la gente se levanta más tarde de lo habitual y no tiene ganas de esperar hasta la hora del almuerzo para comer algo; normalmente se sirve entre las 10 y las 12.

Si viajas a Estados Unidos, te aconsejamos que no te pierdas esta experiencia... llena de calorías. Descubrirás de golpe todos los ingredientes típicos de un desayuno al estilo inglés o al estilo norteamericano: *bacon*, huevos (*eggs over easy* son los huevos fritos, *scrambled eggs*, huevos revueltos), *pancakes,* gofres (*waffles*), fruta (*fruit*), pasteles (*cakes*), *roast-beef*, salchichas, salmón ahumado (*smoked salmon*), judías (prueba las clásicas *baked beans*, con una salsa roja ligeramente agridulce), verdura (*vegetables*) y muchas cosas más.

Lo importante es no ir al extranjero con la idea de que vamos a encontrar nuestra cocina casera. Evita los restaurantes españoles (a menos que te puedas permitir lo mejor de lo mejor) y sumérgete en la cultura local, aunque ello signifique no probar tus platos favoritos de siempre hasta que vuelvas a casa...

Además, si estás recorriendo la ciudad, no siempre podrás detenerte en un restaurante. Aquí tienes cinco tipologías distintas de sitios donde puedes comer algo rápido (*on the go*):

- *Cafeteria* [cafitiria] o *cafe* [cafei]: el equivalente a un bar o un restaurante español que sirve menús.
- *Street vendors*: vendedores ambulantes que ofrecen comidas «pobres» muy típicas: *pretzels* y *hot dogs* en Nueva York, *fish and chips* en Londres, etc.
- *Pub:* si vas a Inglaterra, es una visita obligada. Encontrarás cerveza, bocadillos y patatas fritas, y también platos de pollo y pasteles rellenos de carne (*steak pie*).
- *Take away:* si exceptuamos los restaurantes más elegantes, el resto suelen estar dispuestos a empaquetar cualquier plato para llevar.
- *Fast food:* las cadenas más grandes se encuentran también en España... olvídalas y prueba las locales. Descubrirás que una hamburguesa o una porción de pizza pueden tener sabores muy distintos.

Ahora que has elegido el sitio, ¡es hora de pedir! Si tienes dificultades, puedes preguntar:

What's in this dish? (¿Qué lleva este plato?).

What would you recommend? (¿Qué me aconseja?).

I'd like a local speciality (Quisiera una especialidad típica de aquí).

I'll have what they're having! (Tomaré lo que están comiendo ellos).

Los placeres de la carne

En la cocina inglesa y norteamericana, la carne desempeña un papel de primer orden. Aquí tienes algunas palabras que te ayudarán a explorar este «nuevo mundo», donde el arroz o la pasta son meras guarniciones.

Los cortes que encontrarás más a menudo son: *filet mignon, strip steak* (entrecot), *ribeye* (chuleta o chuletón de ternera), *sirloin* (solomillo) y *t-bone steak* (filete/bistec).

Los métodos de cocción:

	GRAFÍA	PRONUNCIACIÓN
A la plancha	*Grilled*	[grilld]
Al horno	*Baked*	[beikt]
Asado	*Roast*	[rost]
Hervido	*Boiled*	[boild]
Al vapor	*Steamed*	[stiimd]
Al la parrilla	*Barbecued / grilled*	[babekiud] / [grilld]
Cocido	*Stewed*	[stiud]

Si pides una hamburguesa o un buen filete, el camarero te preguntará cómo quieres que los preparen: *How would you like it cooked?* Contesta *rare* [rea] si te gusta la carne poco hecha, *medium rare* [midium rea] para una cocción media o *well done* [uel don] si la prefieres muy hecha.

Y ahora unas palabras que pueden ayudarte a elegir el menú:

	GRAFÍA	PRONUNCIACIÓN	REESCRIBE
Entrante	*Appetizer/ starter*	[apetaiser]/[starta]	
Postre	*Dessert*	[desert]	

	GRAFÍA	PRONUNCIACIÓN	REESCRIBE
Primeros	*Entrée*	[entrei]	
Comida ligera	*Light meal*	[lait miil]	
Plato principal (generalmente carne o pescado con guarnición)	*Main course*	[mein cors]	
Ensalada	*Salad*	[salad]	
Guarnición	*Side dish*	[said dish]	
Sopa	*Soup*	[sup]	
Bebida	*Drink*	[drink]	
Aperitivo	*Aperitif*	[aperitif]	
Refresco	*Soft drink*	[soft drink]	
Licor	*Spirits/liquor*	[spirits]/[licor]	
Cerveza	*Beer*	[bia]	
Cerveza (de fermentación alta)	*Ale*	[eil]	

En el extranjero, la propina (*tip*) es mucho más importante que en España. Si no dejas nada, puedes quedar como un tacaño y, además, perjudicas a tu camarero. En algunos casos, el sueldo de los que sirven las mesas está formado en gran parte, o incluso totalmente, por lo que les dejan los clientes.

Si tienes dudas, pregunta *Is the tip/service included in the bill?* antes de sentarte, así no te llevarás sorpresas desagradables al final de una cena excelente.

Todas las guías turísticas dan información útil sobre las costumbres locales en cuestión de propinas.

Siguiendo con los pagos, para pedir la cuenta usa *bill* (*Can I have the bill, please?*). En cambio, en Estados Unidos, se utiliza el término *check* (una de las diferencias entre el inglés británico y el estadounidense) y puedes permitirte ser más conciso: *Check, please!*

Por último, «Buen provecho» no tiene una traducción directa al inglés. El camarero te deseará *Enjoy your meal*, y entre comensales se utiliza el préstamo francés *Bon appetit* [bon apetí]. En vez de nuestro «salud», cuando levantes tu copa para brindar di *Cheers* (chiirs).

DAY FIFTEEN

Repasa lo que aprendiste el octavo día y lo que hicimos ayer. Luego relájate un par de minutos y márcate el objetivo de estudiar y hacer los ejercicios del decimoquinto día.

GRAMMAR RULES

Comparativos

Un adjetivo comparativo expresa una confrontación entre dos términos, que pueden ser cosas o personas.

Los hay de tres tipos:

1. Comparativo de superioridad: *I am taller than you* (Yo soy más alto que tú).
2. Comparativo de inferioridad: *I am less tall than you* (Yo soy menos alto que tú).
3. Comparativo de igualdad: *I am as tall as you* (Yo soy tan alto como tú).

- **Comparativo de superioridad:**
  Se forma añadiendo -ER al adjetivo (si tiene una o dos sílabas) o siguiendo el modelo *more* + adjetivo,

seguido de *than* antes del segundo término de comparación.
Ejemplos:
Rabbits are faster than turtles (Los conejos son más rápidos que las tortugas).
Roses are more beautiful than daisies (Las rosas son más bonitas que las margaritas).

En el caso de los adjetivos bisílabos, puedes elegir si añades -ER o utilizas *more* + adjetivo. Por ejemplo, es tan correcto *narrower* como *more narrow*.

Si el segundo término de la comparación es un pronombre personal, debes usar un pronombre personal complemento (en cambio, en español usamos un pronombre personal sujeto).
Ejemplo: *You are taller than me* (Tú eres más alto que yo).

En cuanto a la escritura, ya sabes que una desinencia puede crear algunas complicaciones. Aquí tienes las excepciones a la sencilla regla de añadir -ER:

a) Si un adjetivo termina con -E solo se añade -R. Por ejemplo, *cute* (bonito) se convierte en *cuter* (más bonito).
b) Si un adjetivo termina en una consonante precedida de vocal, se dobla la consonante y se añade -ER. Por ejemplo, *big* se convierte en *bigger*.
c) Si un adjetivo termina en -Y, esta última se transforma en I y luego se añade -ER. Por ejemplo, *tidy* (ordenado) se convierte en *tidier* (más ordenado).

- **Comparativo de inferioridad:**
  Aún es más fácil, porque no hay distinciones basadas en la longitud del adjetivo inicial. La regla es única: *less* + adjetivo, y luego *than* antes del segundo término de comparación.
  Ejemplo:
  Turtles are less fast than rabbits (Las tortugas son menos rápidas que los conejos).

- **Comparativo de igualdad:**
  Esta forma no usa el *than* y sigue el modelo:
  as + adjetivo + *as*.
  Ejemplo:
  John is as fast as Marcus (John es tan rápido como Marcus).

Atención: todo lo que hemos dicho hasta ahora también vale para los adverbios.

Por ejemplo: *I run faster than you, I work less efficiently than you, I love you as much as I love him*, etc.

Además, también se pueden hacer comparaciones con sustantivos y verbos.

- **Comparativo de superioridad con sustantivos:**
  El modelo es:
  more + sustantivo + *than*.
  Si es *countable*, el sustantivo va en plural; si no, va en singular.
  Ejemplos:
  There are more people in China than in all of Europe (Hay más personas en China que en toda Europa).

There is more traffic today than yesterday (Hoy hay más tráfico que ayer).

- **Comparativo de superioridad con verbos:**
  El modelo es:

  verbo + *more than* + auxiliar.

  Normalmente en el segundo término de comparación no se repite el verbo, solo se usa el auxiliar.
  Ejemplo:
  I ate more than you did (He comido más que tú).

- **Comparativo de inferioridad con sustantivos:**
  Con sustantivos *countables*:

  fewer + sustantivo (plural) + *than*.

  Con sustantivos *uncountables*:

  less + sustantivo (singular) + *than*.

  Ejemplos:
  There are fewer people in all of Europe than in China (Hay menos personas en toda Europa que en China).
  There was less traffic yesterday than today (Ayer había menos tráfico que hoy).

- **Comparativo de inferioridad con verbos:**
  El modelo es:

  verbo + *less than* + auxiliar.

  Ejemplo:
  You ate less than I did.

- **Comparativo de igualdad con sustantivos:**
  Con sustantivos *countables*:

  as many + sustantivo (plural) + *as*.

Con sustantivos *uncountables*:

as much + sustantivo (singular) + *as*.

Ejemplos:

There are as many people in Shanghai as in Australia (Hay tantas personas en Shanghái como en Australia).

There is as much traffic as yesterday (Hay tanto tráfico como ayer).

- **Comparativo de igualdad con verbos:**

  El modelo es:

  verbo + *as much as* + auxiliar.

  Ejemplo:

  You ate as much as I did (Has comido tanto como yo).

Superlativos

El superlativo se utiliza para expresar la máxima intensidad de un adjetivo.

Es «absoluto» cuando el adjetivo expresado en su máxima intensidad no se compara con ningún otro (en español, muy + adjetivo, o bien el adjetivo con la desinencia -ÍSIMO). Es «relativo» cuando el adjetivo expresado en su máxima intensidad hace referencia a un término de comparación en concreto.

- **Superlativo absoluto**

  El modelo es:

  very/really/extremely + adjetivo.

  Ejemplo:

Rabbits are very/really/extremely fast (Los conejos son muy/extremadamente rápidos, o rapidísimos).

- **Superlativo relativo**
  El superlativo relativo usa reglas similares a las del comparativo de superioridad, pero requiere la desinencia -EST (para los adjetivos de una o dos sílabas) o la palabra *most* antes del adjetivo.
  Ejemplos:
  Jack is the fastest in this class (Jack es el más rápido de su clase).
  Jill is the most intelligent person I've ever met (Jill es la persona más inteligente que he conocido nunca).

Como era de esperar, hay excepciones a la hora de escribir las palabras modificadas con una desinencia:

- Si un adjetivo termina en -E, solo se le añade -ST. Por ejemplo, *nice* se convierte en *nicest*.
- Si un adjetivo termina en una consonante precedida de una vocal, se dobla la consonante y se añade -EST. Por ejemplo, *big* se convierte en *biggest*.
- Si un adjetivo termina en -Y, esta se transforma en I y luego se añade -EST. Por ejemplo, *tidy* se convierte en *tidiest*.

ADVERBIOS DE MODO

En español, los adverbios de modo terminan en -MENTE (por lo menos... normalmente es así); en cambio, en inglés solo hay que añadirle -LY al adjetivo.

Aquí tienes unos ejemplos:

Rápido	*Rapid*	Rápidamente	*Rapidly*
Lento	*Slow*	Lentamente	*Slowly*
Feliz	*Happy*	Felizmente	*Happily*

Para los adverbios también vale la regla según la cual si terminan en -Y, esta letra se sustituye por una I antes de añadir la desinencia -LY.

Fast, hard, late, early son adjetivos y también adverbios; por tanto, no hay que modificarlos.

Ejemplos:

Tommy is a fast runner (Tommy es un corredor rápido: *fast* es adjetivo).

Tommy can run fast (Tommy sabe correr rápidamente: *fast* es adverbio, pero nunca dirías *fastly*).

El adejtivo *good* también es una excepción, puesto que se corresponde con el adverbio *well*.

Her French is very good (Su frances es muy bueno).

She speaks French very well (Ella habla muy bien francés).

Even

Even [iven] significa «aún más» o «incluso» y puede servir para reforzar la comparación.

Ejemplos:

I am even better than you (Yo soy incluso mejor que tú).

John is even more handsome than James (John aún es más atractivo que James).

As + sustantivo

En el modelo *as* + sustantivo, *as* [as] significa «como», «con la función de», «en el papel de».

Ejemplos:

I work as a recepcionist (Trabajo como recepcionista).

I use that table as a desk (Utilizo esa mesa como escritorio).

Like + sustantivo o pronombre

Like [laik] también significa «como», pero se usa para comparar.

Ejemplos:

She is just like me (Es exactamente como yo).

She dances like a butterfly (Baila como una mariposa).

VOCABULARY

Las fiestas

	GRAFÍA	PRONUNCIACIÓN	REESCRIBE
Fiesta	*Holiday*	[holidei]	
Semana Santa	*Easter*	[ista]	
Navidad	*Christmas*	[cristmas]	
Año Nuevo	*New Year*	[niu yiar]	
Fin de Año	*Eve*	[iiv]	
Carnaval	*Carnival/ Mardi Gras*	[carnival/mardi gra]	

	GRAFÍA	PRONUNCIACIÓN	REESCRIBE
Día de Acción de Gracias	*Thanksgiving*	[zenksgivin]	
Bautismo/ bautizo	*Christening*	[cristenin]	
Aniversario	*Anniversary*	[aniversari]	
Luna de miel	*Honeymoon*	[honimun]	
Acto/actividad/ hecho/ acontecimiento	*Event*	[ivent]	

Las palabras del día

	GRAFÍA	PRONUNCIACIÓN	REESCRIBE
Desenvolver	*To unwrap* (regular)	[tu anrap]	
Jubilarse	*To retire* (regular)	[tu ritair]	
Enamorarse	*To fall, fell, fallen in love*	[tu fol, fel, folen in lov]	
Nacer	*To be, was, been born*	[tu bi, uos, biin born]	
Intercambiar	*To exchange* (regular)	[tu icschench]	
Atemorizar	*To scare* (regular)	[tu skea]	
Paquete	*Package*	[pakech]	
Juguete	*Toy*	[toi]	
Personaje	*Character*	[cáracter]	
Feria	*Fair*	[fea]	

	GRAFÍA	PRONUNCIACIÓN	REESCRIBE
Guía	*Guide*	[gaid]	
Paraíso	*Paradise*	[paradais]	
Vestido/traje	*Costume*	[costium]	
Bruja	*Witch*	[uich]	
Mago	*Wizard*	[uisard]	
Monstruo	*Monster*	[monsta]	
Ensalada	*Salad*	[salad]	
Bocadillo	*Sandwich*	[sanduich]	
Aceite	*Oil*	[oil]	
Mochila	*Backpack*	[bakpak]	
Almohada	*Pillow*	[pilou]	

Otros adjetivos útiles

	GRAFÍA	PRONUNCIACIÓN	REESCRIBE
Confuso	*Confused*	[confiusd]	
Blando/suave	*Soft*	[soft]	
Agradecido	*Grateful*	[greitful]	
Desagradecido	*Ungrateful*	[angreitful]	
Querido	*Dear*	[diar]	
Sincero	*Sincere*	[sinsia]	
Popular	*Popular*	[popiula]	
Amable	*Kind*	[kaind]	
Inesperado	*Surprising*	[surpraisin]	
Tonto	*Dull*	[dal]	
Cruel	*Cruel*	[cru(e)l]	
Valiente	*Brave*	[breiv]	
Desagradable	*Nasty*	[nasti]	
Sabroso	*Savory*	[savori]	

	GRAFÍA	PRONUNCIACIÓN	REESCRIBE
Maleducado	*Rude*	[rud]	
Desaliñado	*Shabby*	[shabi]	
Vivaz/animado	*Lively*	[laivli]	
Aburrido	*Boring*	[borin]	
Perezoso	*Lazy*	[lesi]	
Ruidoso	*Noisy*	[noisi]	
Sociable	*Sociable*	[soushabol]	
Tímido	*Shy*	[shai]	
Reservado	*Reserved*	[riservd]	
Locuaz	*Talkative*	[tolkativ]	
Introvertido	*Introverted*	[introvertid]	
Educado/cortés	*Polite*	[polait]	
Moderno	*Modern*	[modern]	
Adecuado	*Fit*	[fit]	
Inadecuado	*Unfit*	[anfit]	
Peligroso	*Dangerous*	[deinyeros]	
Descortés	*Unpolite*	[ampolait]	
Molesto	*Annoying*	[annoin]	
Cómodo/ confortable	*Comfortable*	[comftabol]	
Incómodo/ no confortable	*Uncomfor-table*	[ancomftabol]	
Inmediato	*Immediate*	[immidiet]	
Importante	*Important*	[important]	
Insignificante/ sin importancia	*Unimportant*	[animportant]	
Correcto	*Right*	[rait]	
Incorrecto	*Wrong*	[(u)ron]	
Ruidoso	*Loud*	[laud]	

	GRAFÍA	PRONUNCIACIÓN	REESCRIBE
Silencioso	*Quiet*	[kuaiet]	
Inteligente	*Intelligent*	[inteligent]	
Estúpido	*Stupid*	[stiupid]	
Horrible	*Horrible*	[horribol]	
Terrible	*Terrible*	[terribol]	
Espantoso	*Frightful*	[fraitful]	
Escalofriante	*Scary*	[skeri]	

IDIOMS

U-turn (literalmente: «Giro en U»)

Pronunciación: [iut(u)rn].

Significado: Vuelta en U.

Ejemplo: *Make a U-turn when possible* (Haz una vuelta en U cuando puedas).

Third degree (literalmente: «Tercer grado»)

Pronunciación: [z(i)rd degrii].

Significado: Un tercer grado, un interrogatorio muy duro.

Ejemplo: *I came home late and I got a third degree from my mon* (Llegué tarde a casa y mi mamá me sometió a un tercer grado).

Like shooting fish in a barrel (literalmente: «Como dispararles a los peces en un barril»)

Pronunciación: [laik shuuting fish in a barrel].

Significado: Un juego de niños.

Ejemplo: *I'm good at athletics. Running a mile is like*

shooting fish in a barrel for me (Soy bueno en atletismo. Correr una milla es un juego de niños para mí).

Made of money (literalmente: «Hecho de dinero»)
Pronunciación: [meid of mani].
Significado: Estar forrado, tener un montón de dinero.
Ejemplo: *You need to be made of money to have a car like that* (Tienes que estar forrado para tener un coche como ese).

No pain, no gain (literalmente: «Ningún dolor, ninguna ganancia»)
Pronunciación: [no pein, no gein].
Significado: Quien algo quiere, algo le cuesta (se utiliza sobre todo para el deporte).
Ejemplo: *Come on, one more lap! No pain, no gain* (¡Ánimo, una vuelta más! Quien algo quiere, algo le cuesta).

Ejercicio 15.1

Elige la solución correcta.

1. *Don't speak so ~~quick~~/quickly. We don't understand you.*
2. *This pillow is very soft/softly.*
3. *My pen friend and I have a very nice/nicely friendship.*
4. *When I saw him, I immediate/immediately got excited.*
5. *She shouted at him angry/angrily.*
6. *Did you have a pleasant/pleasantly surprise yesterday night?*
7. *Were you pleasant/pleasantly surprised?*
8. *Can you speak slow/slowly, please?*
9. *When he wants something, he is determined/determinedly.*
10. *Please listen careful/carefully.*

EJERCICIO 15.2

Traduce del español al inglés.

1. De pronto, empezó a llover muy fuerte.
2. En la escuela me estoy aburriendo.
3. Hoy estoy cansado. Esta noche no he dormido bien.
4. Puedes aprender inglés fácilmente si estudias cada día.
5. Claudio es un buen jugador, pero ayer jugó mal.

EJERCICIO 15.3

Completa la tabla con el comparativo de superioridad de cada adjetivo.

Popular	*More popular*	*Careful*	
Strong		*Unlucky*	
Light		*Lucky*	
Kind		*Late*	
Cold		*Fast*	
Safe		*Good*	
Weak		*Tired*	
Heavy		*Dull*	

EJERCICIO 15.4

Escribe los contrarios de los siguientes adjetivos.

Older	*Younger*	*Wronger*	
Worse		*Shier*	
Nearer		*Lazier*	
Larger		*Nastier*	
Dirtier		*Fitter*	

Ejercicio 15.5

Traduce las siguientes frases usando correctamente el comparativo.

1. Tú no eres muy alto, tu hermana es más alta.
2. Tú eres más bajo que él.
3. Cada día estoy más enamorada, hoy más que ayer.
4. ¿Quién es más viejo? Mi abuelo es más viejo que el tuyo.
5. ¿Cuesta más el bocadillo o esa ensalada? El bocadillo cuesta mucho más que la ensalada.
6. ¿Es más importante ir a Londres o a París? Ir a Londres es más importante que ir a París.
7. Es menos caro viajar en tren. Sí, pero también es menos cómodo y rápido.
8. Jack es menos tímido que Sam.
9. Hoy en el cielo hay menos nubes que ayer.
10. Este traje no te queda tan bien como el que llevabas antes.
11. El aceite es menos pesado que el agua.

Ejercicio 15.6

Completa las frases con el comparativo de superioridad, inferioridad o igualdad.

comparativo de superioridad

Your kitchen is (grande) *bigger than mine.*
This backpack is (pequeño) __________ *that one.*
Lisa is (perezosa) __________ *anybody.*
Those answers are (honestas) __________ *the others.*
Your sunglasses are (bonitas) __________ *hers.*
My children are (educados) __________ *them.*

comparativo de igualdad

Your kitchen is (grande) *as big as mine.*
This backpack is (pequeño) __________ *that one.*

Lisa is (perezosa) ________ *anybody.*

Those answers are (honestas) ________ *the others.*

Your sunglasses are (bonitas) ________ *hers.*

My children are (educados) ________ *them.*

comparativo de inferioridad

Your kitchen is (grande) *less big than mine.*

This backpack is (pequeño) ________ *that one.*

Lisa is (perezosa) ________ *anybody.*

Those answers are (honestas) ________ *the others.*

Your sunglasses are (bonitas) ________ *hers.*

My children are (educados) ________ *them.*

Ejercicio 15.7

Traduce al inglés.

1. El tren no es tan cómodo como el avión.
2. Hillary lleva tanto dinero como Joe en su cartera.
3. Sam no es tan viejo como John.
4. Mi autobús sale a la misma hora que el tuyo.
5. Te gusta tanto estudiar inglés como a mí me gusta estudiar italiano.

Ejercicio 15.8

Completa las frases con el superlativo.

1. *Christmas Day is a good day. It is the best day in the year.*
2. *Clare is a young girl. She's ________ in the class.*
3. *This is a beautiful flower. It's ________ I've ever seen.*
4. *It was a very happy day. It was ________ of my life.*
5. *Your husband is very nice. He is ________ I've ever met.*
6. *Today my homework is very difficult. It is ________ for this week.*
7. *This child is very rude. He is ________ I've ever known.*

Bookings

Por fin vas a hacer un viaje a la ciudad de tus sueños... ¿Londres o Nueva York?

Es importante organizarlo todo bien para poder disfrutar de tus vacaciones.

Nuestro primer consejo práctico es que utilices una tarjeta de crédito, o al menos una de prepago, para reservar todo lo que necesites por internet y también porque es el sistema de pago más habitual en el extranjero. En Estados Unidos, pagan con tarjeta de crédito hasta un paquete de chicles (*chewing gum*).

Estas son algunas frases útiles si necesitas reservar un vuelo o un viaje en tren o en autobús en el extranjero:

I'd like to know if there are any flights to Las Vegas this week (Quisiera saber si hay vuelos a Las Vegas esta semana).

When is the next train/bus to London? (¿Cuándo sale el próximo tren/autobús a Londres?).

Would you like a one way or return? (¿Desea solo ida o quiere un billete de ida y vuelta?).

One seat on the next flight, please (Una plaza en el próximo vuelo, por favor).

Would you like a window or an aisle seat? (¿Prefiere un asiento junto a la ventanilla o en el pasillo?).

Do you prefer business or economy class? (¿Prefiere en clase *business* o en turista?).

Can you confirm the ticket? (¿Confirma el billete?).

Si tienes que hacer una reserva en un hotel, tendrás que enfrentarte a muchas más variables.

Puedes empezar diciendo: *I'd like to book a room please* (Quisiera reservar una habitación, por favor).

Enseguida te pedirán que elijas entre:

Single room (habitación individual)

Double room (habitación doble con cama de matrimonio)

Twin room (habitación doble con dos camas individuales)

En suite (el baño está en la habitación)

Would you like a smoking o non-smoking room? (¿Desea una habitación donde se pueda fumar o no?)

Si no tienes la suerte de tener un presupuesto ilimitado, pregunta: *How much is it for one person?*

Para concluir la reserva, pueden preguntarte:

How long will you be staying? (¿Cuánto va a quedarse?)

Who's the booking for? (¿A nombre de quién está la reserva?)

Si has hecho la reserva por teléfono, cuando llegues al vestíbulo del hotel preséntate diciendo:

Hi, I'm Mr Spanish and I have a reservation.

Cuando la persona que está en la recepción o *front desk* te dé las llaves, no olvides preguntar:

When is breakfast served? y *Where is it served?*

Acuérdate de preguntar si el desayuno está incluido. Por ejemplo, en Estados Unidos, no siempre lo está.

Is breakfast included in room rate?

Si necesitas aclarar a qué hora hay que dejar la habitación, puedes preguntar:

At what time is checkout? (¿A qué hora hay que dejar la habitación?)

Can I have a late checkout? (¿Puedo retrasar la hora de dejar la habitación?)

Can I leave my bag here? (¿Puedo dejar mi maleta aquí?)

Por último, esperemos que no tengas que utilizar la frase *I'm locked out of my room* (Me he quedado fuera de la habitación con la puerta cerrada) y que puedas despedirte así: *I had a great stay here, thank you. I'll recommend the hotel to my friends* (He estado muy bien aquí, gracias. Les recomendaré el hotel a mis amigos).

DAY SIXTEEN

Repasa lo que aprendiste ayer y el noveno día. Cuando termines, relájate un par de minutos y márcate el objetivo de estudiar y hacer los ejercicios del decimosexto día.

GRAMMAR RULES

Present perfect

El *present perfect* se forma con el auxiliar *to have* en *simple present* y el participio del verbo. Se utiliza para designar una acción situada en un tiempo pasado indeterminado, que todavía no ha concluido o que tiene gran importancia en el presente. Equivale más o menos al pretérito perfecto compuesto español.

Se diferencia del *simple past* porque —¿recuerdas?— este último designa una acción concluida en el pasado, sucedida en un tiempo determinado (*yesterday, last week*, etc.).

El uso correcto del *simple past* y el *present perfect* permite que los ingleses comprendan de inmediato si estás hablando de algo que influye en el presente o si se trata de una acción relegada al pasado.

Por ejemplo, si dices *Yesterday I bought a new dress* (*simple past*) indicas que la acción en sí ha concluido y transmites la idea de que solo estás contando un hecho pasado. En cambio, si dices *I have bought a new dress* (*present perfect*), tu interlocutor podría percibir que se sobreentiende la pregunta: «¿Te gusta?». La compra que has hecho es relevante para ti en este momento y tal vez desees una opinión al respecto.

La forma afirmativa del *present perfect* se hace siguiendo este modelo:

sujeto + *have/has* + participio + complemento.

Ejercicio 16.1

Lee los ejemplos y completa.

He roto el jarrón de flores.	*I have broken the flower vase.*
Ella ha perdido su pasaporte.	*She has lost her passport.*
Hemos comprado una bici nueva.	____________________
Jim ha ido al gimnasio.	____________________
Se han ido a dormir tarde.	____________________

Forma negativa, interrogativa e interrogativa-negativa

El modelo para la forma negativa es:

sujeto + *have/has* + *not* + participio
+ complemento.

Ejercicio 16.2

Lee los ejemplos y completa.

No he roto el jarrón de flores.	*I haven't broken the flower vase.*
Ella no ha perdido su pasaporte.	*She hasn't lost her passport.*
No hemos comprado una bici nueva.	______________________
	______________________
Jim no ha ido al gimnasio.	______________________
No se han ido a dormir tarde.	______________________

El modelo para la forma interrogativa es:

have/has + sujeto + participio + complemento + ?

Ejercicio 16.3

Lee los ejemplos y completa.

¿Has roto el jarrón de flores?	*Have you broken the flower vase?*
¿Ellá ha perdido su pasaporte?	*Has she lost her passport?*
¿Habéis comprado una bici nueva?	______________________
	______________________
¿Jim ha ido al gimnasio?	______________________
¿Se han ido a dormir tarde?	______________________

Por último, la forma interrogativa-negativa:

have/has + *n't* + sujeto + participio
+ complemento + ?

Ejercicio 16.4

Lee los ejemplos y completa.

¿No has roto el jarrón de flores?	*Haven't you broken the flower vase?*
¿Ella no ha perdido su pasaporte?	*Hasn't she lost her passport?*
¿No habéis comprado una bici nueva?	______________________
	______________________
¿Jim no ha ido al gimnasio?	______________________
¿No se han ido a dormir tarde?	______________________

Short answers

Responder a las preguntas formuladas en *present perfect* es fácil, solo hay que retomar el auxiliar *to have*.

Por ejemplo:

Yes, I have/No, I haven't,
Yes, she has/No, she hasn't.

Colocación de los adverbios

Cuando conjugamos el verbo en un tiempo compuesto, como el *present perfect*, los siguientes adverbios se colocan entre el auxiliar y el participio.

	GRAFÍA	PRONUNCIACIÓN	REESCRIBE
Casi	*Almost*	[olmost]	
Ya	*Already*	[olredi]	
Siempre	*Always*	[olueis]	
Solo/ justo	*Just*	[yast]	

	GRAFÍA	PRONUNCIACIÓN	REESCRIBE
Alguna vez	*Ever*	[eva]	
Nunca	*Never*	[eva]	
A menudo	*Often*	[ofen]	
Rara vez	*Rarely/seldom*	[rearli]/[seldom]	

En cambio, otros adverbios se colocan al final de la frase:

	GRAFÍA	PRONUNCIACIÓN	REESCRIBE
Recientemente	*Recently*	[risentli]	
Últimamente	*Lately*	[leitli]	
Todavía/ya (en frases negativas e interrogativas)	*Yet*	[yet]	

Ejemplos:

I have often thought of you this week (He pensado a menudo en ti esta semana).

Has he ever borrowed money from you? (¿Alguna vez le has prestado dinero?).

I haven't started my new book yet (Aún no he empezado mi nuevo libro).

You have printed out so many documents lately (Últimamente has imprimido muchísimos documentos).

Ejercicio 16.5

Completa las frases utilizando el *present perfect* de los siguientes verbos.

clean	*send*	*close*	*finish*	*go*
pay	*receive*	*pass*	*buy*	*finish*

1. *He has cleaned his shoes.*
2. *You ____________ a letter from Lucy.*
3. *She ____________ the door.*
4. *I (not) ____________ the book yet.*
5. *We (not) ____________ the rent this month.*
6. *Clark ____________ us a postcard from Rome.*
7. *I (not) ____________ oral exam.*
8. *____________ (it) raining?*
9. *____________ (you) a new dress?*
10. *____________ (they) to bed already?*

Ejercicio 16.6

Traduce las siguientes frases utilizando el *present perfect*.

1. El tren acaba de llegar.
2. Me he bebido toda el agua de la botella.
3. Joe ha estado aquí.
4. La película ya ha empezado.
5. He pedido información, pero no he entendido la respuesta.
6. Carl y Sophie se han encontrado en el parque.
7. Has aprendido bien inglés.
8. A la señora Mercur siempre le ha gustado pintar.
9. Ha pasado toda su vida en París.
10. Hasta ahora nunca he besado a nadie.

EJERCICIO 16.7

Ahora transforma las oraciones que has traducido en el ejercicio anterior en frases negativas e interrogativas. Luego inventa una *short answer* para responder.

Negativa	Interrogativa	Short answer

EJERCICIO 16.8

Conjuga los verbos entre paréntesis en *present perfect* o en *simple past.*

1. *I (just/make) ____________ some tea. Would you like some? No, thanks. I (have) ____________ some an hour ago and I (just/have) ____________ coffee with Sam. Where (meet) ____________ him?*
2. *You (have/just) ____________ a horrible dream. What (eat) ____________ at dinner yesterday?*
3. *(Sue/pass) ____________ her driving test? Yes, but she (not/receive) ____________ her driving license yet. Last week she (drive) ____________ my car twice. She's a good driver.*
4. *I (eat) ____________ too much yesterday and I still feel full.*

EJERCICIO 16.9

Imagina que debes entrevistar a Sam. Formula frases con *Have you ever...?*

1. *(play/baseball) Have you ever played baseball? No, I never have.*
2. *(be/Berlin)* ______________________________
   Yes, I have twice.
3. *(buy/BMW)* ______________________________
   No, I never have.
4. *(be/Greece)* ______________________________
   No, I never have.
5. *(have/headache)* ______________________________
   Yes, I have, many times.
6. *(play/chess)* ______________________________
   Yes, I have a few times.
7. *(eat/Indian food)* ______________________________
   Yes, I have once.

EJERCICIO 16.10

Escribe frases sobre Sam partiendo de las respuestas del ejercicio anterior.

1. *(be/Berlin) Sam has been to Berlin twice.*
2. *(be/Greece)* ______________________________
3. *(play/baseball)* ______________________________
4. *(have/headache)* ______________________________
5. *(eat/Indian food)* ______________________________

EJERCICIO 16.11

Ahora escribe las mismas frases hablando de ti mismo. ¿Cuántas veces has hecho estas cosas?

1. *(be/Berlin)* ______________________________
2. *(be/Greece)* ______________________________
3. *(play/baseball)* ______________________________
4. *(have/headache)* ______________________________
5. *(eat/Indian food)* ______________________________

VOCABULARY

El cuerpo

	GRAFÍA	PRONUNCIACIÓN	REESCRIBE
Cabeza	*Head*	[hed]	
Cuello	*Neck*	[nek]	
Hombro	*Shoulder*	[sholda]	
Espalda	*Back*	[bak]	
Tórax/pecho	*Chest*	[chest]	
Pecho (femenino)	*Breast*	[brest]	
Barriga	*Belly*	[beli]	
Brazo	*Arm*	[arm]	
Codo	*Elbow*	[elbou]	
Antebrazo	*Forearm*	[forarm]	
Muñeca	*Wrist*	[rist]	
Mano	*Hand*	[hand]	
Dedo	*Finger*	[finga]	
Trasero	*Bottom*	[botom]	
Rodilla	*Knee*	[nii]	
Pierna	*Leg*	[leg]	

	GRAFÍA	PRONUNCIACIÓN	REESCRIBE
Pantorrilla	*Calf*	[calf]	
Tobillo	*Ankle*	[encol]	
Pie	*Foot*	[fuut]	
Piel	*Skin*	[skin]	
Cara	*Face*	[feis]	
Cabello	*Hair*	[hea]	
Frente	*Forehead*	[forhed]	
Ceja	*Eyebrow*	[aibrau]	
Pestaña	*Eyelash*	[ailash]	
Ojo	*Eye*	[ai]	
Oreja	*Ear*	[iar]	
Mejilla	*Cheek*	[chiik]	
Nariz	*Nose*	[nous]	
Boca	*Mouth*	[mauz]	
Labio	*Lip*	[lip]	
Barbilla	*Chin*	[chin]	

Los cinco sentidos

	GRAFÍA	PRONUNCIACIÓN	REESCRIBE
Vista	*Sense of sight*	[sens of sait]	
Ver	*To see, saw, seen*	[tu sii, sou, siin]	
Mirar	*To watch* (regular)/ *To look* (regular)	[tu uoch]/[tu luk]	
Tacto	*Sense of touch*	[sens of tach]	
Tocar	*To touch* (regular)	[tu tach]	
Empujar	*To push* (regular)	[tu push]	
Tirar	*To pull* (regular)	[tu pul]	
Sentir (tacto)	*To feel, felt, felt*	[tu fiil, felt, felt]	

	GRAFÍA	PRONUNCIACIÓN	REESCRIBE
Olfato	*Sense of smell*	[sens of smel]	
Oler	*To smell* (regular)	[tu smel]	
Oído	*Sense of hearing*	[sens of hirin]	
Oír	*To hear, heard, heard*	[tu hiar, h(e)rd, h(e)rd]	
Escuchar	*To listen* (regular)	[tu lisen]	
Gusto	*Sense of taste*	[sens of teist]	
Respirar	*To breath* (regular)	[tu briz]	
Hablar	*To talk* (regular)	[tu tok]	
Gritar	*To shout* (regular)	[tu shaut]	
Chillar	*To scream* (regular)	[tu scriim]	
Susurrar	*To whisper* (regular)	[tu uispa]	
Cantar	*To sing, sang, sung*	[tu song, seng, sang]	
Probar/ saborear	To taste (regular)	[tu teist]	
Parecer	To seem (regular)	[tu siim]	

Enfermedades, síntomas y medicamentos

	GRAFÍA	PRONUNCIACIÓN	REESCRIBE
Fiebre	*Fever*	[fiva]	
Dolor de cabeza	*Headache*	[hedeik]	
Tos	*Cough*	[caf]	
Estornudo	*Sneeze*	[sniiz]	
Resfriado	*Cold*	[cold]	
Gripe	*Flu*	[flu]	
Calambres	*Cramps*	[cramps]	

	GRAFÍA	PRONUNCIACIÓN	REESCRIBE
Náusea	*Nausea*	[noshia]	
Diabetes	*Diabetes*	[daiabitis]	
Vomitar	*To vomit* (regular)	[tu vomit]	
Ictus	*Stroke*	[stro(u)k]	
Presión sanguínea	*Blood pressure*	[blod presha]	
Desmayarse	*To faint* (regular)	[tu feint]	
Dolor de estómago	*Stomach ache*	[stomac eik]	
Diarrea	*Diarrhoea*	[daiarria]	
Receta	*Prescription*	[prescripshon]	
Doler	*To hurt, hurt, hurt*	[tu h(u)rt]	
Corte	*Cut*	[cat]	
Moratón	*Bruise*	[brus]	
Quemadura	*Burn*	[b(u)rn]	
Mordedura	*Bite*	[bait]	
Herida	*Wound*	[vuund]	
Tirita	*Plaster* (para los ingleses)/ *band-aid* (para los americanos)	[plaster]/[bendeid]	
Ahogarse	*To choke* (regular)	[tu chouk]	
Analgésico	*Painkiller*	[peinkila]	
Inyección	*Injeccion*	[inyecshon]	
Silla de ruedas	*Wheelchair*	[uiilchea]	

Las palabras del día

	GRAFÍA	PRONUNCIACIÓN	REESCRIBE
Fresco	*Cool*	[cuul]	
Viento	*Wind*	[uind]	
Bufanda	*Scarf*	[scarf]	
Lección	*Lesson*	[leson]	
Preocupado	*Worried*	[uorrid]	
Convencer	*To convince* (regular)	[tu convins]	
Promesa	*Promise*	[promis]	

IDIOMS

Benefit of the doubt (literalmente: «Beneficio de la duda»)
Pronunciación: [benefit of de daut].
Significado: El beneficio de la duda.
Ejemplo: *I don't know if I can trust you, but I will give you the benefit of the doubt* (No sé si fiarme de ti, pero te concedo el beneficio de la duda).

Beyond me (literalmente: «Más allá de mí»)
Pronunciación: [biiond mi].
Significado: Fuera de mi alcance, fuera de mi capacidad de comprensión, no lo entiendo.
Ejemplo: *How you could cheat on me like that is beyond me!* (¡No entiendo cómo has podido traicionarme de esa manera!).

Bite your tongue (literalmente: «Muérdete la lengua»)
Pronunciación: [bait yo(u)r tang].

Significado: Morderse la lengua (para no decir algo).

Ejemplo: *I wanted to tell her everything I thought about her, but I bit my tongue* (Quería decirle todo lo que pienso de ella, pero me mordí la lengua).

Quick fix (literalmente: «Reparación rápida»)

Pronunciación: [kuik fics].

Significado: Paliativo, solución rápida pero de breve duración, apaño, chapuza.

Ejemplo: *Taking a pill your headache will only be a quick fix* (Para tu dolor de cabeza, tomar una pastilla solo es un paliativo).

As quiet as a mouse (literalmente: «Silencioso como un ratón»)

Pronunciación: [as kuayet as a maus].

Significado: Sigiloso, muy silencioso.

Ejemplo: *I didn't hear you come home last night, you must have been as quiet as a mouse* (No te oí llegar a casa anoche, debiste de ser muy silencioso).

EJERCICIO 16.12

Escribe las palabras en el lugar correcto.

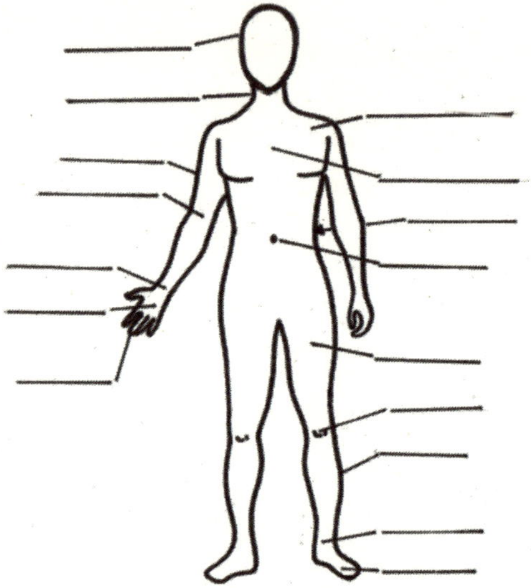

EJERCICIO 16.13

Completa el ejercicio con las palabras inglesas que significan «parecer» o «sentir».

1. *John ___________ angry!*
2. *He opened the door and ___________ the cool wind on his face.*
3. *This scarf ___________ very soft.*
4. *I've never seen her ___________ so happy before.*
5. *"How are you?" "I'm afraid I don't ___________ very well today".*

EJERCICIO 16.14

Completa las frases con las palabras inglesas que significan «ver» u «oír».

1. *Susy and Clare ___________ that stupid soap opera on TV every day.*
2. *When I'm worried I ___________ to some music.*
3. *The students ___________ to their teacher giving a lesson.*
4. *___________ out the window! It's snowing!*
5. *It's hard ___________ the doorbell from here.*

EJERCICIO 16.15

Completa las frases con *some* o *any* y una de las siguientes palabras:

shampoo *clothes* *word* *voice*
painkiller *biscuits* *friends*

1. *I'm not going to buy ___________.*
2. *I want to wash my hair. Is there ___________?*
3. *I baked ___________ for my children.*
4. *I'm not hearing ___________.*
5. *You are listening to ___________.*
6. *Yesterday, we went to the cinema with ___________ of mine.*
7. *"I'm hurt". "Do you have ___________?".*

Ejercicio 16.16

Completa las frases con un verbo y un adjetivo basándote en los dibujos.

verbos: *feel* *look* *taste* *sound* *smell* *seem*
adjetivos: *dangerous* *bored* *good* *surprising* *horrible* *noisy*

He ______________.

They ______________.

It ______________.

It ______________.

He ______________.

It ______________.

Ejercicio 16.17

Traduce al inglés.

1. ¿Cómo estás? Me he herido en la mano y tengo algunos moratones. Creía que iba a ser peor.
2. ¿Has preparado una tarta? Huele bien en esta cocina.
3. Ayer le susurré unas respuestas a Carl durante el examen. Enseguida se sintió mejor.
4. Me duele la cabeza. Será mejor que me vaya a dormir un poco.
5. A Lucy le dan miedo las inyecciones. Cada vez que tiene que ponerse una, la tengo que convencer con alguna promesa.

6. Iba hacia Roma en moto, cuando me caí y me quemé.
7. Abuela, el doctor dice que tienes diabetes. No puedes comer pasteles, lo siento.
8. Mi olfato funciona muy bien, pero a veces no reconozco los sabores.
9. ¡No lo toques en ninguna parte! Le duele todo.
10. Tengo la piel seca. ¿Tienes un poco de crema, por favor?

Para concluir, repasa todo lo que has estudiado hoy.

CONVERSATION TIME

Places and directions

Por fin has llegado a tu destino, pero ¿no sabes cómo dar con un buen restaurante o con los monumentos más importantes? Fácil: pregunta.

También puedes dirigirte a la recepción del hotel; suelen tener un plano de la ciudad con los puntos de interés marcados. Sin duda, pedir indicaciones para ir a un sitio es una buena forma de practicar inglés, pero evita crear frases complicadas solo por el gusto de demostrar que sabes gramática. Si tardas media hora en formular la pregunta, tal vez no encuentres a nadie dispuesto a ayudarte.

Memoriza bien estas frases sencillas y eficaces:

Where is the Statue of Liberty? (¿Dónde está la estatua de la Libertad?) si no tienes la más mínima idea de dónde está y partes de cero.

Which way is the Statue of Liberty? (¿En qué dirección queda la estatua de la Libertad?) si sabes que estás cerca y solo quieres que te indiquen el camino exacto.

How can I get there? (¿Cómo llego hasta allí?) si sabes dónde está lo que buscas pero no sabes cómo llegar.

How far is it? (¿Queda muy lejos?) si no sabes a qué distancia queda.

En transporte público o en coche

Aquí tienes unas frases útiles si utilizas el transporte público:
Where can I buy a ticket? (¿Dónde puedo comprar un billete?)
Is there a weekly pass? (¿Hay un abono semanal?)
Are there any special weekend rates? (¿Hay tarifas especiales el fin de semana?)
Could I have a subway/undreground map? (¿Podría darme un plano del metro?)
What line goes to...? (¿Qué línea va a...?)

Si vas en coche, es importante que conozcas al menos las señales de tráfico:
Give way (Dar preferencia)
Keep clear (Prohibido aparcar)
Motorway/Highway (Autopista)
No overtaking (Prohibido adelantar)
One-way (Sentido único)
Roadworks (Obras)
Slow down (Ralentizar)
Toll (Peaje)
Tow-away zone (Se avisa grúa)
Roundabout (Rotonda)

Si en España ya es importantísimo seguir las normas y respetar los límites de velocidad, en un país extranjero debes prestar aún más atención. Los policías norteamericanos e ingleses no son precisamente amables ni clementes con los extranjeros que infringen las normas.
Si no vas con cuidado, tal vez al volver a casa tengas que decir: *I was fined for speeding* (Me multaron por exceso de velocidad) o *I got a very big fine* (Me pusieron una multa muy cara).

Ahora solo tienes que prepararte, conseguir un plano de la ciudad y marcar los lugares que deseas visitar. Si te pierdes o necesitas algún consejo para orientarte, no temas preguntarle a un transeúnte. El único riesgo que corres es olvidar las indicaciones, ya que mientras la persona te responde, estarás pensando: «Lo he hecho de maravilla, me ha entendido a la primera. ¡Ya domino el inglés!».

DAY SEVENTEEN

Repasa lo que aprendiste ayer y el décimo día. Cuando termines, relájate un par de minutos y márcate el objetivo de estudiar y hacer los ejercicios del decimoséptimo día.

GRAMMAR RULES

Present perfect continuous

Para designar una acción que comenzó en el pasado pero que sigue perdurando en el presente, utilizamos el *present perfect continuous*. Dicho tiempo se forma añadiéndole *been* y el verbo en -ING (en vez del participio) al auxiliar *to have*:

sujeto + *have/has* + *been* + gerundio
(verbo en -ING).

Ejemplos:

I've been baking biscuits since I woke up (Estoy cocinando galletas desde que me he levantado).

I have not been paying enough attention to you (No te estoy prestando suficiente atención).

Have you been playing videogames all afternoon? No

mom, I've just started (¿Has estado jugando a los videojuegos toda la tarde? No, mamá, acabo de empezar).

For, since

For y *since* sirven para especificar desde cuándo perdura la acción expresada en *present perfect continuous*.

Concretamente, *for* se usa para aclarar durante cuánto tiempo se ha realizado una acción y *since*, para indicar el momento en que empezó una acción.

Por ejemplo, si hace 4 años que vivo en Estados Unidos y alguien me pregunta: *How long have you been living in the United States?* puedo responder de dos formas: *I've been living in the United States for 4 years*, o *I've been living in the United States since 2011*.

EJERCICIO 17.1

Conjuga el verbo entre paréntesis en *present perfect continuous*.

1. *I (wait) have been waiting for the bus for a few minutes.*
2. *"How long (you) ________ on holiday?". "(I) ________ on holiday since August 10th".*
3. *"How long (you/learn) ________ English?" "(I/learn) ________ English for seventeen days".*
4. *She (work) ________ here since 2004.*
5. *They (sit) ________ down since 9 o'clock.*
6. *Annie (type) ________ letters all day long.*
7. *Is the baby still crying? I hope she (not/cry) ________ all the time.*
8. *You (watch) ________ TV only for a short time.*
9. *Mark (prepare) ________ for this trip with his wife for a month.*
10. *I (laugh) ________ since this morning.*

Ejercicio 17.2

Traduce utilizando el *present perfect continuous.*

1. Estoy deambulando (*to wander*) por Londres desde hace una semana.
2. Está lloviendo desde esta mañana.
3. Lisa vive en esa casa desde 1986. Hace un año que está construyendo una casa nueva.
4. Estoy caminando hacia la escuela desde hace 15 minutos.
5. ¿Estás esperando a alguien? Sí, espero a Matthew desde las 15.00.

VOCABULARY

Las palabras del día

	GRAFÍA	PRONUNCIACIÓN	REESCRITURA
Recibir	*To receive* (regular)	[tu risiv]	
Unir	*To join* (regular)	[tu yoin]	
Escribir a máquina	*To type* (regular)	[tu taip]	
Esperar (desear)	*To hope* (regular)	[tu houp]	
Copiar	*To copy* (regular)	[tu copi]	
Dibujar	*To draw, drew, drawn*	[tu drou, driu, droun]	
Empezar	*To begin, began, begun*	[tu bigin, bigen, bigan]	
Soplar	*To blow, blew, blown*	[tu blou, bliu, bloun]	

	GRAFÍA	PRONUNCIACIÓN	REESCRITURA
Quemar	*To burn* (regular)	[tu b(u)rn]	
Cubrir	*To cover* (regular)	[tu cova]	
Descubrir	*To discover* (regular)	[tu discova]	
Darse cuenta	*To realize* (regular)	[tu rialais]	
Reparar	*To repair* (regular)	[tu ripeir]	
Preparado	*Ready*	[redi]	
Pegamento	*Glue*	[glu]	
Rueda	*Wheel*	[uiil]	
Torre	*Tower*	[tauer]	
Título	*Title*	[taitol]	
Nieve	*Snow*	[snou]	
Tonto	*Silly*	[sili]	
Repisa/ estante	*Shelf*	[shelf]	
Salario	*Salary*	[salari]	
Quizás	*Perhaps*	[perhaps]	
Perfume	*Perfume*	[perfium]	
Espejo	*Mirror*	[mirro(r)]	
Tecla/botón	*Button*	[baton]	
Hinchado	*Inflated*	[infleited]	
Compañía	*Company*	[compani]	
Postal	*Postcard*	[postcard]	
Hoja	*Leaf*	[liif]	

	GRAFÍA	PRONUNCIACIÓN	REESCRITURA
Entero	*Whole*	[hol]	
Dos veces	*Twice*	[tuais]	
Digestivo	*Digestive*	[daiyestiv]	
Brillante	*Shining*	[shainin]	
Salud	*Health*	[helz]	
Indispuesto/ harto	*Sick*	[sik]	
Muñeca (juguete)	*Doll*	[dol]	
Diccionario	*Dictionary*	[dikshonari]	
Polvo	*Dust*	[dast]	
Enemigo	*Enemy*	[enemi]	
Duda	*Doubt*	[daut]	
Despertador	*Alarm*	[alarm]	
Alfombra	*Carpet*	[carpet]	
Esquina	*Corner*	[corna]	
Abarrotado	*Crowded*	[craudid]	
Tierra	*Earth*	[erz]	
Bandera	*Flag*	[flag]	
Mentiroso	*Liar*	[laia]	
Biblioteca	*Library*	[laibrari]	
Error	*Mistake*	[misteik]	

IDIOMS

To hit someone below the belt (literalmente: «Golpear a alguien por debajo de la cintura»)

Pronunciación: [tu hit samuan bilou de belt].

Significado: Un golpe bajo.

Ejemplo: *What you said to me yesterday hit me below the belt* (Lo que me dijiste ayer fue un golpe bajo).

To clear the air (literalmente: «Limpiar el aire»)

Pronunciación: [tu cliar di ea].

Significado: Aclarar las cosas, despejar las dudas.

Ejemplo: *We are going to live together, so we had beter clear the air* (Nos iremos a vivir juntos, o sea que es mejor aclarar las cosas).

Come what may (literalmente: «Que venga quien pueda»)

Pronunciación: [cam uot mei].

Significado: Pase lo que pase.

Ejemplo: *Your order will be delivered next Tuesday, come what may* (Tu pedido se entregará el jueves que viene, pase lo que pase).

When pigs will fly (literalmente: «Cuando los cerdos vuelen»).

Pronunciación: [uen pigs uil flai].

Significado: Cuando las ranas críen pelo, nunca.

Ejemplo: *I asked my mom if I could go out with Michael on Saturday night, but she told me I could go when pigs will fly* (Le pregunté a mi mamá si podía salir con Michael el sábado por la noche, pero me dijo que podré salir cuando las ranas críen pelo).

Ejercicio 17.3

Coloca las siguientes expresiones en la columna correcta de la tabla.

2010	*a long time*
midnight	*a short time*
a year	*three months*
ages	*we arrived*
6 a.m.	*this morning*
last week/year	*a few minutes*

SINCE	*FOR*

Repasa lo que has estudiado hoy.

CONVERSATION TIME

At the doctor's

Por supuesto, esperamos que no tengas que ir nunca al médico, pero siempre es mejor estar preparados para esa posibilidad.

Si te encuentras mal mientras estás solo en el extranjero, no pidas ayuda en general; dirígete a una persona en concreto, porque así se dará por aludida y es mucho más probable que te ayude.

Puedes decir simplemente: *I need a doctor*.

También puedes preguntar: *Do you know one who speaks some Spanish?* aunque es más fácil que tengas que expresarte tú en inglés.

Al comienzo de la visita, el médico te puede preguntar:

Where does it hurt? (¿Dónde le duele?).

Do you have a fever? (¿Tiene fiebre?).

How long have you been like this? (¿Desde cuándo está así?).

Are you allergic to anything? (¿Es alérgico a algo?).

Are you on medication? (¿Está en tratamiento médico?).

How long have you been travelling for? (¿Desde cuándo está de viaje?).

Are you cold? (¿Siente frío?).

Los principales síntomas que quizá necesites describir podrían ser:

I find it difficult to breathe (Tengo dificultad para respirar).

I have lost a lot of blood (He perdido mucha sangre).

I've been vomiting (He vomitado).

I am injured (Estoy herido).

I am shivering (Tengo escalofríos).

I feel dizzy (Estoy mareado).

I feel nauseous (Tengo náuseas).

I feel hot and cold (Tengo calor y frío).

I have a fever (Tengo fiebre).

I have a cough (Tengo tos).

I have a headache (Me duele la cabeza).

I have a heart condition (Tengo un problema cardíaco).

I have a cold (Estoy resfriado).

I have a migraine (Tengo migraña).

Si no es nada grave y es suficiente con que vayas a la farmacia, todo es más sencillo. Solo tienes que decir lo que te pasa o el nombre del fármaco y obtendrás lo que necesitas. Si el farmacéutico te aconseja un medicamento que no conoces, no olvides preguntarle: *How many times a day should I take/apply it?* (¿Cuántas veces al día lo tengo que tomar/aplicar?) y *Will it make me drowsy?* (¿Provoca somnolencia?).

DAY EIGHTEEN

Repasa lo que aprendiste ayer y el undécimo día. Cuando termines, relájate un par de minutos y márcate el objetivo de estudiar y hacer los ejercicios del decimoctavo día.

GRAMMAR RULES

Past perfect

El *past perfect* es el pasado del *present perfect* y equivale al pretérito pluscuamperfecto español (por ejemplo, «había comido»). Se utiliza para designar una acción que se ha realizado antes que otra. Y esta última aparece expresada en *simple past*.

Las reglas son las mismas que las que hemos visto para el *present perfect*, solo que el auxiliar *to have* se conjuga en *simple past* (*to have, had, had*).

El modelo para las frases afirmativas es el siguiente:

sujeto + *had* + participio + complemento.

Ejemplos:

I realized that I had already read that book (Me di cuenta de que ya había leído ese libro).

The kid was tired because he had played a lot (El niño estaba cansado porque había jugado mucho).

Como puedes ver, el objeto del *past perfect* es relacionar dos hechos ocurridos en el pasado, especificando cuál de ellos se produjo antes.

Observa que los adverbios de tiempo, como *just, already, ever* y *never*, se colocan entre el auxiliar y el participio, al igual que vimos en el *present perfect*.

Ejemplo:

I got very nervous because I had never done it before (Me puse muy nervioso porque nunca lo había hecho antes).

•

Past perfect continuous

El *past perfect continuous* es el «pasado» que se corresponde con el *present perfect continuous*. Sigue las mismas reglas que el *present perfect continuous*, también con el auxiliar *to have* conjugado en pasado. Se traduce al español con la perífrasis «estar» + gerundio: yo estaba haciendo, tu estabas yendo, nosotros estábamos pensando, etc.

El modelo para las frases afirmativas es el siguiente:

sujeto + *had been* + verbo en -ING.

El *past perfect continuous* se utiliza cuando relatamos un hecho pasado y queremos hablar de algo que ocurrió justo antes, se prolongó durante cierto período de tiempo y cuyas consecuencias aún resultaban evidentes en el momento pasado del que estamos hablando.

Ejemplo:

When we went skiing las Sunday, the street was wet. It had been snowing all night (Cuando fuimos a esquiar el domingo pasado, la carretera estaba mojada. Había nevado toda la noche).

También se utiliza cuando, al hablar de un hecho pasado, mencionamos una acción que empezó antes y que seguía en curso en el momento del que estamos hablando.

Ejemplo:

Yesterday she broke up with Ivan. She had been waiting for his marriage proposal for much too long (Ayer rompió con Ivan. Estuvo esperando su propuesta de matrimonio demasiado tiempo).

No se usa el *past perfect continuous* con verbos que no admiten la forma en -ING («querer» y verbos que designan sentimientos, percepción, actividad intelectual o posesión).

Again

Again indica la repetición de una acción y puede traducirse por «de nuevo»: *When you practice, you must do the same thing again and again* (Cuando entrenas, tienes que hacer lo mismo una y otra vez).

Still

Still indica una acción sin interrupciones: *He was still playing after 5 hours* (Tras 5 horas aún seguía jugando).

Yet

Yet casi siempre se usa al final de una frase negativa y significa «todavía no»: *Has the package arrived? Not yet* (¿Ha llegado el paquete? Todavía no), o *I haven't done my homework yet* (Aún no he terminado los deberes).

VOCABULARY

Prendas de vestir

	GRAFÍA	PRONUNCIACIÓN	REESCRIBE
Bota	*Boot*	[buut]	
Abrigo	*Coat*	[co(u)t]	
Corbata	*Tie*	[tai]	
Capucha	*Hood*	[huud]	
Gabardina	*Raincoat*	[reinco(u)t]	
Chándal	*Tracksuit*	[traksut]	
Zapatillas de deporte	*Trainers*	[treiners]	
Cuello (de una prenda)	*Collar*	[cola]	
Manga	*Sleeve*	[sliiv]	
Puño	*Cuff*	[kaf]	
Cinturón	*Belt*	[belt]	
Bolsillo	*Pocket*	[poket]	
Sudadera	*Sweatshirt*	[suetshirt]	
Camiseta	*Vest*	[vest]	
Pijama	*Pyjamas*	[piyamas]	
Pantis	*Tights*	[taits]	
Medias	*Stockings*	[stokings]	

	GRAFÍA	PRONUNCIACIÓN	REESCRIBE
Camisón	*Nightdress*	[naitdres]	
Gorro	*Cap*	[cap]	
Hebilla	*Buckle*	[bakol]	
Punta	*Tip*	[tip]	
Tacón	*Heel*	[hiil]	
Chancla	*Flip-flop*	[flip-flop]	
Pulsera	*Bracelet*	[breislet]	
Pendiente	*Earring*	[iirring]	
Collar	*Necklace*	[nekleis]	
Bata	*Dressing gown*	[dresin gaun]	
Guantes	*Gloves*	[glo(u)vs]	
Pajarita	*Bow tie*	[bou tai]	
Sujetador	*Bra*	[bra]	
Blusa	*Blouse*	[blaus]	
Ropa interior	*Underwear*	[anderuea(r)]	

Las palabras del día

	GRAFÍA	PRONUNCIACIÓN	REESCRIBE
Entrenar	*To practise* (regular)	[tu practis]	
Forzar	*To force* (regular)	[tu fors]	
Radiador	*Radiator*	[radietor]	
Enchufe (clavija)	*Plug*	[plac]	
Enchufe (toma de corriente)	*Socket*	[soket]	

	GRAFÍA	PRONUNCIACIÓN	REESCRIBE
Interruptor	*Switch*	[suich]	
Marco	*Frame*	[freim]	
Techo	*Ceiling*	[silin]	
Mesa baja	*Coffe table*	[cofi teibol]	
Librería (estantería)	*Bookshelf*	[bukshelf]	
Chimenea (hogar)	*Fireplace*	[faie(r)pleis]	
Cuenta	*Check*	[chek]	
Comida	*Meal*	[miil]	
Tetera	*Tea pot*	[tii pot]	
Jarra	*Jug*	[yac]	
Tostadora	*Toaster*	[to(u)ster]	
Microondas	*Microwave oven*	[maicroueiv aven]	
Pelar	*To peel* (regular)	[tu piil]	
Tema	*Topic*	[topic]	
Mezclar	*To mix* (regular)	[tu mics]	
Tenedor	*Fork*	[fork]	
Cuchillo	*Knife*	[naif]	
Cucharilla	*Tea spoon*	[tii spuun]	
Cortina de la ducha	*Shower curtain*	[shauer c(u)rtein]	
Albornoz	*Bathrobe*	[bazroub]	
Espuma de afeitar	*Shaving foam*	[sheivin foum]	
Plancha	*Iron*	[airon]	

	GRAFÍA	PRONUNCIACIÓN	REESCRIBE
Lavadora	*Washing machine*	[uoshin mashin]	
Lavavajillas	*Dishwasher*	[dish-uosher]	
Aspiradora	*Vacuum cleaner*	[vakiuum cliner]	
Secar	*To wipe* (regular)	[tú uaip]	
Terrible	*Awful*	[ouful]	

¡A la mesa!

	GRAFÍA	PRONUNCIACIÓN	REESCRIBE
Servilleta	*Napkin*	[napkin]	
Olla	*Pot*	[pot]	
Pasteles	*Cakes*	[keiks]	
Bol/cuenco	*Bowl*	[boul]	
Queso	*Cheese*	[chiis]	
Panceta	*Bacon*	[beicon]	
Pan	*Bread*	[bred]	
Jamón York	*Ham*	[ham]	
Tomate	*Tomato*	[tomeito]	
Cerveza	*Beer*	[bia]	
Pez espada	*Swordfish*	[suorfish]	
Semilla/pepita	*Seed*	[siid]	
Maíz	*Sweetcorn*	[suiitcorn]	
Pepino	*Cucumber*	[kiukamber]	
Nuez	*Walnut*	[uolnat]	
Almendra	*Almond*	[olmond]	
Castaña	*Chestnut*	[chesnat]	

	GRAFÍA	PRONUNCIACIÓN	REESCRIBE
Coco	*Coconut*	[coconat]	
Canela	*Cinnamon*	[sinnamon]	
Mostaza	*Mustard*	[mastard]	
Loncha/porción	*Slice*	[slais]	
Taburete	*Stool*	[stuul]	
Sacacorchos	*Corkscrew*	[corkscriu]	
Propina	*Tip*	[tip]	
Bandeja	*Tray*	[trei]	
Pajita	*Straw*	[strou]	
Ciruela	*Plum*	[plam]	
Asado	*Roast*	[ro(u)st]	
Al vapor	*Steamed*	[stiimd]	
Frito	*Fried*	[fraid]	
Crudo	*Raw*	[rou]	
A la parrilla	*Grilled*	[grild]	

IDIOMS

Plan B (literalmente: «Plan B»)

Pronunciación: [plan B].

Significado: Plan B, plan alternativo.

Ejemplo: *I want to go to Harvard to study medicine, but I have a plan B in case I don't get in* (Quiero ir a Harvard a estudiar medicina, pero tengo un plan B por si no me admiten).

To play with fire (literalmente: «Jugar con fuego»)

Pronunciación: [tu plei uiz faie(r)].

Significado: Jugar con fuego, arriesgarse.

Ejemplo: *Don't make me angry, you are playing with fire!* (No me hagas enfadar, ¡estás jugando con fuego!).

To sweeten the phill (literalmente: «Endulzar la píldora»)

Pronunciación: [tu suiiten de pil].

Significado: Hacer más llevadero algo desagradable, compensar.

Ejemplo: *His boss gave him extra vacation time over the summer to sweeten the pill of no days off during Christmas time* (Su jefe le dio más días de vacaciones en verano para compensar el hecho de no haberle dado días libres durante el período de Navidad).

Think again (literalmente: «Piensa de nuevo»)

Pronunciación: [zink aguein].

Significado: Piénsalo dos veces (para no equivocarte).

Ejemplo: *If I were I would think again before acting like that* (Yo en tu lugar lo pensaría dos veces antes de actuar así).

To wear many hats (literalmente: «Llevar muchos sombreros»)

Pronunciación: [tu uea(r) meni hats].

Significado: Hacer de todo, desempeñar muchas funciones al mismo tiempo.

Ejemplo: *I'm very busy at work, I have been wearing many hats lately* (Estoy muy ocupado en el trabajo, últimamente tengo que hacer de todo).

To have an ace up your sleeve (literalmente: «Tener un as en la manga»)

Pronunciación: [tu hav an eis ap yo(u)r sliiv].
Significado: Tener un as en la manga.
Ejemplo: *I steel have an ace up my sleeve that you don't know about* (Aún tengo un as en la manga que tú no conoces).

Ejercicio 18.1

Completa las frases con el verbo adecuado conjugado en *past perfect.*

break	*pass*	*bring*	*force*	*unwrap*
do	*not/sleep*	*blow*	*decide*	*eat*

1. *When we returned home, we realized that somebody had forced the door.*
2. *Andrew took my toys because he ____________ all his toys.*
3. *I ____________ all the Christmas presents before you arrived.*
4. *We gave Tom a dog when he ____________ the school year.*
5. *I wanted to help my mom to prepare the table for dinner, but she ____________ everything by herself.*
6. *Kevin was running after his hat because it ____________ off in the wind.*
7. *My nephew ____________ the rings to the altar when the bride ran away.*
8. *They ____________ to spend a romantic day in the mountains, but the weather was awful, so they stayed at home.*
9. *I was at John's to visit him. He offered me some biscuits and tea but I (already) ____________ before.*
10. *Tom slept all day long because he (not) ____________ at night.*

Ejercicio 18.2

Traduce al inglés.

- Ayer mis amigos fueron al teatro. Yo tenía fiebre y no pude ir.
- ¿Dónde fuiste de vacaciones? Había pensado ir a la playa, pero a mi novio no le gusta, así que (*so*) fuimos a la montaña.
- ¿Puedes contarme qué ha pasado? Había hablado con Paul de la idea de ir a visitar Venecia, pero Samantha ya había decidido no ir.
- Había corregido (*to correct*) todos los exámenes cuando me di cuenta de que faltaba el de Sam.
- Habías bebido demasiado y tenía miedo, por eso he venido contigo.

Ejercicio 18.3

Completa las frases con el verbo adecuado conjugado en *past perfect continuous.*

run	*try*	*speak*	*build*	*call*
catch	*wait*	*bring*	*look for*	*be afraid*

1. *He told me he had been trying to phone me all day long.*
2. *One day a poor fisherman __________ fish in his net, when the police told him he needed a license.*
3. *Cinderella's carriage ______ outside the castle while she was dancing with the prince.*
4. *We __________ for an hour when he called.*
5. *I __________ of discussing things with my mother. But in the end, she understood.*
6. *A mouse ________ away from the fox in the woods.*
7. *Of course I was angry, I __________ you all day!*
8. *He met Ann after she __________ her dog to this same park for years.*
9. *They __________ a new house since April.*
10. *I had lost an earring at the party and I __________ for it for a week, when I finally found it.*

EJERCICIO 18.4

Traduce al inglés.

1. ¿Estabas en casa esta mañana? No, estaba en clase de piano.
2. Estabas comprando una blusa muy bonita. ¿Por qué no te la has quedado?
3. Probablemente ayer estaba lloviendo a cántaros si Michael prefirió no ir a divertirse con sus amigos.
4. La clase se estaba volviendo más interesante cuando entraste en el aula.
5. Fuimos a visitar una casa encantada (*haunted house*). Estaba tan emocionada ante la idea que le hablaba de ello a todo el mundo desde hacía días.

EJERCICIO 18.5

Mark llama a su amiga Ann. Completa el diálogo conjugando los verbos indicados en *simple past, past perfect* o *past perfect continuous*.

Ann: Hello! Who is it?

Mark: It's Mark speaking, hello.

Ann: Oh, hello Mark, how are you?

Mark: Fine, thanks. And you?

Ann: Very well because I (receive) ____________ some good news!

Mark: What happened?

Ann: I've got the green light from my parents, so I can go out with you!

At first they (say) ____________ I could not, but I convinced them.

Mark: (when/speak) ____________ with them?

Ann: We (speak)____________ at lunch.

Mark: I'm happy! (what/do) ____________ in this moment?

Ann: I'm studying. Why?

Mark: I (think) ____________ about taking a break before I called you. Do you want to come with me?

Ann: No, I (decide) ____________ to help my parents today. We'll meet another time. Ok?
Mark: Ok. Goodbye.
Ann: Goodbye.

CONVERSATION TIME

Shopping and money

Uno de los grandes placeres de viajar al extranjero, sobre todo si el cambio nos favorece, es ir de compras (*shopping*). Empecemos por lo más importante en este caso, es decir, por el dinero.

En Reino Unido, gastarás *pounds*, divididos en céntimos llamados *pence*. En Estados Unidos (donde el *pound* es una unidad de medida de peso equivalente a medio kilo aproximadamente) usarás, claro está, *dollars* (también llamados *bucks*), que se dividen en *cents* (también llamados *pennies*); aquí, cada moneda (*coin*) tiene un «nombre propio»: la de 25 céntimos es un *quarter* [kuorter], la de 10, un *dime* [daim], la de 5, un *nickel* [nikol].

Para pagar, puedes usar dinero en metálico (*cash*), un cheque (*check*), la tarjeta de crédito (*credit card*) o la tarjeta de débito (*debit card*). Si tienes que sacar dinero (*to withdraw*) busca un *ATM* [ei ti em] y asegúrate de que admite tu tipo de tarjeta.

Y ahora pasemos a las compras. En general, encontrarás dependientes muy serviciales, por eso resulta útil tener preparadas estas frases:

I'm just looking (Solo estoy mirando).

Can I have a look? (¿Puedo echar un vistazo?).

Si encuentras algo que te guste, esperamos que sea *a bargain* (una ganga) y no *a rip-off* (un timo)... en el extranjero, siempre hay *discounts* (descuentos) o *sales* (ventas promocionales).

Si hay un margen para regatear con el dueño de la tienda, podrían serte útiles estas frases:

That's too much/expensive for me (Es demasiado caro para mí).

The price is very high (El precio es muy alto).

Have you anything cheaper? (¿Tiene algo más barato?).

Can you lower the price? (¿Puede bajar el precio?).

Si tienes el detalle de pensar en los amigos que has dejado en España, quizá necesites preguntar: *Can I have it gift, please?* (¿Podría envolvérmelo para regalo, por favor?).

Si has comprado algo voluminoso, podrías preguntar: *Can I have it sent overseas?* (¿Es posible mandarlo al extranjero?), o *Can I come pick it up later?* (¿Puedo volver a recogerlo más tarde?).

En cuanto a la ropa, el único problema son las tallas, que siguen una escala distinta en cada país. Sirven las más básicas, *large, medium* y *small* (grande, mediana y pequeña, aunque una *small* norteamericana podría quedarle bien a un español adulto medio), pero lo mejor siempre es probarse todas las prendas.

Estas frases pueden resultarte muy útiles:

Where arte the fitting rooms? (¿Dónde están los probadores?).

I'd like to try this on (Quisiera probarme esto).

Which size? (¿Qué talla?).

How does it fit? How does it look on me? (¿Cómo me queda?).

It doesn't fit... (No me queda bien...).

I don't like the way it fits (No me gusta cómo me queda).

I'm not sure about the colour (No estoy convencido del color).

I'll take this one (Me llevo este).

I'll leave these, thank you anyway (Estos los dejo, gracias de todos modos).

Por muy fantástico que sea ir de compras en el extranjero, recuerda que hay un límite máximo de peso para el equipaje. Sal con la maleta medio vacía (o llena de regalos que repartirás en el extranjero), o hazte con una segunda maleta para la vuelta.

DAY NINETEEN

Repasa lo que aprendiste ayer y el duodécimo día. Luego relájate un par de minutos y márcate el objetivo de estudiar y hacer los ejercicios del decimonoveno día.

GRAMMAR RULES

Verbos modales

Como dice su nombre, los verbos modales expresan el «modo» en que el sujeto afronta la acción que realiza, expresada por otro verbo. La presencia del verbo modal da a la frase una acepción de posibilidad, obligación, necesidad o habilidad.

PRESENTE	PASADO	SIGNIFICADO
Can [can]	*Could* [cuud]	Capacidad
Will [uil]	*Would* [uud]	Futuro/condicional
Shall [shal]	*Should* [shuud]	Deber (condicional)
May [mei]	*Might* [mait]	Posibilidad
Must [mast]	*Had to* [had tu]	Obligación

Todos los verbos modales tienen algunas características en común:

- Son iguales en todas las personas, es decir, no es necesario añadirle una -S a la tercera persona del singular del presente.
- No necesitan auxiliar (a excepción de *have to*). En realidad, se comportan como auxiliares, esto es, sustituyen al verbo *to be* en la construcción de frases interrogativas y negativas, aceptan el uso de formas contractas y se repiten en las *short answers*.
- Mientras que en español van siempre seguidos de un verbo en infinitivo, en inglés van seguidos de la «forma básica» del verbo (el infinitivo sin *to*, la primera forma del paradigma).
- Nunca van seguidos de un complemento directo.

La construcción de frases en forma afirmativa, negativa, interrogativa e interrogativo-negativa es igual para todos los verbos modales. Aquí tienes unos ejemplos con el verbo *can* (poder), que luego veremos con más detalle.

La forma afirmativa se construye así:
sujeto + modal + infinitivo sin *to* + complemento.
You can play tennis (Tú sabes jugar a tenis).

La forma negativa, así:
sujeto + modal + *not* + infinitivo sin *to* + complemento.
You can't play tennis (Tú no sabes jugar a tenis).

La interrogativa, así:

modal + sujeto + infinitivo sin *to* + complemento + ?

Can you play tennis? (¿Sabes jugar a tenis?).

Y, por último, la forma interrogativo-negativa:

modal + *not* (en forma contraída) + sujeto + infinitivo sin *to* + complemento + ?

Can't you play tennis? (¿No sabes jugar a tenis?).

Ahora veamos el significado específico de cada verbo modal.

Can

Can significa:

- «Poder», cuando la posibilidad de realizar una acción depende del sujeto.
  Ejemplos:
  I can go out tonight (Puedo salir esta noche).
  My mom can come to the appointment (Mi madre puede acudir a la cita).
- «Saber», en el sentido de «saber hacer algo».
  Ejemplos:
  I can swim (Yo sé nadar).
  I can speak English (Sé hablar inglés).
- «Poder» cuando pedimos permiso para hacer algo (de manera informal), o para decir lo que está o no está permitido.
  Ejemplos:
  Can I use the phone? (¿Puedo usar el teléfono?).
  You can't park on the pavement (No puedes aparcar en la acera).

El verbo *can* es defectivo, esto es, le faltan varios tiempos verbales. Para suplir dicha carencia, se usan *to be able to* (para el futuro; por ejemplo: *I will be able to come*) o *could* (para el pasado; por ejemplo: *You could dance very well when you were young*).

Could

Could sustituye el pasado de *can* y también sirve para formar el condicional simple y compuesto.

En presente, la construcción de la frase es igual que la de los otros verbos modales. Por ejemplo *I could drink a coffee*, literalmente «podría beberme un café» o «me bebería un café».

En cambio, en pasado se construye así:

sujeto + *could* + *have* + participio.

Por ejemplo, *I could have slept*, literalmente «habría podido dormir» o «habría dormido».

La forma contraída de la forma negativa es *couldn't*.

Ejemplos:

I could have gone to the party this afternoon (Habría podido ir a la fiesta esta tarde).

They could have said hello to us (Habrían podido saludarnos).

Could se utiliza:

- Para hablar de posibilidades teóricas; en este sentido, es similar a *might*.
  Ejemplos:
  It could snow later (Más tarde podría nevar).
  Paul could be at the bar now (Paul podría estar en el bar ahora).

- Para suplir el condicional y el tiempo pasado de *can*.
  Ejemplos:
  When I lived in Toledo I could go to school by bus (Cuando vivía en Toledo podía ir a la escuela en autobús).
  If Paul had more time, he could be at he bar now (Si Paul tuviera más tiempo, podría estar en el bar ahora).
- Para hacer una sugerencia.
  Ejemplo:
  You could go to the bar now (Podrías ir al bar ahora).
- Para pedir algo de forma amable.
  Ejemplos:
  Could you please lend me some money? (¿Podrías ser tan amable de prestarme dinero?).
  Could you help me? (¿Podrías ayudarme?).
- Para responder a una petición sugiriendo que, en realidad, preferiríamos no tener que hacer lo que nos han pedido (en caso contrario, utilizaríamos *can*: *Could you drive me to school? Of course I can*.
  Ejemplo:
  I could lend you some money but I'd need it back tomorrow (Puedo prestarte dinero, pero necesitaría que me lo devolvieras mañana).

Will

Ya hemos visto el verbo *will* como auxiliar del *simple future*, y recordarás que su forma contraída es *'ll* y la negativa, *will not* o *won't*.

Pero *will* también se puede utilizar en segunda persona del singular y plural, con el significado de «querer» o «poder», para pedirle en tono amable a alguien que haga algo.

Ejemplo:

Will you open the door please? (¿Podrías abrir la puerta, por favor?).

Cuidado: también existe el verbo regular *to will, willed, willed*, que significa «querer intensamente», «estar firmemente decidido a...» o incluso «obtener algo gracias únicamente a la fuerza de voluntad».

Ejemplo:

A good teacher makes you will to improve (Un buen profesor te impulsa a querer mejorar).

He willed himself to get better (Se impuso sanar con su fuerza de voluntad).

Will también es defectivo. Como no tiene un *simple past* propio, se usa *would*, que también se utiliza como auxiliar en el condicional.

Would

El verbo *would*, que hemos anticipado al hablar del período hipotético, se encuentra a menudo en su forma contraída *'d* (*I'd like to...*). La forma negativa es *would not*, que se contrae en *wouldn't*.

Se usa en varios casos:

- Para crear la forma condicional de todos los verbos.
  Ejemplos:
  I would phone Marie if I had her number (Llamaría a Marie si tuviera su número).
  If you were an actor, you would be in epic movies (Si fueras actor, saldrías en películas épicas).

- Suple la falta de *simple past* del verbo modal *will*.
  Ejemplo:
  I knew that you would be happy to see me (Sabía que te haría feliz verme).
- Por último, puede indicar un hábito perteneciente al pasado.
  Ejemplo:
  When we went to see our grandmother, she would always make a cake (Cuando íbamos a ver a la abuela, siempre nos hacía un pastel).

Al igual que en el caso de *could*, el pasado de *would* se forma con *would* + *have* + participio del verbo principal, y sirve para expresar el condicional compuesto.

Ejemplo:

If I had gone to the party, I would have had fun (Si hubiera ido a la fiesta, me habría divertido).

¿Recuerdas el tercer tipo de oraciones hipotéticas?

Ten cuidado con el uso de *to like* y *would* juntos: la forma *I would/'d like...* seguida de un sustantivo o un verbo en infinitivo se usa para expresar un deseo y decir «Quisiera...». Así, *Do you like this ring?* significa «¿Te gusta este anillo?» (solo quiero tu opinión), mientras que *Would you like this ring?* significa «¿Quieres este anillo?», lo cual puede ser una propuesta muy seria...

Shall

En las preguntas en primera persona del singular o plural, *shall* adquiere el significado de «deber» cuando nos ofrecemos a hacer algo o proponemos hacer algo.

Ejemplos:

Shall I help you? (¿Te ayudo?).

Shall we go to the restaurant? (¿Vamos al restaurante?).

Su forma contraída es *'ll* y la negativa es *shall not* o *shan't* (pero esta variante suena bastante anticuada y se utiliza muy poco).

Seguro que ya te estás acostumbrando a los verbos defectivos. *Shall* no tiene *simple past*, y debemos sustituirlo por *should*.

Should

El verbo *should* se utiliza como condicional del verbo «deber» o de «tener que» y se usa para hacer sugerencias o dar consejos, así como para expresar obligaciones o deberes.

El pasado de *should*, al igual que los de *could* y *would*, se forma añadiendo *have* + participio del verbo principal.

Ejemplos:

You should wear a jacket (Deberías ponerte una chaqueta).

You should have worn a jacket (Deberías haberte puesto una chaqueta).

La forma contracta de *should* es *'d* y la negativa, *should not* o *shouldn't*.

May

El verbo modal *may* significa «poder»:

- Cuando se trata de una suposición de la persona que habla: «es posible que», «podría ser que...».

Ejemplo:
Your phone may be at school (Tu teléfono podría estar en la escuela).

- Cuando pedimos o nos dan permiso para hacer algo y cuando nos ofrecemos a hacer algo por alguien.
  Ejemplos:
  May I close the window? (¿Puedo cerrar la ventana?).
  I may leave the country (Puedo dejar el país).
  May I help you? (¿Puedo ayudarte?).

El condicional de *may* es *might*.

Might

Might se usa:

- En vez de *may* cuando enfatizamos la eventualidad, con el sentido de «podría», «podría ser que».
  Ejemplos:
  It might rain this afternoon (Puede ser que llueva esta tarde).
  I might go to the gym this afternoon (Podría ir al gimnasio esta tarde).
  I might have left my wallet at school (Puede que me haya dejado la cartera en la escuela).
- Como condicional del verbo *may*.
  If I didn't have to leave, I might stay with you (Si no tuvieras que irte, podría estar contigo).

May y *might* pueden ir seguidos del verbo en forma básica (infinitivo sin *to*) o de la llamada «forma básica progresiva» (*be* + verbo en -ING).

Ejemplos:

I may come to the party tomorrow (Puede que mañana vaya a la fiesta).

She might be waiting for you (Puede que te esté esperando).

May y *might* se utilizan con el significado de «es posible que», «puede que» solo en forma afirmativa.

Para expresar el concepto de eventualidad en una pregunta, se usan perífrasis con el verbo *to think* o con la forma *to be likely* + infinitivo sin *to*.

Ejemplos:

Do you think he will come back? (¿Crees que volverá?).

Is it likely he will come back? (¿Es probable que vuelva?).

Must

Must, cuya forma negativa es *must not* o *mustn't*, significa «deber» o «tener que» y en inglés se utiliza para:

- Expresar una obligación que procede de quien habla, desde su punto de vista.
  Ejemplo:
  I must call John tonight (Tengo que llamar a John esta noche).
- Referirnos a normas o instrucciones preestablecidas y puestas por escrito (por ejemplo, las que expresan las señales de tráfico):
  You must have a passport to enter the USA (Debes tener pasaporte para entrar en los Estados Unidos).
- Recomendar algo encarecidamente.

Ejemplos:

You must see that film (Tienes que ver esa película).

You mustn't swim in that river (No se puede/No debes nadar en ese río).

Must solo se usa en presente y en futuro. Para expresar la idea de obligación en el pasado, se utiliza el verbo *have to*, obviamente conjugado en pasado: *I must study English today, just like I had to study yesterday* (Hoy tengo que estudiar inglés, igual que tuve que estudiar ayer).

Have to

Have to significa «deber» o «tener que» y se utiliza cuando existe una regla impuesta desde el exterior (por otras personas, leyes o normas, o por pautas generales de comportamiento), que no depende de la persona que habla: *I can't come to the party, I have to study tonight* (No puedo ir a la fiesta, esta noche tengo que estudiar).

Naturalmente, se convierte en *has to* para la tercera persona del singular del *simple present* (*Jack has to practice his dance moves every day*); la forma contraída es *'ve to* (o *'s to* en tercera persona del singular), la negativa, *don't have to, didn't have to*.

La forma negativa se utiliza cuando no es necesario u obligatorio hacer algo: *You don't have to go to the party, if you don't want to* (No tienes por qué ir a la fiesta si no quieres). Si le haces un regalo a alguien, es muy probable que haga este comentario: *Oh, you didn't have to!*, el equivalente a nuestra frase «Oh, no tenías que haberte molestado».

Las palabras del día

	GRAFÍA	PRONUNCIACIÓN	REESCRIBE
Incluir	*To include* (regular)	[tu incluud]	
Afeitarse	*To shave* (regular)	[tu sheiv]	
Saltar	*To jump (regular)*	[tu yamp]	
Ayudar	*To assist* (regular)	[tu asist]	
Charlar	*To chat* (regular)	[tu chat]	
Reenviar	*To forward* (regular)	[tu foruord]	
Cargar	*To charge* (regular)	[tu charch]	
Resbalar	*To slide, slid, slid*	[tu slaid, sl(i)d, sl(i)d]	
Curarse	*To recover* (regular)	[tu ricova]	
Regresar	*To return* (regular)	[tu rit(u)rn]	
Regañar	*To reprimand* (regular)	[tu reprimand]	
Tomar prestado	*To borrow* (regular)	[tu borrou]	
Lanzar	*To throw, threw, thrown*	[tu zrou, zriu, zroun]	
Inventar	*To invent* (regular)	[tu invent]	
Seguir	*To follow* (regular)	[tu folou]	
Caducar	*To expire* (regular)	[tu ekspaier]	

	GRAFÍA	PRONUNCIACIÓN	REESCRIBE
Renovar	*To renew* (regular)	[tu riniu]	
Extender/ sobresalir	*To stick, stuck, stuck*	[tu stik, stak, stak]	
Apestar	*To stink, stank, stunk*	[tu stink, stenk, stank]	
Ocultar	*To hide, hid, hidden*	[tu haid, hid, hidden]	
Perrera	*Kennel*	[kenel]	
Campo	*Countryside*	[cauntrisaid]	
Equilibrio	*Balance*	[balans]	
Globo	*Hot air balloon*	[hot ea baluun]	
Evaluación	*Evaluation*	[evalueshon]	
Barba	*Beard*	[biard]	
Documento	*Document*	[dokiument]	
Escarabajo	*Beetle*	[bitol]	
Paz	*Peace*	[pis]	
Asa/pomo/ tirador	*Handle*	[handol]	
Grifo	*Tap*	[tap]	
Escoba	*Broom*	[bruum]	
Poder	*Power*	[paua]	
Desconocido	*Stranger*	[streinya]	
Recarga	*Recharge*	[richarch]	
Hoja/cuchilla	*Blade*	[bleid]	
Encanto/ atractivo	*Charm*	[sharm]	
Símbolo	*Symbol*	[simbol]	
Descarga (eléctrica)	*Shock*	[shok]	
Humo	*Smoke*	[smouk]	
Niebla	*Fog*	[fog]	

	GRAFÍA	PRONUNCIACIÓN	REESCRIBE
Velocidad	*Speed*	[spiid]	
Carrito	*Cart*	[cart]	
Bigote	*Moustache*	[mustash]	
Lágrima	*Tear*	[tiar]	
Dinero en metálico	*Cash*	[cash]	
Campeón	*Champion*	[chempion]	
Público	*Public*	[pablic]	
Flauta	*Flute*	[flut]	
Tambor	*Drum*	[dram]	
Arpa	*Harp*	[harp]	
Violín	*Violin*	[vaiolin]	
Consejo	*Advice*	[edvais]	
Inteligencia	*Intelligence*	[inteligens]	
Justicia	*Justice*	[yastis]	
Contaminación	*Pollution*	[polushon]	
Progreso	*Improvement*	[impruvment]	
Manta	*Blanket*	[blanket]	
Ingrediente	*Ingredient*	[ingridient]	
Estatua	*Statue*	[stachu]	
Casco	*Helmet*	[helmet]	
Comercio	*Trade*	[treid]	
Con gas	*Sparkling*	[sparklin]	
Ingeniero	*Engineer*	[enginiir]	
Estropear/ colapsar	*To break, broke, broken down*	[tu breik, brouk, broken daun]	
Prestación	*Performance*	[performans]	
En todo momento	*Whenever*	[ueneva]	
Invitado	*Guest*	[gest]	

	GRAFÍA	PRONUNCIACIÓN	REESCRIBE
Compasión	*Pity*	[piti]	
De otra manera	*Otherwise*	[aderuais]	
Verdad	*Truth*	[truz]	
Falso	*False*	[fols]	
Verdadero	*True*	[tru]	
Libre	*Free*	[fri]	
Alternativa	*Alternative*	[alternativ]	
Abono	*Subscription*	[sabscripshon]	
Indicaciones	*Directions*	[direcshions]	
Repentino	*Sudden*	[saden]	
Tiburón	*Shark*	[shark]	
Mono	*Monkey*	[manki]	
Gallo	*Rooster*	[ruuster]	
Cocodrilo	*Crocodile*	[crocodail]	
Ardilla	*Squirrel*	[squirl]	
Lagartija	*Lizard*	[lisard]	
Paloma	*Pigeon*	[pi(g)eon]	
Avestruz	*Ostrich*	[ostric]	
Estornudar	*To sneeze* (regular)	[tu sniis]	
Pollito	*Chick*	[chik]	
Azulejo	*Tile*	[tail]	
Memoria	*Memory*	[memori]	
Secreto	*Secret*	[sicret]	
Tubo	*Pipe*	[paip]	
Principal	*Main*	[mein]	
Premio	*Award*	[euord]	
Chicle	*Chewing gum*	[shuin gam]	

To add fuel to the flames (literalmente: «Añadir combustible a las llamas»)

Pronunciación: [tu ad fiuel tu de fleims].

Significado: Echar leña al fuego.

Ejemplo: *Shouting at a crying child just adds fuel to the flames* (Chillarle a un niño que llora es echar leña al fuego)

All in your head (literalmente: «Todo en tu cabeza»)

Pronunciación: [ol in yo(u)r hed].

Significado: Son imaginaciones tuyas.

Ejemplo: *Ann doesn't hate you, it's all in your head* (No es cierto que Ann te odie, son imaginaciones tuyas).

Ants in your pants (literalmente: «Hormigas en tus pantalones»)

Pronunciación: [ents in yo(u)r pants].

Significado: No parar quieto.

Ejemplo: *She has ants in her pants because she is leaving for San Francisco tomorrow* (No para quieta porque mañana se va a San Francisco).

To bark up the wrong tree (literalmente: «Ladrarle al árbol equivocado»)

Pronunciación: [tu bark ap de (u)ron trii].

Significado: Equivocarse de persona.

Ejemplo: *If you think I'm guilty, you are barking up the wrong tree* (Si piensas que soy culpable, te equivocas de persona).

Behind closed doors (literalmente: «Detrás de puertas cerradas»)

Pronunciación: [bihaind clo(u)sd doors].

Significado: A puerta cerrada, en privado.

Ejemplo: *The meeting was held behind closed doors* (La reunión se ha celebrado a puerta cerrada).

Better late than never (literalmente: «Mejor tarde que nunca»)

Pronunciación: [beter leit dan neva].

Significado: Mejor tarde que nunca.

Ejemplo: *Here's your present, I guess it's better late than never* (Aquí tienes tu regalo, creo que es mejor tarde que nunca).

To open a can of worms (literalmente: «Abrir un bote de gusanos»)

Pronunciación: [tu open a can of uorms].

Significado: Abrir la caja de Pandora, hacer algo que causa muchos problemas.

Ejemplo: *Asking him where he was last night opened a can of worms* (Preguntarle dóndc había pasado la última noche ha sido abrir la caja de Pandora).

Carrot and stick (literalmente: «Zanahoria y palo»)

Pronunciación: [carrot and stik].

Significado: El palo y la zanahoria, los instrumentos de un amo para castigar o premiar a un caballo y lograr que cumpla con su deber.

Ejemplo: *With my dog I often use a carrot and stich approach* (Con mi perro uso a menudo el sistema del palo y la zanahoria).

EJERCICIO 19.1

Asocia las frases que poseen el mismo significado.

1. *I can go home now.*	a. *I must stay here until the lesson ends.*
2. *I must go home now.*	b. *I couldn't stay until the end of the lesson.*
3. *I mustn't go home now.*	c. *I can't stay until the lesson ends.*
4. *I had to go home.*	d. *I don't have to stay until the lesson ends.*

EJERCICIO 19.2

Le estás preguntando a Andrew qué planes de futuro tiene y él todavía no sabe exactamente qué hará. Responde con *I might* utilizando las siguientes palabras.

dinner/wife	*camping/son*	*day/shopping/limits*
Granada	*New York*	*cook/roast/baked potatoes*

YOU	ANDREW
What are you doing this weekend?	*I don't know. I might go camping with my son.*
What are you doing this evening?	*I'm not sure.* ______ ______.
What are you cooking?	*I haven't decided yet.* ______ ______.
Where are you going at university next year?	*I don't know.* ______ ______.
Where are you going for your Christmas holiday?	*We haven't decided yet.* ______ ______.
What gift are you giving her for her birthday?	*I'm not sure.* ______ ______.

Ejercicio 19.3

Completa las frases con *can, could, will, be able to* y con los siguientes verbos (en forma negativa si es necesario). Ten en cuenta que *could* también desempeña la función de condicional.

talk	*find*	*see*	*come*	*take*	*come back*	
sing	*see*	*go*	*hear*	*do*	*stop*	*make*

1. *I took it to the mechanic a long time ago, but he still ________ the cause of the breakdown.*
2. *________ (people) on the phone before 1865? Of course not, the telephone was invented in 1876.*
3. *I'm sorry Lizy but I (not) ________ to your party on Sunday.*
4. *Is Mark there? No, he went to buy some bread ten minutes ago. He ________ soon.*
5. *________ send the letter now? No, you ________ . ________ (you) it tomorrow? Yes, I will.*
6. *________ (she) a song for us? No, she lost her voice.*
7. *________ (you) me? ________ you, but I (not) ________ you!*
8. *________ (he) a cake for your birthday, because he is a very good cook!*
9. *________ (I) a day off whenever I like, when I get a promotion.*
10. *If you tidy up your bedroom, your mom ________ reprimanding you.*

Ejercicio 19.4

Completa las frases con *could* o *could have* conjugando el verbo.

1. *____________ you open the door, please?*
2. *I ____________ buy her a new car when she gets her license.*
3. *I ____________ looked after the children, if you had asked me.*
4. *Now it is 5 o'clock. I ____________ make some tea.*
5. *Why did you go on foot? I ____________ lent you my car.*
6. *My compliments John. Your performance (not) ____________ been better.*
7. *____________ you give me a hand with the housework, please?*
8. *He ____________ avoided that illness if he had been more careful with his health.*
9. *People (not) ____________ live far away from their job before 1850, because cars had not been invented yet.*
10. *Even if you had the time, you (not) ____________ cook the roast because we don't have any of the ingredients.*

Ejercicio 19.5

Escribe frases con I *think... should* o *I don't think... should* según las situaciones.

1. *I am lost. (follow directions) I think you should follow the directions.*
2. *Do you need my car today? (buy one)* ________________________
3. *This hotel is too expensive for us. (stay here)* ________________________
4. *This subscription has expired. (renew it)* ________________________
5. *We are in a hot air balloon. (enjoy the view)* ________________________

Ejercicio 19.6

Completa con *should* o *should have.*

1. *Your grades are not very good. You ______ studied more.*
2. *You __________ go there alone. It can be dangerous.*
3. *You are learning English quite well. You __________ practice speaking with someone or you should go to London for a few weeks.*
4. *The fish Sam caught was too small to eat. He __________ let it go back in the lake.*
5. *I'm full! I (not)__________ eaten all those sweets!*

Ejercicio 19.7

Completa con *must, have/has to* o *had to.*

1. *You __________ tell her the truth.*
2. *Everybody __________ wear a helmet when they ride a motorbike.*
3. *Did they __________ wait for a long time?*
4. *She must get up early tomorrow. She __________ go to her first lesson at the university.*
5. *How lucky you are! You've never __________ go to the dentist!*
6. *I __________ go to the bank yesterday to get some money.*
7. *Samuel feels so nervous when he __________ speak in public that he __________ drink two shots of whisky first.*
8. *Today I can't go to the park because I __________ go to my violin lesson.*
9. *I __________ tidy up the table after using it.*
10. *We went to Berlin by train a month ago. The train was so full that we ________ stand for the whole journey.*

Ejercicio 19.8

Formula preguntas, como en el ejemplo.

1. *(chocolate) Would you like some chocolate? Yes, please.*
2. *(go/cinema)*______________________________
   No, thank you.
3. *(coffee/milk/with/without)*____________________
   With milk, please.
4. *(ice cream)* ______________________________
   Yes, please.
5. *(go out/walk)* ______________________________
   Not now. Maybe later.

Ejercicio 19.9

Traduce al inglés las siguientes frases. Presta especial atención a los verbos modales.

1. ¿Te gustaría tomar prestado mi coche para ir al mercado? Preferiría ir en autobús.
2. Puede que no nieve, hace demasiado frío.
3. Puede que vayamos a la discoteca el sábado por la noche.
4. No puede ser cierto. ¿Quién te ha contado esta historia?
5. ¿Verás a Jim esta noche? Puede que sí.
6. No sé si Claudia podrá abandonar la escuela una hora antes sin el permiso de sus padres.
7. Anoche habría podido ir a la velada benéfica, pero vinieron a verme unos viejos amigos.
8. Liz debería ir al hospital, mejor que no esperéis a Matthew.
9. Tienes que acordarte de pasar por la farmacia antes de volver a casa.
10. Disculpa, tengo que hablar contigo. Nunca me escuchas y ahora no puedo hacer otra cosa (*anything else*).

Ejercicio 19.10

Lee y comprende el siguiente texto. Si no conoces algún término, búscalo y memorízalo. Observa la construcción de las frases y el uso de los tiempos verbales.

I wish to introduce one of the most unusual persons I have ever known. I first saw him twenty-four years ago, a few minutes after he was born. He came into the world without any physical sign of ears, and the doctor admitted, when pressed for an opinion, that the child might be deaf, and mute for life.

I challenged the doctor's opinion. I had the right to do so, I was the child's father. I, too, reached a decision, and rendered an opinion, but I expressed the opinion silently, in the secrecy of my own heart. I decided that my son would hear and speak. Nature could send me a child without ears, but Nature could not induce me to accept the reality of the affliction.

In my own mind I knew that my son would hear and speak. How? I was sure there must be a way, and I knew I would find it. I thought of the words of the immortal Emerson, «The whole course of things goes to teach us faith. We need only obey. There is guidance for each of us, and by lowly listening, we shall hear the right word».

The right word? DESIRE! More than anything else, I DESIRED that my son should not be a deaf mute. From that desire I never receded, not for a second.

Many years previously, I had written, «Our only limitations are those we set up in our own minds». For the first time, I wondered if that statement was true. Lying on the bed in front of me was a newly born child, without the natural equipment of hearing. Even though he might hear and speak, he was obviously disfigured for life. Surely, this was a limitation which that child had not set up in his own mind.

What could I do about it? Somehow I would find a way to transplant into that child's mind my own BURNING DESIRE for ways and means of conveying sound to his brain without the aid of ears.

As soon as the child was old enough to cooperate, I would fill his mind so completely with a BURNING DESIRE to hear, that Nature would, by methods of her own, translate it into physical reality.

All this thinking took place in my own mind, but I spoke of it to no one. Every day I renewed the pledge I had made to myself, not to accept a deaf mute for a son.

As he grew older, and began to take notice of things around him, we observed that he had a slight degree of hearing. When he reached the age when children usually begin talking, he made no attempt to speak, but we could tell by his actions that he could hear certain sounds slightly. That was all I wanted to know! I was convinced that if he could hear, even slightly, he might develop still greater hearing capacity. Then something happened which gave me hope. It came from an entirely unexpected source.

We bought a victrola (*un fonógrafo que inventó en 1906 la empresa norteamericana Victor Talking Machine Company*). When the child heard the music for the first time, he went into ecstasies, and promptly appropriated the machine. He soon showed a preference for certain records, among them, *It's a Long Way to Tipperary*. On one occasion, he played that piece over and over, for almost two hours, standing in front of the victrola, with his teeth clamped on the edge of the case. The significance of this self-formed habit of his did not become clear to us until years afterward, for we had never heard of the principle of «bone conduction» of sound at that time.

Shortly after he appropriated the victrola, I discovered that he could hear me quite clearly when I spoke with my lips touching his mastoid bone, or at the base of the brain. These discoveries placed in my possession the necessary media by which I began to translate into reality my Burning Desire to help my son develop hearing and speech. By that time he was making stabs at speaking certain words. The outlook was far from encouraging, but DESIRE BACKED BY FAITH knows no such word as impossible.

Having determined that he could hear the sound of my voice plainly, I began, immediately, to transfer to his mind the desire to hear and speak. I soon discovered that the child enjoyed bedtime stories, so I went to work, creating stories designed to develop in him self-reliance, imagination, and a keen desire to hear and to be normal.

There was one story in particular, which I emphasized by giving it some new and dramatic coloring each time it was told. It was designed to plant in his mind the thought that his affliction was not a liability, but an asset of great value. Despite the fact that all the philosophy I had examined clearly indicated that EVERY ADVERSITY BRINGS WITH IT THE SEED OF AN EQUIVALENT ADVANTAGE, I must confess that I had not the slightest idea how this affliction could ever become an asset. However, I continued my practice of wrapping that philosophy in bedtime stories, hoping the time would come when he would find some plan by which his handicap could be made to serve some useful purpose.

Reason told me plainly, that there was no adequate compensation for the lack of ears and natural hearing equipment. DESIRE backed by FAITH, pushed reason aside, and inspired me to carry on.

As I analyze the experience in retrospect, I can see now, that my son's faith in me had much to do with the astounding results. He did not question anything I told him. I sold him the idea that he had a distinct advantage over his older brother, and that this advantage would reflect itself in many ways. For example, the teachers in school would observe that he had no ears, and, because of this, they would show him special attention and treat him with extraordinary kindness. They always did. His mother saw to that, by visiting the teachers and arranging with them to give the child the extra attention necessary. I sold him the idea, too, that when he became old enough to sell newspapers (his older brother had already become a newspaper merchant), he would have a big advantage over his brother, for the reason that people would pay him extra money for his wares, because they could see that he was a bright, industrious boy, despite the fact he had no ears.

We could notice that, gradually, the child's hearing was improving. Moreover, he had not the slightest tendency to be self-conscious, because of his affliction. When he was about seven, he showed the first evidence that our method of servicing his mind was bearing fruit. For several months he begged for the privilege of selling newspapers, but his mother would not give her consent. She was afraid that his deafness made it unsafe for him to go on the street alone.

Finally, he took matters in his own hands. One afternoon, when he was left at home with the servants, he climbed through the kitchen window, shinnied to the ground, and set out on his own. He borrowed six cents in capital from the neighborhood shoemaker, invested it in papers, sold out, reinvested, and kept repeating until late in the evening. After balancing his accounts, and paying back the six cents he had borrowed from his banker, he had a net profit of forty-two cents. When we got home that night, we found him in bed asleep, with the money tightly clenched in his hand.

His mother opened his hand, removed the coins, and cried. Of all things! Crying over her son's first victory seemed so inappropriate. My reaction was the reverse. I laughed heartily, for I knew that my endeavor to plant in the child's mind an attitude of faith in himself had been successful.

His mother saw, in his first business venture, a little deaf boy who had gone out in the streets and risked his life to earn money. I saw a brave, ambitious, self-reliant little business man whose stock in himself had been increased a hundred percent, because he had gone into business on his own initiative, and had won. The transaction pleased me, because I knew that he had given evidence of a trait of resourcefulness that would go with him all through life. Later events proved this to be true. When his older brother wanted something, he would lie down on the floor, kick his feet in the air, cry for it - and get it. When the «little deaf boy» wanted something, he would plan a way to earn the money, then buy it for himself. He still follows that plan!

Truly, my own son has taught me that handicaps can be converted into stepping stones on which one may climb toward some worthy goal, unless they are accepted as obstacles, and used as alibis.

The little deaf boy went through the grades, high school, and college without being able to hear his teachers, excepting when they shouted loudly, at close range. He did not go to a school for the deaf. WE WOULD NOT PERMIT HIM TO LEARN THE SIGN LANGUAGE. We were determined that he should live a normal life, and associate with normal children, and we stood by that decision, although it cost us many heated debates with school officials.

Extraído de *Think and Grow Rich* de Napoleon Hill

DAY TWENTY

Repasa lo que aprendiste ayer y el decimotercer día. Luego relájate un par de minutos y márcate el objetivo de estudiar y hacer los ejercicios del vigésimo día.

GRAMMAR RULES

Los verbos... omnipresentes

Hoy vamos a concentrarnos en un grupo de verbos muy importantes, que parecen casi omnipresentes. Si los buscas en el diccionario, encontrarás páginas y páginas con distintos significados y ejemplos. Como son tan frecuentes y, aparentemente, tan complejos, nos parece oportuno dedicarles un día a *to get, to set, to let* y *to keep*.

To get, got, got
En general, indica un cambio de estado.

- «Hacerse», «volverse», pasar de un estado a otro.
  Ejemplos:
  To get up (Levantarse, pasar de estar tendido a estar de pie).

To get dirty (Ensuciarse).
To get hard (Hacerse duro, difícil).
To get old (Envejecer).

- «Llegar» (unido a la preposición *to*).
Ejemplo:
I'll get to the station at noon (Llegaré a la estación a mediodía).
- «Coger» (involuntariamente), «obtener», «recibir».
Ejemplos:
I got a cold (He cogido un resfriado).
Let's go get a bite to eat (Vamos a picar algo).
I got a wonderful gift (He recibido un regalo fantástico).
If you study hard, you'll get results (Si estudias mucho, obtendrás resultados).
- «Comprender», en el sentido de «entender un concepto», «captar» (es un uso informal, pero muy común).
Ejemplos:
I don't get it (No entiendo el concepto, no lo capto).
Got it (Entendido, vale).
Para entender la diferencia entre este uso de *to get* y el verbo *to understand*, piensa que te encontrarás con muchas personas que te dirán *I'm sorry, I don't understand Spanish*, pero nunca oirás decir *I don't get Spanish*... a menos que alguien se lamente de la lógica del español, de su existencia (*I don't get Spanish, why doesn't everyone in the world speak English?*).

To set, set, set

To set [tu set] significa «fijar» o «poner».
Ejemplos:

To set the alarm (Poner el despertador).
I set the date for the reunion (Fijé la fecha de la reunión).

To let, let, let

To let [tu let] se usa para:

- «Dejar» en el sentido de «permitir».
  Ejemplos:
  Let me go! (¡Déjame ir!).
  Let me help you (Deja que te ayude).
- La forma imperativa en primera persona del plural de un verbo: el famoso *let's* que sin duda ya conoces (*let's go, let's play*, etc.).

To keep, kept, kept

To keep significa:

- «Guardar».
  Ejemplo:
  I keep my wallet in this pocket (Guardo la cartera en este bolsillo).
- «Mantener».
  Ejemplo:
  You always keep the kitchen so clean! (Siempre tienes la cocina tan limpia...).
- «Seguir...» (seguido de un verbo en -ING).
  Ejemplos:
  He kept trying (Ha seguido probando, ha insistido).
  We keep playing for hours (Seguimos jugando durante horas).

To take, to get, to bring

Sin duda, estos tres verbos pueden generar dudas y confusiones: *to take* significa «coger» y «llevar», *to bring* significa «llevar» y *to get*, como hemos visto, también puede significar «coger».
Primero aclaremos la diferencia entre *to take* y *to get* con el significado de «coger»: el primero se usa cuando el objeto al que nos referimos está presente en el lugar donde hablamos; el segundo, cuando está lejos.

Ejemplos:
Take your plate, it's on the table (Coge tu plato, está en la mesa).
Please get me some sugar from the supermarket (Cógeme azúcar en el supermercado, por favor).
Can I have some milk? Sure, it's right here, take it (¿Puedo tomar un poco de leche? Claro, está aquí, cógela).
Farmers get milk from cows (Los granjeros consiguen la leche de las vacas).

En cuanto a «llevar», debes usar *to bring* cuando el objeto se lleva cerca de quien habla o de quien escucha (es decir, que muchas veces debemos traducirlo al español por «traer») y *to take* cuando el objeto se aleja (en este caso solo podemos traducirlo por «llevar»).
Ejemplos:
Could you bring me a pen, please? (¿Podrías traerme un bolígrafo, por favor?).
Could you take John to the train station, please? (¿Podrías llevar a John a la estación, por favor?).
Tomorrow I'll organize a party, would you like to come? Sure! Can I bring my dog? No, take it to your wife's! (Mañana daré una fiesta, ¿quieres venir? ¡Pues claro! ¿Puedo llevar a mi perro? No, llévaselo a tu mujer.

Las palabras del día

	GRAFÍA	PRONUNCIACIÓN	REESCRIBE
Aceptar	*To accept* (regular)	[tu acsept]	
Bendecir	*To bless* (regular)	[tu bles]	
¡Salud!	*Bless you!*	[bles yu]	
Transportar	*To carry* (regular)	[tu carri]	
Ganar	*To earn* (regular)	[tu (e)rn]	
Sumar	*To add* (regular)	[tu ad]	
Actuar	*To act* (regular)	[tu act]	
Perdonar	*To forgive, forgave, forgiven*	[tu forgeiv, forgiv, forgeiven]	
Desplazar/ transportar	*To move* (regular)	[tu muv]	
Indicar	*To point* (regular)	[tu point]	
Ahorrar	*To save* (regular)	[tu seiv]	
Desear	*To wish* (regular)	[tu uish]	
Apostar	*To bet, bet, bet*	[tu bet, bet, bet]	
Explotar	*To burst, burst, burst*	[tu brst, brst, brst]	

	GRAFÍA	PRONUNCIACIÓN	REESCRIBE
Elegir	*To choose, chose, chosen*	[tu chuus, chous, cho(u)sen]	
Dividir	*To split, split, split*	[tu split, tu split, tu split]	
Arrancar	*To tear, tore, torn*	[tu tear, tor, torn]	
Masticar	*To chew* (regular)	[tu chiu]	
Rechazar	*To deny* (regular)	[tu dinai]	
Entrar	*To enter* (regular)	[tu enta]	
Fijar/reparar	*To fix* (regular)	[tu fics]	
Crecer	*To grow, grew, grown*	[tu grou, griu, groun]	
Mejorar	*To improve* (regular)	[tu impruv]	
Aumentar	*To increase* (regular)	[tu incris]	
Marcar	*To mark* (regular)	[tu mark]	
Siesta	*Nap*	[nap]	
Mosquito	*Mosquito*	[mosquito]	
Periódico	*Daily*	[deili]	
Vela (de cera)	*Candle*	[candel]	
Capacidad	*Ability*	[abiliti]	
A bordo de	*A board*	[ebord]	
Cepillo	*Brush*	[brash]	

	GRAFÍA	PRONUNCIACIÓN	REESCRIBE
Prepotente	*Bully*	[buli]	
Arbusto/mata	*Bush*	[bush]	
Exacto	*Accurate*	[akiureit]	
En realidad	*Actually*	[acshuali]	
Anticipo	*Advance*	[advans]	
Riesgo	*Adventure*	[advenchar]	
Antena	*Aerial*	[aerial]	
Contra	*Against*	[agenst]	
Sorprendente	*Amazing*	[ameisin]	
Ambulancia	*Ambulance*	[ambiulens]	
Cantidad	*Amount*	[amaunt]	
Ángel	*Angel*	[einyel]	
Aplauso	*Applause*	[aplos]	
Objetivo/fin	*Objective*	[obyectiv]	
Disponible	*Available*	[aveilabol]	
Comportamiento	*Behaviour*	[biheiviar]	
Trocito, pizca	*Bit*	[bit]	
Sangre	*Blood*	[blad]	
Chico	*Guy*	[gai]	
Compra	*Expense*	[icspens]	
Testimonio/nota	*Record*	[record]	
Transparente	*Clear*	[cliar]	
Peine	*Comb*	[com]	
Común/banal	*Common*	[comon]	
Multitud/ muchedumbre	*Crowd*	[craud]	
Punto	*Dot*	[dot]	
Motor (de coche)	*Engine*	[enyin]	
Fruta	*Fruit*	[fruit]	

	GRAFÍA	PRONUNCIACIÓN	REESCRIBE
Puerta/cancela	*Gate*	[geit]	
Regalo	*Gift*	[gift]	
Or	*Gold*	[gold]	
Hierba	*Grass*	[gras]	
Colina	*Hill*	[hil]	
Prisa	*Hurry*	[harri]	
Lago	*Lake*	[leik]	
Tierra	*Land*	[land]	
Mentira	*Lie*	[lai]	
Humor/estado de ánimo	*Mood*	[muud]	
Seta	*mushroom*	[mashrum]	
Desnudo	*Naked*	[neikd]	
Pesadilla	*Nightmare*	[naitmer]	
Pasatiempo	*Pastime*	[pastaim]	
Pastel	*Pie*	[pai]	
Compra	*Purchase*	[purcheis]	
Arcoíris	*Rainbow*	[reinbou]	
Motivo/razón	*Reason*	[risn]	
Tijeras	*Scissors*	[sisors]	
Firma	*Signature*	[signatur]	
Agotado	*Sold out*	[sold aut]	
Sello	*Stamp*	[stamp]	
Piedra	*Stone*	[stoun]	
Rascacielos	*Skycraper*	[scaiscreiper]	
Estremecimiento	*Thrill*	[zril]	
Gabardina	*Waterproof*	[uoter(r)pruuf]	
En total	*Altogether*	[oltugued(a)]	
Flecha	*Arrow*	[arrou]	

	GRAFÍA	PRONUNCIACIÓN	REESCRIBE
Chollo/ganga	*Bargain*	[bargen]	
Ciego	*Blind*	[blaind]	
Novia	*Bride*	[braid]	
Novio	*Groom*	[gruum]	
Brindis	*Toast*	[toust]	
Cutis/tez	*Complexion*	[complecsion]	
Obligatorio	*Obligatory*	[obligatori]	
Presa/embalse	*Dam*	[dam]	
Dieta	*Diet*	[daiet]	
Tienda de alimentación/ almacenes	*Drugstore*	[dragstor]	
Iguales	*Equal*	[ikuol]	
Hacia delante	*Forward*	[foruord]	
Culpable	*Guilty*	[gilti]	
Mermelada	*Jam*	[yam]	
Salvavidas	*Life belt*	[laif belt]	
Encendedor	*Lighter*	[laiter]	
Máscara	*Mask*	[mask]	

IDIOMS

Water under the bridge (literalmente: «Agua bajo el puente»)

Pronunciación: [uote(r) ander de bridch].

Significado: Agua pasada.

Ejemplo: *I should have exrcised more ths week... well, that's water under the bridge* (Tendría que haber hecho más gimnasia esta semana... bueno, ahora ya es agua pasada).

To take something for granted (literalmente: «Tomar algo por garantizado»)

Pronunciación: [tu teik samzin for grent(i)d].

Significado: Dar algo por descontado.

Ejemplo: *I took her help for granted* (Di por desconta-da su ayuda, no la valoré lo suficiente).

Never say die (literalmente: «Nunca digas morir»)

Pronunciación: [neva sei dai].

Significado: No darse por vencido, no desesperar.

Ejemplo: *There are still a few people I haven't talked to. Never say die* (Todavía hay algunas personas con las que no he hablado. Aún no me doy por vencido).

No time for (literalmente: «Nada de tiempo para»).

Pronunciación: [no taim for].

Significado: No hay tiempo para algo (que se especifica a continuación).

Ejemplo: *I have no time for fun* (No tengo tiempo para divertirme).

Labour of love (literalmente: «Trabajo de amor»)

Pronunciación: [leiba of lov].

Significado: Un trabajo laborioso y mal pagado, hecho con el corazón o por la satisfacción de hacerlo, por amor al arte.

Ejemplo: *She knitted a blanket for each of her grand-children. What a labour of love it was!* (Hizo una manta de punto para cada nieto. Un trabajo laborioso, pero he-cho con amor).

The last straw (literalmente: «La última paja»)

Pronunciación: [de last stro(u)].

Significado: La gota que colma el vaso.

Ejemplo: *What you told me yesterday was the last straw. I'm breaking up with you* (Lo que me dijiste ayer fue la gota que colma el vaso. Te dejo).

Ejercicio 20.1

Traduce al inglés utilizando *to get.*

Mojarse	______________	Ensuciarse	______________
Ir a dar una vuelta	______________	Volverse fácil	______________
Oscurecer	______________	Envejecer	______________
Enfriarse	______________	Casarse	______________
Levantarse	______________	Prepararse	______________

Ejercicio 20.2

Traduce del español al inglés.

1. He enviado muchos e-mails y nunca he recibido respuesta.
2. Sam, nos han traído la cena. ¡Ven aquí!
3. ¿Hoy puedes coger el autobús para ir a trabajar? Yo saldré tarde de casa.
4. ¿Has puesto el temporizador para que suene dentro de una hora?
5. Este libro me apasiona (*to thrill*) cada vez que lo abro.
6. Mi madre me dejó salir con los amigos anoche.
7. No me decepciones (*to let down*).
8. No lograba seguir aguantando la cuerda (*rope*) y tuve que soltarla.
9. Llevo anotados (*to keep record*) todos los gastos.
10. Deberíamos ir a casa, empieza a oscurecer.

Ejercicio 20.3

Lee y comprende el siguiente texto.

MANAGING OUR EMOTIONAL STATE

You might think that at times external events can influence you, and lead you to change your emotional state in a way that makes it complex for you to hold on to the premises of happiness. Here is where your relationship with your own emotions comes into play.

For many people it seems impossible to pull the plug on weakening –i.e. negative– emotions. For example, if you have had a very difficult day at work and your boss lashed out at you without reason, you may take it out on people that are not to blame for what happened to you. You might even be mean to a friend or a family member when all they want to do is be close to you.

If we rationalize, we all know this sort of behavior is neither useful nor fair.

Treating others poorly because of problems that are unrelated to them is a symptom of our inability to manage our own emotional state. Emotions are human beings' fuel. All of our actions are generated by emotions, both positive and negative. Emotions are generated by outside sources or stimuli to which we respond.

Were we to approach a female wild boar with her litter, and start to annoy one of her little ones, wouldn't we surely stimulate the mother into responding? And how would she react? She would try to hurt us.

Animals respond in a given way to a given stimulus. They react to danger, regardless of whether the person disturbing their cub is armed or unarmed, or has good or bad intentions: the reaction will always be the same.

It's different for us humans (or at least it should be): we choose our response to stimuli. And if you believe that in your life you have situations in which you think you can react only in a certain way, you are making up excuses not to accept responsibility over your emotional state.

A dear friend of mine, Simone, repeatedly told me that this was all very nice, but not realistic. When at the wheel, if someone did him wrong, he believed he had only one possible reaction: getting angry and attacking. He said that the only way he could possibly react was by arguing, to the point of being physically aggressive at times. He said that was the way he was, that it was out of his control, and that he could only react in a certain way to a certain stimulus. That was until the day he got a real life lesson.

We were in the car waiting for the light to turn green, and in front of us there was a really decked-out, customized car with tinted-glass windows. The light turned green and the car in front of us didn't start. Simone started getting impatient and looked at me with a hostile attitude, huffing and puffing. The car still wouldn't move. The light turned yellow and Simone started honking his horn, growing more irritated until the light finally turned red. He looked at me, pulled the hand break, and told me these exact words: «Ahora lo inflo», meaning «I'm going to beat him up so badly he'll look like a balloon».

He got out of the car, drew close to the poor fellow's door and hit the front window twice. Of course, some kind of body building giant got out of the car. Simone stood there, petrified. I ran out of the car to try and keep him out of the hospital! Simone looked at the huge man in front of him, and said: «I was thinking... do you by any chance need help getting your car going?».

We got back in the car, and I could hardly keep myself from laughing. I looked at my friend and said: «So, why exactly is it you didn't 'blow him up' like a balloon?».

I kept quiet for the following fifteen minutes and finally added: «So you see that you did have a choice between stimulus and response in this case. It means you *can* choose your reaction».

At times we don't realize that our emotional state can be managed differently. Now think of all the times you behave in a certain fixed way in human relationships.

Be aware that every time you say, «If you do this I'll get mad», or «When you act like that you sadden me», etc., you are delegating the responsibility of your emotional state to someone else. You are losing control of your life.

I understand that there are situations in which a person might think he or she is really unable to give a different response to a certain stimulus, but here is the good news: it can be done!

The most effective key to changing your emotional state, when you are aware that it's not the best for you, is what Anthony Robbins calls the *triad model*, a concept I have incorporated into the *triad of excellence.*

THE TRIAD OF EXCELLENCE

The first element of the triad is *physiology*: the way you use your body, your posture, breathing patterns, and everything connected to non-verbal language.

Psychosomatics studies the interactions between *psiche* and *soma*, i.e. «mind» and «body» in Greek. The relationship between these two elements is very strong. Every sensation or thought we have has a repercussion in our body.

It would be very difficult to feel positive emotions while having the physiology of a sad person. Try to think of a depressed person's body language: what comes to mind?

Would his or her shoulders be straight up or hunched down?

Would his or her breathing be deep or short and anxious?

Would his or her eyes look up at your face or down at the floor?

Although you've likely never taken part in a course in NLP (Neuro-Linguistic Programming), you will instinctively know the right answers. Experience has taught you how your body reacts to certain emotional states. After having focused on this concept, it is useful to consider that the relationship between *psiche* and *soma* is two-way: the mind affects the body as much as the body affects the mind. So, by changing our physiology we can change our thoughts, feelings, and emotions. Let's test this idea with a simple exercise.

Think of something sad in your life. Continue reading and keep this sad thought in your mind, but get up on your feet, jump up and down, smile, look up to the sky and clap your hands energetically.

If you've followed my instructions to a tee, you will most likely have noticed that your mind was unable to retain the initial sad feeling.

It's impossible to use our body with movements that are not connected to our sensations and still hold on to an emotional state that is in contrast with our physiology.

Now all we have to do is understand how we can use this connection to our advantage. Here's an example.

Should you ever receive some bad news just a few minutes prior to a crucial job deadline for which you needed the utmost concentration, would you be able to keep your focus until you completed your task and achieved your goal?

Most people would have a really hard time. They would be unable to concentrate, and would use what happened to justify their failure. Actually, the best thing you can do in these situations is use physiology to disconnect your mind from negative feelings. We are not trying to be cynical: the bad news has affected you and you will have feelings about it; but if you let it get in the way of your job commitment, it would only make things worse.

The first thing to do, then, is to act on your own physiology by changing it. Get on your feet, square your shoulders, take a deep breath, and smile while you look upwards. Jump up and down a little, as if you were getting ready for a sporting event. This is sure to help you think about your bad news a lot less.

Changing our physiology changes our internal biochemistry. Changing the way we breathe, our movements, and facial expressions automatically activates different biochemical processes: the blood flow, oxygen levels and neurotransmitters reaching our brain are altered. It's instinctual, like tail-wagging for a dog or purring for a cat.

The first time I heard someone talk about physiology as a means to manage emotions I told myself, «Great, it works. But after I've dealt with my job commitment, I will still have to face the sadness». I wondered, «Will I have to jump around every time I have negative feelings?» Well, changing our physiology to change our emotional state is the first step. It's an essential, immediate and efficient solution, but it's short-lived.

The second step we need to take, if we want to achieve long-lasting improvement, is to *focus*. Remember: the human mind is selective.

Imagine going to a party, and recording two people passionately kissing each other. If you showed the video to someone who was not at the party, they would probably think that they missed a fantastic event. If at the same party you only recorded two people arguing, instead, the interpretation a third party would give would be different. This is a metaphor of our focus: our perception of the reality we come into contact with depends on what we decide to «record».

In the field of NLP, a very important concept called «7±2» is used to support this idea.

Simply put, 7±2 is the number of pieces of information, varying between 5 and 9, that our mind can consciously and simultaneously deal with. It's not possible for us to focus on everything surrounding us.

While you are reading this book you brain is unaware of many things. For example, the feeling of the tip of your toes against your shoes or of your bottom sitting on the chair or sofa. Your brain still monitors these aspects, but on an unconscious level, because it decides where to put its attention. If you wish to, you can become aware of your own breathing – something you were unaware of up until a moment ago. You could choose to focus your attention on the sounds or on the silence surrounding you, on the colors of the room you're in or on the objects currently close to you.

In every moment of your existence, a part of your brain that you are unaware of manages hundreds of things happening inside and outside of you. Things that the conscious part erases, concentrating on what it finds useful and interesting in that moment.

This process is vital, because it prevents our mind from overloading with information it wouldn't be able to manage. The negative aspect of the process is that our ability to focus is limited. We see through a restricted lens and often think that the perception coming from our «video camera» is the full reality. It obviously isn't so.

Focus is about perception of reality, hence it can be changed.

You are free to choose how to use your «video camera», choosing what to focus on, how to focus on it, from what distance, with what lighting, achieving an entirely different perception, different sensation, and different emotions.

If you decide to focus only on the things you don't like in your life, on what you don't have, your failures and disappointments, and the difficulties you have been through, it'll be impossible to be happy.

You'll be destined to a life of sadness and dissatisfaction. All you need to do is search in your head for the things you don't like, zoom in to them, and you will immediately become unhappy. Many people have a great talent for using their «video camera» this way.

Everyone has good and bad days, but focusing on the positive will always help you feel better.

The quality of your life depends on the quality of your emotions. As we have seen, the latter are determined by your feelings and have substantial influence on your actions. Being able to manage your focus is essential in managing your emotional state.

During my courses, I often hear people tell me that it's difficult. Believe me: it's much easier than you think.

Take a moment to concentrate on all the things you can be grateful for today –on the beautiful things that exist in your life, on the people that love you, on your passions– and feel your emotional state change.

Now, if you tried doing the opposite –focusing on the negative– it would be just as effective, but not as useful. If we wanted to, we could project an endless movie with all the injustices happening in the world, all the suffering, the pain, and the illnesses. At the end of this movie I assure you that your emotional state would be different than it is now. And were we to project a movie with all the positive things happening in the world? With babies being born, people loving each other, volunteers helping others with the sole goal of making the world a better place. Again, your emotional state would be much different.

We can choose which reality we want to focus on.

This will totally influence the way we live our life. I'm not saying you should loose interest on the bad things happening in the world, but a happy person can better help someone who's having a hard time, compared to a person who allows unfortunate events to influence their life. Imagine a person you love is ill, or is facing an important challenge: would keeping him company while you are in a depressed, sad and desperate state help in any way? Wouldn't it be better to be smiling and cheerful, helping him fight with all his might? I'm sure the answer is obvious to you as it is to me.

Focus allows us to decide what to concentrate on and how. The situations on which we focus become our reality, but even the way in which we focus can influence us. If we zoom in on an image it will change our feelings.

After understanding the importance of physiology and focus, it is essential to understand the third part of the triad which allows us to direct our «video camera» in the most useful direction.

Through *language* we can choose what to focus on, and how to manage our emotional state in an instant.

Communication is made up of two components: internal and external communication. The latter refers to the whole universe of interpersonal relationships in which we share information, emotions, feelings, and experiences with those around us.

On the other hand, internal communication is made up of our thoughts. A thought is formed by a series of stimuli we respond to: there is a constant process of questions and answers. While you were reading this statement you probably asked yourself: *Is it true?* And thus you have just verified it is.

The words we speak are led by the questions we ask ourselves. These questions determine where we put our attention and are the most efficient tool to direct our focus: by asking questions, you can guide communication.

If I asked you where you went on your last vacation, although you weren't thinking about this topic at all just a few seconds ago, almost certainly your mind would start orienting itself in order to find the answer, drifting away from what it was thinking about before.

It's natural for this to happen because our brain automatically wants to answer the questions it receives. In NLP the concept of *transderivational research* refers to the mental process by which the brain constantly searches for reasonable answers to its own questions. It's as if there were an interior search engine that starts looking for results as soon as a question is asked. I'm sure at least once in your life you have been asked a question you did not know the answer to. And perhaps, after a while, right when you least expected it, you had an intuition.

You've probably also seen someone and had the feeling you'd already seen them somewhere, but couldn't remember where. Then, while you were doing something else, you remembered.

The fact is that once our brain has registered a question, it keeps searching for an answer even subconsciously. This feature of our mind can be used with total awareness, becoming an extraordinary tool for our own happiness... but it can also turn into a means of self-destruction.

If we ask ourselves «Why me?» whenever we face a particularly difficult situation or go through some kind of crisis, our mind will start looking for the answer. What might be the logical answer to this question?

A logical answer doesn't exist, but you might tell yourself, «Because I deserve it. Because I'm bad. Because life sucks. Because I'm a loser». These are all dumb answers, but clearly dumb questions deserve dumb answers.

There are two types of questions: productive and nonproductive. Questions that yield results, that are functional to achieving our goals, and questions that yield results that are dysfunctional. Asking ourselves and others the right questions is essential. What results would you like to have?

Learn to ask yourself productive questions, right now. Be aware that your mind is always looking for answers, and that if you live your life asking yourself what is wrong in the world, sooner or later your mind will find an answer.

Nonproductive questions are particularly dangerous because every time our brain offers us an answer we accept it as an absolute truth. Think about the premise of the questions you ask. For example, if I ask myself «Why does everything always seem to go wrong?», the premise is «Everything always goes wrong».

I'm sure you realize that this is a foolish question because it stems from a false starting point, since no one individual can have everything always going wrong for him. If you believed that was possible, then you might fall victim to a horrible logic in which you might start answering your questions with dangerous statements such as: «Because I'm not good enough», «Because I'm uncapable», «Because I'm not clever enough», etc. This would drain your motivation so much that the initial premise would probably come true. It would send your mind a negative message and fuel a bad self-image.

Now try to think of what your future life may be like if you continue to ask yourself nonproductive questions, allowing your mind to work on answers that will only amplify your inferiority complexes, starting a vortex of failures and pain that could condition your entire life, as well as the lives of those around you.

Now that you grasp the importance of the questions you ask, you must understand how questions can be productive or nonproductive relating to the goals you want to achieve.

If your goal is living an unhappy life, then nonproductive questions are just what you need! But I doubt this is your goal in life, right?

Therefore, always remember to outline your goal before asking yourself questions.

Extraído de *Semplicemente felice* de Luca Lorenzoni, 2012

DAY TWENTY-ONE

Repasa lo que aprendiste ayer y el decimocuarto día. Cuando termines, relájate un par de minutos y márcate como objetivo estudiar y hacer los ejercicios del vigésimo primero y último día.

GRAMMAR RULES

Phrasal verbs

Dedicamos este último día de estudio de la lengua inglesa a los *phrasal verbs*, verbos acompañados de una preposición que es parte integrante de ellos y cambia por completo su significado. Por ejemplo, *to get*, que, como sabes, indica un cambio de estado, unido a la preposición *along* significa «llevarse bien».

Los *phrasal verbs* tienen dos características que conviene recordar:

- Si van seguidos de un verbo, este deber terminar en -ING: por ejemplo, *I'm getting used to writing in English* (Me estoy acostumbrando a escribir en inglés).

- A veces, el complemento directo puede encontrarse entre el verbo y la preposición: por ejemplo, *You should beef your curriculum up* (Deberías hinchar tu currículo).

Por hoy, se acabó la gramática. Lo único que se puede hacer en este caso es memorizar el mayor número posible de *phrasal verbs*.

VOCABULARY

Phrasal verbs

Esta vez no indicaremos qué verbos son regulares y cuáles no. Ya verás, si has memorizado todos los verbos propuestos los 20 primeros días, tendrás que buscar muy pocos...

	GRAFÍA	PRONUNCIACIÓN	REESCRIBE
Invitar a salir a alguien	*To ask someone out*	[tu ask somuan aut]	
Apuntar a	*To aim at*	[tu eim at]	
Rendirse	*To back down*	[tu bak daun]	
Construir, desarrollar	*To build up*	[tu bild ap]	
Romperse	*To break down*	[tu breik daun]	
Interrumpir, partirse	*To break off*	[tu breik of]	
Estallar (guerras/ epidemias)	*To break out*	[tu breik aut]	
Entrar por la fuerza, irrumpir	*To break in*	[tu breik in]	

	GRAFÍA	PRONUNCIACIÓN	REESCRIBE
Dejar (una relación)	*To break up*	[tu breik ap]	
Llamar	*To call in*	[tu col in]	
Ir a/ pasar por	*To call by*	[tu col bai]	
Devolverle la llamada a alguien	*To call someone back*	[tu col samuan bak]	
Calmarse después de un enfado	*To calm down*	[tu calm daun]	
Alcanzar/ponerse al nivel de	*To catch up with*	[tu cach ap uiz]	
Controlar, mirar (informal)	*To check out*	[tu chek aut]	
Alegrar a alguien	*To cheer someone up*	[tu chiir samuan ap]	
Limpiar u ordenar	*To clean up*	[tu clin ap]	
Encontrar algo inesperadamente	*To come across something*	[tu cam acros samzin]	
Fiarse	*To count on*	[tu caunt on]	
Cortar/talar algo (por ejemplo, un árbol)	*Tu cut something down*	[tu cat somzin daun]	
Cortar con una cuchilla, cortar la corriente	*To cut something off*	[tu cat somzin of]	
Quitar parte de algo	*To cut something out*	[tu cat somzin aut]	
Hacer de nuevo	*To do something over*	[tu du samzin ova]	
Vestirse con elegancia	*To dress up*	[tu dres ap]	

	GRAFÍA	PRONUNCIACIÓN	REESCRIBE
Acabar por	*To end up*	[tu end ap]	
Romperse en mil pedazos	*To fall apart*	[tu fol apart]	
Caerse abajo	*To fall down*	[tu fol daun]	
Caerse fuera	*To fall out*	[tu fol aut]	
Entender, encontrar la respuesta	*To figure out*	[tu figiur aut]	
Rellenar los espacios (en un impreso)	*To fill in*	[tu fil in]	
Descubrir	*To find out*	[tu faind aut]	
Superar, recuperarse, curarse	*To get over*	[tu get ova]	
Proceder	*To get on*	[tu get on]	
Llevarse bien	*To get along*	[tu get alon]	
Regresar	*To get back*	[tu get bak]	
Reunirse, quedar	*To get together*	[tu get tugeda]	
Devolver	*To give back*	[tu giv bak]	
Librarse, salirse con la suya	*To get away with it*	[tu get auei uiz it]	
Regalar algo propio	*To give something away*	[tu giv somzin auei]	
Rendirse	*To give up*	[tu giv ap]	
Repartir/distribuir	*To give out*	[tu giv aut]	
Rendirse	*To give in*	[tu giv in]	
Seguir/perseguir	*To go after*	[tu gou after]	
Iniciar/proceder	*To go ahead*	[tu gou ahed]	
Regresar	*To go back*	[tu gou bak]	

	GRAFÍA	PRONUNCIACIÓN	REESCRIBE
Pasar, ver de nuevo	*To go over*	[tu gou ova]	
Crecer	*To grow up*	[tu grou ap]	
Entregar	*To hand in*	[tu hand in]	
Repartir/ distribuir a un grupo de personas	*To hand out*	[tu hand aut]	
Esperar un momento	*To hang on*	[tu hang on]	
Relajarse, estar juntos sin hacer nada de particular	*To hang out*	[tu hang aut]	
Colgar el teléfono	*To hang up*	[tu hang ap]	
Esperar un momento	*To hold on*	[tu hold on]	
Dejar entrar a alguien	*To let someone in*	[tu let somuan in]	
Cuidar de/ ocuparse de	*To look after*	[tu luk after]	
Despreciar a alguien	*To look down on someone*	[tu luk daun on somuan]	
Tener muchas ganas de/anhelar	*To look forward to*	[tu luk foruord tu]	
Estar en guardia	*To look out for*	[tu luk aut for]	
Buscar	*To look for*	[tu luk for]	
Recordar el pasado	*To look back to*	[tu luk bak tu]	
Volver la cabeza	*To look back*	[tu luk bak]	

	GRAFÍA	PRONUNCIACIÓN	REESCRIBE
Buscar (en un libro o una base de datos)	*To look up*	[tu luk ap]	
Mirar en derredor	*To look around*	[tu luk araund]	
Hacer las paces	*To make up*	[tu meik ap]	
Intercambiar algo	*To mix something up*	[tu misc samzin ap]	
Morir	*To pass away*	[tu pas auei]	
Desmayarse	*To pass out*	[tu pas aut]	
Devolver dinero	*To pay someone back*	[tu pei samuan bak]	
Elegir	*To pick out*	[tu pik aut]	
Señalar a alguien con el dedo	*To point out*	[tu point aut]	
Bajar/soltar/dejar algo	*To put something down*	[tu put somzin daun]	
Juntar	*To put together*	[tu put tugeda]	
Tolerar	*To put up with*	[tu put ap uiz]	
Vestir/Ponerse (ropa)	*To put on*	[tu put on]	
Encontrarse inesperadamente	*To run into*	[tu ran intu]	
Atropellar a alguien con el coche	*To run someone over*	[tu ran samuan ova]	
Terminarse (por ejemplo, la leche)	*To run out of*	[tu ran aut of]	
Organizar	*To set up*	[tu set ap]	
Alardear	*To show off*	[tu shou of]	
Dormir con alguien	*To sleep over at someone's*	[tu sliip ova at samuans]	

	GRAFÍA	PRONUNCIACIÓN	REESCRIBE
Encender/apagar	*To switch on/off*	[tu suitch on/of]	
Arrancar	*To tear up*	[tu ter ap]	
Despegar	*To take off*	[tu teik of]	
Hacerse cargo	*To take over*	[tu teik ova]	
Sacar	*To take out*	[tu teik aut]	
Encender/apagar	*To turn on/off*	[tu t(u)rn on/off]	
Subir/bajar el volumen	*To turn up/down*	[tu t(u)rn ap/daun]	
Probarse (ropa)	*To try on*	[tu trai on]	
Despertarse	*To wake up*	[tu ueik ap]	
Calentarse, entrar en calor, calentar la comida	*To warm up*	[tu uarm ap]	
Hacer ejercicio físico, salir bien	*To work out*	[tu uork aut]	

IDIOMS

Feather in your cap (literalmente: «Pluma en tu sombrero»)

Pronunciación: [fede(r) in yo(u)r cap].

Significado: Marcarse un tanto.

Ejemplo: *This exam is just another feather in his cap* (Para él, este examen solo es marcarse otro tanto).

Third wheel (literalmente: «Tercera rueda»)

Pronunciación: [th(i)rd uiil].

Significado: Hacer de carabina, ser el tercero en discordia.

Ejemplo: *I felt like a third wheel last night* (Anoche sentí que hacía de vela).

As dead as a Dodo (literalmente: «Tan muerto como un Dodo»)

Pronunciación: [as ded as a dodo].

Significado: Muerto y enterrado.

Ejemplo: *That idea is as dead as a Dodo* (Esa idea está muerta y enterrada).

To draw the line (literalmente: «Dibujar una línea»)

Pronunciación: [tu drou de lain].

Significado: Poner un límite.

Ejemplo: *That's enough! We have to draw the line somewhere* (¡Basta ya! Llegados a este punto tenemos que poner un límite).

To drink like a fish (literalmente: «Beber como un pez»)

Pronunciación: [tu drink laik a fish].

Significado: Beber como una esponja, beber mucho hasta emborracharse.

Ejemplo: *John drank like a fish at the party* (John bebió como una esponja en la fiesta).

To eat like a pig (literalmente: «Comer como un cerdo»)

Pronunciación: [tu it laik a pik].

Significado: Comer como un cerdo, comer demasiado y mal.

Ejemplo: *He eats like a pig, I don't know how he manages to be so thin* (Come como un cerdo, no sé cómo puede estar tan delgado).

To face your demons (literalmente: «Enfrentarte a tus demonios»)

Pronunciación: [tu feis yo(u)r dimons].

Significado: Coger el toro por los cuernos, enfrentarse a los miedos o problemas.

Ejemplo: *I decided to face my demons and make that phone call* (Decidí coger el toro por los cuernos y hacer esa llamada).

To keep your cool (literalmente: «Quédate con tu frío»)

Pronunciación: [tu kiip yo(u)r cuul].

Significado: Mantener la calma.

Ejemplo: *I know you are angry, but just keep your cool* (Sé que estás enfadado, pero mantén la calma).

Ejercicio 21.1

Traduce las siguientes frases usando los distintos tiempos verbales que has aprendido en estos 21 días.

TIEMPO VERBAL	FRASE EN ESPAÑOL	FRASE EN INGLÉS
Simple present	Cada lunes voy a una reunión. Ella utiliza tu coche.	
Present continuous	Estoy yendo a la reunión. Ella está utilizando tu coche.	
Simple future	Iré a la reunión. Ella utilizará tu coche.	
Past simple	Fui a la reunión. Ella utilizó tu coche.	
Past continuous	Yo estaba yendo a la reunión. Ella estaba utilizando tu coche.	

TIEMPO VERBAL	FRASE EN ESPAÑOL	FRASE EN INGLÉS
Present perfect	He ido a la reunión. Ella ha utilizado tu coche.	
Present perfect continuous	Llevo una hora viajando para ir a la reunión. Ella está utilizando tu coche desde esta mañana.	
Past perfect	Yo ya había estado en la reunión. Ella ya había utilizado tu coche.	
Past perfect continuous	Expliqué que estaba yendo a la reunión. El año pasado ella ya estaba utilizando tu coche	

EJERCICIO 21.2

Traduce los *phrasal verbs* al español.

To run into	________	*To do something over*	________
To break in	________	*To end up*	________
To look forward to	________	*To run out*	________
To break out	________	*Tu pick out*	________
To back down	________	*To go after*	________

Escribe una frase con cada *phrasal verb* memorizado.

Ejercicio 21.3

Traduce estas frases al inglés.

1. ¿Tienes algo para limpiar el despacho? He llamado por teléfono a John para pedirle si me podía prestar la escoba y me ha dicho que me llamará.
2. Le he preguntado a Mary dónde podía encontrar un par de tijeras y me ha señalado su escritorio (*desk*).
3. Kim notó que esa manta era demasiado vieja, por eso se la regaló a Jack.
4. Uno de nuestros mayores sueños es despertarnos por la mañana y descubrir que vamos en globo.
5. Puede ser difícil, pero no tengo intención de rendirme.
6. Mira a tu alrededor, ¿ves una guitarra?
7. ¿A qué hora te fuiste? Ya llegaba tarde, o sea que me puse la ropa y salí corriendo.
8. Mary dormía, por eso me pidió que bajara el volumen de la radio.
9. Los atracadores entraron por la fuerza en la tienda de alimentación y lo cogieron todo.
10. Estaba tan enfadado que saqué el dinero en metálico y encontré una solución.

Ejercicio 21.4

Lee y comprende el siguiente texto.

In the field of learning what initially starts off as a small difficulty in a subject can, in time, turn into a more serious problem.

For example we convince ourselves, mistake after mistake, that that subject is not meant for us: we keep on making mistakes and don't understand that mistakes are a normal part of the learning process. We start associating pain, fear of failure and criticism with that subject. A diabolical mechanism sets off in our mind, and every time we sit down for a test we find ourselves facing two problems: the test itself and our anxiety about making mistakes, which naturally leads to failure.

The same logic applies to any situation: how many times have you felt you couldn't possibly keep up with a workshop, although it was crucial for your career? How many times have you dropped out of a foreign language course because «My brain is just not made for that language»? How many times have you chickened out of speaking up at a meeting with the head honchos, therefore appearing far less competent than you truly are? Finally, how many times have you been unable to keep up with the handouts, reports, and in-depth reading you need to always be up to date on things?

This is how «learned helplessness» starts: when we convince ourselves that we are not able to do something, and this inability is associated with our way of being and identity, as we perceive it as a personal, persistent and pervasive part of ourselves.

Blame it all on the three Ps!

Personal, tied to our identity. We think of our inability as something hard-coded in our DNA.

Permanent. We feel that changing the situation isn't possible, therefore we can't improve.

Pervasive. Every field of our life can be smothered by the general belief that we are not good enough.

Learned helplessness originates from «self-weakening beliefs», that is thoughts that reduce our personal power because they convince us that we have less potential than what we really posses.

We all apply strategies that allow us to avoid being disappointed by a likely failure, but by doing this we risk getting stuck when we make the mistake of associating our personal value to the quality of the results obtained.

Believe in it! For better or for worse...

Self-weakening beliefs threaten our sense of security and prevent us from expressing our abilities. However, the same negative mental mechanism that is at the root of our worse difficulties can be turned into a positive one, and create «empowering beliefs» that allow us to fully exploit our abilities.

Many of the most authoritative coaches in the field of personal growth and HR development sum up this mechanism with the following formula, at the basis of their teachings:

- THOUGHTS
  - EMOTIONS
    - ENERGY
      - ACTIONS
        - RESULTS

The formula is: a person's results are the fruit of his actions, that in turn are influenced by his energy and mood, directly linked to the kind of thoughts this person has about him or herself in relation to what he or she is doing. Or, more simply put:

What you believe, you achieve.

The beliefs that as a whole make up each individual's learning model are formed mainly from the information and programming that we have received in the past, and particularly in our early years.

It's easy to imagine what our main sources of beliefs were: parents, brothers, sisters, friends, teachers or even religious authorities, media, culture, etc. Every child is taught how to think and act, and such teachings become a life-long influence on him or her. This is how we acquire a system of beliefs which in turn creates automatic responses that are good for the rest of our lives, or at least until we acknowledge them and decide to actively intervene to change them.

Extraído de *Genio en 21 días* de Giacomo Navone,
Massimo De Donno y Luca Lorenzoni, RBA, 2015

CONCLUSIONES

Estamos acostumbrados a mirar a los ojos a las personas que entran en nuestras aulas para seguir cursos de formación y a verlas salir después enriquecidas y transformadas. Por eso nos impresiona saber que ahora que has llegado al final de este viaje tan estimulante y a la vez difícil, no estamos ahí contigo para celebrar tu extraordinario resultado. Obviamente, lo lamentamos. Nos esforzamos para lograr que nuestros alumnos obtengan los resultados que desean, y resulta muy gratificante verlos felices, satisfechos de haber conseguido algo que creían imposible y de haberlo hecho tan rápido, sin estrés y divirtiéndose.

Ojalá hayas podido seguir nuestras indicaciones y hayas entendido cómo crear en tu mente una situación de inmersión total en la lengua inglesa. Esperamos que hayas reservado el fin de semana-premio en Londres, aunque hace unas semanas te pareciera tan lejano el momento en que ibas a poder marcharte sin preocuparte por la lengua. Esperamos que tengas muchas ganas de utilizar lo que has aprendido y de mejorar más. Para nosotros, todo ello confirmará que hemos hecho bien nuestro trabajo.

Tu próximo objetivo es aprender a hablar de manera *fluent*, llevar tus conocimientos al nivel en que la técnica «muere» y solo queda el dominio de una nueva habilidad.

Existen muchos instrumentos que puedes utilizar para tal fin. El primero, y el más importante ahora, son los repasos programados. Sigue repasando todos los días lo que estudiaste la semana y el mes anterior. Sigue conversando por internet, usa italki u otras páginas web similares. Busca en YouTube entre los cientos de vídeos publicados por políglotas que comparten sus *tips and tricks* (consejos y trucos) para agilizar el proceso de aprendizaje de lenguas. Comprueba el nivel que has alcanzado mediante el test que encontrarás en nuestra página, basado en los criterios que establece el Consejo Europeo para los certificados de competencia lingüística. Regístrate en nuestra página y encontrarás artículos, material actualizado, los instrumentos más innovadores para aprender inglés y mucho más. Al leer este libro has aprendido varias estrategias útiles, pero de vez en cuando salen cosas nuevas y nuestro deber es buscar, encontrar y compartir las novedades más inteligentes.

Te aconsejamos que participes en los encuentros organizados de nuestros centros. Tienes más de una razón para hacerlo: conocer a otras personas que, como tú, están interesadas en crecer y mejorar, recibir consejos y sugerencias para estudiar una lengua y para aprender en general, con nuevas estrategias y... cargarte de motivación.

Si consideras que tenemos algún mérito en los resultados que has obtenido hasta ahora, aunque solo sea por haberte ayudado a ver que este reto está a tu alcance, te pedimos que nos dejes un mensaje en Facebook. A nosotros nos encantará, pero lo más importante es que animarás a todos aquellos que aún creen que el inglés es un monstruo al que deben enfrentarse.

Deseando conocerte pronto en persona, *we wish you a wonderful life!*

AGRADECIMIENTOS

La gratitud es uno de los mejores sentimientos que puede experimentar el ser humano. Tendríamos que ser muy poco conscientes de cuanto nos rodea para no darnos cuenta de que tenemos mucho que agradecer en nuestra vida.

Quizá porque nos han acostumbrado a esperar gestos de benevolencia o amabilidad hacia nosotros antes de decir «Gracias», muchos hemos aprendido a sentir gratitud solo cuando ocurre algo positivo. Sin embargo, hemos olvidado una ley física tan simple como incontrovertible: a cada acción le corresponde una reacción de la misma fuerza pero en dirección opuesta. Ello debería sugerirnos que si tenemos el corazón lleno de gratitud y mandamos continuamente mensajes positivos a los demás, sin duda recibiremos sin cesar «regalos». Quien lo ha probado sabe que es cierto, y que siempre recibimos más de lo que damos.

Nosotros solemos mantener sin esfuerzo esta actitud positiva y, en un momento como este, cuando estamos escribiendo las últimas palabras de una obra que esperamos llegue a la vida de muchas personas, la satisfacción y la gratitud que sentimos son enormes.

Gratitud en primer lugar hacia las personas que representan para nosotros el mayor estímulo para mejorar día a día, exigirnos más, dar más, emprender aventuras a veces sin garantías de que íbamos a saberlas afrontar. Nos referimos a los colaboradores de Your Trainers, a los Instructores Potenciales, a los responsables de Servicio al Cliente y a los Instructores: Michele D'Antino, Francesco Conti, Chiara Savino, Luisa De Donno, Francesco Di Nardo, Stefano Intini, Ivan Romano, Stefano Vecchi, Giovanni Broccio, Alessandra Laterza, Simone Sacco, Davide Bini, Paolo Chessa, Marta Lieto Magri, Manuela Oliva, Svetlana Chirkova, Elena Lipartiti, Eva Albertinazzi, Serena Sava y Davide Catalano.

Estas personas dan un ejemplo importante, porque un día decidieron creer en un sueño y, desde ese momento, nunca se han cansado de trabajar para cumplirlo. Para nosotros, antes que una empresa son una verdadera familia.

Vaya nuestro agradecimiento especial a Dora Dalla Pellegrina y Giovanna Andretta por su gran labor en la realización de los ejercicios, a Elisa Vinco por la creatividad y exquisitez de su trato, a Serena Tabori por haber estado siempre a nuestro lado, concreta y llena de entusiasmo y amor, ingredientes fundamentales para lograr cualquier objetivo.

Y nuestro agradecimiento fundamental a ti, que tienes este libro en la mano, con lo cual demuestras ser una persona que quiere más y que actúa para obtenerlo. Gracias por tener ganas de compartir con nosotros y con el mundo entero tus ganas multiplicadas de aprender.

Por último, gracias infinitas a nuestras familias por llenar nuestra vida de amor desde el primer día.

God bless you all!

SOLUCIONES

DAY ONE

1.1 We are young.
She is beautiful!
You are happy.

1.2 We are not young
She is not beautiful!
You are not happy.

1.3 Are we young?
Is she beautiful?
Are you happy?

1.4 Aren't we young?
Isn't she beautiful?
Aren't you happy?

1.5

She is	She's
It is not	It isn't/it's not
I am not	I'm not
They are	They're
He is not	He isn't/he's not
You are	You're

1.6 This book is very big!
They are my friends.
I am Italian.
The bridge is not tall.
We aren't young.
You are happy!
She is beautiful.
My name is Carl.

1.7 She is / she's Spanish.
He is / he's a teacher.
The book is small.
They are / they're sad.
I am / I'm tall.
You are / you're happy.
The cat is beautiful.
She is / she's old.
It is / it's big.
We are / we're short.

1.8

Negativa	**Interrogativa**	**Short answer** (respuesta libre)
She isn't Spanish.	Is she Spanish?	Yes, she is / No, she isn't
He is not a teacher.	Is he a teacher?	No, he isn't / Yes, he is
The book isn't small.	Is the book small?	No, it isn't / Yes, it is
They are not sad.	Are they sad?	Yes, they are / No, they aren't
I'm not tall.	Am I tall?	Yes, I am / No, I'm not
You aren't happy.	Are you happy?	Yes, you are / No, you aren't
The cat isn't beautiful.	Is the cat beautiful?	No, it isn't / Yes, it is
She is not old.	Is she old?	No, she's not / Yes, she is
It isn't big.	Is it big?	Yes, it is / No, it's not
We aren't short.	Are we short?	Yes, we are / No, we aren't

DAY TWO

2.1 A pool
A dog
An uncle
An apple
A book
An aunt
A Lash
A wife
A holiday

2.2 -S: cousin, boy, sister, bridge, holiday
-ES: buzz, flash, lunch
-IES: canary, hobby

2.3 This is a book for you.
I love you.
This letter is for me.
She works for him.
I call them.
Happy birthday to us!

DAY THREE

3.1 We have a computer.
Ana has a holiday.
They have blue eyes.

3.2 Have we got a computer?
Does Ana have a holiday?
Have they got blue eyes?

3.3 We haven't got a computer.
Ana doesn't have a holiday.
They haven't got blue eyes.

3.4 Haven't we got a computer?
Doesn't Ana have a holiday?
Haven't they got blue eyes?

3.5 She's got
It hasn't got
I haven't got
They've
He hasn't got
You've

3.6 (Las frases acerca de lo que tú posees personalmente pueden ser afirmativas o negativas, según los casos.)
I have a camera. I haven't got a camera.
I have got a ball. I haven't got a ball.
I have a book. I haven't got a book.
I have got a pair of shoes. I haven't got a pair of shoes.
I have got a pen. I haven't got a pen.

3.7 I have / I've got a big wardrobe.
Luisa has got blue eyes.
They have / they've lunch.
They have / they've got a pool.
She has a party.
We have / we've got a green apple.
The dog has a bath.
Carlos has a red Kitchen.
Justin and I have two brothers.
We have / we've got a big house.

3.8

Negativa	Interrogativa	Short answer
I have not / I haven't got a big wardrobe	Have I got a big wardrobe?	Yes, I have. big wardrobe.
Luisa has not got blue eyes.	Has Luisa got blue eyes?	No, she hasn't.
They don't have lunch.	Do they have lunch?	No, they don't.
They have not / they've not got a pool.	Have they got a pool?	Yes, they have.
She doesn't have a party.	Does she have a party?	Yes, she does.
We have not / we haven't got a green apple.	Have we got a green apple?	No, we haven't.
The dog doesn't have a bath.	Does the dog have a bath?	Yes, it does.

Carlos has not a red kitchen.	Has Carlos a red kitchen?	No, he has not.
Justin and I have not / haven't two brothers.	Have Justin and I two brothers?	No, we haven't
We have not / haven't got a big house.	Have we got a big house?	Yes, we have.

DAY FOUR

4.1
1. Is this my pen? Yes, it's yours.
2. Is that her ball? No, it's mine.
3. Are these your sunglasses, Lory? Yes, they're mine.
4. Lucy, is this my drink? No, it's his.
5. Are these our apples? Yes, they are.
6. Are those your towels? Yes, they're ours.
7. Is that his/its bone? Yes, it is.
8. Ken, are these your keys? No, they're hers.
9. Is this their house? Yes, it is.
10. Is that his dog? Yes, it is.

4.2
1. I am Susy's son.
2. Brian is Miranda's uncle.
3. Marcus is Miranda's dad.
4. Mary is my brothers' and my grandmother.
5. Marcus and Brian are Lucy's brothers.
6. Miranda is Sylvia's daughter.
7. Sylvia is Marcus's (o Marcus') wife.
8. Sylvia is Arthur's aunt.
9. Philippa is Arthur's sister.
10. Miranda is Philippa's cousin.

4.3
1. There's traffic in town today.
2. Lucy is at school.
3. The new office is at number 5, Victoria Square.
4. They write about the accident in the newspaper.
5. My office is in that building, on the 3rd floor.
6. We are in the park.
7. Charlie is at the hospital.
8. The cat is in my room.
9. The car is waiting at the traffic lights.
10. Jessica is studying at her desk.
11. Sue works in a shop.
12. Our hotel is in a small street near the station.
13. You look sad in this picture.
14. There are few people at the party.

4.4
1. The dog is in his house.
2. The dog is between two trees.
3. The dog is on his house.
4. The dog is behind the tree.
5. The dog is near/beside his house.
6. The dog is under the tree.

4.5
1. They go to the shopping centre to work.
2. I go to the beach for my holiday.
3. She goes to the park to write.
4. I play with my dog to make him happy.
5. I'm here to buy a drink for my friends.
6. He goes in his room to study.
7. I need to go shopping for shoes.

4.6
1. The bird is on your roof.
2. I am at home for the holidays.
3. The cat is under our bed.
4. We go to the park to run.
5. They go to the shopping centre in front of the hotel.

DAY FIVE

5.1 1. Who are they?
2. Who is that woman?
3. What's your address?
4. What's your telephone number?
5. Where are you from?
6. Where are my pictures?
7. When is her birthday?
8. When is the party?
9. How are your pets?
10. How tall are you?
11. Why are you here?
12. Why is he sad?

5.2 (Supongamos que te llamas Ana y eres de Valencia.)
Paul: John, this is my friend Ana.
John: Hi Ana!
You: Hi, nice to meet you.
John: Where are you from?
You: I'm from Valencia.
John: Where is it?
You: It's in Spain. And where are you from?
John: I'm from Paris.
You: What's your job?
John: I'm a fireman. Oh, look! There's my cousin near that table.
You: Your cousin? Oh, he's a nice boy! What's his name?
John: His name is Luke.
You: There's a beautiful girl with him. Is she his girlfriend?
John: No, she is not his girlfriend. She's mine...
You: Oh, I'm sorry...

5.3 1. How is Andrés? Andrés has a headache. Why? Because he is tired.
2. Who is he? He is Mr Erman. What's his job? He is a greengrocer.
3. What's your favourite colour? My favourite colour is red.
4. What's your favourite pet? Cats are my favourite pet.

5.4 25 April: the twenty-fifth of April
1 May: the first of May
10 August: the tenth of August
January: the fourteenth of January
2 June: the second of June
30 November: the thirtieth of November
6 September: the sixth of September 14

5.5 On August 12th
On Monday evening
In 1986
In the week
At midday
In the morning
On December 25th
At a quarter past eight
At 15.30
In spring
On Tuesday night
In March
In summer
At dawn

5.6 30 days in November, with April, June and September, 28 there is one, (February), all the others are 31. (January, March, May, July, August, October, December)

5.7

12.20	It's twenty past twelve p.m. / in the afternoon.
8.50	It's ten to nine a.m. / in the morning.
10.30	It's half past ten a.m. / in the morning.
21.00	It's nine o' clock p.m. / in the evening.
5.08	It's eight past five a.m. / in the morning.
22.35	Its twenty-five to eleven p.m. / in the evening.
11.15	It's a quarter past eleven a.m. / in the morning.
15.45	It's a quarter to four p.m. / in the afternoon.
23.30	It's half past eleven p.m. / in the evening.

DAY SIX

6.1

COUNTABLE	UNCOUNTABLE
class / student / pound / carton / apricot / biscuit / time peach / piece / cake / pencil / sack / litre	water / drug / juice / milk / money advice / sugar / information

6.2
1. How much are the apples? They are 6 pounds a sack.
2. How many pens are there? There are five pens.
3. How much was your computer? My computer was 930 pounds.
4. How many cartons have you got? I have got three cartons of orange juice.
5. How much juice do you have? I have a lot of orange juice.
6. How many people are there at the concert? There are 3,000 people at the concert.
7. How many apricots do we want? We want ten apricots.
8. How many biscuits does she have? She has seven biscuits.
9. How much are the peaches? The peaches are 4.50 pounds a kilo.
10. How many pieces of cake does he have? He has three pieces of cake.

6.3
1. There is a lot of cheese in the fridge.
2. There isn't much time!
3. Are there many families in this block of flats? Yes, there are 60.
4. Have we got some sugar? We've got some but not much.
5. There are a lot of people today.
6. He has not many peaches in his bag.

6.4
1. There isn't much cheese in the fridge.
2. There is a lot of time!
3. Aren't there many families in this block of flats? No, there are 60.
4. Have we got some sugar? We've got a lot of sugar.
5. There aren't many people today.
6. He has a lot of peaches in his bag.

6.5
1. There aren't enough students in class.
2. There are too many people on the bus.
3. They are too many!
4. He is a really happy person!
5. We haven't got enough money to buy the present.
6. The fridge is very cold.
7. My tea is too hot.
8. We are very tired.
9. Our son is very well!
10. I see too many people in this room.

DAY SEVEN

7.1 You always eat pizza on Fridays.
Ana seldom writes emails.
They love their city.

7.2 Do you always eat pizza on Fridays?
Does Ana seldom write emails?
Do they love their city?

7.3 You don't always eat pizza on Fridays.
Ana doesn't write emails seldom.
They don't love their city.

7.5
1. Sylvia studies at university.
2. He plays football.
3. I speak English and French.
4. George goes to school.
5. The road passes through the woods.
6. I live with my friends.
7. We like all animals, but he prefers dogs.
8. Clare eats ice cream very often.
9. Children always run in the garden.
10. Penguins live at the South Pole.

7.6

Negativa	Interrogativa	Short answer
Sylvia doesn't study at university.	Does Sylvia study at university?	Yes, she does./No, she doesn't.
He doesn't play football.	Does he play football?	No, he doesn't./Yes, he does.
I don't speak English and French.	Do you speak English and French?	Yes, I do./No, I don't.
George doesn't go to school.	Does George go to school?	Yes, he does./ No, he doesn't.
The road doesn't pass through the woods.	Does the road pass through the woods?	No, it doesn't./Yes, it does.
I don't live with my friends.	Do you live with your friends?	No, I don't./Yes, I do.
We don't like animals, and he doesn't prefer dogs.	Do we like all animals? Does he prefer dogs?	Yes, we do./No, we don't. Yes, he does./No, he doesn't.
Clare doesn't eat ice cream very often.	Does Clare eat ice cream very often?	No, she doesn't./Yes, she does.
Children don't always run in the garden.	Do children always run in the garden?	Yes, they do./No, they don't.
Penguins don't live at *the* South Pole.	Do penguins live at the South Pole?	Yes, they do./No, they don't.

7.7
1. When is your birthday? On January 7th. Do you usually have a party? Yes, I do. I have lunch with my family and I go out with my friends in the evening. It's nice!
2. Where do the Mertons live? They live near here, in that street on the right. They have a beautiful house on two floors, with a blue roof and two big watchdogs.
3. Bob never does his homework in the afternoon: he always studies in the evening, and he is usually tired in the morning.
4. What time is it, please? It's five past ten. Really? I want to go to buy Clare a present.
5. The summer party is on June 21st. I'm dying to go: there are always a lot of people, and it's a nice party!
6. At what time does the airplane leave? At one twenty-five. I have to buy the newspaper. Buy one for him, too. Ok?
7. Do you like sports? Yes, I do. I usually go sailing when I go to the seaside, and when I want to go climbing I go to the mountains.
8. How much time does it take to go to London from Madrid? She thinks about one hour.
9. Why don't we call Ted? What's his telephone number? He always goes to that shopping centre.

DAY EIGHT

8.1 We are going to help him.
He is renting a car.
You are listening to the teacher.

8.2 We aren't going to help him.
He isn't renting a car.
You aren't listening to the teacher.

8.3 Are we going to help him?
Is he renting a car?
Are you listening to the teacher?

8.4 Aren't we going to help him?
Isn't he renting a car?
Aren't you listening to the teacher?

8.5 Pierden la -E: arriving, changing, taking
Doblan la consonante: cancelling, planning, swimming, travelling
Añaden -YING: lying
Añaden solo -ING: buying, thinking, staying, speaking

8.6 (Aquí solo ponemos unos ejemplos de cómo podrías formular las frases.)
I'm not watching TV. My brother is watching TV. / I'm not talking on the phone with my friend Clare. My sister is talking on the phone with my friend Clare. / I'm not doing my homework. My brother is doing his homework. / I'm not reading a book. My mom is reading a book. / I'm not playing in the garden. My dog is playing in the garden. / I'm not washing the car. My father is washing it. / I'm not studying English. My friend is studying English. / I'm not listening to the radio. My aunt is listening to the radio. / I'm not going to university today. My friend is going to university today.

8.7
1. Where is Mr Benson? Is he at home? No, he is in Vienna on a two-week vacation. He often travels around Europe. What is he doing now? He is taking a picture.
2. Are the Mertons in the kitchen? Yes, Mrs Merton is cooking, and her husband always helps her in the kitchen. Their cat is playing on the floor.
3. What are you doing, Carl? I am watching TV. You are always watching TV! I don't understand you.
4. I am thinking about a trip with my wife. Where are you thinking about going? We often say we want to see the USA!
5. Mrs Thompson makes a cake every Saturday, because her children want dessert. Today they are leaving for a trip, but she is waking up early to make it. She is a very good mom!
6. What are you waiting for? I am at the platform, I'm waiting to get my luggage.

8.8 John lives near Madrid. Every Saturday, he goes to the city and takes his favourite bag with him, a small hand luggage. He usually goes by bicycle, but today it is raining a lot, so he decides to take the train at 9 o'clock a.m. He is arriving in Madrid when he meets an old friend. They talk about years and years of their lives, and John forgets to get off the train. After about one hour, his friend says, "Goodbye John, it was nice to meet you. I am at my stop!" John asks him, "Where are we?" and his friend replies, "We are arriving in Toledo!"

DAY NINE

9.1 We'll cook some eggs.
He'll walk fast.
They'll leave soon.

9.2 We won't cook any eggs.
He won't walk fast.
They won't leave soon.

9.3 Will we cook some eggs?
Will he walk fast?
Will they leave soon?

9.4
1. This luggage is very heavy. I think I'll take it with me.
2. It's hot today. I think go out.
3. My daughter wants some biscuits. I don't think I'll make them, because I don't think I'll have time.
4. It will be sunny next weekend. I think go camping.
5. I'm a hiker, but I don't think climb this afternoon.

9.5
1. It's Kevin's birthday next Sunday. He'll be 18!
2. She wants to win the game. She'll need some help.
3. I won't cook an omelet for dinner.
4. We're short of petrol. go to the petrol station.
5. It's not going to rain. I won't take an umbrella with me.

9.6 (Te sugerimos posibles respuestas, pero todo depende de tus planes personales.)
1. This evening probably be out with my boyfriend.
2. Three years from now I don't know where I'll be.
3. At midday I'll have lunch at the restaurant.
4. Five minutes from now I'll be here.
5. Tomorrow go to school.

9.7
1. This hotel is full. We'll book another one.
2. We're lost. We'll ask a policeman.
3. I'm painting a butterfly. It will be beautiful!
4. I love this singer. We'll go to the concert.
5. The circus is in town! I'll buy tickets for tomorrow.
6. I'm buying some great wine. You will come to dinner.
7. My uncle is leaving tonight. He'll be at home tomorrow.
8. We like to play chess. We'll play soon.
9. I want to speak to Linda. I think she'll be here soon.
10. He is cancelling the flight. He'll call you.

9.8

Negative	Interrogativa	Short answer
We won't book another one.	Will we book another one?	Yes, we will./No, we won't.
We won't ask a policeman.	Will we ask a policeman?	Yes, we will./No, we won't.
It won't be beautiful!	Will it be beautiful?	Yes, it will./No, it won't.
We won't go to the concert.	Will we go to the concert?	No, we won't./Yes, we will.
I won't buy tickets for tomorrow.	Will I buy tickets for tomorrow?	No, I won't./Yes, I will.
You won't come to dinner.	Will you come to dinner?	Yes, you will./No, you won't.
He won't be at home tomorrow.	Will he be at home tomorrow?	No, he won't./Yes, he will.
We won't play soon.	Will we play soon?	Yes, we wilt./No, we won't.
I think she won't be here soon.	Will she be here soon?	No, she won't./Yes, she will.
He won't call you.	Will he call you?	Yes, he will./No, he won't.

DAY TEN

10.1 He forgot the lion in class.
You helped the children.
They had a party a week ago.

10.2 He didn't forget the lion in class.
You didn't help the children.
They didn't have a party a week ago.

10.3 Did he forget the lion in class?
Did you help the children?
Did they have a party a week ago?

10.4 Didn't he forget the lion in class?
Didn't you help the children?
Didn't they have a party a week ago?

10.5
1. You did really well at your driving test.
2. Linda only slept for three hours last night.
3. He took all the money and ran away.
4. Last year she was 17, so now she is 18.
5. George worked in a bank from 1990 to 2013.
6. He kissed me intensely.
7. Yesterday I lost my watch.
8. I made a really good cake!
9. You broke the window with a ball!
10. They married about one year ago.

10.6
1. What did you do last night? I went to the cinema with Clare.
2. Where did Tommy live last year? He lived in Scotland for six months.
3. Did they find their child? Yes, they did. He was in the bedroom.
4. What happened to you? Nothing, I fell down.

5. How much was a sack of potatoes? They didn't know.
6. Why was she so angry? Because she wanted to buy that pair of shoes.
7. When did Bennie travel there? It was three months ago.
8. Didn't they buy a new armchair? No, they didn't find one.
9. Why were you late this morning? Because there was traffic.
10. Didn't you sit down next to your mom? No, I didn't. I sat down next to Carl.

10.7
1. Tomorrow he'll be in Port St. Lucie.
2. At the moment he's in Sarasota.
3. Yesterday he was in Tampa.
4. Last week he was in Jacksonville.
5. Four days ago he was in Orlando.
6. Next week he'll be in Miami.
7. At the end of his trip he'll be very tired but happy too!

10.8
1. You had fun at the party.
2. Thursday we were at home.
3. Yesterday night the film was really nice.
4. We found my keys.
5. I opened the shop at four o'clock this afternoon.
6. The dog ran all day.
7. You ate too many chips.
8. School started on Friday.
9. I changed car.
10. You had a question to ask.

10.9

Negative	Interrogativa	Short answer
You didn't have fun at the party.	Did you have fun at the party?	Yes, I did./No, I didn't.
Thursday we weren't at home.	Were we at home on Thursday?	Yes, we were./No, we weren't
Yesterday night the film wasn't really nice.	Was the film really nice yesterday?	No, it wasn't./Yes, it was.
We didn't find my keys.	Did we find my keys?	Yes, we did./No, we didn't.
I didn't open the shop at four o'clock this afternoon.	Did I open the shop at four o'clock this afternoon?	No, I didn't./Yes, I did.
The dog didn't run all day.	Did the dog run all day?	Yes, it did./No, it didn't.
You didn't eat too may chips.	Did you eat too many chips?	No, we didn't./Yes, we did.
School didn't start on Friday.	Did school start on Friday?	Yes, it did./No, it didn't.
I didn't change car.	Did you change car?	Yes, I did./No, I didn't.
You didn't have a question to ask.	Did you have a question to ask?	No, I didn't./Yes, I did.

DAY ELEVEN

11.1
1. At 1.00 p.m. she was eating.
2. At 2.50 p.m. she was washing the car.
3. At 5 o'clock p.m. she was playing the guitar.
4. At 2.15 p.m. she was watching TV.
5. At 7.45 p.m. she was having a drink.
6. At 6.15 p.m. she was swimming in the pool.

11.2 (Te proponemos una posible solución. Obviamente, lo que tú hiciste anoche a las 20 puede ser muy distinto.)
1. Jack was eating at home while I went out for a drink.
2. Jack wasn't opening the door: I was opening the door to go out.
3. Jack was watching television, while I was taking the bus to meet my friends.

4. Jack wasn't reading the paper, he was watching the news. I was reading the paper on the bus.
5. Jack was cutting some beef, while I was hungry!
6. Jack was wearing a t-shirt, while I was wearing a nice shirt.
7. Jack was drinking some great wine, while I was having a beer.

11.3 Luke was driving back home when he saw burglars in his garden.
One of them was checking the house, while the other one was trying to open the lock on the front door. Luke didn't waste any time: he got into his sports car and went to the police station.
The policeman wrote down Luke's address and sent two policemen there straight away. The two burglars were still in the house when the police arrived. One was stealing a picture and the other was putting jewellery in a sack. The policemen arrested them.

11.4
1. I was watching Michael Jordan on TV when you arrived.
2. What happened to you? I fell while I was cycling.
3. I was cleaning the drawers in the office when the screams started.
4. I stopped studying just when you came in, mom. Really!
5. Before you went out, you were cleaning the kitchen.
6. Stop smoking! Your health will thank you!
7. I was afraid of forgetting the appointment, when I found my planner.
8. Instead of wasting time, finish your homework!
9. I was translating these sentences, when the bell rang.
10. Mom was telling us a story, when dad came in the room to say goodnight.

DAY TWELVE

12.1 y 12.2: No podemos darte una solución para estos ejercicios. Te aconsejamos que les leas lo que has escrito a las personas con las que conversas, o que les envíes el texto por e-mail para que puedan corregirlo.

12.3
1. She is in the living room.
2. It is on the table.
3. They are in the cage.
4. They are in the oven.
5. It is in front of the case.
6. It is downstairs.
7. I am at the bus stop.
8. It's under my jacket.
9. They are at the pool.
10. They are near the wardrobe.

12.4
1. Santa Claus brings children presents on Christmas Day.
2. Spanish children begin to attend primary school at 6-years-old.
3. Easter is usually in April.
4. During the summer holidays, Spanish students stay home from school in June, July and August.
5. Valentine's day is on February 14th.
6. People generally get dressed in the morning.
7. I eat dessert at the end of the meal.
8. People eat chocolate eggs at Easter.
9. In Spain you get your driver's license at 18.
10. Employees go to work from 9 o'clock a.m. to 6 o'clock p.m.

12.5 When Linda's dad comes home after work at about seven o'clock he is often tired. First he takes a shower and changes his clothes, then he reads the paper, and after he has dinner with the family. Then Linda and her little brother take their dog Argo out for a walk. While the children are getting ready for bed, Linda's mum washes the dishes and then she tells her brother a goodnight story. Argo is always tired after the walk, so it goes straight to its doghouse. Linda's dad relaxes in front of the TV, but not for long. Then he goes to bed.

12.6
1. Next Saturday it's my birthday. My daughter and I always go out on my birthday. Do you want to come with us?
2. Every Sunday we go to visit grandma before lunch, and we stay there until 5 p.m.
3. I am coming to visit you for a few days.
4. Mary will be in Valencia for a few days.
5. Philip is playing the guitar at the moment. He always plays at this time.
6. Be here by 1 o'clock p.m. We have planned a nice lunch. First we'll eat pasta with zucchini and shrimp, rice with vegetables, then a big steak with French fries and salad. At the end, a chocolate cake! It will be very good!
7. My grandfather was in Russia during the war.
8. We are waiting for Max and Jack before ordering.
9. The Luna park will be here from the 3rd of August to the 5th of September.
10. My friends will be on holiday for two weeks at Christmas.

12.7
1. I rarely go to work by car.
2. Mr and Mrs Marfin are travelling on a luxury cruise ship.
3. Ted is going to the park by bike.
4. I always take a plane to go abroad.
5. I would like to go on a boat in Venice.
6. They ran into the woods up to the Lake.
7. Why doesn't Lucy go to school on her scooter?
8. The ship goes around the island.
9. Every morning my grandparents walk along the beach.
10. Ghosts pass through walls!
11. Tom flies to Rome to see his girlfriend.
12. Luke is going to school on his new bicycle.
13. She went to the city centre on foot.
14. They will come from Mexico to celebrate your graduation here.
15. The children slide down of the slide.

DAY THIRTEEN

13.1

	tipo	tiempo verbal subordinada	tempo verbal principal
If she leaves early, she will get to school on time.	1	simple present	simple future
If you boil water, it evaporates.	0	simple present	simple present
If he goes to sleep now, he will be on time tomorrow.	1	simple present	simple future
If Maggie had come yesterday, we would have done our homework together.	3	past perfect	would have + participio
If she had known him better, she wouldn't have married him.	3	past perfect	would have + participio
If I wasn't so tired, I would come to the gym with you.	2	simple past	would + infinitivo
If you loved me, you would come here.	2	simple past	would + infinitivo
If you were engaged, you would be very happy!	2	simple past	would + infinitivo

13.2	1j	4i	7l	10e
	2b	5f	8h	11a
	3d	6c	9g	12k

13.3 Jack: If I have a job, I earn money!
If I earn a lot of money, I wilt buy a house!
If I also had a house abroad, I would go there on holiday!
If I had thought about it before, I would have started working earlier!
Clare: If you are 18, you can get a driver's license.
If you study, you will get it in 3 months.
If Jo had time, she would ask for information at the driving school.
If Jo had felt like getting a driver's license, she would have already enrolled.
Susy: Frederick and I got engaged!
If Hillary is the bridesmaid, I will be happy.
If it was tomorrow, I would be even happier.
If I had known it when I sent the letter, I would have written about it to my pen friend Rosy.
Matthew: If Tommy opens all the windows, there is too much wind.
If Tommy opens just one window, we will be ok.
If Tommy pulled the curtains, it would be fantastic.
If we had all gone outside for a walk, we would have also had a picnic outside.

13.4
1. If I see you, I am happy!
2. If you heat up ice, it melts.
3. If we lived on a spaceship, we would fly from one planet to another.
4. If you study, the test will go well.
5. If you follow this book's directions, you will learn English in 21 days.
6. If we had gone out with them, we would have had a lot of fun.
7. If I eat too many cherries, I get sick.
8. If I had a huge house, I would put a cinema in my living room.
9. If Sue had been more determined, she would have won the competition.

DAY FOURTEEN

14.1 This is the story of four people, called Everybody, Somebody, Anybody and Nobody. There was an important job to do, and Everybody was sure that Somebody would do it. Anybody could do it, but Nobody did it, then Somebody got angry because it was Everybody's job. Everybody thought that Anybody could do it, but Nobody realized that Everybody had to do it. In the end, Everybody blamed Somebody because Nobody did what Anyone could have done.

14.2
1. Tommy is a tall, young, attractive, unpolite man.
2. I have an old, expensive, white, wool t-shirt.
3. Hillary is a short, thin, young, beautiful, rich, blonde woman.
4. Sam has a big, new, important, purple book.
5. Laura has a big, pleasant, light blue bedroom.
6. They have a small, wonderful, pink, Light, glass picture.

14.3
1. Jo is a nice girl.
2. Annie's glasjes are red and expensive.
3. It is a fabulous ship.
4. There is a big wardrobe in her bedroom.
5. My bottle is full.
6. Is it an interesting film?
7. Is he a good singer?
8. Do they drink dry wine?
9. Are you a determined boy?
10. Did you have a busy day?

14.4
1. There are dark clouds in the sky. It's going to rain!
2. There is a happy man. He has just bought a new car.
3. There is a lucky woman. She had a big win!
4. There is a wonderful sunset. The sun is orange in the red sky.
5. There is a strong body builder. He is short but very muscular.
6. There is an old house. It is dirty and full of ghosts.

14.5
1. What's the weather like today? It will be very cold.
2. How well does Jessie speak English? That girl speaks English very fluently.
3. Nobody has ever seen such a beautiful dress! You look very nice, where did you buy it?
4. You are always so fast when you tidy up and clean the basement. How do you do it?
5. Have you seen that jacket? The brown one? It's ugly!
6. Who did you meet yesterday? I met Mr Patterson, but it was an unpleasant meeting: he is an important but mean person.
7. Why are you crying? Because I saw a romantic and sad movie.
8. Why do you agree with him? Because he said the right thing.
9. Is Priscilla a teacher? Yes, she is an excellent teacher.
10. I will lend you my glasses, but be careful because they are new.
11. Can you tell me something about John? He is sad because his girlfriend cheated on him.
12. Which are her favourite roses? She likes yellow roses.
13. Did you buy me new shoes? Thank you, I'll try them on. I'm afraid you bought the wrong size.
14. What did you do in these summer months? Nothing interesting, I went on a boring vacation.
15. Where will you go in the next few months? I'll go abroad for work, and I'm very proud to have obtained this task.

DAY FIFTEEN

15.1
1. Don't speak so quickly. We don't understand you.
2. This pillow is very soft.
3. My pen friend and I have a very nice friendship.
4. When I saw him, I immediately got excited.
5. She shouted at him angrily.
6. Did you have a pleasant surprise yesterday night?
7. Were you pleasantly surprised?
8. Can you speak slowly, please?
9. When he wants something, he is determined.
10. Please listen carefully.

15.2
1. Suddenly it started raining very hard.
2. I'm getting bored at school.
3. I'm tired today. I didn't sleep well last night.
4. You can learn English easily if you study every day.
5. Claudio is a good player, but yesterday he played very badly.

15.3	Popular	More popular	Careful	More careful
	Strong	Stronger	Unlucky	Unluckier
	Light	Lighter	Lucky	Luckier
	Kind	Kinder	Late	Later
	Cold	Colder	Fast	Faster
	Safe	Safer	Good	Better
	Weak	Weaker	Tired .	More tired
	Heavy	Heavier	Dull	Duller

15.4	Older	Younger	Wronger	Righter
	Worse	Better	Shier	More talkative
	Nearer	Farther	Lazier	More active
	Larger	Smaller	Nastier	More savory
	Dirtier	Cleaner	Fitter	More unfit

15.5
1. You aren't very tall, your sister is taller.
2. You are shorter than him.
3. I am more in love every day, today more than yesterday.
4. Who is older? My grandfather is older than yours.
5. Is this sandwich or that salad more expensive? The sandwich is much more expensive than the salad.
6. Is it more important to go to London or to Paris? Going to London is more important than going to Paris.
7. It is less expensive to travel by train. Yes, but it is also less comfortable and fast.
8. Jack is less shy than Sam.
9. Today in the sky there are fewer clouds than yesterday.
10. This dress doesn't fit you as well as the one you had before.
11. Oil is less heavy than water.

15.6

comparativo de superioridad
This backpack is smaller than that one.
Lisa is lazier than anybody.
Those answers are more honest than the others.
Your sunglasses are more beautiful than hers.
My children are more polite than them.

comparativo de igualdad
This backpack is as small as that one.
Lisa is as lazy as anybody.
Those answers are as honest as the others.
Your sunglasses are as beautiful as hers.
My children are as polite as them.

comparativo de inferioridad
This backpack is less small than that one.
Lisa is less lazy than anybody.
Those answers are less honest than the others.
Your sunglasses are less beautiful than hers.
My children are less polite than them.

15.7
1. Trains aren't as comfortable as planes.
2. Hillary has as much money as Joe does in her wallet.
3. Sam isn't as old as John.
4. My bus leaves at the same time as yours.
5. You like to study English as much as I like to study Italian.

15.8 1. Christmas Day is a good day. It is the best day in the year.
2. Clare is a young girl. She's the youngest girl in the class.
3. This is a beautiful flower. It's the most beautiful flower I've ever seen.
4. It was a very happy day. It was the happiest day of my life.
5. Your husband is very nice. He is the nicest person I've ever met.
6. Today my homework is very difficult. It is the most difficult homework for this week.
7. This child is very rude. He is the rudest child I've ever known.

DAY SIXTEEN

16.1 We have bought a new bicycle.
Jim has gone to the gym.
They have gone to sleep late.

16.2 We haven't bought a new bicycle.
Jim has not gone to the gym.
They have not gone to sleep late.

16.3 Have you bought a new bicycle?
Has Jim gone to the gym?
Have they gone to sleep late?

16.4 Haven't you bought a new bicycle?
Hasn't Jim gone to the gym?
Haven't they gone to sleep late?

16.5
1. He has cleaned his shoes.
2. You have received a letter from Lucy.
3. She has closed the door.
4. I have not finished the book yet.
5. We have not paid the rent this month.
6. Clark has sent us a postcard from Rome.
7. I haven't passed the oral exam.
8. Has it finished raining?
9. Have you bought a new dress?
10. Have they gone to bed already?

16.6
1. The train has just arrived.
2. I have drunk all the water in the bottle.
3. Joe has been here.
4. The film has already begun.
5. I have asked for information but I haven't understood the answer.
6. Carl and Sophie have met in the park.
7. You have learned English well.
8. Mrs Mercur has always liked painting.
9. They have spent their whole life in Paris.
10. I have never kissed anybody until now.

16.7

Negativa	Interrogativa	Short answer
The train hasn't just arrived.	Has the train just arrived?	Yes, it has./No, it hasn't.
I have not drunk all the water in the bottle.	Have I drunk all the water in the bottle?	Yes, I have./No, I haven't.
Joe has not been here.	Has Joe been here?	Yes, he has./No, he hasn't.
The film has not begun yet.	Has the film already begun?	Yes, it has./No, it hasn't.
I have not asked for information.	Have I asked for information?	Yes, I have./No, I haven't.
Carl and Sophie have not met in the park.	Have Carl and Sophie met in the park?	Yes, they have./No, they haven't.
You have not learned English well.	Have you learned English well?	Yes, you have./No, you haven't.
Mrs Mercur hasn't always liked painting.	Has Mrs Mercur always liked painting?	Yes, she has./No, she hasn't.
They.haven't spent their whole life in Paris.	Have they spent their whole life in Paris?	Yes, they have./No, they haven't.
I have kissed somebody before now.	Have I ever kissed anybody until now?	Yes, I have./No, I haven't.

16.8 1. I have just made some tea. Would you like some? No, thanks. I had some an hour ago and I have just had coffee with Sam. Where did you meet him?
2. You have just had a horrible dream. What have you eaten at dinner yesterday?
3. Has Sue passed her driving test? Yes, but she has not received her driving license yet. Last week she drove my car twice. She's a good driver.
4. I ate too much yesterday and I still feel full.

16.9 1. Have you ever played baseball? No, I never have.
2. Have you ever been to Berlin? Yes, I have twice.
3. Have you ever bought a BMW? No, I never have.
4. Have you ever been to Greece? No, I never have.
5. Have you ever had a headache? Yes, I have, many times.
6. Have you ever played chess? Yes, I have a few times.
7. Have you ever eaten Indian food? Yes, I have once.

16.10 1. Sam has been to Berlin twice.
2. Sam has never been to Greece.
3. Sam has never played baseball.
4. Sam has had a headache many times.
5. Sam has eaten Indian food once.

16.11 (Te proponemos algunas respuestas posibles; probablemente, tus experiencias personales serán distintas.)
1. I have been to Berlin once.
2. I have never been to Greece.
3. I have never played baseball.
4. I have had a headache a few times.
5. I have eaten Indian food many times.

16.12

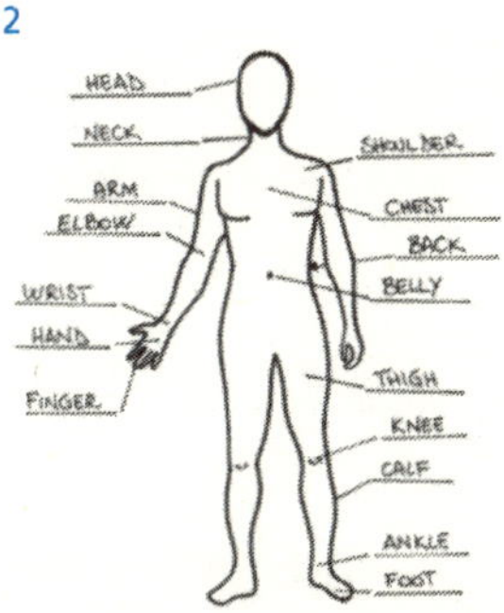

16.13 1. John seems angry!
2. He opened the door and felt the cool wind on his face.
3. This scarf feels very soft.
4. I've never seen her feel so happy before.
5. "How are you?". "I'm afraid I don't feel very well today".

16.14 1. Susy and Clare watch that stupid soap opera on TV every day.
2. When I'm worried I listen to some music.
3. The students are listening to their teacher giving a lesson.
4. Look out the window! It's snowing!
5. It's hard to hear the doorbell from here.

16.15 1. I'm not going to buy any clothes.
2. I want to wash my hair. Is there any shampoo?
3. I baked some biscuits for my children.
4. I'm not hearing any voices.
5. You are listening to some words.
6. Yesterday, we went to the cinema with some friends of mine.
7. "I'm hurt". "Do you have any painkillers?".

16.16 He feels bored.
They smell horrible.
It seems dangerous.
It looks surprising.
He sounds noisy.
It tastes good.

16.17 1. How are you? My hand is hurt and I have some bruises. It could have been worse.
2. Did you bake a cake? This kitchen smells good.
3. Yesterday I whispered some answers to Carl during the test. He felt better immediately.
4. I have a headache. Maybe it's best if I go to steep a little bit.
5. Lucy is afraid of injections. Every time she has to have one, I have to convince her with some promises.
6. I was going to Rome on my motorbike, when I fell and I got burned.
7. Grandma, the doctor said that you have diabetes. You can't eat any sweets, I'm sorry.
8. My sense of smell works very well, but sometimes I don't recognize different tastes.
9. Don't touch him anywhere! He feels pain everywhere.
10. I have dry skin. Have you got any cream please?

DAY SEVENTEEN

17.1 1. I have been waiting for the bus for a few minutes.
2. "How long have you been on holiday?". "I have been on holiday since August 10th".
3. "How long have you been learning English?". "I have been learning English for seventeen days".
4. She has been working here since 2004.
5. They have been sitting down since 9 o'clock.
6. Annie has been typing letters all day long.
7. Is the baby still crying? I hope she hasn't been crying all the time.
8. You have been watching TV only for a short time.
9. Mark has been preparing for this trip with his wife for a month.
10. I have been laughing since this morning.

17.2 1. I have been wandering in London for a week.
2. It has been raining since this morning.
3. Lisa has been living in that house since 1986. She has been building a new house for a year.
4. I have been walking towards the school for 15 minutes.
5. Are you waiting for someone? Yes, I have been waiting for Matthew since 3 p.m.

17.3

SINCE	FOR
2010	a year
midnight	ages
6 a.m.	a long time
last week/year	a short time
we arrived	3 months
this morning	a few minutes

DAY EIGHTEEN

18.1
1. When we returned home, we realized that somebody had forced the door.
2. Andrew took my toys because he had broken all his toys.
3. I had unwrapped all my Christmas presents before you arrived.
4. We gave Tom a dog when he had passed the school year.
5. I wanted to help my mom to prepare the table for dinner, but she had done everything by herself.
6. Kevin was running after his hat because it had blown off in the wind.
7. My nephew had brought the rings to the altar when the bride ran away.
8. They had decided to spend a romantic day in the mountains, but the weather was awful, so they stayed at home.
9. I was at John's to visit him. He offered me some biscuits and tea but I had already eaten before.
10. Tom slept all day long because he hadn't slept at night.

18.2
1. My friends went to the theatre yesterday. I had a fever and I couldn't go.
2. Where did you go on holiday? I had thought about going to the sea but my boyfriend doesn't like it, so we went to the mountains.
3. Can you tell me what happened? I had talked to Paul about the idea of going to visit Venice, but Samantha had already decided not to come.
4. I had corrected all the tests, when I realized that Sam's was missing.
5. You had drunk too much and I was afraid, that's why I came with you.

18.3
1. He told me he had been trying to phone me all day long.
2. One day a poor fisherman had been catching fish in his net, when the police told him he needed a license.
3. Cinderella's carriage had been waiting outside the castle while she was dancing with the prince.
4. We had been speaking for an hour when he called.
5. I had been afraid of discussing things with my mother. But in the end, she understood.
6. A mouse had been running away from the fox in the woods.
7. Of course I was angry, I had been calling you all day!
8. He met Ann after she had been bringing her dog to this same park for years.
9. They had been building a new house since April.
10. I had lost an earring at the party and I had been looking for it for a week, when I finally found it.

18.4
1. Were you at home this morning? No, I was taking my piano lessons.
2. You were buying a beautiful blouse. Why didn't you buy it?
3. It was probably raining cats and dogs yesterday, if Michael preferred not to go have fun with his friends.
4. The lesson had been becoming more interesting when you came in the class.
5. We went to visit a haunted house. I was so excited about it that I had been telling everyone for days.

18.5 Ann: Hello! Who is it?
Mark: It's Mark speaking, hello.
Ann: Oh, hello Mark, how are you?
Mark: Fine, thanks. And you?
Ann: Very well because I just received some good news!

Mark: What happened?
Ann: I've got the green light from my parents, so I can go out with you! At first they had said I could not, but I convinced them.
Mark: When did you speak with them?
Ann: We spoke at lunch.
Mark: I'm happy! What are you doing in this moment?
Ann: I'm studying. Why?
Mark: I had been thinking about taking a break before I called you. Do you want to come with me?
Ann: No, I had decided to help my parents today. We'll meet another time. Ok?
Mark: Ok. Goodbye.
Ann: Goodbye.

DAY NINETEEN

19.1 1d
2c
3a
4b

19.2 I don't know. I might go camping with my son.
I'm not sure. I might have dinner with my wife.
I haven't decided yet. I might cook a roast and some baked potatoes.
I don't know. I might go to Granada.
We haven't decided yet. We might go to New York.
I'm not sure. I might give her a day of shopping without limits.

19.3
1. I took it to the mechanic a long time ago, but he still has not been able to find the cause of the breakdown.
2. Could people talk on the phone before 1865? Of course not, the telephone was invented in 1876.
3. I'm sorry Lizy but I can't come to your party on Sunday.
4. Is Mark there? No, he went to buy some bread ten minutes ago. He will come back soon.
5. Can I go to send the letter now? No, you can't. Will you be able to do it tomorrow? Yes, I will.
6. Could she sing a song for us? No, she lost her voice.
7. Can you see me? I can see you, but I can't hear you!
8. He could make a cake for your birthday, because he is a very good cook!
9. I will be able to take a day off whenever I like, when I get a promotion.
10. If you tidy up your bedroom, your mom will stop reprimanding you.

19.4
1. Could you open the door, please?
2. I could buy her a new car when she gets her license.
3. I could have looked after the children, if you had asked me.
4. Now it is 5 o'clock. I could make some tea.
5. Why did you go on foot? I could have lent you my car.
6. My compliments John. Your performance couldn't have been better.
7. Could you give me a hand with the housework, please?
8. He could have avoided that illness if he had been more careful with his health.
9. People couldn't live far away from their job before 1850, because cars had not been invented yet.
10. Even if you had the time, you couldn't cook the roast because we don't have any of the ingredients.

19.5 1. I am lost. I think you should follow the directions.
2. Do you need my car today? I think you should buy one.
3. This hotel is too expensive for us. I don't think we should stay here.
4. This subscription has expired. I think you should renew it.
5. We are in a hot air balloon. I think you should enjoy the view.

19.6 1. Your grades are not very good. You should have studied more.
2. You shouldn't go there alone. It can be dangerous.
3. You are learning English quite well. You should practice speaking with someone or you should go to London for a few weeks.
4. The fish Sam caught was too small to eat. He should have let it go back in the lake.
5. I'm full! I shouldn't have eaten all those sweets!

19.7 1. You must tell her the truth.
2. Everybody must wear a helmet when they ride a motorbike.
3. Did they have to wait for a long time?
4. She must get up early tomorrow. She has to go to her first lesson at the university.
5. How lucky you are! You've never had to go to the dentist!
6. I had to go to the bank yesterday to get some money.
7. Samuel feels so nervous when he has to speak in public that he has to drink two shots of whisky first.
8. Today I can't go to the park because I have to go to my violin lesson.
9. I must tidy up the table after using it.
10. We went to Berlin by train a month ago. The train was so full that we had to stand for the whole journey.

19.8 1. Would you like some chocolate? Yes, please.
2. Would you like to go to the cinema? No, thank you.
3. Would you like your coffee with or without milk? With milk, please.
4. Would you like an ice cream? Yes, please.
5. Would you like to go out for a walk? Not now. Maybe later.

19.9 1. Would you like to borrow my car to go to the market? I would prefer to go by bus.
2. It might not snow, it's too cold.
3. We might go to the disco on Saturday night.
4. This can't be true. Who told you this story?
5. Will you see Jim tonight? I might.
6. I don't know if Claudia will be able to leave school one hour earlier without her parent's permission.
7. I could have gone to the fundraiser yesterday evening, but some old fr4nds came to visit me.
8. Liz should go to the hospital, it's better if you don't wait for Matthew.
9. You must remember to stop at the pharmacy before coming back home.
10. Excuse me, I have to talk to you. You never listen to me, and now I can't do anything else.

DAY TWENTY

20.1

Mojarse	To get wet	Ensuciarse	To get dirty
Ir a dar una vuelta	To get around	Volverse fácil	To get easy
Oscurecer	To get dark	Envejecer	To get old
Enfriarse	To get cold	Casarse	To get married
Levantarse	To get up	Prepararse	To get ready

20.2

1. I've sent many emails but I haven't received any answers.
2. Sam... They've brought us dinner. Come here!
3. Could you take the bus to go to work today? I will leave home late.
4. Did you set the timer so it will ring in about an hour?
5. This book thrills me every time I open it.
6. My mom let me go out with my friends last night.
7. Don't let me down!
8. I couldn't hold on to the rope any longer, and I had to let it go.
9. I keep record of all expenses.
10. We should go home, it's starting to get dark.

DAY TWENTY-ONE

21.1

TIEMPO VERBAL	FRASE EN ESPAÑOL	FRASE EN INGLÉS
Simple present	Cada lunes voy a una reunión. Ella utiliza tu coche.	I go to a meeting every Monday. She uses your car.
Present continuous	Estoy yendo a la reunión. Ella está utilizando tu coche.	I'm going to the meeting. She is using your car.
Simple future	Iré a la reunión. Ella utilizará tu coche.	I'll go to the meeting. She used your car.
Past simple	Fui a la reunión. Ella utilizó tu coche.	I went to the meeting. She used your car.
Past continuous	Yo estaba yendo a la reunión. Ella estaba utilizando tu coche.	I was going to the meeting. She was using your car
Present perfect	He ido a la reunión. Ella ha utilizado tu coche.	I have gone to the meeting. She has used your car.
Present perfect continuous	Llevo una hora viajando para ir a la reunión. Ella está utilizando tu coche desde esta mañana.	I have been travelling for an hour to go to the meeting. She has been using your car since this morning.
Past perfect	Yo ya había estado en la reunión. Ella ya había utilizado tu coche.	I had already been to the meeting. She had already used your car
Past perfect continuous	Expliqué que estaba yendo a la reunión. El año pasado ella ya estaba utilizando tu coche	I explained that I had been going to the meeting. She had already been using your car last year.

21.2

To run into	Encontrarse a alguien inesperadamente
To break in	Entrar por la fuerza
To look forward to	Tener muchas ganas de
To break out	Estallar
To back down	Rendirse
To do something over	Hacer de nuevo
To end up	Acabar por
To run out	Acabar
Tu pick out	Elegir
To go after	Seguir

21.3

1. Do you have something to clean the office? I phoned John to ask him if he could lend me the broom, but he said that he would call me back.
2. I asked Mary where I could find a pair of scissors, and she pointed to her desk.
3. Kim noticed that blanket was too old, so she gave it to Jack.
4. One of our biggest dreams is to wake up in the morning and find out we are on a hot air balloon.
5. It might be hard, but I'm not going to give up!
6. Look around, do you see a guitar?
7. At what time did you leave? I was late, so I put on some clothes and then I ran away.
8. Mary was sleeping, so she asked me to turn down the radio.
9. The burglars broke into the drugstore and took everything.
10. I was so angry that I got the cash out and figured out a solution.

Carl Heinz Peisker

Neue Luther Evangelien-Synopse

Oncken Verlag Wuppertal und Kassel

Die Abbildungen auf dem Umschlag sind Reproduktionen von Holzschnitten aus der Werkstatt Lucas Cranachs. Sie sind der ersten Ausgabe des sogenannten September-Testamentes von Martin Luther entnommen (er übersetzte es während seines Aufenthalts auf der Wartburg, es erschien im September 1522) und zeigen die vier schreibenden Evangelisten mit ihren Symbolen Engel, Löwe, Stier und Adler.

Bibeltext nach der Übersetzung Martin Luthers
in der Fassung von 1984
herausgegeben von der Evangelischen Kirche in Deutschland
und vom Bund der Evangelischen Kirchen in der DDR.

3. Auflage 1995

Gesamtherstellung: Druckhaus Gummersbach, Wagener GmbH

ISBN 3-7893-7174-2

VORWORT

Ein alter Grundsatz der Ausleger heißt: ‚Scriptura sui ipsius interpres.' Wenn es gilt, daß die Heilige Schrift sich selbst auslegt, so besonders bei den ersten drei Evangelien.

Dem aufmerksamen Leser fällt auf, daß diese in vielerlei Hinsicht — auch wörtlich — übereinstimmen. Bereits die Alte Kirche wußte um diesen Sachverhalt und suchte ihn u.a. dadurch zu erklären, daß sie sagte, die Verfasser der ersten drei Evangelien hätten diese Schriften wechselseitig benutzt. Aus diesem Grunde gab man ihnen später den Namen »synoptische Evangelien« (griechisch: Synopsis = Zusammenschau).

Es ist daher angemessen, die ersten drei Evangelien nebeneinander in Spalten abzudrucken, um die jeweilige Eigenart besser zu verstehen.

Eine gute Zusammenschau wird dadurch erreicht, daß in dieser Synopse jedem Evangelium eine eigene, gleichbleibend breite Spalte zugewiesen ist. Man findet in der ersten Spalte immer Matthäus, in der zweiten Markus, in der dritten Lukas und in der vierten (mit wenigen Ausnahmen; vgl. z.B. Nr. 15, Seite 22) die Parallelen aus dem Johannesevangelium (vgl. Anm. 1), die hier voll ausgedruckt sind.

Da die drei Evangelisten (Synoptiker) die Ereignisse nicht in der gleichen Reihenfolge bringen, erreicht man noch keine Zusammenschau, indem man die Texte einfach nebeneinanderstellt. In unserer Synopse soll jedes der drei ersten Evangelien fortlaufend gelesen werden können. Darum sind manche Abschnitte mehrmals abgedruckt worden. Diese Abschnitte, die dann nicht in der Ordnung des betreffenden Evangeliums stehen, sind *kursiv* gedruckt. Der *Kursivdruck* zeigt dem Leser deutlich, daß die Synoptiker oft, obwohl sie das gleiche berichten, die Ereignisse verschieden anordnen.

Als Beispiel dafür sei das »Vaterunser« (Nr. 29; 143) genannt: Bei Matthäus steht es in der Bergpredigt bei den Worten vom Beten (Nr. 28), während es bei Lukas im Reisebericht (»Auf dem Weg nach Jerusalem«: Nr. 134—183) und *nicht* in der Feldrede (Nr. 71—76) steht. Es muß deshalb zweimal gedruckt werden:

1. Im Zusammenhang von Matthäus (Nr. 29).
   Dort steht in der ersten Spalte die Matthäus-Fassung in normalem Druck, in der dritten Spalte die Lukas-Fassung in *kursivem* Druck, weil es doch dort aus dem normalen Zusammenhang des Lukasevangeliums herausfällt.
2. Im Zusammenhang von Lukas (Nr. 143).
   Dort steht in der dritten Spalte die Lukas-Fassung in normalem Druck, in der ersten Spalte die Matthäus-Fassung in *kursivem* Druck, weil es doch dort aus dem normalen Zusammenhang des Matthäusevangeliums herausfällt.

Als Regel gilt: Beim fortlaufenden Lesen des Matthäusevangeliums läßt man die kursiv gedruckten Abschnitte der ersten Spalte aus. Beim fortlaufenden Lesen des Markusevangeliums läßt man die kursiv gedruckten Abschnitte der zweiten, bei Lukas die der dritten Spalte aus.

Am oberen Rand jeder Seite sind Stellenangaben in zweifacher Form vermerkt.

1. Normaldruck: Diese Stellenangabe bezieht sich auf die fortlaufende Lesung derselben Spalte. Vgl. S. 21: Mk 1,23-38 gibt den fortlaufenden Text des Markusevangeliums an.
2. *Kursivdruck:* Fehlt die fortlaufende Lesung auf einer Seite ganz, so wird das in der betreffenden Spalte durch eine eingeklammerte Stellenangabe angezeigt; diese nennt jeweils den letzten Vers des vorausgehenden Stückes der fortlaufenden Lesung. Auf Seite 21 steht z.B. über der ersten Spalte *Mt 8,14-17.* Der Leser weiß also, daß auf dieser Seite in der Matthäusspalte der fortlaufende Text aussetzt. Liest man das Matthäusevangelium fortlaufend, so kann man diese Seite überblättern.

Als Regel gilt also: Beim fortlaufenden Lesen des Matthäusevangeliums überblättere ich jede Seite, bei der in der obersten Zeile über der Matthäusspalte eine kursive Versangabe steht. Beim fortlaufenden Lesen des Markus- oder Lukasevangeliums gilt das Entsprechende.

Bibelstellen lassen sich leicht durch das Parallelen- oder »Inhalts«-Verzeichnis (nach S. 161) finden. Dieses veranschaulicht dem Leser außerdem eindringlich die sogenannte »synoptische Frage«. Ein Register der Abschnittsüberschriften schließt sich an, so daß sich Texte leicht finden lassen, auch wenn man nicht weiß, in welchem Evangelium oder Kapitel sie stehen.

Zur Arbeitserleichterung für Lehrende, Studenten und Schüler sind außerkanonische Parallelen jeweils unter den Abschnitten beigefügt (vgl. Anm. 2).

Der Verfasser der bewährten Zürcher- und der Luther-Evangeliensynopse, Carl Heinz Peisker, ist 1980 verstorben. Daß auch diese neue Ausgabe — mit freundlicher Genehmigung von Frau Mechtild Peisker — seinen Namen trägt, ist mehr als eine Dankespflicht. Denn Idee und Durchführung dieser speziellen Art von Synopse gehen auf ihn zurück.

Herrn Waldemar Brenner, Neukirchen-Vluyn, danken wir für die gewissenhafte Umstellung auf den Text der revidierten Lutherübersetzung von 1984.

Anm. 1: Das ganze Johannesevangelium in der biblischen Ordnung aber in den Rahmen dieser Synopse einzuspannen (oder umgekehrt: die Synoptiker in den Rahmen des Johannesevangeliums), ist völlig unmöglich, wie ein Blick in das Parallelenverzeichnis am Schluß dieser Synopse schnell bestätigt.

Anm. 2: Die außerkanonischen Parallelen wurden unter Berücksichtigung der Hinweise von E. Hennecke (Neutestamentliche Apokryphen, 3. Aufl. hrsg. v. W. Schneemelcher, 1. Band Evangelien, Tübingen 1959) ausgewählt. Die folgenden Hinweise sollen nur einer ersten vorläufigen Orientierung dienen. Näheres und Literatur bei E. Hennecke a.a.O.

1. Papyrus Oxyrhynchos
Die antike Stadt Oxyrhynchos lag am Westrand des Niltales in Mittelägypten. Heute heißt sie el Behnesa. Dort wurden seit Ende des 19. Jahrhunderts große Mengen von Papyrus-Urkunden gefunden. Die hier zitierten Papyri sind verschiedenen Alters und Inhalts, auch verschiedener Herkunft. Alle stammen aber aus frühen nachchristlichen Jahrhunderten. Vgl. Nr. 19.34.58.105.131 u.ö.

2. Fajjumfragment
Der Fajjum ist eine Landschaft Oberägyptens. Dort wurden nahe dem heutigen Medinet el Fajjum Papyri gefunden, die zumeist nach Wien in die Sammlung Rainers, Erzherzog von Österreich, gingen. Das hier zitierte sogenannte Fajjumfragment (3. Jahrhundert) erregte großes Aufsehen, weil man glaubte, in ihm eine Vorstufe der synoptischen Evangelien gefunden zu haben. Vgl. Nr. 233.

3. Papyrus Egerton 2
Der Verfasser dieses Papyrus aus dem 2. Jahrhundert kannte wahrscheinlich die vier kanonischen Evangelien, benutzte sie aber nicht als Vorlage. Vgl. Nr. 43.203.

4. Ebionäerevangelium
Dieses Evangelium der judenchristlichen Sekte der Ebionäer (Ebjoniten) entstand in Anlehnung an Matthäus in der ersten Hälfte des 2. Jahrhunderts. Im Sinne dieser Sekte bekämpft es den Opferdienst, den Fleischgenuß beim Pascha und bestreitet die Jungfrauengeburt Jesu. Vgl. Nr. 1.6.11.20.56. u.ö.

5. Hebräerevangelium
Es war wohl das Evangelium der ägyptischen Judenchristen und entstand wahrscheinlich auch dort in der ersten Hälfte des 2. Jahrhunderts. Seinen Namen hat es daher, daß die griechisch sprechenden Judenchristen von den Heidenchristen auch »Hebräer« genannt werden konnten. In diesem Evangelium wird Jakobus, der »Bruder des Herrn« (Mk 6,3), besonders hervorgehoben. Vgl. Nr. 6.21.36.66.170 u.ö.

6. Nazaräerevangelium
Das Nazaräerevangelium ist eine Weiterbildung des Matthäusevangeliums, die in der 1. Hälfte des 2. Jahrhun-

derts (in Aleppo?) entstand. Dieses Evangelium wurde von den syrischen Judenchristen (Nazaräer) gebraucht, die offensichtlich zur Großkirche gehörten. Vgl. Nr. 6.29.68.186.192 u.ö.

7. Ägypterevangelium

Von ihm ist nur wenig überliefert. Doch schon das wenige zeigt starken gnostischen Einschlag. Es wird im 2. Jahrhundert entstanden sein und war in gnostisch-christlichen Kreisen Ägyptens sehr beliebt. Vgl. Nr. 184.

8. Petrusevangelium

Ende des vorigen Jahrhunderts fand man bei Akhmim in Oberägypten ein größeres Fragment dieses Evangeliums. Sein Verfasser, der nicht der Apostel Petrus ist, schrieb es in Syrien in der Mitte des 2. Jahrhunderts. Er kannte die vier kanonischen Evangelien. Es steht noch in deren Nähe, tendiert aber doch schon zu den gnostischen Evangelien hin.

Bischof Serapion von Antiochien (um 200) urteilt, vieles stimme mit der rechten Lehre überein, einiges sei an Irrlehre hinzugefügt. Vgl. Nr. 242.243.245.246.247 u.ö.

9. Thomasevangelium

Bei Nag Hammadi wurde 1945 der vollständige Text gefunden. Diese gnostische Schrift aus dem 4. oder 5. Jahrhundert ist kein Evangelium im eigentlichen Sinne, sondern eine Sammlung von Sprüchen. Vgl. Nr. 10.18.19.119.167. u.ö.

10. Kindheitsevangelium des Thomas

Es ist eine Sammlung von Anekdoten über das Jesuskind aus dem 2. Jahrhundert, diktiert von frommer Neugier. Hippolyt vermutete eine Verbindung mit dem Thomasevangelium (9). Damit hat es aber nichts zu tun. Vgl. S. 14.

11. Protevangelium des Jakobus

Dieses älteste Kindheitsevangelium stammt aus der zweiten Hälfte des 2. Jahrhunderts. Es bringt eine zusammenhängende Darstellung des Lebens der Maria und mündet in die synoptischen Vorgeschichten ein. Es will vor allem die Jungfräulichkeit Mariens nachweisen. Vgl. S. 4.5.7.8.

12. Oden Salomos

Die aus Zitierungen lange bekannten Oden wurden erst zu Anfang des 20. Jahrhunderts im vollständigen Text gefunden (nicht zu verwechseln mit den Salomo-Psalmen!). Sie sind eindeutig gnostisch-christlich und stammen etwa aus der ersten Hälfte des 2. nachchristlichen Jahrhunderts. Vgl. Nr. 6.

13. 1. Clemensbrief

Um 96 n. Chr. schrieb ein Episkopos Roms im Auftrage seiner Gemeinde diesen Brief nach Korinth, um den dortigen Gemeindewirren zu steuern. Vgl. Nr. 35.

14. 2. Clemensbrief

Dieses Schreiben ist kein eigentlicher Brief, sondern eine Predigt aus der Mitte des 2. Jahrhunderts. Sie hat mit dem 1. Clemensbrief überhaupt nichts zu tun. Vgl. Nr. 26.33.40.51. u.ö.

15. Didache (Zwölfapostellehre)

Sieht man von den Pastoralbriefen ab, so ist sie die älteste erhaltene christliche Kirchenordnung. Sie entstand Anfang des 2. Jahrhunderts (in Syrien?). Ihr erster Teil ist eine Art Katechismus des rechten Lebenswandels. Im zweiten Teil stehen Anweisungen für Gottesdienst und Gemeindeleben. Vgl. Nr. 25.29.37.38.73. u.ö.

Frühe Zeugnisse über die Evangelisten

Papias, Bischof von Hieropolis, schrieb um 130/40 (Eusebius h.e. III, 39, 15f): »Markus, der der Dolmetscher des Petrus geworden war, schrieb die Worte und Taten des Herrn, deren er sich erinnerte, gewissenhaft auf, nur nicht in der richtigen Reihenfolge. Denn er hatte den Herrn weder gehört, noch war er ihm nachgefolgt, aber — wie gesagt — später dem Petrus. Dieser hielt seine Lehrvorträge nach den Gegebenheiten, aber nicht um die Herrnworte (fortlaufend) zusammenzustellen. Daher beging Markus keinen Fehler, wenn er einiges so schrieb, wie er es in Erinnerung hatte. Denn nur auf eines war er bedacht: von dem, was er (von Petrus) gehört hatte, nichts auszulassen oder darin etwas zu verfälschen... Matthäus stellte die Sprüche (logia) in aramäischer Sprache zusammen. Es übersetzte sie jeder, so gut er konnte.«

(Mit »Matthäus« könnte die Logienquelle [Q] gemeint sein.)

Im Canon Muratori, der um oder gar vor 200 in Rom geschrieben wurde, finden wir (Zeile 3—8) eine Bemerkung zu Lukas: »Dieser Arzt Lukas hat es (sc. das Lukas-Evangelium) nach der Himmelfahrt Christi — als Paulus ihn als Gesetzes- (oder besser Reise-) kundigen zu sich genommen hatte — unter seinem Namen und nach (des Paulus) Meinung verfaßt. Den Herrn hat er jedoch im Fleische nicht gesehen. Und deshalb beginnt er — soweit ihm Stoffe erreichbar waren — von der Geburt des Johannes an zu berichten.«

I. VORGESCHICHTEN

A. Vorgeschichte nach Matthäus (Mt 1-2)

Der Stammbaum Jesu

Mt 1,1-17

1 Dies ist das Buch von der Geschichte Jesu
Christi, des Sohnes Davids, des Sohnes Abra-
hams. 2 Abraham zeugte Isaak. Isaak zeug-
te Jakob. Jakob zeugte Juda und seine Brüder.
3 Juda zeugte Perez und Serach mit der Ta-
mar. Perez zeugte Hezron. Hezron zeugte
Ram. 4 Ram zeugte Amminadab. Ammina-
dab zeugte Nachschon. Nachschon zeugte Sal-
mon. 5 Salmon zeugte Boas mit der Rahab.
Boas zeugte Obed mit der Rut. Obed zeugte
Isai. 6 Isai zeugte den König David. David
zeugte Salomo mit der Frau des Uria.
7 Salomo zeugte Rehabeam. Rehabeam zeug-
te Abija. Abija zeugte Asa. 8 Asa zeugte Jo-
schafat. Joschafat zeugte Joram. Joram zeugte
Usija. 9 Usija zeugte Jotam. Jotam zeugte
Ahas. Ahas zeugte Hiskia. 10 Hiskia zeugte
Manasse. Manasse zeugte Amon. Amon zeug-
te Josia. 11 Josia zeugte Jojachin und seine
Brüder um die Zeit der babylonischen Gefan-
genschaft. 12 Nach der babylonischen Gefan-
genschaft zeugte Jojachin Schealtiël. Schealtiël
zeugte Serubbabel. 13 Serubbabel zeugte
Abihud. Abihud zeugte Eljakim. Eljakim zeug-
te Asor. 14 Asor zeugte Zadok. Zadok zeugte
Achim. Achim zeugte Eliud. 15 Eliud zeugte
Eleasar. Eleasar zeugte Mattan. Mattan zeugte
Jakob. 16 Jakob[1)] zeugte Josef, den Mann
der Maria, von der geboren ist Jesus, der da
heißt Christus.[2)] 17 Alle Gieder von Abraham
bis zu David sind vierzehn Glieder. Von Da-
vid bis zur babylonischen Gefangenschaft sind
vierzehn Glieder. Von der babylonischen Ge-
fangenschaft bis zu Christus sind vierzehn
Glieder.

(Lk 3,23-34 in rückläufiger Anordnung)

34 *Abraham, Isaak,*
Jakob, 33 *Juda,*
Perez,
Hezron,
Arni, Admin, Amminadab,
32 *Nachschon, Salma,*
Boas,
Obed,
Isai, 31 *David,*
Nathan, Mattata,
Menna, Melea, 30 *Eljakim,*
Jonam, Josef, Juda, Simeon,
29 *Levi, Mattat, Jorim,*
Eliëser, Joschua, 28 *Er,*
Elmadam, Kosam, Addi,
Melchi, 27 *Neri,*

Schealtiël,
Serubbabel,
Resa, Johanan,
26 *Joda, Josech, Schimi, Mattitjas, Mahat,*
25 *Naggai, Hesli, Nahum, Amos,*
Mattitja, 24 *Josef, Jannai,*
Josef, *Melchi, Levi, Mattat,* 23 *Eli,*
Jesus.

1: 1. Mose 5, 1; 2. Sam 7, 12.13; 1. Chr 17, 11; 1. Mose 22, 18 / 2: 1. Mose 21, 3.12; 25, 26; 29, 35; 49, 10 / 3: 1. Mose 38, 29.30; Rut 4, 12.18-22 / 4: 1. Chr 2, 10.11 / 5: Jos 2, 1; Rut 4, 13-17; Hebr 11, 31; Jak 2, 25 / 6: 2. Sam 12, 24 / 7-11: 1. Chr 3, 10-16 / 11: 2. Kön 25, 7.11.21 / 12: 1. Chr 3, 17; Esr 3,2 / 16: 27, 17.22; Lk 1, 27.

Lk 3,23-38 (vgl. Nr. 7)

23 *Und Jesus war, als er auftrat, etwa dreißig*
Jahre alt und wurde gehalten für einen Sohn
Josefs, der war ein Sohn Elis, 24 *der war ein*
Sohn Mattats, der war ein Sohn Levis, der war
ein Sohn Melchis, der war ein Sohn Jannais,
der war ein Sohn Josefs, 25 *der war ein Sohn*
Mattitjas, der war ein Sohn des Amos, der war
ein Sohn Nahums, der war ein Sohn Heslis,
der war ein Sohn Naggais, 26 *der war ein*
Sohn Mahats, der war ein Sohn Mattitjas, der
war ein Sohn Schimis, der war ein Sohn Jo-
sechs, der war ein Sohn Jodas, 27 *der war ein*
Sohn Johanans, der war ein Sohn Resas, der
war ein Sohn Serubbabels, der war ein Sohn
Schealtiëls, der war ein Sohn Neris, 28 *der*
war ein Sohn Melchis, der war ein Sohn Ad-
dis, der war ein Sohn Kosams, der war ein
Sohn Elmadams, der war ein Sohn Ers, 29 *der*
war ein Sohn Joschuas, der war ein Sohn Elië-
sers, der war ein Sohn Jorims, der war ein
Sohn Mattats, der war ein Sohn Levis, 30 *der*
war ein Sohn Simeons, der war ein Sohn Ju-
das, der war ein Sohn Josefs, der war ein Sohn
Jonams, der war ein Sohn Eljakims, 31 *der*
war ein Sohn Meleas, der war ein Sohn Men-
nas, der war ein Sohn Mattatas, der war ein
Sohn Nathans, der war ein Sohn Davids,
32 *der war ein Sohn Isais, der war ein Sohn*
Obeds, der war ein Sohn des Boas, der war ein
Sohn Salmas, der war ein Sohn Nachschons,
33 *der war ein Sohn Amminadabs, der war*
ein Sohn Admins, der war ein Sohn Arnis[1]*),*
der war ein Sohn Hezrons, der war ein Sohn
des Perez, der war ein Sohn Judas, 34 *der war*
ein Sohn Jakobs, der war ein Sohn Isaaks, der
war ein Sohn Abrahams, der war ein Sohn Te-
rachs, der war ein Sohn Nahors, 35 *der war*
ein Sohn Serugs, der war ein Sohn Regus, der
war ein Sohn Pelegs, der war ein Sohn Ebers,
der war ein Sohn Schelachs, 36 *der war ein*
Sohn Kenans[2]*), der war ein Sohn Arpach-*
schads, der war ein Sohn Sems, der war ein

1) 1,16. So die zuverlässigsten Handschriften des griechischen Grundtextes. Andere Handschriften und Übersetzungen von höchstem Alter haben folgenden Wortlaut: ‚Jakob zeugte Joseph, dem verlobt (die Jungfrau) Maria Jesus gebar, der der Christus genannt wird.' Oder ähnlich. Der Sinai-Syrer sagt: ‚Jakob zeugte Joseph. Joseph, dem die Jungfrau Maria verlobt war, zeugte Jesus, der der Christus genannt wird.' Hier zeigt sich eine andere Anschauung, die auch sonst Spuren hinterlassen hat; vgl. Lk 3, 27. 33. 41. 43. 48; 4, 22; Joh 1, 45; 6, 42; Röm 1, 3.

2) 1, 16. Christus, Messias, der Gesalbte: zunächst vom König gebraucht (1. Sam 24,7), dann vom erwarteten ‚König' (Jes 9, 5 f.; 11, 1 f.; Mi 5, 1; Jer 23, 5 f.). Christus war ursprünglich ein Hoheitstitel Jesu. Später erstarrte dieser Titel zum Eigennamen (Röm 9, 3; 1. Kor 1, 6; 2. Kor 2, 12; Gal 1, 7; Phil 1, 25; Kol 1, 7; 2. Thess 3, 5). Nur deshalb konnten die Anhänger Christi die Bezeichnung ‚Christen' erhalten (Apg 11, 26; 26, 28). 1. Petr 4, 16 legt sogar nahe, daß es evtl. ursprünglich ein Schimpfwort war, das dann zur stolzen Selbstbezeichnung wurde (vgl. z. B. ‚Methodisten').

Jesu Geburt

Mt 1, 18-25

18 Die Geburt Jesu Christi geschah aber so:
Als Maria, seine Mutter, dem Josef vertraut[1])
war, fand es sich, ehe er sie heimholte, daß
sie schwanger war von dem heiligen Geist.
19 Josef aber, ihr Mann, war fromm und
wollte sie nicht in Schande bringen, gedachte
aber, sie heimlich zu verlassen. 20 Als er das
noch bedachte, siehe, da erschien ihm der En-
gel des Herrn im Traum und sprach: Josef, du
Sohn Davids, fürchte dich nicht, Maria, dei-
ne Frau, zu dir zu nehmen; denn was sie emp-
fangen hat, das ist von dem heiligen Geist.
21 Und sie wird einen Sohn gebären, dem
sollst du den Namen Jesus[2]) geben, denn er
wird sein Volk retten von ihren Sünden.
22 Das ist aber alles geschehen, damit erfüllt
würde, was der Herr durch den Propheten ge-
sagt hat, der da spricht (Jesaja 7,14):
23 »Siehe, eine Jungfrau wird schwanger sein
und einen Sohn gebären, und sie werden ihm
den Namen Immanuel geben«, das heißt über-
setzt: Gott mit uns.
24 Als nun Josef vom Schlaf erwachte, tat er,
wie ihm der Engel des Herrn befohlen hatte,
und nahm seine Frau zu sich. 25 Und er be-
rührte sie nicht, bis sie einen Sohn gebar[3]);
und er gab ihm den Namen Jesus.

18: Lk 1, 26-38 / 19: 5. Mose 24, 1-4 / 21: Ps 130, 8; Lk 1, 31; 2, 21; Apg 4, 12 / 23: Jes 7, 14; 8, 8.10 / 25: Lk 2, 7.21.

1) 1,18 (Lk 1, 27; 2,5) Die jüdische Verlobung stellt ein rechtsverbindliches Eheversprechen dar. Die eheliche Gemeinschaft wird erst nach der Heimholung der Braut durch den Bräutigam (d.h. nach der Hochzeit) aufgenommen.

2) 1, 21. Jesus ist die griech. Form des hebr. Eigennamens Jehoschua (Josua), der später Jeschua lautete. Es bedeutet ‚Jahwe hilft', ‚Jahwe rettet'. Jesus ist ein weitverbreiteter Eigenname (Lk 3, 29; Kol 4,11; Apg 13, 6), der aber hier — weil in ihm ‚retten', ‚helfen' anklingt — auf Jesus als den Heiland hinweisen soll.

3) 1, 25. Nach andrer alter Bezeugung: «bis sie ihren ersten Sohn geboren hatte» (wie Lk 2,7). Der Sinai-Syrer hat: «und nahm sein Weib zu sich, und sie gebar ihm einen Sohn, und er gab ihm den Namen Jesus».

Sohn Noahs, der war ein Sohn Lamechs,
37 *der war ein Sohn Metuschelachs, der war*
ein Sohn Henochs, der war ein Sohn Jereds,
der war ein Sohn Mahalalels, der war ein Sohn
Kenans, 38 *der war ein Sohn des Enosch, der*
war ein Sohn Sets, der war ein Sohn Adams,
der war Gottes.

1) 3, 33. So nach den besten Textzeugen. Im Alten Testament (1. Chr 2, 9. 10; Rut 4, 19) steht statt Admin und Arni nur: Ram.

2)3, 36. Kainam kommt nicht im Urtext, sondern nur in der griechischen Übersetzung des Alten Testamentes vor (1. Mose 10, 24; 11, 12.13).

Lk 2, 1-7

1 *Es begab sich aber zu der Zeit, daß ein Ge-*
bot von dem Kaiser Augustus ausging, daß al-
le Welt geschätzt würde. 2 *Und diese*
Schätzung war die allererste und geschah zur
Zeit, da Quirinius Statthalter in Syrien war.
3 *Und jedermann ging, daß er sich schätzen*
ließe, ein jeder in seine Stadt. 4 *Da machte*
sich auf auch Josef aus Galiläa, aus der Stadt
Nazareth, in das jüdische Land zur Stadt Da-
vids, die da heißt Bethlehem, weil er aus dem
Hause und Geschlechte Davids war, 5 *damit*
er sich schätzen ließe mit Maria, seinem ver-
trauten Weibe; die war schwanger. 6 *Und als*
sie dort waren, kam die Zeit, daß sie gebären
sollte. 7 *Und sie gebar ihren ersten Sohn und*
wickelte ihn in Windeln und legte ihn in eine
Krippe; denn sie hatten sonst keinen Raum in
der Herberge.

Die Weisen aus dem Morgenland

Mt 2, 1-12

1 Als Jesus geboren war in Bethlehem in Ju-
däa zur Zeit des Königs Herodes, siehe, da ka-
men Weise[1]) aus dem Morgenland nach
Jerusalem und sprachen: 2 Wo ist der neu-
geborene König der Juden? Wir haben seinen
Stern gesehen im Morgenland und sind ge-
kommen, ihn anzubeten. 3 Als das der König
Herodes hörte, erschrak er und mit ihm ganz
Jerusalem, 4 und er ließ zusammenkommen
alle Hohenpriester und Schriftgelehrten des
Volkes und erforschte von ihnen, wo der Chri-
stus geboren werden sollte. 5 Und sie sagten
ihm: In Bethlehem in Judäa; denn so steht ge-
schrieben durch den Propheten (Micha 5,1):
6 »Und du, Bethlehem im jüdischen Lande,
bist keineswegs die kleinste unter den Städten
in Juda; denn aus dir wird kommen der Fürst,
der mein Volk Israel weiden soll.«
7 Da rief Herodes die Weisen heimlich zu sich
und erkundete genau von ihnen, wann der
Stern erschienen wäre, 8 und schickte sie
nach Bethlehem und sprach: Zieht hin und
forscht fleißig nach dem Kindlein; und wenn
ihr's findet, so sagt mir's wieder, daß auch ich
komme und es anbete. 9 Als sie nun den Kö-
nig gehört hatten, zogen sie hin. Und siehe,
der Stern, den sie im Morgenland gesehen hat-
ten, ging vor ihnen her, bis er über dem Ort
stand, wo das Kindlein war. 10 Als sie den
Stern sahen, wurden sie hoch erfreut 11 und
gingen in das Haus und fanden das Kindlein
mit Maria, seiner Mutter, und fielen nieder
und beteten es an und taten ihre Schätze auf
und schenkten ihm Gold, Weihrauch und
Myrrhe. 12 Und Gott befahl ihnen im Traum,
nicht wieder zu Herodes zurückzukehren; und
sie zogen auf einem anderen Weg wieder in
ihr Land.

1: Lk 2, 1-7 / 2: 1. Mose 49, 10; 4. Mose 24, 17; 2. Petr 1, 19 / 5: Joh 7, 42 / 6: Mi 5, 2. 4; 2. Sam 5, 2 / 11: Ps 72, 10. 15; Jes 60, 6.

[1]) 2, 1 Wörtlich: «Magier», d.s. orientalische Traum- und Sterndeuter.

Lk 2, 8-20

8 *Und es waren Hirten in derselben Gegend*
auf dem Felde bei den Hürden, die hüteten des
Nachts ihre Herde. 9 *Und der Engel des*
Herrn trat zu ihnen, und die Klarheit des Herrn
leuchtete um sie; und sie fürchteten sich sehr.
10 *Und der Engel sprach zu ihnen: Fürchtet*
euch nicht! Siehe, ich verkündige euch große
Freude, die allem Volk widerfahren wird;
11 *denn euch ist heute der Heiland geboren,*
welcher ist Christus, der Herr[1]*), in der Stadt*
Davids. 12 *Und das habt zum Zeichen: ihr*
werdet finden das Kind in Windeln gewickelt
und in einer Krippe liegen. 13 *Und alsbald*
war da bei dem Engel die Menge der himmli-
schen Heerscharen, die lobten Gott und
sprachen:
14 *Ehre sei Gott in der Höhe und Friede auf*
Erden bei den Menschen seines Wohlgefallens.
15 *Und als die Engel von ihnen gen Himmel*
fuhren, sprachen die Hirten untereinander:
Laßt uns nun gehen nach Bethlehem und die
Geschichte sehen, die da geschehen ist, die uns
der Herr kundgetan hat. 16 *Und sie kamen ei-*
lend und fanden beide, Maria und Josef, da-
zu das Kind in der Krippe liegen. 17 *Als sie es*
aber gesehen hatten, breiteten sie das Wort
aus, das zu ihnen von diesem Kinde gesagt
war. 18 *Und alle, vor die es kam, wunderten*
sich über das, was ihnen die Hirten gesagt hat-
ten. 19 *Maria aber behielt alle diese Worte*
und bewegte sie in ihrem Herzen. 20 *Und die*
Hirten kehrten wieder um, priesen und lob-
ten Gott für alles, was sie gehört und gesehen
hatten, wie denn zu ihnen gesagt war.

1) 2, 11. Als ursprüngliche Lesart statt «der Christus, der Herr» hat man vermutet: «der Gesalbte des Herrn» (wie Vers 26, S. 11).

Joh 7, 41-42

41 *Andere sprachen: Er ist der Christus. Wie-*
der andere sprachen: Soll der Christus aus Ga-
liläa kommen? 42 *Sagt nicht die Schrift: aus*
dem Geschlecht Davids und aus dem Ort Beth-
lehem, wo David war, soll der Christus
kommen?

Zu Mt 2, 1-12 Protevangelium des Jakobus 21, 1-4: In Bethlehem in Judäa entstand eine große Erregung, denn Magier kamen und fragten: Wo ist der neugeborene König der Juden? Wir haben nämlich seinen Stern im Morgenland gesehen und sind gekommen, ihm zu huldigen. Herodes erschrak, als er das hörte, sandte Diener und ließ die Magier und die Hohenpriester kommen und fragte sie aus: Was steht in der Schrift über den Christus? Wo wird er geboren? Sie antworteten: Zu Bethlehem in Judäa! So steht es nämlich geschrieben! Darauf entließ er sie und fragte die Magier: Was für ein Zeichen habt ihr über den neugeborenen König gesehen? Die Magier antworteten: Wir sahen einen riesigen Stern, der die anderen überstrahlte, daß man sie nicht mehr sah. Daran erkannten wir, daß Israel ein König geboren ward. Wir sind nun gekommen, ihm zu huldigen. Herodes trug ihnen auf: Ziehet und forschet genau. Wenn ihr ihn gefunden habt, so meldet es mir, damit auch ich komme und ihm huldige. Da zogen die Magier dahin. Und der Stern, den sie im Morgenland gesehen hatten, ging vor ihnen her, bis sie zur Höhle kamen. Und er stand still zu Häupten des Kindleins.

Die Flucht nach Ägypten. Der Kindermord des Herodes. Die Rückkehr aus Ägypten.

Mt 2, 13-23
13 Als sie aber hinweggezogen waren, siehe,
da erschien der Engel des Herrn dem Josef im
Traum und sprach: Steh auf, nimm das Kind-
lein und seine Mutter mit dir und flieh nach
Ägypten und bleib dort, bis ich dir's sage;
denn Herodes hat vor, das Kindlein zu suchen,
um es umzubringen. 14 Da stand er auf und
nahm das Kindlein und seine Mutter mit sich
bei Nacht und entwich nach Ägypten 15 und
blieb dort bis nach dem Tod des Herodes, da-
mit erfüllt würde, was der Herr durch den Pro-
pheten gesagt hat, der da spricht (Hosea 11,1):
»Aus Ägypten habe ich meinen Sohn
gerufen.«
16 Als Herodes nun sah, daß er von den Wei-
sen betrogen war, wurde er sehr zornig und
schickte aus und ließ alle Kinder zu Bethlehem
töten und in der ganzen Gegend, die da zwei-
jährig und darunter waren, nach der Zeit, die
er mit Fleiß von den Weisen erkundet hatte.
17 Da wurde erfüllt, was gesagt ist durch den
Propheten Jeremia, der da spricht (Jeremia
31,15):
18 »In Rama hat man ein Geschrei gehört,
viel Weinen und Wehklagen; Rahel beweinte
ihre Kinder und wollte sich nicht trösten las-
sen, denn es war aus mit ihnen.«
19 Als aber Herodes gestorben war, siehe, da
erschien der Engel des Herrn dem Josef im
Traum in Ägypten 20 und sprach: Steh auf,
nimm das Kindlein und seine Mutter mit dir
und zieh hin in das Land Israel; sie sind ge-
storben, die dem Kindlein nach dem Leben ge-
trachtet haben. 21 Da stand er auf und nahm
das Kindlein und seine Mutter mit sich und
kam ins Land Israel. 22 Als er aber hörte, daß
Archelaus in Judäa König war anstatt seines
Vaters Herodes, fürchtete er sich, dorthin zu
gehen. Und im Traum empfing er Befehl von
Gott und zog ins galiläische Land 23 und kam
und wohnte in einer Stadt mit Namen Naza-
reth, damit erfüllt würde, was gesagt ist durch
die Propheten: Er soll Nazoräer heißen.[1]

13: 4. Mose 23, 22; 24, 8 / 15: Hos 11, 1 / 18: Jer 31, 15; 1. Mose 35, 19 / 20: 2. Mose 4, 19 / 23: Lk 1, 26; 2, 39; Jes 11, 1; 53, 2; Sach 6, 12; Joh 1, 46.

1) 2, 23 In dieser Form findet sich die Weissagung im Alten Testament nirgends. Gemeint ist Jes 11, 1: «Ein Schoß aus seinen (d. h. Isais) Wurzeln wird Frucht tragen.» An «Schoß», hebr. neser, klingt «Nazoräer» an.

Zu Mt 2, 13-23 Protevangelium des Jakobus 22, 1 f: Als darauf Herodes sah, daß er von den Magiern getäuscht worden war, wurde er sehr zornig, sandte seine Mörder aus mit dem Befehl, alle Kinder zu töten, die zweijährig und darunter waren. Als Maria hörte, daß die Kinder getötet werden sollten, erschrak sie, nahm das Kind, wickelte es in Windeln und legte es in eine Ochsenkrippe (vgl. Lk 2, 7. — Weil die Krippe als Versteck verstanden wird, fehlt der Bericht über die Flucht nach Ägypten. Statt dessen findet sich eine breite Erzählung über die Flucht und wundersame Errettung der Elisabeth und des Johannes und über das Martyrium des Zacharias).

B. Vorgeschichte nach Lukas (Lk 1-2)

Vorwort

Die Ankündigung der Geburt Johannes des Täufers

Lk 1, 1-4

1 Viele haben es schon unternommen, Bericht
zu geben von den Geschichten, die unter uns
geschehen sind, 2 wie uns das überliefert ha-
ben, die es von Anfang an selbst gesehen ha-
ben und Diener des Worts gewesen sind. 3 So
habe auch ich's für gut gehalten, nachdem ich
alles von Anfang an sorgfältig erkundet ha-
be, es für dich, hochgeehrter Theophilus, in
guter Ordnung aufzuschreiben, 4 damit du
den sicheren Grund der Lehre erfahrest, in der
du unterrichtet bist.

2: Joh 15, 27; 1. Joh 1, 1-4 / 3: Apg 1, 1; Kol 4, 14

Lk 1, 5-25

5 Zu der Zeit des Herodes[1], des Königs von
Judäa, lebte ein Priester von der Ordnung Abi-
ja, mit Namen Zacharias, und seine Frau war
aus dem Geschlecht Aaron und hieß Elisabeth.
6 Sie waren aber alle beide fromm vor Gott
und lebten in allen Geboten und Satzungen des
Herrn untadelig. 7 Und sie hatten kein Kind;
denn Elisabeth war unfruchtbar, und beide
waren hochbetagt.
8 Und es begab sich, als Zacharias den Prie-
sterdienst vor Gott versah, da seine Ordnung
an der Reihe war, 9 daß ihn nach dem Brauch
der Priesterschaft das Los traf, das Räucherop-
fer darzubringen; und er ging in den Tempel
des Herrn. 10 Und die ganze Menge des Vol-
kes stand draußen und betete zur Stunde des
Räucheropfers. 11 Da erschien ihm der Engel
des Herrn und stand an der rechten Seite des
Räucheraltars. 12 Und als Zacharias ihn sah,
erschrak er, und es kam Furcht über ihn.
13 Aber der Engel sprach zu ihm: Fürchte dich
nicht, Zacharias, denn dein Gebet ist erhört,
und deine Frau Elisabeth wird dir einen Sohn
gebären, und du sollst ihm den Namen Johan-
nes geben. 14 Und du wirst Freude und Won-
ne haben, und viele werden sich über seine
Geburt freuen. 15 Denn er wird groß sein vor
dem Herrn; Wein und starkes Getränk wird
er nicht trinken und wird schon von Mutter-
leib an erfüllt werden mit dem heiligen Geist.
16 Und er wird vom Volk Israel viele zu dem
Herrn, ihrem Gott, bekehren. 17 Und er wird
vor ihm hergehen im Geist und in der Kraft
Elias, zu bekehren die Herzen der Väter zu den

[1] 1, 5. Gemeint ist Herodes der Große, der von 40 (37) bis 4 v o r Chr. jüdischer König war. Mit ‚Judäa' ist hier der gesamte Herrschaftsbereich gemeint, der auch Idumäa, Peräa, Galiäa, Samaria u. a. m. umfaßte.

Die Ankündigung der Geburt Jesu

Lk 1, 18-33

Kindern und die Ungehorsamen zu der Klug-
heit der Gerechten, zuzurichten dem Herrn ein
Volk, das wohl vorbereitet ist. 18 Und Zacha-
rias sprach zu dem Engel: Woran soll ich das
erkennen? Denn ich bin alt, und meine Frau
ist betagt. 19 Der Engel antwortete und
sprach zu ihm: Ich bin Gabriel, der vor Gott
steht, und bin gesandt, mit dir zu reden und
dir dies zu verkündigen. 20 Und siehe, du
wirst stumm werden und nicht reden können
bis zu dem Tag, an dem dies geschehen wird,
weil du meinen Worten nicht geglaubt hast,
die erfüllt werden sollen zu ihrer Zeit.
21 Und das Volk wartete auf Zacharias und
wunderte sich, daß er so lange im Tempel
blieb. 22 Als er aber herauskam, konnte er
nicht mit ihnen reden; und sie merkten, daß
er eine Erscheinung gehabt hatte im Tempel.
Und er winkte ihnen und blieb stumm.
23 Und es begab sich, als die Zeit seines Dien-
stes um war, da ging er heim in sein Haus.
24 Nach diesen Tagen wurde seine Frau Elisa-
beth schwanger und hielt sich fünf Monate
verborgen und sprach: 25 So hat der Herr an
mir getan in den Tagen, als er mich angese-
hen hat, um meine Schmach unter den Men-
schen von mir zu nehmen.

5: Mt 2, 1; 1. Chr 24, 10.19; 2. Mose 6, 23; Neh 12, 17 / 6: 5. Mose 10, 12; Hiob 1, 1.8 / 9: 2. Mose 30, 7 / 11: Apg 10, 3 / 15: 4. Mose 6, 3; Ri 13, 4.5; 1. Sam 1, 11 / 17: Mt 11, 14; 17, 11-13; Mal 3, 1.23.24; 4, 5.6 / 18: 1. Mose 15, 8; 18, 11 / 19: Dan 8, 16; 9, 21 / 25: 1. Mose 30, 23.

Lk 1, 26-38

26 Und im sechsten Monat wurde der Engel
Gabriel von Gott gesandt in eine Stadt in Ga-
liäa, die heißt Nazareth, 27 zu einer Jungfrau,
die vertraut[1]) war einem Mann mit Namen
Josef vom Hause David; und die Jungfrau hieß
Maria. 28 Und der Engel kam zu ihr hinein
und sprach: Sei gegrüßt, du Begnadete! Der
Herr ist mit dir! 29 Sie aber erschrak über die
Rede und dachte: Welch ein Gruß ist das?
30 Und der Engel sprach zu ihr: Fürchte dich
nicht, Maria, du hast Gnade bei Gott gefun-
den. 31 Siehe, du wirst schwanger werden
und einen Sohn gebären und du sollst ihm den
Namen Jesus geben. 32 Der wird groß sein
und Sohn des Höchsten genannt werden; und
Gott der Herr wird ihm den Thron seines Va-
ters David geben, 33 und er wird König sein
über das Haus Jakob in Ewigkeit, und sein
Reich wird kein Ende haben.

[1]) 1, 27: Die jüdische Verlobung stellt ein rechtsverbindliches Eheversprechen dar. Die eheliche Gemeinschaft wird erst nach der Heimholung der Braut durch den Bräutigam (d. h. nach der Hochzeit) aufgenommen.

Zu Lk 1, 26-38: Das Protevangelium des Jakobus berichtet von einem neuen Tempelvorhang, den die Priester von sieben ‚unbefleckten Jungfrauen aus dem Stamme David' anfertigen ließen. Maria als eine von den sieben sollte Purpur und Scharlach spinnen. Darauf heißt es 11, 1-3: Und Maria nahm den Krug und ging hinaus, um Wasser zu holen. Da sprach eine Stimme zu ihr: Sei gegrüßt, du Begnadete. Der Herr ist mit dir, du gesegnete unter den Frauen. Sie schaute nach rechts und links, woher die Stimme käme und begann zu zittern. Darauf ging sie ins Haus zurück, stellte den Krug ab, setzte sich auf ihren Stuhl, nahm den Purpur und begann zu spinnen. Da trat ein Engel vor sie hin: Fürchte dich nicht, Maria; denn du hast Gnade bei dem Allmächtigen gefunden und sollst aus seinem Wort empfangen! Als sie das hörte, bekam sie Bedenken: Soll ich vom lebendigen Gott her empfangen und dennoch gebären, wie jede Frau gebiert? Und der Engel des Herrn antwortete: So nicht, Maria; denn die Kraft des Herrn wird dich überschatten; daher wird auch das Heilige, das gezeugt wird, Sohn des Höchsten genannt werden. Und du sollst ihm den Namen Jesus geben, denn er wird sein Volk erretten von ihren Sünden. Maria erwiderte: Siehe, ich bin des Herrn Magd vor ihm: mir geschehe nach deinem Wort!

Marias Besuch bei Elisabeth. Marias Lobgesang

|7|

Lk 1, 34-52

34 Da sprach Maria zu dem Engel: Wie soll
das zugehen, da ich doch von keinem Mann
weiß? 35 Der Engel antwortete und sprach zu
ihr: Der heilige Geist wird über dich kommen,
und die Kraft des Höchsten wird dich über-
schatten; darum wird auch das Heilige, das ge-
boren wird, Gottes Sohn[2]) genannt werden.
36 Und siehe, Elisabeth, deine Verwandte, ist
auch schwanger mit einem Sohn, in ihrem Al-
ter, und ist jetzt im sechsten Monat, von der
man sagt, daß sie unfruchtbar sei. 37 Denn
bei Gott ist kein Ding unmöglich. 38 Maria
aber sprach: Siehe, ich bin des Herrn Magd;
mir geschehe, wie du gesagt hast. Und der En-
gel schied von ihr.

27: 2, 5; Mt 1, 16.18 / 31: Jes 7, 14; 1. Mose 17, 19; Mt 1, 21-23 / 32: 2. Sam 7, 13; Jes 9, 6.7 / 33: 2. Sam 7, 12-16; Mi 4, 7; Dan 7, 14 / 35: Mt 1, 18.20; Joh 10, 36 / 37: 1. Mose 18, 14; Hiob 42, 2; Mt 19, 26; Mk 10, 27; Lk 18, 27.

2) 1, 35: Sohn Gottes, im AT u. a. Bezeichnung für David und den König (2. Sam 7, 14; Ps 2, 7; 89, 27 f.), in der jüd. Apokalyptik für den kommenden Messias (1. Hen 105, 2 u. ö.). Im NT ist es für Judenchristen ein Hoheitstitel Jesu, der den völligen Sohnesgehorsam und die einzigartige heilsgeschichtliche Beziehung zum Vater umschreibt; für den hell. Christen umschreibt es den mit göttlichen Kräften begabten Menschen, später den Menschen mit göttlichem Wesen und göttlicher Natur.

Lk 1, 39-56

39 Maria aber machte sich auf in diesen Ta-
gen und ging eilends in das Gebirge zu einer
Stadt in Juda 40 und kam in das Haus des Za-
charias und begrüßte Elisabeth. 41 Und es be-
gab sich, als Elisabeth den Gruß Marias hörte,
hüpfte das Kind in ihrem Leibe. Und Elisabeth
wurde vom heiligen Geist erfüllt 42 und rief
laut und sprach: Gepriesen bist du unter den
Frauen, und gepriesen ist die Frucht deines Lei-
bes! 43 Und wie geschieht mir das, daß die
Mutter meines Herrn zu mir kommt? 44 Denn
siehe, als ich die Stimme deines Grußes hör-
te, hüpfte das Kind vor Freude in meinem Lei-
be. 45 Und selig bist du, die du geglaubt hast!
Denn es wird vollendet werden, was dir ge-
sagt ist von dem Herrn.
46 Und Maria sprach[1]):
Meine Seele erhebt den Herrn,
47 und mein Geist freut sich Gottes, meines
Heilandes;
48 denn er hat die Niedrigkeit seiner Magd
angesehen.
Siehe, von nun an werden mich selig preisen
alle Kindeskinder.
49 Denn er hat große Dinge an mir getan,
der da mächtig ist und dessen Name heilig ist.
50 Und seine Barmherzigkeit währt von Ge-
schlecht zu Geschlecht
bei denen, die ihn fürchten.
51 Er übt Gewalt mit seinem Arm
und zertreut, die hoffärtig sind in ihres Her-
zens Sinn.
52 Er stößt die Gewaltigen vom Thron
und erhebt die Niedrigen.

1) 1, 46. Die folgenden Verse werden ‚Magnificat' genannt, weil mit diesem Wort in der lateinischen Bibel dieser Lobgesang beginnt (Magnificat anima mea Dominum . . .). Um den hymnischen Charakter anzudeuten, wurde in Strophen gedruckt, obschon über deren Abgrenzung hier wie auch beim ‚Lobgesang des Zacharias' (Benedictus) verschiedene Meinungen bestehen.

Die Geburt Johannes des Täufers

53 Die Hungrigen füllt er mit Gütern
und läßt die Reichen leer ausgehen.
54 Er gedenkt der Barmherzigkeit
und hilft seinem Diener Israel auf,
55 wie er geredet hat zu unsern Vätern,
Abraham und seinen Kindern in Ewigkeit.
56 Und Maria blieb bei ihr etwa drei Monate; danach kehrte sie wieder heim.

45: 11, 27. 28; Hebr 11, 11; Joh 20, 29 / 46-55: 1. Sam 2, 1-10 / 47: Hab 3, 18 / 48: Ps 113, 6.7 / 49: Ps 126, 3; 111, 9 / 50: Ps 103, 13.17 / 51: Ps 89, 11; 1. Mose 11, 8; 2. Sam 22, 28; Jes 51, 9; 1. Petr 5, 5 / 52: Ps 147, 6; Hiob 5, 11 / 53: Ps 34, 11; 107, 9 / 54: Jes 41, 8; Ps 98, 3 / 55: 1. Mose 17, 7; 18, 18; 22, 17.

Zu Lk 1, 39-56 Protevangelium des Jakobus 12, 1-3: Maria machte den Purpur- und Scharlachstoff fertig und lieferte ihn dem Priester ab. Der Priester nahm ihn und segnete Maria: Maria, groß hat der Herr Gott deinen Namen gemacht, und gesegnet bist du unter allen Geschlechtern der Erde. Da kam Freude über Maria und sie ging zu Elisabeth, ihrer Verwandten. Sie klopfte an die Tür. Als Elisabeth das hörte, legte sie den Scharlachstoff beiseite, eilte zur Tür, öffnete sie, segnete Maria und fragte: Woher wird mir dies zuteil, daß die Mutter meines Herrn zu mir kommt? Denn siehe, das Kind hüpfte in meinem Leibe und grüßte dich. Maria aber hatte die Geheimnisse, die der Erzengel Gabriel ihr mitgeteilt hatte, längst vergessen. Sie blickte zum Himmel und fragte: Wer bin ich, Herr, daß alle Geschlechter der Erde mich segnen? — Drei Monate blieb sie bei Elisabeth. Der Leib wurde Tag für Tag stärker. Und sie ging heim und verbarg sich vor den Kindern Israels. Maria war sechzehnjährig, als alle diese Geheimnisse geschahen.

Lk 1, 57-66

57 Und für Elisabeth kam die Zeit, daß sie gebären sollte; und sie gebar einen Sohn.
58 Und ihre Nachbarn und Verwandten hörten, daß der Herr große Barmherzigkeit an ihr
getan hatte, und freuten sich mit ihr. 59 Und
es begab sich am achten Tag, da kamen sie,
das Kindlein zu beschneiden[1]), und wollten es
nach seinem Vater Zacharias nennen. 60 Aber
seine Mutter antwortete und sprach: Nein,
sondern er soll Johannes heißen. 61 Und sie
sprachen zu ihr: Ist doch niemand in deiner
Verwandtschaft, der so heißt. 62 Und sie
winkten seinem Vater, wie er ihn nennen lassen wollte. 63 Und er forderte eine kleine Tafel und schrieb: Er heißt Johannes. Und sie
wunderten sich alle. 64 Und sogleich wurde
sein Mund aufgetan und seine Zunge gelöst,
und er redete und lobte Gott. 65 Und es kam
Furcht über alle Nachbarn; und diese ganze Geschichte wurde bekannt auf dem ganzen
Gebirge Judäas. 66 Und alle, die es hörten,
nahmen's zu Herzen und sprachen: Was meinst du, will aus diesem Kindlein werden? Denn die Hand des Herrn war mit ihm.

59: 1. Mose 17, 12; 3. Mose 12, 3 / 60: 1, 13

1) 1, 59. Wie die Beschneidung ausgeführt wird, ist im AT nicht beschrieben, da dies als bekannt vorausgesetzt wird. Auch unter den Gesetzen des 3. Mose wird sie nur beiläufig erwähnt (12, 3). Sie ist das Bundeszeichen (1. Mose 17, 7. 11), ist aber mit der Namensgebung nur selten verbunden.

Der Lobgesang des Zacharias

Lk 1, 67-80

67 Und sein Vater Zacharias wurde vom hei-
ligen Geist erfüllt, weissagte und sprach:
68 Gelobt sei der Herr, der Gott Israels!
Denn er hat besucht und erlöst sein Volk
69 und hat uns aufgerichtet eine Macht[1]) des
Heils
im Hause seines Dieners David 70 — wie er
vorzeiten geredet hat
durch den Mund seiner heiligen Propheten —,
71 daß er uns errettete von unsern Feinden
und aus der Hand aller, die uns hassen,
72 und Barmherzigkeit erzeigte unsern Vätern
und gedächte an seinen heiligen Bund 73 und
an den Eid, den er geschworen hat unserm Va-
ter Abraham,
uns zu geben,
74 daß wir, erlöst aus der Hand unsrer Fein-
de, 75 ihm dienten ohne Furcht unser Leben
lang in Heiligkeit und Gerechtigkeit vor sei-
nen Augen.
76 Und du, Kindlein, wirst ein Prophet des
Höchsten heißen.
Denn du wirst dem Herrn vorangehen, daß
du seinen Weg bereitest, 77 und Erkenntnis
des Heils gebest seinem Volk
in der Vergebung ihrer Sünden, 78 durch die
herzliche Barmherzigkeit unseres Gottes,
durch die uns besuchen wird[2]) das aufgehen-
de Licht aus der Höhe, 79 damit es erscheine
denen, die sitzen in Finsternis und Schatten des
Todes,
und richte unsere Füße auf den Weg des
Friedens.
80 Und das Kindlein wuchs und wurde stark
im Geist. Und er war in der Wüste bis zu dem
Tag, an dem er vor das Volk Israel treten
sollte.

68: Ps 7, 16; 111, 9; Lk 7, 16 / 69: 1. Sam 2, 10; Ps 18, 3; 132, 17 / 70: Apg 3, 21. 24 / 71: Ps 106, 10 / 72: Ps 105, 8; 106, 45; 1. Mose 17, 7; 3. Mose 26, 42 / 73: 1. Mose 22, 16-18; Mi 7, 20 / 74: Gal 1, 4; Hebr 2, 15; 9, 14 / 75: Eph 4, 24; Tit 2, 11-14 / 76: Mal 3, 1; Lk 1, 17; Mt 3, 3 / 77: Jer 31, 34 / 78: Mal 4, 2; Jes 60, 1. 2 / 79: Jes 9, 2; 42, 7; 49, 6; 58, 8; Mt 4, 16 / 80: 2, 40; 3, 2; Mt 3, 1.

[1]) 1, 69. In anderen Übersetzungen ‚Horn'. Das ist ein Sinnbild für ‚Heil', ‚Kraft', ‚Macht'.
[2]) 1,78. Die ‚Lichterscheinung aus der Höhe' ist ein bildlicher Ausdruck für das Kommen des Messias.

Jesu Geburt

Mt 1, 18-25 (vgl. S 2)

18 *Die Geburt Jesu Christi geschah aber so:
Als Maria, seine Mutter, dem Josef vertraut
war, fand es sich, ehe er sie heimholte, daß
sie schwanger war von dem heiligen Geist.*
19 *Josef aber, ihr Mann, war fromm und
wollte sie nicht in Schande bringen, gedachte
aber, sie heimlich zu verlassen.* 20 *Als er das
noch bedachte, siehe, da erschien ihm der En-
gel des Herrn im Traum und sprach: Josef, du
Sohn Davids, fürchte dich nicht, Maria, dei-
ne Frau, zu dir zu nehmen; denn was sie emp-
fangen hat, das ist von dem heiligen Geist.*
21 *Und sie wird einen Sohn gebären, dem
sollst du den Namen Jesus geben, denn er wird
sein Volk retten von ihren Sünden.* 22 *Das ist
aber alles geschehen, damit erfüllt würde, was
der Herr durch den Propheten gesagt hat, der
da spricht (Jesaja 7, 14):* 23 *»Siehe, eine Jung-
frau wird schwanger sein und einen Sohn ge-
bären, und sie werden ihm den Namen
Immanuel geben«, das heißt übersetzt: Gott
mit uns.*
24 *Als nun Josef vom Schlaf erwachte, tat er,
wie ihm der Engel des Herrn befohlen hatte,
und nahm seine Frau zu sich.* 25 *Und er be-
rührte sie nicht, bis sie einen Sohn gebar; und
er gab ihm den Namen Jesus.*

Die Anbetung des Kindes

Mt 2, 1-12 (vgl. S 3)

1 *Als Jesus geboren war in Bethlehem in Ju-
däa zur Zeit des Königs Herodes, siehe, da ka-
men Weise aus dem Morgenland nach
Jerusalem und sprachen:* 2 *Wo ist der neuge-
borene König der Juden? Wir haben seinen
Stern gesehen im Morgenland und sind ge-
kommen, ihn anzubeten.* 3 *Als das der König
Herodes hörte, erschrak er und mit ihm ganz
Jerusalem,* 4 *und er ließ zusammenkommen
alle Hohenpriester und Schriftgelehrten des
Volkes und erforschte von ihnen, wo der Chri-
stus geboren werden sollte.* 5 *Und sie sagten
ihm: In Bethlehem in Judäa; denn so steht ge-
schrieben durch den Propheten (Micha 5, 1):*
6 *»Und du, Bethlehem im jüdischen Lande,
bist keineswegs die kleinste unter den Städten
in Juda; denn aus dir wird kommen der Fürst,
der mein Volk Israel weiden soll.«*
7 *Da rief Herodes die Weisen heimlich zu sich*

Lk 2, 1-14

Lk 2, 1-7

1 Es begab sich aber zu der Zeit, daß ein Ge-
bot von dem Kaiser Augustus ausging, daß
alle Welt geschätzt würde. 2 Und diese
Schätzung war die allererste und geschah zur
Zeit, da Quirinius Statthalter in Syrien war.
3 Und jedermann ging, daß er sich schätzen
ließe, ein jeder in seine Stadt. 4 Da machte
sich auf auch Josef aus Galiläa, aus der Stadt
Nazareth, in das jüdische Land zur Stadt Da-
vids, die da heißt Bethlehem, weil er aus dem
Hause und Geschlechte Davids war, 5 damit
er sich schätzen ließe mit Maria, seinem ver-
trauten Weibe; die war schwanger. 6 Und als
sie dort waren, kam die Zeit, daß sie gebären
sollte. 7 Und sie gebar ihren ersten Sohn und
wickelte ihn in Windeln und legte ihn in eine
Krippe; denn sie hatten sonst keinen Raum in
der Herberge.

4: 1. Sam 17, 12; Mi 5, 2

Lk 2, 8-20

8 Und es waren Hirten in derselben Gegend
auf dem Felde bei den Hürden, die hüteten des
Nachts ihre Herde. 9 Und der Engel des Herrn
trat zu ihnen, und die Klarheit des Herrn
leuchtete um sie; und sie fürchteten sich sehr.
10 Und der Engel sprach zu ihnen: Fürchtet
euch nicht! Siehe, ich verkündige euch große
Freude, die allem Volk widerfahren wird;
11 denn euch ist heute der Heiland geboren,
welcher ist Christus, der Herr[1]), in der Stadt
Davids. 12 Und das habt zum Zeichen: ihr
werdet finden das Kind in Windeln gewickelt
und in einer Krippe liegen. 13 Und alsbald
war da bei dem Engel die Menge der himmli-
schen Heerscharen, die lobten Gott und
sprachen:
14 Ehre sei Gott in der Höhe und Friede auf
Erden bei den Menschen seines Wohlge-
fallens.[2])

Joh 7, 41-42

41 *Andere sprachen: Er ist der Christus. Wie-
der andere sprachen: Soll der Christus aus Ga-
liläa kommen?* 42 *Sagt nicht die Schrift: aus
dem Geschlecht Davids und aus dem Ort Beth-
lehem, wo David war, soll der Christus
kommen?*

und erkundete genau von ihnen, wann der
Stern erschienen wäre, 8 *und schickte sie nach*
Bethlehem und sprach: Zieht hin und forscht
fleißig nach dem Kindlein; und wenn ihr's fin-
det, so sagt mir's wieder, daß auch ich kom-
me und es anbete. 9 *Als sie nun den König*
gehört hatten, zogen sie hin. Und siehe, der
Stern, den sie im Morgenland gesehen hatten,
ging vor ihnen her, bis er über dem Ort stand,
wo das Kindlein war. 10 *Als sie den Stern sa-*
hen, wurden sie hoch erfreut 11 *und gingen*
in das Haus und fanden das Kindlein mit Ma-
ria, seiner Mutter, und fielen nieder und be-
teten es an und taten ihre Schätze auf und
schenkten ihm Gold, Weihrauch und Myrrhe.
12 *Und Gott befahl ihnen im Traum, nicht*
wieder zu Herodes zurückzukehren; und sie
zogen auf einem andern Weg wieder in ihr
Land.

Die Beschneidung Jesu. Jesu Darstellung im Tempel. Simeon und Hanna

Lk 2, 15-27

15 Und als die Engel von ihnen gen Himmel
fuhren, sprachen die Hirten untereinander:
Laßt uns nun gehen nach Bethlehem und die
Geschichte sehen, die da geschehen ist, die uns
der Herr kundgetan hat. 16 Und sie kamen ei-
lend und fanden beide, Maria und Josef, da-
zu das Kind in der Krippe liegen. 17 Als sie es
aber gesehen hatten , breiteten sie das Wort
aus, das zu ihnen von diesem Kinde gesagt
war. 18 Und alle, vor die es kam, wunderten
sich über das, was ihnen die Hirten gesagt hat-
ten. 19 Maria aber behielt alle diese Worte
und bewegte sie in ihrem Herzen. 20 Und die
Hirten kehrten wieder um, priesen und lob-
ten Gott für alles, was sie gehört und gesehen
hatten, wie denn zu ihnen gesagt war.

10: Jes 9, 3; 49, 6 / 11: Jes 9, 6 / 13: Dan 7, 10; Ps 103, 20.21 / 14: 19, 38; 4. Mose 6, 26; Eph 2, 14.17.

[1]) 2, 11. Als ursprüngliche Lesart statt «der Christus, der Herr» hat man vermutet: «der Gesalbte des Herrn» (wie Vers 26).

[2]) 2, 14. Wörtlich: «unter den Menschen des Wohlgefallens». Viele alte Textzeugen haben

> «Ehre sei Gott in den Höhen
> und Friede auf Erden,
> an den Menschen ein Wohlgefallen.»

Luther übersetzte nach anderer Überlieferung: ». . .und den Menschen ein Wohlgefallen«.

Lk 2, 21-40

21 Und als acht Tage um waren und man das
Kind beschneiden mußte, gab man ihm den
Namen Jesus, wie er genannt war von dem En-
gel, ehe er im Mutterleib empfangen war.
22 Und als die Tage ihrer Reinigung nach dem
Gesetz des Mose um waren, brachten sie ihn
nach Jerusalem, um ihn dem Herrn darzustel-
len, 23 wie geschrieben steht im Gesetz des
Herrn (2. Mose 13,2.15): »Alles Männliche,
das zuerst den Mutterschoß durchbricht, soll
dem Herrn geheiligt heißen«, 24 und um das
Opfer darzubringen, wie es gesagt ist im Ge-
setz des Herrn: »ein Paar Turteltauben oder
zwei junge Tauben« (3. Mose 12,6-8). 25 Und
siehe, ein Mann war in Jerusalem, mit Namen
Simeon; und dieser Mann war fromm und got-
tesfürchtig und wartete auf den Trost Israels,
und der heilige Geist war mit ihm. 26 Und
ihm war ein Wort zuteil geworden von dem
heiligen Geist, er solle den Tod nicht sehen,
er habe denn zuvor den Christus des Herrn ge-
sehen. 27 Und er kam auf Anregen des Gei-
stes in den Tempel. Und als die Eltern das Kind

Der zwölfjährige Jesus im Tempel

Lk 2, 28-44

Jesus in den Tempel brachten, um mit ihm zu
tun, wie es Brauch ist nach dem Gesetz, 28 da
nahm er ihn auf seine Arme und
lobte Gott und sprach: 29 Herr, nun läßt du
deinen Diener in Frieden fahren, wie du ge-
sagt hast; 30 denn meine Augen haben deinen
Heiland gesehen, 31 den du bereitet hast vor
allen Völkern, 32 ein Licht, zu erleuchten die
Heiden und zum Preis deines Volkes Israel.
33 Und sein Vater und seine Mutter wunder-
ten sich über das, was von ihm gesagt wur-
de. 34 Und Simeon segnete sie und sprach zu
Maria, seiner Mutter: Siehe, dieser ist gesetzt
zum Fall und zum Aufstehen für viele in Is-
rael und zu einem Zeichen, dem widerspro-
chen wird 35 — und auch durch deine Seele
wird ein Schwert dringen —, damit vieler Her-
zen Gedanken offenbar werden. 36 Und es
war eine Prophetin, Hanna, eine Tochter Pha-
nuëls, aus dem Stamm Asser; die war hoch-
betagt. Sie hatte sieben Jahre mit ihrem Mann
gelebt, nachdem sie geheiratet hatte, 37 und
war nun eine Witwe an die vierundachtzig Jah-
re; die wich nicht vom Tempel und diente Gott
mit Fasten und Beten Tag und Nacht. 38 Die
trat auch hinzu zu derselben Stunde und pries
Gott und redete von ihm zu allen, die auf die
Erlösung Jerusalems[1]) warteten. 39 Und als sie
alles vollendet hatten nach dem Gesetz des
Herrn, kehrten sie wieder zurück nach Gali-
läa in ihre Stadt Nazareth. 40 Das Kind aber
wuchs und wurde stark, voller Weisheit, und
Gottes Gnade war bei ihm.

21: 1, 59; 1. Mose 17, 12; 1, 31; 3. Mose 12, 3; Gal 4, 4 / 22: 3. Mose 12 / 23: 2. Mose 13, 2. 12-15 / 24: 3. Mose 12, 8 / 25: 1. Mose 49, 18; Jes 40, 1; 49, 13; Ps 119, 166 / 29: 1. Mose 46, 30 / 30: Jes 40, 5; 3, 6 / 31: Jes 52, 10 / 32: Jes 42, 6; 49, 6; Apg 13, 47 / 34: 20, 17. 18; Jes 8, 14; Apg 28, 22; Röm 9, 33; 1. Kor 1, 23 / 35: Joh 19, 25 / 37: 1. Tim 5, 5 / 38: 24, 21 / 39: Mt 2, 19-23 / 40: 1, 80.

[1]) 2, 38. Die meisten alten Textzeugen haben: «Jerusalem». Die in den griechischen Handschriften für «Israel» und für «Jerusalem» gebrauchten Abkürzungen konnten leicht verwechselt werden. Deshalb wäre auch ‚Israel' möglich.

Lk 2, 41-52

41 Und seine Eltern gingen alle Jahre nach Je-
rusalem zum Passafest. 42 Und als er zwölf
Jahre alt war, gingen sie hinauf nach dem
Brauch des Festes. 43 Und als die Tage vor-
über waren und sie wieder nach Hause gin-
gen, blieb der Knabe Jesus in Jerusalem, und
seine Eltern wußten's nicht. 44 Sie meinten

aber, er wäre unter den Gefährten, und ka-
men eine Tagereise weit und suchten ihn un-
ter den Verwandten und Bekannten. 45 Und
da sie ihn nicht fanden, gingen sie wieder nach
Jerusalem und suchten ihn. 46 Und es begab
sich nach drei Tagen, da fanden sie ihn im
Tempel sitzen, mitten unter den Lehrern, wie
er ihnen zuhörte und sie fragte. 47 Und alle,
die ihm zuhörten, verwunderten sich über sei-
nen Verstand und seine Antworten. 48 Und
als sie ihn sahen, entsetzten sie sich. Und sei-
ne Mutter sprach zu ihm: Mein Sohn, warum
hast du uns das getan? Siehe, dein Vater und
ich haben dich mit Schmerzen gesucht.
49 Und er sprach zu ihnen: Warum habt ihr
mich gesucht? Wißt ihr nicht, daß ich sein
muß in dem, was meines Vaters ist? 50 Und
sie verstanden das Wort nicht, das er zu ih-
nen sagte. 51 Und er ging mit ihnen hinab und
kam nach Nazareth und war ihnen untertan.
Und seine Mutter behielt alle diese Worte in
ihrem Herzen. 52 Und Jesus nahm zu an
Weisheit, Alter und Gnade bei Gott und den
Menschen.

41: 2. Mose 23, 14-17; 5. Mose 16, 1-8 / 43: 2. Mose 12, 18 / 47: Joh 7, 15 / 49: Ps 26, 8; 27, 4; Joh 2, 16 / 50: 18, 34 / 51: 2, 19 / 52: 1. Sam 2, 26.

Zu Lk 2, 41-52 Kindheitsevangelium des Thomas 19, 1-5: Als er zwölf Jahre alt geworden war, gingen seine Eltern nach der Gewohnheit nach Jerusalem zum Passafest mit der Reisegesellschaft. Nach dem Passa kehrten sie nach Hause zurück. Auf dem Heimweg aber ging der kleine Jesus nach Jerusalem zurück. Seine Eltern aber meinten, er sei unter der Reisegesellschaft. Als sie eine Tagereise weit gezogen waren, suchten sie ihn unter ihren Verwandten. Und da sie ihn nicht fanden, kehrten sie nach der Stadt zurück und suchten ihn. Nach drei Tagen fanden sie ihn im Tempel, wie er mitten unter den Lehrern saß, das Gesetz anhörte und sie fragte. Es achteten aber alle auf ihn und erstaunten, wie ein so junger Knabe die Ältesten und Lehrer des Volkes zum Schweigen brachte, indem er ihnen die Hauptpunkte des Gesetzes und die Prophetensprüche auslegte. Seine Mutter trat zu ihm und sprach: Kind, warum hast du uns das angetan? Wir haben dich mit Schmerzen gesucht. Jesus sprach zu ihnen: Warum habt ihr mich gesucht? Wußtet ihr nicht, daß ich sein muß in dem, was meines Vaters ist? Die Schriftgelehrten und Pharisäer fragten: Bist du die Mutter dieses Kindes? Sie antwortete: Ich bin es! Da segneten sie Maria: Selig bist du unter den Frauen, denn Gott hat die Frucht deines Leibes gesegnet. Solche Herrlichkeit, Tugend und Weisheit haben wir noch nie gesehen oder gehört. Jesus stand auf, folgte seiner Mutter und war seinen Eltern untertan. Seine Mutter behielt alles Geschehene bei sich. Und Jesus nahm zu an Weisheit und Alter und Gnade.

II. HAUPTTEIL

A. Jesus in Galiläa (Mt 3-18; Mk 1-9; Lk 3, 1-9,50)

1. Johannes der Täufer

Mt 3, 1-6

1 Zu der Zeit

kam Johannes der Täufer und predigte in der Wüste von Judäa 2 und sprach:

Tut Buße, denn das Himmelreich ist nahe herbeigekommen! 3 Denn dieser ist's, von dem der Prophet Jesaja gesprochen und gesagt hat (Jesaja 40,3): »Es ist eine Stimme eines Predigers in der Wüste: Bereitet dem Herrn den Weg und macht eben seine Steige!«

4 Er aber, Johannes, hatte ein Gewand aus Kamelhaaren an und einen ledernen Gürtel um seine Lenden; seine Speise aber waren Heuschrecken und wilder Honig. 5 Da ging zu ihm hinaus die Stadt Jerusalem und ganz Judäa und alle Länder am Jordan 6 und ließen sich taufen von ihm im Jordan und bekannten ihre Sünden.

1: Lk 1, 13 / 2: 4, 17; Röm 12, 2 / 3 par.: Jes 40, 3 / 4 par.: 2. Kön 1, 8; 3. Mose 11, 21.22; Lk 1, 15 / 5: 11, 7-10 / 6 par.: Apg 19, 3. 4.

Mk 1, 1-6

1 Dies ist der Anfang des Evangeliums von Jesus Christus, dem Sohn Gottes.

2 Wie geschrieben steht im Propheten Jesaja: »Siehe, ich sende meinen Boten vor dir her, der deinen Weg bereiten soll.« 3 Es ist eine Stimme eines Predigers in der Wüste: Bereitet den Weg des Herrn, macht seine Steige eben!« (Maleachi 3,1; Jesaja 40,3):

4 Johannes der Täufer war in der Wüste und predigte die Taufe der Buße zur Vergebung der Sünden. 5 Und es ging zu ihm hinaus das ganze jüdische Land und alle Leute von Jerusalem und ließen sich von ihm taufen im Jordan und bekannten ihre Sünden. 6 Johannes aber trug ein Gewand aus Kamelhaaren und einen ledernen Gürtel um seine Lenden und aß Heuschrecken und wilden Honig,

2: Mal 3, 1; 2. Mose 23, 20; Mt 11, 10; Lk 7, 27

Zu Mt 3, 1 par. Ebionäerevangelium (Epiphanius, Haer. 30, 13, 4 ff.): Es geschah in den Tagen des Herodes, des Königs Judäas, zur Zeit des Hohenpriesters Kaiaphas, da kam einer, Johannes genannt, und taufte mit der Taufe zur Buße im Flusse Jordan. Es hieß, er sei aus dem Geschlecht des Priesters Aaron, ein Sohn des Zacharias und Elisabeths. Und alle zogen zu ihm hinaus.
Zu Mt 3, 4-5 par.: Es geschah, daß Johannes taufte. Und es zogen zu ihm Pharisäer hinaus und wurden getauft und ganz Jerusalem. Und Johannes hatte ein Kleid aus Kamelhaar und um seine Hüfte einen Gürtel aus Leder. Und seine Speise war wilder Honig, der wie Manna schmeckte, wie Kuchen in Öl. — So wollten sie das Wort der Wahrheit in Lüge verkehren und an Stelle der Heuschrecken ‚Kuchen' setzen.

Lk 3, 1-6

1 Im fünfzehnten Jahr der Herrschaft des Kai-
sers Tiberius[1]), als Pontius Pilatus Statthalter
in Judäa war und Herodes Landesfürst von
Galiläa und sein Bruder Philippus Landesfürst
von Ituräa und der Landschaft Trachonitis und
Lysanias Landesfürst von Abilene, 2 als Han-
nas und Kaiphas Hohepriester waren, da ge-
schah das Wort Gottes zu Johannes, dem Sohn
des Zacharias, in der Wüste. 3 Und er kam in
die ganze Gegend um den Jordan und predig-
te die Taufe der Buße zur Vergebung der Sün-
den, 4 wie geschrieben steht im Buch der
Reden des Propheten Jesaja (Jesaja 40, 3-5):
»Es ist eine Stimme eines Predigers in der Wü-
ste: Bereitet den Weg des Herrn und macht sei-
ne Steige eben! 5 Alle Täler sollen erhöht
werden; und alle Berge und Hügel sollen er-
niedrigt werden; und was krumm ist, soll ge-
rade werden, und was uneben ist, soll ebener
Weg werden. 6 Und alle Menschen werden
den Heiland Gottes sehen.«

Joh 1, 6.23

6 *Es war ein Mensch, von Gott gesandt, der hieß Johannes.*

23 *Er sprach: »Ich bin eine Stimme eines Predigers in der Wüste: Ebnet den Weg des Herrn!«, wie der Prophet Jesaja gesagt hat (Jesaja 40, 3).*

1: Mt 27, 2; 14, 1.3 / 2: 1, 80; Joh 18, 13 / 6: 2, 30

1) 3, 1. Das wäre das Jahr 28/29 (bzw. nach syrischer Zählung 27/28) n. Chr.

2. Bußpredigt Johannes des Täufers

Mt 3, 7-10

7 Als er nun viele Pharisäer und Sadduzäer
sah zu seiner Taufe kommen, sprach er zu ihnen: Ihr Schlangenbrut, wer hat denn euch gewiß gemacht, daß ihr dem künftigen Zorn
entrinnen werdet? 8 Seht zu, bringt rechtschaffene Frucht der Buße! 9 Denkt nur nicht,
daß ihr bei euch sagen könntet: Wir haben Abraham zum Vater. Denn ich sage euch: Gott vermag dem Abraham aus diesen Steinen Kinder zu erwecken. 10 Es ist schon die
Axt den Bäumen an die Wurzel gelegt. Darum: jeder Baum, der nicht gute Frucht bringt, wird abgehauen und ins Feuer geworfen.

7: 12, 34; 23, 33 / 8 par.: Apg 26, 20 / 9: Joh 8, 33-39; Röm 2, 28. 29; 4, 12 / 10: 7, 19; Lk 13, 6-9; Joh 15, 6.

3. Die Standespredigt Johannes des Täufers

4. Die Bußpredigt Johannes des Täufers

Mt 3, 11-12

11 Ich taufe euch mit Wasser zur Buße; der aber nach mir kommt, ist stärker als ich, und ich bin nicht wert, ihm die Schuhe zu tragen; der wird euch mit dem heiligen Geist und mit Feuer taufen.
12 Er hat seine Worfschaufel in der Hand; er wird seine Tenne fegen und seinen Weizen in die Scheune sammeln; aber die Spreu wird er verbrennen mit unauslöschlichem Feuer.

11 par.: 11, 3; Joh 1, 26. 27. 33; Apg 1, 5; 13, 24. 25; 19, 4; 2, 3. 4 / 12: 13, 30.

Mk 1, 7-8

7 und predigte und sprach: Es kommt einer nach mir, der ist stärker als ich; und ich bin nicht wert, daß ich mich vor ihm bücke und die Riemen seiner Schuhe löse.
8 Ich taufe euch mit Wasser; aber er wird euch mit dem heiligen Geist taufen.

8: Apg 1,5.

Lk 3, 7-9

7 Da sprach Johannes zu der Menge, die hin-
ausging, um sich von ihm taufen zu lassen: Ihr
Schlangenbrut, wer hat denn euch gewiß ge-
macht, daß ihr dem künftigen Zorn entrinnen
werdet? 8 Seht zu, bringt rechtschaffene
Früchte der Buße; und nehmt euch nicht vor
zu sagen: Wir haben Abraham zum Vater.
Denn ich sage euch: Gott kann dem Abraham
aus diesen Steinen Kinder erwecken. 9 Es ist
schon die Axt den Bäumen an die Wurzel ge-
legt; jeder Baum, der nicht gute Frucht bringt,
wird abgehauen und ins Feuer geworfen.

Lk 3, 10-14

10 Und die Menge fragte ihn und sprach: Was
sollen wir denn tun? 11 Er antwortete und
sprach zu ihnen: Wer zwei Hemden hat, der
gebe dem, der keines hat; und wer zu essen
hat, tue ebenso. 12 Es kamen auch die Zöll-
ner, um sich taufen zu lassen, und sprachen
zu ihm: Meister, was sollen denn wir tun?
13 Er sprach zu ihnen: Fordert nicht mehr, als
euch vorgeschrieben ist! 14 Da fragten ihn
auch die Soldaten und sprachen: Was sollen
denn wir tun? Und er sprach zu ihnen: Tut nie-
mandem Gewalt oder Unrecht und laßt euch
genügen an eurem Sold!

10: Apg 2, 37 / 11: Jak 2, 15-17; 1. Joh 3, 17 / 12: Mt 21, 31.32

Lk 3, 15-18

15 Als aber das Volk voll Erwartung war und
alle dachten in ihren Herzen von Johannes, ob
er vielleicht der Christus wäre, 16 antwortete
Johannes und sprach zu allen: Ich taufe euch
mit Wasser; es kommt aber einer, der ist stär-
ker als ich, und ich bin nicht wert, daß ich ihm
die Riemen seiner Schuhe löse; der wird euch
mit dem heiligen Geist und mit Feuer taufen.
17 In seiner Hand ist die Worfschaufel, und er
wird seine Tenne fegen und wird den Weizen
in seine Scheune sammeln, die Spreu aber wird
er mit unauslöschlichem Feuer verbrennen.
18 Und mit vielem andern mehr ermahnte er
das Volk und verkündigte ihm das Heil.

15: Joh 1, 19-28.

Joh 1, 24-28

24 Und sie waren von den Pharisäern abge-
sandt, 25 und sie fragten ihn und sprachen zu
ihm: Warum taufst du denn, wenn du nicht
der Christus bist noch Elia noch der Prophet?
26 Johannes antwortete ihnen und sprach: Ich
taufe mit Wasser; aber er ist mitten unter euch
getreten, den ihr nicht kennt. 27 Der wird
nach mir kommen, und ich bin nicht wert, daß
ich seine Schuhriemen löse. 28 Dies geschah
in Betanien[1]) jenseits des Jordans, wo Johan-
nes taufte.

[1]) 1, 28. Einige alte Textzeugen haben hier: «Bethabara». Das im Text genannte Bethanien am Jordan ist zu unterscheiden von Bethanien am Ölberg.

5. Die Gefangennahme Johannes des Täufers

Mt 14, 3-4 (vgl. Nr. 108)

3 *Denn Herodes hatte Johannes ergriffen, gefesselt und in das Gefängnis geworfen wegen der Herodias, der Frau seines Bruder Philippus.* 4 *Denn Johannes hatte zu ihm gesagt: Es ist nicht recht, daß du sie hast.*

Mk 6, 17-18 (vgl. Nr. 108)

17 *Denn er, Herodes, hatte ausgesandt und Johannes ergriffen und ins Gefängnis geworfen um der Herodias willen, der Frau seines Bruders Philippus; denn er hatte sie geheiratet.* 18 *Johannes hatte nämlich zu Herodes gesagt: Es ist nicht recht, daß du die Frau deines Bruders hast.*

6. Jesu Taufe

Mt 3, 13-17

13 Zu der Zeit kam Jesus aus Galiläa an den Jordan zu Johannes, daß er sich von ihm taufen ließe. 14 Aber Johannes wehrte ihm und sprach: Ich bedarf dessen, daß ich von dir getauft werde, und du kommst zu mir? 15 Jesus aber antwortete und sprach zu ihm: Laß es jetzt geschehen! Denn so gebührt es uns, alle Gerechtigkeit zu erfüllen. Da ließ er's geschehen. 16 Und als Jesus getauft war, stieg er alsbald herauf aus dem Wasser. Und siehe, da tat sich ihm der Himmel auf, und er sah den Geist Gottes wie eine Taube herabfahren und über sich kommen. 17 Und siehe, eine Stimme vom Himmel herab sprach: Dies ist mein lieber Sohn, an dem ich Wohlgefallen habe.

14: Joh 13, 6; 17 par.: 17, 5; Ps 2, 7; Jes 42, 1; Lk 9, 35; 2. Petr 1, 17.

Mk 1, 9-11

9 Und es begab sich zu der Zeit, daß Jesus aus Nazareth in Galiläa kam und ließ sich taufen von Johannes im Jordan. 10 Und alsbald, als er aus dem Wasser stieg, sah er, daß sich der Himmel auftat und der Geist wie eine Taube herabkam auf ihn. 11 Und da geschah eine Stimme vom Himmel: Du bist mein lieber Sohn, an dir habe ich Wohlgefallen.

9: Lk 2, 51 / 11: 9,7.

Zu Mt 3, 13-17 par. Ebionäerevangelium (Epiphanius, Haer. 30, 13, 7-8): Und nachdem es (sc. das Ebionäerevangelium) vieles berichtet hat, fährt es fort: Als das Volk getauft war, kam auch Jesus und wurde von Johannes getauft. Und wie er aus dem Wasser emporstieg, öffneten sich die Himmel, und er sah den heiligen Geist in Gestalt einer Taube, die herabkam und in ihn einging. Und eine Stimme aus dem Himmel sprach: Du bist mein geliebter Sohn, an dir habe ich Wohlgefallen gefunden. Und wiederum: Heute habe ich dich gezeugt. Und sogleich umstrahlte den Ort ein großes Licht. Als Johannes das sah, heißt es, spricht er zu ihm: Wer bist du, Herr? Und wiederum (ertönte) eine Stimme aus dem Himmel zu ihm: Dies ist mein geliebter Sohn, an dem ich Wohlgefallen gefunden habe. Und da, heißt es, fiel Johannes vor ihm nieder und sprach: Herr, ich bitte dich, taufe du mich. Er aber wehrte ihm und sprach: Laß es zu, denn so gebührt es sich, daß alles erfüllt werde.

Zu Mt 3, 13-17 par. Nazaräerevangelium (Hieronymus, Pelag. III, 2): Siehe da, die Mutter des Herrn und seine Brüder sagten zu ihm: Johannes der Täufer tauft zur Vergebung der Sünden: Laßt uns hingehen und uns von ihm taufen lassen. Er dagegen sagte zu ihnen: Was habe ich gesündigt, daß ich hingehe und mich von ihm taufen lasse? Es müßte denn das, was ich gesagt habe, Unkenntnis sein.

7. Jesu Stammbaum

Mt 1, 1-16 (vgl. S. 1)

1 *Dies ist das Buch von der Geschichte Jesu Christi, des Sohnes Davids, des Sohnes Abrahams.*
2 *Abraham zeugte Isaak. Isaak zeugte Jakob. Jakob zeugte Juda und seine Brüder.* 3 *Juda zeugte Perez und Serach mit der Tamar. Perez zeugte Hezron. Hezron zeute Ram.* 4 *Ram zeugte Amminadab. Amminandab zeugte*

Lk 3, 19-20

19 Der Landesfürst Herodes aber, der von Jo-
hannes zurechtgewiesen wurde wegen der
Herodias, der Frau seines Bruders, und wegen
alles Bösen, das er getan hatte, 20 fügte zu
dem allen noch dies hinzu: er warf Johannes
ins Gefängnis.

Lk 3, 21-22

21 Und es begab sich, als alles Volk sich tau-
fen ließ

und Jesus auch getauft worden war und bete-
te, da tat sich der Himmel auf, 22 und der hei-
lige Geist fuhr hernieder auf ihn in leiblicher
Gestalt wie eine Taube,
und eine Stimme kam aus dem Himmel: Du
bist mein lieber Sohn, an dir habe ich
Wohlgefallen[1]).

21: Hes 1, 1 / 22: Joh 1, 32; 9, 35

[1]) 3,22. Nach andern alten Textzeugen: «Mein Sohn bist du, heute habe ich dich gezeugt.» (Vgl. Ps 2,7; Ebionäerevangelium).

Joh 1, 29-34

29 *Am nächsten Tag sieht Johannes, daß Je-*
sus zu ihm kommt, und spricht: Siehe, das ist
Gottes Lamm, das der Welt Sünde trägt.
30 *Dieser ist's, von dem ich gesagt habe:*
Nach mir kommt ein Mann, der vor mir ge-
wesen ist, denn er war eher als ich. 31 *Und*
ich kannte ihn nicht. Aber damit er Israel of-
fenbart werde, darum bin ich gekommen, zu
taufen mit Wasser. 32 *Und Johannes bezeug-*
te und sprach: Ich sah, daß der Geist herab-
fuhr wie eine Taube vom Himmel und blieb
auf ihm. 33 *Und ich kannte ihn nicht. Aber*
der mich sandte, zu taufen mit Wasser, der
sprach zu mir: Auf wen du siehst den Geist
herabfahren und auf ihm bleiben, der ist's, der
mit dem heiligen Geist tauft. 34 *Und ich ha-*
be es gesehen und bezeugt: Dieser ist Gottes
Sohn.

Zu Mt 3, 16-17 par. Hebräerevangelium (Hieronymus, Kom. zu Jes 11, 2): Ferner finden wir in dem Evangelium, das wir eben erwähnt haben (sc. das Hebräerevangelium), folgendes geschrieben: Es geschah aber, als der Herr aus dem Wasser herausgestiegen war, da stieg die ganze Quelle des heiligen Geistes auf ihn herab und ruhte auf ihm und sprach zu ihm: Mein Sohn, in allen Propheten erwarte ich dich, daß du kämest, und ich in dir ruhte. Denn du bist meine Ruhe, du bist mein erstgeborener Sohn, der du in Ewigkeit herrschest.

Zu Mt 3, 16-17 par. Ode Salomos 24, 1: Die Taube schwebte auf den Christus herab, weil er ihr Fürst war. Sie sang über ihm, und ihre Stimme erschallte.

Lk 3, 23-38

23 Und Jesus war, als er auftrat, etwa dreißig
Jahre alt und wurde gehalten für einen Sohn
Josefs, der war ein Sohn Elis, 24 der war ein
Sohn Mattats, der war ein Sohn Levis, der war
ein Sohn Melchis, der war ein Sohn Jannais,
der war ein Sohn Josefs, 25 der war ein Sohn
Mattitjas, der war ein Sohn des Amos, der war
ein Sohn Nahums, der war ein Sohn Heslis,

Nachschon. Nachschon zeugte Salmon.
5 Salmon zeugte Boas mit der Rahab. Boas
zeugte Obed mit der Rut. Obed zeugte Isai.
6 Isai zeugte den König David. David zeugte
Salomo mit der Frau des Uria. 7 Salomo
zeugte Rehabeam. Rehabeam zeugte Abija.
Abija zeugte Asa. 8 Asa zeugte Joschafat. Jo-
schafat zeugte Joram. Joram zeugte Usija.
9 Usija zeugte Jotam. Jotam zeugte Ahas.
Ahas zeugte Hiskia. 10 Hiskia zeugte Manas-
se. Manasse zeugte Amon. Amon zeugte Jo-
sia. 11 Josia zeugte Jojachin und seine Brüder
um die Zeit der babylonischen Gefangen-
schaft. 12 Nach der babylonischen Gefangen-
schaft zeugte Jojachin Schealtiël. Schealtiël
zeugte Serubbabel. 13 Serubbabel zeugte Abi-
hud. Abihud zeugte Eljakim. Eljakim zeugte
Asor. 14 Asor zeugte Zadok. Zadok zeugte
Achim. Achim zeugte Eliud. 15 Eliud zeugte
Eleasar. Eleasar zeugte Mattan. Mattan zeugte
Jakob. 16 Jakob zeugte Josef, den Mann der
Maria, von der geboren ist Jesus, der da heißt
Christus.

Zu Lk 3, 23 Ebionäerevangelium (Epiphanius, Haer. 30, 13, 2): Es trat ein gewisser Mann auf, mit Namen Jesus, etwa 30 Jahre alt, . . . (Fortsetzung vgl. Nr. 11)

8. Jesu Versuchung

Mt 4, 1-11

1 Da wurde Jesus vom Geist in die Wüste ge-
führt, damit er von dem Teufel versucht wür-
de. 2 Und da er vierzig Tage und vierzig
Nächte gefastet hatte, hungerte ihn. 3 Und
der Versucher trat zu ihm und sprach: Bist du
Gottes Sohn, so sprich, daß diese Steine Brot
werden. 4 Er aber antwortete und sprach: Es
steht geschrieben (5. Mose 8,3): »Der Mensch
lebt nicht vom Brot allein, sondern von einem
jeden Wort, das aus dem Mund Gottes geht.«

Mk 1, 12-13

12 Und alsbald trieb ihn der Geist in die Wü-
ste; 13 und er war in der Wüste vierzig Tage
und wurde versucht von dem Satan und war
bei den wilden Tieren,

der war ein Sohn Naggais, 26 der war ein
Sohn Mahats, der war ein Sohn Mattitjas, der
war ein Sohn Schimis, der war ein Sohn Jo-
sechs, der war ein Sohn Jodas, 27 der war ein
Sohn Johanans, der war ein Sohn Resas, der
war ein Sohn Serubbabels, der war ein Sohn
Schealtiëls, der war ein Sohn Neris, 28 der
war ein Sohn Melchis, der war ein Sohn Ad-
dis, der war ein Sohn Kosams, der war ein
Sohn Elmadams, der war ein Sohn Ers, 29 der
war ein Sohn Joschuas, der war ein Sohn Elië-
sers, der war ein Sohn Jorims, der war ein
Sohn Mattats, der war ein Sohn Levis, 30 der
war ein Sohn Simeons, der war ein Sohn Ju-
das, der war ein Sohn Josefs, der war ein Sohn
Jonams, der war ein Sohn Eljakims, 31 der
war ein Sohn Meleas, der war ein Sohn Men-
nas, der war ein Sohn Mattatas, der war ein
Sohn Nathans, der war ein Sohn Davids,
32 der war ein Sohn Isais, der war ein Sohn
Obeds, der war ein Sohn des Boas, der war
ein Sohn Salmas[1]), der war ein Sohn Nach-
schons, 33 der war ein Sohn Amminadabs,
der war ein Sohn Admins, der war ein Sohn
Arnis[2]), der war ein Sohn Hezrons, der war
ein Sohn des Perez, der war ein Sohn Judas,
34 der war ein Sohn Jakobs, der war ein Sohn
Isaaks, der war ein Sohn Abrahams, der war
ein Sohn Terachs, der war ein Sohn Nahors,
33 der war ein Sohn Serugs, der war ein Sohn
Regus, der war ein Sohn Pelegs, der war ein
Sohn Ebers, der war ein Sohn Schelachs,
36 der war ein Sohn Kenans[3]), der war ein
Sohn Arpachschads, der war ein Sohn Sems,
der war ein Sohn Noahs, der war ein Sohn La-
mechs, 37 der war ein Sohn Metuschelachs,
der war ein Sohn Henochs, der war ein Sohn
Jereds, der war ein Sohn Mahalalels, der war
ein Sohn Kenans, 38 der war ein Sohn des
Enosch, der war ein Sohn Sets, der war ein
Sohn Adams, der war Gottes.

23: 4, 22; Mt 13, 55 / 27: 1. Chr 3, 17; Esr 3, 2 / 31: 1. Sam 16, 13; 2. Sam 5, 14 / 32: Rut 4, 21. 22; 1. Sam 16, 1 / 33: 1. Chr 2, 1-12; 1. Mose 29, 35 / 34: 1. Mose 11, 10-26; 21, 2. 3; 1. Chr 1, 24-27 / 36: 1. Mose 5, 3-32; 1. Chr 1, 1-4 / 38: 1. Mose 4, 25. 26; 5, 1-3.

[1]) 3, 32. Im Alten Testament (1. Chr 2, 11. 12; Rut 4, 20. 21): Obed, Salmon.

[2]) 3, 33. So nach den besten Textzeugen. Im Alten Testament (1. Chr 2, 9. 10; Rut 4, 19) steht statt Admin und Arni nur: Ram.

[3]) 3, 36. Kenan kommt nicht im Urtext, sondern nur in der griechischen Übersetzung des Alten Testamentes (1. Mose 10, 24; 11, 12. 13) vor.

Lk 4, 1-13

Joh 1, 51

1 Jesus aber, voll heiligen Geistes, kam zu-
rück vom Jordan und wurde vom Geist in die
Wüste geführt 2 und vierzig Tage lang von
dem Teufel versucht. Und er aß nichts in die-
sen Tagen, und als sie ein Ende hatten, hun-
gerte ihn. 3 Der Teufel aber sprach zu ihm:
Bist du Gottes Sohn, so sprich zu diesem Stein,
daß er Brot werde. 4 Und Jesus antwortete
ihm: Es steht geschrieben (5. Mose 8,3): »Der
Mensch lebt nicht allein vom Brot.«[1])

5 Da führte ihn der Teufel mit sich in die hei-
lige Stadt und stellte ihn auf die Zinne des
Tempels 6 und sprach zu ihm: Bist du Gottes
Sohn, so wirf dich hinab; denn es steht ge-
schrieben (Psalm 91, 11. 12): »Er wird seinen
Engeln deinetwegen Befehl geben; und sie wer-
den dich auf den Händen tragen, damit du dei-
nen Fuß nicht an einen Stein stößt.« 7 Da
sprach Jesus zu ihm: Wiederum steht auch ge-
schrieben (5. Mose 6, 16): »Du sollst den
Herrn, deinen Gott, nicht versuchen.«
8 Darauf führte ihn der Teufel mit sich auf ei-
nen sehr hohen Berg und zeigte ihm alle Rei-
che der Welt und ihre Herrlichkeit 9 und
sprach zu ihm: Das alles will ich dir geben,
wenn du niederfällst und mich anbetest.

10 Da sprach Jesus zu ihm: Weg mit dir, Sa-
tan! denn es steht geschrieben (5. Mose 6, 13):
»Du sollst anbeten den Herrn, deinen Gott,
und ihm allein dienen.«

11 Da verließ ihn der Teufel. Und siehe, da
traten Engel zu ihm und dienten ihm.

und die Engel dienten ihm.

1: Hebr 4, 15 / 2: 2. Mose 34, 28; 1. Kön 19, 8 / 3: 1. Mose 3, 1-7; Ps 2, 7 / 4 par.: 5. Mose 8, 3; Weish 16, 26; Joh 4, 34 / 6: Ps 91, 11. 12 / 7: 5. Mose 6, 16 / 8: Offb 21, 10; Mt 16, 26 / 9: 16, 26 / 10: 5. Mose 6, 13; Offb 22, 8. 9 / 11: Joh 1, 51; Hebr 1, 6. 14.

9. Der Beginn der Wirksamkeit Jesu in Galiläa

Mt 4, 12-17

12 Als nun Jesus hörte, daß Johannes gefan-
gengesetzt worden war, zog er sich nach Ga-
liläa zurück. 13 Und er verließ Nazareth, kam
und wohnte in Kapernaum, das am See liegt
im Gebiet von Sebulon und Naftali, 14 damit
erfüllt würde, was gesagt ist durch den Pro-
pheten Jesaja, der da spricht (Jesaja 8, 23; 9,
1): 15 »Das Land Sebulon und das Land Naf-
tali, das Land am Meer, das Land jenseits des
Jordans, das heidnische Galiläa, 16 das Volk,
das in Finsternis saß, hat ein großes Licht gese-
hen; und denen, die saßen am Ort und im
Schatten des Todes, ist ein Licht aufgegangen.«

Mk 1, 14-15

14 Nachdem aber Johannes gefangengesetzt
war, kam Jesus nach Galiläa

Lk 4, 5-14

5 Und der Teufel führte ihn hoch hinauf und
zeigte ihm alle Reiche der Welt in einem Au-
genblick 6 und sprach zu ihm: Alle diese
Macht will ich dir geben und ihre Herrlichkeit;
denn sie ist mir übergeben, und ich gebe sie,
wem ich will. 7 Wenn du mich nun anbetest,
so soll sie ganz dein sein. 8 Jesus antwortete
ihm und sprach: Es steht geschrieben (5. Mo-
se 6, 13): »Du sollst den Herrn, deinen Gott,
anbeten und ihm allein dienen.«
9 Und er führte ihn nach Jerusalem und stell-
te ihn auf die Zinne des Tempels und sprach
zu ihm: Bist du Gottes Sohn, so wirf dich von
hier hinunter; 10 denn es steht geschrieben
(Psalm 91, 11. 12): »Er wird seinen Engeln dei-
netwegen befehlen, daß sie dich bewahren.
11 Und sie werden dich auf den Händen tra-
gen, damit du deinen Fuß nicht an einen Stein
stößt.« 12 Jesus antwortete und sprach zu
ihm: Es ist gesagt (5. Mose 6, 16): »Du sollst
den Herrn, deinen Gott, nicht versuchen.«
13 Und als der Teufel alle Versuchungen voll-
endet hatte, wich er von ihm eine Zeitlang.

6: 1. Joh 2, 15-17 / 8: 5. Mose 6, 13 / 10 u. 11: Ps 91, 11. 12 / 12: 5. Mose 6, 16 / 13: Hebr 4, 15.

1) In der späteren Überlieferung finden sich zusätzlich die Worte: »sondern von einem jeden Wort Gottes« (vgl. Mt 4,4).

51 Und er spricht zu ihm: Wahrlich, wahrlich,
ich sage euch: Ihr werdet den Himmel offen
sehen und die Engel Gottes hinauf- und her-
abfahren über dem Menschensohn.

Lk 4, 14-15

14 Und Jesus kam in der Kraft des Geistes
wieder nach Galiläa,

Joh 4, 1-3; 2, 12

1 Als nun Jesus erfuhr, daß den Pharisäern zu
Ohren gekommen war, daß er mehr zu Jün-
gern machte und taufte als Johannes 2 – ob-
wohl Jesus nicht selber taufte, sondern seine
Jünger —, 3 verließ er Judäa und ging wieder
nach Galiläa.
2, 12 Danach ging Jesus hinab nach Kaper-
naum, er, seine Mutter, seine Brüder und sei-
ne Jünger, und sie blieben nicht lange da.

Mt 4, 17

17 Seit der Zeit fing Jesus an zu predigen: Tut
Buße, denn das Himmelreich ist nahe herbei-
gekommen!

12: 14, 13 / 14: Joh 7, 52 / 15: Jes 9, 1. 2 / 16: Lk 1, 78. 79; Joh 8, 12 / 17: 3, 2 / 20: 19, 27.

Mk 1, 15

und predigte das Evangelium Gottes 15 und
sprach: Die Zeit ist erfüllt, und das Reich Got-
tes ist herbeigekommen. Tut Buße und glaubt
an das Evangelium!

14: 6, 17 / 15: Dan 7, 22; Gal 4,4.

10. Jesu Predigt in Nazareth

Mt 13, 54-58 (vgl. Nr. 105)

54 *und kam in seine Vaterstadt*

und lehrte sie in ihrer Synagoge,

so daß sie sich entsetzten und fragten: Woher hat dieser solche Weisheit und solche Taten?
55 *Ist er nicht der Sohn des Zimmermanns? Heißt nicht seine Mutter Maria? und seine Brüder Jakobus und Josef*[1]) *und Simon und Judas?*
56 Und seine Schwestern, sind sie nicht alle bei uns? Woher kommt ihm denn das alles?
57 *Und sie ärgerten sich an ihm.*

Jesus aber sprach zu ihnen: Ein Prophet gilt nirgends weniger als in seinem Vaterland und in seinem Hause.
58 *Und er tat dort nicht viele Zeichen wegen ihres Unglaubens.*

Mk 6, 1-6a (vgl. Nr. 105)

1 *Und er ging von dort weg und kam in seine Vaterstadt, und seine Jünger folgten ihm nach.*
2 *Und als der Sabbat kam, fing er an, zu lehren in der Synagoge.*

Und viele, die zuhörten, verwunderten sich und sprachen: Woher hat er das? Und was ist das für eine Weisheit, die ihm gegeben ist? Und solche mächtigen Taten, die durch seine Hände geschehen?
3 *Ist er nicht der Zimmermann, Marias Sohn, und der Bruder des Jakobus und Joses und Judas und Simon? Sind nicht auch seine Schwestern hier bei uns, und sie ärgerten sich an ihm.*

4 *Jesus aber sprach zu ihnen: Ein Prophet gilt nirgends weniger als in seinem Vaterland und bei seinen Verwandten und in seinem Hause.*
5 *Und er konnte dort nicht eine einzige Tat tun, außer daß er wenigen Kranken die Hände auflegte und sie heilte.*
6 *Und er wunderte sich über ihren Unglauben.*

und die Kunde von ihm erscholl durch alle um-
liegenden Orte. 15 Und er lehrte in ihren Syn-
agogen und wurde von jedermann gepriesen.

Lk 4, 16-30

Joh 7, 15; 6, 42; 4, 44; 10, 39

16 Und er kam nach Nazareth, wo er aufge-
wachsen war, und ging nach seiner Gewohn-
heit am Sabbat in die Synagoge und stand auf
und wollte lesen. 17 Da wurde ihm das Buch
des Propheten Jesaja gereicht. Und als er das
Buch auftat, fand er die Stelle, wo geschrie-
ben steht (Jesaja 61, 1. 2):
18 »Der Geist des Herrn ist auf mir, weil er
mich gesalbt hat, zu verkündigen das Evan-
gelium den Armen; er hat mich gesandt, zu
predigen den Gefangenen, daß sie frei sein sol-
len, und den Blinden, daß sie sehen sollen, und
den Zerschlagenen, daß sie frei und ledig sein
sollen, 19 zu verkündigen das Gnadenjahr des
Herrn.« 20 Und als er das Buch zutat, gab er's
dem Diener und setzte sich. Und aller Augen
in der Synagoge sahen auf ihn. 21 Und er fing
an, zu ihnen zu reden: Heute ist dieses Wort
der Schrift erfüllt vor euren Ohren. 22 Und sie
gaben alle Zeugnis von ihm und wunderten
sich, daß solche Worte der Gnade aus seinem
Munde kamen, und sprachen:

Ist das nicht Josefs Sohn?

7, 15 *Und die Juden verwunderten sich und*
sprachen: Wie kann dieser die Schrift verste-
hen, wenn er es doch nicht gelernt hat?
6, 42 *und sprachen: Ist dieser nicht Jesus, Jo-*
sefs Sohn, dessen Vater und Mutter wir ken-
nen? Wieso spricht er dann: Ich bin vom
Himmel gekommen?

23 Und er sprach zu ihnen: Ihr werdet mir
freilich dies Sprichwort sagen: Arzt, hilf dir
selber! Denn wie große Dinge haben wir ge-
hört, die in Kapernaum geschehen sind! Tu so
auch hier in deiner Vaterstadt! 24 Er sprach
aber: Wahrlich, ich sage euch: Kein Prophet
gilt etwas in seinem Vaterland.

4, 44 *Denn er selber, Jesus, bezeugte, daß ein*
Prophet daheim nichts gilt.

25 Aber wahrhaftig, ich sage euch: Es waren
viele Witwen in Israel zur Zeit des Elia, als der
Himmel verschlossen war drei Jahre und sechs
Monate[1]) und eine große Hungersnot herrsch-
te im ganzen Lande, 26 und zu keiner von

[1]) 13, 55. Nach anderer alter Bezeugung: »Joses«; vgl. Mk 6, 3.

Zu Lk 4, 24 Thomasevangelium Logion 31: Jesus hat gesagt: Es gibt keinen Propheten, der in seinem Dorf aufgenommen wird. Ein Arzt pflegt die, die ihn kennen, nicht zu heilen.

11. Die Berufung der ersten Jünger

Mt 4, 18-22

18 Als nun Jesus am Galiläischen Meer entlangging, sah er zwei Brüder, Simon, der Petrus genannt wird, und Andreas, seinen Bruder; die warfen ihre Netze ins Meer; denn sie waren Fischer. 19 Und er sprach zu ihnen: Folgt mir nach; ich will euch zu Menschenfischern machen! 20 Sogleich verließen sie ihre Netze und folgten ihm nach. 21 Und als er von dort weiterging, sah er zwei andere Brüder, Jakobus, den Sohn des Zebedäus, und Johannes, seinen Bruder, im Boot mit ihrem Vater Zebedäus, wie sie ihre Netze flickten. Und er rief sie. 22 Sogleich verließen sie das Boot und ihren Vater und folgten ihm nach.

Mk 1, 16-20

16 Als er aber am Galiläischen Meer entlangging, sah er Simon und Andreas, Simons Bruder, wie sie ihre Netze ins Meer warfen; denn sie waren Fischer.
17 Und Jesus sprach zu ihnen: Folgt mir nach; ich will euch zu Menschenfischern machen!
18 Sogleich verließen sie ihre Netze und folgten ihm nach. 19 Und als er ein wenig weiterging, sah er Jakobus, den Sohn des Zebedäus, und Johannes, seinen Bruder, wie sie im Boot die Netze flickten. 20 Und alsbald rief er sie, und sie ließen ihren Vater Zebedäus im Boot mit den Tagelöhnern und folgten ihm nach.

19: 28, 19. 20 / 20: 19, 27

Zu Mt 4, 18-22 par. Ebionäerevangelium (Epiphanius Haer. 30, 13, 2-3): Es trat ein gewisser Mann auf, mit Namen Jesus, etwa 30 Jahre alt, der uns erwählte. Und er kam nach Kapernaum und ging in das Haus Simons, der den Beinamen Petrus hatte, öffnete seinen Mund und sprach: Ich ging am See Tiberias entlang und erwählte Johannes und Jakobus, die Söhne des Zebedäus, und Simon und Andreas und Simon den Zeloten und Judas Ischarioth, und dich, Matthäus, der du am Zoll saßt, berief ich, und du folgtest mir. Ich will nun von euch, daß ihr zwölf Apostel zum Zeugnis für Israel seid.

12. Heilung eines Besessenen in Kapernaum

Mt 7, 28-29 (vgl. Nr. 42)

28 *Und es begab sich, als Jesus diese Rede vollendet hatte,*

Mk 1, 21-28

21 Und sie gingen hinein nach Kapernaum; und alsbald am Sabbat ging er in die Synagoge und lehrte.

ihnen wurde Elia gesandt als allein zu einer
Witwe nach Sarepta im Gebiet von Sidon.
27 Und viele Aussätzige waren in Israel zur
Zeit des Propheten Elisa, und keiner von ih-
nen wurde rein als allein Naaman aus Syrien.
28 Und alle, die in der Synagoge waren, wur-
den von Zorn erfüllt, als sie das hörten.
29 Und sie standen auf und stießen ihn zur
Stadt hinaus und führten ihn an den Abhang
des Berges, auf dem ihre Stadt gebaut war, um
ihn hinabzustürzen. 30 Aber er ging mitten
durch sie hinweg.

17: Jes 61, 1. 2. / 18: Mt 5, 3; 11, 5 / 19: 3. Mose 25, 10 / 22: Joh 6, 42; 3, 23 / 23: 1. Kor 1, 22 / 24: Joh 4, 44 / 25 u. 26: 1. Kön 17, 1. 9-24; 18, 1; Jak 5, 17 / 27: 2. Kön 5, 11-14 / 29 u. 30: Joh 8, 59; 10, 39.

10, 39 *Da suchten sie abermals, ihn zu ergrei-
fen. Aber er entging ihren Händen.*

[1] 4, 25. Nach 1. Kön 17, 1; 18, 1 nur bis ins dritte Jahr. Die oben genannte Zeit stimmt mit der Zeit des Unheils bei Dan 7, 25; 12, 7 überein.

Lk 5, 1-11 (vgl. Nr. 16)

1 *Es begab sich aber, als sich die Menge zu ihm
drängte, um das Wort Gottes zu hören, da
stand er am See Genezareth* 2 *und sah zwei
Boote am Ufer liegen; die Fischer aber waren
ausgestiegen und wuschen ihre Netze.* 3 *Da
stieg er in eins der Boote, das Simon gehörte,
und bat ihn, ein wenig vom Land wegzufahren.
Und er setzte sich und lehrte die Menge vom
Boot aus.* 4 *Und als er aufgehört hatte zu re-
den, sprach er zu Simon: Fahre hinaus, wo es
tief ist, und werft eure Netze zum Fang aus!*
5 *Und Simon antwortete und sprach: Meister,
wir haben die ganze Nacht gearbeitet und nichts
gefangen; aber auf dein Wort will ich die Netze
auswerfen.* 6 *Und als sie das taten, fingen sie
eine große Menge Fische, und ihre Netze be-
gannen zu reißen.* 7 *Und sie winkten ihren Ge-
fährten, die im andern Boot waren, sie sollten
kommen und mit ihnen ziehen. Und sie kamen
und füllten beide Boote voll, so daß sie fast san-
ken.* 8 *Als das Simon Petrus sah, fiel er Jesus zu
Füßen und sprach: Herr, geh weg von mir! Ich
bin ein sündiger Mensch.* 9 *Denn ein Schrecken
hatte ihn erfaßt und alle, die bei ihm waren,
über diesen Fang, den sie miteinander getan
hatten,* 10 *ebenso auch Jakobus und Johannes,
die Söhne des Zebedäus, Simons Gefährten.
Und Jesus sprach zu Simon: Fürchte dich nicht!
Von nun an wirst du Menschen fangen.* 11 *Und
sie brachten die Boote ans Land und verlie-
ßen alles und folgten ihm nach.*

Joh 1, 35-42

35 *Am nächsten Tag stand Johannes abermals
da und zwei seiner Jünger;* 36 *und als er Jesus
vorübergehen sah, sprach er: Siehe, das ist
Gottes Lamm!* 37 *Und die zwei Jünger hörten
ihn reden und folgten Jesus nach.* 38 *Jesus
aber wandte sich um und sah sie nachfolgen
und sprach zu ihnen: Was sucht ihr? Sie aber
sprachen zu ihm: Rabbi — das heißt übersetzt:
Meister —, wo ist deine Herberge?* 39 *Er
sprach zu ihnen: Kommt und seht! Sie kamen
und sahen's und blieben diesen Tag bei ihm.
Es war aber um die zehnte Stunde.* 40 *Einer
von den zweien, die Johannes gehört hatten
und Jesus nachgefolgt waren, war Andreas,
der Bruder des Simon Petrus.* 41 *Der findet
zuerst seinen Bruder Simon und spricht zu
ihm: Wir haben den Messias gefunden, das
heißt übersetzt: der Gesalbte.* 42 *Und er führ-
te ihn zu Jesus. Als Jesus ihn sah, sprach er:
Du bist Simon, der Sohn des Johannes; du
sollst Kephas heißen, das heißt übersetzt:
Fels*[1]*).*

[1] 1, 42. Vgl. Anmerkung zu Mt 16, 18; Nr. 119

Lk 4, 31-37

31 Und er ging hinab nach Kapernaum, einer
Stadt in Galiläa, und lehrte sie am Sabbat.

Joh 7, 46

daß sich das Volk entsetzte über seine Lehre;
29 denn er lehrte sie mit Vollmacht und nicht
wie ihre Schriftgelehrten.

28: 22, 33.

22 Und sie entsetzten sich über seine Lehre;
denn er lehrte mit Vollmacht und nicht wie
die Schriftgelehrten. 23 Und alsbald war in ih-
rer Synagoge ein Mensch, besessen von einem
unreinen Geist; der schrie: 24 Was willst du
von uns, Jesus von Nazareth? Du bist gekom-
men, uns zu vernichten. Ich weiß, wer du bist:
der Heilige Gottes! 25 Und Jesus bedrohte ihn
und sprach: Verstumme und fahre aus von
ihm! 26 Und der unreine Geist riß ihn und
schrie laut und fuhr aus von ihm. 27
Und sie entsetzten sich alle, so daß sie sich un-
tereinander befragten und sprachen: Was ist
das? Eine neue Lehre in Vollmacht! Er gebie-
tet auch den unreinen Geistern, und sie gehor-
chen ihm! 28 Und die Kunde von ihm erscholl
alsbald überall im ganzen galiläischen Land.

21: Ri 11, 12; 1. Kön 17, 18; Mt 4, 13 / 24: 5, 7 par. / 26: 9, 26.

13. Jesus heilt die Schwiegermutter des Petrus und andere Kranke

Mt 8, 14-17 (vgl. Nr. 45. 46)

14 Und Jesus kam in das Haus des Petrus und
sah, daß dessen Schwiegermutter zu Bett lag
und hatte das Fieber.

15 Da ergriff er ihre Hand, und das Fieber
verließ sie. Und sie stand auf und diente ihm.
16 Am Abend aber brachten sie viele Beses-
sene zu ihm;

und er trieb die Geister aus durch sein Wort
und machte alle Kranken gesund, 17 damit er-
füllt würde, was gesagt ist durch den Prophe-
ten Jesaja, der da spricht (Jesaja 53,4): »Er hat
unsre Schwachheit auf sich genommen, und
unsre Krankheit hat er getragen.«

Mk 1, 29-34

29 Und alsbald gingen sie aus der Synagoge
und kamen in das Haus des Simon und An-
dreas mit Jakobus und Johannes. 30 Und die
Schwiegermutter Simons lag darnieder und
hatte das Fieber; und alsbald sagten sie ihm
von ihr. 31 Da trat er zu ihr, faßte sie bei der
Hand und richtete sie auf; und das Fieber ver-
ließ sie, und sie diente ihnen.
32 Am Abend aber, als die Sonne untergegan-
gen war, brachten sie zu ihm alle Kranken und
Besessenen. 33 Und die ganze Stadt war ver-
sammelt vor der Tür. 34 Und er half vielen
Kranken, die mit mancherlei Gebrechen be-
laden waren, und trieb viele böse Geister aus
und ließ die Geister nicht reden; denn sie kann-
ten ihn.

30: Apg 28, 8 / 34 par.: Apg 16, 17.18; 3, 10. 11; Mt 12, 16.

14. Jesus zieht von Kapernaum weg

Mk 1, 35-38

35 Und am Morgen, noch vor Tage, stand er
auf und ging hinaus. Und er ging an eine ein-
same Stätte und betete dort. 36 Simon aber
und die bei ihm waren, eilten ihm nach.
37 Und als sie ihn fanden, sprachen sie zu
ihm: Jedermann sucht dich. 38 Und er sprach
zu ihnen: Laßt uns anderswohin gehen, in die
nächsten Städte, daß ich auch dort predige;
denn dazu bin ich gekommen.

35: Mt 23, 26; Lk 5, 16; 11, 1

Lk 4, 32-43

32 Und sie verwunderten sich über seine Leh-
re; denn er predigte mit Vollmacht.
33 Und es war ein Mensch in der Synagoge,
besessen von einem unreinen Geist, und der
schrie laut: 34 Halt, was willst du von uns, Je-
sus von Nazareth? Du bist gekommen, uns zu
vernichten. Ich weiß, wer du bist: der Heili-
ge Gottes! 35 Und Jesus bedrohte ihn und
sprach: Verstumme und fahre aus von ihm!
Und der böse Geist warf ihn mitten unter sie
und fuhr von ihm aus und tat ihm keinen
Schaden. 36 Und es kam eine Furcht über sie
alle, und sie redeten miteinander und spra-
chen: Was ist das für ein Wort? Er gebietet mit
Vollmacht und Gewalt den unreinen Geistern,
und sie fahren aus. 37 Und die Kunde von
ihm erscholl in alle Orte des umliegenden
Landes.

31: Mt 4, 13; Joh 2, 12 / 32: Joh 7, 46.

Die Knechte antworteten: Noch nie hat ein Mensch so geredet wie dieser.

Lk 4, 38-41

38 Und er machte sich auf aus der Synagoge
und kam in Simons Haus.
Und Simons Schwiegermutter hatte hohes Fie-
ber, und sie baten ihn für sie.
39 Und er trat zu ihr und gebot dem Fieber,
und es verließ sie. Und sogleich stand sie auf
und diente ihnen.

40 Und als die Sonne untergegangen war,
brachten alle ihre Kranken mit mancherlei Lei-
den zu ihm. Und er legte die Hände auf einen
jeden und machte sie gesund. 41 Von vielen
fuhren auch die bösen Geister aus und schrie-
en: Du bist der Sohn Gottes! Und er bedroh-
te sie und ließ sie nicht reden; denn sie wußten,
daß er der Christus war.

41: Mt 8, 29; Mk 3, 11. 12.

Lk 4, 42-43

42 Als es aber Tag wurde, ging er hinaus an
eine einsame Stätte; und das Volk suchte ihn,
und sie kamen zu ihm und wollten ihn fest-
halten, damit er nicht von ihnen ginge.

43 Er sprach aber zu ihnen: Ich muß auch den
anderen Städten das Evangelium predigen vom
Reich Gottes; denn dazu bin ich gesandt.

43: 8, 1 / 44: Mt 4, 23

15. Krankenheilung in Galiläa

Mt 4, 23-25

23 Und Jesus zog umher in ganz Galiläa, lehr-
te in ihren Synagogen und predigte das Evan-
gelium von dem Reich und heilte alle
Krankheiten und alle Gebrechen im Volk.

24 Und die Kunde von ihm erscholl durch
ganz Syrien. Und sie brachten zu ihm alle
Kranken, mit mancherlei Leiden und Plagen
behaftet, Besessene, Mondsüchtige und Ge-
lähmte; und er machte sie gesund. 25 Und es
folgte ihm eine große Menge aus Galiläa, aus
den Zehn Städten, aus Jerusalem, aus Judäa
und von jenseits des Jordans.

23: Lk 4, 15; Apg 10, 38 / 24: 14, 35; Mk 6, 54. 55; Mt 17, 15.

Mk 1, 39; *3, 10. 7. 8* (vgl. Nr. 69)

39 Und er kam und predigte in ihren Synago-
gen in ganz Galiläa und trieb die bösen Gei-
ster aus.

10 *Denn er heilte viele, so daß alle, die ge-
plagt waren, über ihn herfielen, um in anzu-
rühren.*

7 *Aber Jesus zog sich zurück mit seinen Jün-
gern an den See, und eine große Menge aus
Galiläa folgte ihm; auch aus Judäa* 8 *und Je-
rusalem, aus Idumäa und von jenseits des Jor-
dans und aus der Umgebung von Tyrus und
Sidon kam eine große Menge zu ihm, die von
seinen Taten gehört hatte.*

16. Der Fischzug des Petrus

Mt 13, 1-3; 4, 18-22 (vgl. Nr. 88. 11)

13, 1 *An demselben Tag ging Jesus aus dem
Hause und setzte sich an den See.* 2 *Und es
versammelte sich eine große Menge bei ihm,
so daß er in ein Boot stieg und sich setzte, und
alles Volk stand am Ufer.* 3 *Und er redete vie-
les zu ihnen in Gleichnissen und sprach: . . .*

4, 18 *Als nun Jesus am Galiläischen Meer ent-
langging, sah er zwei Brüder, Simon, der Pe-
trus genannt wird, und Andreas, seinen
Bruder; die warfen ihre Netze ins Meer; denn
sie waren Fischer.* 19 *Und er sprach zu ihnen:
Folgt mir nach; ich will euch zu Menschenfi-
schern machen!* 20 *Sogleich verließen sie ih-
re Netze und folgten ihm nach.* 21 *Und als er
von dort weiterging, sah er zwei andere Brü-
der, Jakobus, den Sohn des Zebedäus, und Jo-
hannes, seinen Bruder, im Boot mit ihrem
Vater Zebedäus, wie sie ihre Netze flickten.
Und er rief sie.* 22 *Sogleich verließen sie das
Boot und ihren Vater und folgten ihm nach.*

Mk 4, 1-2; 1, 16-20 (vgl. Nr. 88. 11)

4, 1 *Und er fing abermals an, am See zu leh-
ren. Und es versammelte sich eine sehr große
Menge bei ihm, so daß er in ein Boot steigen
mußte, das im Wasser lag; er setzte sich, und
alles Volk stand auf dem Lande am See.*
2 *Und er lehrte sie vieles in Gleichnissen; und
in seiner Predigt sprach er zu ihnen: . . .*
1, 16 *Als er aber am Galiläischen Meer ent-
langging, sah er Simon und Andreas, Simons
Bruder, wie sie ihre Netze ins Meer warfen;
denn sie waren Fischer.* 17 *Und Jesus sprach
zu ihnen: Folgt mir nach; ich will euch zu Men-
schenfischern machen!* 18 *Sogleich verließen
sie ihre Netze und folgten ihm nach.* 19 *Und
als er ein wenig weiterging, sah er Jakobus,
den Sohn des Zebedäus, und Johannes, seinen
Bruder, wie sie im Boot die Netze flickten.*
20 *Und alsbald rief er sie, und sie ließen ih-
ren Vater Zebedäus im Boot mit den Tagelöh-
nern und folgten ihm nach.*

Lk 4, 44; *6, 18. 19. 17* (vgl. Nr. 69)

44 Und er predigte in den Synagogen Judäas.

6, 18 die gekommen waren, ihn zu hören und
von ihren Krankheiten geheilt zu werden; und
die von unreinen Geistern umgetrieben waren,
wurden gesund. 19 Und alles Volk suchte, ihn
anzurühren; denn es ging Kraft von ihm aus,
und er heilte sie alle. 17 Und er ging mit ih-
nen hinab und trat auf ein ebenes Feld. Und
um ihn war eine große Schar seiner Jünger und
eine große Menge des Volkes aus ganz Judäa
und Jerusalem und aus dem Küstenland von
Tyrus und Sidon.

(Mt 9, 35) (vgl. Nr. 56)

35 Und Jesus ging ringsum in alle Städte und
Dörfer, lehrte in ihren Synagogen und predigte
das Evangelium von dem Reich und heilte al-
le Krankheiten und alle Gebrechen.

Lk 5, 1-11

1 Es begab sich aber, als sich die Menge zu
ihm drängte, um das Wort Gottes zu hören,
da stand er am See Genezareth 2 und sah
zwei Boote am Ufer liegen; die Fischer aber
waren ausgestiegen und wuschen ihre Netze.
3 Da stieg er in eins der Boote, das Simon ge-
hörte, und bat ihn, ein wenig vom Land weg-
zufahren. Und er setzte sich und lehrte die
Menge vom Boot aus. 4 Und als er aufgehört
hatte zu reden, sprach er zu Simon: Fahre hin-
aus, wo es tief ist, und werft eure Netze zum
Fang aus! 5 Und Simon antwortete und
sprach: Meister, wir haben die ganze Nacht
gearbeitet und nichts gefangen; aber auf dein
Wort will ich die Netze auswerfen. 6 Und als
sie das taten, fingen sie eine große Menge Fi-
sche, und ihre Netze begannen zu reißen.
7 Und sie winkten ihren Gefährten, die im an-
dern Boot waren, sie sollten kommen und mit
ihnen ziehen. Und sie kamen und füllten beide
Boote voll, so daß sie fast sanken. 8 Als das
Simon Petrus sah, fiel er Jesus zu Füßen und
sprach: Herr, geh weg von mir! Ich bin ein
sündiger Mensch. 9 Denn ein Schrecken hat-
te ihn erfaßt und alle, die bei ihm waren, über
diesen Fang, den sie miteinander getan hatten,
10 ebenso auch Jakobus und Johannes, die
Söhne des Zebedäus, Simons Gefährten. Und
Jesus sprach zu Simon: Fürchte dich nicht!

Joh 21, 1-11

1 Danach offenbarte sich Jesus abermals den
Jüngern am See Tiberias. Er offenbarte sich
aber so: 2 Es waren beieinander Simon Petrus
und Thomas, der Zwilling genannt wird, und
Nathanael aus Kana in Galiläa und die Söh-
ne des Zebedäus und zwei andere seiner Jün-
ger. 3 Spricht Simon Petrus zu ihnen: Ich will
fischen gehen. Sie sprechen zu ihm: So wol-
len wir mit dir gehen. Sie gingen hinaus und
stiegen in das Boot, und in dieser Nacht fin-
gen sie nichts. 4 Als es aber schon Morgen
war, stand Jesus am Ufer, aber die Jünger
wußten nicht, daß es Jesus war. 5 Spricht Je-
sus zu ihnen: Kinder, habt ihr nichts zu essen?
Sie antworteten ihm: Nein. 6 Er aber sprach
zu ihnen: Werft das Netz aus zur Rechten des
Bootes, so werdet ihr finden. Da warfen sie
es aus und konnten's nicht mehr ziehen we-
gen der Menge der Fische. 7 Da spricht der
Jünger, den Jesus lieb hatte, zu Petrus: Es ist
der Herr! Als Simon Petrus hörte, daß es der
Herr war, gürtete er sich das Obergewand um,
denn er war nackt, und warf sich ins Wasser.
8 Die andern Jünger aber kamen mit dem
Boot, denn sie waren nicht fern vom Land, nur
etwa zweihundert Ellen, und zogen das Netz
mit den Fischen. 9 Als sie nun ans Land stie-
gen, sahen sie ein Kohlenfeuer und Fische dar-
auf und Brot. 10 Spricht Jesus zu ihnen:

Die Bergpredigt (Mt 5-7)

17. Einleitung

Mt 5, 1-2

1 Als er aber das Volk sah, ging er auf einen
Berg und setzte sich; und seine Jünger traten
zu ihm. 2 Und er tat seinen Mund auf, lehrte
sie und sprach:

1: 15, 29

18. Seligpreisungen

Mt 5, 3-12

3 Selig sind, die da geistlich arm sind; denn
ihrer ist das Himmelreich.
4 Selig sind, die da Leid tragen; denn sie sollen getröstet werden.
5 Selig sind die Sanftmütigen; denn sie werden das Erdreich besitzen.
6 Selig sind, die da hungert und dürstet nach
der Gerechtigkeit; denn sie sollen satt werden.
7 Selig sind die Barmherzigen; denn sie werden Barmherzigkeit erlangen.
8 Selig sind, die reinen Herzens sind; denn sie
werden Gott schauen.
9 Selig sind die Friedfertigen[1]); denn sie werden Gottes Kinder heißen.
10 Selig sind, die um der Gerechtigkeit willen
verfolgt werden; denn ihrer ist das Himmelreich.
11 Selig seid ihr, wenn euch die Menschen um
meinetwillen schmähen und verfolgen und reden allerlei Übles gegen euch, wenn sie damit
lügen. 12 Seid fröhlich und getrost; es wird
euch im Himmel reichlich belohnt werden.
Denn ebenso haben sie verfolgt die Propheten, die vor euch gewesen sind.

3 par.: Jes 57, 15; Mt 11, 5; Lk 4, 18; Jak 2, 5 / 4 par.: Ps 126, 5; Jes 61, 2; 2. Kor 7, 10; Offb 7, 17 / 5: 11, 29; Ps 37, 11 / 6: Lk 18, 9-14; Joh 6, 35 / 7: 25, 35-46; Jak 2, 13 / 8: Ps 24, 3-5; 51, 12. 13; 1. Joh 3, 2. 3 / 9: Hebr 12, 14 / 10: 1. Petr 3, 14 / 11 par.: 10, 22; Joh 16, 2; Apg 5, 41; 1. Petr 4, 14 / 12: Apg 7, 52; Jak 5, 10.

[1]) 5, 9. Wörtlich: »die Friedensstifter«.

Von nun an wirst du Menschen fangen.
11 Und sie brachten die Boote ans Land und
verließen alles und folgten ihm nach.

8: 18,13 / 11: Mt 19, 27.

Zu Lk 5, 1-11 Ebionäerevangelium, vgl. Nr. 11.

10 *Bringt von den Fischen, die ihr jetzt gefan-
gen habt!* 11 *Simon Petrus stieg hinein und
zog das Netz an Land, voll großer Fische, hun-
dertdreiundfünfzig. Und obwohl es so viele
waren, zerriß doch das Netz nicht.*

Lk 6, 12. 20 (vgl. Nr. 70. 71)

12 *Es begab sich aber zu der Zeit, daß er auf
einen Berg ging . . .* 20 *Und er hob seine Au-
gen auf über seine Jünger und sprach:*

Lk 6, 20-23 (vgl. Nr. 71)

20 *Selig seid ihr Armen; denn das Reich Gottes ist euer.*

21 b *Selig seid ihr, die ihr jetzt weint; denn ihr werdet lachen.*

21 a *Selig seid ihr, die ihr jetzt hungert; denn ihr sollt satt werden.*

22 *Selig seid ihr, wenn euch die Menschen
hassen und euch ausstoßen und schmähen und
verwerfen euren Namen als böse um des Men-
schensohnes willen.* 23 *Freut euch an jenem
Tage und springt vor Freude; denn siehe, euer Lohn ist groß im Himmel. Denn das gleiche haben ihre Väter den Propheten getan.*

Zu Mt 5, 10-12. 6 Thomasevangelium Logion 69; 68: Selig sind , die in ihrem Herzen verfolgt wurden. Sie sind es, die den Vater erkannt haben. Selig sind, die hungern, denn man wird den Leib dessen füllen, der wünscht. — Selig seid ihr, wenn sie euch hassen und verfolgen. Sie werden keinen Platz finden an dem Ort, an dem sie euch verfolgten.

19. Salz und Licht

Mt 5, 13-16

13 Ihr seid das Salz der Erde. Wenn nun das Salz nicht mehr salzt, womit soll man salzen? Es ist zu nichts mehr nütze, als daß man es wegschüttet und läßt es von den Leuten zertreten.
14 Ihr seid das Licht der Welt. Es kann die Stadt, die auf einem Berge liegt, nicht verborgen sein. 15 Man zündet auch nicht ein Licht an und setzt es unter einen Scheffel, sondern auf einen Leuchter; so leuchtet es allen, die im Hause sind. 16 So laßt euer Licht leuchten vor den Leuten, damit sie eure guten Werke sehen und euren Vater im Himmel preisen.

14: Phil 2, 15; Joh 8, 12 / 15 par.: Mk 4, 21; Lk 8, 16 / 16: Phil 2, 14. 15; Joh 15, 8; Eph 5, 8. 9; 1. Petr 2, 12.

Mk 9, 50; 4, 21 (vgl. Nr. 129, 92)

9, 50 *Das Salz ist gut; wenn aber das Salz nicht mehr salzt, womit wird man's würzen? Habt Salz bei euch und habt Frieden untereinander!*

4, 21 *Und er sprach zu ihnen: Zündet man etwa ein Licht an, um es unter den Scheffel oder unter die Bank zu setzen? Keineswegs, sondern um es auf den Leuchter zu setzen.*

Zu Mt 5, 14 Papyrus Oxyrhynchos 1, 7: Jesus spricht: Eine Stadt, die auf dem Gipfel eines hohen Berges erbaut und fest gegründet ist, kann nicht fallen und verborgen bleiben.

20. Jesu Stellung zum Gesetz

Mt 5, 17-20

17 Ihr sollt nicht meinen, daß ich gekommen bin, das Gesetz oder die Propheten aufzulösen; ich bin nicht gekommen aufzulösen, sondern zu erfüllen. 18 Denn wahrlich, ich sage euch: Bis Himmel und Erde vergehen, wird nicht vergehen der kleinste Buchstabe noch ein Tüpfelchen vom Gesetz, bis es alles geschieht.
19 Wer nun eines von diesen kleinsten Geboten auflöst und lehrt die Leute so, der wird der Kleinste heißen im Himmelreich; wer es aber tut und lehrt, der wird groß heißen im Himmelreich. 20 Denn ich sage euch: Wenn eure Gerechtigkeit nicht besser ist als die der Schriftgelehrten und Pharisäer, so werdet ihr nicht in das Himmelreich kommen.

17: 3, 15; Röm 3, 31; 10,4; 1. Joh 2, 7 / 19: Jak 2, 10; Dan 12, 3 / 20: 23, 2-33; Lk 18, 11. 12.

Zu Mt 5, 17 ff Ebionäerevangelium (Epiphanius, Haer. 30, 16, 5): Ich bin gekommen, die Opfer aufzulösen, und wenn ihr nicht aufhört zu opfern, wird der Zorn über euch nicht aufhören.

Zu Mt 5, 17 ff Ägypterevangelium (Clemens Alexandrinus Strom. III, 63): Ich bin gekommen, die Werke des Weibes (der Begierde) aufzulösen.

21. Vom Töten

Mt 5, 21-26

21 Ihr habt gehört, daß zu den Alten gesagt ist (2. Mose 20, 13; 21, 12): »Du sollst nicht töten«; wer aber tötet, der soll des Gerichts schuldig sein.

Mk 11, 25 (vgl. Nr. 198)

Lk 5, 11

Lk 14, 34-35; 11, 33 (vgl. Nr. 168, 150)

14, 34 *Das Salz ist etwas Gutes; wenn aber das Salz nicht mehr salzt, womit soll man würzen?* 35 *Es ist weder für den Acker noch für den Mist zu gebrauchen, sondern man wird's wegwerfen. Wer Ohren hat zu hören, der höre!*

11, 33 *Niemand zündet ein Licht an und setzt es in einen Winkel, auch nicht unter einen Scheffel, sondern auf den Leuchter, damit, wer hineingeht, das Licht sehe.*

Joh 8, 12

12 *Da redete Jesus abermals zu ihnen und sprach: Ich bin das Licht der Welt. Wer mir nachfolgt, der wird nicht wandeln in der Finsternis, sondern wird das Licht des Lebens haben.*

Zu Mt 5, 15 f Thomasevangelium Logion 33: *Jesus hat gesagt: Was du mit deinem Ohr hören wirst, predige auf euren Dächern. Man zündet auch nicht eine Lampe an und stellt sie unter ein Gefäß oder an einen verborgenen Ort. Man stellt sie auf den Leuchter, damit alle sie sehen, alle die hinein- und hinausgehen.*

Lk 16, 16-17 (vgl. Nr. 173)

16 *Das Gesetz und die Propheten reichen bis zu Johannes. Von da an wird das Evangelium vom Reich Gottes gepredigt, und jedermann drängt sich mit Gewalt hinein.* 17 *Es ist aber leichter, daß Himmel und Erde vergehen, als daß ein Tüpfelchen vom Gesetz fällt.*

Zu Mt 5, 17 ff Thomasevangelium Logion 11. 27: *Jesus sprach: Dieser Himmel wird vergehen, der über ihm auch. Die Toten leben nicht, die Lebenden werden nicht sterben. In den Tagen, als ihr das aßet, was tot ist, machtet ihr es lebendig. Wenn ihr im Licht seid, was werdet ihr tun? — Wenn ihr nicht der Welt gegenüber fastet, werdet ihr das Reich nicht finden. Wenn ihr nicht den Sabbat als Sabbat haltet, werdet ihr den Vater nicht sehen.*

Lk 12, 57-59 (vgl. Nr. 158)

22 Ich aber sage euch: Wer mit seinem Bru-
der zürnt, der ist des Gerichts schuldig; wer
aber zu seinem Bruder sagt: Du Nichtsnutz[1]!,
der ist des Hohen Rats schuldig; wer aber sagt:
Du Narr[2]!, der ist des höllischen Feuers
schuldig. 23 Darum: wenn du deine Gabe auf
dem Altar opferst und dort kommt dir in den
Sinn, daß dein Bruder etwas gegen dich hat,
24 so laß dort vor dem Altar deine Gabe und
geh zuerst hin und versöhne dich mit deinem
Bruder und dann komm und opfere deine Ga-
be. 25 Vertrage dich mit deinem Gegner so-
gleich, solange du noch mit ihm auf dem Weg
bist, damit dich der Gegner nicht dem Rich-
ter überantworte und der Richter dem Ge-
richtsdiener und du ins Gefängnis geworfen
werdest. 26 Wahrlich, ich sage dir: Du wirst
nicht von dort herauskommen, bis du auch
den letzten Pfennig bezahlt hast.

21: 2. Mose 20, 13; 5. Mose 17, 8. 9 / 22: 1. Joh 3, 15 / 25: 6, 14. 15; 18, 35.

[1]) 5, 22. Ein Ausdruck der Verachtung: »Du Schafskopf!«

[2]) 5, 22. Ein offenbar noch stärkerer, nicht sicher übersetzter Ausdruck der Verachtung: »Du Idiot!« Nach Ps 14, 1 etwa gleichbedeutend mit: du Gottloser.

25 *Und wenn ihr steht und betet,*

so vergebt, wenn ihr etwas gegen jemanden habt, damit auch euer Vater im Himmel euch vergebe eure Übertretungen.

Zu Mt 5, 22 Hebräerevangelium (Hieronymus, Kom. zu Ez. 18,7): In dem Hebräerevangelium, das die Nazaräner gewöhnlich lesen, wird unter die schwersten Verbrechen gerechnet, wer den Geist seines Bruders betrübt hat.

22. Vom Ehebrechen

Mt 5, 27-30

27 Ihr habt gehört, daß gesagt ist (2. Mose
20,14): »Du sollst nicht ehebrechen.« 28 Ich
aber sage euch: Wer eine Frau ansieht, sie zu
begehren, der hat schon mit ihr die Ehe ge-
brochen in seinem Herzen. 29 Wenn dich aber
dein rechtes Auge zum Abfall verführt, so reiß
es aus und wirf's von dir. Es ist besser für dich,
daß eins deiner Glieder verderbe und nicht der
ganze Leib in die Hölle geworfen werde.
30 Wenn dich deine rechte Hand zum Abfall
verführt, so hau sie ab und wirf sie von dir.
Es ist besser für dich, daß eins deiner Glieder
verderbe und nicht der ganze Leib in die Höl-
le fahre.

27: 2. Mose 20, 14 / 28: 2. Sam 11, 2; Hiob 31, 1; 2. Petr 2, 14 / 29-30: Kol 3, 5.

Mk 9, 43-48 (vgl. Nr. 128)

47 *Wenn dich dein Auge zum Abfall verführt,*
so wirf's von dir! Es ist besser für dich, daß du
einäugig in das Reich Gottes gehst, als daß du
zwei Augen hast und wirst in die Hölle gewor-
fen, 48 *wo ihr Wurm nicht stirbt und das Feu-*
er nicht verlöscht. 43 *Wenn dich aber deine*
Hand zum Abfall verführt, so haue sie ab! Es ist
besser für dich, daß du verkrüppelt zum Leben
eingehst, als daß du zwei Hände hast und fährst
in die Hölle, in das Feuer, das nie verlöscht.[1]
45 *Wenn dich dein Fuß zum Abfall verführt,*
so haue ihn ab! Es ist besser für dich, daß du
lahm zum Leben eingehst, als daß du zwei
Füße hast und wirst in die Hölle geworfen.[2]

[1]) 9, 43. Mehrere alte Textzeugen haben (mit einem Zusatz wohl aus Vers 48): »...Feuer, 44 wo ihr Wurm nicht stirbt und das Feuer nicht verlischt.«

[2]) 9, 45. Mehrere alte Textzeugen haben (mit einem Zusatz wohl aus Vers 48): »...wirst, 46 wo ihr Wurm nicht stirbt und das Feuer nicht verlischt.«

57 *Warum aber urteilt ihr nicht auch von
euch aus darüber, was recht ist?* 58 *Denn
wenn du mit deinem Gegner zum Gericht
gehst, so bemühe dich auf dem Wege, von ihm
loszukommen, damit er nicht etwa dich vor
den Richter ziehe, und der Richter überant-
worte dich dem Gerichtsdiener, und der Ge-
richtsdiener werfe dich ins Gefängnis.* 59 *Ich
sage dir: Du wirst von dort nicht herauskom-
men, bis du den allerletzten Heller bezahlt
hast.*

Zu Mt 5, 23 f Didache 15, 3. Weiset euch einander zurecht, nicht im Zorn, sondern im Frieden, wie es im Evangelium steht. Hat sich jemand gegen seinen Nächsten vergangen, sprecht nicht mit ihm, hört auf kein Wort von ihm, bis er Buße getan hat.

Zu Mt 5, 23 f Didache 14, 2: Jeder, der einen Streit mit seinem Nächsten hat, soll nicht mit euch zusammenkommen, bis sie sich versöhnt haben, damit euer Opfer nicht entweiht werde.

Zu Mt 5, 23 f Hebräerevangelium (Hieronymus, Kom. zu Eph 5, 4): Wie wir im hebräischen Evangelium lasen, sagt der Herr zu seinen Jüngern: Und niemals sollt ihr fröhlich sein, außer wenn ihr auf euren Bruder in Liebe schaut.

(Mt 18, 8-9) (vgl. Nr. 128)

9 *Und wenn dich dein Auge zum Abfall ver-
führt, reiß es aus und wirf's von dir. Es ist bes-
ser für dich, daß du einäugig zum Leben
eingehst, als daß du zwei Augen hast und wirst
in das höllische Feuer geworfen.* 8 *Wenn aber
deine Hand oder dein Fuß dich zum Abfall
verführt, so hau sie ab und wirf sie von dir.
Es ist besser für dich, daß du lahm oder ver-
krüppelt zum Leben eingehst, als daß du zwei
Hände oder zwei Füße hast und wirst in das
ewige Feuer geworfen.*

23. Ehescheidung

Mt 5, 31-32

31 Es ist auch gesagt (5. Mose 24, 1): »Wer
sich von seiner Frau scheidet, der soll ihr ei-
nen Scheidebrief geben.« 32 Ich aber sage
euch: Wer sich von seiner Frau scheidet, es sei
denn wegen Ehebruchs, der macht, daß sie die
Ehe bricht; und wer eine Geschiedene heira-
tet, der bricht die Ehe.

32: 1. Kor 7, 10. 11

Mk 10, 11-12 (vgl. Nr. 184)

11 *Und er sprach zu ihnen: Wer sich scheidet*
von seiner Frau und heiratet eine andere, der
bricht ihr gegenüber die Ehe; 12 *und wenn*
sich eine Frau scheidet von ihrem Mann und
heiratet einen andern, bricht sie ihre Ehe.

24. Vom Schwören

Mt 5, 33-37

33 Ihr habt weiter gehört, daß zu den Alten
gesagt ist (3. Mose 19, 12; 4. Mose 30, 3): »Du
sollst keinen falschen Eid schwören und sollst
dem Herrn deinen Eid halten.« 34 Ich aber sa-
ge euch, daß ihr überhaupt nicht schwören
sollt, weder bei dem Himmel, denn er ist Got-
tes Thron; 35 noch bei der Erde, denn sie ist
der Schemel seiner Füße; noch bei Jerusalem,
denn sie ist die Stadt des großen Königs.
36 Auch sollst du nicht bei deinem Haupt
schwören; denn du vermagst nicht ein einzi-
ges Haar weiß oder schwarz zu machen.
37 Eure Rede aber sei: Ja, ja; nein, nein. Was
darüber ist, das ist vom Übel.

33: 2. Mose 20, 7; 3. Mose 19, 12; 4. Mose 30, 3; 5. Mose 23, 21; Ps 50, 14 / 34: 23, 16-22 (vgl. Nr. 207); Jes 66, 1 / 35: Ps 48, 3 / 37: 2. Kor 1, 17; Jak 5, 12.

25. Vom Vergelten

Mt 5, 38-42

38 Ihr habt gehört, daß gesagt ist (2. Mose 21,
24): »Auge um Auge, Zahn um Zahn.« 39 Ich
aber sage euch, daß ihr nicht widerstreben sollt
dem Übel, sondern: wenn dich jemand auf dei-
ne rechte Backe schlägt, dem biete die andere
auch dar. 40 Und wenn jemand mit dir rech-
ten will und dir deinen Rock nehmen, dem laß
auch den Mantel. 41 Und wenn dich jemand
nötigt, eine Meile mitzugehen, so geh mit ihm
zwei. 42 Gib dem, der dich bittet, und wen-
de dich nicht ab von dem, der etwas von dir
borgen will.

38: 2. Mose 21, 23-25; 3. Mose 24, 19. 20 / 39: Spr 24, 29; Klgl 3, 30; Joh 18, 22. 23; Röm 12, 19. 21; 1. Petr 2, 20-23 / 40: 1. Kor 6, 7; Hebr 10, 34 / 42: 5. Mose 15, 7. 8; Lk 6, 34.

Lk 16, 18 (vgl. Nr. 173)

18 *Wer sich scheidet von seiner Frau und heiratet eine andere, der bricht die Ehe; und wer die von ihrem Mann Geschiedene heiratet, der bricht auch die Ehe.*

(Mt 19, 9) (vgl. Nr. 184)

9 *Ich aber sage euch: Wer sich von seiner Frau scheidet, es sei denn wegen Ehebruchs, und heiratet eine andere, der bricht die Ehe.*[1])

1) Nämlich: ihr gegenüber. — Für Jesus gibt es keine Ehescheidung. Heirate ich nach meiner Ehescheidung, so breche ich damit meine unlösliche erste Ehe. Vgl. noch 1. Kor 7, 10. 11. Nur Mt 5, 32; 19, 9 hält die Ehe u. U. für scheidbar.

Lk 6, 29-30 (vgl. Nr. 73)

29 *Und wer dich auf die eine Backe schlägt, dem biete die andere auch dar; und wer dir den Mantel nimmt, dem verweigere auch den Rock nicht.* 30 *Wer dich bittet, dem gib; und wer dir das Deine nimmt, von dem fordere es nicht zurück.*

Zu Mt 5, 38-42 Didache 1, 4-5: Enthalte dich von den fleischlichen und leiblichen Begierden . . . Jedem, der dich bittet, dem gib und fordere es nicht zurück; denn der Vater will, daß allen von den eigenen Gnadengaben gegeben werde. Selig ist, der nach dem Gebot gibt, denn er ist unsträflich. Wehe dem, der da nimmt! Wenn jemand aus Mangel nimmt, wird er unsträflich sein.

26. Von der Feindesliebe

Mt 5, 43-48

43 Ihr habt gehört, daß gesagt ist (3. Mose 19,
18): »Du sollst deinen Nächsten lieben« und
deinen Feind hassen. 44 Ich aber sage euch:
Liebt eure Feinde und bittet für die, die euch
verfolgen[1], 45 damit ihr Kinder seid eures
Vaters im Himmel. Denn er läßt seine Sonne
aufgehen über Böse und Gute und läßt reg-
nen über Gerechte und Ungerechte. 46 Denn
wenn ihr liebt, die euch lieben, was werdet ihr
für Lohn haben? Tun nicht dasselbe auch die
Zöllner? 47 Und wenn ihr nur zu euren Brü-
dern freundlich seid, was tut ihr Besonderes?
Tun nicht dasselbe auch die Heiden?

48 Darum sollt ihr vollkommen sein, wie eu-
er Vater im Himmel vollkommen ist.

43: 3. Mose 19, 18 / 44: Spr 25, 21. 22; 2. Mose 23, 4. 5; Lk 23, 34; Apg 7, 60; 1. Petr 3, 9; Röm 12, 14-20 / 45: Eph 5, 1 / 48: 5. Mose 18, 13; 3. Mose 19, 2.

[1] 5, 44. In minder gewichtigen Textzeugen ist aus Lk 6, 27. 28 hinter »Feinde« der Zusatz eingefügt: »segnet die, welche euch fluchen, tut Gutes denen, die euch hassen« und ebenso vor »verfolgen« der Zusatz: »beleidigen und«.

27. Vom Almosengeben

Mt 6, 1-4

1 Habt acht auf eure Frömmigkeit, daß ihr
die nicht übt vor den Leuten, um von ihnen
gesehen zu werden; ihr habt sonst keinen Lohn
bei eurem Vater im Himmel.
2 Wenn du nun Almosen gibst, sollst du es
nicht vor dir ausposaunen lassen, wie es die
Heuchler tun in den Synagogen und auf den
Gassen, damit sie von den Leuten gepriesen
werden. Wahrlich, ich sage euch: Sie haben
ihren Lohn schon gehabt. 3 Wenn du aber Al-
mosen gibst, so laß deine linke Hand nicht wis-
sen, was die rechte tut, 4 damit dein Almosen
verborgen bleibe; und dein Vater, der in das
Verborgene sieht, wird dir's vergelten.

1: 23, 5 / 2: 1. Kor 13, 3 / 3: 25, 37-40; Röm 12, 8 / 4: Lk 14, 14

Lk 5, 11

Lk 6, 27-28. 32-36 (vgl. Nr. 73)

27 *Aber ich sage euch, die ihr zuhört: Liebt*
eure Feinde; tut wohl denen, die euch hassen;
28 *segnet, die euch verfluchen; bittet für die,*
die euch beleidigen.

32 *Und wenn ihr die liebt, die euch lieben,*
welchen Dank habt ihr davon? Denn auch die
Sünder lieben ihre Freunde. 33 *Und wenn ihr*
euren Wohltätern wohltut, welchen Dank habt
ihr davon? Denn die Sünder tun dasselbe auch.
34 *Und wenn ihr denen leiht, von denen ihr*
etwas zu bekommen hofft, welchen Dank habt
ihr davon? Auch die Sünder leihen den Sün-
dern, damit sie das Gleiche bekommen.
35 *Vielmehr liebt eure Feinde; tut Gutes und*
leiht, wo ihr nichts dafür zu bekommen hofft.
So wird euer Lohn groß sein, und ihr werdet
Kinder des Allerhöchsten sein; denn er ist gütig
gegen die Undankbaren und Bösen.
36 *Seid barmherzig, wie auch euer Vater*
barmherzig ist.

Zu Mt 5, 44 Papyrus Oxyrhynchos 1224: Und betet für eure Feinde.

Zu Mt 5, 44 2. Clemens 13, 4: Wenn sie von uns hören, daß Gott sagt: Wenn ihr die liebt, die euch lieben, habt ihr keine Gnade; wenn ihr die Feinde liebt, die euch hassen, habt ihr Gnade. Wenn sie das hören, bewundern sie die übermäßige Güte. Sehen sie aber, daß wir weder die lieben, die uns hassen, noch die, die uns lieben, lachen sie uns aus, und der Name wird gelästert.

Zu Mt 6, 1-4 Thomasevangelium Logion 62: Jesus sprach: Ich sage meine Geheimnisse denen, die meiner Geheimnisse würdig sind. Das was deine rechte Hand tun wird, soll deine linke nicht erkennen, was sie tut.

28. Vom Beten

Mt 6, 5-8

5 Und wenn ihr betet, sollt ihr nicht sein wie
die Heuchler, die gern in den Synagogen und
an den Straßenecken stehen und beten, damit
sie von den Leuten gesehen werden. Wahrlich,
ich sage euch: Sie haben ihren Lohn schon ge-
habt. 6 Wenn du aber betest, so geh in dein
Kämmerlein und schließ die Tür zu und bete
zu deinem Vater, der im Verborgenen ist; und
dein Vater, der in das Verborgene sieht, wird
dir's vergelten. 7 Und wenn ihr betet, sollt ihr
nicht viel plappern wie die Heiden; denn sie
meinen, sie werden erhört, wenn sie viele Wor-
te machen. 8 Darum sollt ihr ihnen nicht glei-
chen. Denn euer Vater weiß, was ihr bedürft,
bevor ihr ihn bittet.

5: 23, 6 / 6: 2. Kön 4, 33 / 7: Jes 1, 15; 1. Kön 18, 26 / 8: 6, 32.

29. Das Vaterunser

Mt 6, 9-15

9 Darum sollt ihr so beten:
Unser Vater im Himmel!
Dein Name werde geheiligt.
10 Dein Reich komme.
Dein Wille geschehe
wie im Himmel so auf Erden.
11 Unser tägliches Brot gib uns heute.[1]
12 Und vergib uns unsere Schuld,
wie auch wir vergeben unsern Schuldigern.
13 Und führe uns nicht in Versuchung, son-
dern erlöse uns von dem Bösen.[2]
[Denn dein ist das Reich und die Kraft und die
Herrlichkeit in Ewigkeit. Amen.][3]
14 Denn wenn ihr den Menschen ihre Verfeh-
lungen vergebt, so wird euch euer himmlischer
Vater auch vergeben.

15 Wenn ihr aber den Menschen nicht ver-
gebt, so wird euch euer Vater eure Verfehlun-
gen auch nicht vergeben.

9: Hes 36, 23 / 10: 26, 42; Lk 22, 42; Ps 103, 21 / 11: Spr 30, 8 / 12: 18, 21-35 / 13: 26.41; Joh 17, 11.15; 1. Kor 10, 13; 2. Tim 4, 18 / 14: Kol 3, 13.

1) 6, 11. Wahrscheinlichere Übersetzungen für »tägliches Brot« lauten:
1. »das zum Leben nötige Brot«.
2. »Tagesration Brot«.
3. »Brot für den kommenden Tag«.

2) Luther übersetzte: »erlöse uns von dem Übel«.

3) Dieser Abschluß des Gebetes findet sich schon in einer Gemeindeordnung vom Anfang des 2. Jahrhunderts, wird aber in den neutestamentlichen Handschriften erst später bezeugt. Die einzelnen Ausdrücke dieses Zusatzes finden sich in ähnlichen Lobpreisungen, z.B. 1. Chr 29, 11-18; Offb 4, 11; 12, 10.

Mk 11, 25-26 (vgl. Nr. 198)

25 *Und wenn ihr steht und betet, so vergebt,*
wenn ihr etwas gegen jemanden habt, damit
auch euer Vater im Himmel euch vergebe eu-
re Übertretungen.[1]

25: Mt 5, 23.

1) 11, 25. Mehrere alte Textzeugen haben hier (wohl nach Mt 6, 15) noch: »26 Wenn aber ihr nicht vergebt, wird euer Vater in den Himmeln eure Verfehlungen nicht vergeben«.

Lk 5, 11

Zu Mt 6, 5-8 Thomasevangelium Logion 6: Seine Jünger fragten ihn: Willst du, daß wir fasten? Wie sollen wir beten und Almosen geben? Welche Speisevorschriften sollen wir halten? Jesus sprach: Sprecht keine Lüge und tut nicht, was ihr haßt. Denn vor dem Himmel ist alles offenbar. Denn es gibt nichts Verborgenes, das nicht enthüllt, und nichts Verdecktes, das nicht aufgedeckt werden wird.

Lk 11, 2-4 (vgl. Nr. 143)

2 *Er aber sprach zu ihnen: Wenn ihr betet, so sprecht: Vater!*
Dein Name werde geheiligt.
Dein Reich komme.[1]

3 *Unser tägliches Brot*[2] *gib uns Tag für Tag*
4 *und vergib uns unsre Sünden; denn auch wir vergeben allen, die an uns schuldig werden. Und führe uns nicht in Versuchung.*

[1] 11, 2. Statt dieser Bitte findet sich gut bezeugt die andere: »Dein heiliger Geist komme auf uns und reinige uns«.

[2] 11, 3. Vgl. Anmerkung zu Mt 6, 11.

Zu Mt 6, 11 Nazaräerevangelium (Hieronymus, Kom. zu Mt 6, 11): Im sog. Evangelium nach den Hebräern fand ich für ‚zum Dasein notwendig' ein ‚mahar', d.h. morgig, so daß der Sinn ist: ‚Unser morgiges' — d.h. zukünftiges — ‚Brot gib uns heute'.

Zu Mt 6, 9-15 Didache 8, 2: Die Didache bringt als Vater-Unser die matthäische Fassung (von Einzelheiten abgesehen) und fügt als Doxologie an: Denn dein ist die Kraft und die Herrlichkeit in Ewigkeit.

30. Vom Fasten

Mt 6, 16-18

16 Wenn ihr fastet, sollt ihr nicht sauer drein-
sehen wie die Heuchler; denn sie verstellen ihr
Gesicht, um sich vor den Leuten zu zeigen mit
ihrem Fasten. Wahrlich, ich sage euch: Sie ha-
ben ihren Lohn schon gehabt. 17 Wenn du
aber fastest, so salbe dein Haupt und wasche
dein Gesicht, 18 damit du dich nicht vor den
Leuten zeigst mit deinem Fasten, sondern vor
deinem Vater, der im Verborgenen ist; und
dein Vater, der in das Verborgene[1]) sieht,
wird dir's vergelten.

16: Jes 58, 5-8.

1) 6, 18. Die Verse 4 und 6 lassen vermuten, daß es ursprünglich hier entsprechend lautete: sondern im Verborgenen deinem Vater.

31. Warnung vor Habsucht

Mt 6, 19-21

19 Ihr sollt euch nicht Schätze sammeln auf
Erden, wo sie die Motten und der Rost fres-
sen und wo die Diebe einbrechen und stehlen.
20 Sammelt euch aber Schätze im Himmel,
wo sie weder Motten noch Rost fressen und
wo die Diebe nicht einbrechen und stehlen.
21 Denn wo dein Schatz ist, da ist auch dein
Herz.

20: 19, 21 par.; Lk 16, 9; Kol 3, 1. 2.

32. Das Gleichnis vom Auge

Mt 6, 22-23

22 Das Auge ist das Licht des Leibes. Wenn
dein Auge lauter ist, so wird dein ganzer Leib
licht sein. 23 Wenn aber dein Auge böse ist,
so wird dein ganzer Leib finster sein. Wenn
nun das Licht, das in dir ist, Finsternis ist, wie
groß wird dann die Finsternis sein!

23: 20,15; Mk 7, 22; Joh 11, 10.

Lk 5, 11

Zu Mt 6, 16 Thomasevangelium Logion 27: Wenn ihr nicht gegenüber der Welt fastet, werdet ihr das Reich nicht finden. Wenn ihr den Sabbat nicht als Sabbat haltet, werdet ihr den Vater nicht sehen.

Zu Mt 6, 16 Thomasevangelium Logion 6: Seine Jünger fragten ihn: Willst du, daß wir fasten? Wie sollen wir beten und Almosen geben? Welche Speisevorschriften sollen wir halten? Jesus sprach: Sprecht keine Lüge und tut nicht, was ihr haßt. Denn vor dem Himmel ist alles offenbar. Denn es gibt nichts Verborgenes, das nicht enthüllt, und nichts Verdecktes, das nicht aufgedeckt werden wird.

Lk 12, 33-34 (vgl. Nr. 154)

33 *Verkauft, was ihr habt, und gebt Almosen.*

Macht euch Geldbeutel, die nicht veralten, einen Schatz, der niemals abnimmt, im Himmel, wo kein Dieb hinkommt und den keine Motten fressen. 34 *Denn wo euer Schatz ist, da wird auch euer Herz sein.*

Lk 11, 34-36 (vgl. Nr. 150)

34 *Dein Auge ist das Licht des Leibes. Wenn nun dein Auge lauter ist, so ist dein ganzer Leib licht; wenn es aber böse ist, so ist auch dein Leib finster.* 35 *So schaue darauf, daß nicht das Licht in dir Finsternis sei.* 36 *Wenn nun dein Leib ganz licht ist und kein Teil an ihm finster ist, dann wird er ganz licht sein, wie wenn dich das Licht erleuchtet mit hellem Schein.*

33. Vom Doppeldienst

Mt 6, 24

24 Niemand kann zwei Herren dienen; entweder er wird den einen hassen und den andern lieben, oder er wird an dem einen hängen und den andern verachten. Ihr könnt nicht Gott dienen und dem Mammon.

24: Jak 4, 4.

Zu Mt 6, 24 Thomasevangelium Logion 47: Es ist unmöglich, daß ein Mensch auf zwei Pferden reitet, zwei Bogen spannt, daß ein Diener zwei Herren dient.

34. Vom falschen und rechten Sorgen

Mt 6, 25-34

25 Darum sage ich euch: Sorgt nicht um euer
Leben, was ihr essen und trinken werdet; auch
nicht um euren Leib, was ihr anziehen wer-
det. Ist nicht das Leben mehr als die Nahrung
und der Leib mehr als die Kleidung? 26 Seht
die Vögel unter dem Himmel an: sie säen nicht,
sie ernten nicht, sie sammeln nicht in die
Scheunen; und euer himmlischer Vater ernährt
sie doch. Seid ihr denn nicht viel mehr als sie?
27 Wer ist unter euch, der seines Lebens Län-
ge eine Spanne zusetzen könnte, wie sehr er
sich auch darum sorgt? 28 Und warum sorgt
ihr euch um die Kleidung? Schaut die Lilien
auf dem Feld an, wie sie wachsen: sie arbei-
ten nicht, auch spinnen sie nicht. 29 Ich sage
euch, daß auch Salomo in aller seiner Herr-
lichkeit nicht gekleidet gewesen ist wie eine
von ihnen. 30 Wenn nun Gott das Gras auf
dem Feld so kleidet, das doch heute steht und
morgen in den Ofen geworfen wird: sollte er
das nicht viel mehr für euch tun, ihr Klein-
gläubigen? 31 Darum sollt ihr nicht sorgen
und sagen: Was werden wir essen? Was wer-
den wir trinken? Womit werden wir uns klei-
den? 32 Nach dem allen trachten die Heiden.
Denn euer himmlischer Vater weiß, daß ihr
all dessen bedürft. 33 Trachtet zuerst nach
dem Reich Gottes und nach seiner Gerechtig-
keit, so wird euch das alles zufallen.
34 Darum sorgt nicht für morgen, denn der
morgige Tag wird für das Seine sorgen. Es ist
genug, daß jeder Tag seine eigene Plage hat.

25: Phil 4, 6; 1. Petr 5, 7 / 26: 10, 29-31; Lk 12, 6. 7 / 29: 1. Kön 10 / 31: Röm 14, 17 / 32: 6, 8 / 33: Röm 14, 17; 1. Kön 3, 13. 14; Lk 10, 42; Ps 37, 4. 25 / 34: 2. Mose 16, 19.

Zu Mt 6, 23 Clemens Alexandrinus Strom. I, 24, 158: Erbittet das Große, so wird euch Gott das Kleine dazutun.
Zu Mt 6, 30 Papyrus Oxyrhynchos 655: Er selbst wird euch euer Kleid geben.

Lk 5, 11

Lk 16, 13 (vgl. Nr. 171)

13 *Kein Knecht kann zwei Herren dienen; entweder er wird den einen hassen und den andern lieben, oder er wird an dem einen hängen und den andern verachten. Ihr könnt nicht Gott dienen und dem Mammon.*

Zu Mt 6, 24 2. Clemens 6, 1: Der Herr aber sagt: Kein Knecht kann zwei Herren dienen. Wenn wir Gott und dem Mammon dienen wollen, ist das uns nichts nütze.

Lk 12, 22-32 (vgl. Nr. 154)

22 *Er sprach aber zu seinen Jüngern: Darum*
sage ich euch: Sorgt nicht um euer Leben, was
ihr essen sollt, auch nicht um euren Leib, was
ihr anziehen sollt. 23 *Denn das Leben ist mehr*
als die Nahrung und der Leib mehr als die Klei-
dung. 24 *Seht die Raben an: sie säen nicht, sie*
ernten auch nicht, sie haben auch keinen Keller
und keine Scheune, und Gott ernährt sie doch.
Wieviel besser seid ihr als die Vögel! 25 *Wer*
ist unter euch, der, wie sehr er sich auch dar-
um sorgt, seines Lebens Länge eine Spanne zu-
setzen könnte? 26 *Wenn ihr nun auch das*
Geringste nicht vermögt, warum sorgt ihr euch
um das andre. 27 *Seht die Lilien an, wie sie*
wachsen: sie spinnen nicht, sie weben nicht.
Ich sage euch aber, daß auch Salomo in aller
seiner Herrlichkeit nicht gekleidet gewesen ist
wie eine von ihnen. 28 *Wenn nun Gott das*
Gras, das heute auf dem Feld steht und mor-
gen in den Ofen geworfen wird, so kleidet,
wieviel mehr wird er euch kleiden, ihr Klein-
gläubigen! 29 *Darum auch ihr, fragt nicht da-*
nach, was ihr essen oder was ihr trinken sollt,
und macht euch keine Unruhe.
30 *Nach dem allen trachten die Heiden in der*
Welt; aber euer Vater weiß, daß ihr dessen be-
dürft. 31 *Trachtet vielmehr nach seinem*
Reich, so wird euch das alles zufallen.
32 *Fürchte dich nicht, du kleine Herde! Denn*
es hat eurem Vater wohlgefallen, euch das
Reich zu geben.

Zu Mt 6, 25-34 Thomasevangelium Logion 27: Wenn ihr nicht gegenüber der Welt fastet, werdet ihr das Reich nicht finden. Wenn ihr den Sabbat nicht als Sabbat haltet, werdet ihr den Vater nicht sehen.

35. Vom Richtgeist

Mt 7, 1-6

1 Richtet nicht, damit ihr nicht gerichtet wer-
den. 2 Denn nach welchem Recht ihr richtet,
werdet ihr gerichtet werden;
und mit welchem Maß ihr meßt, wird euch
zugemessen werden.
3 Was siehst du aber den Splitter in deines
Bruders Auge und nimmst nicht wahr den Bal-
ken in deinem Auge?

4 Oder wie kannst du sagen zu deinem Bru-
der: Halt, ich will dir den Splitter aus deinem
Auge ziehen?, und siehe, ein Balken ist in dei-
nem Auge. 5 Du Heuchler, zieh zuerst den
Balken aus deinem Auge; danach sieh zu, wie
du den Splitter aus deines Bruders Auge ziehst.
6 Ihr sollt das Heilige nicht den Hunden ge-
ben, und eure Perlen sollt ihr nicht vor die
Säue werfen, damit die sie nicht zertreten mit
ihren Füßen und sich umwenden und euch zer-
reißen.

Mk 4, 24 (vgl. Nr. 92)

24 *Und er sprach zu ihnen: Seht zu, was ihr hört! Mit welchem Maß ihr meßt, wird man euch wieder messen, und man wird euch noch dazugeben.*

1: Röm 2, 1; 1. Kor 4, 5 / 2: Jes 33, 1 / 6: 10, 11; Lk 23, 9.

Zu Mt 7, 1 1. Clemens 13, 2: Denn ER hat also gesagt: Erbarmt euch, damit ihr Erbarmen findet; vergebt, damit ihr Vergebung findet. Wie ihr tut, so wird euch getan werden. Wie ihr gebt, so wird euch gegeben werden. Wie ihr richtet, so werdet ihr gerichtet werden. Wie ihr euch liebreich erweist, so wird man sich auch gegen euch liebreich erweisen. Mit welchem Maß ihr meßt, mit dem werdet ihr gemessen werden.

36. Von der Gebetserhörung

Mt 7, 7-11

7 Bittet, so wird euch gegeben; suchet, so
werdet ihr finden; klopfet an, so wird euch
aufgetan. 8 Denn wer da bittet, der empfängt;
und wer da sucht, der findet; und wer da an-
klopft, dem wird aufgetan. 9 Wer ist unter
euch Menschen, der seinem Sohn, wenn er ihn
bittet um Brot, einen Stein biete? 10 oder,
wenn er ihn bittet um einen Fisch, eine Schlan-
ge biete? 11 Wenn nun ihr, die ihr doch böse
seid, dennoch euren Kindern gute Gaben ge-
ben könnt, wieviel mehr wird euer Vater im
Himmel Gutes geben denen, die ihn bitten!

7: Mk 11, 24; Jer 29, 13. 14; Joh 14, 13. 14; Jak 1, 5 / 11: Jak 1, 17.

Zu Mt 7, 7 Herbräerevangelium (Clemens Alexandrinus Strom. V, 14, 96): Wer sucht, wird nicht ruhen, bis er findet, wer aber gefunden hat, wird sich verwundern; wer sich aber verwundert, wird die Herrschaft antreten; wer aber die Herrschaft angetreten hat, wird ruhen.

Lk 6 37-38. 41-42 (vgl. Nr. 74)

37 *Und richtet nicht, so werdet ihr auch nicht*
gerichtet. Verdammt nicht, so werdet ihr nicht
verdammt. Vergebt, so wird euch vergeben.
38 *Gebt, so wird euch gegeben. Ein volles,*
gedrücktes, gerütteltes und überfließendes
Maß wird man in euren Schoß geben; denn
eben mit dem Maß, mit dem ihr meßt, wird
man euch wieder messen. 41 *Was siehst du*
aber den Splitter in deines Bruders Auge, und
den Balken in deinem Auge nimmst du nicht
wahr? 42 *Wie kannst du sagen zu deinem*
Bruder: Halt still, Bruder, ich will den Split-
ter aus deinem Auge ziehen, und du siehst
selbst nicht den Balken in deinem Auge? Du
Heuchler, zieh zuerst den Balken aus deinem
Auge und sieh dann zu, daß du den Splitter
aus deines Bruders Auge ziehst!

Joh 8, 2-11

2 *Und frühmorgens, kam er wieder in den*
Tempel, und alles Volk kam zu ihm, und er
setzte sich und lehrte sie. 3 *Aber die Schrift-*
gelehrten und Pharisäer brachten eine Frau zu
ihm, beim Ehebruch ergriffen, und stellten sie
in die Mitte 4 *und sprachen zu ihm: Meister,*
diese Frau ist auf frischer Tat beim Ehebruch
ergriffen worden. 5 *Mose aber hat uns im Ge-*
setz geboten, solche Frauen zu steinigen. Was
sagst du? 6 *Das sagten sie aber, ihn zu versu-*
chen, damit sie ihn verklagen könnten. Aber
Jesus bückte sich und schrieb mit dem Finger
auf die Erde. 7 *Als sie nun fortfuhren, ihn zu*
fragen, richtete er sich auf und sprach zu ih-
nen: Wer unter euch ohne Sünde ist, der werfe
den ersten Stein auf sie. 8 *Und er bückte sich*
wieder und schrieb auf die Erde. 9 *Als sie*
aber das hörten, gingen sie weg, einer nach
dem andern, die Ältesten zuerst; und Jesus
blieb allein mit der Frau, die in der Mitte stand.
10 *Jesus aber richtete sich auf und fragte sie:*
Wo sind sie, Frau? Hat dich niemand ver-
dammt? 11 *Sie antwortete: Niemand, Herr.*
Und Jesus sprach: So verdamme ich dich auch
nicht; geh hin und sündige hinfort nicht
mehr[1]*).*

1) Dieser Text gehört nicht zur Urform des Joh, noch zur kirchlich redigierten Gestalt. Er stammt von späterer Hand.

Zu Mt 7, 3 ff Thomasevangelium Logion 26 (ab ‚dann magst . . .' auch Papyrus Oxyrhynchos 1, 1-4): Den Splitter, der in deines Bruders Auge ist, den siehst du. Aber den Balken, der in deinem Auge ist, den siehst du nicht. Wenn du den Balken aus deinem Auge herausziehst, dann magst du zusehen, den Splitter aus deines Bruders Auge herauszuziehen.

Lk 11, 9-13 (vgl. Nr. 145)

9 *Und ich sage euch auch: Bittet, so wird*
euch gegeben; suchet, so werdet ihr finden;
klopfet an, so wird euch aufgetan. 10 *Denn*
wer da bittet, der empfängt; und wer da sucht,
der findet; und wer da anklopft, dem wird auf-
getan. 11 *Wo ist unter euch ein Vater, der sei-*
nem Sohn, wenn der ihn um einen Fisch bittet,
eine Schlange für den Fisch biete? 12 *oder der*
ihm, wenn er um ein Ei bittet, einen Skorpion
dafür biete? 13 *Wenn nun ihr, die ihr böse*
seid, euren Kindern gute Gaben geben könnt,
wieviel mehr wird der Vater im Himmel den
heiligen Geist geben denen, die ihn bitten!

Zu Mt 7, 7 Thomasevangelium Logion 92: Suchet, so werdet ihr finden. Wonach ihr mich in diesen Tagen fragtet, das habe ich euch damals nicht gesagt. Jetzt will ich es sagen, und ihr suchet nicht danach.

37. Goldene Regel

Mt 7, 12

12 Alles nun, was ihr wollt, daß euch die Leute tun sollen, das tut ihnen auch! Das ist das Gesetz und die Propheten.

12: 22, 36-40; Röm 13, 8-10; Gal 5, 14

38. Der schmale und der breite Weg

Mt 7, 13-14

13 Geht hinein durch die enge Pforte. Denn
die Pforte ist weit, und der Weg ist breit, der
zur Verdammnis führt, und viele sind's, die
auf ihm hineingehen. 14 Wie eng ist die Pfor-
te und wie schmal der Weg, der zum Leben
führt, und wenige sind's, die ihn finden!

14: 19, 24; Apg 14, 22.

39. Rechte Frömmigkeit

Mt 7, 15-20

15 Seht euch vor vor den falschen Propheten,
die in Schafskleidern zu euch kommen, inwen-
dig aber sind sie reißende Wölfe. 16 An ihren
Früchten sollt ihr sie erkennen. Kann man
denn Trauben lesen von den Dornen oder Fei-
gen von den Disteln? 17 So bringt jeder gute
Baum gute Früchte; aber ein fauler Baum
bringt schlechte Früchte. 18 Ein guter Baum
kann nicht schlechte Früchte bringen, und ein
fauler Baum kann nicht gute Früchte bringen.
19 Jeder Baum, der nicht gute Früchte bringt,
wird abgehauen und ins Feuer geworfen.
20 Darum: an ihren Früchten sollt ihr sie er-
kennen.

15: 24, 4. 5. 24; 2. Kor 11, 13-15; Apg 20, 29 / 16: Gal 5, 19-23; Jak 3, 12 / 17: 12, 33 / 19: 3, 10; Joh 15, 2. 6.

Zu Mt 7, 15 Justin, Dialog 35, 3: ER sagte nämlich: Viele werden in meinem Namen kommen, die äußerlich einen Schafpelz anhaben, inwendig sind sie aber reißende Wölfe . . . Es wird Spaltungen und Sekten geben.

40. Warnung vor Selbsttäuschung

Mt 7, 21-23

21 Es werden nicht alle, die zu mir sagen:
Herr, Herr!, in das Himmelreich kommen,
sondern die den Willen tun meines Vaters im
Himmel. 22 Es werden viele zu mir sagen an
jenem Tage: Herr, Herr, haben wir nicht in
deinem Namen geweissagt? Haben wir nicht
in deinem Namen böse Geister ausgetrieben?

Lk 5, 11

Lk 6, 31 (vgl. Nr. 73)

31 *Und wie ihr wollt, daß euch die Leute tun sollen, so tut ihnen auch!*

Zu Mt 7, 12 Didache 1, 2: Der Weg zum Leben ist nun der: 1. du sollst Gott lieben, der dich geschaffen hat, 2. deinen Nächsten wie dich selbst. Aber alles, was du willst, daß es dir nicht geschehe, das tu auch nicht einem anderen.

Lk 13, 23-24 (vgl. Nr. 162)

23 *Es sprach aber einer zu ihm: Herr, meinst du, daß nur wenige selig werden? Er aber*
sprach zu ihnen: 24 *Ringt darum, daß ihr*
durch die enge Pforte hineingeht; denn viele, das sage ich euch, werden danach trachten, wie sie hineinkommen und werden's nicht können.

Zu Mt 7, 13f Didache 1, 1: Zwei Wege gibt es: einen zum Leben, einen zum Tode. Es ist aber ein großer Unterschied zwischen beiden Wegen.

Lk 6, 43-45 (vgl. Nr. 75)

44 *Denn jeder Baum wird an seiner eigenen Frucht erkannt. Man pflückt ja nicht Feigen von den Dornen, auch liest man nicht Trauben von den Hecken.*

43 *Denn es gibt keinen guten Baum, der faule Frucht trägt, und keinen faulen Baum, der*
gute Frucht trägt. 45 *Ein guter Mensch bringt*
Gutes hervor aus dem guten Schatz seines Herzens; und ein böser bringt Böses hervor aus dem bösen. Denn wes das Herz voll ist, des geht der Mund über.

(Mt 12, 33-35) (vgl. Nr. 84)

33 *Nehmt an, ein Baum ist gut, so wird auch seine Frucht gut sein; oder nehmt an, ein Baum ist faul, so wird auch seine Frucht faul sein. Denn an der Frucht erkennt man den Baum.*
34 *Ihr Schlangenbrut, wie könnt ihr Gutes re-*
den, die ihr böse seid? Wes das Herz voll ist,
des geht der Mund über. 35 *Ein guter Mensch*
bringt Gutes hervor aus dem guten Schatz seines Herzens; und ein böser Mensch bringt Böses hervor aus seinem bösen Schatz.

Zu Mt 7, 16 ff Thomasevangelium Logion 45: Man liest nicht Trauben von den Dornen und Feigen von den Disteln. Ein guter Mensch bringt Gutes aus seinem Schatz, ein schlechter Schlechtes aus seinem schlechten Schatz, der in seinem Herzen ist. Und er sagt Schlechtes, denn aus der Fülle des Herzens bringt er Schlechtes hervor.

Lk 6, 46; 13, 26-27 (vgl. Nr. 75, 162)

46 *Was nennt ihr mich aber Herr, Herr, und tut nicht, was ich euch sage?*

13, 26 *Dann werdet ihr anfangen zu sagen: Wir haben vor dir gegessen und getrunken, und auf*

Haben wir nicht in deinem Namen viele Wunder getan? 23 Dann werde ich ihnen bekennen: Ich habe euch noch nie gekannt; weicht von mir, ihr Übeltäter!

21: 21, 29; Röm 2, 13; Jak 1, 22-25 / 22: 1. Kor 13, 1. 2; Jer 27, 15 / 23: 25, 12. 41; Ps 6, 9; 2. Tim 2, 19.

Zu Mt 7, 21 2. Clemens 4, 2: ER sagt nämlich: Nicht jeder, der zu mir sagt: Herr, Herr! wird gerettet werden, sondern der die Gerechtigkeit tut.

41. Vom Hausbau

Mt 7, 24-27

24 Darum, wer diese meine Rede hört und tut sie,

der gleicht einem klugen Mann, der sein Haus auf Fels baute. 25 Als nun ein Platzregen fiel und die Wasser kamen und die Winde wehten und stießen an das Haus, fiel es doch nicht ein; denn es war auf Fels gegründet. 26 Und wer diese meine Rede hört und tut sie nicht, der gleicht einem törichten Mann, der sein Haus auf Sand baute. 27 Als nun ein Platzregen fiel und die Wasser kamen und die Winde wehten und stießen an das Haus, da fiel es ein, und sein Fall war groß.

26: Jak 1, 22 / 27: Hes 13, 10-12.

Zu Mt 7, 24 Thomasevangelium Logion 32: Eine Stadt, die man auf einem hohen Berge erbaut und befestigt, kann nicht fallen und sich verbergen.

42. Die Wirkung der Bergpredigt

Mt 7, 28. 29

28 Und es begab sich, als Jesus diese Rede vollendet hatte, daß sich das Volk entsetzte über seine Lehre; 29 denn er lehrte sie mit Vollmacht und nicht wie ihre Schriftgelehrten.

28: 22, 33; Lk 4, 32; Apg 2, 12 / 29: Joh 7, 16.

Mk 1, 22 (vgl. Nr. 12)

22 *Und sie entsetzten sich über seine Lehre; denn er lehrte mit Vollmacht und nicht wie die Schriftgelehrten.*

43. Die Heilung eines Aussätzigen

Mt 8, 1-4

1 Als er aber vom Berge herabging, folgte ihm eine große Menge. 2 Und siehe, ein Aussätziger kam heran und fiel vor ihm nieder und sprach: Herr, wenn du willst, kannst du mich reinigen. 3 Und Jesus streckte die Hand aus, rührte ihn an und sprach: Ich will's tun; sei rein! Und sogleich wurde er von seinem Aussatz rein. 4 Und Jesus sprach zu ihm: Sieh zu, sage es niemandem, sondern geh hin und zeige dich dem Priester und opfere die Gabe, die Mose befohlen hat, ihnen zum Zeugnis.

Mk 1, 40-45

40 Und es kam zu ihm ein Aussätziger, der bat ihn, kniete nieder und sprach zu ihm: Willst du, so kannst du mich reinigen. 41 Und es jammerte ihn, und er streckte die Hand aus, rührte ihn an und sprach zu ihm: Ich will's tun; sei rein! 42 Und sogleich wich der Aussatz von ihm, und er wurde rein. 43 Und Jesus drohte ihm und trieb ihn alsbald von sich 44 und sprach zu ihm: Sieh zu, daß du niemandem etwas sagst; sondern geh hin und zeige dich dem Priester und opfere für deine

Lk 5, 12-14

unsern Straßen hast du gelehrt. 27 *Und er*
wird zu euch sagen: Ich kenne euch nicht; wo
seid ihr her? Weicht alle von mir, ihr
Übertäter!

Zu Mt 7, 22 2. Clemens 4, 5: Wenn ihr an meiner Brust vereint seid und meine Gebote nicht haltet, werde ich euch verwerfen und zu euch sprechen: Weichet von mir, ich kenne euch nicht, woher ihr seid, ihr Missetäter! (‚An der Brust sein' [auf einem Polster gemeinsam zu Tische liegen] ist der Ausdruck tiefster Gemeinschaft.)

Lk 6, 47-49 (vgl. Nr. 76)

47 *Wer zu mir kommt und hört meine Rede*
und tut sie — ich will euch zeigen, wem er
gleicht. 48 *Er gleicht einem Menschen, der ein*
Haus baute und grub tief und legte den Grund
auf Fels. Als aber eine Wasserflut kam, da riß
der Strom an dem Haus und konnte es nicht
bewegen; denn es war gut gebaut.
49 *Wer aber hört und nicht tut, der gleicht ei-*
nem Menschen, der ein Haus baute auf die Er-
de, ohne Grund zu legen;
und der Strom riß an ihm und es fiel gleich
zusammen,
und sein Einsturz war groß.

Lk 7, 1a (vgl. Nr. 77)

1 *Nachdem Jesus seine Rede vor dem Volk vollendet hatte,*

Joh 7, 46

46 *Die Knechte antworteten: Noch nie hat ein Mensch so geredet wie dieser.*

Lk 5, 12-16

12 Und es begab sich, als er in einer Stadt
war, siehe, da war ein Mann voller Aussatz.
Als der Jesus sah, fiel er nieder auf sein An-
gesicht und bat ihn und sprach: Herr, willst
du, so kannst du mich reinigen. 13 Und er
streckte die Hand aus und rührte ihn an und
sprach: Ich will's tun, sei rein! Und sogleich
wich der Aussatz von ihm. 14 Und er gebot
ihm, daß er's niemandem sagen sollte. Geh
aber hin und zeige dich dem Priester und op-
fere für deine Reinigung, wie Mose geboten
hat, ihnen zum Zeugnis.

Reinigung, was Mose geboten hat, ihnen zum Zeugnis.
45 Er aber ging fort und fing an, viel davon zu reden und die Geschichte bekanntzumachen, so daß Jesus hinfort nicht mehr öffentlich in eine Stadt gehen konnte; sondern er war draußen an einsamen Orten; doch sie kamen zu ihm von allen Enden.

4 par.: 9, 30; Mk 7, 36; 8, 30; Lk 17, 14; 3. Mose 13, 49; 14, 2-32.

43: 3, 12 / 44: 7, 36; 3. Mose 14, 2-32

Zu Mt 8, 2-4 Papyrus Egerton 2: Und siehe, ein Aussätziger trat herzu und spricht: Meister Jesus, ... Wenn du nun willst, werde ich rein! Sogleich sprach der Herr zu ihm: Ich will es, sei rein. Und sogleich wich der Aussatz von ihm. Der Herr aber sprach zu ihm: Geh und zeige dich den Priestern . . .

44. Der Hauptmann von Kapernaum

Mt 8, 5-13

5 Als aber Jesus nach Kapernaum hineinging, trat ein Hauptmann zu ihm; der bat ihn 6 und sprach: Herr, mein Knecht liegt zu Hause und ist gelähmt und leidet große Qualen. 7 Jesus sprach zu ihm: Ich will kommen und ihn gesund machen.

8 Der Hauptmann antwortete und sprach: Herr, ich bin nicht wert, daß du unter mein Dach gehst, sondern sprich nur ein Wort, so wird mein Knecht gesund. 9 Denn auch ich bin ein Mensch, der Obrigkeit untertan, und habe Soldaten unter mir; und wenn ich zu einem sage: Geh hin!, so geht er; und zu einem andern: Komm her!, so kommt er; und zu meinem Knecht: Tu das!, so tut er's.
10 Als das Jesus hörte, wunderte er sich und sprach zu denen, die ihm nachfolgten: Wahrlich, ich sage euch: Solchen Glauben habe ich in Israel bei keinem gefunden! 11 Aber ich sage euch: Viele werden kommen von Osten und von Westen und mit Abraham und Isaak und Jakob im Himmelreich zu Tisch sitzen;

12 aber die Kinder des Reichs werden hinausgestoßen in die Finsternis; da wird sein Heulen und Zähneklappern.
13 Und Jesus sprach zu dem Hauptmann: Geh hin; dir geschehe, wie du geglaubt hast. Und sein Knecht wurde gesund zu derselben Stunde.

10: 15, 28; Mk 6, 6; Lk 18, 8 / 11 par.: Ps 106, 3; Jes 49, 12; 29; 15, 28.

Mk 7, 30 (vgl. Nr. 113)

30 *Und sie ging hin in ihr Haus und fand das Kind auf dem Bett liegen, und der böse Geist war ausgefahren.*

Lk 5, 15-16

15 Aber die Kunde von ihm breitete sich im-
mer weiter aus, und es kam eine große Men-
ge zusammen, zu hören und gesund zu werden
von ihren Krankheiten. 16 Er aber zog sich
zurück in die Wüste und betete.

14: 3. Mose 14, 2-32 / 16: Mk 1, 35.

Lk 7, 1-10; 13, 28-30 (vgl. Nr. 77. 162)

1 *Nachdem Jesus seine Rede vor dem Volk
vollendet hatte, ging er nach Kapernaum.*
2 *Ein Hauptmann aber hatte einen Knecht,
der ihm lieb und wert war; der lag todkrank.*
3 *Als er aber von Jesus hörte, sandte er die
Ältesten der Juden zu ihm und bat ihn, zu
kommen und seinen Knecht gesund zu ma-
chen.* 4 *Als sie aber zu Jesus kamen, baten sie
ihn sehr und sprachen: Er ist es wert, daß du
ihm die Bitte erfüllst;* 5 *denn er hat unser
Volk lieb, und die Synagoge hat er uns erbaut.*
6 *Da ging Jesus mit ihnen. Als er aber nicht
mehr fern von dem Haus war, sandte der
Hauptmann Freunde zu ihm und ließ ihm sa-
gen: Ach Herr, bemühe dich nicht; ich bin
nicht wert, daß du unter mein Dach gehst;*
7 *darum habe ich auch mich selbst nicht für
würdig geachtet, zu dir zu kommen; sondern
sprich ein Wort, so wird mein Knecht gesund.*
8 *Denn auch bin ein Mensch, der Obrigkeit
untertan, und habe Soldaten unter mir; und
wenn ich zu einem sage: Geh hin!, so geht er
hin; und zu einem andern: Komm her!, so
kommt er; und zu meinem Knecht: Tu das!,
so tut er's.* 9 *Als aber Jesus das hörte, wun-
derte er sich über ihn und wandte sich um und
sprach zu dem Volk, das ihm nachfolgte: Ich
sage euch: Solchen Glauben habe ich in Israel
nicht gefunden.* 13, 29 *Und es werden kommen
von Osten und von Westen, von Norden und
von Süden, die zu Tisch sitzen werden im
Reich Gottes.* 30 *Und siehe, es sind Letzte, die
werden die Ersten sein, und sind Erste, die wer-
den die Letzten sein.*
28 *Da wird Heulen und Zähneklappern sein,
wenn ihr sehen werdet Abraham, Isaak und
Jakob und alle Propheten im Reich Gottes,
euch aber hinausgestoßen.* 7, 10 *Und als die
Boten wieder nach Hause kamen, fanden sie
den Knecht gesund.*

Joh 4, 46-53

46 *Und Jesus kam abermals nach Kana in Ga-
liläa, wo er das Wasser zu Wein gemacht hat-
te. Und es war ein Mann im Dienst des Königs;
dessen Sohn lag krank in Kapernaum.*
47 *Dieser hörte, daß Jesus aus Judäa nach Ga-
liläa kam, und ging hin zu ihm und bat ihn,
herabzukommen und seinem Sohn zu helfen;
denn der war todkrank.* 48 *Und Jesus sprach
zu ihm: Wenn ihr nicht Zeichen und Wunder
seht, so glaubt ihr nicht.* 49 *Der Mann sprach
zu ihm: Herr, komm herab, ehe mein Kind
stirbt!* 50 *Jesus spricht zu ihm: Geh hin, dein
Sohn lebt! Der Mensch glaubte dem Wort, das
Jesus zu ihm sagte, und ging hin.* 51 *Und wäh-
rend er hinabging, begegneten ihm seine
Knechte und sagten: Dein Kind lebt.* 52 *Da er-
forschte er von ihnen die Stunde, in der es bes-
ser mit ihm geworden war. Und sie antwor-
teten ihm: Gestern um die siebente Stunde ver-
ließ ihn das Fieber.* 53 *Da merkte der Vater,
daß es die Stunde war, in der Jesus zu ihm ge-
sagt hatte: Dein Sohn lebt. Und er glaubte mit
seinem ganzen Hause.*

45. Jesus heilt die Schwiegermutter des Petrus

Mt 8, 14-15
14 Und Jesus kam in das Haus des Petrus

und sah, daß dessen Schwiegermutter zu Bett lag und hatte das Fieber.

15 Da ergriff er ihre Hand, und das Fieber verließ sie. Und sie stand auf und diente ihm.

14: 1. Kor. 9,5.

Mk 1, 29-31 (vgl. Nr. 13)
29 *Und alsbald gingen sie aus der Synagoge und kamen in das Haus des Simon und Andreas mit Jakobus und Johannes.*
30 *Und die Schwiegermutter Simons lag danieder und hatte das Fieber; und alsbald sagten sie ihm von ihr.*
31 *Da trat er zu ihr, faßte sie bei der Hand und richtete sie auf; und das Fieber verließ sie, und sie diente ihnen.*

46. Jesus heilt andere Kranke

Mt 8, 16-17
16 Am Abend aber brachten sie viele Besessene zu ihm;

und er trieb die Geister aus durch sein Wort und machte alle Kranken gesund,
17 damit erfüllt würde, was gesagt ist durch den Propheten Jesaja, der da spricht (Jesaja 53, 4): »Er hat unsre Schwachheit auf sich genommen, und unsre Krankheit hat er getragen.«

17: Jes 53, 4; Joh 1, 29.

Mk 1, 32-34 (vgl. Nr. 13)
32 *Am Abend aber, als die Sonne untergegangen war, brachten sie zu ihm alle Kranken und Besessenen.*
33 *Und die ganze Stadt war versammelt vor der Tür.*
34 *Und er half vielen Kranken, die mit mancherlei Gebrechen beladen waren, und trieb viele böse Geister aus und ließ die Geister nicht reden; denn sie kannten ihn.*

47. Vom Ernst der Nachfolge

Mt 8, 18-22
18 Als aber Jesus die Menge um sich sah, befahl er, hinüber ans andre Ufer zu fahren.

19 Und es trat ein Schriftgelehrter herzu und sprach zu ihm: Meister, ich will dir folgen, wohin du gehst.
20 Jesus sagt zu ihm: Die Füchse haben Gruben, und die Vögel unter dem Himmel haben Nester; aber der Menschensohn hat nichts, wo er sein Haupt hinlege.
21 Und ein anderer unter den Jüngern sprach zu ihm: Herr, erlaube mir, daß ich zuvor hingehe und meinen Vater begrabe.
22 Aber Jesus spricht zu ihm: Folge du mir, und laß die Toten ihre Toten begraben!

Mk 4, 35 (vgl. Nr. 102)
35 *Und am Abend desselben Tages sprach er zu ihnen: Laßt uns hinüberfahren.*

18: Lk 8, 22 / 20: 2. Kor 8, 9 / 21: 10, 37; 1. Kön 19, 20.
Zu Mt 8, 20. 22 Thomasevangelium Logion 82: Der, der mir nahe ist, ist dem Feuer nahe, und der mir fern ist, ist dem Himmelreich fern.

Lk 5, 16

Lk 4, 38-39 (vgl. Nr. 13)

38 *Und er machte sich auf aus der Synagoge
und kam in Simons Haus. Und Simons
Schwiegermutter hatte hohes Fieber, und sie
baten ihn für sie.*

39 *Und er trat zu ihr und gebot dem Fieber,
und es verließ sie. Und sogleich stand sie auf
und diente ihnen.*

Lk 4, 40-41 (vgl. Nr. 13)

40 *Und als die Sonne untergegangen war,
brachten alle ihre Kranken mit mancherlei Lei-
den zu ihm. Und er legte die Hände auf einen
jeden und machte sie gesund.* 41 *Von vielen
fuhren auch die bösen Geister aus und schrien:
Du bist der Sohn Gottes! Und er bedrohte sie
und ließ sie nicht reden; denn sie wußten, daß
er der Christus war.*

Lk 8, 22; 9, 57-60 (vgl. Nr. 102.135)

22 *Und es begab sich an einem der Tage, daß
er in ein Boot stieg mit seinen Jüngern; und
er sprach zu ihnen: Laßt uns über den See fah-
ren. Und sie stießen vom Land ab.*
9, 57 *Und als sie auf dem Wege waren, sprach
einer zu ihm: Ich will dir folgen, wohin du
gehst.* 58 *Und Jesus sprach zu ihm: Die Füch-
se haben Gruben, und die Vögel unter dem
Himmel haben Nester; aber der Menschensohn
hat nichts, wo er sein Haupt hinlege.*
59 *Und er sprach zu einem andern: Folge mir
nach! Der sprach aber: Herr, erlaube mir, daß
ich zuvor hingehe und meinen Vater begrabe.*
60 *Aber Jesus sprach zu ihm: Laß die Toten
ihre Toten begraben; du aber geh hin und ver-
kündige das Reich Gottes!*

48. Die Stillung des Sturms

Mt 8, 23-27

23 Und er stieg in das Boot, und seine Jünger
folgten ihm.
24 Und siehe, da erhob sich ein gewaltiger
Sturm auf dem See, so daß auch das Boot von
Wellen zugedeckt wurde. Er aber schlief.

25 Und sie traten zu ihm, weckten ihn auf und
sprachen: Herr, hilf, wir kommen um! 26 Da
sagt er zu ihnen: Ihr Kleingläubigen, warum
seid ihr so furchtsam? Und stand auf und be-
drohte den Wind und das Meer. Da wurde es
ganz stille.
27 Die Menschen aber verwunderten sich und
sprachen: Was ist das für ein Mann, daß ihm
Wind und Meer gehorsam sind?

24: Ps 4, 9 / 26: 14, 31; 16, 8; Ps 89, 10; Apg 27, 22.34.

Mk 4,35-41 (vgl. Nr. 102)

35 *Und am Abend desselben Tages sprach er*
zu ihnen: Laßt uns hinüberfahren. 36 *Und sie*
ließen das Volk gehen und nahmen ihn mit,
wie er im Boot war, und es waren noch ande-
re Boote bei ihm. 37 *Und es erhob sich ein*
großer Windwirbel, und die Wellen schlugen
in das Boot, so daß das Boot schon voll wur-
de. 38 *Und er war hinten im Boot und schlief*
auf einem Kissen. Und sie weckten ihn auf und
sprachen zu ihm: Meister, fragst du nichts da-
nach, daß wir umkommen? 39 *Und er stand*
auf und bedrohte den Wind und sprach zu dem
Meer: Schweig und verstumme! Und der Wind
legte sich, und es entstand eine große Stille.
40 *Und er sprach zu ihnen: Was seid ihr so*
furchtsam? Habt ihr noch keinen Glauben?
41 *Sie aber fürchteten sich sehr und sprachen*
untereinander: Wer ist der? Auch der Wind
und Meer sind ihm gehorsam!

49. Die Heilung zweier Besessener

Mt 8, 28-34

28 Und er kam ans andre Ufer in die Gegend
der Gadarener. Da liefen ihm entgegen zwei
Besessene; die kamen aus den Grabhöhlen und
waren sehr gefährlich, so daß niemand diese
Straße gehen konnte.

29 Und siehe, sie schrien: Was willst du von
uns, du Sohn Gottes? Bist du hergekommen,
uns zu quälen, ehe es Zeit ist?

Mk 5, 1-20 (vgl. Nr. 103)

1 *Und sie kamen ans andre Ufer des Sees in*
die Gegend der Gerasener. 2 *Und als er aus*
dem Boot trat, lief ihm alsbald von den Grä-
bern her ein Mensch entgegen mit einem un-
reinen Geist, 3 *der hatte seine Wohnung in*
den Grabhöhlen. Und niemand konnte ihn
mehr binden, auch nicht mit Ketten; 4 *denn*
er war oft mit Fesseln und Ketten gebunden
gewesen und hatte die Ketten zerrissen und die
Fesseln zerrieben; und niemand konnte ihn
bändigen. 5 *Und er war allezeit, Tag und*
Nacht, in den Grabhöhlen und auf den Ber-
gen, schrie und schlug sich mit Steinen. 6 *Als*
er aber Jesus sah von ferne, lief er hinzu und
fiel vor ihm nieder 7 *und schrie laut: Was*
willst du von mir, Jesus, du Sohn Gottes, des
Allerhöchsten? Ich beschwöre dich bei Gott:
Quäle mich nicht! 8 *Denn er hatte zu ihm ge-*
sagt: Fahre aus, du unreiner Geist, von dem
Menschen!

9 *Und er fragte ihn: Wie heißt du? Und er*
sprach: Legion heiße ich; denn wir sind vie-
le. 10 *Und er bat Jesus sehr, daß er sie nicht*
aus der Gegend vertreibe.

Lk 5, 16

Lk 8, 22-25 (vgl. Nr. 102)
22 *Und es begab sich an einem der Tage, daß er in ein Boot stieg mit seinen Jüngern; und er sprach zu ihnen: Laßt uns über den See fahren. Und sie stießen vom Land ab.*
23 *Und als sie fuhren, schlief er ein. Und es kam ein Windwirbel über den See, und die Wellen überfielen sie, und sie waren in großer Gefahr.*
24 *Da*

traten sie zu ihm und weckten ihn auf und sprachen: Meister, Meister, wir kommen um! Da stand er auf und bedrohte den Wind und die Wogen des Wassers, und sie legten sich, und es entstand eine Stille.

25 *Er sprach aber zu ihnen: Wo ist euer Glaube? Sie aber fürchteten sich und verwunderten sich und sprachen zueinander: Wer ist dieser? Auch dem Wind und dem Wasser gebietet er, und sie sind ihm gehorsam.*

Lk 8, 26-39 (vgl. Nr. 103)
26 *Und sie fuhren weiter in die Gegend der Gerasener, die Galiläa gegenüberliegt.*
27 *Und als er ans Land trat, begegnete ihm ein Mann aus der Stadt, der hatte böse Geister; er trug seit langer Zeit keine Kleider mehr und blieb in keinem Hause, sondern in den Grabhöhlen.*

28 *Als er aber Jesus sah, schrie er auf und fiel vor ihm nieder und rief laut: Was willst du von mir, Jesus, du Sohn Gottes des Allerhöchsten? Ich bitte dich: Quäle mich nicht!*
29 *Denn er hatte dem unreinen Geist geboten, aus dem Menschen auszufahren. Denn der hatte ihn lange Zeit geplagt; und er wurde mit Ketten und Fesseln gebunden und gefangen gehalten, doch er zerriß seine Fesseln und wurde von dem bösen Geist in die Wüste getrieben.*
30 *Und Jesus fragte ihn: Wie heißt du? Er antwortete: Legion. Denn es waren viele böse Geister in ihn gefahren.*
31 *Und sie baten ihn, daß er ihnen nicht gebiete, in den*

30 Es war aber fern von ihnen eine große
Herde Säue auf der Weide. 31 Da baten ihn
die bösen Geister und sprachen: Willst du uns
austreiben, so laß uns in die Herde Säue fah-
ren. 32 Und er sprach: Fahrt aus! Da fuhren
sie aus und fuhren in die Säue. Und siehe, die
ganze Herde stürmte den Abhang hinunter in
den See, und sie ersoffen im Wasser.
33 Und die Hirten flohen und gingen hin in
die Stadt und berichteten das alles und wie es
den Besessenen ergangen war. 34 Und siehe,
da ging die ganze Stadt hinaus Jesus entgegen.
Und als sie ihn sahen,

baten sie ihn, daß er ihr Gebiet verlasse.

29: Mk 1, 24; Lk 4, 41; 1. Kön 17, 18; 2. Petr 2, 4; Jak 2, 19.

11 *Es war aber dort an den Bergen eine gro-*
ße Herde Säue auf der Weide. 12 *Und die un-*
reinen Geister baten ihn und sprachen: Laß
uns in die Säue fahren! 13 *Und er erlaubte es*
ihnen. Da fuhren die unreinen Geister aus und
fuhren in die Säue, und die Herde stürmte den
Abhang hinunter in den See, etwa zweitau-
send, und sie ersoffen im See. 14 *Und die*
Sauhirten flohen und verkündeten das in der
Stadt und auf dem Lande. Und die Leute gin-
gen hinaus, um zu sehen, was geschehen war,
15 *und kamen zu Jesus und sahen den Beses-*
senen, wie er dasaß, bekleidet und vernünf-
tig, den, der die Legion unreiner Geister gehabt
hatte, und sie fürchteten sich. 16 *Und die es*
gesehen hatten, erzählten ihnen, was mit dem
Besessenen geschehen war, und das von den
Säuen. 17 *Und sie fingen an und baten Jesus,*
aus ihrem Gebiet fortzugehen.

18 *Und als er in das Boot trat, bat ihn der Be-*
sessene, daß er bei ihm bleiben dürfe.
19 *Aber er ließ es ihm nicht zu, sondern*
sprach zu ihm: Geh hin in dein Haus zu den
Deinen und verkünde ihnen, welch große
Wohltat dir der Herr getan und wie er sich dei-
ner erbarmt hat.
20 *Und er ging hin und fing an, in den Zehn*
Städten auszurufen, welch große Wohltat ihm
Jesus getan hatte; und jedermann verwunderte
sich.

50. Die Heilung eines Gelähmten

Mt 9, 1-8

1 Da stieg er in ein Boot und fuhr hinüber
und kam in seine Stadt.

2 Und siehe, da brachten sie zu ihm einen Ge-
lähmten, der lag auf einem Bett.

Mk 2, 1-12

1 Und nach einigen Tagen ging er wieder
nach Kapernaum; und es wurde bekannt, daß
er im Hause war. 2 Und es versammelten sich
viele, so daß sie nicht Raum hatten, auch nicht
draußen vor der Tür, und er sagte ihnen das
Wort. 3 Und es kamen einige zu ihm, die
brachten einen Gelähmten, von vieren ge-
tragen.

4 Und da sie ihn nicht zu ihm bringen konn-
ten wegen der Menge, deckten sie das Dach
auf, wo er war, machten ein Loch und ließen
das Bett herunter, auf dem der Gelähmte lag.

Abgrund zu fahren. 32 *Es war aber dort auf*
dem Berg eine große Herde Säue auf der Wei-
de. Und sie baten ihn, daß er ihnen erlaube,
in die Säue zu fahren. Und er erlaubte es ih-
nen. 33 *Da fuhren die bösen Geister von dem*
Menschen aus und fuhren in die Säue; und die
Herde stürmte den Abhang hinunter in den See
und ersoff.
34 *Als aber die Hirten sahen, was da geschah,*
flohen sie und verkündeten es in der Stadt und
in den Dörfern. 35 *Da gingen die Leute hin-*
aus, um zu sehen, was geschehen war, und ka-
men zu Jesus und fanden den Menschen, von
dem die bösen Geister ausgefahren waren, sit-
zend zu den Füßen Jesu, bekleidet und ver-
nünftig, und sie erschraken. 36 *Und die es*
gesehen hatten, verkündeten ihnen, wie der
Besessene gesund geworden war. 37 *Und die*
ganze Menge aus dem umliegenden Land der
Gerasener bat ihn, von ihnen fortzugehen;
denn es hatte sie große Furcht ergriffen.
Und er stieg ins Boot und kehrte zurück.
38 *Aber der Mann, von dem die bösen Gei-*
ster ausgefahren waren, bat ihn, daß er bei
ihm bleiben dürfe. Aber Jesus schickte ihn fort
und sprach: 39 *Geh wieder heim und sage,*
wie große Dinge Gott an dir getan hat.

Und er ging hin und verkündigte überall in der Stadt, wie große Dinge Jesus an ihm getan hatte.

Lk 5, 17-26

Joh 5, 8-9

17 Und es begab sich eines Tages, als er lehr-
te, daß auch Pharisäer und Schriftgelehrte da-
saßen, die gekommen waren aus allen Orten
in Galiläa und Judäa und aus Jerusalem. Und
die Kraft des Herrn war mit ihm, daß er hei-
len konnte. 18 Und siehe, einige Männer
brachten eine Menschen auf einem Bett; der
war gelähmt. Und sie versuchten, ihn hinein-
zubringen und vor ihn zu legen. 19 Und weil
sie wegen der Menge keinen Zugang fanden,
ihn hineinzubringen, stiegen sie auf das Dach
und ließen ihn durch die Ziegel hinunter mit
dem Bett mitten unter sie vor Jesus.

Mt 9, 3-13

Als nun Jesus ihren Glauben sah, sprach er zu
dem Gelähmten: Sei getrost, mein Sohn, dei-
ne Sünden sind dir vergeben. 3 Und siehe, ei-
nige unter den Schriftgelehrten sprachen bei
sich selbst: Dieser lästert Gott.

4 Als aber Jesus ihre Gedanken sah, sprach
er: Warum denkt ihr so Böses in euren Herzen?
5 Was ist denn leichter, zu sagen: Dir sind
deine Sünden vergeben, oder zu sagen: Steh
auf und geh umher?
6 Damit ihr aber wißt, daß der Menschen-
sohn Vollmacht hat, auf Erden die Sünden zu
vergeben — sprach er zu dem Gelähmten: Steh
auf, hebe dein Bett auf und geh heim! 7 Und
er stand auf und ging heim.

8 Als das Volk das sah, fürchtete es sich und
pries Gott, der solche Macht den Menschen
gegeben hat.

1: 4, 13 / 2: 2. Mose 34, 6.7; Ps 103, 3 / 3: 26, 65 / 4: par.: 12, 25; Joh 2, 25 / 6: Joh 17, 2.

Mk 2, 5-17

5 Als nun Jesus ihren Glauben sah, sprach er
zu dem Gelähmten: Mein Sohn, deine Sünden
sind dir vergeben. 6 Es saßen da aber einige
Schriftgelehrte und dachten in ihren Herzen:
7 Wie redet der so? Er lästert Gott! Wer kann
Sünden vergeben als Gott allein? 8 Und Jesus
erkannte sogleich in seinem Geist, daß sie so
bei sich selbst dachten, und sprach zu ihnen:
Was denkt ihr solches in euren Herzen?
9 Was ist leichter, zu dem Gelähmten zu sa-
gen: Dir sind deine Sünden vergeben, oder zu
sagen: Steh auf, nimm dein Bett und geh um-
her? 10 Damit ihr aber wißt, daß der Men-
schensohn Vollmacht hat, Sünden zu vergeben
auf Erden — sprach er zu dem Gelähmten:
11 Ich sage dir, steh auf, nimm dein Bett und
geh heim! 12 Und er stand auf, nahm sein
Bett und ging alsbald hinaus vor aller Augen,
so daß sie sich alle entsetzten und Gott prie-
sen und sprachen: Wir haben so etwas noch
nie gesehen.

7 par.: Ps 130, 4; Jes 43, 25; 44, 22.

51. Die Berufung des Matthäus

M 9, 9-13

9 Und als Jesus von dort wegging, sah er ei-
nen Menschen am Zoll sitzen, der hieß Mat-
thäus; und er sprach zu ihm: Folge mir! Und
er stand auf und folgte ihm.
10 Und es begab sich, als er zu Tisch saß im
Hause, siehe, da kamen viele Zöllner und Sün-
der und saßen zu Tisch mit Jesus und seinen
Jüngern.
11 Als das die Pharisäer sahen, sprachen sie
zu seinen Jüngern: Warum ißt euer Meister mit
den Zöllnern und Sündern? 12 Als das Jesus
hörte, sprach er: Die Starken bedürfen des
Arztes nicht, sondern die Kranken. 13 Geht
aber hin und lernt, was das heißt (Hosea 6,6):
»Ich habe Wohlgefallen an Barmherzigkeit und
nicht am Opfer.«
Ich bin gekommen, die Sünder zu rufen und
nicht die Gerechten.

9: 10, 3 / 11 par.: Lk 15, 1. 2; 19, 7 / 12: Hes 34, 16 / 13: 12, 7; 1. Sam 15, 22; Hos 6, 6; 18, 11.

Zu Mt 9, 9 vgl. Ebionäerevangelium, vgl. Nr. 56

Mk 2, 13-17

13 Und er ging wieder hinaus an den See; und
alles Volk kam zu ihm, und er lehrte sie.
14 Und als er vorüberging, sah er Levi, den
Sohn des Alphäus, am Zoll sitzen und sprach
zu ihm: Folge mir nach! Und er stand auf und
folgte ihm nach.
15 Und es begab sich, daß er zu Tisch saß in
seinem Hause, da setzten sich viele Zöllner und
Sünder zu Tisch mit Jesus und seinen Jüngern;
denn es waren viele, die ihm nachfolgten.
16 Und als die Schriftgelehrten unter den Pha-
risäern sahen, daß er mit den Sündern und
Zöllnern aß, sprachen sie zu seinen Jüngern:
Ißt er mit den Zöllnern und Sündern? 17 Als
das Jesus hörte, sprach er zu ihnen: Die Star-
ken bedürfen keines Arztes, sondern die
Kranken.

Ich bin gekommen, die Sünder zu rufen und
nicht die Gerechten.

17: 1. Kor 1, 26-30.

Zu Mk 2, 16 ff par.: Papyrus Oxyrhynchos 1224: Als die Schriftgelehrten, Pharisäer und Priester ihn aber sahen, daß er mitten unter den Sündern zu Tische saß, waren sie aufgebracht. Als aber Jesus es hörte, sprach er: Die Gesunden haben den Arzt nicht nötig.

Lk 5, 20-32

20 Und als er ihren Glauben sah, sprach er:
Mensch, deine Sünden sind dir vergeben.
21 Und die Schriftgelehrten und Pharisäer fin-
gen an zu überlegen und sprachen: Wer ist der,
daß er Gotteslästerungen redet? Wer kann
Sünden vergeben als allein Gott? 22 Als aber
Jesus ihre Gedanken merkte, antwortete er und
sprach zu ihnen: Was denkt ihr in euren Her-
zen? 23 Was ist leichter, zu sagen: Dir sind
deine Sünden vergeben, oder zu sagen: Steh
auf und geh umher? 24 Damit ihr aber wißt,
daß der Menschensohn Vollmacht hat, auf Er-
den Sünden zu vergeben — sprach er zu dem
Gelähmten: Ich sage dir, steh auf, nimm dein
Bett und geh heim! 25 Und sogleich stand er
auf vor ihren Augen und nahm das Bett, auf
dem er gelegen hatte, und ging heim und pries
Gott. 26 Und sie entsetzten sich alle und prie-
sen Gott und wurden von Furcht erfüllt und
sprachen: Wir haben heute seltsame Dinge
gesehen.

21: 7, 49; Ps 130, 4; Jes 43, 25 / 22: 6, 8 / 24: Joh 5, 36; 17, 2.

8 *Jesus spricht zu ihm: Steh auf, nimm dein*
Bett und geh hin! 9 *Und sogleich wurde der*
Mensch gesund und nahm sein Bett und ging
hin.

Lk 5, 27-32

27 Und danach ging er hinaus

und sah einen Zöllner mit Namen Levi am Zoll
sitzen und sprach zu ihm: Folge mir nach!
28 Und er verließ alles, stand auf und folgte
ihm nach.
29 Und Levi richtete ihm ein großes Mahl zu
in seinem Haus, und viele Zöllner und andre
saßen mit ihm zu Tisch. 30 Und die Pharisä-
er und ihre Schriftgelehrten murrten und spra-
chen zu seinen Jüngern: Warum eßt und trinkt
ihr mit den Zöllnern und Sündern? 31 Und Je-
sus antwortete und sprach zu ihnen: Die Ge-
sunden bedürfen des Arztes nicht, sondern die
Kranken.

32 Ich bin gekommen, die Sünder zur Buße
zu rufen und nicht die Gerechten.

Zu Mk 2, 17 par. 2. Clemens 2, 4: Eine andere Schrift sagt: Ich bin nicht gekommen, Gerechte zu berufen, sondern Sünder. D. h., daß man die Verlorenen retten muß.

52. Vom Fasten

Mt 9, 14-17

14 Da kamen die Jünger des Johannes zu ihm
und sprachen: Warum fasten wir und die Pha-
risäer so viel, und deine Jünger fasten nicht?
15 Jesus antwortete ihnen: Wie können die
Hochzeitsgäste Leid tragen, solange der Bräu-
tigam bei ihnen ist?

Es wird aber die Zeit kommen, daß der Bräu-
tigam von ihnen genommen wird; dann wer-
den sie fasten.

16 Niemand flickt ein altes Kleid mit einem
Lappen von neuem Tuch; denn der Lappen
reißt doch wieder vom Kleid ab, und der Riß
wird ärger.
17 Man füllt auch nicht neuen Wein in alte
Schläuche; sonst zerreißen die Schläuche , und
der Wein wird verschüttet, und die Schläuche
verderben.
Sondern man füllt neuen Wein in neue Schläu-
che, so bleiben beide miteinander erhalten.

14: Lk 18, 12 / 16: Röm 7, 6 / 17: Hiob 32, 19.

Mk 2, 18-22

18 Und die Jünger des Johannes und die Pha-
risäer fasteten viel; und es kamen einige, die
sprachen zu ihm: Warum fasten die Jünger des
Johannes und die Jünger der Pharisäer, und
deine Jünger fasten nicht? 19 Und Jesus
sprach zu ihnen: Wie können die Hochzeits-
gäste fasten, während der Bräutigam bei ih-
nen ist? Solange der Bräutigam bei ihnen ist,
können sie nicht fasten.
20 Es wird aber die Zeit kommen, daß der
Bräutigam von ihnen genommen wird; dann
werden sie fasten, an jenem Tage.

21 Niemand flickt einen Lappen von neuem
Tuch auf ein altes Kleid; sonst reißt der neue
Lappen vom alten ab, und der Riß wird ärger.

22 Und niemand füllt neuen Wein in alte
Schläuche; sonst zerreißt der Wein die Schläu-
che, und der Wein ist verloren und die Schläu-
che auch;
sondern man soll neuen Wein in neue Schläu-
che füllen.

20: Lk 17, 22; Joh 16, 20.

53. Die Heilung der blutflüssigen Frau und die Auferweckung der Tochter des Jaïrus

Mt 9, 18-26

18 Als er dies mit ihnen redete, siehe, da kam
einer von den Vorstehern der Gemeinde, fiel
vor ihm nieder und sprach:

Meine Tochter ist eben gestorben, aber komm
und lege deine Hand auf sie, so wird sie le-
bendig.
19 Und Jesus stand auf und folgte ihm mit sei-
nen Jüngern.

20 Und siehe, eine Frau, die seit zwölf Jahren
den Blutfluß hatte, trat von hinten an ihn her-
an und berührte den Saum seines Gewandes.
21 Denn sie sprach bei sich selbst: Könnte ich
nur sein Gewand berühren, so würde ich
gesund.

Mk 5, 21-43 (vgl. Nr. 104)

21 *Und als Jesus wieder herübergefahren war*
im Boot, versammelte sich eine große Menge
bei ihm, und er war am See. 22 *Da kam ei-*
ner von den Vorstehern der Synagoge, mit Na-
men Jaïrus. Und als er Jesus sah, fiel er ihm
zu Füßen 23 *und bat ihn sehr und sprach:*
Meine Tochter liegt in den letzten Zügen;
komm doch und lege deine Hände auf sie, da-
mit sie gesund werde und lebe.
24 *Und er ging hin mit ihm. Und es folgte ihm*
eine große Menge, und sie umdrängten ihn.
25 *Und da war eine Frau, die hatte den Blut-*
fluß seit zwölf Jahren 26 *und hatte viel erlit-*
ten von vielen Ärzten und all ihr Gut dafür
aufgewandt; und es hatte ihr nichts geholfen,
sondern es war noch schlimmer mit ihr gewor-
den. 27 *Als die von Jesus hörte, kam sie in*
der Menge von hinten heran und berührte sein
Gewand. 28 *Denn sie sagte sich: Wenn ich*
nur seine Kleider berühren könnte, so würde
ich gesund. 29 *Und sogleich versiegte die*
Quelle ihres Blutes,

Lk 5, 33-39

33 Sie aber sprachen zu ihm: Die Jünger des
Johannes fasten oft und beten viel, ebenso die
Jünger der Pharisäer; aber deine Jünger essen
und trinken. 34 Jesus sprach aber zu ihnen:
Ihr könnt die Hochzeitsgäste nicht fasten lassen, solange der Bräutigam bei ihnen ist.

35 Es wird aber die Zeit kommen, daß der Bräutigam von ihnen genommen wird; dann werden sie fasten, in jenen Tagen.

36 Und er sagte zu ihnen eir Gleichnis: Niemand reißt einen Lappen von einem neuen Kleid und flickt ihn auf ein altes Kleid; sonst zerreißt man das neue, und der Lappen vom neuen paßt nicht auf das alte.

37 Und niemand füllt neuen Wein in alte Schläuche; sonst zerreißt der neue Wein die Schläuche und wird verschüttet, und die Schläuche verderben.

38 Sondern neuen Wein soll man in neue
Schläuche füllen. 39 Und niemand, der vom
alten Wein trinkt, will neuen; denn er spricht:
Der alte ist milder.

33: 11, 1.

Joh 3, 29

29 *Wer die Braut hat, der ist der Bräutigam; der Freund des Bräutigams aber, der dabeisteht und ihm zuhört, freut sich sehr über die Stimme des Bräutigams. Diese meine Freude ist nun erfüllt.*

Lk 8, 40-56 (vgl. Nr. 104)

40 *Als Jesus zurückkam, nahm ihn das Volk
auf; denn sie warteten alle auf ihn.* 41 *Und
siehe, da kam ein Mann mit Namen Jaïrus, der
ein Vorsteher der Synagoge war, und fiel Jesus zu Füßen und bat ihn, in sein Haus zu
kommen;* 42 *denn er hatte eine einzige Tochter von etwa zwölf Jahren, die lag in den letzten Zügen.*

Und als er hinging, umdrängte ihn das Volk.

43 *Und eine Frau hatte den Blutfluß seit zwölf Jahren; die hatte alles, was sie zum Leben hatte, für die Ärzte aufgewandt[1]) und konnte von keinem geheilt werden.*

44 *Die trat von hinten an ihn heran und berührte den Saum seines Gewandes;*

und sogleich hörte ihr Blutfluß auf.

22 Da wandte sich Jesus um und sah sie und
sprach: Sei getrost, meine Tochter, dein Glau-
be hat dir geholfen. Und die Frau wurde ge-
sund zu derselben Stunde.

23 Und als er in das Haus des Vorstehers kam
und sah die Pfeifer und das Getümmel des Vol-
kes, 24 sprach er:
Geht hinaus! denn das Mädchen ist nicht tot,
sondern es schläft. Und sie verlachten ihn.

25 Als aber das Volk hinausgetrieben war,
ging er hinein und

ergriff sie bei der Hand.

Da stand das Mädchen auf.

26 Und diese Kunde erscholl durch dieses
ganze Land.

21: 14, 36 / 24 par.: Joh 11, 11. 14. 25 / 26: Lk 7, 17.

*und sie spürte es am Leibe, daß sie von ihrer
Plage geheilt war.* 30 *Und Jesus spürte so-
gleich an sich selbst, daß eine Kraft von ihm
ausgegangen war, und wandte sich um in der
Menge und sprach: Wer hat meine Kleider be-
rührt?* 31 *Und seine Jünger sprachen zu ihm:
Du siehst, daß dich die Menge umdrängt, und
fragst: Wer hat mich berührt?* 32 *Und er sah
sich um nach der, die das getan hatte.* 33 *Die
Frau aber fürchtete sich und zitterte, denn sie
wußte, was an ihr geschehen war; sie kam und
fiel vor ihm nieder und sagte ihm die ganze
Wahrheit.*
34 *Er aber sprach zu ihr: Meine Tochter, dein
Glaube hat dich gesund gemacht; geh hin in
Frieden und sei gesund von deiner Plage!*
35 *Als er noch so redete, kamen einige aus
dem Hause des Vorstehers der Synagoge und
sprachen: Deine Tochter ist gestorben; was be-
mühst du weiter den Meister?* 36 *Jesus aber
hörte mit an, was gesagt wurde, und sprach
zu dem Vorsteher: Fürchte dich nicht, glaube
nur!* 37 *Und er ließ niemanden mit sich gehen
als Petrus und Jakobus und Johannes, den Bru-
der des Jakobus.* 38 *Und sie kamen in das
Haus des Vorstehers, und er sah das Getüm-
mel, und wie sehr sie weinten und heulten.*
39 *Und er ging hinein und sprach zu ihnen:
Was lärmt und weint ihr? Das Kind ist nicht
gestorben, sondern es schläft.*
40 *Und sie verlachten ihn. Er aber trieb sie al-
le hinaus und nahm mit sich den Vater des
Kindes und die Mutter und die bei ihm wa-
ren, und ging hinein, wo das Kind lag,*
41 *und ergriff das Kind bei der Hand und
sprach zu ihm: Talita kum! — das heißt über-
setzt: Mädchen, ich sage dir, steh auf!*
42 *Und sogleich stand das Mädchen auf und
ging umher; es war aber zwölf Jahre alt. Und
sie entsetzten sich sogleich über die Maßen.*
43 *Und er gebot ihnen streng, daß es niemand
wissen sollte, und sagte, sie sollten ihr zu es-
sen geben.*

30: Lk 6, 19 / 37: Mt 17, 1 / 39: Joh 11, 11 / 41: Lk 7, 14; Apg 9, 40.

45 *Und Jesus fragte: Wer hat mich berührt?*
Als es aber alle abstritten, sprach Petrus:
Meister, das Volk drängt und drückt dich.
46 *Jesus aber sprach: Es hat mich jemand berührt; denn ich habe gespürt, daß eine Kraft von mir ausgegangen ist.*
47 *Als aber die Frau sah, daß es nicht verborgen blieb, kam sie mit Zittern und fiel vor ihm nieder und verkündete vor allem Volk, warum sie ihn angerührt hatte, und wie sie sogleich gesund geworden war.*
48 *Er aber sprach zu ihr: Meine Tochter, dein Glaube hat dir geholfen. Geh hin in Frieden!*
49 *Als er noch redete, kam einer von den*
Leuten des Vorstehers der Synagoge und
sprach: Deine Tochter ist gestorben; bemühe
den Meister nicht mehr. 50 *Als aber Jesus das*
hörte, antwortete er ihm: Fürchte dich nicht;
glaube nur, so wird sie gesund! 51 *Als er aber*
in das Haus kam, ließ er niemanden mit hineingehen, als Petrus und Johannes und Jakobus und den Vater und die Mutter des Kindes.

52 *Sie weinten aber alle und klagten um sie.*
Er aber sprach: Weint nicht! Sie ist nicht gestorben, sondern sie schläft.
53 *Und sie verlachten ihn, denn sie wußten, daß sie gestorben war.*

54 *Er aber nahm sie bei der Hand und rief: Kind, steh auf!*

55 *Und ihr Geist kam wieder, und sie stand sogleich auf. Und er befahl, man solle ihr zu essen geben.*
56 *Und ihre Eltern entsetzten sich. Er aber gebot ihnen, niemandem zu sagen, was geschehen war.*

48: 7, 50 / 51: Mt 17, 1 / 52: 7, 13.

[1] 8, 43. Mehrere alte Textzeugen lassen die Worte weg: »und all ihr Gut an die Ärzte gewendet hatte«.

54. Die Heilung zweier Blinder

Mt 9, 27-31 (vgl. Nr. 190)

27 Und als Jesus von dort weiterging, folgten
ihm zwei Blinde, die schrien: Ach, du Sohn
Davids, erbarme dich unser! 28 Und als er
heimkam, traten die Blinden zu ihm. Und Je-
sus sprach zu ihnen: Glaubt ihr, daß ich das
tun kann? Da sprachen sie zu ihm: Ja, Herr.
29 Da berührte er ihre Augen und sprach:
Euch geschehe nach eurem Glauben! 30 Und
ihre Augen wurden geöffnet. Und Jesus drohte
ihnen und sprach: Seht zu, daß es niemand
erfahre! 31 Aber sie gingen hinaus und ver-
breiteten die Kunde von ihm in diesem gan-
zen Lande.

27: 20, 30 / 28: Apg 14, 9 / 29: 8, 13 / 30: 8, 4.

55. Die Heilung eines Stummen

Mt 9, 32-34 (vgl. Nr. 83)

32 Als diese nun hinausgegangen waren, sie-
he, da brachten sie zu ihm einen Menschen,
der war stumm und besessen. 33 Als aber der
böse Geist ausgetrieben war, redete der Stum-
me. Und das Volk verwunderte sich und
sprach: So etwas ist noch nie in Israel gese-
hen worden. 34 Aber die Pharisäer sprachen:
Er treibt die bösen Geister aus durch ihren
Obersten.

34: 12, 24-32

Mk 3, 20-22 (vgl. Nr. 83)

20 *Und er ging in ein Haus. Und da kam*
abermals das Volk zusammen, so daß sie nicht
einmal essen konnten. 21 *Und als es die Sei-*
nen hörten, machten sie sich auf und wollten
ihn festhalten; denn sie sprachen: Er ist von
Sinnen.
22 *Die Schriftgelehrten aber, die von Jerusa-*
lem herabgekommen waren, sprachen: Er hat
den Beelzebul, und: Er treibt die bösen Gei-
ster aus durch ihren Obersten.

56. Die Aussendung der zwölf Apostel

Mt 9, 35-10, 16

35 Und Jesus ging ringsum in alle Städte und
Dörfer, lehrte in ihren Synagogen und predigte
das Evangelium von dem Reich und heilte al-
le Krankheiten und alle Gebrechen. 36 Und
als er das Volk sah, jammerte es ihn; denn sie
waren verschmachtet und zertreut wie die
Schafe, die keinen Hirten haben. 37 Da
sprach er zu seinen Jüngern: Die Ernte ist groß,
aber wenige sind der Arbeiter. 38 Darum bit-
tet den Herrn der Ernte, daß er Arbeiter in sei-
ne Ernte sende.
10, 1 Und er rief seine zwölf Jünger zu sich
und gab ihnen Macht über die unreinen Gei-
ster, daß sie die austrieben und heilten alle
Krankheiten und alle Gebrechen.

Mk 6, 6. 34. 7; 3, 13-19; 6, 8-11
(vgl. Nr. 105. 106. 109. 70)

6, 6 *Und er wunderte sich über ihren Unglau-*
ben. Und er ging rings umher in die Dörfer
und lehrte.
34 *Und Jesus stieg aus und sah die große*
Menge; und sie jammerten ihn, denn sie wa-
ren wie Schafe, die keinen Hirten haben. Und
er fing eine lange Predigt an.

7 *Und er rief die Zwölf zu sich und fing an,*
sie auszusenden je zwei und zwei, und gab ih-
nen Macht über die unreinen Geister.
3, 13 *Und er ging auf einen Berg und rief zu*
sich, welche er wollte, und die gingen hin zu
ihm. 14 *Und er setzte zwölf ein, die er auch*

Lk 5, 39

Lk 11, 14-16

14 *Und er trieb einen bösen Geist aus, der war stumm. Und es geschah, als der Geist ausfuhr, da redete der Stumme. Und die Menge verwunderte sich.*

15 *Einige aber unter ihnen sprachen: Er treibt*
die bösen Geister aus durch Beelzebul, ihren
Obersten. 16 *Andere aber versuchten ihn und*
forderten von ihm ein Zeichen vom Himmel.

(Mt 12, 22-24) (vgl. Nr. 83)

22 *Da wurde ein Besessener zu Jesus gebracht,*
der war blind und stumm; und er heilte ihn,
so daß der Stumme redete und sah. 23 *Und*
alles Volk entsetzte sich und fragte: Ist dieser

nicht Davids Sohn?

24 *Aber als die Pharisäer das hörten, sprachen sie: Er treibt die bösen Geister nicht anders aus als durch Beelzebul, ihren Obersten.*

Lk 8, 1; 10, 2; 9, 1; 6, 13-16; 9, 2-5
(vgl. Nr. 82. 136. 106. 70)

8, 1 *Und es begab sich danach, daß er durch Städte und Dörfer zog und predigte und verkündigte das Evangelium vom Reich Gottes; und die Zwölf waren mit ihm,*

10, 2 *und sprach zu ihnen: Die Ernte ist groß, der Arbeiter aber sind wenige. Darum bittet den Herrn der Ernte, daß er Arbeiter aussende in seine Ernte.*

9, 1 *Er rief aber die Zwölf zusammen und gab ihnen Gewalt und Macht über alle bösen Geister, und daß sie Krankheiten heilen konnten.*

Joh 4, 35; (Apg 1, 13; Lk 10, 3-12)

35 *Sagt ihr nicht selber: Es sind noch vier Monate, dann kommt die Ernte? Siehe, ich sage euch: Hebt eure Augen auf und seht auf die Felder, denn sie sind reif zur Ernte.*

2 Die Namen aber der zwölf Apostel sind die-
se: zuerst Simon, genannt Petrus, und Andre-
as, sein Bruder; Jakobus, der Sohn des
Zebedäus, und Johannes, sein Bruder;
3 Philippus und Bartholomäus; Thomas und
Matthäus, der Zöllner; Jakobus, der Sohn des
Alphäus, und Thaddäus[1]); 4 Simon Kana-
näus und Judas Iskariot, der ihn verriet.

5 Diese Zwölf sandte Jesus aus, gebot ihnen
und sprach: Geht nicht den Weg zu den Hei-
den und zieht in keine Stadt der Samariter,
6 sondern geht hin zu den verlorenen Scha-
fen aus dem Hause Israel. 7 Geht aber und
predigt und sprecht: Das Himmelreich ist na-
he herbeigekommen. 8 Macht Kranke ge-
sund, weckt Tote auf, macht Aussätzige rein,
treibt böse Geister aus. Umsonst habt ihr's
empfangen, umsonst gebt es auch. 9 Ihr sollt
weder Gold noch Silber noch Kupfer in eu-
ren Gürteln haben, 10 auch keine Reisetasche,
auch nicht zwei Hemden, keine Schuhe, auch
keinen Stecken. Denn ein Arbeiter ist seiner
Speise wert. 11 Wenn ihr aber in eine Stadt
oder ein Dorf geht, da erkundigt euch, ob je-
mand darin ist, der es wert ist; und bei dem
bleibt, bis ihr weiterzieht. 12 Wenn ihr aber
in ein Haus geht, so grüßt es; 13 und wenn es
das Haus wert ist, wird euer Friede auf sie kom-
men. Ist es aber nicht wert, so wird sich euer
Friede wieder zu euch wenden. 14 Und wenn
euch jemand nicht aufnehmen und eure Rede
nicht hören wird, so geht heraus aus diesem
Hause oder dieser Stadt und schüttelt den
Staub von euren Füßen.

15 Wahrlich, ich sage euch: Dem Land der
Sodomer und Gomorrer wird es erträglicher
ergehen am Tage des Gerichts als dieser Stadt.
16 Siehe, ich sende euch wie Schafe mitten
unter die Wölfe. Darum seid klug wie die
Schlangen und ohne Falsch wie die Tauben.

36: 14, 14; 4. Mose 27, 17; 1. Kön 22, 17; Hes 34, 4. 5 / 10, 1: 17, 19. 20 / 2-4: Joh 1, 40-49 / 6: 15, 24; Apg 13, 46 / 7: 4, 17 / 8: Mk 16, 17. 18; Apg 8, 20; 9, 34. 40; 2. Kön 5, 16 / 10: 1. Kor 9, 5-14; 1. Tim 5, 18; 4. Mose 18, 31 / 14

Apostel nannte, daß sie bei ihm sein sollten
und daß er sie aussendete zu predigen 15 *und*
daß sie Vollmacht hätten, die bösen Geister
auszutreiben. 16 *Und er setzte die Zwölf ein*
und gab Simon den Namen Petrus; 17 *weiter:*
Jakobus, den Sohn des Zebedäus, und Johan-
nes, den Bruder des Jakobus, und gab ihnen
den Namen Boanerges, das heißt Donnersöh-
ne; 18 *weiter: Andreas und Philippus und*
Bartholomäus und Matthäus und Thomas und
Jakobus, den Sohn des Alphäus, und Thad-
däus und Simon Kananäus 19 *und Judas Is-*
kariot, der ihn dann verriet.

6, 8 *und gebot ihnen, nichts mitzunehmen auf*
den Weg als allein einen Stab, kein Brot, kei-
ne Tasche, kein Geld im Gürtel, 9 *wohl aber*
Schuhe, und nicht zwei Hemden anzuziehen.
10 *Und er sprach zu ihnen: Wo ihr in ein*
Haus gehen werdet, da bleibt, bis ihr von dort
weiterzieht.

11 *Und wo man euch nicht aufnimmt und*
nicht hört, da geht hinaus und schüttelt den
Staub von euren Füßen zum Zeugnis gegen sie.

par.: Apg 13, 51; 18, 6 / 15: 11, 24; 1. Mose 19, 1-29 / 16: Röm 16, 19; Eph 5, 15.

[1]) 10, 3. Nach anderen Textzeugen: »Lebbäus«; wieder andre schreiben: »Lebbäus, zubenannt Thaddäus«.

Zu Mt 10, 2-4 Ebionärerevangelium (Epiphanius, Haer. 30, 13, 2 f): Und als er nach Kapernaum kam, betrat er das Haus Simons, mit Beinamen Petrus, öffnete seinen Mund und sprach: Als ich am See Tiberias entlang ging, erwählte ich Johannes und Jakobus, die Söhne des Zebedäus, und Simon und Andreas und Thaddäus und Simon den Eiferer und Judas Ischarioth, und dich, Matthäus, der du am Zoll saßest, berief ich, und du folgtest mir. Von euch nun will ich, daß ihr 12 Apostel seid, zum Zeugnis für Israel.

6, 13 *und erwählte zwölf von ihnen, die er*
auch Apostel nannte: 14 *Simon, den er auch*
Petrus nannte, und Andreas, seinen Bruder,
Jakobus und Johannes;
Philippus und Bartholomäus; 15 *Matthäus*
und Thomas; Jakobus, den Sohn des Alphäus
und Simon, genannt der Zelot; 16 *Judas, den*
Sohn des Jakobus, und Judas Iskariot, der zum
Verräter wurde.

Apg 1, 13 *Und als sie hineinkamen, stiegen sie*
hinauf in das Obergemach des Hauses, wo sie
sich aufzuhalten pflegten: Petrus, Johannes,
Jakobus und Andreas,

Philippus und Thomas, Bartholomäus und
Matthäus, Jakobus, der Sohn des Alphäus,
und Simon der Zelot und Judas, der Sohn des
Jakobus.

9, 2 *und sandte sie aus, zu predigen das Reich*
Gottes und die Kranken zu heilen. 3 *Und er*
sprach zu ihnen: Ihr sollt nichts mit auf den
Weg nehmen, weder Stab noch Tasche noch
Brot noch Geld; es soll auch einer nicht zwei
Hemden haben. 4 *Und wenn ihr in ein Haus*
geht,

dann bleibt dort, bis ihr weiterzieht.

5 *Und wenn sie euch nicht aufnehmen, dann*
geht fort aus dieser Stadt und schüttelt den
Staub von euren Füßen zu einem Zeugnis ge-
gen sie.

Lk 10, 4 *Tragt keinen Geldbeutel bei euch, kei-*
ne Tasche und keine Schuhe, und grüßt nie-
manden unterwegs. 5 *Wenn ihr in ein Haus*
kommt, sprecht zuerst: Friede sei diesem Hau-
se! 6 *Und wenn dort ein Kind des Friedens*
ist, so wird euer Friede auf ihm ruhen; wenn
aber nicht, so wird sich euer Friede wieder zu
euch wenden. 7 *In demselben Haus aber bleibt,*
eßt und trinkt, was man euch gibt; denn ein
Arbeiter ist seines Lohnes wert. Ihr sollt nicht
von einem Haus zum andern gehen. 8 *Und*
wenn ihr in eine Stadt kommt, und sie euch
aufnehmen, dann eßt, was euch vorgesetzt
wird, 9 *und heilt die Kranken, die dort sind,*
und sagt ihnen: Das Reich Gottes ist nahe zu
euch gekommen. 10 *Wenn ihr aber in eine*
Stadt kommt, und sie euch nicht aufnehmen,
so geht hinaus auf ihre Straßen und sprecht:
11 *Auch den Staub aus eurer Stadt, der sich*
an unsre Füße gehängt hat, schütteln wir ab
auf euch. Doch sollt ihr wissen: das Reich Got-
tes ist nahe herbeigekommen. 12 *Ich sage*
euch: Es wird Sodom erträglicher ergehen an
jenem Tage als dieser Stadt. 10, 3 *Geht hin;*
siehe, ich sende euch wie Lämmer mitten un-
ter die Wölfe.

Zu Mt 10, 8-10 Thomasevangelium Logion 14: Wenn ihr in irgendein Land geht, wenn ihr in Gegenden wandert, und man nimmt euch auf, dann eßt das, was man euch vorsetzt. Heilt, die unter ihnen krank sind. Denn was in euren Mund hineingehen wird, befleckt euch nicht. Aber das, was aus eurem Mund hinausgeht, das ist es, was euch beflecken wird.

Zu Mt 10, 16: 2. Clemens, vgl. Nr. 58.

57. Die Ansage kommender Verfolgungen

Mt 10, 17-25

17 Hütet euch aber vor den Menschen; denn
sie werden euch den Gerichten überantworten
und werden euch geißeln in ihren Synagogen.
18 Und man wird euch vor Statthalter und
Könige führen um meinetwillen, ihnen und
den Heiden zum Zeugnis. 19 Wenn sie euch
nun überantworten werden, so sorgt nicht, wie
oder was ihr reden sollt; denn es soll euch zu
der Stunde gegeben werden, was ihr reden
sollt. 20 Denn nicht ihr seid es, die da reden,
sondern eures Vaters Geist ist es, der durch
euch redet. 21 Es wird aber ein Bruder den
andern dem Tod preisgeben und der Vater den
Sohn, und die Kinder werden sich empören
gegen ihre Eltern und werden sie töten helfen.
22 Und ihr werdet gehaßt werden von jeder-
mann um meines Namens willen. Wer aber bis
an das Ende beharrt, der wird selig werden.
23 Wenn sie euch aber in einer Stadt verfol-
gen, so flieht in eine andere. Wahrlich, ich sage
euch: Ihr werdet mit den Städten Israels nicht
zu Ende kommen, bis der Menschensohn
kommt. 24 Der Jünger steht nicht über dem
Meister und der Knecht nicht über seinem
Herrn. 25 Es ist für den Jünger genug, daß er
ist wie sein Meister und der Knecht wie sein
Herr. Haben sie den Hausherrn Beelzebul ge-
nannt, wieviel mehr werden sie seine Hausge-
nossen so nennen!

17: 24, 9; Apg 5, 40; 2. Kor 11, 24 / 18: Apg 25, 23; 27, 24 / 19: 2. Mose 4, 12; Lk 12, 11. 12; Apg 4, 8 / 20: 1. Kor 2, 4 / 21: Mi 7, 6 / 22: 24, 9. 13; Joh 15, 21; 2. Tim 2, 12; 24, 9-13 / 23: 16, 28; 23, 34; Apg 8, 1 / 25: 12, 24.

Mk 13, 9-13 (vgl. Nr. 212)

9 Ihr aber seht euch vor! Denn sie werden
euch den Gerichten überantworten, und in den
Synagogen werdet ihr gegeißelt werden, und
vor Statthalter und Könige werdet ihr geführt
werden um meinetwillen, ihnen zum Zeugnis.
10 Und das Evangelium muß zuvor gepredigt
werden unter allen Völkern. 11 Wenn sie
euch nun hinführen und überantworten wer-
den, so sorgt euch nicht vorher, was ihr re-
den sollt; sondern was euch in jener Stunde
gegeben wird, das redet. Denn ihr seid's nicht,
die da reden, sondern der heilige Geist.
12 Und es wird ein Bruder den andern dem
Tod preisgeben und der Vater den Sohn, und
die Kinder werden sich empören gegen die El-
tern und werden sie töten helfen. 13 Und ihr
werdet gehaßt sein von jedermann um mei-
nes Namens willen. Wer aber beharrt bis an
das Ende, der wird selig.

58. Menschenfurcht und Gottesfurcht

Mt 10, 26-33

26 Darum fürchtet euch nicht vor ihnen. Es
ist nichts verborgen, was nicht offenbar wird,
und nichts geheim, was man nicht wissen
wird. 27 Was ich euch sage in der Finsternis,
das redet im Licht; und was euch gesagt wird
in das Ohr, das predigt auf den Dächern.
28 Und fürchtet euch nicht vor denen, die den
Leib töten, doch die Seele nicht töten können;

fürchtet euch aber viel mehr vor dem, der Leib
und Seele verderben kann in der Hölle.

Mk 4, 22; 8, 38 (vgl. Nr. 92. 120)

4, 22 Denn es ist nichts verborgen, was nicht
offenbar werden soll, und ist nichts geheim,
was nicht an den Tag kommen soll.

Lk 5, 39

Lk 21, 12-17. 19; 6, 40 (vgl. Nr. 212. 74)

21,12 *Aber vor diesem allen werden sie Hand
an euch legen und euch verfolgen, und wer-
den euch überantworten den Synagogen und
Gefängnissen und euch vor Könige und Statt-
halter führen um meines Namens willen.*
13 *Das wird euch widerfahren zu einem
Zeugnis.* 14 *So nehmt nun zu Herzen, daß ihr
euch nicht vorher sorgt, wie ihr euch verant-
worten sollt.* 15 *Denn ich will euch Mund
und Weisheit geben, der alle eure Gegner nicht
widerstehen noch widersprechen können.*
16 *Ihr werdet aber verraten werden
von Eltern, Brüdern, Verwandten und Freun-
den; und man wird einige von euch töten.*
17 *Und ihr werdet gehaßt sein von jedermann
um meines Namens willen.* 19 *Seid standhaft,
und ihr werdet euer Leben gewinnen.*

Joh 14, 26; 13, 16; 15, 20

14, 26 *Aber der Tröster[1]), der heilige Geist,
den mein Vater senden wird in meinem Na-
men, der wird euch alles lehren und euch an
alles erinnern, was ich euch gesagt habe.*

6, 40 *Der Jünger steht nicht über dem Meister;
wenn er vollkommen ist, so ist er wie sein
Meister.*

13, 16 *Wahrlich, wahrlich, ich sage euch: Der
Knecht ist nicht größer als sein Herr und der
Apostel nicht größer als der, der ihn gesandt
hat.*
15, 20 *Gedenkt an das Wort, das ich euch ge-
sagt habe: Der Knecht ist nicht größer als sein
Herr. Haben sie mich verfolgt, so werden sie
euch auch verfolgen; haben sie mein Wort ge-
halten, so werden sie eures auch halten.*

1) 14, 26. Im Grundtext: ‚Paraklet', das heißt wörtlich: ‚der als Beistand Zugezogene'; damit ist gemeint ein Helfer, Anwalt oder Fürsprecher.

Lk 12, 2-9 (vgl. Nr. 152)

2 *Es ist aber nichts verborgen, was nicht of-
fenbar wird, und nichts geheim, was man nicht
wissen wird.* 3 *Darum, was ihr in der Finster-
nis sagt, das wird man im Licht hören; und
was ihr ins Ohr flüstert in der Kammer, das
wird man auf den Dächern predigen.* 4 *Ich
sage aber euch, meinen Freunden: Fürchtet
euch nicht vor denen, die den Leib töten und
danach nichts mehr tun können.* 5 *Ich will
euch aber zeigen, vor wem ihr euch fürchten
sollt: Fürchtet euch vor dem, der, nachdem er*

Mt 10, 29-39

29 Kauft man nicht zwei Sperlinge für einen
Groschen? Dennoch fällt keiner von ihnen auf
die Erde ohne euren Vater. 30 Nun aber sind
auch eure Haare auf dem Haupt alle gezählt.
31 Darum fürchtet euch nicht; ihr seid besser
als viele Sperlinge.
32 Wer nun mich bekennt vor den Menschen,
den will ich auch bekennen vor meinem himm-
lischen Vater. 33 Wer mich aber verleugnet
vor den Menschen, den will ich auch verleug-
nen vor meinem himmlischen Vater.

Mk 2, 22

8, 38 *Wer sich aber meiner und meiner Wor-
te schämt unter diesem abtrünnigen und sün-
digen Geschlecht, dessen wird sich auch der
Menschensohn schämen, wenn er kommen
wird in der Herrlichkeit seines Vaters mit den
heiligen Engeln.*

26: Lk 8, 17 / 28: Hebr 10,31; Jak 4, 12 / 30: Lk 21, 18; Apg 27, 34 / 31: 6, 26; 12, 12 / 32: Offb 3, 5 / 33: Lk 9, 26; 2. Tim 2, 12.

Zu Mt 10, 26 Papyrus Oxyrhynchos 654, 27-31: Jesus spricht: Alles was nicht vor deinem Blick liegt und vor dir verborgen ist, wird offenbart werden. Nichts ist verborgen, was nicht offenbart werden wird, und begraben, was nicht auferweckt werden wird.

59. Entzweiungen um Jesu willen

Mt 10, 34-36

34 Ihr sollt nicht meinen, daß ich gekommen
bin, Frieden zu bringen auf die Erde. Ich bin
nicht gekommen, Frieden zu bringen, sondern
das Schwert. 35 Denn ich bin gekommen, den
Menschen zu entzweien mit seinem Vater und
die Tochter mit ihrer Mutter und die Schwie-
gertochter mit ihrer Schwiegermutter. 36 Und
des Menschen Feinde werden seine eigenen
Hausgenossen sein.

35 f par.: Mi 7, 6.

Zu Mt 10, 34-36 Thomasevangelium Logion 16: Vielleicht denken die Menschen, ich kam, den Frieden auf die Welt zu bringen. Sie wissen nicht, daß ich kam, um Trennung, Feuer, Schwert, Krieg auf die Erde zu bringen. Fünf werden in einem Haus sein; drei werden gegen zwei und zwei gegen drei sein. Der Vater gegen den Sohn, der Sohn gegen den Vater. Und sie werden allein dastehen.

60. Forderung an die Nachfolger

Mt 10, 37-39

37 Wer Vater oder Mutter mehr liebt als
mich, der ist meiner nicht wert; und wer Sohn
oder Tochter mehr liebt als mich, der ist mei-
ner nicht wert. 38 Und wer nicht sein Kreuz
auf sich nimmt und folgt mir nach, der ist mei-
ner nicht wert. 39 Wer sein Leben findet, der
wird's verlieren; und wer sein Leben verliert
um meinetwillen, der wird's finden.

Mk 8, 34. 35 (vgl. Nr. 120)

34 *Wer mir nachfolgen will, der verleugne
sich selbst und nehme sein Kreuz auf sich und
folge mir nach.* 35 *Denn wer sein Leben erhal-
ten will, der wird's verlieren; und wer sein Le-
ben verliert um meinetwillen und um des
Evangeliums willen, der wird's erhalten.*

37: 5. Mose 13, 7-12; 39, 9; Lk 18, 29 / 38. 39: vgl. Nr. 120.

Zu Mt 10, 37-39 Thomasevangelium Logion 55: Wer nicht seinen Vater und seine Mutter haßt, wird nicht Jünger sein können. Wer nicht seine Brüder und Schwestern haßt und nicht sein Kreuz trägt wie ich, wird meiner nicht würdig sein.

Lk 5, 39

getötet hat, auch Macht hat, in die Hölle zu
werfen. Ja, ich sage euch, vor dem fürchtet
euch. 6 *Verkauft man nicht fünf Sperlinge für*
zwei Groschen? Dennoch ist vor Gott nicht
einer von ihnen vergessen. 7 *Aber auch die*
Haare auf eurem Haupt sind alle gezählt. Dar-
um fürchtet euch nicht; ihr seid besser als viele
Sperlinge.
8 *Ich sage euch aber: Wer mich bekennt vor*
den Menschen, den wird auch der Menschen-
sohn bekennen vor den Engeln Gottes. 9 *Wer*
mich aber verleugnet vor den Menschen, der
wird verleugnet werden vor den Engeln
Gottes.

Zu Mt 10, 28. 2. Clemens 5, 2-4: Denn der Herr spricht: Ihr werdet sein wie Schafe mitten unter den Wölfen. Da antwortet aber Petrus und spricht: Wenn nun die Wölfe die Schafe zerreißen? Jesus sprach zu Petrus: Die Schafe sollen nicht nach ihrem Tode die Wölfe fürchten. Fürchtet ihr auch nicht die, die euch (wohl) töten, und euch nichts tun können. Fürchtet euch aber vor dem, der nach dem Tode Macht über Seele und Leib hat, euch in die Feuerhölle zu werfen.

Lk 12, 51-53 (vgl. Nr. 157)

51 *Meint ihr, daß ich gekommen bin, Frieden*
zu bringen auf Erden? Ich sage: Nein, sondern
Zwietracht. 52 *Denn von nun an werden fünf*
in einem Hause uneins sein, drei gegen zwei
und zwei gegen drei. 53 *Es wird der Vater ge-*
gen den Sohn sein und der Sohn gegen den Va-
ter, die Mutter gegen die Tochter und die
Tochter gegen die Mutter, die Schwiegermut-
ter gegen die Schwiegertochter und die Schwie-
gertochter gegen die Schwiegermutter.

Lk 14, 26-27; 17, 33 (vgl. Nr. 168. 181)

26 *Wenn jemand zu mir kommt und haßt*
nicht seinen Vater, Mutter, Frau, Kinder, Brü-
der, Schwestern und dazu sich selbst, der kann
nicht mein Jünger sein.
27 *Und wer nicht sein Kreuz trägt und mir*
nachfolgt, der kann nicht mein Jünger sein.
33 *Wer sein Leben zu erhalten sucht, der wird*
es verlieren; und wer es verlieren wird, der
wird es gewinnen.

Joh 12, 25

25 *Wer sein Leben lieb hat, der wird's verlie-*
ren; und wer sein Leben auf dieser Welt haßt,
der wird's erhalten zum ewigen Leben.

61. Aufnahme um Jesu willen

Mt 10, 40-11,1

40 Wer euch aufnimmt, der nimmt mich auf;
und wer mich aufnimmt, der nimmt den auf,
der mich gesandt hat. 41 Wer einen Prophe-
ten aufnimmt, weil es ein Prophet ist, der wird
den Lohn eines Propheten empfangen. Wer ei-
nen Gerechten aufnimmt, weil es ein Gerech-
ter ist, der wird den Lohn eines Gerechten
empfangen. 42 Und wer einem dieser Gerin-
gen auch nur einen Becher kalten Wassers zu
trinken gibt, weil es ein Jünger ist, wahrlich
ich sage euch: es wird ihm nicht unbelohnt
bleiben. 11, 1 Und es begab sich, als Jesus die-
se Gebote an seine zwölf Jünger beendet hat-
te, daß er von dort weiterging, um in ihren
Städten zu lehren und zu predigen.

40: Lk 9, 48; Gal 4, 14 / 41: 1. Kön 17, 9-24; 2. Kön 4, 8-37 / 42: 25, 40.

Mk 9, 41 (vgl. Nr. 127)

41 Denn wer euch einen Becher Wasser zu trinken gibt deshalb, weil ihr Christus angehört, wahrlich, ich sage euch: Es wird ihm nicht unvergolten bleiben.

62. Die Anfrage des Täufers

Mt 11, 2-6

2 Als aber Johannes im Gefängnis von den
Werken Christi hörte, sandte er seine Jünger
3 und ließ ihn fragen: Bist du es, der da kom-
men soll, oder sollen wir auf einen andern
warten?

4 Jesus antwortete und sprach zu ihnen: Geht
hin und sagt Johannes wieder, was ihr hört
und seht: 5 Blinde sehen und Lahme gehen,
Aussätzige werden rein und Taube hören, Tote
stehen auf, und Armen wird das Evangelium
gepredigt; 6 und selig ist, wer sich nicht an
mir ärgert.

2: 14, 3 / 3: 3, 11; Mal 3, 1 / 5 par.: 15, 30. 31; Jes 29, 18. 19; 35, 5. 6; 61, 1; Lk 4, 18 / 6: 13, 57; 26, 31.

Lk 5, 39

Lk 10, 16 (vgl. Nr. 136)

16 *Wer euch hört, der hört mich; und wer euch verachtet, der verachtet mich; wer aber mich verachtet, der verachtet den, der mich gesandt hat.*

Joh 12, 44. 45; 13, 20

12, 44 *Jesus aber rief: Wer an mich glaubt, der glaubt nicht an mich, sondern an den, der mich gesandt hat.*
45 *Und wer mich sieht, der sieht den, der mich gesandt hat.*
13, 20 *Wahrlich, wahrlich, ich sage euch: Wer jemanden aufnimmt, den ich senden werde, der nimmt mich auf; wer aber mich aufnimmt, der nimmt den auf, der mich gesandt hat.*

Zu Mt 10, 41 Didache 11, 4: Jeden Apostel, der zu euch kommt, nehmt wie den Herrn auf!

Lk 7, 18-23 (vgl. Nr. 79)

18 *Und die Jünger des Johannes verkündeten*
ihm das alles. Und Johannes rief zwei seiner
Jünger zu sich 19 *und sandte sie zum Herrn*
und ließ ihn fragen: Bist du, der da kommen
soll, oder sollen wir auf einen andern warten?
20 *Als aber die Männer zu ihm kamen, spra-*
chen sie: Johannes der Täufer hat uns zu dir
gesandt und läßt dich fragen: Bist du, der da
kommen soll, oder sollen wir auf einen andern
warten? 21 *Zu der Stunde machte Jesus viele*
gesund von Krankheiten und Plagen und bö-
sen Geistern, und vielen Blinden schenkte er
das Augenlicht. 22 *Und Jesus antwortete und*
sprach zu ihnen: Geht und verkündet Johan-
nes, was ihr gesehen und gehört habt: Blinde
sehen, Lahme gehen, Aussätzige werden rein,
Taube hören, Tote stehen auf, Armen wird
das Evangelium gepredigt; 23 *und selig ist,*
wer sich nicht ärgert an mir.

63. Jesu Zeugnis über den Täufer. Das Gleichnis von den spielenden Kindern

Mt 11, 7-19

7 Als sie fortgingen, fing Jesus an, zu dem
Volk von Johannes zu reden: Was seid ihr hinausgegangen in die Wüste zu sehen? Wolltet ihr ein Rohr sehen, das der Wind hin und her
weht? 8 Oder was seid ihr hinausgegangen zu
sehen. Wolltet ihr einen Menschen in weichen Kleidern sehen? Siehe, die weiche Kleider tragen, sind in den Häusern der Könige. 9 Oder
was seid ihr hinausgegangen zu sehen. Wolltet ihr einen Propheten sehen? Ja, ich sage
euch: er ist mehr als ein Prophet. 10 Dieser
ist's, von dem geschrieben steht (Maleachi 3,1): »Siehe, ich sende meinen Boten vor dir her, der deinen Weg vor dir bereiten soll.«
11 Wahrlich, ich sage euch: Unter allen, die von einer Frau geboren sind, ist keiner aufgetreten, der größer ist als Johannes der Täufer; der aber der Kleinste ist im Himmelreich, ist größer als er.
12 Aber von den Tagen Johannes des Täufers bis heute leidet das Himmelreich Gewalt, und
die Gewalttätigen reißen es an sich. 13 Denn
alle Propheten und das Gesetz haben geweissagt bis hin zu Johannes; 14 und wenn ihr's
annehmen wollt: er ist Elia, der da kommen soll.
15 Wer Ohren hat, der höre!
16 Mit wem soll ich aber dieses Geschlecht vergleichen? Es gleicht den Kindern, die auf dem Markt sitzen und rufen den andern zu:
17 Wir haben euch aufgespielt, und ihr wolltet nicht tanzen; wir haben Klagelieder gesungen, und ihr wolltet nicht weinen.
18 Johannes ist gekommen, aß nicht und trank nicht; so sagen sie: Er ist besessen.
19 Der Menschensohn ist gekommen, ißt und trinkt; so sagen sie: Siehe, was ist dieser Mensch für ein Fresser und Weinsäufer, ein Freund der Zöllner und Sünder! Und doch ist die Weisheit gerechtfertigt worden aus ihren Werken[1]).

7 par.: 3, 1. 5 / 9 par.: Lk 1, 76; 20, 6 / 10 par.: 2. Mose 23, 20; Mal 3, 1; Joh 3, 28 / 11: 13, 17 / 14: 17, 10-13; Mal 3, 23; 4. 5; Lk 1, 17; Mt 17, 10-13 / 15: 13, 9 / 17: Joh 5, 35 / 18 par.: 3, 4; Joh 10, 20 / 19: 9, 10. 14. 15; Joh 2, 2; 1. Kor 1, 24-30.

[1]) 11, 19. Statt »aus ihren Werken« haben viele alte Textzeugen: »von ihren Kindern« (vgl. Lk).

Mk 1, 2; 9, 13 (vgl. Nr. 1. 122)

1, 2 *Wie geschrieben steht im Propheten Jesaja: »Siehe, ich sende meinen Boten vor dir her, der deinen Weg bereiten soll.«*

9, 13 *Aber ich sage euch: Elia ist gekommen, und sie haben ihm angetan, was sie wollten, wie von ihm geschrieben steht.*

Lk 5, 39

Lk 7, 24-35; 16, 16 (vgl. Nr. 80. 173)

7, 24 *Als aber die Boten des Johannes fortgin-
gen, fing Jesus an, zu dem Volk über Johan-
nes zu reden: Was seid ihr hinausgegangen in
die Wüste zu sehen? Wolltet ihr ein Rohr se-
hen, das vom Wind bewegt wird?* 25 *Oder
was seid ihr hinausgegangen zu sehen? Woll-
tet ihr einen Menschen sehen in weichen Klei-
dern? Seht, die herrliche Kleider tragen und
üppig leben, die sind an den königlichen Hö-
fen.* 26 *Oder was seid ihr hinausgegangen zu
sehen? Wolltet ihr einen Propheten sehen? Ja,
ich sage euch: Er ist mehr als ein Prophet.*
27 *Er ist's, von dem geschrieben steht (Malea-
chi 3, 1): »Siehe, ich sende meinen Boten vor
dir her, der deinen Weg vor dir bereiten soll.«*
28 *Ich sage euch, daß unter denen, die von ei-
ner Frau geboren sind, keiner größer ist als Jo-
hannes; der aber der Kleinste ist im Reich
Gottes, der ist größer als er.* 29 *Und alles
Volk, das ihn hörte, und die Zöllner gaben
Gott recht und ließen sich taufen mit der Taufe
des Johannes.* 30 *Aber die Pharisäer und
Schriftgelehrten verachteten, was Gott ihnen
zugedacht hatte, und ließen sich nicht von ihm
taufen.*
16, 16 *Das Gesetz und die Propheten reichen
bis zu Johannes. Von da an wird das Evange-
lium vom Reich Gottes gepredigt, und jeder-
mann drängt sich mit Gewalt hinein.*

7, 31 *Mit wem soll ich die Menschen dieses
Geschlechts vergleichen, und wem sind sie
gleich?* 32 *Sie sind den Kinder gleich, die auf
dem Markt sitzen und rufen einander zu: Wir
haben euch aufgespielt, und ihr habt nicht ge-
tanzt; wir haben Klagelieder gesungen, und ihr
habt nicht geweint.*
33 *Denn Johannes der Täufer ist gekommen
und aß kein Brot und trank keinen Wein; so
sagt ihr: Er ist besessen.* 34 *Der Menschen-
sohn ist gekommen, ißt und trinkt; so sagt ihr:
Siehe, dieser Mensch ist ein Fresser und Wein-
säufer, ein Freund der Zöllner und Sünder!*
35 *Und doch ist die Weisheit gerechtfertigt
worden von allen ihren Kindern.*

Zu Mt 11, 11 Thomasevangelium Logion 46: Von Adam bis Johannes dem Täufer gibt es unter den von Frauen Geborenen keinen, der größer als Johannes der Täufer ist, so daß seine Augen nicht brechen (?). Ich aber habe gesagt: Wer unter euch klein werden wird, wird das Reich erkennen und Johannes übertreffen.

64. Jesu Weheruf über galiläische Städte

Mt 11, 20-24

20 Da fing er an, die Städte zu schelten, in denen die meisten seiner Taten geschehen waren; denn sie hatten nicht Buße getan:
21 Wehe dir, Chorazin! Weh dir, Betsaida! Wären solche Taten in Tyrus und Sidon geschehen, wie sie bei euch geschehen sind, sie hätten längst in Sack und Asche Buße getan.
22 Doch ich sage euch: Es wird Tyrus und Sidon erträglicher ergehen am Tage des Gerichts
als euch. 23 Und du, Kapernaum, wirst du bis zum Himmel erhoben werden? Du wirst bis in die Hölle hinuntergestoßen werden. Denn wenn in Sodom die Taten geschehen wären, die in dir geschehen sind, es stünde noch heutigen Tages.

24 Doch ich sage euch: Es wird dem Land der Sodomer erträglicher ergehen am Tage des Gerichts als dir.

21 par.: Hiob 42, 6; Dan 9, 3; Jon 3, 6; Lk 9, 10 / 23 par.: 4, 13; 8, 5; 9, 1; Jes 14, 13. 15 / 24: 10, 15.

65. Jesus dankt dem Vater

Mt 11, 25-27

25 Zu der Zeit fing Jesus an und sprach: Ich preise dich, Vater, Herr des Himmels und der Erde, weil du dies den Weisen und Klugen verborgen hast und hast es den Unmündigen offenbart. 26 Ja, Vater; denn so hat es dir
wohlgefallen. 27 Alles ist mir übergeben von meinem Vater; und niemand kennt den Sohn als nur der Vater; und niemand kennt den Vater als nur der Sohn[1]) und wem es der Sohn offenbaren will.

25: 5, 3; Joh 17, 25; 1. Kor 1, 19-29; Jes 29, 14 / 27: 28, 18; Phil 2, 9.

[1]) 11, 27. Bei Kirchenvätern findet man dafür: ‚Niemand hat den Vater erkannt als nur der Sohn, und niemand den Sohn als nur der Vater.'

Zu Mt 11, 25 Thomasevangelium Logion 4: Ein Greis wird in seinen Tagen nicht zögern, ein kleines Kind von 7 Tagen nach dem Ort des Lebens zu fragen. Und er wird leben.

Lk 5, 39

Lk 10, 12-16 (vgl. Nr. 136)

13 *Weh dir, Chorazin! Weh dir, Betsaida!*
Denn wären solche Taten in Tyrus und Sidon
geschehen, wie sie bei euch geschehen sind, sie
hätten längst in Sack und Asche gesessen und
Buße getan. 14 *Doch es wird Tyrus und Si-*
don erträglicher ergehen im Gericht als euch.
15 *Und du, Kapernaum, wirst du bis zum*
Himmel erhoben werden? Du wirst bis in die
Hölle hinuntergestoßen werden. 16 *Wer euch*
hört, der hört mich; und wer euch verachtet,
der verachtet mich; wer aber mich verachtet,
der verachtet den, der mich gesandt hat.

12 *Ich sage euch: Es wird Sodom erträglicher*
ergehen an jenem Tage als dieser Stadt.

Zu Mt 11, 20 f Nazaräerevangelium, vgl. Nr. 136.

Lk 10, 21-22 (vgl. Nr. 138)

21 *Zu der Stunde freute sich Jesus im heiligen*
Geist und sprach: Ich preise dich, Vater, Herr
des Himmels und der Erde, weil du dies den
Weisen und Klugen verborgen hast und hast
es den Unmündigen offenbart. Ja, Vater, so
hat es dir wohlgefallen. 22 *Alles ist mir über-*
geben von meinem Vater. Und niemand weiß,
wer der Sohn ist, als nur der Vater, noch, wer
der Vater ist, als nur der Sohn und wem es
der Sohn offenbaren will.

Joh 3, 35; 10, 14-15; 17, 2

3, 35 *Der Vater hat den Sohn lieb und hat ihm*
alles in seine Hand gegeben. 10, 14 *Ich bin der*
gute Hirte und kenne die Meinen, und die Mei-
nen kennen mich, 15 *wie mich mein Vater*
kennt, und ich kenne den Vater. Und ich las-
se mein Leben für die Schafe. 17, 2 *denn du*
hast ihm Macht gegeben über alle Menschen,
damit er das ewige Leben gebe allen, die du
ihm gegeben hast.

Zu Mt 11, 27 b Justin Dialog 100, 1: Niemand hat den Vater erkannt als nur der Sohn, und niemand den Sohn als nur der Vater und wem es der Sohn offenbaren will.

66. Der Heiland der Bedrückten

Mt 11, 28-30

28 Kommt her zu mir, alle, die ihr mühselig
und beladen seid; ich will euch erquicken.
29 Nehmt auf euch mein Joch[1]) und lernt von
mir; denn ich bin sanftmütig und von Herzen
demütig; so werdet ihr Ruhe finden für eure
Seelen. 30 Denn mein Joch ist sanft, und mei-
ne Last ist leicht.

28: 12, 20; 23, 4; Jer 31, 25; Sir 51, 23-27 / 29: Jes 28, 12; Jer 6, 16; Sach 9, 9; Phil 2, 5-8 / 30: Lk 11, 46; 1. Joh 5, 3.

[1]) 11, 29. Ein Joch ist der Waagebalken an der Deichsel, den man den Zugtieren auf den Nacken legt. Das »Joch Christi« (»mein J.«) ist hier wohl dem Joch der Gesetzesreligion (23, 4) gegenübergestellt. Nur dann ist die Paradoxie »sanftes, leichtes Joch« zu verstehen.

67. Das Ährenraufen am Sabbat

Mt 12, 1-8

1 Zu der Zeit ging Jesus durch ein Kornfeld
am Sabbat; und seine Jünger waren hungrig
und fingen an, Ähren auszuraufen und zu es-
sen. 2 Als das die Pharisäer sahen, sprachen
sie zu ihm: Siehe, deine Jünger tun, was am
Sabbat nicht erlaubt ist. 3 Er aber sprach zu
ihnen: Habt ihr nicht gelesen, was David tat,
als ihn und die bei ihm waren hungerte?
4 wie er in das Gotteshaus ging und aß die
Schaubrote, die doch weder er noch die bei
ihm waren, essen durften, sondern allein die
Priester? 5 Oder habt ihr nicht gelesen im Ge-
setz, wie die Priester am Sabbat im Tempel
den Sabbat brechen und sind doch ohne
Schuld? 6 Ich sage euch aber: Hier ist Größe-
res als der Tempel. 7 Wenn ihr aber wüßtet,
was das heißt (Hosea 6,6): »Ich habe Wohl-
gefallen an Barmherzigkeit und nicht am Op-
fer«, dann hättet ihr die Unschuldigen nicht
verdammt.

8 Der Menschensohn ist ein Herr über den
Sabbat.

1 par.: 5. Mose 23, 25. 26 / 2 par.: 5. Mose 5, 14; 2. Mose 20, 10 / 3 par.: 1. Sam 21, 1-7 / 4 par.: 3. Mose 24, 5-9 / 5: 4. Mose 28, 9 / 7: 9, 13; Hos 6,6.

Zu Mt 12, 1-8 par. Thomasevangelium Logion 27, vgl. Nr. 20.

Mk 2, 23-28

23 Und es begab sich, daß er am Sabbat
durch ein Kornfeld ging, und seine Jünger fin-
gen an, während sie gingen, Ähren auszurau-
fen. 24 Und die Pharisäer sprachen zu ihm:
Sieh doch! Warum tun deine Jünger am Sab-
bat, was nicht erlaubt ist? 25 Und er sprach
zu ihnen: Habt ihr nie gelesen, was David tat,
als er in Not war und ihn hungerte, ihn und
die bei ihm waren: 26 wie er ging in das Haus
Gottes zur Zeit Abjatars[1]), des Hohenprie-
sters, und aß die Schaubrote, die niemand es-
sen darf als die Priester, und gab sie auch
denen, die bei ihm waren?

27 Und er sprach zu ihnen: Der Sabbat ist um
des Menschen willen gemacht und nicht der
Mensch um des Sabbats willen. 28 So ist der
Menschensohn ein Herr auch über den Sabbat.

27: 2. Mose 20, 10.

[1]) 2, 26. Nach 1. Sam 21, 1-7 geschah es zur Zeit des Priesters Ahimelech, des Vaters Abjatars.

Zu Mt 11, 29 Hebräerevangelium (Clemens Alexandrinus Strom. II, 9, 45): Wer sich verwundert, wird zur Herrschaft gelangen; und wer zur Herrschaft gelangt ist, wird ruhen. (a.a.O.V, 14, 96): Wer sucht, wird nicht ruhen, bis daß er findet. Wer aber gefunden hat, wird sich verwundern. Wer aber sich verwundert, wird zur Herrschaft gelangen. Wer aber zur Herrschaft gelangt ist, wird ruhen.

Lk 6, 1-5

1 Und es begab sich an einem Sabbat, daß er
durch ein Kornfeld ging; und seine Jünger rauften Ähren aus und zerrieben sie mit den Händen und aßen. 2 Einige der Pharisäer aber
sprachen: Warum tut ihr, was am Sabbat nicht
erlaubt ist? 3 Und Jesus antwortete und
sprach zu ihnen: Habt ihr nicht das gelesen, was David tat, als ihn hungerte und die, die
bei ihm waren? 4 wie er in das Haus Gottes
ging und die Schaubrote nahm und aß, die doch niemand essen durfte als die Priester allein, und wie er sie auch denen gab, die bei ihm waren?

5 Und er sprach zu ihnen: Der Menschensohn
ist ein Herr über den Sabbat.

1: 13, 10-17; 14, 1-6.

Joh 5, 10

10 *Da sprachen die Juden zu dem, der gesund geworden war: Es ist heute Sabbat; du darfst dein Bett nicht tragen.*

Lk 6, 5 lautet in Codex D (Bezae Cantabrigiensis; eine bekannte Bibelhandschrift wohl aus dem 5. Jh.): An diesem Tage sah er einen Mann, der am Sabbat arbeitete. Er sprach zu ihm: Mensch, selig bist du, wenn du weißt, was du tust. Wenn du es aber nicht weißt, bist du verflucht und ein Gesetzesübertreter.

68. Jesus heilt am Sabbat eine erstorbene Hand

Mt 12, 9-14

9 Und er ging von dort weiter und kam in ihre Synagoge.
10 Und siehe, da war ein Mensch, der hatte eine verdorrte Hand.
Und sie fragten ihn und sprachen: Ist's erlaubt, am Sabbat zu heilen?, damit sie ihn verklagen könnten.

11 Aber er sprach zu ihnen: Wer ist unter euch, der sein einziges Schaf, wenn es ihm am Sabbat in eine Grube fällt, nicht ergreift und
ihm heraushilft? 12 Wieviel mehr ist nun ein Mensch als ein Schaf! Darum darf man am Sabbat Gutes tun.
13 Da sprach er zu dem Menschen: Strecke deine Hand aus! Und er streckte sie aus; und sie wurde ihm wieder gesund wie die andere.
14 Da gingen die Pharisäer hinaus und hielten Rat über ihn, wie sie ihn umbrächten.

Mk 3, 1-6

1 Und er ging abermals in die Synagoge.

Und es war dort ein Mensch, der hatte eine verdorrte Hand.
2 Und sie lauerten darauf, ob er auch am Sabbat ihn heilen würde, damit sie ihn verklagen könnten.

Und er sprach zu dem Menschen mit der verdorrten Hand: Tritt hervor!

4 Und er sprach zu ihnen: Soll man am Sabbat Gutes tun oder Böses tun, Leben erhalten
oder töten? Sie aber schwiegen still. 5 Und er
sah sie ringsum an mit Zorn und war betrübt über ihr verstocktes Herz und sprach zu dem Menschen: Strecke deine Hand aus! Und er streckte sie aus; und seine Hand wurde gesund.
6 Und die Pharisäer gingen hinaus und hielten alsbald Rat über ihn mit den Anhängern des Herodes, wie sie ihn umbrächten.

12 par.: Nr. 160. 165 / 14: Joh 5, 16.

Zu Mt 12, 10 ff par. Nazaräerevangelium (Hieronymus, Kom. zu Mt 12, 13): Ich war ein Maurer; mit meiner Hände Arbeit verdiente ich meinen Lebensunterhalt. Ich bitte Dich, Jesus, mir meine Gesundheit wiederzugeben, damit ich nicht schändlich Lebensmittel erbetteln muß.

68a. Die Berufung der zwölf Apostel (vgl. Nr. 70)

Mt 10, 1-4 (vgl. Nr. 56)

1 *Und er rief seine zwölf Jünger zu sich und gab ihnen Macht über die unreinen Geister, daß sie die austrieben und heilten alle Krankheiten und alle Gebrechen.* 2 *Die Namen aber
der zwölf Apostel sind diese: zuerst Simon, genannt Petrus, und Andreas, sein Bruder; Jakobus, der Sohn des Zebedäus, und Johannes,
sein Bruder;* 3 *Philippus und Bartholomäus; Thomas und Matthäus, der Zöllner; Jakobus der Sohn des Alphäus, und Thaddäus;*
4 *Simon Kananäus und Judas Iskariot, der ihn verriet.*

Mk 3, 13-19 (vgl. Nr. 70)

13 *Und er ging auf einen Berg und rief zu sich, welche er wollte, und die gingen hin zu
ihm.* 14 *Und er setzte zwölf ein, die er auch Apostel nannte, daß sie bei ihm sein sollten und daß er sie aussendete zu predigen* 15 *und daß sie Vollmacht hätten, die bösen Geister
auszutreiben.* 16 *Und er setzte die Zwölf ein
und gab Simon den Namen Petrus;* 17 *weiter:
Jakobus, den Sohn des Zebedäus, und Johannes, den Bruder des Jakobus, und gab ihnen den Namen Boanerges, daß heißt: Donnersöhne;* 18 *weiter: Andreas und Philippus und Bartholomäus und Matthäus und Thomas und Jakobus, den Sohn des Alphäus, und Thaddäus und Simon Kananäus* 19 *und Judas Is-
kariot, der ihn dann verriet.*

Lk 6, 6-11; *14, 5* (vgl. Nr. 165)

6 Es geschah aber an einem andern Sabbat,
daß er in die Synagoge ging und lehrte. Und
da war ein Mensch, dessen rechte Hand war
verdorrt.
7 Aber die Schriftgelehrten und Pharisäer
lauerten darauf, ob er auch am Sabbat heilen
würde, damit sie etwas fänden, ihn zu verklagen.
8 Er aber merkte ihre Gedanken und sprach
zu dem Mann mit der verdorrten Hand: Steh
auf und tritt hervor! Und er stand auf und trat
vor.
14, 5 *Und er sprach zu ihnen: Wer ist unter euch, dem sein Sohn oder sein Ochse in den Brunnen fällt, und der ihn nicht alsbald herauszieht, auch am Sabbat?*
6, 9 Da sprach Jesus zu ihnen: Ich frage euch:
Ist's erlaubt, am Sabbat Gutes zu tun oder Böses, Leben zu erhalten oder zu vernichten?
10 Und er sah sie alle ringsum an und sprach
zu ihm: Strecke deine Hand aus! Und er tat's;
da wurde seine Hand wieder zurechtgebracht.
Sie aber wurden ganz von Sinnen und beredeten sich miteinander, was sie Jesus tun wollten.

Lk 6, 12-16

12 Es begab sich aber zu der Zeit, daß er auf
einen Berg ging, um zu beten; und er blieb die
Nacht über im Gebet zu Gott. 13 Und als es
Tag wurde, rief er seine Jünger und erwählte
zwölf von ihnen, die er auch Apostel nannte:
14 Simon, den er auch Petrus nannte, und
Andreas, seinen Bruder, Jakobus und Johannes; Philippus und Bartholomäus;
15 Matthäus und Thomas; Jakobus, den Sohn
des Alphäus, und Simon, genannt der Zelot;
16 Judas, den Sohn des Jakobus, und Judas Iskariot, der zum Verräter wurde.

12: Mt 14, 23; Mk 1, 35; 6, 46.

Joh 1, 42; (Apg 1, 13)

Joh 1, 42 *Und er führte ihn zu Jesus. Als Jesus ihn sah, sprach er: Du bist Simon, der Sohn des Johannes; du sollst Kephas heißen, das heißt übersetzt: Fels.*
Apg 1, 13 *Und als sie hineinkamen, stiegen sie hinauf in das Obergemach des Hauses, wo sie sich aufzuhalten pflegten: Petrus, Johannes, Jakobus und Andreas, Philippus und Thomas, Bartholomäus und Matthäus, Jakobus, der Sohn des Alphäus, und Simon der Zelot und Judas, der Sohn des Jakobus.*

Zu Lk 6, 13 Apostel (griechisch apóstolos = Bote, Gesandter) ist für die Urkirche Bezeichnung der mit der weltweiten Mission beauftragten Auferstehungszeugen. Durch die Gleichsetzung der »Apostel« mit dem Kreis der von Jesus zu Lebzeiten eingesetzten Zwölf hebt Lukas die enge Verbindung von Zwölferkreis und Apostelkollegium hervor.

69. Der Gottesknecht

Mt 12, 15-21; *4, 25* (vgl. Nr. 15)

12, 15 Aber als Jesus das erfuhr, entwich er
von dort. Und eine große Menge folgte ihm.
4, 25 *Und es folgte ihm eine große Menge aus*
Galiläa, aus den Zehn Städten, aus Jerusalem,
aus Judäa und von jenseits des Jordans.

12, 15b und er heilte sie alle

16 und gebot ihnen, daß sie ihn nicht offen-
bar machten, 17 damit erfüllt würde, was ge-
sagt ist durch den Propheten Jesaja, der da
spricht (Jesaja 42, 1-4): 18 »Siehe, das ist mein
Knecht, den ich erwählt habe, und mein Ge-
liebter, an dem meine Seele Wohlgefallen hat;
ich will meinen Geist auf ihn legen, und er soll
den Heiden das Recht verkündigen. 19 Er
wird nicht streiten noch schreien, und man
wird seine Stimme nicht hören auf den Gas-
sen; 20 das geknickte Rohr wird er nicht zer-
brechen, und den glimmenden Docht wird er
nicht auslöschen, bis er das Recht hinausführt
zum Sieg; 21 und die Heiden werden auf sei-
nen Namen hoffen.«

16: 8, 4; 9, 30; Joh 7, 4 / 18: Jes 42, 1-4; Mt 3, 17; Apg 3, 13. 26; 3, 17 / 20: Apg 4, 12; Röm 15, 12.

Mk 3, 7-12

7 Aber Jesus zog sich zurück mit seinen Jün-
gern an den See, und eine große Menge aus
Galiläa folgte ihm; auch aus Judäa 8 und Je-
rusalem, aus Idumäa und von jenseits des Jor-
dans und aus der Umgebung von Tyrus und
Sidon kam eine große Menge zu ihm, die von
seinen Taten gehört hatte. 9 Und er sagte zu
seinen Jüngern, sie sollten ihm ein kleines Boot
bereithalten, damit die Menge ihn nicht be-
dränge. 10 Denn er heilte viele, so daß alle,
die geplagt waren, über ihn herfielen, um ihn
anzurühren. 11 Und wenn ihn die unreinen
Geister sahen, fielen sie vor ihm nieder und
schrien: Du bist Gottes Sohn! 12 Und er ge-
bot ihnen streng, daß sie ihn nicht offenbar
machten.

10 par.: 1, 32-34 par. / 11: Mt 4, 24. / 12: 1, 43

70. Die Berufung der zwölf Apostel (vgl. Nr. 56)

Mt 10, 1-4 (vgl. Nr. 56)

1 *Und er rief seine zwölf Jünger zu sich und*
gab ihnen Macht über die unreinen Geister,
daß sie die austrieben und heilten alle Krank-
heiten und alle Gebrechen. 2 *Die Namen aber*
der zwölf Apostel sind diese: zuerst Simon, ge-
nannt Petrus, und Andreas, sein Bruder; Ja-
kobus, der Sohn des Zebedäus, und Johannes,
sein Bruder;

3 *Philippus und Bartholomäus; Thomas und*
Matthäus, der Zöllner; Jakobus, der Sohn des
Alphäus, und Thaddäus[1]); 4 *Simon Kana-*
näus und Judas Iskariot, der ihn verriet.

1) 10, 3, Nach anderen Textzeugen: »Lebbäus«; wieder andre schreiben: »Lebbäus, zubenannt Thaddäus«.

Mk 3, 13-19

13 Und er ging auf einen Berg und rief zu
sich, welche er wollte, und die gingen hin zu
ihm. 14 Und er setzte zwölf ein, die er auch
Apostel nannte, daß sie bei ihm sein sollten
und daß er sie aussendete zu predigen 15 und
daß sie Vollmacht hätten, die bösen Geister
auszutreiben. 16 Und er setzte die Zwölf ein
und gab Simon den Namen Petrus; 17 weiter:
Jakobus, den Sohn des Zebedäus, und Johan-
nes, den Bruder des Jakobus, und gab ihnen
den Namen Boanerges, das heißt: Donnersöh-
ne; 18 weiter: Andreas und Philippus und
Bartholomäus und Matthäus und Thomas und
Jakobus, den Sohn des Alphäus, und Thad-
däus und Simon Kananäus 19 und Judas Is-
kariot, der ihn dann verriet.

17: Lk 9, 54

Lk 6, 17-19

Lk 6, 17-19, *4, 41* (vgl. Nr. 13)
6, 17 Und er ging mit ihnen hinab und trat auf
ein ebenes Feld. Und um ihn war eine große
Schar seiner Jünger, und eine große Menge des
Volkes aus ganz Judäa und Jerusalem und aus
dem Küstenland von Tyrus und Sidon,
18 die gekommen waren, ihn zu hören und
von ihren Krankheiten geheilt zu werden; und
die von unreinen Geistern umgetrieben waren,
wurden gesund. 19 Und alles Volk suchte, ihn
anzurühren; denn es ging Kraft von ihm aus,
und er heilte sie alle.
4, 41 *Von vielen fuhren auch die bösen Geister aus und schrien: Du bist der Sohn Gottes! Und er bedrohte sie und ließ sie nicht reden; denn sie wußten, daß er der Christus war.*

19: 5, 17; 8, 46.

Lk 6, 12-16
12 *Es begab sich aber zu der Zeit, daß er auf*
einen Berg ging, um zu beten; und er blieb die
Nacht über im Gebet zu Gott. 13 *Und als es*
Tag wurde, rief er seine Jünger und erwählte zwölf von ihnen, die er auch Apostel nannte:

14 *Simon, den er auch Petrus nannte, und Andreas, seinen Bruder, Jakobus und Johannes;*

Philippus und Bartholomäus; 15 *Matthäus*
und Thomas; Jakobus, den Sohn des Alphäus,
und Simon, genannt der Zelot; 16 *Judas, den*
Sohn des Jakobus, und Judas Iskariot, der zum Verräter wurde.

Joh 1, 42 (Apg 1, 13)

Joh 1, 42 *Und er führte ihn zu Jesus. Als Jesus ihn sah, sprach er: Du bist Simon, der Sohn des Johannes; du sollst Kephas heißen, daß heißt übersetzt: Fels.*
Apg 1, 13 *Und als sie hineinkamen, stiegen sie hinauf in das Obergemach des Hauses, wo sie sich aufzuhalten pflegten: Petrus, Johannes, Jakobus und Andreas, Philippus und Thomas, Bartholomäus und Matthäus, Jakobus, der Sohn des Alphäus, und Simon der Zelot und Judas, der Sohn des Jakobus.*

Zu Mk 3, 16-19 par. Ebionäerevangelium (Epiphanius, Haer. 30, 13. 2 f): Und als er nach Kapernaum kam, betrat er das Haus Simons, mit Beinamen Petrus, öffnete seinen Mund und sprach: Als ich am See Tiberias entlang ging, erwählte ich Johannes und Jakobus, die Söhne des Zebedäus, und Simon und Andreas und Thaddäus und Simon den Eiferer und Judas Ischarioth, und dich, Matthäus, der du am Zoll saßest, berief ich, und du folgtest mir. Von euch nun will ich, daß ihr 12 Apostel seid, zum Zeugnis für Israel.

Die Predigt auf dem Felde (Lk 6, 20-49)

71. Die Seligpreisungen

Mt 5, 3. 6. 11. 12 (vgl. Nr. 18)

3 *Selig sind, die da geistlich arm sind; denn ihrer ist das Himmelreich.*
6 *Selig sind, die da hungert und dürstet nach der Gerechtigkeit; denn sie sollen satt werden.*

11 *Selig seid ihr, wenn euch die Menschen um meinetwillen schmähen und verfolgen und reden allerlei Übles gegen euch, wenn sie damit lügen.*

12 *Seid fröhlich und getrost; es wird euch im Himmel reichlich belohnt werden. Denn ebenso haben sie verfolgt die Propheten, die vor euch gewesen sind.*

72. Die Weherufe

Lk 6, 20-26

Lk 6, 20-23

20 Und er hob seine Augen auf über seine
Jünger und sprach:
Selig seid ihr Armen; denn das Reich Gottes
ist euer.
21 Selig seid ihr, die ihr jetzt hungert; denn
ihr sollt satt werden.

Selig seid ihr, die ihr jetzt weint; denn ihr werdet lachen.

22 Selig seid ihr, wenn euch die Menschen
hassen und euch ausstoßen und schmähen und
verwerfen euren Namen als böse um des Menschensohnes willen.

23 Freut euch an jenem Tage und springt vor
Freude; denn siehe, euer Lohn ist groß im
Himmel. Denn das gleiche haben ihre Väter
den Propheten getan.

20: Jak 2, 5 / 21: Offb 7, 16. 17; Ps 126, 5. 6; Jes 61, 3 / 22: Joh 15, 18. 19; 16, 2 / 23: Apg 5, 41.

Zu Lk 6, 21-23 Thomasevangelium Logion 68. 69, vgl. Nr. 18

Lk 6, 24-26

24 Aber dagegen: Weh euch Reichen! Denn
ihr habt euren Trost schon gehabt.
25 Weh euch, die ihr jetzt satt seid! Denn ihr
werdet hungern.
Weh euch, die ihr jetzt lacht! Denn ihr werdet weinen und klagen.
26 Weh euch, wenn euch jedermann wohlredet! Denn das gleiche haben ihre Väter den falschen Propheten getan.

24: Mt 19, 23; Jak 5, 1 / 25: Jak 4, 9 / 26: Jak 4, 4; Jer 5, 31.

73. Von der Feindesliebe

Mt 5, 39-42. 44-48; 7, 12 (vgl. Nr. 26. 25. 37)

5, 44 *Ich aber sage euch: Liebt eure Feinde und bittet für die, die euch verfolgen, . . .*
39 *Ich aber sage euch, daß ihr nicht widerstreben sollt dem Übel, sondern: wenn dich jemand auf deine rechte Backe schlägt, dem biete die andere auch dar.* 40 *Und wenn jemand mit dir rechten will und dir deinen Rock nehmen, dem laß auch den Mantel.* 41 *Und wenn dich jemand nötigt, eine Meile mitzugehen, so geh mit ihm zwei.* 42 *Gib dem, der dich bittet, und wende dich nicht ab von dem, der etwas von dir borgen will.*
7, 12 *Alles nun, was ihr wollt, daß euch die Leute tun sollen, das tut ihnen auch! Das ist das Gesetz und die Propheten.*
5, 46 *Denn wenn ihr liebt, die euch lieben, was werdet ihr für Lohn haben? Tun nicht dasselbe auch die Zöllner?* 47 *Und wenn ihr nur zu euren Brüdern freundlich seid, was tut ihr Besonderes? Tun nicht dasselbe auch die Heiden?*

44 *Ich aber sage euch: Liebt eure Feinde und bittet für die, die euch verfolgen,* 45 *damit ihr Kinder seid eures Vaters im Himmel. Denn er läßt seine Sonne aufgehen über Böse und Gute und läßt regnen über Gerechte und Ungerechte.* 48 *Darum sollt ihr vollkommen sein, wie euer Vater im Himmel vollkommen ist.*

Zu Lk 6, 27 ff Papyrus Oxyrhynchos 1224: (Christus spricht): Und betet für eure Feinde.

Zu Lk 6, 32 2. Clemens 13, 4: Gott spricht: Ihr werdet nicht Dank (Gnade) haben, wenn ihr die liebt, die euch lieben; sondern ihr werdet Dank (Gnade) haben, wenn ihr die Feinde liebt und die, die euch hassen.

74. Von der Stellung zum Nächsten

Mt 7, 1-5; 15, 14; 10, 24-25 (vgl. Nr. 35. 112. 57)

7, 1 *Richtet nicht, damit ihr nicht gerichtet werdet.* 2 *Denn nach welchem Recht ihr richtet, werdet ihr gerichtet werden;*

und mit welchem Maß ihr meßt, wird euch zugemessen werden.

Mk 4, 24 (vgl. Nr. 92)

24 *Und er sprach zu ihnen: Seht zu, was ihr hört! Mit welchem Maß ihr meßt, wird man euch wieder messen, und man wird euch noch dazugeben.*

Lk 6, 27-36

27 Aber ich sage euch, die ihr zuhört: Liebt
eure Feinde; tut wohl denen, die euch hassen;
28 segnet, die euch verfluchen; bittet für die,
die euch beleidigen. 29 Und wer dich auf die
eine Backe schlägt, dem biete die andere auch
dar; und wer dir den Mantel nimmt, dem verweigere auch den Rock nicht.

30 Wer dich bittet, dem gib; und wer dir das Deine nimmt, von dem fordere es nicht zurück.
31 Und wie ihr wollt, daß euch die Leute tun sollen, so tut ihnen auch!

32 Und wenn ihr die liebt, die euch lieben,
welchen Dank habt ihr davon? Denn auch die
Sünder lieben ihre Freunde. 33 Und wenn ihr
euren Wohltätern wohltut, welchen Dank habt
ihr davon? Denn die Sünder tun dasselbe auch.
34 Und wenn ihr denen leiht, von denen ihr
etwas zu bekommen hofft, welchen Dank habt
ihr davon? Auch die Sünder leihen den Sündern, damit sie das Gleiche bekommen.

35 Vielmehr liebt eure Feinde; tut Gutes und leiht, wo ihr nichts dafür zu bekommen hofft. So wird euer Lohn groß sein, und ihr werdet Kinder des Allerhöchsten sein; denn er ist gütig gegen die Undankbaren und Bösen.
36 Seid barmherzig, wie auch euer Vater barmherzig ist.

28: 1. Kor 4, 12 / 34: 3. Mose 25, 35-37; 5. Mose 15, 7. 8.

Zu Lk 6, 31 Didache 1, 2: Der Weg zum Leben ist nun der: 1. du sollst Gott lieben, der dich geschaffen hat, 2. deinen Nächsten wie dich selbst. Alles aber, was du willst, daß es dir nicht geschehe, das tu auch nicht einem anderen.

Lk 6, 37-42

Joh 13, 16; 15, 20

37 Und richtet nicht, so werdet ihr auch nicht
gerichtet. Verdammt nicht, so werdet ihr nicht
verdammt. Vergebt, so wird euch vergeben.
38 Gebt, so wird euch gegeben. Ein volles, gedrücktes, gerütteltes und überfließendes Maß wird man in euren Schoß geben; denn eben mit dem Maß, mit dem ihr meßt, wird man euch wieder messen.

39 Er sagte ihnen aber auch ein Gleichnis:

15, 14 *Laßt sie, sie sind blinde Blindenführer!
Wenn aber ein Blinder den andern führt, so
fallen beide in die Grube.*
10, 24 *Der Jünger steht nicht über dem Meister
und der Knecht nicht über seinem Herrn.*
25 *Es ist für den Jünger genug, daß er ist wie
sein Meister und der Knecht wie sein Herr.*
7, 3 *Was siehst du aber den Splitter in deines
Bruders Auge und nimmst nicht wahr den Bal-
ken in deinem Auge?* 4 *Oder wie kannst du
sagen zu deinem Bruder: Halt, ich will dir den
Splitter aus deinem Auge ziehen?, und siehe,
ein Balken ist in deinem Auge.* 5 *Du Heuch-
ler, zieh zuerst den Balken aus deinem Auge;
danach sieh zu, wie du den Splitter aus dei-
nes Bruders Auge ziehst.*

Zu Lk 6, 37 1. Clemens 13, 2, vgl. Nr. 35. Zu Lk 6, 41 f Thomasevangelium Logion 26, vgl. Nr. 35

75. Vom Baum und seinen Früchten

Mt 7, 16-22 (vgl. Nr. 39. 40)

16 *An ihren Früchten sollt ihr sie erkennen.
Kann man denn Trauben lesen von den Dor-
nen oder Feigen von den Disteln?* 17 *So bringt
jeder gute Baum gute Früchte; aber ein fauler
Baum bringt schlechte Früchte.* 18 *Ein guter
Baum kann nicht schlechte Früchte bringen,
und ein fauler Baum kann nicht gute Früchte
bringen.* 19 *Jeder Baum, der nicht gute Früch-
te bringt, wird abgehauen und ins Feuer ge-
worfen.* 20 *Darum: an ihren Früchten sollt ihr
sie erkennen.* 21 *Es werden nicht alle, die zu
mir sagen: Herr, Herr!, in das Himmelreich
kommen, sondern die den Willen tun meines
Vaters im Himmel.*

Zu Lk 6, 44 f Thomasevangelium Logion 45, vgl. Nr. 39. Zu Lk 6, 46 Papyrus Egerton 2, vgl. Nr. 203.

76. Vom Hausbau

Mt 7, 24-27 (vgl. Nr. 41)

24 *Darum, wer diese meine Rede hört und tut
sie, der gleicht einem klugen Mann, der sein
Haus auf Fels baute.* 25 *Als nun ein Platzre-
gen fiel und die Wasser kamen und die Win-
de wehten und stießen an das Haus, fiel es
doch nicht ein; denn es war auf Fels gegrün-
det.* 26 *Und wer diese meine Rede hört und
tut sie nicht, der gleicht einem törichten Mann,
der sein Haus auf Sand baute.* 27 *Als nun ein
Platzregen fiel und die Wasser kamen und die
Winde wehten und stießen an das Haus, da
fiel es ein, und sein Fall war groß.*

Lk 6, 40-49

Kann auch ein Blinder einem Blinden den Weg
weisen? Werden sie nicht alle beide in die Gru-
be fallen?
40 Der Jünger steht nicht über dem Meister;
wenn er vollkommen ist, so ist er wie sein
Meister.

41 Was siehst du aber den Splitter in deines
Bruders Auge, und den Balken in deinem Auge
nimmst du nicht wahr? 42 Wie kannst du sa-
gen zu deinem Bruder: Halt still, Bruder, ich
will den Splitter aus deinem Auge ziehen, und
du siehst selbst nicht den Balken in deinem Au-
ge? Du Heuchler, zieh zuerst den Balken aus
deinem Auge und sieh dann zu, daß du den
Splitter aus deines Bruders Auge ziehst!

37: Mt 6, 14 / 38 par.: Spr 19, 17; 2. Kor 9, 6.

13,16 *Wahrlich, wahrlich, ich sage euch: Der Knecht ist nicht größer als sein Herr und der Apostel nicht größer als der, der ihn gesandt hat.* 15, 20 *Gedenkt an das Wort, das ich euch gesagt habe: Der Knecht ist nicht größer als sein Herr. Haben sie mich verfolgt, so werden sie euch auch verfolgen; haben sie mein Wort gehalten, so werden sie eures auch halten.*

Lk 6, 43-46

43 Denn es gibt keinen guten Baum, der fau-
le Frucht trägt, und keinen faulen Baum, der
gute Frucht trägt. 44 Denn jeder Baum wird
an seiner eigenen Frucht erkannt. Man pflückt
ja nicht Feigen von den Dornen, auch liest man
nicht Trauben von den Hecken. 45 Ein guter
Mensch bringt Gutes hervor aus dem guten
Schatz seines Herzens; und ein böser bringt
Böses hervor aus dem bösen. Denn wes das
Herz voll ist, des geht der Mund über.
46 Was nennt ihr mich aber Herr, Herr, und
tut nicht, was ich euch sage?

46: Mal 1, 6.

(Mt 12, 33-35) (vgl. Nr. 84)

33 *Nehmt an, ein Baum ist gut, so wird auch
seine Frucht gut sein; oder nehmt an, ein Baum
ist faul, so wird auch seine Frucht faul sein.
Denn an der Frucht erkennt man den Baum.*
34 *Ihr Schlangenbrut, wie könnt ihr Gutes re-
den, die ihr böse seid? Wes das Herz voll ist,
des geht der Mund über.* 35 Ein guter Mensch
bringt Gutes hervor aus dem guten Schatz sei-
nes Herzens; und ein böser Mensch bringt Bö-
ses hervor aus seinem bösen Schatz.

Lk 6, 47-49

47 Wer zu mir kommt und hört meine Rede
und tut sie — ich will euch zeigen, wem er
gleicht. 48 Er gleicht einem Menschen, der ein
Haus baute und grub tief und legte den Grund
auf Fels. Als aber eine Wasserflut kam, da riß
der Strom an dem Haus und konnte es nicht
bewegen; denn es war gut gebaut[1]). 49 Wer
aber hört und nicht tut, der gleicht einem Men-
schen, der ein Haus baute auf die Erde, ohne
Grund zu legen; und der Strom riß an ihm und
es fiel gleich zusammen,
und sein Einsturz war groß.

1) Einige Textzeugen haben: ». . . denn es war auf den Felsen gebaut.« vgl. Mt.

77. Der Hauptmann von Kapernaum

Mt 8, 5-10. 13 b (vgl. Nr. 44)

5 *Als aber Jesus nach Kapernaum hineinging,*
trat ein Hauptmann zu ihm; der bat ihn
6 *und sprach: Herr, mein Knecht liegt zu*
Hause und ist gelähmt und leidet große Qua-
len. 7 *Jesus sprach zu ihm: Ich will kommen*
und ihn gesund machen.

8 *Der Hauptmann antwortete und sprach:*
Herr, ich bin nicht wert, daß du unter mein
Dach gehst,

sondern sprich nur ein Wort, so wird mein
Knecht gesund. 9 *Denn auch ich bin ein*
Mensch, der Obrigkeit untertan, und habe Sol-
daten unter mir; und wenn ich zu einem sa-
ge: Geh hin!, so geht er; und zu einem andern:
Komm her!, so kommt er; und zu meinem
Knecht: Tu das!, so tut er's.
10 *Als das Jesus hörte, wunderte er sich und*
sprach zu denen, die ihm nachfolgten: Wahr-
lich, ich sage euch: Solchen Glauben habe ich
in Israel bei keinem gefunden!
13 b *Und sein Knecht wurde gesund zu dersel-*
ben Stunde.

Mk 7, 30 (vgl. Nr. 113)

30 *Und sie ging hin in ihr Haus und fand das*
Kind auf dem Bett liegen, und der böse Geist
war ausgefahren.

78. Der Jüngling zu Nain

Lk 7, 1-10

1 Nachdem Jesus seine Rede vor dem Volk
vollendet hatte, ging er nach Kapernaum.
2 Ein Hauptmann aber hatte einen Knecht,
der ihm lieb und wert war; der lag todkrank.
3 Als er aber von Jesus hörte, sandte er die
Ältesten der Juden zu ihm und bat ihn, zu
kommen und seinen Knecht gesund zu ma-
chen. 4 Als sie aber zu Jesus kamen, baten sie
ihn sehr und sprachen: Er ist es wert, daß du
ihm die Bitte erfüllst; 5 denn er hat unser
Volk lieb, und die Synagoge hat er uns erbaut.
6 Da ging Jesus mit ihnen. Als er aber nicht
mehr fern von dem Haus war, sandte der
Hauptmann Freunde zu ihm und ließ ihm sa-
gen: Ach Herr, bemühe dich nicht; ich bin
nicht wert, daß du unter mein Dach gehst;
7 darum habe ich auch mich selbst nicht für
würdig geachtet, zu dir zu kommen; sondern
sprich ein Wort, so wird mein Knecht gesund.
8 Denn auch ich bin ein Mensch, der Obrig-
keit untertan, und habe Soldaten unter mir;
und wenn ich zu einem sage: Geh hin!, so geht
er hin; und zu einem andern: Komm her!, so
kommt er; und zu meinem Knecht: Tu das!,
so tut er's. 9 Als aber Jesus das hörte, wun-
derte er sich über ihn und wandte sich um und
sprach zu dem Volk, das ihm nachfolgte: Ich
sage euch: Solchen Glauben habe ich in Israel
nicht gefunden. 10 Und als die Boten wieder
nach Hause kamen, fanden sie den Knecht
gesund.

5: Apg 10,2.

Joh 4, 46-54

46 Und Jesus kam abermals nach Kana in Ga-
liläa, wo er das Wasser zu Wein gemacht
hatte.
Und es war ein Mann im Dienst des Königs;
dessen Sohn lag krank in Kapernaum.
47 Dieser hörte, daß Jesus aus Judäa nach Ga-
liläa kam, und ging hin zu ihm und bat ihn,
herabzukommen und seinem Sohn zu helfen;
denn der war todkrank. 48 Und Jesus sprach
zu ihm: Wenn ihr nicht Zeichen und Wunder
seht, so glaubt ihr nicht. 49 Der Mann sprach
zu ihm: Herr, komm herab, ehe mein Kind
stirbt! 50 Jesus spricht zu ihm: Geh hin, dein
Sohn lebt! Der Mensch glaubte dem Wort, das
Jesus zu ihm sagte, und ging hin. 51 Und
während er hinabging, begegneten ihm seine
Knechte und sagten: Dein Kind lebt. 52 Da
erforschte er von ihnen die Stunde, in der es
besser mit ihm geworden war. Und sie antwor-
teten ihm: Gestern um die siebente Stunde ver-
ließ ihn das Fieber. 53 Da merkte der Vater,
daß es die Stunde war, in der Jesus zu ihm ge-
sagt hatte: Dein Sohn lebt. Und er glaubte mit
seinem ganzen Hause. 54 Das ist nun das
zweite Zeichen, das Jesus tat, als er aus Judäa
nach Galiläa kam.

Lk 7, 11-17

11 Und es begab sich danach, daß er in eine
Stadt mit Namen Nain ging; und seine Jün-
ger gingen mit ihm und eine große Menge.
12 Als er aber nahe an das Stadttor kam, sie-
he, da trug man einen Toten heraus, der der
einzige Sohn seiner Mutter war, und sie war
eine Witwe; und eine große Menge aus der
Stadt ging mit ihr. 13 Und als sie der Herr
sah, jammerte sie ihn, und er sprach zu ihr:
Weine nicht! 14 Und trat hinzu und berührte
den Sarg, und die Träger blieben stehen. Und
er sprach: Jüngling, ich sage dir, steh auf!
15 Und der Tote richtete sich auf und fing an
zu reden, und Jesus gab ihn seiner Mutter.

79. Die Anfrage des Täufers

Mt 11, 2-6 (vgl. Nr. 62)

2 *Als aber Johannes im Gefängnis von den Werken Christi hörte, sandte er seine Jünger*
3 *und ließ ihn fragen: Bist du es, der da kommen soll, oder sollen wir auf einen andern warten?*

4 *Jesus antwortete und sprach zu ihnen: Geht hin und sagt Johannes wieder, was ihr hört*
und seht: 5 *Blinde sehen und Lahme gehen, Aussätzige werden rein und Taube hören, Tote stehen auf, und Armen wird das Evangelium*
gepredigt; 6 *und selig ist, wer sich nicht an mir ärgert.*

80. Jesu Urteil über Johannes. Das Gleichnis von den spielenden Kindern

Mt 11, 7-11. 16-19 (vgl. Nr. 63)

7 *Als sie fortgingen, fing Jesus an, zu dem Volk von Johannes zu reden: Was seid ihr hinausgegangen in die Wüste zu sehen? Wolltet ihr ein Rohr sehen, das der Wind hin und her*
weht? 8 *Oder was seid ihr hinausgegangen zu sehen? Wolltet ihr einen Menschen in weichen Kleidern sehen? Siehe, die weiche Kleider tragen, sind in den Häusern der Könige.*

9 *Oder was seid ihr hinausgegangen zu sehen? Wolltet ihr einen Propheten sehen? Ja, ich sage euch: er ist mehr als ein Prophet.*
10 *Dieser ist's, von dem geschrieben steht (Maleachi 3,1): »Siehe, ich sende meinen Boten vor dir her, der deinen Weg vor dir bereiten soll.«*

Mk 1, 2 (vgl. Nr. 1)

2 Wie geschrieben steht im Propheten Jesaja: »Siehe, ich sende meinen Boten vor dir her, der deinen Weg bereiten soll.«

Lk 7, 16-27

16 Und Furcht ergriff sie alle, und sie priesen
Gott und sprachen: Es ist ein großer Prophet
unter uns aufgestanden, und: Gott hat sein
Volk besucht. 17 Und diese Kunde von ihm
erscholl in ganz Judäa und im ganzen umliegenden Land.

13: 8, 52; Offb 5,5 / 14: Mk 5, 41 / 15: 1. Kön 17, 23; 2. Kön 4, 36 / 16: 1, 68; Mt 15, 31; 16, 14.

Lk 7, 18-23

18 Und die Jünger des Johannes verkündeten
ihm das alles. Und Johannes rief zwei seiner
Jünger zu sich 19 und sandte sie zum Herrn
und ließ ihn fragen: Bist du, der da kommen
soll, oder sollen wir auf einen andern warten?
20 Als aber die Männer zu ihm kamen, sprachen sie: Johannes der Täufer hat uns zu dir
gesandt und läßt dich fragen: Bist du, der da
kommen soll, oder sollen wir auf einen andern
warten? 21 Zu der Stunde machte Jesus viele
gesund von Krankheiten und Plagen und bösen Geistern, und vielen Blinden schenkte er
das Augenlicht. 22 Und Jesus antwortete und
sprach zu ihnen: Geht und verkündet Johannes, was ihr gesehen und gehört habt: Blinde
sehen, Lahme gehen, Aussätzige werden rein,
Taube hören, Tote stehen auf, Armen wird
das Evangelium gepredigt; 23 und selig ist,
wer sich nicht ärgert an mir.

22: Jes 35, 5 f; 29, 18 f; 61, 1.

Lk 7, 24-35

24 Als aber die Boten des Johannes fortgingen, fing Jesus an, zu dem Volk über Johannes zu reden: Was seid ihr hinausgegangen in
die Wüste zu sehen? Wolltet ihr ein Rohr sehen, das vom Wind bewegt wird? 25 Oder
was seid ihr hinausgegangen zu sehen? Wolltet ihr einen Menschen sehen in weichen Kleidern? Seht, die herrliche Kleider tragen und
üppig leben, die sind an den königlichen
Höfen.
26 Oder was seid ihr hinausgegangen zu sehen? Wolltet ihr einen Propheten sehen? Ja,
ich sage euch: Er ist mehr als ein Prophet.
27 Er ist's, von dem geschrieben steht (Maleachi 3,1): »Siehe, ich sende meinen Boten vor
dir her, der deinen Weg vor dir bereiten soll.«

11 *Wahrlich, ich sage euch: Unter allen, die von einer Frau geboren sind, ist keiner aufgetreten, der größer ist als Johannes der Täufer; der aber der Kleinste ist im Himmelreich, ist größer als er.*

16 *Mit wem soll ich aber dieses Geschlecht vergleichen? Es gleicht den Kindern, die auf dem Markt sitzen und rufen den andern zu:*

17 *Wir haben euch aufgespielt, und ihr wolltet nicht tanzen; wir haben Klagelieder gesungen, und ihr wolltet nicht weinen.*
18 *Johannes ist gekommen, aß nicht und trank nicht; so sagen sie: Er ist besessen.*
19 *Der Menschensohn ist gekommen, ißt und trinkt; so sagen sie: Siehe, was ist dieser Mensch für ein Fresser und Weinsäufer, ein Freund der Zöllner und Sünder! Und doch ist die Weisheit gerechtfertigt worden aus ihren Werken[1]).*

1) 11, 19. Statt »aus ihren Werken« haben viele alte Textzeugen: »von ihren Kindern« (wie Lk 7, 35).

81. Jesu Salbung durch die Sünderin. Das Gleichnis von den zwei Schuldnern

Mt 26, 6-13 (vgl. Nr. 227)

6 *Als nun Jesus in Betanien war im Hause Simons des Aussätzigen,*

7 *trat zu ihm eine Frau,*

die hatte ein Glas mit kostbarem Salböl und goß es auf sein Haupt, als er zu Tisch saß.

8 *Als das die Jünger sahen, wurden sie unwillig und sprachen: Wozu diese Vergeudung?*

9 *Es hätte teuer verkauft und das Geld den Armen gegeben werden können.*

Mk 14, 3-9 (vgl. Nr. 227)

3 *Und als er in Betanien war im Hause Simons des Aussätzigen und saß zu Tisch,*

da kam eine Frau,

die hatte ein Glas mit unverfälschtem und kostbarem Nardenöl, und sie zerbrach das Glas und goß es auf sein Haupt.

4 *Da wurden einige unwillig und sprachen untereinander: Was soll diese Vergeudung des Salböls?*
5 *Man hätte dieses Öl für mehr als dreihundert Silbergroschen verkaufen können und das Geld den Armen geben. Und sie fuhren sie an.*

Lk 7, 28-42

28 Ich sage euch, daß unter denen, die von ei-
ner Frau geboren sind, keiner größer ist als Jo-
hannes; der aber der Kleinste ist im Reich
Gottes, der ist größer als er.
29 Und alles Volk, das ihn hörte, und die
Zöllner gaben Gott recht und ließen sich tau-
fen mit der Taufe des Johannes. 30 Aber die
Pharisäer und Schriftgelehrten verachteten,
was Gott ihnen zugedacht hatte, und ließen
sich nicht von ihm taufen.
31 Mit wem soll ich die Menschen dieses Ge-
schlechts vergleichen, und wem sind sie gleich?
32 Sie sind den Kindern gleich, die auf dem
Markt sitzen und rufen einander zu:
Wir haben euch aufgespielt, und ihr habt nicht
getanzt; wir haben Klagelieder gesungen, und
ihr habt nicht geweint.
33 Denn Johannes der Täufer ist gekommen
und aß kein Brot und trank keinen Wein; so
sagt ihr: Er ist besessen. 34 Der Menschen-
sohn ist gekommen, ißt und trinkt; so sagt ihr:
Siehe, dieser Mensch ist ein Fresser und Wein-
säufer, ein Freund der Zöllner und Sünder!
35 Und doch ist die Weisheit gerechtfertigt
worden von allen ihren Kindern.

26: 1, 76 / 27: Mal 3, 1; 2. Mose 23, 20 / 28: 1, 15 / 29: 3, 7. 12; Mt 21, 32 / 33: 1, 15; Mt 3, 4; Joh 10, 20 / 34: 15, 2 / 35: 1. Kor 1, 24-30.

Zu Lk 7, 28 Thomasevangelium Logion 46, vgl. Nr. 63

Lk 7, 36-50

36 Es bat ihn aber einer der Pharisäer, bei
ihm zu essen. Und er ging hinein in das Haus
des Pharisäers und setzte sich zu Tisch.
37 Und siehe, eine Frau war in der Stadt, die
war eine Sünderin. Als die vernahm, daß er
zu Tisch saß im Haus des Pharisäers, brachte
sie ein Glas mit Salböl 38 und trat von hin-
ten zu seinen Füßen, weinte und fing an, sei-
ne Füße mit Tränen zu benetzen und mit den
Haaren ihres Hauptes zu trocknen, und küßte
seine Füße und salbte sie mit Salböl. 39 Als
aber das der Pharisäer sah, der ihn eingeladen
hatte, sprach er bei sich selbst und sagte: Wenn
dieser ein Prophet wäre, so wüßte er, wer und
was für eine Frau das ist, die ihn anrührt; denn
sie ist eine Sünderin. 40 Jesus antwortete und
sprach zu ihm: Simon, ich habe dir etwas zu
sagen. Er aber sprach: Meister, sag es! 41 Ein
Gläubiger hatte zwei Schuldner. Einer
war fünfhundert Silbergroschen schuldig, der
andere fünfzig. 42 Da sie aber nicht bezahlen

Joh 12, 1-8

1 *Sechs Tage vor dem Passafest kam Jesus*
nach Betanien, wo Lazarus war, den Jesus auf-
erweckt hatte von den Toten. 2 *Dort mach-*
ten sie ihm ein Mahl, und Marta diente ihm;
Lazarus aber war einer von denen, die mit ihm
zu Tisch saßen. 3 *Da nahm Maria ein Pfund*
Salböl von unverfälschter , kostbarer Narde
und salbte die Füße Jesu und trocknete mit ih-
rem Haar seine Füße; das Haus aber wurde
erfüllt vom Duft des Öls. 4 *Da sprach einer*
seiner Jünger, Judas Iskariot, der ihn hernach
verriet: 5 *Warum ist dieses Öl nicht für drei-*
hundert Silbergroschen verkauft worden und
den Armen gegeben? 6 *Das sagte er aber*
nicht, weil er nach den Armen fragte, sondern
er war ein Dieb, denn er hatte den Geldbeu-
tel und nahm an sich, was gegeben war. 7 *Da*
sprach Jesus: Laß sie in Frieden! Es soll gelten
für den Tag meines Begräbnisses. 8 *Denn Ar-*
me habt ihr allezeit bei euch; mich aber habt
ihr nicht allezeit.

Mt 12, 21

Mk 3, 19

10 *Als Jesus das merkte, sprach er zu ihnen:
Was betrübt ihr die Frau? Sie hat ein gutes
Werk an mir getan.*
11 *Denn Arme habt ihr allezeit bei euch, mich
aber habt ihr nicht allezeit.*

12 *Daß sie das Öl auf meinen Leib gegossen
hat, das hat sie für mein Begräbnis getan.*

13 *Wahrlich, ich sage euch: Wo dies Evange-
lium gepredigt wird in der ganzen Welt, da
wird man auch sagen zu ihrem Gedächtnis,
was sie getan hat.*

6 *Jesus aber sprach: Laßt sie in Frieden! Was
betrübt ihr sie? Sie hat ein gutes Werk an mir
getan.*
7 *Denn ihr habt allezeit Arme bei euch, und
wenn ihr wollt, könnt ihr ihnen Gutes tun;
mich aber habt ihr nicht allezeit.* 8 *Sie hat ge-
tan, was sie konnte;
sie hat meinen Leib im voraus gesalbt für mein
Begräbnis.*

9 *Wahrlich, ich sage euch: Wo das Evangeli-
um gepredigt wird in aller Welt, da wird man
auch das sagen zu ihrem Gedächtnis, was sie
jetzt getan hat.*

82. Jüngerinnen Jesu

Mt 9, 35; 27, 55 (vgl. Nr. 56. 246)

9, 35 *Und Jesus ging ringsum in alle Städte
und Dörfer, lehrte in ihren Synagogen und
predigte das Evangelium von dem Reich und
heilte alle Krankheiten und alle Gebrechen.*

27, 55 *Und es waren viele Frauen da, die von
ferne zusahen; die waren Jesus aus Galiläa
nachgefolgt und hatten ihm gedient;*

Mk 16, 9 (vgl. Nr. 168)

9 *Als aber Jesus auferstanden war früh am er-
sten Tag der Woche, erschien er zuerst Maria
von Magdala, von der er sieben böse Geister
ausgetrieben hatte.*

konnten, schenkte er's beiden. Wer von ihnen
wird ihn am meisten lieben?[1]) 43 Simon ant-
wortete und sprach: Ich denke, der, dem er am
meisten geschenkt hat. Er aber sprach zu ihm:
Du hast recht geurteilt. 44 Und er wandte sich
zu der Frau und sprach zu Simon: Siehst du
diese Frau? Ich bin in dein Haus gekommen;
du hast mir kein Wasser für meine Füße gege-
ben; diese aber hat meine Füße mit Tränen be-
netzt und mit ihren Haaren getrocknet. 45 Du
hast mir keinen Kuß gegeben; diese aber hat,
seit ich hereingekommen bin, nicht abgelassen,
meine Füße zu küssen. 46 Du hast mein
Haupt nicht mit Öl gesalbt; sie aber hat meine
Füße mit Salböl gesalbt.
47 Deshalb sage ich dir: Ihre vielen Sünden
sind vergeben, denn sie hat viel Liebe[1]) ge-
zeigt, wem aber wenig vergeben wird, der liebt
wenig. 48 Und er sprach zu ihr: Dir sind dei-
ne Sünden vergeben. 49 Da fingen die an, die
mit zu Tisch saßen, und sprachen bei sich
selbst: Wer ist dieser, der auch die Sünden ver-
gibt? 50 Er aber sprach zu der Frau: Dein
Glaube hat dir geholfen; geh hin in Frieden!

36: 11, 37 / 37 f: Mt 26, 6. 7 / 44: 1. Mose 18, 4/ 45: Röm 16, 16 / 46: Ps 23, 5 / 48 f: 5, 20. 21 / 49: 5, 21 / 50: 8, 48; 17, 19; 18, 42; Mk 5, 34; 10, 52.

1) 7, 42. 47. Das Aramäische (und Hebräische) weiß wohl was Dankbarkeit ist, kennt aber nicht die Begriffe ‚danken' und ‚Dankbarkeit'. Deshalb wird die Sache mit anderen Wörtern wiedergegeben. Hier mit ‚lieben' und ‚Liebe'.

Lk 8, 1-3

1 Und es begab sich danach, daß er durch
Städte und Dörfer zog und predigte und ver-
kündigte das Evangelium vom Reich Gottes;
und die Zwölf waren mit ihm, 2 dazu einige
Frauen, die er gesund gemacht hatte von bö-
sen Geistern und Krankheiten, nämlich Ma-
ria, genannt Magdalena, von der sieben böse
Geister ausgefahren waren, 3 und Johanna,
die Frau des Chuzas, eines Verwalters des He-
rodes, und Susanna und viele andre, die ih-
nen dienten mit ihrer Habe.

1: 4, 43; 13, 22 / 2: 24, 10; Mk 15, 40. 41; Joh 20, 1. 11-18 / 3: Joh 4, 49. 53.

83. Jesu Macht über die bösen Geister (vgl. Nr. 55)

Mt 12, 22-24

22 Da wurde ein Besessener zu Jesus gebracht,
der war blind und stumm; und er heilte ihn,
so daß der Stumme redete und sah. 23 Und
alles Volk entsetzte sich und fragte: Ist dieser
nicht Davids Sohn?
24 Aber als die Pharisäer das hörten, spra-
chen sie: Er treibt die bösen Geister nicht an-
ders aus als durch Beelzebul, ihren Obersten.

23: 21, 9; Joh 7, 31. 42 / 24: 9, 34

Mk 3, 20-22

20 Und er ging in ein Haus. Und da kam
abermals das Volk zusammen, so daß sie nicht
einmal essen konnten. 21 Und als es die Sei-
nen hörten, machten sie sich auf und wollten
ihn festhalten; denn sie sprachen: Er ist von
Sinnen.

22 Die Schriftgelehrten aber, die von Jerusa-
lem herabgekommen waren, sprachen: Er hat
den Beelzebul, und: Er treibt die bösen Gei-
ster aus durch ihren Obersten.

20: 6, 31 / 21: 6, 4; Joh 7, 5. 20; 8, 48. 52.

84. Jesus verteidigt sich

Mt 12, 25-37

25 Jesus erkannte aber ihre Gedanken und
sprach zu ihnen:

Jedes Reich, das mit sich selbst uneins ist, wird
verwüstet; und jede Stadt oder jedes Haus, das
mit sich selbst uneins ist, kann nicht bestehen.
26 Wenn nun der Satan den Satan austreibt,
so muß er mit sich selbst uneins sein; wie kann
dann sein Reich bestehen? 27 Wenn ich aber
die bösen Geister durch Beelzebul austreibe,
durch wen treiben eure Söhne sie aus? Dar-
um werden sie eure Richter sein.
28 Wenn ich aber die bösen Geister durch den
Geist Gottes austreibe, so ist ja das Reich Got-
tes zu euch gekommen. 29 Oder wie kann je-
mand in das Haus eines Starken eindringen
und ihm seinen Hausrat rauben, wenn er nicht
zuvor den Starken fesselt? Erst dann kann er
sein Haus berauben. 30 Wer nicht mit mir ist,
der ist gegen mich; und wer nicht mit mir sam-
melt, der zertreut.
31 Darum sage ich euch: Alle Sünden und
Lästerung wird den Menschen vergeben; aber
die Lästerung gegen den Geist wird nicht ver-
geben. 32 Und wer etwas redet gegen den
Menschensohn, dem wird es vergeben; aber
wer etwas redet gegen den heiligen Geist, dem
wird's nicht vergeben, weder in dieser noch
in jener Welt.

Mk 3, 23-30; *9, 40* (vgl. Nr. 127)

23 Jesus aber rief sie zusammen und sprach zu
ihnen in Gleichnissen: Wie kann der Satan den
Satan austreiben? 24 Wenn ein Reich mit sich
selbst uneins wird, kann es nicht bestehen.
25 Und wenn ein Haus mit sich selbst uneins
wird, kann es nicht bestehen. 26 Erhebt sich
nun der Satan gegen sich selbst und ist mit sich
selbst uneins, so kann er nicht bestehen, son-
der es ist aus mit ihm.

27 Niemand kann aber in das Haus eines
Starken eindringen und seinen Hausrat rau-
ben, wenn er nicht zuvor den Starken fesselt;
erst dann kann er sein Haus berauben.
9, 40 *Denn wer nicht gegen uns ist, der ist für
uns.*

3, 28 Wahrlich, ich sage euch: Alle Sünden
werden den Menschenkindern vergeben, auch
die Lästerungen, wieviel sie auch lästern mö-
gen;

29 wer aber den heiligen Geist lästert, der hat
keine Vergebung in Ewigkeit, sondern ist ewi-
ger Sünde schuldig. 30 Denn sie sagten: Er
hat einen unreinen Geist.

Lk 8, 3

Lk 11, 14-16 (vgl. Nr. 146)

14 *Und er trieb einen bösen Geist aus, der war stumm. Und es geschah, als der Geist ausfuhr, da redete der Stumme. Und die Menge verwunderte sich.*

15 *Einige aber unter ihnen sprachen: Er treibt die bösen Geister aus durch Beelzebul, ihren Obersten.* 16 *Andere aber versuchten ihn und forderten von ihm ein Zeichen vom Himmel.*

Joh 10, 20

20 *Viele unter ihnen sprachen: Er hat einen bösen Geist und ist von Sinnen; was hört ihr ihm zu?*

Lk 11, 17-23; 12, 10; 6, 43-45
(vgl. Nr. 146. 152. 75)

17 *Er aber erkannte ihre Gedanken und sprach zu ihnen: Jedes Reich, das mit sich selbst uneins ist, wird verwüstet, und ein Haus fällt über das andre.* 18 *Ist aber der Satan auch mit sich selbst uneins, wie kann sein Reich bestehen? Denn ihr sagt, ich treibe die bösen Geister aus durch Beelzebul.* 19 *Wenn aber ich die bösen Geister durch Beelzebul austreibe, durch wen treiben eure Söhne sie aus? Darum werden sie eure Richter sein.* 20 *Wenn ich aber durch Gottes Finger die bösen Geister austreibe, so ist ja das Reich Gottes zu euch gekommen.* 21 *Wenn ein Starker gewappnet seinen Palast bewacht, so bleibt, was er hat, in Frieden.* 22 *Wenn aber ein Stärkerer über ihn kommt und überwindet ihn, so nimmt er ihm seine Rüstung, auf die er sich verließ, und verteilt die Beute.* 23 *Wer nicht mit mir ist, der ist gegen mich; und wer nicht mit mir sammelt, der zertreut.*

12, 10 *Und wer ein Wort gegen den Menschensohn sagt, dem soll es vergeben werden; wer aber den heiligen Geist lästert, dem soll es nicht vergeben werden.*

(Mt 7, 16-20) (vgl. Nr. 39)

33 Nehmt an, ein Baum ist gut, so wird auch
seine Frucht gut sein; oder nehmt an, ein Baum
ist faul, so wird auch seine Frucht faul sein.
Denn an der Frucht erkennt man den Baum.
34 Ihr Schlangenbrut, wie könnt ihr Gutes re-
den, die ihr böse seid? Wes das Herz voll ist,
des geht der Mund über. 35 Ein guter Mensch
bringt Gutes hervor aus dem guten Schatz sei-
nes Herzens; und ein böser Mensch bringt Bö-
ses hervor aus seinem bösen Schatz.
36 Ich sage euch aber, daß die Menschen Re-
chenschaft geben müssen am Tage des Gerichts
von jedem nichtsnutzigen Wort, das sie gere-
det haben. 37 Aus deinen Worten wirst du
gerechtfertigt werden, und aus deinen Wor-
ten wirst du verdammt werden.

28: 1. Joh 3, 8 / 29: 4, 1-11; Jes 49, 24 / 31: 1. Joh 5, 16; Hebr 6, 4-6; 10, 26 / 32: 1. Tim 1, 13 / 34: 3, 7 / 36: Jak 3, 6; Jud 15 / 37: Lk 19, 22.

28: 1. Joh 5, 16 / 29: Hebr 6, 4-6 / 30: Joh 10, 20.

85. Die Zeichenforderung der Pharisäer

Mt 12, 38-42

38 Da fingen einige von den Schriftgelehrten
und Pharisäern an und sprachen zu ihm: Mei-
ster, wir möchten gern ein Zeichen von dir se-
hen. 39 Und er antwortete und sprach zu
ihnen: Ein böses und abtrünniges Ge-
schlecht[1] fordert ein Zeichen, aber es wird
ihm kein Zeichen gegeben werden, es sei denn
das Zeichen des Propheten Jona. 40 Denn wie
Jona drei Tage und drei Nächte im Bauch des
Fisches war, so wird der Menschensohn drei
Tage und drei Nächte im Schoß der Erde sein.
41 Die Leute von Ninive werden auftreten
beim Jüngsten Gericht mit diesem Geschlecht
und werden es verdammen[2]; denn sie taten
Buße nach der Predigt des Jona. Und siehe,
hier ist mehr als Jona. 42 Die Königin vom
Süden wird auftreten beim Jüngsten Gericht
mit diesem Geschlecht und wird es verdam-
men; denn sie kam vom Ende der Erde, um
Salomos Weisheit zu hören. Und siehe, hier
ist mehr als Salomo.

40: Jon 2, 1; Eph 4, 9; 1. Petr 3, 19 / 41 par.: Jon 3, 5 / 42 par.: 1. Kön 10, 1-10

1) 12, 39. Wörtlich: »ehebrecherisches«. Schon von Hosea (3, 1) wird das Verhältnis zwischen Gott und dem Volke Israel als Ehe dargestellt. Fremdgötterei und Gottlosigkeit ist dann Ehebruch.

2) 12, 41. Nicht als Richter, sondern dadurch, daß sie sich als besser erweisen.

Mk 8, 11-13 (vgl. Nr. 116)

11 *Und die Pharisäer kamen heraus und fin-*
gen an, mit ihm zu streiten, versuchten ihn und
forderten von ihm ein Zeichen vom Himmel.
12 *Und er seufzte in seinem Geist und sprach:*
Was fordert doch dieses Geschlecht ein Zei-
chen? Wahrlich, ich sage euch: Es wird die-
sem Geschlecht kein Zeichen gegeben werden!
13 *Und er verließ sie und stieg wieder in das*
Boot und fuhr hinüber.

Lk 8, 3

6, 43 *Denn es gibt keinen guten Baum, der*
faule Frucht trägt, und keinen faulen Baum,
der gute Frucht trägt. 44 *Denn jeder Baum*
wird an seiner eigenen Frucht erkannt. Man
pflückt ja nicht Feigen von den Dornen, auch
liest man nicht Trauben von den Hecken.
45 *Ein guter Mensch bringt Gutes hervor aus*
dem guten Schatz seines Herzens; und ein bö-
ser bringt Böses hervor aus dem bösen. Denn
wes das Herz voll ist, des geht der Mund über.

16 *An ihren Früchten sollt ihr sie erkennen.*
Kann man denn Trauben lesen von den Dor-
nen oder Feigen von den Disteln? 17 *So bringt*
jeder gute Baum gute Früchte; aber ein fauler
Baum bringt schlechte Früchte. 18 *Ein guter*
Baum kann nicht schlechte Früchte bringen,
und ein fauler Baum kann nicht gute Früchte
bringen. 19 *Jeder Baum, der nicht gute Früch-*
te bringt, wird abgehauen und ins Feuer ge-
worfen. 20 *Darum: an ihren Früchten sollt ihr*
sie erkennen.

Zu Mt 12, 25-29 par. Thomasevangelium Logion 35: Unmöglich ist es, in das Haus des Starken zu gehen und es zu nehmen, außer man bindet dessen Hände. Dann wird er dessen Haus durcheinander bringen.

Zu Mt 12, 33 ff Thomasevangelium Logion 45: Man liest nicht Trauben von den Dornen und Feigen von den Disteln. Ein guter Mensch bringt Gutes aus seinem Schatz, ein schlechter Schlechtes aus seinem schlechten Schatz, der in seinem Herzen ist. Und er sagt Schlechtes, denn aus der Fülle des Herzens bringt er Schlechtes hervor.

Lk 11, 29-32 (vgl. Nr. 149)

29 *Die Menge aber drängte herzu. Da fing er*
an und sagte:

Dies Geschlecht ist ein böses Geschlecht; es
fordert ein Zeichen, aber es wird ihm kein Zei-
chen gegeben werden als nur das Zeichen des
Jona. 30 *Denn wie Jona ein Zeichen war für*
die Leute von Ninive, so wird es auch der
Menschensohn sein für dieses Geschlecht.
32 *Die Leute von Ninive werden auftreten*
beim Jüngsten Gericht mit diesem Geschlecht
und werden's verdammen; denn sie taten Bu-
ße nach der Predigt des Jona. Und siehe, hier
ist mehr als Jona. 31 *Die Königin vom Süden*
wird auftreten beim Jüngsten Gericht mit den
Leuten dieses Geschlechts und wird sie ver-
dammen; denn sie kam vom Ende der Welt,
zu hören die Weisheit Salomos. Und siehe, hier
ist mehr als Salomo.

(Mt 16, 1. 2. 4) (vgl. Nr. 116)

1 *Da traten die Pharisäer und Sadduzäer zu*
ihm; die versuchten ihn und forderten ihn auf,
sie ein Zeichen vom Himnmel sehen zu lassen.
2 *Aber er antwortete und sprach:*
4 *Ein böses und abtrünniges Geschlecht for-*
dert ein Zeichen; doch soll ihm kein Zeichen
gegeben werde, es sei denn das Zeichen des
Jona.

86. Von der Rückkehr des bösen Geistes

Mt 12, 43-45

43 Wenn der unreine Geist von einem Men-
schen ausgefahren ist, so durchstreift er dür-
re Stätten, sucht Ruhe und findet sie nicht.
44 Dann spricht er: Ich will wieder zurück-
kehren in mein Haus, aus dem ich fortgegan-
gen bin. Und wenn er kommt, so findet er's
leer, gekehrt und geschmückt. 45 Dann geht
er hin und nimmt mit sich sieben andre Gei-
ster, die böser sind als er selbst; und wenn sie
hineinkommen, wohnen sie darin; und es wird
mit diesem Menschen hernach ärger, als es
vorher war. So wird's auch diesem bösen Ge-
schlecht ergehen.

45: 2. Petr 2, 20.

87. Jesu wahre Verwandte

Mt 12, 46-50

46 Als er noch zu dem Volk redete, siehe, da
standen seine Mutter und seine Brüder drau-
ßen, die wollten mit ihm reden.
47 Da sprach einer zu ihm: Siehe, deine Mut-
ter und deine Brüder stehen draußen und wol-
len mit dir reden. 48 Er antwortete aber und
sprach zu dem, der es ihm ansagte: Wer ist
meine Mutter, und wer sind meine Brüder?
49 Und er streckte die Hand aus über seine
Jünger und sprach: Siehe da, das ist meine
Mutter, und das sind meine Brüder!
50 Denn wer den Willen tut meines Vater im
Himmel, der ist mir Bruder und Schwester und
Mutter.

46: 13, 55; Joh 7, 5 / 48: 10, 37; Lk 2, 49 / 49: Hebr 2, 11 / 50: Röm 8, 29.

Mk 3, 31-35

31 Und es kamen seine Mutter und seine Brü-
der und standen draußen, schickten zu ihm
und ließen ihn rufen.
32 Und das Volk saß um ihn. Und sie spra-
chen zu ihm: Siehe, deine Mutter und deine
Brüder und deine Schwestern draußen fragen
nach dir. 33 Und er antwortete ihnen und
sprach: Wer ist meine Mutter und meine Brü-
der? 34 Und er sah ringsum auf die, die um
ihn im Kreise saßen, und sprach: Siehe, das
ist meine Mutter und das sind meine Brüder!
35 Denn wer Gottes Willen tut, der ist mein
Bruder und meine Schwester und meine
Mutter.

88. Vom Sämann

Mt 13, 1-9

1 An demselben Tage ging Jesus aus dem
Hause und setzte sich an den See. 2 Und es
versammelte sich eine große Menge bei ihm, so
daß er in ein Boot stieg und sich setzte, und
alles Volk stand am Ufer. 2 Und er redete vie-
les zu ihnen in Gleichnissen und sprach:
Siehe, es ging ein Sämann aus, zu säen.
4 Und indem er säte, fiel einiges auf den Weg;
da kamen die Vögel und fraßen's auf.

Mk 4, 1-9

1 Und er fing abermals an, am See zu lehren.
Und es versammelte sich eine sehr große Men-
ge bei ihm, so daß er in ein Boot steigen mußte,
das im Wasser lag; er setzte sich, und alles
Volk stand auf dem Lande am See. 2 Und er
lehrte sie vieles in Gleichnissen; und in seiner
Predigt sprach er zu ihnen: 3 Hört zu! Siehe,
es ging ein Sämann aus zu säen. 4 Und es be-
gab sich, indem er säte, daß einiges auf den
Weg fiel; da kamen die Vögel und fraßen's auf.

Lk 8, 4-5

Lk 11, 24-26 (vgl. Nr. 147)

24 *Wenn der unreine Geist von einem Menschen ausgefahren ist, so durchstreift er dürre Stätten, sucht Ruhe und findet sie nicht; dann spricht er: Ich will wieder zurückkehren in mein Haus, aus dem ich fortgegangen bin.*
25 *Und wenn er kommt, so findet er's gekehrt und geschmückt.* 26 *Dann geht er hin und nimmt sieben andre Geister mit sich, die böser sind als er selbst; und wenn sie hineinkommen, wohnen sie darin, und es wird mit diesem Menschen hernach ärger als zuvor.*

Lk 8, 19-21 (vgl. Nr. 101)

19 *Es kamen aber seine Mutter und seine Brüder zu ihm und konnten wegen der Menge nicht zu ihm gelangen.*
20 *Da wurde ihm gesagt: Deine Mutter und deine Brüder stehen draußen und wollen dich sehen.* 21 *Er aber antwortete und sprach zu ihnen:*

Meine Mutter und meine Brüder sind diese, die Gottes Wort hören und tun.

Joh 15, 14

14 *Ihr seid meine Freunde, wenn ihr tut, was ich euch gebiete.*

Zu Mt 12, 46-50 par. Ebionäerevangelium (Epiphanius, Haer. 30, 14, 5): Daß er ein Mensch sei, leugnen sie (sc. die Ebionäer) offenbar auf Grund des Wortes, das der Heiland sprach, als ihm mitgeteilt wurde: Siehe, deine Mutter und deine Brüder stehen draußen. Da sagte er nämlich: Wer ist meine Mutter und meine Brüder? Und er streckte seine Hand über seine Jünger aus und sprach: Diese sind meine Brüder und Mutter und Schwestern, die den Willen meines Vaters tun.

Lk 8, 4-8

4 Als nun eine große Menge beieinander war und sie aus den Städten zu ihm eilten, redete er in einem Gleichnis:

5 Es ging ein Sämann aus, zu säen seinen Samen. Und indem er säte, fiel einiges auf den Weg und wurde zertreten, und die Vögel unter dem Himmel fraßen's auf.

5 Einiges fiel auf felsigen Boden, wo es nicht
viel Erde hatte, und ging bald auf, weil es keine
tiefe Erde hatte. 6 Als aber die Sonne auf-
ging, verwelkte es, und weil es keine Wurzel
hatte, verdorrte es. 7 Einiges fiel unter die
Dornen; und die Dornen wuchsen empor und
erstickten's.
8 Einiges fiel auf gutes Land und trug Frucht,
einiges hundertfach, einiges sechzigfach, eini-
ges dreißigfach.

9 Wer Ohren hat, der höre!

2 par.: Mk 3, 9; Lk 5, 1-3 / 9 par.: 11, 15.

5 Einiges fiel auf felsigen Boden, wo es nicht
viel Erde hatte, und ging alsbald auf, weil es
keine tiefe Erde hatte. 6 Als nun die Sonne
aufging, verwelkte es, und weil es keine Wur-
zel hatte, verdorrte es. 7 Und einiges fiel un-
ter die Dornen, und die Dornen wuchsen
empor und erstickten's, und es brachte keine
Frucht. 8 Und einiges fiel auf gutes Land,
ging auf und wuchs und brachte Frucht, und
einiges trug dreißigfach und einiges sechzig-
fach und einiges hundertfach. 9 Und er
sprach: Wer Ohren hat zu hören, der höre!

89. Vom Sinn der Gleichnisrede

Mt 13, 10-15

10 Und die Jünger traten zu ihm und spra-
chen: Warum redest du zu ihnen in Gleichnis-
sen? 11 Er antwortete und sprach zu ihnen:
Euch ist's gegeben, die Geheimnisse des Him-
melreichs zu verstehen, diesen aber ist's nicht
gegeben. 12 Denn wer da hat, dem wird ge-
geben, daß er die Fülle habe; wer aber nicht
hat, dem wird auch das genommen, was er
hat. 13 Darum rede ich zu ihnen in Gleichnis-
sen. Denn mit sehenden Augen sehen sie nicht
und mit hörenden Ohren hören sie nicht; und
sie verstehen es nicht. 14 Und an ihnen wird
die Weissagung Jesajas erfüllt, die da sagt (Je-
saja 6, 9. 10): »Mit den Ohren werdet ihr hö-
ren und werdet es nicht verstehen; und mit
sehenden Augen werdet ihr sehen und werdet
es nicht erkennen. 15 Denn das Herz dieses
Volkes ist verstockt: ihre Ohren hören schwer,
und ihre Augen sind geschlossen, damit sie
nicht etwa mit den Augen sehen und mit den
Ohren hören und mit dem Herzen verstehen
und sich bekehren, und ich ihnen helfe.«

11: 1. Kor 2, 10 / 12: Spr 9, 9; 25, 28. 29 / 13: Joh 16, 25; 5. Mose 29, 3 / 15: Joh 9, 39.

Mk 4, 10-12. *25* (vgl. Nr. 92)

10 Und als er allein war, fragten ihn, die um
ihn waren, samt den Zwölfen, nach den
Gleichnissen. 11 Und er sprach zu ihnen:
Euch ist das Geheimnis des Reiches Gottes
gegeben;
25 *Denn wer da hat, dem wird gegeben; und
wer nicht hat, dem wird man auch das neh-
men, was er hat.*
denen aber draußen widerfährt es alles in
Gleichnissen, 12 damit[1] sie es mit sehenden
Augen sehen und doch nicht erkennen, und
mit hörenden Ohren hören und doch nicht
verstehen, damit sie sich nicht etwa bekehren
und ihnen vergeben werde.

[1]Eine andere mögliche Übersetzung: ». . . in Gleichnissen zuteil, jedoch sie sehen mit den Augen und erkennen nicht. Sie hören mit den Ohren und verstehen nicht, es sei denn, sie kehren um und ihnen wird vergeben.«

10: Jes 6, 9. 10. / 12 par.: Jes 6, 9. 10; Apg 28, 26. 27.

90. Augenzeugen

Mt 13, 16-17

16 Aber selig sind eure Augen, daß sie sehen,
und eure Ohren, daß sie hören. 17 Wahrlich,
ich sage euch: Viele Propheten und Gerechte
haben begehrt, zu sehen, was ihr seht, und ha-
ben's nicht gesehen, und zu hören, was ihr
hört, und haben's nicht gehört.

16: 16, 17; Spr 20, 12 / 17 par.: Joh 8, 56; 1. Petr 1, 10; Hebr 11, 13.

Lk 8, 6-10

6 Und einiges fiel auf den Fels; und als es auf-
ging, verdorrte es, weil es keine Feuchtigkeit
hatte.

7 Und einiges fiel mitten unter die Dornen;
und die Dornen gingen mit auf und er-
stickten's.
8 Und einiges fiel auf gutes Land; und es ging
auf und trug hundertfach Frucht.

Als er das sagte, rief er: Wer Ohren hat zu hören, der höre!

Lk 8, 9-10. *18b* (vgl. Nr. 92)

9 Es fragten ihn aber seine Jünger, was dies Gleichnis bedeute.
10 Er aber sprach:
Euch ist's gegeben, die Geheimnisse des Reiches Gottes zu verstehen,
18 *denn wer da hat, dem wird gegeben; wer aber nicht hat, dem wird auch das genommen, was er meint zu haben.*
den andern aber in Gleichnissen, damit sie es nicht sehen, auch wenn sie es sehen,
und nicht verstehen, auch wenn sie es hören.

Joh 12, 40

40 *»Er hat ihre Augen verblendet und ihr Herz verstockt, damit sie nicht etwa mit den Augen sehen und mit dem Herzen verstehen und sich bekehren, und ich ihnen helfe.«*

Lk 10, 23-24 (vgl. Nr. 139)

23 *Und er wandte sich zu seinen Jüngern und sprach zu ihnen allein: Selig sind die Augen, die sehen, was ihr seht.*
24 *Denn ich sage euch: Viele Propheten und Könige wollten sehen, was ihr seht, und haben's nicht gesehen, und hören, was ihr hört, und haben's nicht gehört.*

91. Die Deutung des Gleichnisses vom Sämann

Mt 13, 18-23

18 So hört nun ihr dies Gleichnis von dem
Sämann:
19 Wenn jemand das Wort von dem Reich
hört und nicht versteht, so kommt der Böse
und reißt hinweg, was in sein Herz gesät ist;
das ist der, bei dem auf den Weg gesät ist.
20 Bei dem aber auf felsigen Boden gesät ist,
das ist, der das Wort hört und es gleich mit
Freuden aufnimmt; 21 aber er hat keine Wur-
zel in sich, sondern er ist wetterwendisch;
wenn sich Bedrängnis oder Verfolgung erhebt
um des Wortes willen, so fällt er gleich ab.

22 Bei dem aber unter die Dornen gesät ist,
das ist, der das Wort hört,
und die Sorge der Welt und der betrügerische
Reichtum
ersticken das Wort, und er bringt keine Frucht.

23 Bei dem aber auf gutes Land gesät ist, das
ist, der das Wort hört und versteht und dann
auch Frucht bringt; und der eine trägt hundert-
fach, der andere sechzigfach, der dritte drei-
ßigfach.

22: 6, 19-34; 19, 23; 1. Tim 6, 9.

Mk 4, 13-20

13 Und er sprach zu ihnen: Versteht ihr dies
Gleichnis nicht, wie wollt ihr dann die andern
alle verstehen? 14 Der Sämann sät das Wort.
15 Das aber sind die auf dem Wege: wenn das
Wort gesät wird und sie es gehört haben,
kommt sogleich der Satan und nimmt das
Wort weg, das in sie gesät war.
16 Desgleichen auch die, bei denen auf felsi-
gen Boden gesät ist: wenn sie das Wort gehört
haben, nehmen sie es sogleich mit Freuden auf,
17 aber sie haben keine Wurzel in sich, son-
dern sind wetterwendisch; wenn sich Bedräng-
nis oder Verfolgung um des Wortes willen
erhebt, so fallen sie sogleich ab.
18 Und andere sind die, bei denen unter die
Dornen gesät ist: die hören das Wort, 19 und
die Sorgen der Welt und der betrügerische
Reichtum und die Begierden nach allem an-
dern dringen ein und ersticken das Wort, und
es bleibt ohne Frucht.
20 Diese aber sind's, bei denen auf gutes Land
gesät ist: die hören das Wort und nehmen's
an und bringen Frucht, einige dreißigfach und
einige sechzigfach und einige hundertfach.

19: 10, 23. 24.

92. Sprüche vom rechten Hören

Mt 5, 15; 10, 26; 7, 2; 13, 12
(vgl. Nr. 19. 58. 35. 89)

5, 15 *Man zündet auch nicht ein Licht an und
setzt es unter einen Scheffel, sondern auf ei-
nen Leuchter; so leuchtet es allen, die im Hause
sind.*
10, 26 *Darum fürchtet euch nicht vor ihnen.
Es ist nichts verborgen, was nicht offenbar
wird, und nichts geheim, was man nicht wis-
sen wird.*

7, 2 *Denn mit welcherlei Gericht ihr richtet,
werdet ihr gerichtet werden; und mit welcher-
lei Maß ihr messet, wird euch gemessen
werden.*
13, 12 *Denn wer da hat, dem wird gegeben,
daß er die Fülle habe; wer aber nicht hat, dem
wird auch das genommen, was er hat.*

Mk 4, 21-25

21 Und er sprach zu ihnen: Zündet man etwa
ein Licht an, um es unter den Scheffel oder un-
ter die Bank zu setzen? Keineswegs, sondern
um es auf den Leuchter zu setzen.
22 Denn es ist nichts verborgen, was nicht of-
fenbar werden soll, und ist nichts geheim, was
nicht an den Tag kommen soll.

23 Wer Ohren hat zu hören, der höre!
24 Und er sprach zu ihnen:
Seht zu, was ihr hört! Mit welchem Maß ihr
meßt, wird man euch wieder messen, und man
wird euch noch dazugeben.
25 Denn wer da hat, dem wird gegeben; und
wer nicht hat, dem wird man auch das neh-
men, was er hat.

23: Lk 12, 2 / 24: Mt 7, 2 par. / 25 par.: Mt 13, 12. 13; 25, 29 par.

Lk 8, 11-18

Lk 8, 11-15

11 Das Gleichnis aber bedeutet dies: Der Sa-
me ist das Wort Gottes.
12 Die aber auf dem Weg, das sind die, die es
hören;
danach kommt der Teufel und nimmt das
Wort aus ihrem Herzen, damit sie nicht glau-
ben und selig werden. 13 Die aber auf dem
Fels sind die: wenn sie es hören, nehmen sie
das Wort mit Freuden an. Doch sie haben kei-
ne Wurzel; eine Zeitlang glauben sie,
und zu der Zeit der Anfechtung fallen sie ab.

14 Was aber unter die Dornen fiel, sind die,
die es hören und gehen hin

und ersticken unter den Sorgen, dem Reich-
tum und den Freuden des Lebens - und brin-
gen keine Frucht.

15 Das aber auf dem guten Land sind die, die
das Wort hören und behalten in einem feinen,
guten Herzen und bringen Frucht in Geduld.

11: 1. Petr 1, 23 / 15: Apg 16, 14.

Lk 8, 16-18

16 Niemand aber zündet ein Licht an und be-
deckt es mit einem Gefäß oder setzt es unter
eine Bank; sondern er setzt es auf einen Leuch-
ter, damit, wer hineingeht, das Licht sehe.
17 Denn es ist nichts verborgen, was nicht of-
fenbar werden soll, auch nichts geheim, was
nicht bekannt werden und an den Tag kom-
men soll.
18 So seht nun darauf, wie ihr zuhört;

denn wer da hat, dem wird gegeben; wer aber
nicht hat, dem wird auch das genommen, was
er meint zu haben.

Zu Lk 8, 17 par. Papyrus Oxyrhynchos 654, 27-31: Jesus spricht: Alles, was nicht vor deinem Blick liegt und vor dir verborgen ist, wird offenbart werden. Nichts ist verborgen, was nicht offenbart werden wird, und begraben, was nicht auferweckt werden wird.

93. Vom Wachsen der Saat

Mk 4, 26-29

26 Und er sprach: Mit dem Reich Gottes ist
es so, wie wenn ein Mensch Samen aufs Land
wirft 27 und schläft und aufsteht, Nacht und
Tag; und der Same geht auf und wächst —
er weiß nicht, wie. 28 Denn von selbst bringt
die Erde Frucht, zuerst den Halm, danach die
Ähre, danach den vollen Weizen in der Äh-
re. 29 Wenn sie aber die Frucht gebracht hat,
so schickt er alsbald die Sichel hin; denn die
Ernte ist da.

27: Jak 5, 7; Ps 127, 2 / 29: Joel 3, 13; Offb 14, 15.

94. Vom Unkraut unter dem Weizen

Mt 13, 24-30

24 Er legte ihnen ein anderes Gleichnis vor
und sprach: Das Himmelreich gleicht einem
Menschen, der guten Samen auf seinen Acker
säte. 25 Als aber die Leute schliefen, kam sein
Feind und säte Unkraut[1]) zwischen den Wei-
zen und ging davon. 26 Als nun die Saat
wuchs und Frucht brachte, da fand sich auch
das Unkraut. 27 Da traten die Knechte zu
dem Hausvater und sprachen: Herr, hast du
nicht guten Samen auf deinen Acker gesät?
Woher hat er denn das Unkraut? 28 Er sprach
zu ihnen: Das hat ein Feind getan. Da spra-
chen die Knechte: Willst du denn, daß wir hin-
gehen und es ausjäten? 29 Er sprach: Nein!
damit ihr nicht zugleich den Weizen mit aus-
rauft, wenn ihr das Unkraut ausjätet. 30 Laßt
beides miteinander wachsen bis zur Ernte; und
um die Erntezeit will ich zu den Schnittern sa-
gen: Sammelt zuerst das Unkraut und bindet
es in Bündel, damit man es verbrenne; aber
den Weizen sammelt mir in meine Scheune.

30: 3, 12; 15, 13; Offb 14, 15

1) 13, 25. Damit ist der Lolch gemeint, eine Grasart, die sich vom Sommergetreide anfangs kaum unterscheidet. Deshalb wird Lolch anfangs nicht, später jedoch mehrmals gejätet.

Lk 8, 18

95. Vom Senfkorn und vom Sauerteig

Mt 13, 31-33

31 Ein anderes Gleichnis legte er ihnen vor
und sprach: Das Himmelreich gleicht einem
Senfkorn, das ein Mensch nahm und auf sei-
nen Acker säte; 32 das ist das kleinste unter
allen Samenkörnern; wenn es aber gewachsen
ist, so ist es größer als alle Kräuter und wird
ein Baum, so daß die Vögel unter dem Him-
mel kommen und wohnen in seinen Zweigen.

33 Ein anderes Gleichnis sagte er ihnen: Das
Himmelreich gleicht einem Sauerteig, den ei-
ne Frau nahm und unter einen halben Zent-
ner Mehl mengte, bis es ganz durchsäuert war.

32 par.: Dan 4, 9. 18; Hes 17, 23; 31, 6.

Mk 4, 30-32

30 Und er sprach: Womit wollen wir das
Reich Gottes vergleichen, und durch welches
Gleichnis wollen wir es abbilden? 31 Es ist
wie ein Senfkorn: wenn das gesät wird aufs
Land, so ist's das kleinste unter allen Samen-
körnern auf Erden; 32 und wenn es gesät ist,
so geht es auf und wird größer als alle Kräu-
ter und treibt große Zweige, so daß die Vö-
gel unter dem Himmel unter seinem Schatten
wohnen können.

96. Jesus spricht in Gleichnissen

Mt 13, 34-35

34 Das alles redete Jesus in Gleichnissen zu
dem Volk,
und ohne Gleichnisse redete er nichts zu ihnen,

35 damit erfüllt würde, was gesagt ist durch
den Propheten[1]), der da spricht (Psalm 78, 2):
»Ich will meinen Mund auftun in Gleichnissen
und will aussprechen, was verborgen war vom
Anfang der Welt an.«

Mk 4, 33-34

33 Und durch viele solche Gleichnisse sagte er
ihnen das Wort so, wie sie es zu hören ver-
mochten. 34 Und ohne Gleichnisse redete er
nicht zu ihnen; aber wenn sie allein waren, leg-
te er seinen Jüngern alles aus.

1) Dieser alttestamentliche Ausspruch findet sich in keinem der Propheten. Er steht Ps 78, 2.

97. Die Deutung des Gleichnisses vom Unkraut

Mt 13, 36-43

36 Da ließ Jesus das Volk gehen und kam
heim. Und seine Jünger traten zu ihm und
sprachen: Deute uns das Gleichnis vom Un-
kraut auf dem Acker. 37 Er antwortete und
sprach zu ihnen: Der Menschensohn ist's, der
den guten Samen sät. 38 Der Acker ist die
Welt. Der gute Same sind die Kinder des
Reichs. Das Unkraut sind die Kinder des Bö-
sen. 39 Der Feind, der es sät, ist der Teufel.
Die Ernte ist das Ende der Welt. Die Schnit-
ter sind die Engel. 40 Wie man nun das Un-
kraut ausjätet und mit Feuer verbrennt, so
wird's auch am Ende der Welt gehen. 41 Der
Menschensohn wird seine Engel senden, und
sie werden sammeln aus seinem Reich alles,
was zum Abfall verführt, und die da Unrecht
tun, 42 und werden sie in den Feuerofen wer-
fen; da wird Heulen und Zähneklappern sein.

Lk 8, 18

Lk 13, 18-21 (vgl. Nr. 161)
18 *Er aber sprach: Wem gleicht das Reich Gottes, und womit soll ich's vergleichen?*
19 *Es gleicht einem Senfkorn, das ein Mensch nahm und in seinen Garten säte;*

und es wuchs und wurde ein Baum, und die Vögel des Himmels wohnten in seinen Zweigen.

20 *Und wiederum sprach er: Womit soll ich das Reich Gottes vergleichen?* 21 *Es gleicht einem Sauerteig, den eine Frau nahm und unter einen halben Zentner Mehl mengte, bis es ganz durchsäuert war.*

43 Dann werden die Gerechten leuchten wie die Sonne in ihres Vaters Reich. Wer Ohren hat, der höre!

38: 1. Kor 3, 9; Joh 8, 44 / 41: 24, 31; 25, 31-46 / 42: 13, 50 / 43: Dan 12, 3.

98. Vom Schatz im Acker und der kostbaren Perle

Mt 13, 44-46

44 Das Himmelreich gleicht einem Schatz, verborgen im Acker, den ein Mensch fand und verbarg; und in seiner Freude ging er hin und verkaufte alles, was er hatte, und kaufte den Acker.

45 Wiederum gleicht das Himmelreich einem
Kaufmann, der gute Perlen suchte, 46 und als
er eine kostbare Perle fand, ging er hin und verkaufte alles, was er hatte, und kaufte sie.

44: 19, 29; Spr 2, 4; Lk 14, 33; Phil 3, 7 / 46: Spr 8, 10. 11.

99. Vom Fischnetz

Mt 13, 47-50

47 Wiederum gleicht das Himmelreich einem
Netz, das ins Meer geworfen ist und Fische al-
ler Art fängt. 48 Wenn es aber voll ist, ziehen
sie es heraus an das Ufer, setzen sich und le-
sen die guten in Gefäße zusammen, aber die
schlechten werfen sie weg. 49 So wird es auch
am Ende der Welt gehen: die Engel werden
ausgehen und die Bösen von den Gerechten
scheiden 50 und werden sie in den Feuerofen
werfen; da wird Heulen und Zähneklappern
sein.

47: 22, 9. 10; Hab 1, 15 / 49: 25, 32 / 50: 13, 42; 8, 12.

100. Abschluß der Gleichnisse

Mt 13, 51-52

51 Habt ihr das alles verstanden? Sie antwor-
teten: Ja. 52 Da sprach er: Darum gleicht je-
der Schriftgelehrte, der ein Jünger des
Himmelreichs geworden ist, einem Hausvater,
der aus seinem Schatz Neues und Altes her-
vorholt.

52: 12, 35.

Zu Mt 13, 44 Thomasevangelium Logion 109: Das Reich (der Himmel) ist gleich einem Mann, der auf seinem Acker einen (verborgenen) Schatz hat, von dem er nichts weiß. Nach seinem Tode hinterließ er ihn seinem Sohn. Der wußte nicht davon. Er nahm den Acker und verkaufte ihn. Der Käufer kam, beim Pflügen fand er den Schatz. Er begann auf Zinsen Geld (all) denen zu geben, denen er wollte.

Zu Mt 13, 45 Thomasevangelium Logion 76: Das Reich des Vaters ist gleich einem Kaufmann, der eine Warenladung hatte und eine Perle fand. Der kluge Kaufmann verkaufte die Warenladung, er kaufte sich einzig die Perle. Sucht auch ihr für euch nach dem Schatz, der nicht vergeht . . .

Zu Mt 13, 47 f Thomasevangelium Logion 8: Der Mensch ist einem klugen Fischer gleich, der sein Netz ins Meer warf. Er zog es voll kleiner Fische aus dem Meer. Einen großen, guten Fisch fand der kluge Fischer darunter. Er warf alle kleinen Fische ins Meer und wählte ohne Hemmung den großen.

101. Jesu wahre Verwandte

Mt 12, 46-50 (vgl. Nr. 87)

46 *Als er noch zu dem Volk redete, siehe, da*
standen seine Mutter und seine Brüder drau-
ßen, die wollten mit ihm reden.
47 *Da sprach einer zu ihm: Siehe, deine Mut-*
ter und deine Brüder stehen draußen und wol-
len mit dir reden. 48 *Er antwortete aber und*
sprach zu dem, der es ihm ansagte: Wer ist
meine Mutter, und wer sind meine Brüder?
49 *Und er streckte die Hand aus über seine*
Jünger und sprach: Siehe da, das ist meine
Mutter, und das sind meine Brüder! 50 *Denn*
wer den Willen tut meines Vaters im Himmel,
der ist mir Bruder und Schwester und Mutter.

Mk 3, 31-35 (vgl. Nr. 87)

31 *Und es kamen seine Mutter und seine Brü-*
der und standen draußen, schickten zu ihm
und ließen ihn rufen. 32 *Und das Volk saß*
um ihn. Und sie sprachen zu ihm: Siehe, dei-
ne Mutter und deine Brüder und deine Schwe-
stern draußen fragen nach dir. 33 *Und er*
antwortete ihnen und sprach: Wer ist meine
Mutter und meine Brüder? 34 *Und er sah*
ringsum auf die, die um ihn im Kreise saßen,
und sprach:
Siehe, das ist meine Mutter und das sind mei-
ne Brüder!
35 *Denn wer Gottes Willen tut, der ist mein*
Bruder und meine Schwester und meine
Mutter.

102. Die Stillung des Sturmes

Mt 8, 18. 23-27 (vgl. Nr. 47. 48)

18 *Als aber Jesus die Menge um sich sah, be-*
fahl er, hinüber ans andre Ufer zu fahren.
23 *Und er stieg in das Boot, und seine Jünger*
folgten ihm.
24 *Und siehe, da erhob sich ein gewaltiger*
Sturm auf dem See, so daß auch das Boot von
Wellen zugedeckt wurde. Er aber schlief.

25 *Und sie traten zu ihm, weckten ihn auf*
und sprachen: Herr, hilf, wir kommen um!
26 *Da sagte er zu ihnen: Ihr Kleingläubigen,*
warum seid ihr so furchtsam? Und stand auf
und bedrohte den Wind und das Meer. Da
wurde es ganz stille.

27 *Die Menschen aber verwunderten sich und*
sprachen: Was ist das für ein Mann, daß ihm
Wind und Meer gehorsam sind?

Mk 4, 35-41

35 Und am selben Abend desselben Tages
sprach er zu ihnen: Laßt uns hinüberfahren.
36 Und sie ließen das Volk gehen und nah-
men ihn mit, wie er im Boot war, und es wa-
ren noch andere Boote bei ihm. 37 Und es
erhob sich ein großer Windwirbel, und die
Wellen schlugen in das Boot, so daß das Boot
schon voll wurde. 38 Und er war hinten im
Boot und schlief auf einem Kissen. Und sie
weckten ihn auf und sprachen zu ihm: Mei-
ster, fragst du nichts danach, daß wir umkom-
men? 39 Und er stand auf und bedrohte den
Wind und sprach zu dem Meer: Schweig und
verstumme! Und der Wind legte sich, und es
entstand eine große Stille. 40 Und er sprach
zu ihnen: Was seid ihr so furchtsam? Habt ihr
noch keinen Glauben? 41 Sie aber fürchteten
sich sehr und sprachen untereinander: Wer ist
der? Auch Wind und Meer sind ihm gehor-
sam!

38: Lk 10, 40 / 39 par.: 6, 51; Ps 89, 10; 107, 23-32.

Lk 8, 19-21

19 Es kamen aber seine Mutter und seine Brüder zu ihm und konnten wegen der Menge nicht zu ihm gelangen.

20 Da wurde ihm gesagt: Deine Mutter und deine Brüder stehen draußen und wollen dich sehen.

21 Er aber antwortete und sprach zu ihnen:

Meine Mutter und meine Brüder sind diese, die Gottes Wort hören und tun.

Joh 15, 14

14 *Ihr seid meine Freunde, wenn ihr tut, was ich euch gebiete.*

21: 11, 28; Mt 7, 24.

Zu Lk 8, 19-21 Ebionäerevangelium, vgl. Nr. 87.

Lk 8, 22-25

22 Und es begab sich an einem der Tage, daß
er in ein Boot stieg mit seinen Jüngern; und
er sprach zu ihnen: Laßt uns über den See fah-
ren. Und sie stießen vom Land ab. 23 Und als
sie fuhren, schlief er ein. Und es kam ein Wind-
wirbel über den See, und die Wellen überfie-
len sie, und sie waren in großer Gefahr.

24 Da traten sie zu ihm und weckten ihn auf und sprachen: Meister, Meister, wir kommen um! Da stand er auf und bedrohte den Wind und die Wogen des Wassers, und sie legten sich, und es entstand eine Stille.

25 Er sprach aber zu ihnen: Wo ist euer Glaube? Sie aber fürchteten sich und verwunderten sich und sprachen zueinander:
Wer ist dieser? Auch dem Wind und dem Wasser gebietet er, und sie sind ihm gehorsam.

103. Die Heilung des besessenen Geraseners

Mt 8, 28-34 (vgl. Nr. 49)

28 *Und er kam ans andre Ufer in die Gegend der Gadarener.*
Da liefen ihm entgegen zwei Besessene; die kamen aus den Grabhöhlen und waren sehr gefährlich, so daß niemand diese Straße gehen konnte.

29 *Und siehe, sie schrien: Was willst du von uns, du Sohn Gottes? Bist du hergekommen, uns zu quälen, ehe es Zeit ist?*

30 *Es war aber fern von ihnen eine große Herde Säue auf der Weide.* 31 *Da baten ihn die bösen Geister und sprachen: Willst du uns austreiben, so laß uns in die Herde Säue fahren.* 32 *Und er sprach: Fahrt aus! Da fuhren sie aus und fuhren in die Säue. Und siehe, die ganze Herde stürmte den Abhang hinunter in den See, und sie ersoffen im Wasser.*

33 *Und die Hirten flohen und gingen hin in die Stadt und bericheten das alles und wie es den Besessenen ergangen war.* 34 *Und siehe, da ging die ganze Stadt hinaus Jesus entgegen.*

Und als sie ihn sahen,
baten sie ihn, daß er ihr Gebiet verlasse.

Mk 5, 1-20

1 Und sie kamen ans andre Ufer des Sees in die Gegend der Gerasener.
2 Und als er aus dem Boot trat, lief ihm als-
bald von den Gräbern her ein Mensch entge-
gen mit einem unreinen Geist, 3 der hatte
seine Wohnung in den Grabhöhlen. Und nie-
mand konnte ihn mehr binden, auch nicht mit
Ketten; 4 denn er war oft mit Fesseln und
Ketten gebunden gewesen und hatte die Ket-
ten zerrissen und die Fesseln zerrieben; und
niemand konnte ihn bändigen. 5 Und er war
allezeit, Tag und Nacht, in den Grabhöhlen
und auf den Bergen, schrie und schlug sich mit
Steinen. 6 Als er aber Jesus sah von ferne, lief
er hinzu und fiel vor ihm nieder 7 und schrie
laut: Was willst du von mir, Jesus, du Sohn
Gottes, des Allerhöchsten? Ich beschwöre dich
bei Gott: Quäle mich nicht! 8 Denn er hatte
zu ihm gesagt: Fahre aus, du unreiner Geist,
von dem Menschen!

9 Und er fragte ihn: Wie heißt du? Und er
sprach: Legion heiße ich; denn wir sind vie-
le. 10 Und er bat Jesus sehr, daß er sie nicht
aus der Gegend vertreibe. 11 Es war aber dort
an den Bergen eine große Herde Säue auf der
Weide. 12 Und die unreinen Geister baten ihn
und sprachen: Laß uns in die Säue fahren!
13 Und er erlaubte es ihnen. Da fuhren die
unreinen Geister aus und fuhren in die Säue,
und die Herde stürmte den Abhang hinunter
in den See, etwa zweitausend, und sie ersoffen im See.
14 Und die Sauhirten flohen und verkündeten das in der Stadt und auf dem Lande.
Und die Leute gingen hinaus, um zu sehen,
was geschehen war, 15 und kamen zu Jesus
und sahen den Besessenen, wie er dasaß, be-
kleidet und vernünftig, den, der die Legion un-
reiner Geister gehabt hatte; und sie fürchteten
sich. 16 Und die es gesehen hatten, erzählten
ihnen, was mit dem Besessenen geschehen war,
und das von den Säuen.
17 Und sie fingen an und baten Jesus, aus ihrem Gebiet fortzugehen.

18 Und als er in das Boot trat, bat ihn der Besessene,

daß er bei ihm bleiben dürfe. 19 Aber er ließ
es ihm nicht zu, sondern sprach zu ihm:

Lk 8, 26-38

Lk 8, 26-39

26 Und sie fuhren weiter in die Gegend der
Gerasener, die Galiläa gegenüberliegt.
27 Und als er ans Land trat, begegnete ihm
ein Mann aus der Stadt, der hatte böse Geister; er trug seit langer Zeit keine Kleider mehr und blieb in keinem Hause, sondern in den Grabhöhlen.

28 Als er aber Jesus sah, schrie er auf und fiel vor ihm nieder und rief laut: Was willst du von mir, Jesus, du Sohn Gottes des Allerhöchsten? Ich bitte dich: Quäle mich nicht!
29 Denn er hatte dem unreinen Geist geboten,
aus dem Menschen auszufahren. Denn der hatte ihn lange Zeit geplagt; und er wurde mit Ketten und Fesseln gebunden und gefangen gehalten, doch er zerriß seine Fesseln und wurde von dem bösen Geist in die Wüste getrie-
ben. 30 Und Jesus fragte ihn: Wie heißt du?
Er antwortete: Legion. Denn es waren viele bö-
se Geister in ihn gefahren. 31 Und sie baten
ihn, daß er ihnen nicht gebiete, in den Ab-
grund zu fahren. 32 Es war aber dort auf dem
Berg eine große Herde Säue auf der Weide. Und sie baten ihn, daß er ihnen erlaube, in die Säue zu fahren. Und er erlaubte es ihnen.
33 Da fuhren die bösen Geister von dem
Menschen aus und fuhren in die Säue; und die Herde stürmte den Abhang hinunter in den See und ersoff.
34 Als aber die Hirten sahen, was da geschah,
flohen sie und verkündeten es in der Stadt und
in den Dörfern. 35 Da gingen die Leute hin-
aus, um zu sehen, was geschehen war, und kamen zu Jesus und fanden den Menschen, von dem die bösen Geister ausgefahren waren, sitzend zu den Füßen Jesu, bekleidet und vernünftig, und sie erschraken. 36 Und die es
gesehen hatten, verkündeten ihnen, wie der Besessene gesund geworden war.
37 Und die ganze Menge aus dem umliegen-
den Land der Gerasener bat ihn, von ihnen fortzugehen; denn es hatte sie große Furcht ergriffen. Und er stieg ins Boot und kehrte zurück.
38 Aber der Mann, von dem die bösen Gei-
ster ausgefahren waren, bat ihn, daß er bei ihm bleiben dürfe. Aber Jesus schickte ihn fort und sprach:

Geh hin in dein Haus zu den Deinen und ver-
künde ihnen, welch große Wohltat dir der
Herr getan und wie er sich deiner erbarmt hat.
20 Und er ging hin und fing an, in den Zehn
Städten auszurufen, welch große Wohltat ihm
Jesus getan hatte; und jedermann verwunderte
sich.

7 par.: 1, 24; Jak 2, 19 / 20: 7, 31; Mt 4, 25

104. Die Heilung der blutflüssigen Frau und die Auferweckung der Tochter des Jaïrus

Mt 9, 18-26 (vgl. Nr. 53)

18 *Als er dies mit ihnen redete, siehe, da kam
einer von den Vorstehern der Gemeinde, fiel
vor ihm nieder und sprach:
Meine Tochter ist eben gestorben, aber komm
und lege deine Hand auf sie, so wird sie le-
bendig.*
19 *Und Jesus stand auf und folgte ihm mit sei-
nen Jüngern.*
20 *Und siehe, eine Frau, die seit zwölf Jahren
den Blutfluß hatte,*

*trat von hinten an ihn heran und berührte den
Saum seines Gewandes.* 21 *Denn sie sprach
bei sich selbst: Könnte ich nur sein Gewand
berühren, so würde ich gesund.*

22 *Da wandte sich Jesus um und sah sie und
sprach: Sei getrost, meine Tochter, dein Glau-
be hat dir geholfen. Und die Frau wurde ge-
sund zu derselben Stunde.*

Mk 5, 21-43

21 Und als Jesus wieder herübergefahren war
im Boot, versammelte sich eine große Menge
bei ihm, und er war am See. 22 Da kam ei-
ner von den Vorstehern der Synagoge, mit Na-
men Jaïrus. Und als er Jesus sah, fiel er ihm
zu Füßen 23 und bat ihn sehr und sprach:
Meine Tochter liegt in den letzten Zügen;
komm doch und lege deine Hände auf sie, da-
mit sie gesund werde und lebe. 24 Und er ging
hin mit ihm. Und es folgte ihm eine große
Menge, und sie umdrängten ihn.
25 Und da war eine Frau, die hatte den Blut-
fluß seit zwölf Jahren 26 und hatte viel erlit-
ten von vielen Ärzten und all ihr Gut dafür
aufgewandt; und es hatte ihr nichts geholfen,
sondern es war noch schlimmer mit ihr gewor-
den. 27 Als die von Jesus hörte, kam sie in
der Menge von hinten heran und berührte sein
Gewand. 28 Denn sie sagte sich: Wenn ich
nur seine Kleider berühren könnte, so würde
ich gesund. 29 Und sogleich versiegte die
Quelle ihres Blutes, und sie spürte es am Lei-
be, daß sie von ihrer Plage geheilt war.
30 Und Jesus spürte sogleich an sich selbst,
daß eine Kraft von ihm ausgegangen war, und
wandte sich um in der Menge und sprach: Wer
hat meine Kleider berührt? 31 Und seine Jün-
ger sprachen zu ihm: Du siehst, daß dich die
Menge umdrängt, und fragst: Wer hat mich
berührt? 32 Und er sah sich um nach der, die
das getan hatte. 33 Die Frau aber fürchtete
sich und zitterte, denn sie wußte, was an ihr
geschehen war; sie kam und fiel vor ihm nie-
der und sagte ihm die ganze Wahrheit.

34 Er aber sprach zu ihr: Meine Tochter, dein
Glaube hat dich gesund gemacht; geh hin in
Frieden und sei gesund von deiner Plage!
35 Als er noch so redete, kamen einige aus
dem Hause des Vorstehers der Synagoge und
sprachen: Deine Tochter ist gestorben; was be-
mühst du weiter den Meister?

Lk 8, 39-49

39 Geh wieder heim und sage, wie große Din-
ge Gott an dir getan hat.

Und er ging hin und verkündigte überall in der Stadt, wie große Dinge Jesus an ihm getan hatte.

28: 4, 34 / 29: 9, 39. 42 / 39: Mt 12, 16; Mk 7, 36.

Lk 8, 40-56

40 Als Jesus zurückkam, nahm ihn das Volk
auf; denn sie warteten alle auf ihn. 41 Und
siehe, da kam ein Mann mit Namen Jaïrus, der
ein Vorsteher der Synagoge war, und fiel Je-
sus zu Füßen und bat ihn, in sein Haus zu
kommen; 42 denn er hatte eine einzige Toch-
ter von etwa zwölf Jahren, die lag in den letz-
ten Zügen.
Und als er hinging, umdrängte ihn das Volk.

43 Und eine Frau hatte den Blutfluß seit zwölf
Jahren; die hatte alles, was sie zum Leben hat-
te, für die Ärzte aufgewandt und[1]) konnte
von keinem geheilt werden.

44 Die trat von hinten an ihn heran und be-
rührte den Saum seines Gewandes;
und sogleich hörte ihr Blutfluß auf.

45 Und Jesus fragte: Wer hat mich berührt?
Als es aber alle abstritten, sprach Petrus: Mei-
ster, das Volk drängt und drückt dich. 46 Je-
sus aber sprach: Es hat mich jemand berührt;
denn ich habe gespürt, daß eine Kraft von mir
ausgegangen ist.
47 Als aber die Frau sah, daß es nicht verbor-
gen blieb, kam sie mit Zittern und fiel vor ihm
nieder und verkündete vor allem Volk, war-
um sie ihn angerührt hatte, und wie sie so-
gleich gesund geworden war.
48 Er aber sprach zu ihr: Meine Tochter, dein
Glaube hat dir geholfen. Geh hin in Frieden!

49 Als er noch redete, kam einer von den
Leuten des Vorstehers der Synagoge und
sprach: Deine Tochter ist gestorben; bemühe
den Meister nicht mehr.

23 *Und als er in das Haus des Vorstehers kam
und sah die Pfeifer und das Getümmel des
Volkes,*

24 *sprach er: Geht hinaus! denn das Mädchen
ist nicht tot, sondern es schläft. Und sie ver-
lachten ihn.*
25 *Als aber das Volk hinausgetrieben war,
ging er hinein
und ergriff sie bei der Hand.*

Da stand das Mädchen auf.

26 *Und diese Kunde erscholl durch dieses
ganze Land.*

36 Jesus aber hörte mit an, was gesagt wur-
de, und sprach zu dem Vorsteher: Fürchte dich
nicht, glaube nur!
37 Und er ließ niemanden mit sich gehen als
Petrus und Jakobus und Johannes, den Bru-
der des Jakobus. 38 Und sie kamen in das
Haus des Vorstehers, und er sah das Getüm-
mel, und wie sehr sie weinten und heulten.
39 Und er ging hinein und sprach zu ihnen:
Was lärmt und weint ihr? Das Kind ist nicht
gestorben, sondern es schläft.
40 Und sie verlachten ihn. Er aber trieb sie al-
le hinaus und nahm mit sich den Vater des
Kindes und die Mutter und die bei ihm wa-
ren, und ging hinein, wo das Kind lag,
41 und ergriff das Kind bei der Hand und
sprach zu ihm: Talita kum! — das heißt über-
setzt: Mädchen, ich sage dir, steh auf! 42 Und
sogleich stand das Mädchen auf und ging um-
her; es war aber zwölf Jahre alt. Und sie ent-
setzten sich sogleich über die Maßen. 43 Und
er gebot ihnen streng, daß es niemand wissen
sollte, und sagte, sie sollten ihr zu essen geben.

24: 3, 9 / 28: 6, 56 / 30 par.: Lk 6, 19 / 34 par.: 10, 52; Lk 7, 50 / 37: Mt 17, 1 / 39 par.: Joh 11, 4. 11 / 41 par.: 9, 27; Lk 7, 14; Apg 9, 40 / 43 par.: 1, 44; 7, 36.

105. Die Verwerfung Jesu in Nazareth

Mt 13, 53-58

53 Und es begab sich, als Jesus diese Gleich-
nisse vollendet hatte, daß er davonging
54 und kam in seine Vaterstadt und lehrte sie
in ihrer Synagoge,
so daß sie sich entsetzten und fragten: Woher
hat dieser solche Weisheit und solche Taten?

55 Ist er nicht der Sohn des Zimmermanns?
Heißt nicht seine Mutter Maria? und seine Brü-
der Jakobus und Josef[1] und Simon und Ju-
das? 56 Und seine Schwestern, sind sie nicht
alle bei uns? Woher kommt ihm denn das al-
les? 57 Und sie ärgerten sich an ihm. Jesus
aber sprach zu ihnen: Ein Prophet gilt nirgends
weniger als in seinem Vaterland und in seinem
Hause.
58 Und er tat dort nicht viele Zeichen

wegen ihre Unglaubens.

1)13, 55. Nach andrer alter Bezeugung: »Joses«; vgl. Mk 6, 3.

Mk 6, 1-6

1 Und er ging von dort weg und kam in sei-
ne Vaterstadt, und seine Jünger folgten ihm
nach. 2 Und als der Sabbat kam, fing er an,
zu lehren in der Synagoge. Und viele, die zu-
hörten, verwunderten sich und sprachen: Wo-
her hat er das? Und was ist das für eine
Weisheit, die ihm gegeben ist? Und solche
mächtigen Taten, die durch seine Hände ge-
schehen? 3 Ist er nicht der Zimmermann, Ma-
rias Sohn, und der Bruder des Jakobus und
Joses und Judas und Simon? Sind nicht auch
seine Schwestern hier bei uns?
Und sie ärgerten sich an ihm. 4 Jesus aber
sprach zu ihnen:
Ein Prophet gilt nirgends weniger als in sei-
nem Vaterland und bei seinen Verwandten
und in seinem Hause.
5 Und er konnte dort nicht eine einzige Tat
tun, außer daß er wenigen Kranken die Hän-
de auflegte und sie heilte. 6 Und er wunder-
te sich über ihren Unglauben. Und er ging rings
umher in die Dörfer und lehrte.

2: Joh 7, 15 / 3: Joh 6, 42 / 6: Mt 8, 10.

Lk 8, 50-56

50 Als aber Jesus das hörte, antwortete er
ihm: Fürchte dich nicht; glaube nur, so wird
sie gesund! 51 Als er aber in das Haus kam,
ließ er niemanden mit hineingehen als Petrus
und Johannes und Jakobus und den Vater und
die Mutter des Kindes.

52 Sie weinten aber alle und klagten um sie.
Er aber sprach: Weint nicht! Sie ist nicht ge-
storben, sondern sie schläft.
53 Und sie verlachten ihn, denn sie wußten,
daß sie gestorben war.

54 Er aber nahm sie bei der Hand und rief:
Kind, steh auf!
55 Und ihr Geist kam wieder, und sie stand
sogleich auf. Und er befahl, man solle ihr zu
essen geben.
56 Und ihre Eltern entsetzten sich.
Er aber gebot ihnen, niemandem zu sagen, was
geschehen war.

46: 5, 17 / 48: 7, 50 / 51: 9, 28; Mt 17, 1 / 52: 7, 13 / 56: 5, 14; Mk 7, 36.

1) 8, 43. Mehrere alte Textzeugen lassen die Worte weg: »und all ihr Gut an die Ärzte gewendet hatte«.

Lk 4, 16. 22. 24 (vgl. Nr. 10)

16 *Und er kam nach Nazareth, wo er aufge-
wachsen war, und ging nach seiner Gewohn-
heit am Sabbat in die Synagoge und stand auf
und wollte lesen.*
22 *Und sie gaben alle Zeugnis von ihm und
wunderten sich, daß solche Worte der Gna-
de aus seinem Munde kamen, und sprachen:
Ist das nicht Josefs Sohn?*

24 *Er sprach aber: Wahrlich, ich sage euch:
Kein Prophet gilt etwas in seinem Vaterland.*

Joh 7, 15; 6, 42; 4, 44; 7, 5

7, 15 *Und die Juden verwunderten sich und
sprachen: Wie kann dieser die Schrift verste-
hen, wenn er es doch nicht gelernt hat?*
6, 42 *und sprachen: Ist dieser nicht Jesus, Jo-
sefs Sohn, dessen Vater und Mutter wir ken-
nen? Wieso spricht er dann: Ich bin vom
Himmel gekommen?*

4, 44 *Denn er selber, Jesus, bezeugte, daß ein
Prophet daheim nichts gilt.*

7, 5 *Denn auch seine Brüder glaubten nicht
an ihn.*

Zu Mt 13, 57 par. Papyrus Oxyrhynchos 1, 31-36: Jesus spricht: Ein Prophet ist nicht willkommen in seiner Vaterstadt, und ein Arzt vollbringt keine Heilungen an denen, die ihn kennen.

106. Die Aussendung der Zwölf

Mt 10, 1. 9-11. 14 (vgl. Nr. 56)

1 *Und er rief seine zwölf Jünger zu sich und*
gab ihnen Macht über die unreinen Geister,
daß sie die austrieben und heilten alle Krank-
heiten und alle Gebrechen. 9 *Ihr sollt weder*
Gold noch Silber noch Kupfer in euren Gür-
teln haben, 10 *auch keine Reisetasche, auch*
nicht zwei Hemden, keine Schuhe, auch kei-
nen Stecken. Denn ein Arbeiter ist seiner Spei-
se wert. 11 *Wenn ihr aber in eine Stadt oder*
ein Dorf geht, da erkundigt euch, ob jemand
darin ist, der es wert ist; und bei dem bleibt,
bis ihr weiterzieht.
14 *Und wenn euch jemand nicht aufnehmen*
und eure Rede nicht hören wird, so geht her-
aus aus diesem Hause oder dieser Stadt und
schüttelt den Staub von euren Füßen.

Mk 6, 7-13

7 Und er rief die Zwölf zu sich und fing an,
sie auszusenden je zwei und zwei, und gab ih-
nen Macht über die unreinen Geister
8 und gebot ihnen, nichts mitzunehmen auf
den Weg als allein einen Stab, kein Brot, kei-
ne Tasche, kein Geld im Gürtel, 9 wohl aber
Schuhe, und nicht zwei Hemden anzuziehen.
10 Und er sprach zu ihnen: Wo ihr in ein
Haus gehen werdet, da bleibt, bis ihr von dort
weiterzieht.

11 Und wo man euch nicht aufnimmt und
nicht hört, da geht hinaus und schüttelt den
Staub von euren Füßen zum Zeugnis gegen sie.
12 Und sie zogen aus und predigten, man sol-
le Buße tun, 13 und trieben viele böse Geister
aus und salbten viele Kranke mit Öl und
machten sie gesund.

7: Lk 10, 1 / 9 par.: Mk 3, 14. 15 / 13: Jak 5, 14. 15.

107. Das Urteil des Herodes über Jesus

Mt 14, 1-2

1 Zu der Zeit kam die Kunde von Jesus vor
den Landesfürsten Herodes. 2 Und er sprach
zu seinen Leuten: Das ist Johannes der Täu-
fer; er ist von den Toten auferstanden, dar-
um tut er solche Taten.

Mk 6, 14-16

14 Und es kam dem König Herodes zu Oh-
ren; denn der Name Jesu war nun bekannt.
Und die Leute sprachen: Johannes der Täufer
ist von den Toten auferstanden; darum tut er
solche Taten. 15 Einige aber sprachen: Er ist
Elia; andere aber: Er ist ein Prophet wie einer
der Propheten. 16 Als es aber Herodes hörte,
sprach er: Es ist Johannes, den ich enthauptet
habe, der ist auferstanden.

14: 8, 28.

108. Das Ende Johannes des Täufers

Mt 14, 3-12

3 Denn Herodes hatte Johannes ergriffen, ge-
fesselt und in das Gefängnis geworfen wegen
der Herodias, der Frau seines Bruders Phi-
lippus.
4 Denn Johannes hatte zu ihm gesagt: Es ist
nicht recht, daß du sie hast.
5 Und er hätte ihn gern getötet, fürchtete sich
aber vor dem Volk;

denn sie hielten ihn für einen Propheten.

6 Als aber Herodes seinen Geburtstag beging,

Mk 6, 17-19

17 Denn er, Herodes, hatte ausgesandt und
Johannes ergriffen und ins Gefängnis gewor-
fen um der Herodias willen, der Frau seines
Bruders Philippus; denn er hatte sie geheira-
tet. 18 Johannes hatte nämlich zu Herodes ge-
sagt: Es ist nicht recht, daß du die Frau deines
Bruder hast. 19 Herodias aber stellte ihm
nach und wollte ihn töten und konnte es nicht.
20 Denn Herodes fürchtete Johannes, weil er
wußte, daß er ein frommer und heiliger Mann
war, und hielt ihn in Gewahrsam; und wenn
er ihn hörte, wurde er sehr unruhig[1]); doch
hörte er ihn gern. 21 Und es kam ein gelege-
ner Tag, als Herodes an seinem Geburstag ein
Festmahl gab für seine Großen und die Ober-
sten und die Vornehmen von Galiläa.

Lk 9, 1-9

Lk 9, 1-6

1 Er rief aber die Zwölf zusammen und gab
ihnen Gewalt und Macht über alle bösen Gei-
ster, und daß sie Krankheiten heilen konnten,
2 und sandte sie aus, zu predigen das Reich
Gottes und die Kranken zu heilen. 3 Und er
sprach zu ihnen: Ihr sollt nichts mit auf den
Weg nehmen, weder Stab noch Tasche noch
Brot noch Geld; es soll auch einer nicht zwei
Hemden haben. 4 Und wenn ihr in ein Haus
geht, dann bleibt dort, bis ihr weiterzieht.

5 Und wenn sie euch nicht aufnehmen, dann
geht fort aus dieser Stadt und schüttelt den
Staub von euren Füßen zu einem Zeugnis ge-
gen sie. 6 Und sie gingen hinaus und zogen
von Dorf zu Dorf, predigten das Evangelium
und machten gesund an allen Orten.

1-6: 10, 1-12. (Nr. 136.)

Lk 9, 7-9

7 Es kam aber vor Herodes, den Landesfür-
sten, alles, was geschah; und er wurde unru-
hig, weil von einigen gesagt wurde: Johannes
ist von den Toten auferstanden; 8 von eini-
gen aber: Elia ist erschienen; von andern aber:
Einer von den alten Propheten ist auferstan-
den. 9 Und Herodes sprach: Johannes, den
habe ich enthauptet; wer ist aber dieser, über
den ich solches höre? Und er begehrte ihn zu
sehen. 8: Mt 16, 14 / 9: 23, 8.

Lk 3, 19. 20 (vgl. Nr. 5)

3, 19 *Der Landesfürst Herodes aber, der von*
Johannes zurechtgewiesen wurde wegen der
Herodias, der Frau seines Bruders, und wegen
alles Bösen, das er getan hatte, 20 *fügte zu*
dem allen noch dies hinzu: er warf Johannes
ins Gefängnis.

1)Die Worte von »und wenn« bis »unruhig« sind (wohl Randglosse zu 6, 16) aus Lk 9, 7.

da tanzte die Tochter der Herodias vor ihnen.
Das gefiel dem Herodes gut. 7 Darum ver-
sprach er ihr mit einem Eid, er wolle ihr ge-
ben, was sie fordern würde.

8 Und wie sie zuvor von ihrer Mutter ange-
stiftet war, sprach sie:
Gib mir hier auf einer Schale das Haupt Jo-
hannes des Täufers!

9 Und der König wurde traurig; doch wegen
des Eides und derer, die mit ihm zu Tisch sa-
ßen, befahl er, es ihr zu geben,
10 und schickte hin und ließ Johannes im Ge-
fängnis enthaupten.

11 Und sein Haupt wurde hereingetragen auf
einer Schale und dem Mädchen gegeben; und
sie brachte es ihrer Mutter. 12 Da kamen sei-
ne Jünger und nahmen seinen Leichnam und
begruben ihn; und sie kamen und verkünde-
ten das Jesus.

3: 11, 2 / 4 par.: 19, 9; 2. Mose 20, 14; 3. Mose 18, 16; 20, 21 / 5: 21, 26.

22 Da trat herein die Tochter der Herodias
und tanzte und gefiel Herodes und denen, die
mit am Tisch saßen. Da sprach der König zu
dem Mädchen: Bitte von mir, was du willst,
ich will dir's geben. 23 Und er schwor ihr ei-
nen Eid: Was du von mir bittest, will ich dir
geben, bis zur Hälfte meines Königreichs.
24 Und sie ging hinaus und fragte ihre Mut-
ter: Was soll ich bitten? Die sprach: Das Haupt
Johannes des Täufers.
25 Da ging sie sogleich eilig hinein zum Kö-
nig, bat ihn und sprach: Ich will, daß du mir
gibst, jetzt gleich auf einer Schale, das Haupt
Johannes des Täufers.
26 Und der König wurde sehr betrübt. Doch
wegen des Eides und derer, die mit am Tisch
saßen, wollte er sie keine Fehlbitte tun lassen.
27 Und sogleich schickte der König den Hen-
ker hin und befahl, das Haupt des Johannes
herzubringen. Der ging hin und enthauptete
ihn im Gefängnis 28 und trug sein Haupt her-
bei auf einer Schale und gab's dem Mädchen,
und das Mädchen gab's seiner Mutter.
29 Und als das seine Jünger hörten, kamen sie
und nahmen seinen Leichnam und legten ihn
in ein Grab.

23: Est 5, 3. 6.

109. Die Rückkehr der Jünger und die Speisung der Fünftausend (vgl. Nr. 115)

Mt 14, 13-21

13 Als das Jesus hörte,

fuhr er von dort weg in einem Boot in eine ein-
same Gegend allein. Und als das Volk das hör-
te, folgte es ihm zu Fuß aus den Städten.

14 Und Jesus stieg aus und sah die große
Menge; und sie jammerten ihn, und er heilte
ihre Kranken.

15 Am Abend aber traten seine Jünger zu
ihm und sprachen: Die Gegend ist öde, und
die Nacht bricht herein; laß das Volk gehen,
damit sie in die Dörfer gehen und sich zu es-
sen kaufen.
16 Aber Jesus sprach zu ihnen: Es ist nicht nö-
tig, daß sie fortgehen; gebt ihr ihnen zu essen.

Mk 6, 30-44

30 Und die Apostel kamen bei Jesus zusam-
men und verkündeten ihm alles, was sie ge-
tan und gelehrt hatten. 31 Und er sprach zu
ihnen: Geht ihr allein an eine einsame Stätte
und ruht ein wenig. Denn es waren viele, die
kamen und gingen, und sie hatten nicht Zeit
genug zum Essen.
32 Und sie fuhren in einem Boot an eine ein-
same Stätte für sich allein. 33 Und man sah
sie wegfahren, und viele merkten es[1]) und lie-
fen aus allen Städten zu Fuß dorthin zusam-
men und kamen ihnen zuvor.
34 Und Jesus stieg aus und sah die große
Menge; und sie jammerten ihn, denn sie wa-
ren wie Schafe, die keinen Hirten haben. Und
er fing eine lange Predigt an.
35 Als nun der Tag fast vorüber war, traten
seine Jünger zu ihm und sprachen: Es ist öde
hier, und der Tag ist fast vorüber; 36 laß sie
gehen, damit sie in die Höfe und Dörfer rings-
um gehen und sich Brot kaufen.
37 Er aber antwortete und sprach zu ihnen:
Gebt ihr ihnen zu essen!

Lk 9, 10-13

Lk 9, 10-17

10 Und die Apostel kamen zurück und erzähl-
ten Jesus, wie große Dinge sie getan hatten.

Und er nahm sie zu sich, und er zog sich mit
ihnen allein in die Stadt zurück, die heißt
Betsaida.
11 Als die Menge das merkte, zog sie ihm
nach.
Und er ließ sie zu sich und sprach zu ihnen
vom Reich Gottes und machte gesund, die der
Heilung bedurften.

12 Aber der Tag fing an, sich zu neigen. Da
traten die Zwölf zu ihm und sprachen: Laß das
Volk gehen, damit sie hingehen in die Dörfer
und Höfe ringsum und Herberge und Essen fin-
den; denn wir sind hier in der Wüste.
13 Er aber sprach zu ihnen: Gebt ihr ihnen zu
essen.

Joh 6, 1-13

1 *Danach fuhr Jesus weg über das Galiläische*
Meer, das auch See von Tiberias heißt. 2 *Und*
es zog ihm viel Volk nach, weil sie die Zeichen
sahen, die er an den Kranken tat. 3 *Jesus aber*
ging auf einen Berg und setzte sich dort mit sei-
nen Jüngern. 4 *Es war aber kurz vor dem*
Passa, dem Fest der Juden. 5 *Da hob Jesus*
seine Augen auf und sieht, daß viel Volk zu
ihm kommt, und spricht zu Philippus: Wo
kaufen wir Brot, damit diese zu Essen haben?
6 *Das sagte er aber, um ihn zu prüfen; denn*
er wußte wohl, was er tun wollte. 7 *Philippus*
antwortete ihm: Für zweihundert Silbergro-
schen Brot ist nicht genug für sie, daß jeder
ein wenig bekomme. 8 *Spricht zu ihm einer*
seiner Jünger, Andreas, der Bruder des Simon

17 Sie sprachen zu ihm: Wir haben hier nichts
als fünf Brote und zwei Fische.

18 Und er sprach: Bringt sie mir her!
19 Und er ließ das Volk sich auf das Gras
lagern
und nahm die fünf Brote und die zwei Fische,
sah auf zum Himmel, dankte und brach's und
gab die Brote den Jüngern, und die Jünger ga-
ben sie dem Volk.

20 Und sie aßen alle und wurden satt
und sammelten auf, was an Brocken übrig-
blieb, zwölf Körbe voll.
21 Die aber gegessen hatten, waren etwa
fünftausend Mann, ohne Frauen und Kinder.

13: 4, 12 / 14 par.: 9, 36 / 19 par.: Joh 11, 41; 17, 1 / 20:
2. Kön 4, 44.

Und sie sprachen zu ihm: Sollen wir denn hin-
gehen und für zweihundert Silbergroschen
Brot kaufen und ihnen zu essen geben? 38 Er
aber sprach zu ihnen: Wieviel Brote habt ihr?
Geht hin und seht! Und als sie es erkundet hat-
ten, sprachen sie: Fünf und zwei Fische.
39 Und er gebot ihnen, daß sie sich alle lager-
ten, tischweise, auf das grüne Gras. 40 Und
sie setzten sich, in Gruppen zu hundert und
zu fünfzig. 41 Und er nahm die fünf Brote
und zwei Fische und sah auf zum Himmel,
dankte und brach die Brote und gab sie den
Jüngern, damit sie unter ihnen austeilten, und
die zwei Fische teilte er unter sie alle.
42 Und sie aßen alle und wurden satt.
43 Und sie sammelten die Brocken auf, zwölf
Körbe voll, und von den Fischen.
44 Und die die Brote gegessen hatten, waren
fünftausend Mann.

30: Lk 9, 10; 10, 17 / 31: 3, 20 / 34: 4. Mose 27, 17; Mt 9,
36 / 35-44: 8, 1-9 / 41: 7, 34.
[1]) 6, 33. Nämlich: daß sie Jesus woanders suchen müßten.

110. Jesus kommt zu seinen Jüngern auf dem See

Mt 14, 22-33

22 Und alsbald trieb Jesus seine Jünger, in das
Boot zu steigen und vor ihm hinüberzufahren,
bis er das Volk gehen ließe.
23 Und als er das Volk hatte gehen lassen,
stieg er allein auf einen Berg, um zu beten. Und
am Abend war er dort allein. 24 Und das
Boot war schon weit vom Land entfernt und
kam in Not durch die Wellen; denn der Wind
stand ihm entgegen. 25 Aber in der vierten
Nachtwache kam Jesus zu ihnen und ging auf
dem See. 26 Und als ihn die Jünger sahen auf
dem See gehen, erschraken sie und riefen: Es
ist ein Gespenst! und schrien vor Furcht.

27 Aber sogleich redete Jesus mit ihnen und
sprach: Seid getrost, ich bin's; fürchtet euch
nicht!
28 Petrus aber antwortete ihm und sprach:
Herr, bist du es, so befiehl mir, zu dir zu kom-
men auf dem Wasser. 29 Und er sprach:
Komm her! Und Petrus stieg aus dem Boot und
ging auf dem Wasser und kam auf Jesus zu.
30 Als er aber den starken Wind sah, er-
schrak er und begann zu sinken und schrie:
Herr, hilf mir! 31 Jesus aber streckte sogleich
die Hand aus und ergriff ihn und sprach zu
ihm: Du Kleingläubiger, warum hast du ge-
zweifelt? 32 Und sie traten in das Boot, und
der Wind legte sich. 33 Die aber im Boot wa-
ren, fielen vor ihm nieder und sprachen: Du
bist wahrhaftig Gottes Sohn!

23: Lk 6, 12-9; 9, 18 / 26: Lk 24, 37 / 31: 8, 26 / 33: 16,
16; Joh 1, 49.

Mk 6, 45-52

45 Und alsbald trieb er seine Jünger, in das
Boot zu steigen und vor ihm hinüberzufahren
nach Betsaida, bis er das Volk gehen ließe.
46 Und als er sie fortgeschickt hatte, ging er
hin auf einen Berg, um zu beten. 47 Und am
Abend war das Boot mitten auf dem See und
er auf dem Land allein. 48 Und er sah, daß sie
sich abplagten beim Rudern, denn der Wind
stand ihnen entgegen. Um die vierte Nachtwa-
che kam er zu ihnen und ging auf dem See und
wollte an ihnen vorübergehen. 49 Und als sie
ihn sahen auf dem See gehen, meinten sie, es
wäre ein Gespenst, und schrien; 50 denn sie
sahen ihn alle und erschraken.
Aber sogleich redete er mit ihnen und sprach
zu ihnen: Seid getrost, ich bin's; fürchtet euch
nicht!
51 und trat zu ihnen ins Boot, und der Wind
legte sich. Und sie entsetzten sich über die Ma-
ßen; 52 denn sie waren um nichts verständi-
ger geworden angesichts der Brote, sondern
ihr Herz war verhärtet.

51: 4, 39 / 52: 8, 17; Mt 16, 9.

Lk 9, 14-17

Sie sprachen: Wir haben nicht mehr als fünf
Brote und zwei Fische, es sei denn, daß wir
hingehen sollen und für alle diese Leute Essen
kaufen. 14 Denn es waren etwa fünftausend
Mann. Er sprach aber zu seinen Jüngern: Laßt
sie sich setzen in Gruppen zu je fünfzig.
15 Und sie taten das und ließen alle sich
setzen.

16 Da nahm er die fünf Brote und zwei Fische
und sah auf zum Himmel und dankte, brach
sie und gab sie den Jüngern, damit sie dem
Volk austeilten.

17 Und sie aßen und wurden alle satt; und es
wurde aufgesammelt, was sie an Brocken
übrigließen, zwölf Körbe voll.

13-17 par.: 2. Kön 4, 42-44.

Petrus: 9 *Es ist ein Kind hier, das hat fünf*
Gerstenbrote und zwei Fische; aber was ist das
für so viele? 10 *Jesus aber sprach: Laßt die*
Leute sich lagern. Es war aber viel Gras an dem
Ort. Da lagerten sich etwa fünftausend Män-
ner. 11 *Jesus aber nahm die Brote, dankte*
und gab sie denen, die sich gelagert hatten;
desgleichen auch von den Fischen, soviel sie
wollten. 12 *Als sie aber satt waren, sprach er*
zu seinen Jüngern: Sammelt die übrigen
Brocken, damit nichts umkommt. 13 *Da sam-*
melten sie und füllten von den fünf Gersten-
broten zwölf Körbe mit Brocken, die denen
übrigblieben, die gespeist worden waren.

Joh 6, 16-21

16 *Am Abend aber gingen seine Jünger hin-*
ab an den See, 17 *stiegen in ein Boot und fuh-*
ren über den See nach Kapernaum. Und es war
schon finster geworden, und Jesus war noch
nicht zu ihnen gekommen. 18 *Und der See*
wurde aufgewühlt von einem starken Wind.
19 *Als sie nun etwa eine Stunde gerudert hat-*
ten, sahen sie Jesus auf dem See gehen und na-
he an das Boot kommen; und sie fürchteten
sich. 20 *Er aber sprach zu ihnen: Ich bin's;*
fürchtet euch nicht! 21 *Da wollten sie ihn ins*
Boot nehmen; und sogleich war das Boot am
Land, wohin sie fahren wollten.

111. Heilung am See Genezareth

Mt 14, 34-36

34 Und sie fuhren hinüber und kamen ans
Land in Genezareth.

35 Und als die Leute an diesem Ort ihn er-
kannten, schickten sie Botschaft ringsum in
das ganze Land und brachten alle Kranken zu
ihm

36 und baten ihn, daß sie nur den Saum sei-
nes Gewandes berühren dürften. Und alle, die
ihn berührten, wurden gesund.

36 par.: 9, 21; 4, 24 par. (Nr. 15); Lk 6, 19.

Mk 6, 53-56

53 Und als sie hinübergefahren waren ans
Land, kamen sie nach Genezareth und legten
an. 54 Und als sie aus dem Boot stiegen, er-
kannten ihn die Leute alsbald 55 und liefen im
ganzen Land umher und fingen an, die Kran-
ken auf Bahren überall dorthin zu tragen, wo
sie hörten, daß er war. 56 Und wo er in Dör-
fer, Städte und Höfe hineinging, da legten sie
die Kranken auf den Markt und baten ihn, daß
diese auch nur den Saum seines Gewandes be-
rühren dürften; und alle, die ihn berührten,
wurden gesund.

56: 5, 27. 28; Apg 5, 15; 19, 11. 12.

112. Von wahrer Reinheit und Unreinheit

Mt 15, 1-20

1 Da kamen zu Jesus Pharisäer und Schrift-
gelehrte aus Jerusalem und sprachen:

2 Warum übertreten deine Jünger die Satzun-
gen der Ältesten? Denn sie waschen ihre Hän-
de nicht, wenn sie Brot essen. 3 Er antwortete
und sprach zu ihnen: Warum übertretet denn
ihr Gottes Gebot um eurer Satzungen willen?
4 Denn Gott hat geboten (2. Mose 20,12;
21,17):
»Du sollst Vater und Mutter ehren; wer aber
Vater und Mutter flucht, der soll des Todes
sterben.«
5 Aber ihr lehrt: Wer zu Vater oder Mutter
sagt: Eine Opfergabe soll sein, was dir von mir
zusteht, 6 der braucht seinen Vater nicht zu
ehren. Damit habt ihr Gottes Gebot aufgeho-
ben um eurer Satzungen willen. 7 Ihr Heuch-
ler, wie fein hat Jesaja von euch geweissagt
und gesprochen (Jesaja 29, 13):

Mk 7, 1-23

1 Und es versammelten sich bei ihm die Pha-
risäer und einige von den Schriftgelehrten, die
aus Jerusalem gekommen waren. 2 Und sie
sahen einige seiner Jünger mit unreinen, das
heißt: ungewaschenen Händen das Brot essen.
3 Denn die Pharisäer und alle Juden essen
nicht, wenn sie nicht die Hände mit einer
Handvoll Wasser[1]) gewaschen haben, und
halten so die Satzungen der Ältesten; 4 und
wenn sie vom Markt kommen, essen sie nicht,
wenn sie sich nicht gewaschen haben. Und es
gibt viele andre Dinge, die sie zu halten ange-
nommen haben, wie: Trinkgefäße und Krü-
ge und Kessel und Bänke zu waschen. 5 Da
fragten ihn die Pharisäer und Schriftgelehrten:
Warum leben deine Jünger nicht nach den Sat-
zungen der Ältesten, sondern essen das Brot
mit unreinen Händen?

vgl. Vers 8-13

6 Er aber sprach zu ihnen: Wie fein hat von
euch Heuchlern Jesaja geweissagt, wie ge-
schrieben steht (Jesaja 29, 13):

Lk 9, 17

Joh 6, 22-25

22 *Am nächsten Tag sah das Volk, das am
andern Ufer des Sees stand, daß kein anderes
Boot da war als das eine, und daß Jesus nicht
mit seinen Jüngern in das Boot gestiegen war,
sondern seine Jünger waren allein weggefah-
ren.* 23 *Es kamen aber andere Boote von Ti-
berias nahe an den Ort, wo sie das Brot
gegessen hatten unter der Danksagung des
Herrn.* 24 *Als nun das Volk sah, daß Jesus
nicht da war und seine Jünger auch nicht, stie-
gen sie in die Boote und fuhren nach Kaper-
naum und suchten Jesus.* 25 *Und als sie ihn
fanden am andern Ufer des Sees, fragten sie
ihn: Rabbi, wann bist du hergekommen?*

Lk 11, 37-41; 6, 39 (vgl. 151. 74)

11, 37 *Als er noch redete, bat ihn ein Phari-
säer, mit ihm zu essen. Und er ging hinein und
setzte sich zu Tisch.* 38 *Als das der Pharisäer
sah, wunderte er sich, daß er sich nicht vor
dem Essen gewaschen hatte.* 39 *Der Herr aber
sprach zu ihm: Ihr Pharisäer, ihr haltet die Be-
cher und Schüsseln außen rein; aber euer In-
neres ist voll Raubgier und Bosheit.* 40 *Ihr
Narren, hat nicht der, der das Äußere geschaf-
fen hat, auch das Innere geschaffen?* 41 *Gebt
doch, was drinnen ist, als Almosen, siehe,
dann ist euch alles rein.*

1) Mk 7, 3 Nach der Anweisung der Schriftgelehrten sollte die zu waschende Hand an der zusammengeballten anderen Hand gerieben werden. Für ebenfalls zulässig galt das bloße Abspülen der Hände (Vers 4).

8 »Dies Volk ehrt mich mit seinen Lippen,
aber ihr Herz ist fern von mir; 9 vergeblich
dienen sie mir, weil sie lehren solche Lehren,
die nichts als Menschengebote sind.«
3 Er antwortete und sprach zu ihnen: Warum
übertretet denn ihr Gottes Gebot um eurer Sat-
zungen willen? 4 Denn Gott hat geboten (2.
Mose 20,12; 21,17):

»Du sollst Vater und Mutter ehren; wer aber Vater und Mutter flucht, der soll des Todes sterben.«
5 Aber ihr lehrt: Wer zu Vater oder Mutter
sagt: Eine Opfergabe soll sein, was dir von mir
zusteht, 6 der braucht seinen Vater nicht zu
ehren. Damit habt ihr Gottes Gebot aufgeho-
ben um eurer Satzungen willen.

10 Und er rief das Volk zu sich und sprach zu
ihnen: Hört zu und begreift's: 11 Was zum
Mund hineingeht, das macht den Menschen
nicht unrein;
sondern was aus dem Mund herauskommt, das macht den Menschen unrein.
12 Da traten seine Jünger zu ihm und fragten: Weißt du auch, daß die Pharisäer an dem Wort Anstoß nahmen, als sie es hörten?
13 Aber er antwortete und sprach: Alle Pflan-
zen, die mein himmlischer Vater nicht ge-
pflanzt hat, die werden ausgerissen. 14 Laßt
sie, sie sind blinde Blindenführer! Wenn aber ein Blinder den andern führt, so fallen sie beide in die Grube.
15 Da antwortete Petrus und sprach zu ihm:
Deute uns dies Gleichnis! 16 Und Jesus sprach
zu ihnen: Seid denn auch ihr noch immer un-
verständig? 17 Merkt ihr nicht, daß alles, was
zum Mund hineingeht, das geht in den Bauch und wird danach in die Grube ausgeleert?

18 Was aber aus dem Mund herauskommt,
das kommt aus dem Herzen, und das macht
den Menschen unrein. 19 Denn aus dem Her-
zen kommen böse Gedanken, Mord, Ehebruch, Unzucht, Diebstahl, falsches Zeugnis, Lästerung.
20 Das sind die Dinge, die den Menschen unrein machen. Aber mit ungewaschenen Händen essen, macht den Menschen nicht unrein.

4: 2. Mose 20, 12; 21, 17; 5. Mose 5, 16; Spr 23, 22 / 5 und 6: Spr 28, 24; 1. Tim 5, 8 / 8 par.: Jes 29, 13 / 9: Kol 2, 22; Tit 1, 14 / 11: Apg 10, 15; Röm 14, 14; 1. Tim 4, 4; Tit 1, 15; Jak 3, 6 / 13: Joh 15, 2; Apg 5, 38 / 14: 23, 16. 24; Röm 2. 19 / 19: 1. Mose 6, 5; 8, 21; Röm 7, 18.

»Dies Volk ehrt mich mit den Lippen; aber ihr
Herz ist fern von mir. 7 Vergeblich dienen sie
mir, weil sie lehren solche Lehren, die nichts sind als Menschengebote.«
8 Ihr verlaßt Gottes Gebot und haltet der
Menschen Satzungen. 9 Und er sprach zu ih-
nen: Wie fein hebt ihr Gottes Gebot auf, da-
mit ihr eure Satzungen aufrichtet! 10 Denn
Mose hat gesagt (2. Mose 20, 12; 21, 17): »Du sollst deinen Vater und deine Mutter ehren«, und: »Wer Vater oder Mutter flucht, der soll des Todes sterben.«
11 Ihr aber lehrt: Wenn einer zu Vater oder
Mutter sagt: Korban — das heißt: Opferga-
be soll sein, was dir von mir zusteht —, 12 so
laßt ihr ihn nichts mehr tun für seinen Vater
oder seine Mutter 13 und hebt so Gottes Wort
auf durch eure Satzungen, die ihr überliefert habt; und dergleichen tut ihr viel.
14 Und er rief das Volk wieder zu sich und
sprach zu ihnen: Hört mir alle zu und be-
greift's! 15 Es gibt nichts, was von außen in
den Menschen hineingeht, das ihn unrein machen könnte; sondern was aus dem Menschen herauskommt, das ist's, was den Menschen unrein macht.[2])

17 Und als er von dem Volk ins Haus kam,
fragten ihn seine Jünger nach diesem Gleich-
nis. 18 Und er sprach zu ihnen: Seid ihr denn
auch so unverständig? Merkt ihr nicht, daß alles, was von außen in den Menschen hineingeht, ihn nicht unrein machen kann?
19 Denn es geht nicht in sein Herz, sondern
in den Bauch, und kommt heraus in die Grube. Damit erklärte er alle Speisen für rein.
20 Und er sprach: Was aus dem Menschen
herauskommt, das macht den Menschen un-
rein; 21 denn von innen, aus dem Herzen der
Menschen, kommen heraus böse Gedanken,
Unzucht, Diebstahl, Mord, 22 Ehebruch,
Habgier, Bosheit, Arglist, Ausschweifung, Mißgunst, Lästerung, Hochmut, Unvernunft.
23 Alle diese bösen Dinge kommen von innen
heraus und machen den Menschen unrein.

4: Mt 23, 25 / 15 par.: Apg 10, 14. 15. 28.

[2]) 7, 15. Viele alte Textzeugen haben hier (wohl aus 4, 23) noch: »16 Wenn jemand Ohren hat zu hören, so höre er!« (Mt 11, 15).

6, 39 *Er sagte ihnen aber auch ein Gleichnis: Kann auch ein Blinder einem Blinden den Weg weisen? Werden sie nicht alle beide in die Grube fallen?*

Zu Mt 15,7 f par. Papyrus Egerton 2: Jesus aber durchschaute ihren Plan, wurde unwillig und sprach zu ihnen: Was nennt ihr mich mit eurem Munde Meister und tut doch nicht, was ich sage? Jesaja hat recht über euch geweissagt, als er sprach (29, 13): Dieses Volk ehrt mich mit seinen Lippen, aber ihr Herz ist weit weg von mir. Vergeblich ist ihr Gottesdienst. Menschensatzung lehren sie!

Zu Mt 15, 11 ff par. Thomasevangelium Logion 14: Wenn ihr in irgendein Land geht, wenn ihr in Gegenden wandert, und man nimmt euch auf, dann eßt das, was man euch vorsetzt. Heilt, die unter ihnen krank sind. Denn was in euren Mund hineingehen wird, befleckt euch nicht. Aber das, was aus eurem Mund hinausgeht, das ist es, was euch beflecken wird.

113. Die kanaanäische Frau

Mt 15, 21-28

21 Und Jesus ging weg von dort und zog sich zurück in die Gegend von Tyrus und Sidon.

22 Und siehe, eine kanaanäische Frau kam aus diesem Gebiet und schrie: Ach Herr, du Sohn Davids, erbarme dich meiner! Meine Tochter wird von einem bösen Geist übel geplagt.
23 Und er antwortete ihr kein Wort. Da traten seine Jünger zu ihm, baten ihn und sprachen: Laß sie doch gehen, denn sie schreit uns nach.
24 Er antwortete aber und sprach: Ich bin nur gesandt zu den verlorenen Schafen des Hauses Israel.
25 Sie aber kam und fiel vor ihm nieder
und sprach:
Herr, hilf mir!
26 Aber er antwortete und sprach:
Es ist nicht recht, daß man den Kindern ihr Brot nehme und werfe es vor die Hunde.

27 Sie sprach:
Ja, Herr; aber doch fressen die Hunde von den Brosamen, die vom Tisch ihrer Herren fallen.
28 Da antwortete Jesus und sprach zu ihr:
Frau, dein Glaube ist groß. Dir geschehe, wie du willst!
Und ihre Tochter wurde gesund zu derselben Stunde.

24: 10, 6; Lk 4, 25-27; Röm 15, 8 / 28: 8, 10. 13.

Mk 7, 24-30

24 Und er stand auf und ging von dort in das Gebiet von Tyrus. Und er ging in ein Haus und wollte es niemanden wissen lassen und konnte doch nicht verborgen bleiben,
25 sondern alsbald hörte eine Frau von ihm,
deren Töchterlein einen unreinen Geist hatte.

Und sie kam und fiel nieder zu seinen Füßen
26 — die Frau war aber eine Griechin aus Syrophönizien — und bat ihn, daß er den bösen Geist von ihrer Tochter austreibe.
27 Jesus aber sprach zu ihr: Laß zuvor die Kinder satt werden; es ist nicht recht, daß man den Kindern das Brot wegnehme und werfe es vor die Hunde.
28 Sie antwortete aber und sprach zu ihm: Ja, Herr; aber doch fressen die Hunde unter dem Tisch von den Brosamen der Kinder.
29 Und er sprach zu ihr: Um dieses Wortes willen geh hin, der böse Geist ist von deiner Tochter ausgefahren.
30 Und sie ging hin in ihr Haus und fand das Kind auf dem Bett liegen und der böse Geist war ausgefahren.

114. Weitere Heilungen

Mt 15, 29-31

29 Und Jesus ging von dort weiter und kam an das Galiläische Meer und ging auf einen Berg und setzte sich dort.
30 Und es kam eine große Menge zu ihm; die hatten bei sich Gelähmte, Verkrüppelte, Blinde, Stumme und viele andere Kranke und legten sie Jesus vor die Füße, und er heilte sie,

31 so daß sich das Volk verwunderte, als sie sahen, daß die Stummen redeten, die Verkrüppelten gesund waren, die Gelähmten gingen, die Blinden sahen; und sie priesen den Gott Israels.

29: 5, 1.

Mk 7, 31-37

31 Und als er wieder fortging aus dem Gebiet von Tyrus, kam er durch Sidon an das Galiläische Meer, mitten in das Gebiet der Zehn Städte.
32 Und sie brachten zu ihm einen, der taub und stumm war, und baten ihn, daß er die Hand auf ihn lege.
33 Und er nahm ihn aus der Menge beiseite und legte ihm die Finger in die Ohren und berührte seine Zunge mit Speichel und
34 sah auf zum Himmel und seufzte und sprach zu ihm: Hefata!, das heißt: Tu dich auf!
35 Und sogleich taten sich seine Ohren auf, und die Fessel seiner Zunge löste sich, und er redete richtig.
36 Und er gebot ihnen, sie sollten's niemandem sagen. Je mehr er's aber verbot, desto mehr breiteten sie es aus.
37 Und sie wunderten sich über die Maßen und sprachen: Er hat alles wohl gemacht; die Tauben macht er hörend und die Sprachlosen redend.

31: 5, 20 / 33: 8, 23 / 34: Joh 11, 41 / 36: 1, 43-45 / 37: Jes 35, 5.

115. Die Speisung der Viertausend (vgl. Nr. 109)

Mt 15, 32-39

32 Und Jesus rief seine Jünger zu sich und
sprach: Das Volk jammert mich; denn sie harren nun schon drei Tage bei mir aus und haben nichts zu essen; und ich will sie nicht
hungrig gehen lassen, damit sie nicht verschmachten auf dem Wege.
33 Da sprachen seine Jünger zu ihm: Woher
sollen wir soviel Brot nehmen in der Wüste,
um eine so große Menge zu sättigen? 34 Und
Jesus sprach zu ihnen: Wie viele Brote habt
ihr? Sie antworteten: Sieben und ein paar
Fische.
35 Und er ließ das Volk sich auf die Erde lagern 36 und nahm die sieben Brote und die Fische, dankte, brach sie und gab sie seinen
Jüngern, und die Jünger gaben sie dem Volk.
37 Und sie aßen alle und wurden satt; und sie
sammelten auf, was an Brocken übrigblieb,
sieben Körbe voll.
38 Und die gegessen hatten, waren viertausend Mann, ausgenommen Frauen und
Kinder.
39 Und als er das Volk hatte gehen lassen,
stieg er ins Boot und kam in das Gebiet von
Magadan[1]).

Mk 8, 1-10

1 Zu der Zeit, als wieder eine große Menge
da war und sie nichts zu essen hatten, rief Jesus die Jünger zu sich und sprach zu ihnen:
2 Mich jammert das Volk, denn sie haben
nun drei Tage bei mir ausgeharrt und haben
nichts zu essen. 3 Und wenn ich sie hungrig
heimgehen ließe, würden sie auf dem Wege
verschmachten; denn einige sind von ferne gekommen. 4 Seine Jünger antworteten ihm:
Wie kann sie jemand hier in der Wüste mit
Brot sättigen?
5 Und er fragte sie: Wieviel Brote habt ihr?
Sie sprachen: Sieben.
6 Und er gebot dem Volk, sich auf die Erde
zu lagern. Und er nahm die sieben Brote,
dankte
und brach sie und gab sie seinen Jüngern, damit sie sie austeilten, und sie teilten sie unter
das Volk aus. 7 Und sie hatten auch einige Fische, und er dankte und ließ auch diese austeilen. 8 Sie aßen aber und wurden satt und
sammelten die übrigen Brocken auf, sieben
Körbe voll.
9 Und es waren etwa viertausend; und er ließ
sie gehen.
10 Und alsbald stieg er in das Boot mit seinen
Jüngern und kam in die Gegend von Dalmanuta.

116. Die Zeichenforderung der Pharisäer (vgl. Nr. 85)

Mt 16, 1-4

1 Da traten die Pharisäer und Sadduzäer zu
ihm; die versuchten ihn und forderten ihn auf,
sie ein Zeichen vom Himmel sehen zu lassen.
2 Aber er antwortete und sprach: Des
Abends sprecht ihr: Es wird ein schöner Tag
werden, denn der Himmel ist rot. 3 Und des
Morgens sprecht ihr: Es wird heute ein Unwetter kommen, denn der Himmel ist rot und trübe. Über das Aussehen des Himmels könnt ihr
urteilen; könnt ihr dann nicht auch über die
Zeichen der Zeit urteilen?[1])
4 Ein böses und abtrünniges[2]) Geschlecht fordert ein Zeichen; doch soll ihm kein Zeichen
gegeben werden, es sei denn das Zeichen des
Jona. Und er ließ sie stehen und ging davon.

Mk 8, 11-13

11 Und die Pharisäer kamen heraus und fingen an, mit ihm zu streiten, versuchten ihn und
forderten von ihm ein Zeichen vom Himmel.
12 Und er seufzte in seinem Geist und sprach:
Was fordert doch dieses Geschlecht ein Zeichen? Wahrlich, ich sage euch: Es wird diesem Geschlecht kein Zeichen gegeben werden!
13 Und er verließ sie und stieg wieder in das
Boot und fuhr hinüber.

3: 16, 4 / 4: Jon 2, 1.

1) 16, 2. 3. Der Ausspruch in Vers 2 und 3 fehlt in gewichtigen alten Textzeugen.

2) Wörtlich: »ehebrecherisch«. Schon von Hosea (3,1) wird das Verhältnis zwischen Gott und dem Volke Israel als Ehe dargestellt. Fremdgötterei und Gottlosigkeit ist dann Ehebruch.

Lk 9, 17

1) 15, 39. Für diesen unbekannten Ortsnamen haben andere Textzeugen den ebenso wenig bekannten Namen ‚Magdala'. Auch der von Markus angeführte ist uns unbekannt.

Joh 6, 1-13

1 *Danach fuhr Jesus weg über das Galiläische*
Meer, das auch See von Tiberias heißt.
2 *Und es zog ihm viel Volk nach, weil sie die*
Zeichen sahen, die er an den Kranken tat.
3 *Jesus aber ging auf einen Berg und setzte*
sich dort mit seinen Jüngern. 4 *Es war aber*
kurz vor dem Passa, dem Fest der Juden.
5 *Da hob Jesus seine Augen auf und sieht,*
daß viel Volk zu ihm kommt, und spricht zu
Philippus: Wo kaufen wir Brot, damit diese
zu essen haben? 6 *Das sagte er aber, um ihn*
zu prüfen; denn er wußte wohl, was er tun
wollte. 7 *Philippus antwortete ihm: Für zwei-*
hundert Silbergroschen Brot ist nicht genug für
sie, daß jeder ein wenig bekomme. 8 *Spricht*
zu ihm einer seiner Jünger, Andreas, der Bru-
der des Simon Petrus: 9 *Es ist ein Kind hier,*
das hat fünf Gerstenbrote und zwei Fische;
aber was ist das für so viele? 10 *Jesus aber*
sprach: Laßt die Leute sich lagern. Es war aber
viel Gras an dem Ort. Da lagerten sich etwa
fünftausend Männer. 11 *Jesus aber nahm die*
Brote, dankte und gab sie denen, die sich ge-
lagert hatten; desgleichen auch von den Fi-
schen, soviel sie wollten. 12 *Als sie aber satt*
waren, sprach er zu seinen Jüngern: Sammelt
die übrigen Brocken, damit nichts umkommt.
13 *Da sammelten sie und füllten von den fünf*
Gerstenbroten zwölf Körbe mit Brocken, die
denen übrigblieben, die gespeist worden
waren.

Lk 11, 16; 12, 54-56; 11, 29b
(vgl. Nr. 146. 157. 149)

11, 16 *Andere aber versuchten ihn und for-*
derten von ihm ein Zeichen vom Himmel.

12, 54 *Er sprach aber zu der Menge: Wenn ihr*
eine Wolke aufsteigen seht vom Westen her,
so sagt ihr gleich: Es gibt Regen. Und es ge-
schieht so. 55 *Und wenn der Südwind weht,*
so sagt ihr: Es wird heiß werden. Und es ge-
schieht so. 56 *Ihr Heuchler! Über das Ausse-*
hen der Erde und des Himmels könnt ihr
urteilen; warum aber könnt ihr über diese Zeit
nicht urteilen?
11, 29b *Dies Geschlecht ist ein böses Ge-*
schlecht; es fordert ein Zeichen, aber es wird
ihm kein Zeichen gegeben werden als nur das
Zeichen des Jona.

Joh 6,30; (Mt 12, 38-39) (vgl. Nr. 85)

Mt 12, 38 *Da fingen einige von den Schriftge-*
lehrten und Pharisäern an und sprachen zu
ihm: Meister, wir möchten gern ein Zeichen
von dir sehen.
Joh 6, 30 *Da sprachen sie zu ihm: Was tust du*
für ein Zeichen, damit wir sehen und dir glau-
ben? Was für ein Werk tust du?

Mt 12, 39 *Und er antwortete und sprach zu ih-*
nen: Ein böses und abtrünniges Geschlecht for-
dert ein Zeichen, aber es wird ihm kein
Zeichen gegeben werden, es sei denn das Zei-
chen des Propheten Jona.

117. Warnung vor der Lehre der Pharisäer und Sadduzäer

Mt 16, 5-12

5 Und als die Jünger ans andre Ufer gekom-
men waren, hatten sie vergessen, Brot mitzu-
nehmen. 6 Jesus aber sprach zu ihnen: Seht
zu und hütet euch vor dem Sauerteig der Pha-
risäer und Sadduzäer! 7 Da dachten sie bei
sich selbst und sprachen: Das wird's sein, daß
wir kein Brot mitgenommen haben. 8 Als das
Jesus merkte, sprach er zu ihnen: Ihr Klein-
gläubigen, was bekümmert ihr euch doch, daß
ihr kein Brot habt? 9 Versteht ihr noch nicht?

Denkt ihr nicht an die fünf Brote für die fünf-
tausend und wieviel Körbe voll ihr da aufge-
sammelt habt?
10 auch nicht an die sieben Brote für die vier-
tausend und wieviel Körbe voll ihr da aufge-
sammelt habt?
11 Wieso versteht ihr denn nicht, daß ich
nicht vom Brot zu euch geredet habe? Hütet
euch vielmehr vor dem Sauerteig der Phari-
säer und Sadduzäer! 12 Da verstanden sie,
daß er nicht gesagt hatte, sie sollten sich hü-
ten vor dem Sauerteig des Brotes, sondern vor
der Lehre der Pharisäer und Sadduzäer.

6: 1. Kor 5, 6-8; Gal 5, 9 / 9: 14, 17-21 / 10: 15, 34-38.

Mk 8, 14-26

14 Und sie hatten vergessen, Brot mitzuneh-
men und hatten nicht mehr mit sich im Boot
als ein Brot. 15 Und er gebot ihnen und
sprach: Schaut zu und seht euch vor vor dem
Sauerteig der Pharisäer und vor dem Sauer-
teig des Herodes. 16 Und sie bedachten hin
und her, daß sie kein Brot hätten. 17 Und er
merkte das und sprach zu ihnen: Was beküm-
mert ihr euch doch, daß ihr kein Brot habt?
Versteht ihr noch nicht und begreift ihr noch
nicht? Habt ihr noch ein verhärtetes Herz in
euch? 18 Habt Augen und seht nicht, und
habt Ohren und hört nicht? und denkt nicht
daran: 19 als ich die fünf Brote brach für die
fünftausend, wieviel Körbe voll Brocken habt
ihr da aufgesammelt? Sie sagten: Zwölf.
20 Und als ich die sieben brach für die vier-
tausend, wieviel Körbe voll Brocken habt ihr
da aufgesammelt? Sie sagten: Sieben. 21 Und
er sprach zu ihnen: Begreift ihr denn noch
nicht?

15: 3, 6 / 17: 6, 52 / 18: Jes 6, 9. 10; Jer 5, 21; Hes 12, 2; Mt 13, 13. 16 / 19 par.: Nr. 109 / 20 par.: Nr. 115.

118. Die Heilung eines Blinden

Mk 8, 22-26

22 Und sie kamen nach Betsaida. Und sie
brachten zu ihm einen Blinden und baten ihn,
daß er ihn anrühre. 23 Und er nahm den Blin-
den bei der Hand und führte ihn hinaus vor
das Dorf, tat Speichel auf seine Augen, legte
seine Hände auf ihn und fragte ihn: Siehst du
etwas? 24 Und er sah auf und sprach: Ich se-
he die Menschen, als sähe ich Bäume umher-
gehen. 25 Danach legte er abermals die
Hände auf seine Augen. Da sah er deutlich und
wurde wieder zurechtgebracht, so daß er al-
les scharf sehen konnte. 26 Und er schickte
ihn heim und sprach: Geh nicht hinein in das
Dorf!

vgl. Nr. 114; Jes 35, 5. 6 / 22: 6, 56 / 26: Mt 9, 30.

Lk 9, 17

Lk 12, 1 (vgl. Nr. 151)

1 *Unterdessen kamen einige tausend Men-
schen zusammen, so daß sie sich untereinan-
der traten. Da fing er an und sagte zuerst zu
seinen Jüngern: Hütet euch vor dem Sauerteig
der Pharisäer, das ist die Heuchelei.*

Joh 12,40

40 *»Er hat ihre Augen verblendet und ihr
Herz verstockt, damit sie nicht etwa mit den
Augen sehen und mit dem Herzen verstehen
und sich bekehren, und ich ihnen helfe.«*

Joh 9, 1-7

1 *Und Jesus ging vorüber und sah einen Men-
schen, der blind geboren war.* 2 *Und seine
Jünger fragten ihn und sprachen: Meister, wer
hat gesündigt, dieser oder seine Eltern, daß er
blind geboren ist?* 3 *Jesus antwortete: Es hat
weder dieser gesündigt, noch seine Eltern, son-
dern es sollen die Werke Gottes offenbar wer-
den an ihm.* 4 *Wir müssen die Werke dessen
wirken, der mich gesandt hat, solange es Tag
ist; es kommt die Nacht, da niemand wirken
kann.* 5 *Solange ich in der Welt bin, bin ich
das Licht der Welt.* 6 *Als er das gesagt hatte,
spuckte er auf die Erde, machte daraus einen
Brei und strich den Brei auf die Augen des Blin-
den.* 7 *Und er sprach zu ihm: Geh zum Teich
Siloah — das heißt übersetzt: gesandt — und
wasche dich! Da ging er hin und wusch sich
und kam sehend wieder.*

119. Das Bekenntnis des Petrus und die erste Leidensansage

Mt 16, 13-23

13 Da kam Jesus in die Gegend von Cäsarea
Philippi und fragte seine Jünger und sprach:
Wer sagen die Leute, daß der Menschensohn
sei? 14 Sie sprachen: Einige sagen, du seist Jo-
hannes der Täufer, andere, du seist Elia, wie-
der andere, du seist Jeremia oder einer der
Propheten. 15 Er fragte sie: Wer sagt denn
ihr, daß ich sei? 16 Da antwortete Simon Pe-
trus und sprach: Du bist Christus, des leben-
digen Gottes Sohn! 17 Und Jesus antwortete
und sprach zu ihm: Selig bist du, Simon, Jo-
nas Sohn; denn Fleisch und Blut haben dir das
nicht offenbart, sondern mein Vater im Him-
mel. 18 Und ich sage dir auch: Du bist
Petrus[1]), und auf diesen Felsen will ich mei-
ne Gemeinde[2]) bauen, und die Pforten der
Hölle sollen sie nicht überwältigen. 19 Ich
will dir die Schlüssel des Himmelreichs geben:
alles, was du auf Erden binden wirst, soll auch
im Himmel gebunden sein, und alles, was du
auf Erden lösen wirst, soll auch im Himmel
gelöst sein[3]). 20 Da gebot er seinen Jüngern,
niemandem zu sagen, daß er der Christus sei.

21 Seit der Zeit fing Jesus an, seinen Jüngern
zu zeigen, wie er nach Jerusalem gehen und
viel leiden müsse von den Ältesten und Ho-
henpriestern und Schriftgelehrten und getötet
werden und am dritten Tage auferstehen.

22 Und Petrus nahm ihn beseite und fuhr ihn
an und sprach: Gott bewahre dich, Herr! Das
widerfahre dir nur nicht! 23 Er aber wandte
sich um und sprach zu Petrus: Geh weg von
mir, Satan! Du bist mir ein Ärgernis; denn du
meinst nicht, was göttlich, sondern was
menschlich ist.

14: 14, 2; 17, 10; Lk 7, 16 / 16: 26, 63; Joh 6, 69 / 17: 11, 27; Gal 1, 15. 16 / 18: Joh 1, 42; Eph 2, 20; Weish 16, 13; Jes 38, 10 / 19: 18, 18; 23, 13; Offb 1, 18 / 20: 17, 9 / 21: 12, 40; Joh 2, 19 / 23: 4, 10; Jes 8, 14; 2. Sam 19, 23.

1) 16, 18. Petrus bedeutet: Fels; vgl. Joh 1, 42.
2) 16, 18. Im Grundtext steht das Wort, das die einzelne »Gemeinde« bedeutet. Eph 1, 22; 3, 10; 5, 23. 24. 25. 27. 29. 32; Kol 1, 18. 24; 1. Kor 12, 28; Mt 16, 18 bezeichnet es die ganze Christenheit.
3) 16, 19. Binden und Lösen bedeutet nach jüdischer Auffassung: für verboten oder für erlaubt erklären, nach Joh 20, 23: Sünde für unvergeben oder für vergeben erklären.

Mk 8, 27-33

27 Und Jesus ging fort mit seinen Jüngern in
die Dörfer bei Cäsarea Philippi. Und auf dem
Wege fragte er seine Jünger und sprach zu ih-
nen: Wer sagen die Leute, daß ich sei? 28 Sie
antworteten ihm: Einige sagen, du seist Johan-
nes der Täufer, einige sagen, du seist Elia; an-
dere, du seist einer der Propheten. 29 Und er
fragte sie: Ihr aber, wer sagt ihr, daß ich sei?
Da antwortete Petrus und sprach zu ihm: Du
bist der Christus!

30 Und er gebot ihnen, daß sie niemandem
von ihm sagen sollten.

31 Und er fing an, sie zu lehren: Der Men-
schensohn muß viel leiden und verworfen wer-
den von den Ältesten und Hohenpriestern und
Schriftgelehrten und getötet werden und nach
drei Tagen auferstehen.
32 Und er redete das Wort frei und offen.
Und Petrus nahm ihn beiseite und fing an ihm
zu wehren.
33 Er aber wandte sich um, sah seine Jünger
an und bedrohte Petrus und sprach: Geh weg
von mir, Satan! denn du meinst nicht, was
göttlich, sondern was menschlich ist.

28: 6, 14. 15 / 30: 9, 9 / 31: 9, 31; 10, 32-34

Lk 9, 18-22

18 Und es begab sich, als Jesus allein war und
betete und nur seine Jünger bei ihm waren, da
fragte er sie und sprach: Wer sagen die Leute, daß ich sei? 19 Sie antworteten und sprachen: Sie sagen, du seist Johannes der Täufer;
einige aber, du seist Elia, andere aber, es sei
einer der alten Propheten auferstanden. 20 Er
aber sprach zu ihnen: Wer sagt ihr aber, daß
ich sei? Da antwortete Petrus und sprach: Du
bist der Christus Gottes!

21 Er aber gebot ihnen, daß sie das niemandem sagen sollten,

22 und sprach: Der Menschensohn muß viel
leiden und verworfen werden von den Ältesten und Hohenpriestern und Schriftgelehrten und getötet werden und am dritten Tag auferstehen.

19: 9, 7. 8 / 22 par.: Nr. 124. 188; 13, 33 f; 17, 25; 18, 31-34; 24, 7. 44-46.

Joh 6, 66-70; 20, 22. 23

66 *Von da an wandten sich viele seiner Jünger ab und gingen hinfort nicht mehr mit ihm.*
67 *Da fragte Jesus die Zwölf: Wollt ihr auch weggehen?*

68 *Da antwortete ihm Simon Petrus: Herr, wohin sollen wir gehen? Du hast Worte des ewigen Lebens;* 69 *und wir haben geglaubt und erkannt: Du bist der Heilige Gottes.*

20, 22 *Und als er das gesagt hatte, blies er sie an und spricht zu ihnen: Nehmt hin den heiligen Geist!* 23 *Welchen ihr die Sünden erlaßt, denen sind sie erlassen; und welchen ihr sie behaltet, denen sind sie behalten[1]).*

6, 70 *Jesus antwortete ihnen: Habe ich nicht euch Zwölf erwählt? Und einer von euch ist ein Teufel[2]).*

1) Wörtlich: »wenn ihr (sie) jemandem (als Schuld) festhaltet, sei sie (ihm als Schuld) festgehalten.«
2) Mit »Teufel« ist nicht Petrus, sondern der Verräter Judas Ischarioth gemeint.

Zu Mk 8, 27-33 par. Thomasevangelium Logion 13: Jesus sprach zu seine Jüngern: Vergleicht mich, sagt mir, wem ich gleiche. Simon Petrus antwortete: Du gleichst einem gerechten Engel. Matthäus: Du gleichst einem Philosophen, einem Weisen. Thomas antwortete ihm: Meister, mein Mund erträgt es nicht zu sagen, wem du gleichst. Jesus sprach: Ich bin nicht dein Meister, denn du hast getrunken und dich berauscht an der sprudelnden Quelle, die ich ausgemessen habe. Jesus nahm ihn, zog sich zurück und sagte ihm drei Worte. Als Thomas zu seinen Gefährten kam, fragten sie ihn: Was hat dir Jesus gesagt? Thomas erwiderte: Wenn ich euch eines der Worte sage, werdet ihr Steine nehmen und auf mich werfen. Aber aus den Steinen wird Feuer kommen und euch verbrennen.

120. Von der Nachfolge

Mt 16, 24-28

24 Da sprach Jesus zu seinen Jüngern: Will
mir jemand nachfolgen, der verleugne sich
selbst und nehme sein Kreuz auf sich und fol-
ge mir. 25 Denn wer sein Leben[1] erhalten
will, der wird's verlieren; wer aber sein Leben
verliert um meinetwillen, der wird's finden.

26 Was hülfe es dem Menschen, wenn er die
ganze Welt gewönne und nähme doch Scha-
den an seiner Seele? Oder was kann der
Mensch geben, womit er seine Seele auslöse?
27 Denn es wird geschehen, daß der Men-
schensohn kommt in der Herrlichkeit seines
Vaters mit seinen Engeln, und dann wird er
einem jeden vergelten nach seinem Tun.

28 Wahrlich, ich sage euch: Es stehen einige
hier, die werden den Tod nicht schmecken, bis
sie den Menschensohn kommen sehen in sei-
nem Reich.

24 par.: 10, 38. 39 par.: 1. Petr 2, 21 / 25: Offb 12, 11 / 26: Lk 12, 20; Ps 49, 9; Mt 4, 8; Phil 3, 8 / 27: 24, 30; 25, 31; Joh 5, 29; Röm 2, 6; Ps 62, 13; Spr 24, 12 / 28: 10, 23.

1) 16, 25. 26. Mit »Leben« wird hier viermal das griechische Wort wiedergegeben, das an zahlreichen anderen Stellen »Seele« bedeutet.

Mk 8, 34-9, 1

34 Und er rief zu sich das Volk samt seinen
Jüngern und sprach zu ihnen: Wer mir nach-
folgen will, der verleugne sich selbst und neh-
me sein Kreuz auf sich und folge mir nach.
35 Denn wer sein Leben erhalten will, der
wird's verlieren; und wer sein Leben verliert
um meinetwillen und um des Evangeliums wil-
len, der wird's erhalten.
36 Denn was hülfe es dem Menschen, wenn
er die ganze Welt gewönne und nähme an sei-
ner Seele Schaden? 37 Denn was kann der
Mensch geben, womit er seine Seele auslöse?
38 Wer sich aber meiner und meiner Worte
schämt unter diesem abtrünnigen und sündi-
gen Geschlecht[1], dessen wird sich auch der
Menschensohn schämen, wenn er kommen
wird in der Herrlichkeit seines Vaters mit den
heiligen Engeln.
9, 1 Und er sprach zu ihnen: Wahrlich, ich
sage euch: Es stehen einige hier, die werden
den Tod nicht schmecken, bis sie sehen das
Reich Gottes kommen mit Kraft.

37: Ps 49, 8. 9 / 38 par.: Mt 10, 33 par.

1) 8, 38. Vgl. Anmerkung zu Mt 12, 39 (Nr. 85).

121. Die Verklärung Jesu

Mt 17, 1-8

1 Und nach sechs Tagen nahm Jesus mit sich
Petrus und Jakobus und Johannes, dessen Bru-
der, und führte sie allein auf einen hohen Berg.
2 Und er wurde verklärt vor ihnen, und sein
Angesicht leuchtete wie die Sonne, und seine
Kleider wurden weiß wie das Licht.

3 Und siehe, da erschienen ihnen Mose und
Elia; die redeten mit ihm.

4 Petrus aber fing an und sprach zu Jesus:
Herr, hier ist gut sein! Willst du, so wollen wir
hier drei Hütten bauen, dir eine, Mose eine
und Elia eine.

Mk 9, 2-8

2 Und nach sechs Tagen nahm Jesus mit sich
Petrus, Jakobus und Johannes und führte sie
auf einen hohen Berg, nur sie allein. Und er
wurde vor ihnen verklärt;
3 und seine Kleider wurden hell und sehr
weiß, wie sie kein Bleicher auf Erden so weiß
machen kann.
4 Und es erschien ihnen Elia mit Mose, und
sie redeten mit Jesus.

5 Und Petrus fing an und sprach zu Jesus:
Rabbi, hier ist für uns gut sein. Wir wollen
drei Hütten bauen, dir eine, Mose eine und Elia
eine. 6 Er wußte aber nicht, was er redete;
denn sie waren ganz verstört.

Lk 9, 23-27

23 Da sprach er zu ihnen allen: Wer mir fol-
gen will, der verleugne sich selbst und nehme
sein Kreuz auf sich täglich und folge mir nach.
24 Denn wer sein Leben erhalten will, der
wird es verlieren; wer aber sein Leben verliert
um meinetwillen, der wird's erhalten.

25 Denn welchen Nutzen hätte der Mensch, wenn er die ganze Welt gewönne und verlöre sich selbst oder nähme Schaden an sich selbst?

26 Wer sich aber meiner und meiner Worte schämt, dessen wird sich der Menschensohn auch schämen, wenn er kommen wird in seiner Herrlichkeit und der des Vaters und der heiligen Engel.

27 Ich sage euch aber wahrlich: Einige von denen, die hier stehen, werden den Tod nicht schmecken, bis sie das Reich Gottes sehen.

23: 14, 27 / 24: 17, 33 / 26: 2. Tim 1, 8.

Joh 12, 25-26; 8, 51 f

12, 25 *Wer sein Leben lieb hat, der wird's verlieren; und wer sein Leben auf dieser Welt haßt, der wird's erhalten zum ewigen Leben.*
26 *Wer mir dienen will, der folge mir nach; und wo ich bin, da soll mein Diener auch sein. Und wer mir dienen wird, den wird mein Vater ehren.*
8, 51 *Wahrlich, wahrlich, ich sage euch: Wer mein Wort hält, der wird den Tod nicht se-
hen in Ewigkeit.* 52 *Da sprachen die Juden zu
ihm: Nun erkennen wir, daß du einen bösen Geist hast. Abraham ist gestorben und die Propheten, und du sprichst: Wer mein Wort hält, der wird den Tod nicht schmecken in Ewigkeit.*

Zu Lk 9, 23 f par. Thomasevangelium Logion 82: Der, der mir nahe ist, ist dem Feuer nahe, und der mir fern ist, ist dem Himmelreich fern.

Lk 9, 28-36

28 Und es begab sich, etwa acht Tage nach
diesen Reden, daß er mit sich nahm Petrus,
Johannes und Jakobus und ging auf einen Berg,
um zu beten. 29 Und als er betete, wurde das
Aussehen seines Angesichts anders, und sein
Gewand wurde weiß und glänzte.

30 Und siehe, zwei Männer redeten mit ihm;
das waren Mose und Elia. 31 Sie erschienen
verklärt und redeten von seinem Ende, das er
in Jerusalem erfüllen sollte. 32 Petrus aber
und die bei ihm waren, waren voller Schlaf.
Als sie aber aufwachten, sahen sie, wie er ver-
klärt war, und die zwei Männer, die bei ihm
standen. 33 Und es begab sich, als sie von
ihm schieden, da sprach Petrus zu Jesus: Meister, hier ist für uns gut sein! Laßt uns drei Hütten bauen, dir eine, Mose eine und Elia eine. Er wußte aber nicht, was er redete.

Joh 1, 14

14 *Und das Wort ward Fleisch und wohnte unter uns, und wir sahen seine Herrlichkeit, eine Herrlichkeit als des eingeborenen Sohnes vom Vater, voller Gnade und Wahrheit.*

5 Als er noch so redete, siehe, da überschat-
tete sie eine lichte Wolke.
Und siehe, ein Stimme aus der Wolke sprach:
Dies ist mein lieber Sohn, an dem ich Wohl-
gefallen habe; den sollt ihr hören.
6 Als das die Jünger hörten, fielen sie auf ihr
Angesicht und erschraken sehr. 7 Jesus aber
trat zu ihnen, rührte sie an und sprach: Steht
auf und fürchtet euch nicht! Als sie aber ihre
Augen aufhoben, sahen sie niemand als Jesus
allein.

1: 26, 37; Mk 5, 37; 13, 3; 14, 33 / 2 par.: 2. Petr 1, 16-18; Offb 1, 16 / 5 par.: Nr. 6; Ps 2, 7; 5. Mose 18, 15; Jes 42, 1.

7 Und es kam eine Wolke, die überschattete
sie.
Und eine Stimme geschah aus der Wolke: Das
ist mein lieber Sohn; den sollt ihr hören!

8 Und auf einmal, als sie um sich blickten, sa-
hen sie niemand mehr bei sich als Jesus allein.

7: 1, 11; 2. Petr 1, 17.

122. Das Gespräch beim Abstieg

Mt 17, 9-13

9 Und als sie vom Berge hinabgingen, gebot
ihnen Jesus und sprach: Ihr sollt von dieser Er-
scheinung niemandem sagen, bis der Men-
schensohn von den Toten auferstanden ist.

10 Und seine Jünger fragten ihn und spra-
chen: Warum sagen denn die Schriftgelehrten,
zuerst müsse Elia kommen? 11 Jesus antwor-
tete und sprach zu ihnen: Elia soll freilich kom-
men und alles zurechtbringen.

12 Doch ich sage euch: Elia ist schon gekom-
men, aber sie haben ihn nicht erkannt, son-
dern haben mit ihm getan, was sie wollten.
So wird auch der Menschensohn durch sie lei-
den müssen. 13 Da verstanden die Jünger,
daß er von Johannes dem Täufer zu ihnen ge-
redet hatte.

9: 16, 20 / 10 par.: 11, 14; Mal 4, 5 / 11 par.: Mal 3, 23 / 12: 14, 9. 10; Lk 1, 17.

Mk 9, 9-13

9 Als sie aber vom Berge hinabgingen, gebot
ihnen Jesus, daß sie niemandem sagen sollten,
was sie gesehen hatten, bis der Menschensohn
auferstünde von den Toten. 10 Und sie be-
hielten das Wort und befragten sich unterein-
ander: Was ist das, auferstehen von den
Toten? 11 Und sie fragten ihn und sprachen:
Sagen nicht die Schriftgelehrten, daß zuvor
Elia kommen muß? 12 Er aber sprach zu ih-
nen: Elia soll ja zuvor kommen und alles wie-
der zurechtbringen. Und wie steht dann
geschrieben von dem Menschensohn, daß er
viel leiden und verachtet werden soll?
13 Aber ich sage euch: Elia ist gekommen,
und sie haben ihm angetan, was sie wollten,
wie von ihm geschrieben steht.

9: 8, 30 / 12: Jes 53, 3-5 / 13 par.: Mt 11, 14; 1. Kön 19, 2. 10.

123. Die Heilung des besessenen Knaben

Mt 17, 14-21

14 Und als sie zu dem Volk kamen,

trat ein Mensch zu ihm, fiel ihm zu Füßen
15 und sprach: Herr, erbarme dich über mei-
nen Sohn! denn er ist mondsüchtig und hat
schwer zu leiden;

er fällt oft ins Feuer und oft ins Wasser;

Mk 9, 14-29

14 Und sie kamen zu den Jüngern und sahen
eine große Menge um sie herum und Schrift-
gelehrte, die mit ihnen stritten. 15 Und sobald
die Menge ihn sah, entsetzten sich alle, liefen
herbei und grüßten ihn. 16 Und er fragte sie:
Was streitet ihr mit ihnen? 17 Einer aber aus
der Menge antwortete: Meister, ich habe mei-
nen Sohn hergebracht zu dir, der hat einen
sprachlosen Geist.
18 Und wo er ihn erwischt, reißt er ihn; und
er hat Schaum vor dem Mund und knirscht
mit den Zähnen und wird starr (s. Vers 22).

34 Als er aber dies redete, kam eine Wolke
und überschattete sie; und sie erschraken, als
sie in die Wolke hineinkamen. 35 Und es ge-
schah eine Stimme aus der Wolke, die sprach:
Dieser ist mein auserwählter Sohn; den sollt
ihr hören!

36 Und als die Stimme geschah, fanden sie Je-
sus allein. Und sie schwiegen davon und ver-
kündeten in jenen Tagen niemandem, was sie
gesehen hatten.

28: 8, 51 / 31: 18, 31 / 35: 3, 22.

Lk 9, 37-43a; *17, 6* (vgl. Nr. 177)

Joh 14, 9

37 Es begab sich aber, als sie am nächsten
Tag von dem Berg kamen, da kam ihm eine
große Menge entgegen.

38 Und siehe, ein Mann aus der Menge rief:
Meister, ich bitte dich, sieh doch nach mei-
nem Sohn; denn er ist mein einziger Sohn.
39 Siehe, ein Geist ergreift ihn, daß er plötz-
lich aufschreit, und er reißt ihn, daß er
Schaum vor dem Mund hat, und läßt kaum
von ihm ab und reibt ihn ganz auf.

16 und ich habe ihn zu deinen Jüngern ge-
bracht, und sie konnten ihm nicht helfen.
17 Jesus aber antwortete und sprach: O du
ungläubiges und verkehrtes Geschlecht, wie
lange soll ich bei euch sein? Wie lange soll ich
euch erdulden? Bringt ihn mir her!

18 Und Jesus bedrohte ihn;

und der böse Geist fuhr aus von ihm,

und der Knabe wurde gesund zu derselben
Stunde.
19 Da traten seine Jünger zu ihm, als sie al-
lein waren, und fragten: Warum konnten wir
ihn nicht austreiben?
20 Er aber sprach zu ihnen: Wegen eures
Kleinglaubens.
Denn wahrlich, ich sage euch: Wenn ihr Glau-
ben habt wie ein Senfkorn, so könnt ihr sa-
gen zu diesem Berge: Heb dich dorthin!, so
wird er sich heben; und euch wird nichts un-
möglich sein.[1])

19: 10, 1 / 20: 21, 21 par.; 1. Kor 13, 2.

Und ich habe mit deinen Jüngern geredet, daß
sie ihn austreiben sollen, und sie konnten's
nicht. 19 Er aber antwortete ihnen und
sprach: O du ungläubiges Geschlecht, wie lan-
ge soll ich bei euch sein? Wie lange soll ich
euch ertragen? Bringt ihn her zu mir! 20 Und
sie brachten ihn zu ihm. Und sogleich, als ihn
der Geist sah, riß er ihn. Und er fiel auf die
Erde, wälzte sich und hatte Schaum vor dem
Mund. 21 Und Jesus fragte seinen Vater: Wie
lange ist's, daß ihm das widerfährt? Er sprach:
Von Kind auf. 22 Und oft hat er ihn ins Feu-
er und ins Wasser geworfen, daß er ihn um-
brächte. Wenn du aber etwas kannst, so
erbarme dich unser und hilf uns! 23 Jesus aber
sprach zu ihm: Du sagst: Wenn du kannst —
alle Dinge sind möglich dem, der da glaubt.
24 Sogleich schrie der Vater des Kindes: Ich
glaube, hilf meinem Unglauben! 25 Als nun
Jesus sah, daß das Volk herbeilief, bedrohte
er den unreinen Geist und sprach zu ihm: Du
sprachloser und tauber Geist, ich gebiete dir:
Fahre von ihm aus und fahre nicht mehr in
ihn hinein! 26 Da schrie er und riß ihn sehr
und fuhr aus. Und der Knabe lag da wie tot,
so daß die Menge sagte: Er ist tot. 27 Jesus
aber ergriff ihn bei der Hand und richtete ihn
auf, und er stand auf.
28 Und als er heimkam, fragten ihn seine Jün-
ger für sich allein: Warum konnten wir ihn
nicht austreiben?

29 Und er sprach: Diese Art kann durch
nichts ausfahren als durch Beten[2]).

19: Lk 24, 25 / 23: 11, 23 / 24: Lk 17, 5 / 26: 1, 26 / 27: 5, 41 / 28: 10, 10.

124. Die zweite Ankündigung von Jesu Leiden und Auferstehung

Mt 17, 22-23

22 Als sie aber beieinander waren in Galiläa,
sprach Jesus zu ihnen:

Der Menschensohn wird überantwortet wer-
den in die Hände der Menschen, 23 und sie
werden ihn töten,
und am dritten Tag wird er auferstehen.

Und sie wurden sehr betrübt.

22 f par.: Nr. 119; 188.

Mk 9, 30-32

30 Und sie gingen von dort weg und zogen
durch Galiläa; und er wollte nicht, daß es je-
mand wissen sollte. 31 Denn er lehrte seine
Jünger und sprach zu ihnen: Der Menschen-
sohn wird überantwortet werden in die Hän-
de der Menschen, und sie werden ihn töten;
und wenn er getötet ist, so wird er nach drei
Tagen auferstehen. 32 Sie aber verstanden
das Wort nicht
und fürchteten sich, ihn zu fragen.

31: 8, 31; 10, 32-34.

40 Und ich habe deine Jünger gebeten, daß sie
ihn austrieben, und sie konnten es nicht.
41 Da antwortete Jesus und sprach: O du un-
gläubiges und verkehrtes Geschlecht, wie lange
soll ich bei euch sein und euch erdulden? Bring
deinen Sohn her! 42 Und als er zu ihm kam,
riß ihn der böse Geist und zerrte ihn.

9 *Jesus spricht zu ihm: So lange bin ich bei*
euch, und du kennst mich nicht, Philippus?
Wer mich sieht, der sieht den Vater! Wie
sprichst du dann: Zeige uns den Vater?

Jesus aber bedrohte den unreinen Geist

und machte den Knaben gesund und gab ihn seinem Vater wieder.
43 Und sie entsetzten sich alle über die Herrlichkeit Gottes.

17, 6 *Der Herr aber sprach: Wenn ihr Glauben hättet so groß wie ein Senfkorn, dann könntet ihr zu diesem Maulbeerbaum sagen: Reiß dich aus und versetze dich ins Meer!, und er würde euch gehorchen.*

1) 17, 20. Viele alte Textzeugen haben hier noch: »21 Aber diese Art fährt nicht aus außer durch Gebet und Fasten«. Vgl. Mk 9, 29.

2) 9, 29. Viele alte Textzeugen fügen hinzu: »und Fasten«.

Zu Mt 17, 19 f Thomasevangelium Logion 48: Jesus sprach: Wenn zwei miteinander in dem gleichen Hause Frieden machen, werden sie zum Berg sagen: Fall um! Und er wird umfallen.

Lk 9, 43b-45

Als sie sich aber alle verwunderten über alles, was er tat, sprach er zu seinen Jüngern:

44 Laßt diese Worte in eure Ohren dringen:
Der Menschensohn wird überantwortet werden in die Hände der Menschen.
45 Aber dieses Wort verstanden sie nicht, und es war vor ihnen verborgen, so daß sie es nicht begriffen. Und sie fürchteten sich, ihn nach diesem Wort zu fragen.

43 ff: 9, 22; 13, 33 f; 17, 25; 18, 31-34; 24, 7. 44-46.

Joh 7, 1

1 *Danach zog Jesus umher in Galiläa; denn er wollte nicht in Judäa umherziehen, weil ihm die Juden nach dem Leben trachteten.*

125. Von der Zahlung der Tempelsteuer

Mt 17, 24-27

24 Als sie nun nach Kapernaum kamen, traten zu Petrus, die den Tempelgroschen[1]) einnehmen, und sprachen: Pflegt euer Meister nicht den Tempelgroschen zu geben? 25 Er
sprach: Ja. Und als er heimkam, kam ihm Jesus zuvor und fragte: Was meinst du, Simon? Von wem nehmen die Könige auf Erden Zoll oder Steuern: von ihren Kindern oder von den Fremden? 26 Als er antwortete: Von den
Fremden, sprach Jesus zu ihm: So sind die Kinder frei. 27 Damit wir ihnen aber keinen Anstoß geben, geh hin an den See und wirf die Angel aus, und den ersten Fisch, der heraufkommt, den nimm; und wenn du sein Maul aufmachst, wirst du ein Zweigroschenstück finden; das nimm und gib's ihnen für mich und dich.

24: 2. Mose 30, 13; 2. Kön 12, 5. 6 / 27: Röm 14, 13; 1. Kor 8, 13.

1) 17, 24. Dies ist der Betrag der Tempelsteuer für jede männliche Person (eine Drachme ist der Tagesverdienst eines Arbeiters).

126. Der Rangstreit der Jünger

Mt 18, 1-5

1 Zu derselben Stunde traten die Jünger zu Jesus und fragten: Wer ist doch der Größte im Himmelreich?

2 Jesus rief ein Kind zu sich und stellte es mitten unter sie 3 und sprach:
Wahrlich, ich sage euch: Wenn ihr nicht umkehrt und werdet wie die Kinder, so werdet ihr nicht ins Himmelreich kommen.
4 Wer nun sich selbst erniedrigt und wird wie dies Kind, der ist der Größte im Himmelreich.
5 Und wer ein solches Kind aufnimmt in meinem Namen, der nimmt mich auf.

3: 19, 14; 1. Kor 14, 20 / 4: 23, 12 / 5 par.: 10, 40.

Mk 9, 33-37; *10, 15* (vgl. Nr. 185)

33 Und sie kamen nach Kapernaum. Und als er daheim war, fragte er sie: Was habt ihr auf dem Weg verhandelt? 34 Sie aber schwiegen;
denn sie hatten auf dem Weg miteinander verhandelt, wer der Größte sei. 35 Und er setzte
sich und rief die Zwölf und sprach zu ihnen: Wenn jemand will der Erste sein, der soll der Letzte sein von allen und aller Diener. 36 Und
er nahm ein Kind, stellte es mitten unter sie und herzte es und sprach zu ihnen:
10, 15 *Wahrlich, ich sage euch: Wer das Reich Gottes nicht empfängt wie ein Kind, der wird nicht hineinkommen.*

9, 37 Wer ein solches Kind in meinem Namen aufnimmt, der nimmt mich auf; und wer mich aufnimmt, der nimmt nicht mich auf, sondern den, der mich gesandt hat.

35 ff par.: Nr. 189; Mt 23, 11; Lk 22, 26. 27 / 36: 10, 16 / 37: Mt 10, 40.

Zu Mk 9, 33-35 par. Thomasevangelium Logion 12: Die Jünger sprachen zu Jesus: Wir wissen, daß du uns verlassen wirst. Wer ist es, der über uns groß sein wird? Jesus antwortete ihnen: Wo ihr hingegangen sein werdet, dort werdet ihr zu Jakobus dem Gerechten gehen, für den Himmel und Erde gemacht sind.

Zu Mk 9, 36 f par. Thomasevangelium Logion 22: Jesus sah saugende kleine Kinder. Da sprach er zu seinen Jüngern: Diese Kleinen, die saugen, gleichen denen, die ins Reich eingehen. Sie fragten ihn: Wenn wir also kleine Kinder werden, werden wir ins Reich eingehen? Jesus antwortete ihnen: Wenn ihr aus zweien eins, das Innere wie das Äußere, das Äußere wie das Innere, das Obere wie das Untere macht, wenn ihr, der Mann mit der Frau, eins machen werdet, daß der Mann nicht mehr Mann und die Frau nicht mehr Frau ist, wenn ihr Augen statt eines Auges, Hand statt einer Hand, Fuß statt eines Fußes, Bild statt eines Bildes werden werdet, dann werdet ihr in das Reich eingehen.

Lk 9, 46-48; *18, 17* (vgl. Nr. 185)

46 Es kam aber unter ihnen der Gedanke auf, wer von ihnen der Größte sei.

47 Als aber Jesus den Gedanken ihres Herzens erkannte,
nahm er ein Kind und stellte es neben sich

18, 17 *Wahrlich, ich sage euch: Wer nicht das Reich Gottes annimmt wie ein Kind, der wird nicht hineinkommen.*

9, 48 und sprach zu ihnen: Wer dieses Kind aufnimmt in meinem Namen, der nimmt mich auf; und wer mich aufnimmt, der nimmt den auf, der mich gesandt hat. Denn wer der Kleinste ist unter euch allen, der ist groß.

48: Mt 10, 40.

Joh 3,3; 13, 20

3, 3 *Jesus antwortete und sprach zu ihm: Wahrlich, wahrlich, ich sage dir: Es sei denn, daß jemand von neuem geboren[1]) werde, so kann er das Reich Gottes nicht sehen.*

13, 20 *Wahrlich, wahrlich, ich sage euch: Wer jemanden aufnimmt, den ich senden werde, der nimmt mich auf; wer aber mich aufnimmt, der nimmt den auf, der mich gesandt hat.*

[1]) 3, 3. Das griechische Wort, das gemäß Vers 31 und 19, 11 übersetzt ist: »von oben her«, bedeutet auch: »von neuem«. Deshalb konnte Nikodemus es mißverstehen.

127. Der fremde Dämonenaustreiber

Mt 10, 42 (vgl. Nr. 61)

42 *Und wer einem dieser Geringen auch nur*
einen Becher kalten Wassers zu trinken gibt,
weil es ein Jünger ist, wahrlich ich sage euch:
es wird ihm nicht unbelohnt bleiben.

Mk 9, 38-41

38 Johannes sprach zu ihm: Meister, wir sa-
hen einen, der trieb böse Geister in deinem Na-
men aus, und wir verboten's ihm, weil er uns
nicht nachfolgt.
39 Jesus aber sprach: Ihr sollt's ihm nicht ver-
bieten. Denn niemand, der ein Wunder tut in
meinem Namen, kann so bald übel von mir
reden. 40 Denn wer nicht gegen uns ist, der
ist für uns[1]). 41 Denn wer euch einen Becher
Wasser zu trinken gibt deshalb, weil ihr Chri-
stus angehört, wahrlich, ich sage euch: Es wird
ihm nicht unvergolten bleiben.

38: 4. Mose 11, 27. 28 / 39: 1. Kor 12, 3; Mt 12, 30; Lk 11, 23.

1) Andere Überlieferung: »Wer nicht wider euch ist, der ist für euch.«

128. Warnung vor Verführung zum Abfall

Mt 18, 6-9

6 Wer aber einen dieser Kleinen, die an mich
glauben, zum Abfall verführt, für den wäre
es besser, daß ein Mühlstein an seinen Hals
gehängt und er ersäuft würde im Meer, wo es
am tiefsten ist. 7 Weh der Welt der Verfüh-
rungen wegen! Es müssen ja Verführungen
kommen; doch weh dem Menschen, der zum
Abfall verführt! 8 Wenn aber deine Hand
oder dein Fuß dich zum Abfall verführt, so
hau sie ab und wirf sie von dir. Es ist besser
für dich, daß du lahm oder verkrüppelt zum
Leben eingehst, als daß du zwei Hände oder
zwei Füße hast und wirst in das ewige Feuer
geworfen.

9 Und wenn dich dein Auge zum Abfall ver-
führt, reiß es aus und wirf's von dir. Es ist bes-
ser für dich, daß du einäugig zum Leben
eingehst, als daß du zwei Augen hast und wirst
in das höllische Feuer geworfen.

8. 9 par.: 5, 29. 30.

Mk 9, 42-48

42 Und wer einen dieser Kleinen, die an mich
glauben, zum Abfall verführt, für den wäre
es besser, daß ihm ein Mühlstein an den Hals
gehängt und er ins Meer geworfen würde.

43 Wenn dich aber deine Hand zum Abfall
verführt, so haue sie ab!
Es ist besser für dich, daß du verkrüppelt zum
Leben eingehst, als daß du zwei Hände hast
und fährst in die Hölle, in das Feuer, das nie
verlöscht[1]). 45 Wenn dich dein Fuß zum Ab-
fall verführt, so haue ihn ab! Es ist besser für
dich, daß du lahm zum Leben eingehst, als daß
du zwei Füße hast und wirst in die Hölle ge-
worfen.[2])
47 Wenn dich dein Auge zum Abfall ver-
führt, so wirf's von dir! Es ist besser für dich,
daß du einäugig in das Reich Gottes gehst, als
daß du zwei Augen hast und wirst in die Hölle
geworfen, 48 wo ihr Wurm nicht stirbt und
das Feuer nicht verlöscht.

48: Jes 66, 24.

1) 9, 43. Mehrere alte Textzeugen haben (mit einem Zusatz wohl aus Vers 48): »...verlöscht, 44 wo ihr Wurm nicht stirbt und das Feuer nicht verlischt.«

2) 9, 45. Mehrere alte Textzeugen haben (mit einem Zusatz wohl aus Vers 48): »geworfen, 46 wo ihr Wurm nicht stirbt und das Feuer nicht verlischt.«

Lk 9, 49-50

49 Da fing Johannes an und sprach: Meister,
wir sahen einen, der trieb böse Geister aus in
deinem Namen; und wir wehrten ihm, denn
er folgt dir nicht nach mit uns.

50 Und Jesus sprach zu ihm: Wehrt ihm nicht!

Denn wer nicht gegen euch ist, der ist für euch.

50: 11, 23; Phil 1, 18.

Zu Mk 9, 40 par. Papyrus Oxyrhynchos 1224: Und betet für eure Feinde. Denn wer nicht gegen euch ist, der ist für euch. Und wer heute fern ist, der wird euch morgen nahe sein.

Lk 17, 1. 2 (vgl. 175)

1 *Er sprach aber zu seinen Jüngern:*
Es ist unmöglich, daß keine Verführungen kommen; aber weh dem, durch den sie kommen!
2 *Es wäre besser für ihn, daß man einen Mühlstein an seinen Hals hängte und würfe ihn ins Meer, als daß er einen dieser Kleinen zum Abfall verführt.*

Zu Mt 18, 6 par. Hebräerevangelium (Hieronymus, Kom. zu Hes 18, 7): In dem Hebräerevangelium, das die Nazaräner gewöhnlich lesen, wird unter die schwersten Verbrechen gerechnet, wer den Geist seines Bruders betrübt hat.

129. Das Wort vom Feuer und Salz

Mt 5, 13 (vgl. Nr. 19)

13 *Ihr seid das Salz der Erde. Wenn nun das Salz nicht mehr salzt, womit soll man salzen? Es ist zu nichts mehr nütze, als daß man es wegschüttet und läßt es von den Leuten zertreten.*

Mk 9, 49-50

49 Denn jeder wird mit Feuer gesalzen
werden[1]). 50 Das Salz ist gut; wenn aber das
Salz nicht mehr salzt, womit wird man's würzen?

Habt Salz bei euch und habt Frieden untereinander!

49: 3. Mose 2, 13 / 50: Kol 4, 6; Röm 12, 18; Hebr 12, 14.

1) Mehrere alte Textzeugen lassen die Worte weg: »und jedes Opfer wird mit Salz gesalzen werden«.

130. Vom verlorenen Schaf

Mt 18, 10-14

10 Seht zu, daß ihr nicht einen von diesen Kleinen verachtet. Denn ich sage euch: Ihre Engel im Himmel sehen allezeit das Angesicht meines Vaters im Himmel[1]).

12 Was meint ihr? Wenn ein Mensch hundert Schafe hätte und eins unter ihnen sich verirrte: läßt er nicht die neunundneunzig auf den
Bergen, geht hin und sucht das verirrte?
13 Und wenn es geschieht, daß er's findet, wahrlich, ich sage euch: er freut sich darüber mehr als über die neunundneunzig, die sich nicht verirrt haben.

14 So ist's auch nicht der Wille bei eurem Vater im Himmel, daß auch nur eines von diesen Kleinen verloren werde.

12 par.: Hes 34, 11. 12; 1. Petr 2, 25.

1) 18, 10. Manche alte Textzeugen haben hier noch (wohl nach Lk 19, 10): »11 Denn der Sohn des Menschen ist gekommen, um das Verlorene zu retten.«

Lk 9, 50

Lk 14, 34-35 (vgl. Nr. 168)

34 *Das Salz ist etwas Gutes; wenn aber das Salz nicht mehr salzt, womit soll man würzen?* 35 *Es ist weder für den Acker noch für den Mist zu gebrauchen, sondern man wird's wegwerfen. Wer Ohren hat zu hören, der höre!*

Lk 15, 3-7 (vgl. Nr. 169)

3 *Er sagte aber zu ihnen dies Gleichnis und*
sprach: 4 *Welcher Mensch ist unter euch, der*
hundert Schafe hat und, wenn er eins von ih-
nen verliert, nicht die neunundneunzig in der
Wüste läßt und geht dem verlorenen nach, bis
er's findet? 5 *Und wenn er's gefunden hat, so*
legt er sich's auf die Schultern voller Freude.
6 *Und wenn er heimkommt, ruft er seine*
Freunde und Nachbarn und spricht zu ihnen:
Freut euch mit mir; denn ich habe mein Schaf
gefunden, das verloren war. 7 *Ich sage euch:*
So wird auch Freude im Himmel sein über einen Sünder, der Buße tut, mehr als über neunundneunzig Gerechte, die der Buße nicht bedürfen.

Zu Mt 18, 12 ff Thomasevangelium Logion 107: Das Reich ist gleich einem Hirten, der 100 Schafe hat. Eins von ihnen, das größte, verlief sich. Er ließ die 99 zurück und suchte nach diesem einen, bis er es fand. Als er sich abgemüht hatte, sagte er zu dem Schaf: Ich liebe dich mehr als die 99!

131. Zurechtweisung und Gebet in der Gemeinde

Mt 18, 15-20

15 Sündigt aber dein Bruder an dir, so geh
hin und weise ihn zurecht zwischen dir und
ihm allein. Hört er auf dich, so hast du dei-
nen Bruder gewonnen. 16 Hört er nicht auf
dich, so nimm noch einen oder zwei zu dir,
damit jede Sache durch den Mund von zwei
oder drei Zeugen bestätigt werde. 17 Hört er
auf die nicht, so sage es der Gemeinde. Hört
er auch auf die Gemeinde nicht, so sei er für
dich wie ein Heide und Zöllner. 18 Wahrlich,
ich sage euch: Was ihr auf Erden binden wer-
det, soll auch im Himmel gebunden sein, und
was ihr auf Erden lösen werdet, soll auch im
Himmel gelöst sein[1]). 19 Wahrlich, ich sage
euch auch: Wenn zwei unter euch eins wer-
den auf Erden, worum sie bitten wollen, so
soll es ihnen widerfahren von meinem Vater
im Himmel. 20 Denn wo zwei oder drei ver-
sammelt sind in meinem Namen, da bin ich
mitten unter ihnen.

15: 3. Mose 19, 17; Gal 6, 1 / 16: 5. Mose 19, 15 / 17: 1. Kor 5, 13; 2. Thess 3, 6; Tit 3, 10 / 18: 16, 19 / 19: Mk 11, 24; Joh 16, 24 / 20: 28, 20; Lk 24, 36.

1) 18, 18. Vgl. Anmerkung zu 16, 19 (Nr. 119).

Zu Mt 18, 15 ff Didache 15, 3: Weiset euch einander zurecht, nicht im Zorn, sondern im Frieden, wie es im Evangelium steht. Hat sich jemand gegen seinen Nächsten vergangen, sprecht nicht mit ihm, hört auf kein Wort von ihm, bis er Buße getan hat.

Zu Mt 18, 20 Papyrus Oxyrhynchos 1, 26-31: Jesus spricht: . . . wo einer allein ist, sage ich: Ich bin bei ihm. Richte den Stein auf, und dort wirst du mich finden. Spalte das Holz, und ich bin dort.

132. Mahnung zur Versöhnlichkeit

Mt 18, 21-22

21 Da trat Petrus zu ihm und fragte: Herr,
wie oft muß ich denn meinem Bruder, der an
mir gesündigt, vergeben? Genügt es sieben-
mal? 22 Jesus sprach zu ihm: Ich sage dir:
nicht siebenmal, sondern siebzigmal sie-
benmal.

22: 1. Mose 4, 24; Eph 4, 32.

Zu Mt 18, 21 f Didache 15, 3, vgl. Nr 131 und Nazaräerevangelium (Hieronymus, Pelag III, 2): Wenn dein Bruder, spricht ER, durch das Wort gesündigt und dir Genugtuung geleistet hat, nimm ihn siebenmal am Tage auf. Da sprach sein Jünger Simon zu ihm: Siebenmal am Tage? Der Herr antwortete und sprach zu ihm: Ja, ich sage dir, sogar bis zu siebzig mal siebenmal. Denn auch in den Propheten findet sich, nachdem sie mit dem heiligen Geist gesalbt wurden, sündhafte Rede.

Lk 9, 50

Lk 17, 3 (vgl. Nr. 176)

3 *Hütet euch! Wenn dein Bruder sündigt, so weise ihn zurecht; und wenn er es bereut, vergib ihm.*

Lk 17, 4 (vgl. Nr. 176)

4 *Und wenn er siebenmal am Tag an dir sündigen würde und siebenmal wieder zu dir käme und spräche: Es reut mich!, so sollst du ihm vergeben.*

Joh 20, 23

23 *Welchen ihr die Sünden erlaßt, denen sind sie erlassen; und welchen ihr sie behaltet, denen sind sie behalten.*

133. Das Gleichnis vom Schalksknecht

Mt 18, 23-35

23 Darum gleicht das Himmelreich einem Kö-
nig, der mit seinen Knechten[1]) abrechnen
wollte. 24 Und als er anfing abzurechnen,
wurde einer vor ihn gebracht, der war ihm
zehntausend Zentner Silber schuldig. 25 Da
er's nun nicht bezahlen konnte, befahl der
Herr, ihn und seine Frau und seine Kinder und
alles, was er hatte, zu verkaufen und damit
zu bezahlen. 26 Da fiel ihm der Knecht zu Fü-
ßen und flehte ihn an und sprach: Hab Ge-
duld mit mir; ich will dir's alles bezahlen.
27 Da hatte der Herr Erbarmen mit diesem
Knecht und ließ ihn frei, und die Schuld er-
ließ er ihm auch. 28 Da ging dieser Knecht
hinaus und traf einen seiner Mitknechte, der
war ihm hundert Silbergroschen schuldig; und
er packte und würgte ihn und sprach: Bezah-
le, was du mir schuldig bist! 29 Da fiel sein
Mitknecht nieder und bat ihn und sprach: Hab
Geduld mit mir; ich will dir's bezahlen. 30 Er
wollte aber nicht, sondern ging hin und warf
ihn ins Gefängnis, bis er bezahlt hätte, was er
schuldig war. 31 Als aber seine Mitknechte
das sahen, wurden sie sehr betrübt und kamen
und brachten bei ihrem Herrn alles vor, was
sich begeben hatte. 32 Da forderte ihn sein
Herr vor sich und sprach zu ihm: Du böser
Knecht! Deine ganze Schuld habe ich dir er-
lassen, weil du mich gebeten hast; 33 hättest
du dich da nicht auch erbarmen sollen über
deinen Mitknecht, wie ich mich über dich er-
barmt habe? 34 Und sein Herr wurde zornig
und überantwortete ihn den Peinigern, bis er
alles bezahlt hätte, was er ihm schuldig war.
35 So wird auch mein himmlischer Vater an
euch tun, wenn ihr einander nicht von Her-
zen vergebt, ein jeder seinem Bruder.

25: Neh 5, 5 / 32: Lk 6, 36 / 33: 1. Joh 4, 11 / 34: 5, 26 / 35: 6, 14. 15; Jak 2, 13.

[1]) 18, 23. Die Knechte sind hier nicht Sklaven, sondern des Königs oberste Beamte.

B. Reisebericht des Lukas (Lk 9, 51-18, 14)

134. Aufbruch nach Jerusalem. Ablehnung Jesu durch Samariter

Mt 19, 1-2 (vgl. Nr. 184)

1 *Und es begab sich, als Jesus diese Reden vollendet hatte, daß er sich aufmachte aus Galiläa und kam in das Gebiet von Judäa jenseits des Jordans;* 2 *und eine große Menge folgte ihm nach, und er heilte sie dort.*

Mk 10, 1 (vgl. Nr. 184)

1 *Und er machte sich auf und kam von dort in das Gebiet von Judäa und jenseits des Jordans. Und abermals lief das Volk in Scharen bei ihm zusammen, und wie es seine Gewohnheit war, lehrte er sie abermals.*

135. Vom Ernst der Nachfolge

Mt 8, 19-22 (vgl. Nr. 47)

19 *Und es trat ein Schriftgelehrter herzu und sprach zu ihm: Meister, ich will dir folgen, wohin du gehst.* 20 *Jesus sagt zu ihm: Die Füchse haben Gruben, und die Vögel unter dem Himmel haben Nester; aber der Menschensohn hat nichts, wo er sein Haupt hinlege.* 21 *Und ein anderer unter den Jüngern sprach zu ihm: Herr, erlaube mir, daß ich zuvor hingehe und meinen Vater begrabe.* 22 *Aber Jesus spricht zu ihm: Folge du mir, und laß die Toten ihre Toten begraben!*

Zu Lk 9, 58. 60. 62 Thomasevangelium Logion 82: Der, der mir nahe ist, ist dem Feuer nahe, und der mir fern ist, ist dem Himmelreich fern.

Lk 9, 51-56

51 Es begab sich aber, als die Zeit erfüllt war,
daß er hinweggenommen werden sollte, da
wandte er sein Angesicht, stracks nach Jeru-
salem zu wandern. 52 Und er sandte Boten
vor sich her; die gingen hin und kamen in ein
Dorf der Samariter, ihm Herberge zu berei-
ten. 53 Und sie nahmen ihn nicht auf, weil er
sein Angesicht gewandt hatte, nach Jerusalem
zu wandern. 54 Als aber das seine Jünger Ja-
kobus und Johannes sahen, sprachen sie: Herr,
willst du, so wollen wir sagen, daß Feuer vom
Himmel falle und sie verzehre[1]). 55 Jesus aber
wandte sich um und wies sie zurecht[2]).
56 Und sie gingen in ein andres Dorf.

51: Mk 10, 32; Lk 13, 22; 17, 11 / 53: Joh 4, 9 / 54: 2. Kön 1, 10. 12; Mk 3, 17.

1) 9, 54. Viele alte Textzeugen fügen hinzu: »wie auch Elia getan hat«.

2) 9, 55. 56. Einige alte Textzeugen fügen hinzu: »und sprach: Ihr wißt nicht, welches Geistes ihr seid. 56 Denn der Sohn des Menschen ist nicht gekommen, Menschenleben zu verderben, sondern zu retten.«

Joh 3, 17

17 *Denn Gott hat seinen Sohn nicht in die Welt gesandt, daß er die Welt richte, sondern daß die Welt durch ihn gerettet werde.*

Lk 9, 57-62

57 Und als sie auf dem Wege waren, sprach
einer zu ihm: Ich will dir folgen, wohin du
gehst. 58 Und Jesus sprach zu ihm: Die Füch-
se haben Gruben, und die Vögel unter dem
Himmel haben Nester; aber der Menschensohn
hat nichts, wo er sein Haupt hinlege. 59 Und
er sprach zu einem andern: Folge mir nach!
Der sprach aber: Herr, erlaube mir, daß ich
zuvor hingehe und meinen Vater begrabe.
60 Aber Jesus sprach zu ihm: Laß die Toten
ihre Toten begraben; du aber geh hin und ver-
kündige das Reich Gottes!
61 Und ein andrer sprach: Herr, ich will dir
nachfolgen; aber erlaube mir zuvor, daß ich
Abschied nehme von denen, die in meinem
Haus sind. 62 Jesus aber sprach zu ihm: Wer
seine Hand an den Pflug legt und sieht zurück,
der ist nicht geschickt für das Reich Gottes.

60: 4. Mose 6, 6. 7 / 61: 1. Kön 19, 20 / 62: 17, 32. 33; Phil 3, 13.

136. Die Aussendung der zweiundsiebzig Jünger

Mt 9, 37-38; 10, 7-16; 11, 21-23; 10, 40
(vgl. Nr. 56. 64. 61)

9, 37 *Da sprach er zu seinen Jüngern: Die*
Ernte ist groß, aber wenige sind der Arbeiter.
38 *Darum bittet den Herrn der Ernte, daß er*
Arbeiter in seine Ernte sende. 10, 16 *Siehe, ich*
sende euch wie Schafe mitten unter die Wöl-
fe. Darum seid klug wie die Schlangen und oh-
ne Falsch wie die Tauben.
9 *Ihr sollt weder Gold noch Silber noch Kup-*
fer in euren Gürteln haben, 10 *auch keine*
Reisetasche, auch nicht zwei Hemden, keine
Schuhe, auch keinen Stecken. 11 *Wenn ihr*
aber in eine Stadt oder ein Dorf geht, da er-
kundigt euch, ob jemand darin ist, der es wert
ist; und bei dem bleibt, bis ihr weiterzieht.
12 *Wenn ihr aber in ein Haus geht, so grüßt*
es; 13 *und wenn es das Haus wert ist, wird*
euer Friede auf sie kommen. Ist es aber nicht
wert, so wird sich euer Friede wieder zu euch
wenden.
10b *Denn ein Arbeiter ist seiner Speise wert.*
7 *Geht aber und predigt und sprecht: Das*
Himmelreich ist nahe herbeigekommen.
8 *Macht Kranke gesund, weckt Tote auf,*
macht Aussätzige rein, treibt böse Geister aus.
Umsonst habt ihr's empfangen, umsonst gebt
es auch. 14 *Und wenn euch jemand nicht auf-*
nehmen und eure Rede nicht hören wird, so
geht heraus aus diesem Hause oder dieser Stadt
und schüttelt den Staub von euren Füßen.
15 *Wahrlich, ich sage euch: Dem Land der*
Sodomer und Gomorrer wird es erträglicher
ergehen am Tage des Gerichts als dieser Stadt.

11, 21 *Wehe dir, Chorazin! Weh dir, Betsai-*
da! Wären solche Taten in Tyrus und Sidon
geschehen, wie sie bei euch geschehen sind, sie
hätten längst in Sack und Asche Buße getan.
22 *Doch ich sage euch: Es wird Tyrus und Si-*
don erträglicher ergehen am Tage des Gerichts
als euch. 23 *Und du, Kapernaum, wirst du bis*
zum Himmel erhoben werden? Du wirst bis
in die Hölle hinuntergestoßen werden.
10, 40 *Wer euch aufnimmt, der nimmt mich*
auf; und wer mich aufnimmt, der nimmt den
auf, der mich gesandt hat.

Zu Lk 10, 5 ff Thomasevangelium Logion 14, vgl. Nr. 56

Zu Lk 10, 13 Nazaräerevangelium (Hist. Lukaskom. z. St.): In diesen Städten (sc. Chorazin und Bethsaida) sind viele Wunder vollbracht worden. Das »Hebräerevangelium« gibt 53 an.

Lk 10, 1-16

1 Danach setzte der Herr weitere zweiund-
siebzig1) Jünger ein und sandte sie je zwei und
zwei vor sich her in alle Städte und Orte, wo-
hin er gehen wollte, 2 und sprach zu ihnen:
Die Ernte ist groß, der Arbeiter aber sind we-
nige. Darum bittet den Herrn der Ernte, daß
er Arbeiter aussende in seine Ernte. 3 Geht
hin; siehe, ich sende euch wie Lämmer mit-
ten unter die Wölfe.
4 Tragt keinen Geldbeutel bei euch, keine Ta-
sche und keine Schuhe, und grüßt niemanden
unterwegs.

5 Wenn ihr in ein Haus kommt, sprecht zu-
erst: Friede sei diesem Hause!
6 Und wenn dort ein Kind des Friedens ist, so
wird euer Friede auf ihm ruhen; wenn aber
nicht, so wird sich euer Friede wieder zu euch
wenden. 7 In demselben Haus aber bleibt,
eßt und trinkt, was man euch gibt; denn ein
Arbeiter ist seines Lohnes wert. Ihr sollt nicht
von einem Haus zum andern gehen. 8 Und
wenn ihr in eine Stadt kommt, und sie euch
aufnehmen, dann eßt, was euch vorgesetzt
wird, 9 und heilt die Kranken, die dort sind,
und sagt ihnen: Das Reich Gottes ist nahe zu
euch gekommen. 10 Wenn ihr aber in eine
Stadt kommt, und sie euch nicht aufnehmen,
so geht hinaus auf ihre Straßen und sprecht:
11 Auch den Staub aus eurer Stadt, der sich
an unsre Füße gehängt hat, schütteln wir ab
auf euch. Doch sollt ihr wissen: das Reich Got-
tes ist nahe herbeigekommen. 12 Ich sage
euch: Es wird Sodom erträglicher ergehen an
jenem Tage als dieser Stadt.
13 Weh dir, Chorazin! Weh dir, Betsaida!
Denn wären solche Taten in Tyrus und Sidon
geschehen, wie sie bei euch geschehen sind, sie
hätten längst in Sack und Asche gesessen und
Buße getan. 14 Doch es wird Tyrus und Si-
don erträglicher ergehen im Gericht als euch.
15 Und du, Kapernaum, wirst du bis zum
Himmel erhoben werden? Du wirst bis in die
Hölle hinuntergestoßen werden.
16 Wer euch hört, der hört mich; und wer
euch verachtet, der verachtet mich; wer aber
mich verachtet, der verachtet den, der mich
gesandt hat.

1: 6, 13-16; 9, 1; 9, 52; 2. Mose 24, 1; Mk 6, 7 / 4: 9, 3-5; 22, 35; 2. Kön 4, 29 / 5: 1. Sam 25, 6; Joh 20, 19 / 7: 1. Kor 9, 5-14 / 8: 1. Kor 10, 27 / 9: Mt 3, 2 / 11: Apg 13, 51; 18, 6 / 12: 1. Mose 19, 1-29 / 13: 8, 26; 9, 10; Jon 3, 6 / 15: Jes 14, 13. 15 / 16: 1. Thess 2, 13; 4, 8; Joh 13, 20; 12, 44 f.

1) Statt »zweiundsiebzig« haben andere Textzeugen »siebzig«.

Joh 4, 35; 5, 23b; 15, 23.

4, 35 *Sagt ihr nicht selber:*
Es sind noch vier Monate, dann kommt die
Ernte? Siehe, ich sage euch: Hebt eure Augen
auf und seht auf die Felder, denn sie sind reif
zur Ernte.

5, 23b *Wer den Sohn nicht ehrt, der ehrt den*
Vater nicht, der ihn gesandt hat. 15, 23 *Wer*
mich haßt, der haßt auch meinen Vater.

137. Rückkehr der zweiundsiebzig Jünger

Mk 16, 17. 18 (vgl. S. 166)

17 *Die Zeichen aber, die folgen werden denen, die da glauben, sind diese: in meinem Namen werden sie böse Geister austreiben, in neuen Zungen reden,*

18 *Schlangen mit den Händen hochheben, und wenn sie etwas Tödliches trinken, wird's ihnen nicht schaden; auf Kranke werden sie die Hände legen, so wird's besser mit ihnen werden.*

138. Jesu Jubelruf

Mt 11, 25-27 (vgl. Nr. 65)

25 *Zu der Zeit fing Jesus an und sprach: Ich preise dich, Vater, Herr des Himmels und der Erde, weil du dies den Weisen und Klugen verborgen hast und hast es den Unmündigen offenbart.*
26 *Ja, Vater; denn so hat es dir wohlgefallen.*
27 *Alles ist mir übergeben von meinem Vater; und niemand kennt den Sohn als nur der Vater; und niemand kennt den Vater als nur der Sohn*[1] *und wem es der Sohn offenbaren will.*

[1] 11, 27. Bei Kirchenvätern findet man dafür: »Niemand hat den Vater erkannt als nur der Sohn, und niemand den Sohn als nur der Vater.«

139. Augenzeugen

Mt 13, 16-17 (vgl. Nr. 90)

16 *Aber selig sind eure Augen, daß sie sehen, und eure Ohren, daß sie hören.*
17 *Wahrlich, ich sage euch: Viele Propheten und Gerechte haben begehrt, zu sehen, was ihr seht, und haben's nicht gesehen, und zu hören, was ihr hört, und haben's nicht gehört.*

Lk 10, 17-20

17 Die Zweiundsiebzig aber kamen zurück
voll Freude und sprachen: Herr, auch die bö-
sen Geister sind uns untertan in deinem
Namen.
18 Er sprach aber zu ihnen: Ich sah den Sa-
tan vom Himmel fallen wie einen Blitz.
19 Seht, ich habe euch Macht gegeben, zu tre-
ten auf Schlangen und Skorpione, und Macht
über alle Gewalt des Feindes; und nichts wird
euch schaden. 20 Doch darüber freut euch
nicht, daß euch die Geister untertan sind. Freut
euch aber, daß eure Namen im Himmel ge-
schrieben sind.

18: Offb 12, 8. 9; Jes 14, 12 / 19: Apg 28, 6; 5. Mose 8, 15; Ps 91, 13 / 20: 2. Mose 32, 32; Jes 4, 3; Phil 4, 3; Hebr 12, 23; Offb 3, 5; 20, 12; 21, 27.

Joh 12, 31

31 *Jetzt ergeht das Gericht über diese Welt;*
nun wird der Fürst dieser Welt ausgestoßen
werden.

Lk 10, 21-22

21 Zu der Stunde freute sich Jesus im heiligen
Geist und sprach: Ich preise dich, Vater, Herr
des Himmels und der Erde, weil du dies den
Weisen und Klugen verborgen hast und hast
es den Unmündigen offenbart. Ja, Vater, so
hat es dir wohlgefallen. 22 Alles ist mir über-
geben von meinem Vater. Und niemand weiß,
wer der Sohn ist, als nur der Vater, noch, wer
der Vater ist, als nur der Sohn und wem es
der Sohn offenbaren will.

21: 1. Kor 2, 7

Joh 3, 35; 17, 2; 10, 15

3, 35 *Der Vater hat den Sohn lieb und hat*
ihm alles in seine Hand gegeben.

17, 2 *denn du hast ihm Macht gegeben über*
alle Menschen, damit er das ewige Leben ge-
be allen, die du ihm gegeben hast.
10, 15 *wie mich mein Vater kennt, und ich*
kenne den Vater.

Lk 10, 23-24

23 Und er wandte sich zu seinen Jüngern und
sprach zu ihnen allein: Selig sind die Augen,
die sehen, was ihr seht. 24 Denn ich sage
euch: Viele Propheten und Könige wollten se-
hen, was ihr seht, und haben's nicht gesehen,
und hören, was ihr hört, und haben's nicht
gehört.

24: 1. Petr 1, 10.

140. Jesus wird nach dem Gebot gefragt

Mt 22, 34-40 (vgl. Nr. 205)

34 *Als aber die Pharisäer hörten, daß er den Sadduzäern das Maul gestopft hatte, versammelten sie sich.* 35 *Und einer von ihnen, ein Schriftgelehrter, versuchte ihn und fragte:*
36 *Meister, welches ist das höchste Gebot im Gesetz?*
37 *Jesus aber antwortete ihm:*

»Du sollst den Herrn, deinen Gott, lieben von ganzem Herzen, von ganzer Seele und von ganzem Gemüt« (5. Mose 6, 5).
38 *Dies ist das höchste und größte Gebot.*
39 *Das andere aber ist dem gleich: »Du sollst deinen Nächsten lieben wie dich selbst« (3. Mose 19, 18).*
40 *In diesen beiden Geboten hängt das ganze Gesetz und die Propheten.*

Mk 12, 28-31 (vgl. Nr. 205)

28 *Und es trat zu ihm einer von den Schriftgelehrten, der ihnen zugehört hatte, wie sie miteinander stritten. Und als er sah, daß er ihnen gut geantwortet hatte, fragte er ihn: Welches ist das höchste Gebot von allen?*
29 *Jesus aber antwortete ihm: Das höchste Gebot ist das:*
»Höre, Israel, der Herr, unser Gott, ist der Herr allein,
30 *und du sollst den Herrn, deinen Gott, lieben von ganzem Herzen, von ganzer Seele, von ganzem Gemüt und von allen deinen Kräften« (5. Mose 6, 4. 5).*
31 *Das andre ist dies: »Du sollst deinen Nächsten lieben wie dich selbst« (3. Mose 19, 18).*
Es ist kein anderes Gebot größer als diese.

141. Der barmherzige Samariter

Lk 10, 25-37

Lk 10, 25-28

25 Und siehe, da stand ein Schriftgelehrter auf, versuchte ihn und sprach: Meister, was muß ich tun, daß ich das ewige Leben ererbe?

26 Er aber sprach zu ihm: Was steht im Gesetz geschrieben? Was liest du?

27 Er antwortete und sprach:
»Du sollst den Herrn, deinen Gott, lieben von ganzem Herzen, von ganzer Seele, von allen Kräften und von ganzem Gemüt,

und deinen Nächsten wie dich selbst«.

28 Er aber sprach zu ihm: Du hast recht geantwortet; tu das, so wirst du leben.

25: 18, 18-20 / 27 par.: 5. Mose 6, 5; 3. Mose 19, 18 / 28 par.: 3. Mose 18, 5; Mt 19, 17; Röm 10, 5.

Lk 10, 29-37

29 Er aber wollte sich selbst rechtfertigen und
sprach zu Jesus: Wer ist denn mein Nächster?
30 Da antwortete Jesus und sprach: Es war
ein Mensch, der ging von Jerusalem hinab
nach Jericho und fiel unter die Räuber; die zo-
gen ihn aus und schlugen ihn und machten sich
davon und ließen ihn halbtot liegen. 31 Es
traf sich aber, daß ein Priester dieselbe Stra-
ße hinabzog; und als er ihn sah, ging er vor-
über. 32 Desgleichen auch ein Levit: als er zu
der Stelle kam und ihn sah, ging er vorüber.
33 Ein Samariter aber, der auf der Reise war,
kam dahin; und als er ihn sah, jammerte er
ihn; 34 und er ging zu ihm, goß Öl und Wein
auf seine Wunden und verband sie ihm, hob
ihn auf sein Tier und brachte ihn in eine Her-
berge und pflegte ihn. 35 Am nächsten Tag
zog er zwei Silbergroschen heraus, gab sie dem
Wirt und sprach: Pflege ihn; und wenn du
mehr ausgibst, will ich dir's bezahlen, wenn
ich wiederkomme. 36 Wer von diesen dreien,
meinst du, ist der Nächste gewesen dem, der
unter die Räuber gefallen war? 37 Er sprach:
Der die Barmherzigkeit an ihm tat. Da sprach
Jesus zu ihm: So geh hin und tu desgleichen!

33: 17, 16; Joh 4, 9; 8, 48 / 37: Joh 13, 17.

142. Maria und Marta

143. Das Vaterunser

Mt 6, 9-13 (vgl. Nr. 29)

9 *Darum sollt ihr so beten:*
Unser Vater im Himmel!
Dein Name werde geheiligt.
10 *Dein Reich komme.*
Dein Wille geschehe wie im Himmel so auf Erden.
11 *Unser tägliches Brot gib uns heute.*
12 *Und vergib uns unsere Schuld,*
wie auch wir vergeben unsern Schuldigern.

13 *Und führe uns nicht in Versuchung,*
sondern erlöse uns von dem Bösen.[1]
[Denn dein ist das Reich und die Kraft und die Herrlichkeit in Ewigkeit. Amen.][2]

10: Lk 22, 42 / 12: Mt 18, 21-35 / 13: Joh 17, 15; 1. Kor 10, 13; 1. Chr 29, 11-13.

[1]Luther übersetzte »erlöse uns von dem Übel«.

[2]Dieser Abschluß des Gebetes findet sich schon in einer Gemeindeordnung vom Anfang des 2. Jahrhunderts, wird aber in den neutestamentlichen Handschriften erst später bezeugt.

Lk 10, 38-42

38 Als sie aber weiterzogen, kam er in ein
Dorf. Da war eine Frau mit Namen Marta, die
nahm ihn auf. 39 Und sie hatte eine Schwe-
ster, die hieß Maria; die setzte sich dem Herrn
zu Füßen und hörte seiner Rede zu. 40 Marta
aber machte sich viel zu schaffen, ihm zu die-
nen. Und sie trat hinzu und sprach: Herr,
fragst du nicht danach, daß mich meine
Schwester läßt allein dienen? Sage ihr doch,
daß sie mir helfen soll! 41 Der Herr aber ant-
wortete und sprach zu ihr: Marta, Marta, du
hast viel Sorge und Mühe. 42 Eins aber ist
not[1]). Maria hat das gute Teil erwählt; das
soll nicht von ihr genommen werden.

39: 5. Mose 33, 3 / 41 u. 42: Mt 6, 33.

1) 10, 42. Viele alte Textzeugen haben mit ernstem Anspruch auf Ursprünglichkeit: »Eins aber ist not: Maria aber . . .« Noch andre verbinden beide Lesarten so: »Weniges aber ist not oder (nur) eins: Maria nämlich . . .«

Joh 11, 1; 12, 1-3

11, 1 *Es lag aber einer krank, Lazarus aus Be-*
tanien, dem Dorf Marias und ihrer Schwester
Marta.
12, 1 *Sechs Tage vor dem Passafest kam Je-*
sus nach Betanien, wo Lazarus war, den Je-
sus auferweckt hatte von den Toten. 2 *Dort*
machten sie ihm ein Mahl, und Marta diente
ihm; Lazarus aber war einer von denen, die
mit ihm zu Tisch saßen. 3 *Da nahm Maria*
ein Pfund Salböl von unverfälschter, kostba-
rer Narde und salbte die Füße Jesu und trock-
nete mit ihrem Haar seine Füße; das Haus aber
wurde erfüllt vom Duft des Öls.

Lk 11, 1-4

1 Und es begab sich, daß er an einem Ort
war und betete. Als er aufgehört hatte, sprach
einer seiner Jünger zu ihm: Herr, lehre uns be-
ten, wie auch Johannes seine Jünger lehrte.
2 Er aber sprach zu ihnen: Wenn ihr betet, so
sprecht:
Vater!
Dein Name werde geheiligt.
Dein Reich komme[1]).

3 Unser tägliches Brot[2]) gib uns Tag für Tag
4 und vergib uns unsre Sünden;
denn auch wir vergeben allen, die an uns
schuldig werden.
Und führe uns nicht in Versuchung[1]).

1: 5, 33.

1) 11, 2. Statt dieser Bitte findet sich gut bezeugt die andre: »Dein heiliger Geist komme auf uns und reinige uns.« In der späteren Überlieferung finden sich zusätzliche Versteile: Vers 2: »Dein Wille geschehe auf Erden wie im Himmel«, Vers 4: »sondern erlöse uns von dem Bösen« (entsprechend Mt 6, 10. 13).

2) 11, 3. Vgl. Anmerkungen in Nr. 29.

Zu Lk 11, 3 Nazaräerevangelium, vgl. Nr. 29.

144. Der bittende Freund

145. Von der Gebetserhörung

Mt 7, 7-11 (vgl. Nr. 36)

7 *Bittet, so wird euch gegeben; suchet, so
werdet ihr finden; klopfet an, so wird euch
aufgetan.* 8 *Denn wer da bittet, der emp-
fängt; und wer da sucht, der findet; und wer
da anklopft, dem wird aufgetan.* 9 *Wer ist
unter euch Menschen, der seinem Sohn, wenn
er ihn bittet um Brot, einen Stein biete?*
10 *oder, wenn er ihn bittet um einen Fisch, ei-
ne Schlange biete?*
11 *Wenn nun ihr, die ihr doch böse seid, den-
noch euren Kindern gute Gaben geben könnt,
wieviel mehr wird euer Vater im Himmel Gu-
tes geben denen, die ihn bitten!*

Lk 11, 5-8

5 Und er sprach zu ihnen: Wenn jemand un-
ter euch einen Freund hat und ginge zu ihm
um Mitternacht und spräche zu ihm: Lieber
Freund, leih mir drei Brote; 6 denn mein
Freund ist zu mir gekommen auf der Reise,
und ich habe nichts, was ich ihm vorsetzen
kann, 7 und der drinnen würde antworten
und sprechen: Mach mir keine Unruhe! Die
Tür ist schon zugeschlossen, und meine Kin-
der und ich liegen schon zu Bett; ich kann nicht
aufstehen und dir etwas geben. 8 Ich sage
euch: Und wenn er schon nicht aufsteht und
ihm etwas gibt, weil er sein Freund ist, dann
wird er doch wegen seines unverschämten
Drängens aufstehen und ihm geben, soviel er
bedarf.

8: 18, 5.

Lk 11, 9-13

9 Und ich sage euch auch: Bittet, so wird
euch gegeben; suchet, so werdet ihr finden;
klopfet an, so wird euch aufgetan. 10 Denn
wer da bittet, der empfängt; und wer da sucht,
der findet; und wer da anklopft, dem wird auf-
getan. 11 Wo ist unter euch ein Vater, der sei-
nem Sohn, wenn der ihn[1]) um einen Fisch
bittet, eine Schlange für den Fisch biete?
12 oder der ihm, wenn er um ein Ei bittet, ei-
nen Skorpion dafür biete? 13 Wenn nun ihr,
die ihr böse seid, euren Kindern gute Gaben
geben könnt, wieviel mehr wird der Vater im
Himmel den heiligen Geist geben denen, die
ihn bitten!

10: 13, 25.

1) In der späteren Überlieferung finden sich zusätzlich die Worte: ». . . ums Brot bittet, dafür einen Stein biete? oder wenn er . . .« (vgl. Mt 7, 9).

Joh 15, 7

7 Wenn ihr in mir bleibt und meine Worte in euch bleiben, werdet ihr bitten, was ihr wollt, und es wird euch widerfahren.

Zu Lk 11, 9 Thomasevangelium Logion 92: Suchet, so werdet ihr finden. Wonach ihr mich in diesen Tagen fragtet, das habe ich euch damals nicht gesagt. Jetzt will ich es sagen, und ihr suchet nicht danach.

Zu Lk 11, 9 Hebräerevangelium (Clemens Alexandrinus Strom. V. 14, 96): Wer sucht, wird nicht ruhen, bis er findet; wer aber gefunden hat, wird sich verwundern; wer sich aber verwundert, wird die Herrschaft antreten; wer aber die Herrschaft angetreten hat, wird ruhen.

146. Jesus und die bösen Geister

Mt 12, 22-30 (vgl. Nr. 83. 84)

22 *Da wurde ein Besessener zu Jesus gebracht,*
der war blind und stumm; und er heilte ihn,
so daß der Stumme redete und sah. 23 *Und*
alles Volk entsetzte sich und fragte: Ist dieser
nicht Davids Sohn?
24 *Aber als die Pharisäer das hörten, spra-*
chen sie: Er treibt die bösen Geister nicht an-
ders aus als durch Beelzebul, ihren Obersten.
25 *Jesus erkannte aber ihre Gedanken und*
sprach zu ihnen:
Jedes Reich, das mit sich selbst uneins ist, wird
verwüstet; und jede Stadt oder jedes Haus, das
mit sich selbst uneins ist, kann nicht bestehen.
26 *Wenn nun der Satan den Satan austreibt,*
so muß er mit sich selbst uneins sein; wie kann
dann sein Reich bestehen?
27 *Wenn ich aber die bösen Geister durch*
Beelzebul austreibe, durch wen treiben eure
Söhne sie aus? Darum werden sie eure Rich-
ter sein.
28 *Wenn ich aber die bösen Geister durch den*
Geist Gottes austreibe, so ist ja das Reich Got-
tes zu euch gekommen.
29 *Oder wie kann jemand in das Haus eines*
Starken eindringen und ihm seinen Hausrat
rauben, wenn er nicht zuvor den Starken fes-
selt? Erst dann kann er sein Haus berauben.
30 *Wer nicht mit mir ist, der ist gegen mich;*
und wer nicht mit mir sammelt, der zerstreut.

Mk 3, 22-27; 9, 40 (vgl. Nr. 83. 84. 127)

22 *Die Schriftgelehrten aber, die von Jerusa-*
lem herabgekommen waren, sprachen: Er hat
den Beelzebul, und: Er treibt die bösen Gei-
ster aus durch ihren Obersten.
23 *Jesus aber rief sie zusammen und sprach zu*
ihnen in Gleichnissen: Wie kann der Satan den
Satan austreiben? 24 *Wenn ein Reich mit sich*
selbst uneins wird, kann es nicht bestehen.
25 *Und wenn ein Haus mit sich selbst uneins*
wird, kann es nicht bestehen.
26 *Erhebt sich nun der Satan gegen sich selbst*
und ist mit sich selbst uneins, so kann er nicht
bestehen, sondern es ist aus mit ihm.
27 *Niemand kann aber in das Haus eines*
Starken eindringen und seinen Hausrat rau-
ben, wenn er nicht zuvor den Starken fesselt;
erst dann kann er sein Haus berauben.
40 *Denn wer nicht gegen uns ist, der ist für*
uns.

Zu Lk 11, 17 f Thomasevangelium Logion 35: Unmöglich ist es, in das Haus des Starken zu gehen und es zu nehmen, außer man bindet dessen Hände. Dann wird er dessen Haus durcheinander bringen.

147. Von der Rückkehr des bösen Geistes

Mt 12, 43-45 (vgl. Nr. 86)

43 *Wenn der unreine Geist von einem Men-*
schen ausgefahren ist, so durchstreift er dür-
re Stätten, sucht Ruhe und findet sie nicht.
44 *Dann spricht er: Ich will wieder zurück-*
kehren in mein Haus, aus dem ich fortgegan-
gen bin. Und wenn er kommt, so findet er's
leer, gekehrt und geschmückt.
45 *Dann geht er hin und nimmt mit sich sie-*
ben andre Geister, die böser sind als er selbst;
und wenn sie hineinkommen, wohnen sie dar-
in; und es wird mit diesem Menschen hernach
ärger, als es vorher war. So wird's auch die-
sem bösen Geschlecht ergehen.

Lk 11, 14-23

14 Und er trieb einen bösen Geist aus, der
war stumm. Und es geschah, als der Geist aus-
fuhr, da redete der Stumme. Und die Menge
verwunderte sich.

15 Einige aber unter ihnen sprachen: Er treibt
die bösen Geister aus durch Beelzebul, ihren
Obersten. 16 Andere aber versuchten ihn und
forderten von ihm ein Zeichen vom Himmel.
17 Er aber erkannte ihre Gedanken und
sprach zu ihnen:
Jedes Reich, das mit sich selbst uneins ist, wird
verwüstet, und ein Haus fällt über das
andre.
18 Ist aber der Satan auch mit sich selbst un-
eins, wie kann sein Reich bestehen? Denn ihr
sagt, ich treibe die bösen Geister aus durch
Beelzebul.
19 Wenn aber ich die bösen Geister durch
Beelzebul austreibe, durch wen treiben eure
Söhne sie aus? Darum werden sie eure Rich-
ter sein.
20 Wenn ich aber durch Gottes Finger die bö-
sen Geister austreibe, so ist ja das Reich Got-
tes zu euch gekommen.
21 Wenn ein Starker gewappnet seinen Palast
bewacht, so bleibt, was er hat, in Frieden.
22 Wenn aber ein Stärkerer über ihn kommt
und überwindet ihn, so nimmt er ihm seine
Rüstung, auf die er sich verließ, und verteilt
die Beute.
23 Wer nicht mit mir ist, der ist gegen mich;
und wer nicht mit mir sammelt, der zerstreut.

14-16: Nr. 55 / 15: Joh 7, 20 / 16: Mt 12, 38 par.; Mk 8, 11 / 20: 2. Mose 8, 15 / 22: Kol 2, 15; 1. Joh 4, 4 / 23: 9, 50.

Joh 10, 20

20 *Viele unter ihnen sprachen: Er hat einen bösen Geist und ist von Sinnen; was hört ihr ihm zu?*

Lk 11, 24-26

24 Wenn der unreine Geist von einem Men-
schen ausgefahren ist, so durchstreift er dür-
re Stätten, sucht Ruhe und findet sie nicht;
dann spricht er: Ich will wieder zurückkehren
in mein Haus, aus dem ich fortgegangen bin.
25 Und wenn er kommt, so findet er's gekehrt
und geschmückt.
26 Dann geht er hin und nimmt sieben andre
Geister mit sich, die böser sind als er selbst;
und wenn sie hineinkommen, wohnen sie dar-
in, und es wird mit diesem Menschen hernach
ärger als zuvor.

26: Joh 5, 14.

148. Eine Seligpreisung Jesu

Zu Lk 11, 27 Thomasevangelium Logion 79 ergänzt: Es werden Tage kommen, da werdet ihr sagen: Selig ist der Leib, der nicht empfangen hat, die Brüste, die nicht Milch geben.

149. Ablehnung der Zeichenforderung

Mt 12, 38-42 (vgl. Nr. 85)

38 *Da fingen einige von den Schriftgelehrten
und Pharisäern an und sprachen zu ihm: Mei-
ster, wir möchten gern ein Zeichen von dir se-
hen.* 39 *Und er antwortete und sprach zu
ihnen: Ein böses und abtrünniges Geschlecht
fordert ein Zeichen, aber es wird ihm kein Zei-
chen gegeben werden, es sei denn das Zeichen
des Propheten Jona.* 40 *Denn wie Jona drei
Tage und drei Nächte im Bauch des Fisches
war, so wird der Menschensohn drei Tage und
drei Nächte im Schoß der Erde sein.*
42 *Die Königin vom Süden wird auftreten
beim Jüngsten Gericht mit diesem Geschlecht
und wird es verdammen; denn sie kam vom
Ende der Erde, um Salomos Weisheit zu hö-
ren. Und siehe, hier ist mehr als Salomo.*
41 *Die Leute von Ninive werden auftreten
beim Jüngsten Gericht mit diesem Geschlecht
und werden es verdammen; denn sie taten Bu-
ße nach der Predigt des Jona. Und siehe, hier
ist mehr als Jona.*

Mk 8, 11-12 (vgl. Nr. 116)

11 *Und die Pharisäer kamen heraus und fin-
gen an, mit ihm zu streiten, versuchten ihn und
forderten von ihm ein Zeichen vom Himmel.*
12 *Und er seufzte in seinem Geist und sprach:
Was fordert doch dieses Geschlecht ein Zei-
chen? Wahrlich, ich sage euch: Es wird die-
sem Geschlecht kein Zeichen gegeben werden!*

150. Bildworte vom Licht

Mt 5, 15; 6, 22. 23 (vgl. Nr. 19. 32)

5, 15 *Man zündet auch nicht ein Licht an und
setzt es unter einen Scheffel, sondern auf ei-
nen Leuchter; so leuchtet es allen, die im Hause
sind.* *6, 22* *Das Auge ist das Licht des Leibes.
Wenn dein Auge lauter ist, so wird dein gan-
zer Leib licht sein.* 23 *Wenn aber dein Auge
böse ist, so wird dein ganzer Leib finster sein.
Wenn nun das Licht, das in dir ist, Finsternis
ist, wie groß wird dann die Finsternis sein!*

Mk 4, 21 (vgl. Nr. 92)

21 *Und er sprach zu ihnen: Zündet man etwa
ein Licht an, um es unter den Scheffel oder un-
ter die Bank zu setzen? Keineswegs, sondern
um es auf den Leuchter zu setzen.*

Lk 11, 27-28

27 Und es begab sich, als er so redete, da er-
hob eine Frau im Volk ihre Stimme und sprach
zu ihm: Selig ist der Leib, der dich getragen
hat, und die Brüste, an denen du gesogen hast.
28 Er aber sprach: Ja, selig sind, die das Wort
Gottes hören und bewahren.

27: 1, 28. 42. 48/ 28: 8, 15. 21; Jak 1, 22-25.

Lk 11, 29-32

29 Die Menge aber drängte herzu.
Da fing er an und sagte:

Dies Geschlecht ist ein böses Geschlecht; es
fordert ein Zeichen, aber es wird ihm kein Zei-
chen gegeben werden als nur das Zeichen des
Jona.
30 Denn wie Jona ein Zeichen war für die
Leute von Ninive, so wird es auch der Men-
schensohn sein für dieses Geschlecht.
31 Die Königin vom Süden wird auftreten
beim Jüngsten Gericht mit den Leuten dieses
Geschlechts und wird sie verdammen[1]); denn
sie kam vom Ende der Welt, zu hören die
Weisheit Salomos. Und siehe, hier ist mehr als
Salomo.
32 Die Leute von Ninive werden auftreten
beim Jüngsten Gericht mit diesem Geschlecht
und werden's verdammen[1]); denn sie taten
Buße nach der Predigt des Jona. Und siehe,
hier ist mehr als Jona.

29: 11,16; 1. Kor 1, 22 / 31: 1. Kön 10, 1-10 / 32: Jon 3, 5.

(Mt 16, 1. 2. 4) (vgl. Nr. 116)

1 *Da traten die Pharisäer und Sadduzäer zu
ihm; die versuchten ihn und forderten ihn auf,
sie ein Zeichen vom Himmel sehen zu lassen.*
2 *Aber er antwortete und sprach: Des
Abends sprecht ihr: Es wird ein schöner Tag
werden, denn der Himmel ist rot.* 4 *Ein bö-
ses und abtrünniges Geschlecht fordert ein Zei-
chen; doch soll ihm kein Zeichen gegeben
werden, es sei denn das Zeichen des Jona. Und
er ließ sie stehen und ging davon.*

1) Nicht als Richter, sondern dadurch, daß sie sich als bes-
ser erweisen.

Lk 11, 33-36

33 Niemand zündet ein Licht an und setzt es
in einen Winkel, auch nicht unter einen Schef-
fel, sondern auf den Leuchter, damit, wer hin-
eingeht, das Licht sehe. 34 Dein Auge ist das
Licht des Leibes. Wenn nun dein Auge lauter
ist, so ist dein ganzer Leib licht; wenn es aber
böse ist, so ist auch dein Leib finster. 35 So
schaue darauf, daß nicht das Licht in dir Fin-
sternis sei. 36 Wenn nun dein Leib ganz licht
ist und kein Teil an ihm finster ist, dann wird
er ganz licht sein, wie wenn dich das Licht er-
leuchtet mit hellem Schein.

33: 8, 16.

Joh 8, 12

12 *Da redete Jesus abermals zu ihnen und
sprach: Ich bin das Licht der Welt. Wer mir
nachfolgt, der wird nicht wandeln in der Fin-
sternis, sondern wird das Licht des Lebens
haben.*

Zu Lk 11, 33 Thomasevangelium Logion 33, vgl. Nr. 19.

151. Weherufe gegen die Pharisäer und Schriftgelehrten

Mt 23, 4 ff; 16, 6. 12 (vgl. Nr. 207. 117) *Mk 8, 15* (vgl. Nr. 117)

25 *Weh euch, Schriftgelehrte und Pharisäer,
ihr Heuchler, die ihr die Becher und Schüsseln
außen reinigt, innen aber sind sie voller Raub
und Gier!* 26 *Du blinder Pharisäer, reinige zu-
erst das Innere des Bechers, damit auch das
Äußere rein wird!*
23 *Weh euch, Schriftgelehrte und Pharisäer,
ihr Heuchler, die ihr den Zehnten gebt von
Minze, Dill und Kümmel und laßt das Wich-
tigste im Gesetz beiseite, nämlich das Recht,
die Barmherzigkeit und den Glauben! Doch
dies sollte man tun und jenes nicht lassen.*
6 *Sie sitzen gern obenan bei Tisch und in den
Synagogen* 7 *und haben's gern, daß sie auf
dem Markt gegrüßt und von den Leuten Rabbi
genannt werden.*
27 *Weh euch, Schriftgelehrte und Pharisäer,
ihr Heuchler, die ihr seid wie die übertünch-
ten Gräber, die von außen hübsch aussehen,
aber innen sind sie voller Totengebeine und
lauter Unrat!*

4 *Sie binden schwere und unerträgliche Bür-
den und legen sie den Menschen auf die Schul-
tern; aber sie selbst wollen keinen Finger dafür
krümmen.* 29 *Weh euch, Schriftgelehrte und
Pharisäer, ihr Heuchler, die ihr den Prophe-
ten Grabmäler baut und die Gräber der Ge-
rechten schmückt* 30 *und sprecht: Hätten wir
zu Zeiten unserer Väter gelebt, so wären wir
nicht mit ihnen schuldig geworden am Blut der
Propheten!* 31 *Damit bezeugt ihr von euch
selbst, daß ihr Kinder derer seid, die die Pro-
pheten getötet haben.*
34 *Darum: siehe, ich sende zu euch Prophe-
ten und Weise und Schriftgelehrte; und von
ihnen werdet ihr einige töten und kreuzigen,
und einige werdet ihr geißeln in euren Synago-
gen und werdet sie verfolgen von einer Stadt
zur andern,* 35 *damit über euch komme all
das gerechte Blut, das vergossen ist auf Erden,
von dem Blut des gerechten Abel an bis auf
das Blut des Secharja, des Sohnes Berechjas,
den ihr getötet habt zwischen Tempel und Al-
tar.* 36 *Wahrlich, ich sage euch: das alles wird
über dieses Geschlecht kommen.* 13 *Weh
euch, Schriftgelehrte und Pharisäer, ihr
Heuchler, die ihr das Himmelreich zuschließt
vor den Menschen! Ihr geht nicht hinein, und
die hinein wollen, laßt ihr nicht hineingehen.*

Lk 11, 37-12, 1

37 Als er noch redete, bat ihn ein Pharisäer,
mit ihm zu essen. Und er ging hinein und setzte
sich zu Tisch. 38 Als das der Pharisäer sah,
wunderte er sich, daß er sich nicht vor dem
Essen gewaschen hatte. 39 Der Herr aber
sprach zu ihm: Ihr Pharisäer, ihr haltet die Be-
cher und Schüsseln außen rein; aber euer In-
neres ist voll Raubgier und Bosheit. 40 Ihr
Narren, hat nicht der, der das Äußere geschaf-
fen hat, auch das Innere geschaffen? 41 Gebt
doch, was drinnen ist, als Almosen, siehe,
dann ist euch alles rein. 42 Aber weh euch
Pharisäern! Denn ihr gebt den Zehnten von
Minze und Raute und allerlei Gemüse, aber
am Recht und an der Liebe Gottes geht ihr vor-
bei. Doch dies sollte man tun und jenes nicht
lassen. 43 Weh euch Pharisäern! Denn ihr
sitzt gern obenan in den Synagogen und wollt
gegrüßt sein auf dem Markt.

44 Weh euch! Denn ihr seid wie die verdeck-
ten Gräber, über die die Leute laufen, und wis-
sen es nicht.
45 Da antwortete einer von den Schriftgelehr-
ten und sprach zu ihm: Meister, mit diesen
Worten schmähst du uns auch. 46 Er aber
sprach: Weh auch euch Schriftgelehrten! Denn
ihr beladet die Menschen mit unerträglichen
Lasten, und ihr selbst rührt sie nicht mit ei-
nem Finger an.
47 Weh euch! Denn ihr baut den Propheten
Grabmäler; eure Väter aber haben sie getötet.
48 So bezeugt ihr und billigt die Taten eurer
Väter; denn sie haben sie getötet; und ihr baut
ihnen Grabmäler!

49 Darum spricht die Weisheit Gottes[1]): Ich
will Propheten und Apostel zu ihnen senden,
und einige von ihnen werden sie töten und ver-
folgen,

50 damit gefordert werde von diesem Ge-
schlecht das Blut aller Propheten, das vergos-
sen ist seit Erschaffung der Welt, 51 von
Abels[2]) Blut an bis hin zum Blut des Sechar-
ja, der umkam zwischen Altar und Tempel.
Ja, ich sage euch: Es wird gefordert werden
von diesem Geschlecht.
52 Weh euch Schriftgelehrten! Denn ihr habt
den Schlüssel der Erkenntnis weggenommen.
Ihr selbst seid nicht hineingegangen und habt
auch denen gewehrt, die hinein wollten.

16, 6 *Jesus aber sprach zu ihnen: Seht zu und hütet euch vor dem Sauerteig der Pharisäer und Sadduzäer!*
12 *Da verstanden sie, daß er nicht gesagt hatte, sie sollten sich hüten vor dem Sauerteig des Brotes, sondern vor der Lehre der Pharisäer und Sadduzäer.*

15 *Und er gebot ihnen und sprach: Schaut zu und seht euch vor vor dem Sauerteig der Pharisäer und vor dem Sauerteig des Herodes.*

152. Mahnung zum furchtlosen Bekennen

Mt 10, 26-33; 12, 32; 10, 19
(vgl. Nr. 58. 84. 57)

26 *Darum fürchtet euch nicht vor ihnen. Es ist nichts verborgen, was nicht offenbar wird, und nichts geheim, was man nicht wissen*
wird. 27 *Was ich euch sage in der Finsternis, das redet im Licht; und was euch gesagt wird in das Ohr, das predigt auf den Dächern.*
28 *Und fürchtet euch nicht vor denen, die den Leib töten, doch die Seele nicht töten können; fürchtet euch aber viel mehr vor dem, der Leib und Seele verderben kann in der Hölle.*
29 *Kauft man nicht zwei Sperlinge für einen Groschen? Dennoch fällt keiner von ihnen auf*
die Erde ohne euren Vater. 30 *Nun aber sind auch eure Haare auf dem Haupt alle gezählt.*
31 *Darum fürchtet euch nicht; ihr seid besser als viele Sperlinge.*
32 *Wer nun mich bekennt vor den Menschen, den will ich auch bekennen vor meinem himmlischen Vater.*
33 *Wer mich aber verleugnet vor den Menschen, den will ich auch verleugnen vor meinem himmlischen Vater.*
12, 32 *Und wer etwas redet gegen den Menschensohn, dem wird es vergeben; aber wer etwas redet gegen den heiligen Geist, dem wird's nicht vergeben, weder in dieser noch in jener Welt.*
10, 19 *Wenn sie euch nun überantworten werden, so sorgt nicht, wie oder was ihr reden sollt;*

denn es soll euch zu der Stunde gegeben werden, was ihr reden sollt.

Mk 4, 22; 8, 38; 3, 28. 29; 13, 11
(vgl. Nr. 92. 120. 84. 212)

4, 22 *Denn es ist nichts verborgen, was nicht offenbar werden soll, und ist nichts geheim, was nicht an den Tag kommen soll.*

8, 38 *Wer sich aber meiner und meiner Worte schämt unter diesem abtrünnigen und sündigen Geschlecht, dessen wird sich auch der Menschensohn schämen, wenn er kommen wird in der Herrlichkeit seines Vaters mit den heiligen Engeln.*
3, 28 *Wahrlich, ich sage euch: Alle Sünden werden den Menschenkindern vergeben, auch die Lästerungen, wieviel sie auch lästern mö-*
gen; 29 *wer aber den heiligen Geist lästert, der hat keine Vergebung in Ewigkeit, sondern ist ewiger Sünde schuldig.*
13, 11 *Wenn sie euch nun hinführen und überantworten werden, so sorgt euch nicht vorher, was ihr reden sollt; sondern was euch in jener Stunde gegeben wird, das redet. Denn ihr seid's nicht, die da reden, sondern der heilige Geist.*

53 Und als er von dort hinausging, fingen die
Schriftgelehrten und Pharisäer an, heftig auf
ihn einzudringen und ihn mit vielen Fragen
auszuhorchen, 54 und belauerten ihn, ob sie
etwas aus seinem Mund erjagen könnten.
12, 1 Unterdessen kamen einige tausend Men-
schen zusammen, so daß sie sich untereinan-
der traten. Da fing er an und sagte zuerst zu
seinen Jüngern: Hütet euch vor dem Sauerteig
der Pharisäer, das ist die Heuchelei.

37—39: Nr. 112 / 37: 7, 36; 14, 1 / 38: Mt 15, 2 / 42: Joh 5, 42 / 43: 14, 7 / 47 par.: Apg 7, 52 / 54: 20, 20; Joh 8, 6.

1) 11, 49. Vielleicht in einem uns nicht erhaltenen Buch, in dem sie als redend eingeführt war wie Spr 8 und 9; Sir 24, oder das den Titel trug: Die Weisheit Gottes.

2) 11, 51. Vgl. Nr. 207 Anm. 2.

Zu Lk 11, 39 ff Papyrus Oxyrhynchos 840: Da sprach der Heiland zu ihm: Wehe euch, ihr Blinden, die ihr nicht seht. In dem ausgegossenen Wasser, in dem Hunde und Schweine Tag und Nacht liegen, hast du dich gebadet. Du hast dich gewaschen und die äußere Haut abgerieben, die auch die Huren und Flötenspielerinnen salben, baden, abreiben und schminken, um die Begierde der Männer anzureizen, inwendig sind sie aber voller Skorpione und Schlechtigkeit.

Lk 12, 2-12

2 Es ist aber nichts verborgen, was nicht of-
fenbar wird, und nichts geheim, was man nicht
wissen wird. 3 Darum, was ihr in der Finster-
nis sagt, das wird man im Licht hören; und
was ihr ins Ohr flüstert in der Kammer, das
wird man auf den Dächern predigen. 4 Ich
sage aber euch, meinen Freunden: Fürchtet
euch nicht vor denen, die den Leib töten und
danach nichts mehr tun können. 5 Ich will
euch aber zeigen, vor wem ihr euch fürchten
sollt: Fürchtet euch vor dem, der, nachdem er
getötet hat, auch Macht hat, in die Hölle zu
werfen. Ja, ich sage euch, vor dem fürchtet
euch. 6 Verkauft man nicht fünf Sperlinge für
zwei Groschen? Dennoch ist vor Gott nicht
einer von ihnen vergessen. 7 Aber auch die
Haare auf eurem Haupt sind alle gezählt. Dar-
um fürchtet euch nicht; ihr seid besser als viele
Sperlinge. 8 Ich sage euch aber: Wer mich be-
kennt vor den Menschen, den wird auch der
Menschensohn bekennen vor den Engeln Got-
tes. 9 Wer mich aber verleugnet vor den
Menschen, der wird verleugnet werden vor
den Engeln Gottes. 10 Und wer ein Wort ge-
gen den Menschensohn sagt, dem soll es ver-
geben werden; wer aber den heiligen Geist
lästert, dem soll es nicht vergeben werden.
11 Wenn sie euch aber führen werden in die
Synagogen und vor die Machthaber und die
Obrigkeit, so sorgt nicht, wie oder womit ihr
euch verantworten oder was ihr sagen sollt;
12 denn der heilige Geist wird euch in dieser
Stunde lehren, was ihr sagen sollt.

2: 8, 17 / 5: Hebr 12, 29 / 7: 21, 18 / 9: 9, 26 par. 9: 9, 26; 1. Sam 2, 30 / 11 f: 21, 14 f.

Zu Lk 12, 2 Papyrus Oxyrhynchos 654, 27-31 vgl. Nr. 58.

Zu Lk 12, 4. 5. 2. Clemens 5, 2-4 vgl. Nr. 58

Joh 14, 26

26 *Aber der Tröster, der heilige Geist, den mein Vater senden wird in meinem Namen, der wird euch alles lehren und euch an alles erinnern, was ich euch gesagt habe.*

153. Der reiche Kornbauer

154. Vom falschen und rechten Sorgen

Mt 6, 25-33. 19-21 (vgl. Nr. 34. 31)

25 *Darum sage ich euch: Sorgt nicht um eu-
er Leben, was ihr essen und trinken werdet;
auch nicht um euren Leib, was ihr anziehen
werdet. Ist nicht das Leben mehr als die Nah-
rung und der Leib mehr als die Kleidung?*
26 *Seht die Vögel unter dem Himmel an: sie
säen nicht, sie ernten nicht, sie sammeln nicht
in die Scheunen; und euer himmlischer Vater
ernährt sie doch. Seid ihr denn nicht viel mehr
als sie?* 27 *Wer ist unter euch, der seines Le-
bens Länge eine Spanne zusetzen könnte, wie
sehr er sich auch darum sorgt?* 28 *Und war-
um sorgt ihr euch um die Kleidung? Schaut
die Lilien auf dem Feld an, wie sie wachsen;
sie arbeiten nicht, auch spinnen sie nicht.*
29 *Ich sage euch, daß auch Salomo in aller
seiner Herrlichkeit nicht gekleidet gewesen ist
wie eine von ihnen.* 30 *Wenn nun Gott das
Gras auf dem Feld so kleidet, das doch heute
steht und morgen in den Ofen geworfen wird:
sollte er das nicht viel mehr für euch tun, ihr
Kleingläubigen?*

Lk 12, 13-21

13 Es sprach aber einer aus dem Volk zu ihm:
Meister, sage meinem Bruder, daß er mit mir
das Erbe teile. 14 Er aber sprach zu ihm:
Mensch, wer hat mich zum Richter oder Erb-
schlichter über euch gesetzt? 15 Und er sprach
zu ihnen: Seht zu und hütet euch vor aller
Habgier; denn niemand lebt davon, daß er vie-
le Güter hat. 16 Und er sagte ihnen ein
Gleichnis und sprach: Es war ein reicher
Mensch, dessen Feld hatte gut getragen.
17 Und er dachte bei sich selbst und sprach:
Was soll ich tun? Ich habe nichts, wohin ich
meine Früchte sammle. 18 Und sprach: Das
will ich tun: ich will meine Scheunen abbre-
chen und größere bauen, und will darin sam-
meln all mein Korn und meine Vorräte
19 und will sagen zu meiner Seele: Liebe See-
le, du hast einen großen Vorrat für viele Jah-
re; habe nun Ruhe, iß, trink und habe guten
Mut! 20 Aber Gott sprach zu ihm: Du Narr!
Diese Nacht wird man deine Seele von dir for-
dern; und wem wird dann gehören, was du
angehäuft hast? 21 So geht es dem, der sich
Schätze sammelt und ist nicht reich bei Gott.

15: Pred 5, 9; 1. Tim 6, 7-10 / 19 u. 20: Ps 49, 17-20; Sir 11, 18. 19 / 21: Mt 6, 20; 1. Tim 6, 17-19.

Lk 12, 22-34

22 Er sprach aber zu seinen Jüngern: Darum
sage ich euch: Sorgt nicht um euer Leben, was
ihr essen sollt, auch nicht um euren Leib, was
ihr anziehen sollt. 23 Denn das Leben ist
mehr als die Nahrung und der Leib mehr als
die Kleidung. 24 Seht die Raben an: sie säen
nicht, sie ernten auch nicht, sie haben auch
keinen Keller und keine Scheune, und Gott er-
nährt sie doch. Wieviel besser seid ihr als die
Vögel! 25 Wer ist unter euch, der, wie sehr er
sich auch darum sorgt, seines Lebens Länge
eine Spanne zusetzen könnte? 26 Wenn ihr
nun auch das Geringste nicht vermögt, warum
sorgt ihr euch um das andre? 27 Seht die Li-
lien an, wie sie wachsen, sie spinnen nicht, sie
weben nicht. Ich sage euch aber, daß auch Sa-
lomo in aller seiner Herrlichkeit nicht geklei-
det gewesen ist wie eine von ihnen. 28 Wenn
nun Gott das Gras, das heute auf dem Feld
steht und morgen in den Ofen geworfen wird,
so kleidet, wieviel mehr wird er euch kleiden,
ihr Kleingläubigen!

31 *Darum sollt ihr nicht sorgen und sagen: Was werden wir essen? Was werden wir trinken? Womit werden wir uns kleiden?*
32 *Nach dem allen trachten die Heiden. Denn euer himmlischer Vater weiß, daß ihr all dessen bedürft.* 33 *Trachtet zuerst nach dem Reich Gottes und nach seiner Gerechtigkeit, so wird euch das alles zufallen.*
19 *Ihr sollt euch nicht Schätze sammeln auf Erden, wo sie die Motten und der Rost fressen und wo die Diebe einbrechen und stehlen.*
20 *Sammelt euch aber Schätze im Himmel, wo sie weder Motten noch Rost fressen und wo die Diebe nicht einbrechen und stehlen.*
21 *Denn wo dein Schatz ist, da ist auch dein Herz.*

155. Vom Warten auf das Kommen Christi

Mt 24, 43-51 (vgl. Nr. 220. 221)

43 *Das sollt ihr aber wissen: Wenn ein Hausvater wüßte, zu welcher Stunde in der Nacht der Dieb kommt, so würde er ja wachen und nicht in sein Haus einbrechen lassen.*
44 *Darum seid auch ihr bereit! Denn der Menschensohn kommt zu einer Stunde, da ihr's nicht meint.*

45 *Wer ist nun der treue und kluge Knecht, den der Herr über seine Leute gesetzt hat, damit er ihnen zur rechten Zeit zu essen gebe?*
46 *Selig ist der Knecht, den sein Herr, wenn er kommt, das tun sieht.* 47 *Wahrlich, ich sage euch: Er wird ihn über alle seine Güter setzen.* 48 *Wenn aber jener als ein böser Knecht in seinem Herzen sagt: Mein Herr kommt noch lange nicht,* 49 *und fängt an, seine Mitknechte zu schlagen, ißt und trinkt mit den Betrunkenen:* 50 *dann wird der Herr dieses Knechts kommen an einem Tage, an dem er's nicht erwartet, und zu einer Stunde, die er nicht kennt,* 51 *und er wird ihn in Stücke hauen lassen und ihm sein Teil geben bei den Heuchlern; da wird sein Heulen und Zähneklappern.*

Mk 13, 33-37 (Vgl. Nr. 217)

33 *Seht euch vor, wachet! denn ihr wißt nicht, wann die Zeit da ist.* 34 *Wie bei einem Menschen, der über Land zog und verließ sein Haus und gab seinen Knechten Vollmacht, einem jeden seine Arbeit, und gebot dem Türhüter, er solle wachen:* 35 *so wacht nun; denn ihr wißt nicht, wann der Herr des Hauses kommt, ob am Abend oder zu Mitternacht oder um den Hahnenschrei oder am Morgen,*
36 *damit er euch nicht schlafend findet, wenn er plötzlich kommt.* 37 *Was ich aber euch sage, das sage ich allen: Wachet!*

Zu Lk 12, 39 Thomasevangelium Logion 103: Selig ist der Mensch, der weiß, wo die Räuber hereinkommen, damit er aufsteht, seine Kraft sammelt und sich gürtet um die Hüften, bevor sie hereingekommen sind.

29 Darum auch ihr, fragt nicht danach, was
ihr essen oder was ihr trinken sollt, und macht
auch keine Unruhe.
30 Nach dem allen trachten die Heiden in der
Welt; aber euer Vater weiß, daß ihr dessen be-
dürft. 31 Trachtet vielmehr nach seinem
Reich, so wird euch das alles zufallen.
32 Fürchte dich nicht, du kleine Herde! Denn
es hat eurem Vater wohlgefallen, euch das
Reich zu geben. 33 Verkauft, was ihr habt,
und gebt Almosen. Macht euch Geldbeutel,
die nicht veralten, einen Schatz, der niemals
abnimmt, im Himmel, wo kein Dieb hin-
kommt und den keine Motten fressen.
34 Denn wo euer Schatz ist, da wird auch eu-
er Herz sein.

32: 22, 29; Jes 41, 14; Dan 7, 26 / 33: 16, 9; 18, 22.
Apokryphen vgl. Nr. 34

Lk 12, 35-46

35 Laßt eure Lenden umgürtet sein und eure
Lichter brennen 36 und seid gleich den Men-
schen, die auf ihren Herrn warten, wann er
aufbrechen wird von der Hochzeit, damit,
wenn er kommt und anklopft, sie ihm sogleich
auftun. 37 Selig sind die Knechte, die der
Herr, wenn er kommt, wachend findet. Wahr-
lich, ich sage euch: Er wird sich schürzen und
wird sie zu Tisch bitten und kommen und ih-
nen dienen. 38 Und wenn er kommt in der
zweiten oder in der dritten Nachtwache und
findet's so: selig sind sie. 39 Das sollt ihr aber
wissen: Wenn ein Hausherr wüßte, zu welcher
Stunde der Dieb kommt, so ließe er nicht in
sein Haus einbrechen. 40 Seid auch ihr bereit!
Denn der Menschensohn kommt zu einer
Stunde, da ihr's nicht meint.
41 Petrus aber sprach: Herr, sagst du dies
Gleichnis zu uns oder auch zu allen? 42 Der
Herr aber sprach: Wer ist denn der treue und
kluge Verwalter, den der Herr über seine Leute
setzt, damit er ihnen zur rechten Zeit gibt, was
ihnen zusteht? 43 Selig ist der Knecht, den
sein Herr, wenn er kommt, das tun sieht.
44 Wahrlich, ich sage euch: Er wird ihn über
alle seine Güter setzen. 45 Wenn aber jener
Knecht in seinem Herzen sagt: Mein Herr
kommt noch lange nicht, und fängt an, die
Knechte und Mägde zu schlagen, auch zu es-
sen und zu trinken und sich vollzusaufen,
46 dann wird der Herr dieses Knechtes kom-
men an einem Tage, an dem er's nicht erwar-
tet, und zu einer Stunde, die er nicht kennt,
und wird ihn in Stücke hauen lassen und wird
ihm sein Teil geben bei den Ungläubigen[1]).

Joh 13, 4. 5

*4 . . . legte sein Obergewand ab und nahm ei-
nen Schurz und umgürtete sich. 5 Danach
goß er Wasser in ein Becken, fing an, den Jün-
gern die Füße zu waschen, und trocknete sie
mit dem Schurz, mit dem er umgürtet war.*

35: 2. Mose 12, 11; Mt 25, 1-13; 1. Petr 1, 13 / 36: Nr. 222; Offb 3, 20 / 37: 17, 7. 8 / 39: 1. Thess 5, 2 / 40: Nr. 218. / 44: Mt 25, 21.

1) »Ungläubige« bezeichnet die Heiden, wie »Heilige« die Christen.

156. Der Lohn des Knechtes

157. Die Zeichen der Zeit

Mt 10, 34-36; 16, 2. 3 (vgl. Nr. 59. 116)

10, 34 *Ihr sollt nicht meinen, daß ich gekommen bin, Frieden zu bringen auf die Erde. Ich bin nicht gekommen, Frieden zu bringen, sondern das Schwert.*
35 *Denn ich bin gekommen, den Menschen zu entzweien mit seinem Vater und die Tochter mit ihrer Mutter und die Schwiegertochter mit ihrer Schwiegermutter.* 36 *Und des*
Menschen Feinde werden seine eigenen Hausgenossen sein.

16, 2 *Aber er antwortete und sprach: Des Abends sprecht ihr: Es wird ein schöner Tag werden, denn der Himmel ist rot.* 3 *Und des*
Morgens sprecht ihr: Es wird heute ein Unwetter kommen, denn der Himmel ist rot und trübe. Über das Aussehen des Himmels könnt ihr urteilen; könnt ihr dann nicht auch über die Zeichen der Zeit urteilen?[1]

[1] Der Ausspruch in Vers 2, 3 fehlt in gewichtigen alten Textzeugen.

Lk 12, 47-48

47 Der Knecht aber, der den Willen seines
Herrn kennt, hat aber nichts vorbereitet noch
nach seinem Willen getan, der wird viel Schlä-
ge erleiden müssen. 48 Wer ihn aber nicht
kennt und getan hat, was Schläge verdient,
wird wenig Schläge erleiden. Denn wem viel
gegeben ist, bei dem wird man viel suchen;
und wem viel anvertraut ist, von dem wird
man um so mehr fordern.

47: Jak 4, 17.

Lk 12, 49-56

49 Ich bin gekommen, ein Feuer anzuzünden
auf Erden; was wollte ich lieber, als daß es
schon brennte! 50 Aber ich muß mich zuvor
taufen lassen mit einer Taufe, und wie ist mir
so bange, bis sie vollbracht ist. 51 Meint ihr,
daß ich gekommen bin, Frieden zu bringen auf
Erden? Ich sage: Nein, sondern Zwietracht.
52 Denn von nun an werden fünf in einem
Hause uneins sein, drei gegen zwei und zwei
gegen drei. 53 Es wird der Vater gegen den
Sohn sein und der Sohn gegen den Vater, die
Mutter gegen die Tochter und die Tochter ge-
gen die Mutter, die Schwiegermutter gegen die
Schwiegertochter und die Schwiegertochter ge-
gen die Schwiegermutter.
54 Er sprach aber zu der Menge: Wenn ihr ei-
ne Wolke aufsteigen seht vom Westen her, so
sagt ihr gleich: Es gibt Regen. Und es geschieht
so. 55 Und wenn der Südwind weht, so sagt
ihr: Es wird heiß werden. Und es geschieht so.
56 Ihr Heuchler! Über das Aussehen der Er-
de und des Himmels könnt ihr urteilen; war-
um aber könnt ihr über diese Zeit nicht
urteilen?

Joh 12, 27

27 *Jetzt ist meine Seele betrübt. Und was soll ich sagen? Vater, hilf mir aus dieser Stunde. Doch darum bin ich in diese Stunde gekommen.*

50: 18, 31; Mt 10, 38; 20, 22; 26, 38 / 53 par.: Mi 7, 6.

Zu Lk 12, 49 (Origenes, Hom. zu Jer. 20, 3): So spricht der Heiland selbst: Wer mir nahe ist, der ist dem Feuer nahe. Wer mir fern ist, der ist dem Reiche fern.

Zu Lk 12, 51-53 Thomasevangelium Logion 16, vgl. Nr. 59.

158. Versöhnung mit dem Gegner

Mt 5, 25-26 (vgl. Nr. 21)

25 *Vertrage dich mit deinem Gegner sogleich, solange du noch mit ihm auf dem Weg bist, damit dich der Gegner nicht dem Richter überantworte und der Richter dem Gerichtsdiener und du ins Gefängnis geworfen werdest.*

26 *Wahrlich, ich sage dir: Du wirst nicht von dort herauskommen, bis du auch den letzten Pfennig bezahlt hast.*

159. Der Untergang der Galiläer. Der Turm von Siloah. Das Gleichnis vom Feigenbaum

Lk 12, 57-59

57 Warum aber urteilt ihr nicht auch von
euch aus darüber, was recht ist? 58 Denn
wenn du mit deinem Gegner zum Gericht
gehst, so bemühe dich auf dem Wege von ihm
loszukommen, damit er nicht etwa dich vor
den Richter ziehe, und der Richter überant-
worte dich dem Gerichtsdiener, und der Ge-
richtsdiener werfe dich ins Gefängnis. 59 Ich
sage dir: Du wirst von dort nicht herauskom-
men, bis du den allerletzten Heller bezahlt
hast.

Lk 13, 1-9

1 Es kamen aber zu der Zeit einige, die be-
richteten ihm von den Galiläern, deren Blut
Pilatus mit ihren Opfern vermischt hatte.
2 Und Jesus antwortete und sprach zu ihnen:
Meint ihr, daß diese Galiläer mehr gesündigt
haben als alle andern Galiläer, weil sie das er-
litten haben? 3 Ich sage euch: Nein; sondern
wenn ihr nicht Buße tut, werdet ihr alle auch
so umkommen. 4 Oder meint ihr, daß die
achtzehn, auf die der Turm in Siloah fiel und
erschlug sie, schuldiger gewesen sind als alle
andern Menschen, die in Jerusalem wohnen?
5 Ich sage euch: Nein; sondern wenn ihr nicht
Buße tut, werdet ihr alle auch so umkommen.
6 Er sagte ihnen aber dies Gleichnis: Es hatte
einer einen Feigenbaum, der war gepflanzt in
seinem Weinberg, und er kam und suchte
Frucht darauf und fand keine. 7 Da sprach er
zu dem Weingärtner: Siehe, ich bin nun drei
Jahre lang gekommen und habe Frucht gesucht
an diesem Feigenbaum, und finde keine. So
hau ihn ab! Was nimmt er dem Boden die
Kraft? 8 Er aber antwortete und sprach zu
ihm: Herr, laß ihn noch dies Jahr, bis ich um
ihn grabe und ihn dünge; 9 vielleicht bringt
er doch noch Frucht; wenn aber nicht, so hau
ihn ab.

2: Joh 9, 2 / 4: Neh 3, 15 / 6: Nr. 196. 198 / 8: 2. Petr 3, 9. 15 / 9: 3, 9.

Mt 18, 35

Mk 9, 50

160. Die Heilung der verkrümmten Frau am Sabbat

161. Vom Senfkorn und vom Sauerteig

Mt 13, 31-33 (vgl. Nr. 95)

31 *Ein anderes Gleichnis legte er ihnen vor*
und sprach: Das Himmelreich gleicht einem
Senfkorn, das ein Mensch nahm und auf sei-
nen Acker säte;
32 *das ist das kleinste unter allen Samenkör-*
nern; wenn es aber gewachsen ist, so ist es grö-
ßer als alle Kräuter und wird ein Baum, so daß
die Vögel unter dem Himmel kommen und
wohnen in seinen Zweigen.

33 *Ein anderes Gleichnis sagte er ihnen: Das*
Himmelreich gleicht einem Sauerteig, den ei-
ne Frau nahm und unter einen halben Zent-
ner Mehl mengte, bis es ganz durchsäuert war.

Mk 4, 30-32 (vgl. Nr. 95)

30 *Und er sprach: Womit wollen wir das*
Reich Gottes vergleichen, und durch welches
Gleichnis wollen wir es abbilden? 31 *Es ist*
wie ein Senfkorn: wenn das gesät wird aufs
Land, so ist's das kleinste unter allen Samen-
körnern auf Erden; 32 *und wenn es gesät ist,*
so geht es auf und wird größer als alle Kräu-
ter und treibt große Zweige, so daß die Vö-
gel unter dem Himmel unter seinem Schatten
wohnen können.

Lk 13, 10-17

10 Und er lehrte in einer Synagoge am Sab-
bat. 11 Und siehe, eine Frau war da, die hat-
te seit achtzehn Jahren einen Geist, der sie
krank machte; und sie war verkrümmt und
konnte sich nicht mehr aufrichten. 12 Als
aber Jesus sie sah, rief er sie zu sich und sprach
zu ihr: Frau, sei frei von deiner Krankheit!
13 Und legte die Hände auf sie; und sogleich
richtete sie sich auf und pries Gott. 14 Da
antwortete der Vorsteher der Synagoge, denn
er war unwillig, daß Jesus am Sabbat heilte,
und sprach zu dem Volk: Es sind sechs Tage,
an denen man arbeiten soll; an denen kommt
und laßt euch heilen, aber nicht am Sabbat-
tag. 15 Da antwortete ihm der Herr und
sprach: Ihr Heuchler! Bindet nicht jeder von
euch am Sabbat seinen Ochsen oder seinen
Esel von der Krippe los und führt ihn zur Trän-
ke? 16 Sollte dann nicht diese, die doch
Abrahams Tochter ist, die der Satan schon
achtzehn Jahre gebunden hatte, am Sabbat
von dieser Fessel gelöst werden? 17 Und als er
das sagte, mußten sich schämen alle, die ge-
gen ihn gewesen waren. Und alles Volk freu-
te sich über alle herrlichen Taten, die durch
ihn geschahen.

Vgl. Nr. 68. 165 / 14: 2. Mose 20, 9 / 15: 14, 5 / 16: 19, 9 / 17: Jes 45, 16.

Lk 13, 18-21

18 Er aber sprach: Wem gleicht das Reich
Gottes, und womit soll ich's vergleichen?

19 Es gleicht einem Senfkorn, das ein Mensch
nahm und in seinen Garten säte;

und es wuchs
und wurde ein Baum, und die Vögel des Himmels wohnten in seinen Zweigen.

20 Und wiederum sprach er: Womit soll ich
das Reich Gottes vergleichen? 21 Es gleicht ei-
nem Sauerteig, den eine Frau nahm und un-
ter einen halben Zentner Mehl mengte, bis es
ganz durchsäuert war.

19: Hes 17, 23: 31, 6.

162. Von der engen Pforte und der verschlossenen Tür

Mt 7, 13-14; 25, 10-12; 7, 22-23; 8, 11-12; 19, 30; 20, 16 (Vgl. Nr. 38. 222. 40. 44. 186. 187)

7, 13 *Geht hinein durch die enge Pforte.
Denn die Pforte ist weit, und der Weg ist breit,
der zur Verdammnis führt, und viele sind's,
die auf ihm hineingehen.* 14 *Wie eng ist die
Pforte und wie schmal der Weg, der zum Le-
ben führt, und wenige sind's, die ihn finden!*
25, 10 *Und als sie hingingen zu kaufen, kam
der Bräutigam; und die bereit waren, gingen
mit ihm hinein zur Hochzeit, und die Tür wur-
de verschlossen.* 11 *Später kamen auch die
andern Jungfrauen und sprachen: Herr, Herr,
tu uns auf!* 12 *Er antwortete aber und sprach:
Wahrlich, ich sage euch: Ich kenne euch nicht.*
7, 22 *Es werden viele zu mir sagen an jenem
Tage: Herr, Herr, haben wir nicht in deinem
Namen geweissagt? Haben wir nicht in deinem
Namen böse Geister ausgetrieben? Haben wir
nicht in deinem Namen viele Wunder getan?*
23 *Dann werde ich ihnen bekennen: Ich ha-
be euch noch nie gekannt; weicht von mir, ihr
Übeltäter!*

8, 11 *Aber ich sage euch: Viele werden kom-
men von Osten und von Westen und mit
Abraham und Isaak und Jakob im Himmel-
reich zu Tisch sitzen;* 12 *aber die Kinder des
Reichs werden hinausgestoßen in die Finster-
nis; da wird sein Heulen und Zähneklappern.*
19, 30 *Aber viele, die die Ersten sind, werden
die Letzten und die Letzten werden die Ersten
sein.* 20, 16 *So werden die Letzten die Ersten
und die Ersten die Letzten sein.*

Mk 10, 31 (vgl. Nr. 186)

31 *Viele aber werden die Letzten sein, die die
Ersten sind, und die Ersten sein, die die Letz-
ten sind.*

163. Die Feindschaft des Herodes

Lk 13, 22-33

Lk 13, 22-30

22 Und er ging durch Städte und Dörfer und
lehrte und nahm seinen Weg nach Jerusalem.
23 Es sprach aber einer zu ihm: Herr, meinst
du, daß nur wenige selig werden? Er aber
sprach zu ihnen: 24 Ringt darum, daß ihr
durch die enge Pforte hineingeht; denn viele,
das sage ich euch, werden danach trachten,
wie sie hineinkommen, und werden's nicht
können.
25 Wenn der Hausherr aufgestanden ist und
die Tür verschlossen hat, und ihr anfangt,
draußen zu stehen und an die Tür zu klopfen
und zu sagen: Herr, tu uns auf!, dann wird
er antworten und zu euch sagen: Ich kenne
euch nicht; wo seid ihr her? 26 Dann werdet
ihr anfangen zu sagen: Wir haben vor dir ge-
gessen und getrunken, und auf unsern Stra-
ßen hast du gelehrt. 27 Und er wird zu euch
sagen: Ich kenne euch nicht; wo seid ihr her?
Weicht alle von mir, ihr Übeltäter! 28 Da
wird Heulen und Zähneklappern sein, wenn
ihr sehen werdet Abraham, Isaak und Jakob
und alle Propheten im Reich Gottes, euch aber
hinausgestoßen.
29 Und es werden kommen von Osten und
von Westen, von Norden und von Süden, die
zu Tisch sitzen werden im Reich Gottes.

30 Und siehe, es sind Letzte, die werden die
Ersten sein, und sind Erste, die werden die
Letzten sein.

22: 9, 51 / 27: Mt 25, 41; Ps 6, 9 / 29: 14, 15; Jes 49, 12; Ps 107, 3.

Lk 13, 31-33

31 Zu dieser Stunde kamen einige Pharisäer
und sprachen zu ihm: Mach dich auf und geh
weg von hier; denn Herodes will dich töten.
32 Und er sprach zu ihnen: Geht hin und sagt
diesem Fuchs: Siehe, ich treibe böse Geister
aus und mache gesund heute und morgen, und
am dritten Tage werde ich vollendet sein.
33 Doch muß ich heute und morgen und am
folgenden Tag noch wandern; denn es geht
nicht an, daß ein Prophet umkomme außer-
halb von Jerusalem.

164. Jesu Klage über Jerusalem

Mt 23, 37-39 (vgl. Nr. 208)

37 *Jerusalem, Jerusalem, die du tötest die Propheten und steinigst, die zu dir gesandt sind! Wie oft habe ich deine Kinder versammeln wollen, wie eine Henne ihre Küken versammelt unter ihre Flügel; und ihr habt nicht gewollt!* 38 *Siehe, »euer Haus soll euch wüst gelassen werden« (Jeremia 22, 5; Psalm 69, 26).* 39 *Denn ich sage euch: Ihr werdet mich von jetzt an nicht sehen, bis ihr sprecht: Gelobt sei, der da kommt im Namen des Herrn!*

165. Die Heilung des Wassersüchtigen am Sabbat

166. Von Rangordnung und Auswahl der Gäste

Zu Lk 14, 8-10 (eine bis ins 2. Jh. zurückgehende Tradition fügt Mt 20, 28 folgendes hinzu): Ihr aber sucht, vom Kleinen her groß zu werden und vom Größeren her gering zu sein. Geht ihr aber in ein Haus und seid zum Essen eingeladen, so setzt euch nicht auf die besten Plätze, damit nicht einer, der vornehmer ist als du, hereinkommt und der Gastgeber herantritt und sagt: Rücke weiter hinunter! und du beschämt wirst. Setzt du dich aber auf den unteren Platz und einer kommt, der geringer als du ist, dann wird der Gastgeber zu dir sagen: Rücke weiter herauf, und das wird dir nützlich sein.

Lk 13, 34-35

34 Jerusalem, Jerusalem, die du tötest die Pro-
pheten und steinigst, die zu dir gesandt wer-
den, wie oft habe ich deine Kinder versammeln
wollen wie eine Henne ihre Küken unter ihre
Flügel, und ihr habt nicht gewollt! 35 Seht,
»euer Haus soll euch wüst gelassen werden«
(Jeremia 22, 5; Psalm 69, 26). Aber ich sage
euch: Ihr werdet mich nicht mehr sehen, bis
die Zeit kommt, da ihr sagen werdet: Gelobt
ist, der da kommt in dem Namen des Herrn! 34: 19, 41-44 / 35: Ps 69, 26; 118, 26; Lk 19, 38.

Lk 14, 1-6

1 Und es begab sich, daß er an einem Sabbat
in das Haus eines Oberen der Pharisäer kam,
das Brot zu essen, und sie belauerten ihn.
2 Und siehe, da war ein Mensch vor ihm, der
war wassersüchtig. 3 Und Jesus fing an und
sagte zu den Schriftgelehrten und Pharisäern:
Ist's erlaubt, am Sabbat zu heilen oder nicht?
4 Sie aber schwiegen still. Und er faßte ihn an
und heilte ihn und ließ ihn gehen. 5 Und er
sprach zu ihnen: Wer ist unter euch, dem sein
Sohn oder sein Ochse in den Brunnen fällt,
und der ihn nicht alsbald herauszieht, auch am
Sabbat? 6 Und sie konnten ihm darauf keine
Antwort geben. Vgl. Nr. 68. 160 / 1: 11, 37

Lk 14, 7-14

7 Er sagte aber ein Gleichnis zu den Gästen,
als er merkte, wie sie suchten, obenan zu sit-
zen, und sprach zu ihnen: 8 Wenn du von je-
mandem zur Hochzeit geladen bist, so setze
dich nicht obenan; denn es könnte einer ein-
geladen sein, der vornehmer ist als du, 9 und
dann kommt der, der dich und ihn eingeladen
hat, und sagt zu dir: Weiche diesem!, und du
mußt dann beschämt untenan sitzen. 10 Son-
dern wenn du eingeladen bist, so geh hin und
setz dich untenan, damit, wenn der kommt,
der dich eingeladen hat, er zu dir sagt: Freund,
rücke hinauf! Dann wirst du Ehre haben vor
allen, die mit dir zu Tisch sitzen. 11 Denn wer
sich selbst erhöht, der soll erniedrigt werden;
und wer sich selbst erniedigt, der soll erhöht
werden.

167. Das große Abendmahl

Mt 22, 1-10 (vgl. Nr. 202)

1 *Und Jesus fing an und redete abermals in
Gleichnissen zu ihnen und sprach:* 2 *Das
Himmelreich gleicht einem König, der seinem
Sohn die Hochzeit ausrichtete.* 3 *Und er
sandte seine Knechte aus, die Gäste zur Hoch-
zeit zu laden; doch sie wollten nicht kommen.*
4 *Abermals sandte er andere Knechte aus und
sprach: Sagt den Gästen: Siehe, meine Mahl-
zeit habe ich bereitet, meine Ochsen und mein
Mastvieh ist geschlachtet, und alles ist bereit;
kommt zur Hochzeit!* 5 *Aber sie verachteten
das und gingen weg, einer auf seinen Acker,
der andere an sein Geschäft.* 6 *Einige aber er-
griffen seine Knechte, verhöhnten und töte-
ten sie.*

7 *Da wurde der König zornig und schickte
seine Heere aus und brachte diese Mörder um
und zündete die Stadt an.* 8 *Da sprach er zu
seinen Knechten: Die Hochzeit ist zwar bereit,
aber die Gäste waren's nicht wert.* 9 *Darum
geht hinaus auf die Straßen und ladet zur
Hochzeit ein, wen ihr findet.* 10 *Und die
Knechte gingen auf die Straßen hinaus und
brachten zusammen, wen sie fanden, Böse und
Gute; und die Tische wurden alle voll.*

Lk 14, 12-24

12 Er sprach aber auch zu dem, der ihn ein-
geladen hatte: Wenn du ein Mittags- oder
Abendmahl machst, so lade weder deine
Freunde noch deine Brüder noch deine Ver-
wandten noch reiche Nachbarn ein, damit sie
dich nicht etwa wieder einladen und dir ver-
golten wird. 13 Sondern wenn du ein Mahl
machst, so lade Arme, Verkrüppelte, Lahme
und Blinde ein, 14 dann wirst du selig sein,
denn sie haben nichts, um es dir zu vergelten;
es wird dir aber vergolten werden bei der Auf-
erstehung der Gerechten.

7: Mt 23, 6 / 8: Spr 25, 6. 7 / 11: 18, 14; Mt 23, 12; Jak 4, 6. 10 / 13: 5. Mose 14, 29; Jes 58, 7 / 14: Weish 5, 16; 1. Kor 15, 23; Apg 24, 15.

Lk 14, 15-24

15 Als aber einer das hörte, der mit zu Tisch
saß, sprach er zu Jesus: Selig ist, der das Brot
ißt im Reich Gottes! 16 Er aber sprach zu
ihm: Es war ein Mensch, der machte ein gro-
ßes Abendmahl und lud viele dazu ein.
17 Und er sandte seinen Knecht aus zur Stun-
de des Abendmahles, den Geladenen zu sagen:
Kommt, denn es ist alles bereit! 18 Und sie
fingen an alle nacheinander, sich zu entschul-
digen. Der erste sprach zu ihm: Ich habe ei-
nen Acker gekauft und muß hinausgehen und
ihn besehen; ich bitte dich, entschuldige mich.
19 Und der zweite sprach: Ich habe fünf Ge-
spanne Ochsen gekauft und ich gehe jetzt hin,
sie zu besehen; ich bitte dich, entschuldige
mich. 20 Und der dritte sprach: Ich habe ei-
ne Frau genommen; darum kann ich nicht
kommen. 21 Und der Knecht kam zurück
und sagte das seinem Herrn. Da wurde der
Hausherr zornig

und sprach zu seinem Knecht: Geh schnell hin-
aus auf die Straßen und Gassen der Stadt und
führe die Armen, Verkrüppelten, Blinden und
Lahmen herein. 22 Und der Knecht sprach:
Herr, es ist geschehen, was du befohlen hast;
es ist aber noch Raum da. 23 Und der Herr
sprach zu dem Knecht: Geh hinaus auf die
Landstraßen und an die Zäune und nötige sie
hereinzukommen, daß mein Haus voll wer-
de. 24 Denn ich sage euch, daß keiner der
Männer, die eingeladen waren, mein Abend-
mahl schmecken wird.

15: 13, 29 / 20: 1. Kor 7, 33.

Zu Lk 14, 55 ff Thomasevangelium Logion 64, vgl. Nr. 202.

168. Von Nachfolge und Selbstverleugnung

Mt 10, 37-38; 5, 13 (vgl. Nr. 60, 19) — *Mk 9, 50* (vgl. Nr. 129)

37 *Wer Vater oder Mutter mehr liebt als mich, der ist meiner nicht wert; und wer Sohn oder Tochter mehr liebt als mich, der ist meiner nicht wert.* 38 *Und wer nicht sein Kreuz auf sich nimmt und folgt mir nach, der ist meiner nicht wert.*

5, 13 *Ihr seid das Salz der Erde. Wenn nun das Salz nicht mehr salzt, womit soll man salzen? Es ist zu nichts mehr nütze, als daß man es wegschüttet und läßt es von den Leuten zertreten.*

50 *Das Salz ist gut; wenn aber das Salz nicht mehr salzt, womit wird man's würzen? Habt Salz bei euch und habt Frieden untereinander!*

Zu Lk 14, 26 f Thomasevangelium Logion 55: *Wer nicht seinen Vater und seine Mutter haßt, wird nicht mein Jünger sein können. Wer nicht seine Brüder und Schwestern haßt und nicht sein Kreuz trägt wie ich, wird meiner nicht würdig sein.*

169. Vom verlorenen Schaf und vom verlorenen Groschen

Mt 18, 12-14 (vgl. Nr. 130)

12 *Was meint ihr? Wenn ein Mensch hundert Schafe hätte und eins unter ihnen sich verirrte: läßt er nicht die neunundneunzig auf den Bergen, geht hin und sucht das verirrte?*
13 *Und wenn es geschieht, daß er's findet, wahrlich, ich sage euch: er freut sich darüber mehr als über die neunundneunzig, die sich nicht verirrt haben.*

Lk 14, 25-35

25 Es ging aber eine große Menge mit ihm;
und er wandte sich um und sprach zu ihnen:
26 Wenn jemand zu mir kommt und haßt
nicht seinen Vater, Mutter, Frau, Kinder, Brüder, Schwestern und dazu sich selbst, der kann
nicht mein Jünger sein. 27 Und wer nicht sein
Kreuz trägt und mir nachfolgt, der kann nicht
mein Jünger sein. 28 Denn wer ist unter euch,
der einen Turm bauen will und setzt sich nicht
zuvor hin und überschlägt die Kosten, ob er
genug habe, um es auszuführen? 29 damit
nicht, wenn er den Grund gelegt hat und
kann's nicht ausführen, alle, die es sehen, anfangen, über ihn zu spotten, 30 und sagen:
Dieser Mensch hat angefangen zu bauen und
kann's nicht ausführen. 31 Oder welcher König will sich auf einen Krieg einlassen gegen
einen andern König und setzt sich nicht zuvor hin und hält Rat, ob er mit Zehntausend
dem begegnen kann, der über ihn kommt mit
Zwanzigtausend? 32 Wenn nicht, so schickt
er eine Gesandtschaft, solange jener noch fern
ist, und bittet um Frieden. 33 So auch jeder
unter euch, der sich nicht lossagt von allem,
was er hat, der kann nicht mein Jünger sein.
34 Das Salz ist etwas Gutes; wenn aber das
Salz nicht mehr salzt, womit soll man würzen? 35 Es ist weder für den Acker noch für
den Mist zu gebrauchen, sondern man wird's
wegwerfen. Wer Ohren hat zu hören, der
höre!

26: 18, 29. 30; 5. Mose 33, 9. 10; 1. Kor 7, 29 / 27: 9, 23 / 33: 9, 62 (Nr. 120).

Lk 15, 1-10

1 Es nahten sich ihm aber allerlei Zöllner und
Sünder, um ihn zu hören. 2 Und die Pharisäer und Schriftgelehrten murrten und sprachen: Dieser nimmt die Sünder an und ißt mit
ihnen. 3 Er sagte aber zu ihnen dies Gleichnis und sprach: 4 Welcher Mensch ist unter
euch, der hundert Schafe hat und, wenn er eins
von ihnen verliert, nicht die neunundneunzig
in der Wüste läßt und geht dem verlorenen
nach, bis er's findet? 5 Und wenn er's gefunden hat, so legt er sich's auf die Schultern voller Freude. 6 Und wenn er heimkommt, ruft
er seine Freunde und Nachbarn und spricht zu
ihnen: Freut euch mit mir; denn ich habe mein
Schaf gefunden, das verloren war.

14 *So ist's auch nicht der Wille bei eurem Vater im Himmel, daß auch nur eines von diesen Kleinen verloren werde.*

Zu Lk 15, 4-6 Thomasevangelium Logion 107: Das Reich ist gleich einem Hirten, der 100 Schafe hat. Eins von ihnen, das größte, verlief sich. Er ließ die 99 zurück und suchte nach diesem einen, bis er es fand. Als er sich abgemüht hatte, sagte er zu dem Schaf: Ich liebe dich mehr als die 99!

170. Vom verlorenen Sohn

Lk 15, 7-21

7 Ich sage euch: So wird auch Freude im
Himmel sein über einen Sünder, der Buße tut,
mehr als über neunundneunzig Gerechte, die
der Buße nicht bedürfen.
8 Oder welche Frau, die zehn Silbergroschen
hat und einen davon verliert, zündet nicht ein
Licht an und kehrt das Haus und sucht mit
Fleiß, bis sie ihn findet? 9 Und wenn sie ihn
gefunden hat, ruft sie ihre Freundinnen und
Nachbarinnen und spricht: Freut euch mit mir;
denn ich habe meinen Silbergroschen gefun-
den, den ich verloren hatte. 10 So, sage ich
euch, wird Freude sein vor den Engeln Got-
tes über einen Sünder, der Buße tut.

1: 19, 3; 5, 29. 30 (Nr. 51) / 2: 5, 30; 19, 7 / 4: Hes 34, 11. 16; Lk 19, 10; Joh 10, 11. 12 / 5: Jes 40, 11 / 6: Röm 12, 15.

Lk 15, 11-32

11 Und er sprach: Ein Mensch hatte zwei
Söhne. 12 Und der jüngere von ihnen sprach
zu dem Vater: Gib mir, Vater, das Erbteil, das
mir zusteht. Und er teilte Hab und Gut unter
sie. 13 Und nicht lange danach sammelte der
jüngere Sohn alles zusammen und zog in ein
fernes Land; und dort brachte er sein Erbteil
durch mit Prassen. 14 Als er nun all das Sei-
ne verbraucht hatte, kam eine große Hungers-
not über jenes Land, und er fing an zu darben
15 und ging hin und hängte sich an einen Bür-
ger jenes Landes; der schickte ihn auf seinen
Acker, die Säue zu hüten. 16 Und er begehr-
te, seinen Bauch zu füllen mit den Schoten[1]),
die die Säue fraßen; und niemand gab sie ihm.
17 Da ging er in sich und sprach: Wie viele
Tagelöhner hat mein Vater, die Brot in Fülle
haben, und ich verderbe hier im Hunger!
18 Ich will mich aufmachen und zu meinem
Vater gehen und zu ihm sagen: Vater, ich ha-
be gesündigt gegen den Himmel und vor dir.
19 Ich bin hinfort nicht mehr wert, daß ich
dein Sohn heiße; mache mich zu einem dei-
ner Tagelöhner! 20 Und er machte sich auf
und kam zu seinem Vater. Als er aber noch
weit entfernt war, sah ihn sein Vater, und es
jammerte ihn; er lief und fiel ihm um den Hals
und küßte ihn. 21 Der Sohn aber sprach zu
ihm: Vater, ich habe gesündigt gegen den Him-
mel und vor dir; ich bin hinfort nicht mehr
wert, daß ich dein Sohn heiße.

Mt 18, 35

Mk 9, 50

Zu Lk 15, 31. 32 Hebräerevangelium (Hieronymus, Kom. zu Eph 5, 4): Wie wir im Hebräerevangelium gelesen haben, sagt der Herr zu seinen Jüngern: Und niemals sollt ihr fröhlich sein, wenn ihr nicht auf euren Bruder in Liebe blickt.

171. Vom unehrlichen Verwalter

Mt 6, 24 (vgl. Nr. 33)

22 Aber der Vater sprach zu seinen Knechten:
Bringt schnell das beste Gewand her und zieht
es ihm an und gebt ihm einen Ring an seine
Hand und Schuhe an seine Füße 23 und
bringt das gemästete Kalb und schlachtet's;
laßt uns essen und fröhlich sein! 24 Denn die-
ser mein Sohn war tot und ist wieder leben-
dig geworden; er war verloren und ist
gefunden worden. Und sie fingen an, fröhlich
zu sein. 25 Aber der älteste Sohn war auf dem
Feld. Und als er nahe zum Hause kam, hörte
er Singen und Tanzen 26 und rief zu sich ei-
nen der Knechte, und fragte, was das wäre.
27 Der aber sagte ihm: Dein Bruder ist ge-
kommen, und dein Vater hat das gemästete
Kalb geschlachtet, weil er ihn gesund wieder
hat. 28 Da wurde er zornig und wollte nicht
hineingehen. Da ging sein Vater heraus und
bat ihn. 29 Er antwortete aber und sprach zu
seinem Vater: Siehe, so viele Jahre diene ich
dir und habe dein Gebot noch nie übertreten,
und du hast mir nie einen Bock gegeben, daß
ich mit meinen Freunden fröhlich gewesen wä-
re. 30 Nun aber, da dieser dein Sohn gekom-
men ist, der dein Hab und Gut mit Huren
verpraßt hat, hast du ihm das gemästete Kalb
geschlachtet. 31 Er aber sprach zu ihm: Mein
Sohn, du bist allezeit bei mir, und alles, was
mein ist, das ist dein. 32 Du solltest aber fröh-
lich und guten Mutes sein; denn dieser dein
Bruder war tot und ist wieder lebendig gewor-
den, er war verloren und ist wiedergefunden.

11: Mt 21, 28 / 13: Spr 29, 3 / 16: Spr 23, 21 / 18: Ps 51, 6; Jes 3, 12. 13 / 24: Eph 2, 1. 5; 5, 14 / 28: Mt 20, 15 / 31: Joh 17, 10.

1) 15, 16. Gemeint sind die schotenförmigen Früchte des Johannisbrotbaumes, die heute noch als Viehfutter (und getrocknet als menschliche Nahrung) verwendet werden.

Lk 16, 1-13

1 Er sprach aber auch zu den Jüngern: Es war
ein reicher Mann, der hatte einen Verwalter;
der wurde bei ihm beschuldigt, er verschleu-
dere ihm seinen Besitz. 2 Und er ließ ihn ru-
fen und sprach zu ihm: Was höre ich da von
dir? Gib Rechenschaft über deine Verwaltung;
denn du kannst hinfort nicht Verwalter sein.
3 Der Verwalter sprach bei sich selbst: Was
soll ich tun? Mein Herr nimmt mir das Amt;
graben kann ich nicht, auch schäme ich mich
zu betteln.

24 *Niemand kann zwei Herren dienen: entweder er wird den einen hassen und den andern lieben, oder er wird an dem einen hängen und den andern verachten. Ihr könnt nicht Gott dienen und dem Mammon.*

172. Die Selbstgerechtigkeit der Pharisäer

4 Ich weiß, was ich tun will, damit sie mich
in ihre Häuser aufnehmen, wenn ich von dem
Amt abgesetzt werde. 5 Und er rief zu sich
die Schuldner seines Herrn, einen jeden für
sich, und fragte den ersten: Wieviel bist du
meinem Herrn schuldig? 6 Er sprach: Hun-
dert Eimer Öl. Und er sprach zu ihm: Nimm
deinen Schuldschein, setz dich hin und schreib
flugs fünfzig. 7 Danach fragte er den zweiten:
Du aber, wieviel bist du schuldig? Er sprach:
Hundert Sack Weizen. Und er sprach zu ihm:
Nimm deinen Schuldschein und schreib acht-
zig. 8 Und der Herr lobte den ungetreuen
Verwalter, weil er klug gehandelt hatte; denn
die Kinder dieser Welt sind unter ihresgleichen
klüger als die Kinder des Lichts.
9 Und ich sage euch: Macht euch Freunde mit
dem ungerechten Mammon, damit, wenn er
zu Ende geht, sie euch aufnehmen in die ewi-
gen Hütten. 10 Wer im Geringsten treu ist,
der ist auch im Großen treu; und wer im Ge-
ringsten ungerecht ist, der ist auch im Großen
ungerecht. 11 Wenn ihr nun mit dem unge-
rechten Mammon nicht treu seid, wer wird
euch das wahre Gut anvertrauen? 12 Und
wenn ihr mit dem fremden Gut nicht treu seid,
wer wird euch geben, was euer ist?
13 Kein Knecht kann zwei Herren dienen;
entweder er wird den einen hassen und den
andern lieben, oder er wird an dem einen hän-
gen und den andern verachten. Ihr könnt nicht
Gott dienen und dem Mammon.

8: Eph 5, 8 / 9: 12, 33 par.: 14, 14; Mt 6, 20; 19, 21; 25, 35-40 / 10: 19, 17 par.

Zu Lk 16, 13 2. Clemens 6, 1: Der Herr aber sagt: Kein Knecht kann zwei Herren dienen. Wenn wir Gott und dem Mammon dienen wollen, ist das uns nichts nütze.

Zu Lk 16, 10-12 2. Clemens 8, 5 f: Denn der Herr sagt im Evangelium: Wenn ihr das Geringe verliert, wer wird euch das Große geben? Denn ich sage euch: Wer im Geringsten treu ist, ist auch in Vielem treu. Das bedeutet: Bewahrt das Fleisch rein und das Siegel unbefleckt, damit wir das ewige Leben empfangen.

Lk 16, 14-15

14 Das alles hörten die Pharisäer. Die waren
geldgierig und spotteten über ihn. 15 Und er
sprach zu ihnen: Ihr seid's, die ihr euch selbst
rechtfertigt vor den Menschen; aber Gott
kennt eure Herzen; denn was hoch ist bei den
Menschen, das ist ein Greuel vor Gott.

14: Mt 23, 14 / 15: 18, 9-14; Mt 23, 28.

173. Die Geltung des Gesetzes und Ehescheidung

Mt 11, 12-13; 5, 18. 32 (vgl. Nr. 20. 23)

12 *Aber von den Tagen Johannes des Täufers bis heute leidet das Himmelreich Gewalt, und die Gewalttätigen reißen es an sich.* 13 *Denn alle Propheten und das Gesetz haben geweissagt bis hin zu Johannes:*

5, 18 *Denn wahrlich, ich sage euch: Bis Himmel und Erde vergehen, wird nicht vergehen der kleinste Buchstabe noch ein Tüpfelchen vom Gesetz, bis es alles geschieht.*

5, 32 *Ich aber sage euch: Wer sich von seiner Frau scheidet, es sei denn wegen Ehebruchs, der macht, daß sie die Ehe bricht; und wer eine Geschiedene heiratet, der bricht die Ehe.*

Mk 10, 11-12 (vgl. Nr. 184)

11 *Und er sprach zu ihnen: Wer sich scheidet von seiner Frau und heiratet eine andere, der bricht ihr gegenüber die Ehe;* 12 *und wenn sich eine Frau scheidet von ihrem Mann und heiratet einen andern, bricht sie ihre Ehe.*

174. Vom reichen Mann und armen Lazarus

Lk 16, 16-18

16 Das Gesetz und die Propheten reichen bis
zu Johannes. Von da an wird das Evangelium
vom Reich Gottes gepredigt, und jedermann
drängt sich mit Gewalt hinein.

17 Es ist aber leichter, daß Himmel und Erde
vergehen, als daß ein Tüpfelchen vom Gesetz
fällt.

18 Wer sich scheidet von seiner Frau und heiratet eine andere, der bricht die Ehe; und wer die von ihrem Mann Geschiedene heiratet, der bricht auch die Ehe.

17: 21, 33.

(Mt 19, 9) (vgl. Nr. 184)

9 *Ich aber sage euch: Wer sich von seiner Frau scheidet, es sei denn wegen Ehebruchs, und heiratet eine andere, der bricht die Ehe.*[1]

[1] Vgl. Anm. zu Mt 5, 32 (Nr. 23).

Lk 16, 19-31

19 Es war aber ein reicher Mann, der kleide-
te sich in Purpur und kostbares Leinen und leb-
te alle Tage herrlich und in Freuden. 20 Es
war aber ein Armer mit Namen Lazarus, der
lag vor seiner Tür voll von Geschwüren
21 und begehrte, sich zu sättigen mit dem,
was von des Reichen Tisch fiel; dazu kamen
auch die Hunde und leckten seine Geschwü-
re. 22 Es begab sich aber, daß der Arme
starb, und er wurde von den Engeln getragen
in Abrahams Schoß. Der Reiche aber starb
auch und wurde begraben. 23 Als er nun in
der Hölle war, hob er seine Augen auf in sei-
ner Qual und sah Abraham von ferne und La-
zarus in seinem Schoß. 24 Und er rief: Vater
Abraham, erbarme dich meiner und sende La-
zarus, damit er die Spitze seines Fingers ins
Wasser tauche und mir die Zunge kühle; denn
ich leide Pein in diesen Flammen. 25 Abra-
ham aber sprach: Gedenke, Sohn, daß du dein
Gutes empfangen hast in deinem Leben, La-
zarus dagegen hat Böses empfangen; nun wird
er hier getröstet, und du wirst gepeinigt.
26 Und überdies besteht zwischen uns und
euch eine große Kluft, daß niemand, der von
hier zu euch hinüber will, dorthin kommen
kann und auch niemand von dort zu uns her-
über.

175. Von Verführung und Sünde

Mt 18, 6. 7 (vgl. Nr. 128)

6 *Wer aber einen dieser Kleinen, die an mich
glauben, zum Abfall verführt, für den wäre
es besser, daß ein Mühlstein an seinen Hals
gehängt und er ersäuft würde im Meer, wo es
am tiefsten ist.* 7 *Weh der Welt der Verführungen wegen! Es müssen ja Verführungen kommen; doch weh dem Menschen, der zum Abfall verführt!*

Mk 9, 42 (vgl. Nr. 128)

42 *Und wer einen dieser Kleinen, die an mich glauben, zum Abfall verführt, für den wäre es besser, daß ihm ein Mühlstein an den Hals gehängt und er ins Meer geworfen würde.*

176. Mahnung zur Versöhnlichkeit

Mt 18, 15. 21-22 (vgl. Nr. 131. 132)

15 *Sündigt aber dein Bruder an dir, so geh hin und weise ihn zurecht zwischen dir und ihm allein. Hört er auf dich, so hast du deinen Bruder gewonnen.*

21 *Da trat Petrus zu ihm und fragte: Herr, wie oft muß ich denn meinem Bruder, der an mir sündigt, vergeben? Genügt es siebenmal?*

22 *Jesus sprach zu ihm: Ich sage dir: nicht siebenmal, sondern siebzigmal siebenmal.*

27 Da sprach er: So bitte ich dich, Vater, daß
du ihn sendest in meines Vaters Haus; 28
denn ich habe noch fünf Brüder, die soll er
warnen, damit sie nicht auch kommen an die-
sen Ort der Qual. 29 Abraham sprach: Sie
haben Mose und die Propheten; die sollen sie
hören. 30 Er aber sprach: Nein, Vater Abra-
ham, sondern wenn einer von den Toten zu
ihnen ginge, so würden sie Buße tun. 31 Er
sprach zu ihm: Hören sie Mose und die Pro-
pheten nicht, so werden sie sich auch nicht
überzeugen lassen, wenn jemand von den To-
ten auferstünde.

19: Jak 5, 5 / 22: Hebr 1, 14; Ps 73 / 25: 6, 24; Ps 17, 14 / 29: 2. Tim 3, 16; Jes 8, 20 / 31: Joh 5, 46; 11, 43-53.

Lk 17, 1-2

1 Er aber sprach zu seinen Jüngern: Es ist un-
möglich, daß keine Verführungen kommen;
aber weh dem, durch den sie kommen! 2 Es
wäre besser für ihn, daß man einen Mühlstein
an seinen Hals hängte und würfe ihn ins Meer,
als daß er einen dieser Kleinen zum Abfall
verführt.

1: Mt 26, 24.

Lk 17, 3-4

3 Hütet euch! Wenn dein Bruder sündigt, so
weise ihn zurecht; und wenn er es bereut, ver-
gib ihm.

4 Und wenn er siebenmal am Tag an dir sün-
digen würde und siebenmal wieder zu dir kä-
me und spräche: Es reut mich!, so sollst du
ihm vergeben.

Zu Lk 17, 3 Didache 15, 3 vgl. Nr. 132.

Zu Lk 17, 4 Nazaräerevangelium, vgl. Nr. 132.

177. Von der Kraft des Glaubens

Mt 17, 20 (vgl. Nr. 123)

20 *Er aber sprach zu ihnen: Wegen eures Kleinglaubens. Denn wahrlich, ich sage euch: Wenn ihr Glauben habt wie ein Senfkorn, so könnt ihr sagen zu diesem Berge: Heb dich dorthin!, so wird er sich heben; und euch wird nichts unmöglich sein.*

178. Vom Knechtslohn

179. Die zehn Aussätzigen

Lk 17, 5. 6

5 Und die Apostel sprachen zu dem Herrn:
Stärke uns den Glauben! 6 Der Herr aber
sprach: Wenn ihr Glauben hättet so groß wie
ein Senfkorn, dann könntet ihr zu diesem
Maulbeerbaum sagen: Reiß dich aus und ver-
setze dich ins Meer!, und er würde euch ge-
horchen.

5: Mk 9, 24 / 6: Mt 21, 21; Mk 11, 22. 23 par. (Nr. 198).

Zu Lk 17, 5-6 Thomasevangelium Logion 48: Wenn zwei miteinander Frieden schließen in einem Hause, werden sie zum Berge sagen: Hebe dich weg! Und er wird sich wegheben.

Lk 17, 7-10

7 Wer unter euch hat einen Knecht, der
pflügt oder das Vieh weidet und sagt ihm,
wenn der vom Feld heimkommt: Komm gleich
her und setz dich zu Tisch? 8 Wird er nicht
vielmehr zu ihm sagen: Bereite mir das Abend-
essen, schürze dich und diene mir, bis ich ge-
gessen und getrunken habe; danach sollst du
auch essen und trinken? 9 Dankt er etwa dem
Knecht, daß er getan hat, was befohlen war?
10 So auch ihr! Wenn ihr alles getan habt,
was euch befohlen ist, so sprecht: Wir sind un-
nütze Knechte; wir haben getan, was wir zu
tun schuldig waren.

7: 12, 37 / 10: 1. Kor 9, 16

Lk 17, 11-19

11 Und es begab sich, als er nach Jerusalem
wanderte, daß er durch Samarien und Gali-
läa hin zog. 12 Und als er in ein Dorf kam,
begegneten ihm zehn aussätzige Männer, die
standen von ferne 13 und erhoben ihre Stim-
me und sprachen: Jesus, lieber Meister, erbar-
me dich unser! 14 Und als er sie sah, sprach
er zu ihnen: Geht hin und zeigt euch den Prie-
stern! Und es geschah, als sie hingingen, da
wurden sie rein. 15 Einer aber unter ihnen, als
er sah, daß er gesund geworden war, kehrte
er um und pries Gott mit lauter Stimme
16 und fiel nieder auf sein Angesicht zu Jesu
Füßen und dankte ihm. Und das war ein Sa-
mariter. 17 Jesus aber antwortete und sprach:
Sind nicht die zehn rein geworden? Wo sind
aber die neun? 18 Hat sich sonst keiner gefun-
den, der wieder umkehrte, um Gott die Ehre
zu geben, als nur dieser Fremde? 19 Und er
sprach zu ihm: Steh auf, geh hin; dein Glau-
be hat dir geholfen.

11: 9, 51 par./ 12: 3. Mose 13, 45. 46 / 14: 5, 12-14; 3. Mose 13, 49; 14, 2. 3 / 19: 7, 50; 8, 48.

180. Vom Kommen des Gottesreiches

Zu Lk 17, 20 f Thomasevangelium Logion 113: Seine Jünger fragten ihn: Wann wird das Reich kommen? — Es wird nicht kommen, wenn ihr danach ausschaut. Man wird auch nicht sagen: Siehe hier! oder: dort! Denn das Reich des Vaters ist über die Erde ausgebreitet und die Menschen sehen es nicht.

Zu Lk 17, 21 Papyrus Oxyrhynchos 654, 3: . . . und das Reich der Himmel ist inwendig in euch, (und wer sich selbst) erkennt, wird dieses finden.

181. Der Tag des Menschensohns

Mt 24, 26. 27. 37-39. 17. 18; 16, 25; 24, 40. 41. 28 (vgl. Nr. 213. 219. 120)

24, 26 *Wenn sie also zu euch sagen werden: Siehe, er ist in der Wüste!, so geht nicht hinaus; siehe, er ist drinnen im Haus!, so glaubt es nicht.* 27 *Denn wie der Blitz ausgeht vom Osten und leuchtet bis zum Westen, so wird auch das Kommen des Menschensohns sein.*

37 *Denn wie es in den Tagen Noahs war, so wird auch sein das Kommen des Menschensohns.* 38 *Denn wie sie waren in den Tagen vor der Sintflut — sie aßen, sie tranken, sie heirateten und ließen sich heiraten bis an den Tag, an dem Noah in die Arche hineinging;*
39 *und sie beachteten es nicht, bis die Sintflut kam und raffte sie alle dahin—, so wird es auch sein beim Kommen des Menschensohns.*

17 *und wer auf dem Dach ist, der steige nicht hinunter, etwas aus seinem Hause zu holen;*
18 *und wer auf dem Feld ist, der kehre nicht zurück, seinen Mantel zu holen.*

16, 25 *Denn wer sein Leben erhalten will, der wird's verlieren; wer aber sein Leben verliert um meinetwillen, der wird's finden.*
24, 40 *Dann werden zwei auf dem Felde sein; der eine wird angenommen, der andere wird preisgegeben.*

Mk 8, 35 (vgl. Nr. 120)

35 *Denn wer sein Leben erhalten will, der wird's verlieren; und wer sein Leben verliert um meinetwillen und um des Evangeliums willen, der wird's erhalten.*

Lk 17, 20-21

20 Als er aber von den Pharisäern gefragt
wurde: Wann kommt das Reich Gottes?, ant-
wortete er ihnen und sprach: Das Reich Got-
tes kommt nicht so, daß man's beobachten
kann; 21 man wird auch nicht sagen: Siehe,
hier ist es! oder: Da ist es! Denn siehe, das
Reich Gottes ist mitten unter euch[1]).

20: Joh 3, 3; 18, 36 / 21: 19, 11; Apg 1, 6; Röm 14, 17; 1. Kor 4, 20; Mk 13, 21 par., Nr. 213.

1) bzw. ». . . ist inwendig in euch.«

Lk 17, 22-37

22 Er sprach aber zu den Jüngern: Es wird die
Zeit kommen, in der ihr begehren werdet, zu
sehen einen der Tage des Menschensohns, und
werdet ihn nicht sehen. 23 Und sie werden zu
euch sagen: Siehe, da! oder: Siehe, hier! Geht
nicht hin und lauft ihnen nicht nach! 24 Denn
wie der Blitz aufblitzt und leuchtet von einem
Ende des Himmels bis zum andern, so wird
der Menschensohn an seinem Tage sein.
25 Zuvor aber muß er viel leiden und ver-
worfen werden von diesem Geschlecht.
26 Und wie es geschah zu den Zeiten Noahs,
so wird's auch geschehen in den Tagen des
Menschensohns: 27 sie aßen, sie tranken, sie
heirateten, sie ließen sich heiraten bis zu dem
Tag, an dem Noah in die Arche ging und die
Sintflut kam und brachte sie alle um.
28 Ebenso, wie es geschah zu den Zeiten Lots:
Sie aßen, sie tranken, sie kauften, sie verkauf-
ten, sie pflanzten, sie bauten; 29 an dem Ta-
ge aber, als Lot aus Sodom ging, da regnete
es Feuer und Schwefel vom Himmel und
brachte sie alle um. 30 Auf diese Weise wird's
auch gehen an dem Tage, wenn der Menschen-
sohn wird offenbar werden. 31 Wer an jenem
Tage auf dem Dach ist und seine Sachen im
Haus hat, der steige nicht hinunter, um sie zu
holen. Und ebenso, wer auf dem Feld ist, der
wende sich nicht um nach dem, was hinter ihm
ist. 32 Denkt an Lots Frau!
33 Wer sein Leben[1]) zu erhalten sucht, der
wird es verlieren; und wer es verlieren wird,
der wird es gewinnen.
34 Ich sage euch: In jener Nacht werden zwei
auf einem Bett liegen; der eine wird angenom-
men, der andere wird preisgegeben werden.

Joh. 12, 25

25 *Wer sein Leben lieb hat, der wird's verlie-*
ren; und wer sein Leben auf dieser Welt haßt,
der wird's erhalten zum ewigen Leben.

1) Kann auch mit »Seele« übersetzt werden.

41 *Zwei Frauen werden mahlen mit der Mühle; die eine wird angenommen, die andere wird preisgegeben.*
28 *Wo das Aas ist, da sammeln sich die Geier.*

182. Von der bittenden Witwe

183. Vom Pharisäer und Zöllner

35 Zwei Frauen werden miteinander Korn
mahlen; die eine wird angenommen, die an-
dere wird preisgegeben werden[2]).
37 Und sie fingen an und fragten ihn: Herr,
wo? Er aber sprach zu ihnen: Wo das Aas ist,
da sammeln sich auch die Geier.

23: 21, 8; Mt 24, 23 / 25: 9, 22 / 26: 1. Mose 6, 9-7, 23 / 27: 1. Mose 7, 7-23 / 28: 1. Mose 18, 20; 1. Mose 19, 15. 24. 25 / 29: 1. Mose 19, 24. 25 / 31: 21, 21 / 32: 1. Mose 19, 26 / 33: 9, 24 / 37: Hiob 39, 30.

[2]) 17, 35. Einige Textzeugen fügen (wohl nach Mt 24, 40) hinzu: »36 Zwei werden auf dem Felde sein; der eine wird angenommen und der andere zurückgelassen werden.«

Zu Lk 17, 31 ff Clemens Alexandrinus (Exc. ex Theod. 2, 2): Rette dich und dein Leben[1])!

Lk 18, 1-8

1 Er sagte ihnen aber ein Gleichnis darüber,
daß sie allezeit beten und nicht nachlassen soll-
ten, 2 und sprach: Es war ein Richter in einer
Stadt, der fürchtete sich nicht vor Gott und
scheute sich vor keinem Menschen. 3 Es war
aber eine Witwe in derselben Stadt, die kam
zu ihm und sprach: Schaffe mir Recht gegen
meinen Widersacher! 4 Und er wollte lange
nicht. Danach aber dachte er bei sich selbst:
Wenn ich mich schon vor Gott nicht fürchte
noch vor keinem Menschen scheue, 5 will ich
doch dieser Witwe, weil sie mir soviel Mühe
macht, Recht schaffen, damit sie nicht zuletzt
komme und mir ins Gesicht schlage. 6 Da
sprach der Herr: Hört, was der ungerechte
Richter sagt! 7 Sollte Gott nicht auch Recht
schaffen seinen Auserwählten, die zu ihm Tag
und Nacht rufen, und sollte er's bei ihnen lange
hinziehen? 8 Ich sage euch: Er wird ihnen
Recht schaffen in Kürze. Doch wenn der Men-
schensohn kommen wird, meinst du, er wer-
de Glauben finden auf Erden?

1: Röm 12, 12; Eph 6, 18; Kol 4, 2; 1. Thess 5, 17 / 3: 2. Mose 22, 22-24; Jes 1, 17 / 5: 11, 7. 8 / 7: Ps 55, 17. 18.

Lk 18, 9-14

9 Er sagte aber zu einigen, die sich anmaßten,
fromm zu sein, und verachteten die andern,
dies Gleichnis: 10 Es gingen zwei Menschen
hinauf in den Tempel, um zu beten, der eine
ein Pharisäer, der andere ein Zöllner. 11 Der
Pharisäer stand für sich und betete so: Ich dan-
ke dir, Gott, daß ich nicht bin wie die andern
Leute, Räuber, Betrüger, Ehebrecher oder auch
wie dieser Zöllner. 12 Ich faste zweimal in der
Woche und gebe den Zehnten von allem, was
ich einnehme. 13 Der Zöllner aber stand fer-
ne, wollte auch die Augen nicht aufheben zum
Himmel, sondern schlug an seine Brust und
sprach: Gott, sei mir Sünder gnädig! 14 Ich
sage euch: Dieser ging gerechtfertigt hinab in
sein Haus, nicht jener. Denn wer sich selbst
erhöht, der wird erniedrigt werden; und wer
sich selbst erniedrigt, der wird erhöht werden.

9: 16, 15; Röm 10, 3 / 11: Jes 58, 2. 3 / 12: 11, 42; Mt 9, 14; 23, 23 / 13: Ps 51, 3. 19 / 14: Mt 21, 31; Lk 14, 11; Mt 23, 12.

C. Jesus in Judäa (Mt 19-27; Mk 10-15; Lk 18, 15-23)

1. Jesus zieht nach Jerusalem (Mt 19-20; Mk 10; Lk 18, 15-19, 27)

184. Von Ehe, Ehescheidung, Ehelosigkeit

Mt 19, 1-12

1 Und es begab sich, als Jesus diese Reden
vollendet hatte, daß er sich aufmachte aus Ga-
liläa und kam in das Gebiet von Judäa jenseits
des Jordans; 2 und eine große Menge folgte
ihm nach, und er heilte sie dort. 3 Da traten
Pharisäer zu ihm und versuchten ihn und spra-
chen: Ist's erlaubt, daß sich ein Mann aus ir-
gendeinem Grund von seiner Frau scheidet?
7 *Da fragten sie: Warum hat dann Mose ge-*
boten, ihr einen Scheidebrief zu geben und sich
von ihr zu scheiden?. 8 *Er sprach zu ihnen:*
Mose hat euch erlaubt, euch zu scheiden von
euren Frauen, eures Herzens Härte wegen; von
Anfang an aber ist's nicht so gewesen.
4 Er aber antwortete und sprach: Habt ihr
nicht gelesen: Der im Anfang den Menschen
geschaffen hat, schuf sie als Mann und Frau
5 und sprach (1. Mose 2, 24): »Darum wird
ein Mann Vater und Mutter verlassen und an
seiner Frau hängen, und die zwei werden ein
Fleisch sein«? 6 So sind sie nun nicht mehr
zwei, sondern ein Fleisch. Was nun Gott zu-
sammengefügt hat, das soll der Mensch nicht
scheiden!
7 Da fragten sie: Warum hat dann Mose ge-
boten, ihr einen Scheidebrief zu geben und sich
von ihr zu scheiden?
8 Er sprach zu ihnen: Mose hat euch erlaubt,
euch zu scheiden von euren Frauen, eures Her-
zens Härte wegen; von Anfang an aber ist's
nicht so gewesen.

9 Ich aber sage euch: Wer sich von seiner
Frau scheidet, es sei denn wegen Ehebruchs,
und heiratet eine andere, der bricht die Ehe.

10 Da sprachen seine Jünger zu ihm: Steht die
Sache eines Mannes mit seiner Frau so, dann
ist's nicht gut zu heiraten. 11 Er sprach aber
zu ihnen: Dies Wort fassen nicht alle, sondern
nur die, denen es gegeben ist. 12 Denn einige
sind von Geburt an zur Ehe unfähig; andere
sind von Menschen zur Ehe unfähig gemacht;
und wieder andere haben sich selbst zur Ehe
unfähig gemacht um des Himmelreichs willen.
Wer es fassen kann, der fasse es!

Mk 10, 1-12

1 Und er machte sich auf und kam von dort
in das Gebiet von Judäa und jenseits des Jor-
dans. Und abermals lief das Volk in Scharen
bei ihm zusammen, und wie es seine Gewohn-
heit war, lehrte er sie abermals. 2 Und Pha-
risäer traten zu ihm und fragten ihn, ob ein
Mann sich scheiden dürfe von seiner Frau; und
sie versuchten ihn damit. 3 Er antwortete
aber und sprach zu ihnen: Was hat euch Mo-
se geboten? 4 Sie sprachen: Mose hat zugelas-
sen, einen Scheidebrief zu schreiben und sich
zu scheiden. 5 Jesus aber sprach zu ihnen:
Um eures Herzens Härte willen hat er euch die-
ses Gebot geschrieben; 6 aber von Beginn der
Schöpfung an hat Gott sie geschaffen als Mann
und Frau.

7 Darum wird ein Mann seinen Vater und
seine Mutter verlassen und wird an seiner Frau
hängen, 8 und die zwei werden ein Fleisch
sein. So sind sie nun nicht mehr zwei, sondern
ein Fleisch. 9 Was nun Gott zusammengefügt
hat, soll der Mensch nicht scheiden.

3 *Er antwortete aber und sprach zu ihnen:*
Was hat euch Mose geboten? 4 *Sie sprachen:*
Mose hat zugelassen, einen Scheidebrief zu
schreiben und sich zu scheiden. 5 *Jesus aber*
sprach zu ihnen: Um eures Herzens Härte wil-
len hat er euch dieses Gebot geschrieben;
10 Und daheim fragten ihn abermals seine
Jünger danach.
11 Und er sprach zu ihnen: Wer sich scheidet
von seiner Frau und heiratet eine andere, der
bricht ihr gegenüber die Ehe;[1] 12 und wenn
sich eine Frau scheidet von ihrem Mann und
heiratet einen andern, bricht sie ihre Ehe.

Mt 19, 3: 5, 31. 32/ 4 par.: 1. Mose 1, 27 / 5 par.: 1. Mose 2, 24; Eph 5, 31 / 6: 1. Kor 7, 10. 11 / 7: 5, 31; 5. Mose 24, 1 / 9 par.: Nr. 23 / 11: 1. Kor 7, 7. 17 / 12: 1. Kor 7, 32-35.

Mk 10, 1: Joh 10, 40 / 4: 5. Mose 24, 1; Mt 5, 31-32 / 6: 1. Mose 1, 27 / 7: 1. Mose 2, 24 / 8: 1. Kor 6, 16 / 10: 9, 28 / 11: 1. Kor 7, 10. 11.

[1]Gemeint ist: Er bricht die Ehe, die ihn bis dahin mit seiner ersten Frau verbunden hat; vgl. Anmerkung bei Nr. 23.

Lk 18, 14

Lk 9, 51; 16, 18 (vgl. Nr. 124. 173)

51 *Es begab sich aber, als die Zeit erfüllt war, daß er hinweggenommen werden sollte, da wandte er sein Angesicht, stracks nach Jerusalem zu wandern.*

16, 18 *Wer sich scheidet von seiner Frau und heiratet eine andere, der bricht die Ehe; und wer die von ihrem Mann Geschiedene heiratet, der bricht auch die Ehe.*

Zu Mt 19, 12 Ägypterevangelium (Clemens Alexandrinus Strom. III, 6, 45 , 3): Und als sich Salome beim Herrn erkundigte: Bis wann wird der Tod Gewalt haben?, antwortete der Herr (nicht als sei das Leben etwas Schlechtes und die Schöpfung etwas Böses): Solange ihr Frauen gebärt! (sondern um die natürliche Gesetzmäßigkeit zu lehren). — (III, 9, 64, 1) . . . sagt Salome: Bis wann werden die Menschen sterben? . . . antwortete der Herr: Solange die Frauen gebären! i. e. die Begierden mächtig sind. — (III, 9, 63, 2) Ich bin gekommen, die Werke des Weibes aufzulösen! — (III, 9, 66, 2) . . . als sie (sc. Salome) nämlich sagte: Ich hätte also gut daran getan, nicht zu gebären? als ob es ungehörig sei, . . . antwortete der Herr: Iß jede Pflanze; die aber, die Bitterkeit hat, iß nicht.

185. Die Segnung der Kinder

Mt 19, 13-15; *18, 3* (vgl. Nr. 126)

13 Da wurden Kinder zu ihm gebracht, damit
er die Hände auf sie legte und betete. Die Jün-
ger aber fuhren sie an.
14 Aber Jesus sprach:
Lasset die Kinder und wehret ihnen nicht, zu
mir zu kommen; denn solchen gehört das Him-
melreich.
18, 3 *und sprach: Wahrlich, ich sage euch:
Wenn ihr nicht umkehrt und werdet wie die
Kinder, so werdet ihr nicht ins Himmelreich
kommen.*
15 Und er legte die Hände auf sie und zog von
dort weiter.

Mk 10, 13-16

13 Und sie brachten Kinder zu ihm, damit er
sie anrühre.
Die Jünger aber fuhren sie an. 14 Als es aber
Jesus sah, wurde er unwillig und sprach zu ih-
nen: Laßt die Kinder zu mir kommen und
wehret ihnen nicht; denn solchen gehört das
Reich Gottes.
15 Wahrlich, ich sage euch: Wer das Reich
Gottes nicht empfängt wie ein Kind, der wird
nicht hineinkommen.

16 Und er herzte sie und legte die Hände auf
sie und segnete sie.

186. Die Gefahr des Reichtums (»Der reiche Jüngling«)

Mt 19, 16-30

16 Und siehe, einer trat zu ihm und fragte:
Meister, was soll ich Gutes tun, damit ich das
ewige Leben habe? 17 Er aber sprach zu ihm:
Was fragst du mich nach dem, was gut ist?
Gut ist nur Einer. Willst du aber zum Leben
eingehen, so halte die Gebote. 18 Da fragte er
ihn: Welche? Jesus aber sprach: »Du sollst
nicht töten; du sollst nicht ehebrechen; du
sollst nicht stehlen; du sollst nicht falsch Zeug-
nis geben; 19 ehre Vater und Mutter« (2. Mo-
se 20, 12-16); und: »Du sollst deinen Nächsten
lieben wie dich selbst« (3. Mose 19, 18).
20 Da sprach der Jüngling zu ihm: Das habe
ich alles gehalten; was fehlt mir noch?
21 Jesus antwortete ihm: Willst du vollkom-
men sein, so geh hin, verkaufe, was du hast,
und gib's den Armen, so wirst du einen Schatz
im Himmel haben; und komm und folge mir
nach! 22 Als der Jüngling das Wort hörte,
ging er betrübt davon; denn er hatte viele
Güter.

23 Jesus aber sprach zu seinen Jüngern:
Wahrlich, ich sage euch: Ein Reicher wird
schwer ins Himmelreich kommen.

24 Und weiter sage ich euch: Es ist leichter,
daß ein Kamel durch ein Nadelöhr gehe, als
daß ein Reicher ins Reich Gottes komme.

Mk 10, 17-31

17 Und als er sich auf den Weg machte, lief
einer herbei, kniete vor ihm nieder und frag-
te ihn: Guter Meister, was soll ich tun, damit
ich das ewige Leben ererbe? 18 Aber Jesus
sprach zu ihm: Was nennst du mich gut? Nie-
mand ist gut als Gott allein.
19 Du kennst die Gebote: »Du sollst nicht tö-
ten; du sollst nicht ehebrechen; du sollst nicht
stehlen; du sollst nicht falsch Zeugnis reden;
du sollst niemanden berauben; ehre Vater und
Mutter.«

20 Er aber sprach zu ihm: Meister, das habe
ich alles gehalten von meiner Jugend auf.
21 Und Jesus sah ihn an und gewann ihn lieb
und sprach zu ihm: Eines fehlt dir. Geh hin,
verkaufe alles, was du hast, und gib's den Ar-
men, so wirst du einen Schatz im Himmel ha-
ben, und komm und folge mir nach! 22 Er
aber wurde unmutig über das Wort und ging
traurig davon; denn er hatte viele Güter.

23 Und Jesus sah um sich und sprach zu sei-
nen Jüngern: Wie schwer werden die Reichen
in das Reich Gottes kommen! 24 Die Jünger
aber entsetzten sich über seine Worte. Aber
Jesus antwortete wiederum und sprach zu ih-
nen: Liebe Kinder, wie schwer ist's, ins Reich
Gottes zu kommen! 25 Es ist leichter, daß ein
Kamel durch ein Nadelöhr gehe, als daß ein
Reicher ins Reich Gottes komme.

Lk 18, 15-17

15 Sie brachten auch kleine Kinder zu ihm,
damit er sie anrühren sollte. Als das aber die
Jünger sahen, fuhren sie sie an. 16 Aber Jesus
rief sie zu sich und sprach: Lasset die Kinder
zu mir kommen und wehret ihnen nicht, denn
solchen gehört das Reich Gottes.

17 Wahrlich ich sage euch: Wer nicht das Reich Gottes annimmt wie ein Kind, der wird nicht hineinkommen.

Joh 3, 3. 5

3 *Jesus antwortete und sprach zu ihm: Wahrlich, wahrlich, ich sage dir: Es sei denn, daß
jemand von neuem geboren werde, so kann
er das Reich Gottes nicht sehen.* 5 *Jesus antwortete: Wahrlich, wahrlich, ich sage dir: Es
sei denn, daß jemand geboren werde aus Wasser und Geist, so kann er nicht in das Reich
Gottes kommen.*

Lk 18, 18-30; *22, 28-30; 13, 30*
(vgl. Nr. 232. 162)

18 Und es fragte ihn ein Oberer und sprach:
Guter Meister, was muß ich tun, damit ich das
ewige Leben ererbe? 19 Jesus aber sprach zu
ihm: Was nennst du mich gut? Niemand ist
gut als Gott allein.

20 Du kennst die Gebote: »Du sollst nicht ehebrechen; du sollst nicht töten; du sollst nicht stehlen; du sollst nicht falsch Zeugnis reden; du sollst deinen Vater und deine Mutter ehren!«

21 Er aber sprach: Das habe ich alles gehalten von Jugend auf.

22 Als Jesus das hörte, sprach er zu ihm: Es
fehlt dir noch eines. Verkaufe alles, was du
hast, und gib's den Armen, so wirst du einen
Schatz im Himmel haben, und komm und folge mir nach! 23 Als er das aber hörte, wurde
er traurig; denn er war sehr reich.

24 Als aber Jesus sah, daß er traurig geworden war, sprach er: Wie schwer kommen die Reichen in das Reich Gottes!

25 Denn es ist leichter, daß ein Kamel durch ein Nadelöhr gehe, als daß ein Reicher in das Reich Gottes komme.

Mt 19, 25-20, 5

25 Als das seine Jünger hörten, entsetzten sie
sich sehr und sprachen: Ja, wer kann dann se-
lig werden? 26 Jesus aber sah sie an und
sprach zu ihnen: Bei den Menschen ist's un-
möglich; aber bei Gott sind alle Dinge mög-
lich. 27 Da fing Petrus an und sprach zu ihm:
Siehe, wir haben alles verlassen und sind dir
nachgefolgt; was wird uns dafür gegeben?
28 Jesus aber sprach zu ihnen: Wahrlich, ich
sage euch: Ihr, die ihr mir nachgefolgt seid,
werdet bei der Wiedergeburt, wenn der Men-
schensohn sitzen wird auf dem Thron seiner
Herrlichkeit, auch sitzen auf zwölf Thronen
und richten die zwölf Stämme Israels.

29 Und wer Häuser oder Brüder oder Schwe-
stern oder Vater oder Mutter oder Kinder oder
Äcker verläßt um meines Namens willen, der
wird's hundertfach empfangen

und das ewige Leben ererben.

30 Aber viele, die die Ersten sind, werden die
Letzten und die Letzten werden die Ersten sein.

16: Röm 2, 7 / 17: Lk 10, 26-28; Gal 3, 12. 21 / 21: 6, 20; Lk 12, 33 / 24: 13, 22 / 26: Hiob 42, 2; 1. Mose 18, 14; Lk 1, 37 / 27: 4, 20. 22; Lk 5, 11 / 28: 1. Kor 6, 2; Offb 3, 21 / 30: 20, 16.

Mk 10, 26-31

26 Sie entsetzten sich aber noch viel mehr und
sprachen untereinander: Wer kann dann se-
lig werden?
27 Jesus aber sah sie an und sprach: Bei den
Menschen ist's unmöglich, aber nicht bei Gott;
denn alle Dinge sind möglich bei Gott. 28 Da
fing Petrus an und sagte zu ihm: Siehe, wir
haben alles verlassen und sind dir nachgefolgt.
29 Jesus sprach: Wahrlich, ich sage euch:

Es ist niemand, der Haus oder Brüder oder
Schwestern oder Mutter oder Vater oder Kin-
der oder Äcker verläßt um meinetwillen und
um des Evangeliums willen, 30 der nicht hun-
dertfach empfange: jetzt in dieser Zeit Häu-
ser und Brüder und Schwestern und Mütter
und Kinder und Äcker mitten unter Verfolgun-
gen — und in der zukünftigen Welt das ewi-
ge Leben. 31 Viele aber werden die Letzten
sein, die die Ersten sind, und die Ersten sein,
die die Letzten sind.

19 par.: 2. Mose 20, 12-16; 3. Mose 19, 13; 5. Mose 5, 16-20 / 21 par.: 8, 34; Mt 6, 20; 10, 38; Lk 16, 9 / 23: Spr 11, 28; Ps 62, 11; 1. Tim 6, 17 / 27: Hiob 42, 2; 1. Mose 18, 14.

Zu Mt 19, 16-24 Nazaräerevangelium (Origines, Kom. zu Mt 15, 14): Es sprach zu ihm ein anderer der beiden Reichen: Meister, was soll ich Gutes tun, das ich lebe? Er sprach zu ihm: Mensch, erfülle das Gesetz und die Propheten. Er antwortete ihm: Ich habe es getan. Da sagte er zu ihm: Geh, verkaufe alles, was du besitzt und verteile es unter die Armen und komm, folge mir nach! Da begann der Reiche sich seinen Kopf zu kratzen, und es wollte ihm nicht gefallen. Da sagte der Herr zu ihm: Wie kannst du sagen: ich habe das Gesetz und die Propheten gehalten? Weil bekanntermaßen im Gesetz geschrieben steht: Du sollst deinen Nächsten

187. Von den Arbeitern im Weinberg

Mt 20, 1-16

1 Denn das Himmelreich gleicht einem Haus-
herrn, der früh am Morgen ausging, um Ar-
beiter für seinen Weinberg einzustellen.
2 Und als er mit den Arbeitern einig wurde
über einen Silbergroschen als Tagelohn, sandte
er sie in seinen Weinberg. 3 Und er ging aus
um die dritte Stunde und sah andere müßig
auf dem Markt stehen 4 und sprach zu ihnen:
Geht ihr auch hin in den Weinberg; ich will
euch geben, was recht ist. 5 Und sie gingen
hin. Abermals ging er aus um die sechste und
um die neunte Stunde und tat dasselbe.

26 Da sprachen, die das hörten: Wer kann
dann selig werden?

27 Er aber sprach: Was bei den Menschen unmöglich ist, das ist bei Gott möglich.
28 Da sprach Petrus: Siehe, wir haben, was
wir hatten, verlassen und sind dir nachgefolgt.

29 Er aber sprach zu ihnen: Wahrlich, ich sage euch:
22, 28 *Ihr aber seid's, die ihr ausgeharrt habt
bei mir in meinen Anfechtungen.* 29 *Und ich
will euch das Reich zueignen, wie mir's mein
Vater zugeeignet hat,* 30 *daß ihr essen und
trinken sollt an meinem Tisch in meinem Reich
und sitzen auf Thronen und richten die zwölf
Stämme Israels.*
18, 29b Es ist niemand, der Haus oder Frau
oder Brüder oder Eltern oder Kinder verläßt
um des Reiches Gottes willen,

30 der es nicht vielfach wieder empfange in
dieser Zeit

und in der zukünftigen Welt das ewige Leben.
13, 30 *Und siehe, es sind Letzte, die werden
die Ersten sein, und sind Erste, die werden die
Letzten sein.*

18: 10, 25-28 / 20: 2. Mose 20, 12-16 / 22: Mt 6, 20 / 27: 19, 8. 9.

lieben wie dich selbst. Und siehe, viele deiner Brüder, Abrahams Söhne, sind mit Staub bedeckt, sterben vor Hunger, und dein Haus ist voll von vielen Gütern, und nie kommt aus ihm etwas zu ihnen. Und er wandte sich um zu Simon und sprach zu Simon, der bei ihm saß: Simon, Jonas Sohn, es ist leichter, daß ein Kamel durch ein Nadelöhr geht als ein Reicher ins Himmelreich.

Zu Mt 19, 30 par. Thomasevangelium Logion 4: Ein Greis wird in seinen Tagen nicht zögern ein kleines Kind von 7 Tagen nach dem Ort des Lebens zu fragen. Und er wird leben.

6 Um die elfte Stunde aber ging er aus und
fand andere und sprach zu ihnen: Was steht
ihr den ganzen Tag müßig da? 7 Sie sprachen
zu ihm: Es hat uns niemand eingestellt. Er
sprach zu ihnen: Geht ihr auch hin in den
Weinberg. 8 Als es nun Abend wurde, sprach
der Herr des Weinbergs zu seinem Verwalter:
Ruf die Arbeiter und gib ihnen den Lohn und
fang an bei den letzten bis zu den ersten.
9 Da kamen, die um die elfte Stunde einge-
stellt waren, und jeder empfing seinen Silber-
groschen. 10 Als aber die ersten kamen,
meinten sie, sie würden mehr empfangen; und
auch sie empfingen ein jeder seinen Silbergro-
schen. 11 Und als sie den empfingen, murrten
sie gegen den Hausherrn 12 und sprachen:
Diese letzten haben nur eine Stunde gearbei-
tet, doch du hast sie uns gleichgestellt, die wir
des Tages Last und Hitze getragen haben.
13 Er antwortete aber und sagte zu einem von
ihnen: Mein Freund, ich tu dir nicht Unrecht.
Bist du nicht mit mir einig geworden über ei-
nen Silbergroschen? 14 Nimm, was dein ist
und geh! Ich will aber diesem letzten dassel-
be geben wie dir. 15 Oder habe ich nicht
Macht zu tun, was ich will, mit dem, was mein
ist? Siehst du scheel drein, weil ich so gütig
bin? 16 So werden die Letzten die Ersten und
die Ersten die Letzten sein[1]).

1: 21, 33; Jes 5, 1-7 / 8: 3. Mose 19, 13; 5. Mose 24, 14. 15 / 15: 6, 23; Röm 9, 16. 21 / 16: 19, 30, Nr. 186.

1)Zahlreiche Textzeugen ergänzen (22, 14): »Denn viele sind berufen, wenige aber auserwählt.«

188. Die dritte Ankündigung von Jesu Leiden und Auferstehung

Mt 20, 17-19

17 Und Jesus zog hinauf nach Jerusalem
und nahm die zwölf Jünger beiseite und sprach
zu ihnen auf dem Wege:
18 Siehe, wir ziehen hinauf nach Jerusalem,
und der Menschensohn wird den Hohenprie-
stern und Schriftgelehrten überantwortet wer-
den; und sie werden ihn zum Tode verurteilen
19 und werden ihn den Heiden überantwor-
ten, damit sie ihn verspotten und geißeln und
kreuzigen; und am dritten Tage wird er auf-
erstehen.

Mk 10, 32-34

32 Sie waren aber auf dem Wege hinauf nach
Jerusalem, und Jesus ging ihnen voran; und
sie entsetzten sich; die ihm aber nachfolgten,
fürchteten sich. Und er nahm abermals die
Zwölf zu sich und fing an, ihnen zu sagen, was
ihm widerfahren werde: 33 Siehe, wir gehen
hinauf nach Jerusalem, und der Menschensohn
wird überantwortet werden den Hohenprie-
stern und Schriftgelehrten, und sie werden ihn
zum Tode verurteilen und den Heiden über-
antworten. 34 Die werden ihn verspotten und
anspeien und geißeln und töten, und nach drei
Tagen wird er auferstehen.

Lk 18, 31-34

31 Er nahm aber zu sich die Zwölf und sprach
zu ihnen:
Seht, wir gehen hinauf nach Jerusalem, und
es wird alles vollendet werden, was geschrie-
ben ist durch die Propheten von dem Men-
schensohn. 32 Denn er wird überantwortet
werden den Heiden, und er wird verspottet
und mißhandelt und angespien werden,
33 und sie werden ihn geißeln und töten; und
am dritten Tage wird er auferstehen. 34 Sie
aber begriffen nichts davon, und der Sinn der
Rede war ihnen verborgen, und sie verstan-
den nicht, was damit gesagt war.

31 ff par.: 13, 33 f; 17, 25; 24, 7. 44-46; Nr. 119. 124.

189. Vom Herrschen und vom Dienen (»Die Söhne des Zebedäus«)

Mt 20, 20-28

20 Da trat zu ihm die Mutter der Söhne des
Zebedäus mit ihren Söhnen, fiel vor ihm nie-
der und wollte ihn um etwas bitten.

21 Und er sprach zu ihr: Was willst du? Sie
sprach zu ihm: Laß diese meine beiden Söh-
ne sitzen in deinem Reich einen zu deiner Rech-
ten und den andern zu deiner Linken. 22 Aber
Jesus antwortete und sprach: Ihr wißt nicht,
was ihr bittet. Könnt ihr den Kelch trinken,
den ich trinken werde?

Sie antworteten ihm: Ja, das können wir.
23 Er sprach zu ihnen: Meinen Kelch werdet
ihr zwar trinken,

aber das Sitzen zu meiner Rechten und Lin-
ken zu geben, steht mir nicht zu. Das wird de-
nen zuteil, für die es bestimmt ist von meinem
Vater.
24 Als das die Zehn hörten, wurden sie un-
willig über die zwei Brüder.
25 Aber Jesus rief sie zu sich und sprach: Ihr
wißt, daß die Herrscher ihre Völker nieder-
halten und die Mächtigen ihnen Gewalt an-
tun. 26 So soll es nicht sein unter euch;
sondern wer unter euch groß sein will, der sei
euer Diener; 27 und wer unter euch der Erste
sein will, der sei euer Knecht,
28 so wie der Menschensohn nicht gekommen
ist, daß er sich dienen lasse, sondern daß er
diene und gebe sein Leben zu einer Erlösung
für viele.

20: 10, 2 / 21: 19, 28 / 22: 26, 39; Joh 18, 11 / 23: Apg 12, 2; Offb 1, 9 / 24: Lk 22, 24-27 / 27: 23, 11; Mk 9, 35; 1. Kor 9, 19 / 28 par.: Ps 49, 8; Jes 53, 10-12; Phil 2,7; 1. Tim 2, 6; 1. Petr 1, 18. 19.

Mk 10, 35-45

35 Da gingen zu ihm Jakobus und Johannes,
die Söhne des Zebedäus, und sprachen: Mei-
ster, wir wollen, daß du für uns tust, um was
wir dich bitten werden. 36 Er sprach zu ih-
nen: Was wollt ihr, daß ich für euch tue?
37 Sie sprachen zu ihm: Gib uns, daß wir sit-
zen einer zu deiner Rechten und einer zu dei-
ner Linken in deiner Herrlichkeit. 38 Jesus
aber sprach zu ihnen: Ihr wißt nicht, was ihr
bittet. Könnt ihr den Kelch trinken, den ich
trinke, oder euch taufen lassen mit der Tau-
fe, mit der ich getauft werde? 39 Sie sprachen
zu ihm: Ja, das können wir. Jesus aber sprach
zu ihnen: Ihr werdet zwar den Kelch trinken,
den ich trinke, und getauft werden mit der
Taufe, mit der ich getauft werde; 40 zu sitzen
aber zu meiner Rechten oder zu meiner Lin-
ken, das steht mir nicht zu, euch zu geben,
sondern das wird denen zuteil, für die es be-
stimmt ist.
41 Und als das die Zehn hörten, wurden sie
unwillig über Jakobus und Johannes. 42 Da
rief Jesus sie zu sich und sprach zu ihnen: Ihr
wißt, die als Herrscher gelten, halten ihre Völ-
ker nieder, und ihre Mächtigen tun ihnen Ge-
walt an. 43 Aber so ist es unter euch nicht;
sondern wer groß sein will unter euch, der soll
euer Diener sein; 44 und wer unter euch der
Erste sein will, der soll aller Knecht sein.
45 Denn auch der Menschensohn ist nicht ge-
kommen, daß er sich dienen lasse, sondern
daß er diene und sein Leben gebe als Lösegeld
für viele.

38 par.: 14, 36; Lk 12, 50; Röm 6, 3 / 39 par.: Apg 12, 2; Offb 1, 9 / 43 par.: 9, 35 par. / 44: 1. Petr 5, 3.

190. Die Heilung der beiden Blinden vor Jericho

Mt 20, 29-34

29 Und als sie von Jericho fortgingen, folgte
ihm eine große Menge. 30 Und siehe, zwei
Blinde saßen am Wege; und als sie hörten,

daß Jesus vorüberging, schrien sie: Ach Herr,
du Sohn Davids, erbarme dich unser!

Mk 10, 46-52

46 Und sie kamen nach Jericho. Und als er
aus Jericho wegging, er und seine Jünger und
eine große Menge, da saß ein blinder Bettler
am Wege, Bartimäus, der Sohn des Timäus.
47 Und als er hörte,

daß es Jesus von Nazareth war, fing er an, zu
schreien und zu sagen: Jesus, du Sohn Davids,
erbarme dich meiner!

Lk 12, 50; 22, 24-27 (vgl. Nr. 157. 232)

50 *Aber ich muß mich zuvor taufen lassen
mit einer Taufe, und wie ist mir so bange, bis
sie vollbracht ist!*

22, 24 *Es erhob sich auch ein Streit unter ih-
nen, wer von ihnen als der Größte gelten sol-
le.* 25 *Er aber sprach zu ihnen: Die Könige
herrschen über ihre Völker, und ihre Macht-
haber lassen sich Wohltäter nennen.*

26 *Ihr aber nicht so! Sondern der Größte un-
ter euch soll sein wie der Jüngste, und der Vor-
nehmste wie ein Diener.* 27 *Denn wer ist
größer: der zu Tisch sitzt oder der dient? Ist's
nicht der, der zu Tisch sitzt? Ich aber bin un-
ter euch wie ein Diener.*

Zu Mt 20, 28 fügt eine alte Tradition etwas hinzu, vgl. Nr. 166.

Joh 13, 12-17

12 *Als er nun ihre Füße gewaschen hatte,
nahm er seine Kleider und setzte sich wieder
nieder und sprach zu ihnen: Wißt ihr, was ich
euch getan habe?* 13 *Ihr nennt mich Meister
und Herr und sagt es mit Recht, denn ich bin's
auch.* 14 *Wenn nun ich, euer Herr und Mei-
ster, euch die Füße gewaschen habe, so sollt
auch ihr euch untereinander die Füße waschen.*
15 *Ein Beispiel habe ich euch gegeben, damit
ihr tut, wie ich euch getan habe.* 16 *Wahrlich,
wahrlich, ich sage euch: Der Knecht ist nicht
größer als sein Herr und der Apostel nicht grö-
ßer als der, der ihn gesandt hat.* 17 *Wenn ihr
dies wißt — selig seid ihr, wenn ihr's tut.*

Lk 18, 35-43

35 Es begab sich aber, als er in die Nähe von
Jericho kam,
daß ein Blinder am Wege saß und bettelte.
36 Als er aber die Menge hörte, die vorbei-
ging, forschte er, was das wäre. 37 Da berich-
teten sie ihm, Jesus von Nazareth gehe vorbei.
38 Und er rief: Jesus, du Sohn Davids, erbar-
me dich meiner!

(Mt 9, 27-31) (vgl. Nr. 54)

27 *Und als Jesus von dort weiterging,*

folgten ihm zwei Blinde, die schrien:

Ach, du Sohn Davids, erbarme dich unser!

Mt 20, 31-34

31 Aber das Volk fuhr sie an, daß sie schwei-
gen sollten. Doch sie schrien noch viel mehr:
Ach Herr, du Sohn Davids, erbarme dich un-
ser! 32 Jesus aber blieb stehen, rief sie

und sprach: Was wollt ihr, daß ich für euch tun soll?
33 Sie sprachen zu ihm: Herr, daß unsere Au-
gen aufgetan werden. 34 Und es jammerte Je-
sus, und er berührte ihre Augen; und sogleich wurden sie wieder sehend, und sie folgten ihm nach.

Mk 10, 48-52

48 Und viele fuhren ihn an, er solle still-
schweigen. Er aber schrie noch viel mehr: Du
Sohn Davids, erbarme dich meiner! 49 Und
Jesus blieb stehen und sprach:
Ruft ihn her! Und sie riefen den Blinden und sprachen zu ihm: Sei getrost, steh auf! Er ruft
dich! 50 Da warf er seinen Mantel von sich,
sprang auf und kam zu Jesus. 51 Und Jesus
antwortete und sprach zu ihm: Was willst du, daß ich für dich tun soll? Der Blinde sprach zu ihm: Rabbuni, daß ich sehend werde.
52 Jesus aber sprach zu ihm: Geh hin, dein Glaube hat dir geholfen. Und sogleich wurde er sehend und folgte ihm nach auf dem Wege.

52: 5, 34.

191. Zachäus

39 Die aber vornean gingen, fuhren ihn an, er
solle schweigen. Er aber schrie noch viel mehr:
Du Sohn Davids, erbarme dich meiner!
40 Jesus aber blieb stehen und ließ ihn zu sich
führen.

28 Und als er heimkam, traten die Blinden zu
ihm.

Als er aber näher kam, fragte er ihn: 41 Was
willst du, daß ich für dich tun soll? Er sprach:
Herr, daß ich sehen kann. 42 Und Jesus
sprach zu ihm: Sei sehend! Dein Glaube hat
dir geholfen. 43 Und sogleich wurde er se-
hend und folgte ihm nach und pries Gott. Und
alles Volk, das es sah, lobte Gott.

42: 7, 50; 17, 19 / 43: 7, 16; 17,1; 19, 37.

Und Jesus sprach zu ihnen: Glaubt ihr, daß
ich das tun kann? Da sprachen sie zu ihm: Ja,
Herr. 29 Da berührte er ihre Augen und
sprach: Euch geschehe nach eurem Glauben!
30 Und ihre Augen wurden geöffnet. Und Je-
sus drohte ihnen und sprach: Seht zu, daß es
niemand erfahre! 31 Aber sie gingen hinaus
und verbreiteten die Kunde von ihm in die-
sem ganzen Lande.

Lk 19, 1-10

1 Und er ging nach Jericho hinein und zog
hindurch. 2 Und siehe, da war ein Mann mit
Namen Zachäus, der war ein Oberer der Zöll-
ner und war reich. 3 Und er begehrte, Jesus
zu sehen, wer er wäre, und konnte es nicht
wegen der Menge; denn er war klein von Ge-
stalt. 4 Und er lief voraus und stieg auf einen
Maulbeerbaum, um ihn zu sehen; denn dort
sollte er durchkommen. 5 Und als Jesus an
die Stelle kam, sah er auf und sprach zu ihm:
Zachäus, steig eilend herunter; denn ich muß
heute in deinem Haus einkehren. 6 Und er
stieg eilend herunter und nahm ihn auf mit
Freuden. 7 Als sie das sahen, murrten sie al-
le und sprachen: Bei einem Sünder ist er ein-
gekehrt. 8 Zachäus aber trat vor den Herrn
und sprach: Siehe, Herr, die Hälfte von mei-
nem Besitz gebe ich den Armen, und wenn ich
jemanden betrogen habe, so gebe ich es vier-
fach zurück. 9 Jesus aber sprach zu ihm:
Heute ist diesem Hause Heil widerfahren, denn
auch er ist Abrahams Sohn. 10 Denn der
Menschensohn ist gekommen, zu suchen und
selig zu machen, was verloren ist.

6: Joh 1, 12 / 7: 5, 30; 15, 2; Mt 9, 11 / 8: 2. Mose 21, 37; 22, 1.9; Hes 33, 14-16 / 9: 13, 16 / 10: 5, 32; Hes 34, 16; Mt 18, 11; Joh 3, 17; 1. Tim 1, 15.

192. Von den anvertrauten Pfunden

Mt 25, 14-30 (vgl. Nr. 223)

14 *Denn es ist wie mit einem Menschen, der*
außer Landes ging: er rief seine Knechte und
vertraute ihnen sein Vermögen an; 15 *dem ei-*
nen gab er fünf Zentner Silber, dem andern
zwei, dem dritten einen, jedem nach seiner
Tüchtigkeit, und zog fort. 16 *Sogleich ging*
der hin, der fünf Zentner empfangen hatte,
und handelte mit ihnen und gewann weitere
fünf dazu. 17 *Ebenso gewann der, der zwei*
Zentner empfangen hatte, zwei weitere dazu.
18 *Der aber einen empfangen hatte, ging hin,*
grub ein Loch in die Erde und verbarg das Geld
seines Herrn.
19 *Nach langer Zeit kam der Herr dieser*
Knechte und forderte Rechenschaft von ihnen.
20 *Da trat herzu, der fünf Zentner empfangen*
hatte, und legte weitere fünf Zentner dazu und
sprach: Herr, du hast mir fünf Zentner anver-
traut; siehe da, ich habe damit weitere fünf
Zentner gewonnen. 21 *Da sprach sein Herr zu*
ihm: Recht so, du tüchtiger und treuer Knecht,
du bist über wenigem treu gewesen, ich will
dich über viel setzen; geh hinein zu deines
Herrn Freude! 22 *Da trat auch herzu, der*
zwei Zentner empfangen hatte, und sprach:
Herr, du hast mir zwei Zentner anvertraut; sie-
he da, ich habe damit zwei weitere gewonnen.
23 *Sein Herr sprach zu ihm: Recht so, du*
tüchtiger und treuer Knecht, du bist über we-
nigem treu gewesen, ich will dich über viel set-
zen; geh hinein zu deines Herrn Freude!
24 *Da trat auch herzu, der einen Zentner*
empfangen hatte, und sprach: Herr, ich wuß-
te, daß du ein harter Mann bist: du erntest,
wo du nicht gesät hast, und sammelst ein, wo
du nicht ausgestreut hast; 25 *und ich fürch-*
tete mich, ging hin und verbarg deinen Zent-
ner in der Erde. Siehe, da hast du das Deine.
26 *Sein Herr aber antwortete und sprach zu*
ihm: Du böser und fauler Knecht! Wußtest du,
daß ich ernte, wo ich nicht gesät habe, und
einsammle, wo ich nicht ausgestreut habe?
27 *Dann hättest du mein Geld zu den Wechs-*
lern bringen sollen, und wenn ich gekommen
wäre, hätte ich das Meine wiederbekommen
mit Zinsen. 28 *Darum nehmt ihm den Zent-*
ner ab und gebt ihn dem, der zehn Zentner
hat. 29 *Denn wer da hat, dem wird gegeben*
werden, und er wird die Fülle haben; wer aber
nicht hat, dem wird auch, was er hat, genom-
men werden. 30 *Und den unnützen Knecht*
werft in die Finsternis hinaus; da wird sein
Heulen und Zähneklappern.

Lk 19, 11: 17, 20; 24, 21; Apg 1, 6 / 14: Joh 1, 11; 15, 18 / 17: 16, 10 / 22: Mt 12, 37 / 26: 8, 18 par. Mt 13, 12.

1) 19, 13. Wörtlich: »Minen«. Mit »Pfund« wird der Wert einer Mine (etwa 225 DM) durch Angabe des Gewichts (jedoch nicht des heutigen) bezeichnet.

Lk 19, 11-27

11 Als sie nun zuhörten, sagte er ein weiteres
Gleichnis; denn er war nahe bei Jerusalem, und
sie meinten, das Reich Gottes werde sogleich
offenbar werden. 12 Und er sprach: Ein Fürst
zog in ein fernes Land, um ein Königtum zu
erlangen und dann zurückzukommen. 13 Der
ließ zehn seiner Knechte rufen und gab ihnen
zehn Pfund 1) und sprach zu ihnen: Handelt
damit, bis ich wiederkomme!
14 Seine Bürger aber waren ihm feind und
schickten eine Gesandtschaft hinter ihm her
und ließen sagen: Wir wollen nicht, daß die-
ser über uns herrsche.
15 Und es begab sich, als er wiederkam,
nachdem er das Königtum erlangt hatte, da
ließ er die Knechte rufen, denen er das Geld
gegeben hatte, um zu erfahren, was ein jeder
erhandelt hätte. 16 Da trat der erste herzu
und sprach:
Herr, dein Pfund hat zehn Pfund eingebracht.
17 Und er sprach zu ihm: Recht so, du tüch-
tiger Knecht; weil du im Geringsten treu ge-
wesen bist, sollst du Macht haben über zehn
Städte.
18 Der zweite kam auch und sprach: Herr,
dein Pfund hat fünf Pfund erbracht.
19 Zu dem sprach er auch: Und du sollst über
fünf Städte sein.

20 Und der dritte kam und sprach: Herr, sie-
he, hier ist dein Pfund, das ich in einem Tuch
verwahrt habe; 21 denn ich fürchtete mich
vor dir, weil du ein harter Mann bist; du
nimmst, was du nicht angelegt hast, und ern-
test, was du nicht gesät hast. 22 Er sprach zu
ihm: Mit deinen eigenen Worten richte ich
dich, du böser Knecht. Wußtest du, daß ich
ein harter Mann bin, nehme, was ich nicht an-
gelegt habe, und ernte, was ich nicht gesät ha-
be: 23 warum hast du dann mein Geld nicht
zur Bank gebracht? Und wenn ich zurückge-
kommen wäre, hätte ich's mit Zinsen einge-
fordert. 24 Und er sprach zu denen, die
dabeistanden: Nehmt das Pfund von ihm und
gebt's dem, der zehn Pfund hat. 25 Und sie
sprachen zu ihm: Herr, er hat doch schon zehn
Pfund. 26 Ich sage euch aber: Wer da hat,
dem wird gegeben werden; von dem aber, der
nicht hat, wird auch das genommen werden,
was er hat. 27 Doch diese meine Feinde, die
nicht wollten, daß ich ihr König werde, bringt
her und macht sie vor mir nieder.

Zu Lk 19, 11-27 Nazaräerevangelium (Eusebius, Theoph. zu Mt 25, 14 f): Da (das Nazaräerevangelium) ... die Drohung nicht gegen den erhebt, der (den Zentner) verbarg, sondern gegen den, der schwelgerisch gelebt hatte — ,denn er (sc. der Herr) hatte drei Knechte: einen, der das Vermögen des Herren mit Dirnen und Flötenspielerinnen verpraßte, einen anderen, der den Gewinn vervielfältigte, und einen, der das Talent verbarg. Danach ist der eine gelobt, der andere nur getadelt, der andere aber ins Gefängnis gesperrt worden' — so überlege ich, ob nicht die Drohung bei Mat., die nach dem Wort gegen den Nichtstuer ausgesprochen ist, nicht diesem gilt, sondern durch Rückgriff dem ersten, dem, der mit den Trunkenen gepraßt und getrunken hat, gilt.

Zu Lk 19, 17 2. Clemens 8, 5 f: Denn der Herr sagt im Evangelium: Wenn ihr das Geringe verliert, wer wird euch das Große geben? Denn ich sage euch: Wer im Geringen treu ist, ist auch in Vielem treu. Das bedeutet: Bewahrt das Fleisch rein und das Siegel unbefleckt, damit wir das ewige Leben empfangen.

2. Jesus in Jerusalem (Mt 21-25; Mk 11-13; Lk 19, 28-21)

193. Jesu Einzug in Jerusalem

Mt 21, 1-9

1 Als sie nun in die Nähe von Jerusalem ka-
men, nach Betfage an den Ölberg, sandte Je-
sus zwei Jünger voraus 2 und sprach zu
ihnen: Geht hin in das Dorf, das vor euch liegt,
und gleich werdet ihr eine Eselin angebunden
finden und ein Füllen bei ihr; bindet sie los und
führt sie zu mir! 3 Und wenn euch jemand et-
was sagen wird, so sprecht: Der Herr bedarf
ihrer. Sogleich wird er sie euch überlassen.
4 Das geschah aber, damit erfüllt würde, was
gesagt ist durch den Propheten, der da spricht
(Sacharja 9, 9):
5 »Sagt der Tochter Zion: Siehe, dein König
kommt zu dir sanftmütig und reitet auf einem
Esel und auf einem Füllen, dem Jungen eines
Lasttiers.«
6 Die Jünger gingen hin
und taten,

wie ihnen Jesus befohlen hatte, 7 und brach-
ten die Eselin und das Füllen und legten ihre
Kleider darauf, und er setzte sich darauf.
8 Aber eine sehr große Menge breitete ihre
Kleider auf den Weg; andere hieben Zweige
von den Bäumen und streuten sie auf den Weg.
9 Die Menge aber, die ihm voranging und
nachfolgte, schrie:
Hosianna dem Sohn Davids!
Gelobt sei, der da kommt in dem Namen des
Herrn!

Hosianna in der Höhe!

3: 26, 18 / 5: Jes 62, 11; Sach 9, 9 / 8 par.: 2. Kön 9, 13 / 9 par.: 23, 39; Ps 118, 25. 26; Sach 9, 9.

Mk 11, 1-10

1 Und als sie in die Nähe von Jerusalem ka-
men, nach Betfage und Betanien an den Öl-
berg, sandte er zwei seiner Jünger 2 und
sprach zu ihnen: Geht hin in das Dorf, das vor
euch liegt. Und sobald ihr hineinkommt, wer-
det ihr ein Füllen angebunden finden, auf dem
noch nie ein Mensch gesessen hat; bindet es
los und führt es her! 3 Und wenn jemand zu
euch sagen wird: Warum tut ihr das?, so
sprecht: Der Herr bedarf seiner, und er sen-
det es alsbald wieder her.

4 Und sie gingen hin und fanden das Füllen
angebunden an einer Tür draußen am Weg
und banden's los. 5 Und einige, die dort stan-
den, sprachen zu ihnen: Was macht ihr da,
daß ihr das Füllen losbindet? 6 Sie sagten
aber zu ihnen, wie ihnen Jesus geboten hatte,
und die ließen's zu. 7 Und sie führten das Fül-
len zu Jesus und legten ihre Kleider darauf, und
er setzte sich darauf. 8 Und viele breiteten ih-
re Kleider auf den Weg, andere aber grüne
Zweige, die sie auf den Feldern abgehauen
hatten.
9 Und die vorangingen und die nachfolgten,
schrien:
Hosianna!
Gelobt sei, der da kommt in dem Namen des
Herrn!
10 Gelobt sei das Reich unseres Vaters David,
das da kommt!
Hosianna in der Höhe!

3: 14, 14.

194. Weissagung über Jerusalem

Lk 19, 28-38

28 Und als er das gesagt hatte, ging er voran
und zog hinauf nach Jerusalem. 29 Und es be-
gab sich, als er nahe von Betfage und Beta-
nien an den Berg kam, der Ölberg heißt, da
sandte er zwei Jünger 30 und sprach: Geht hin
in das Dorf, das vor uns liegt. Und wenn ihr
hineinkommt, werdet ihr ein Füllen angebun-
den finden, auf dem noch nie ein Mensch ge-
sessen hat; bindet es los und bringt's her!
31 Und wenn euch jemand fragt: Warum bin-
det ihr es los?, dann sagt: Der Herr bedarf
seiner.

32 Und die er gesandt hatte, gingen hin und
fanden's, wie er ihnen gesagt hatte. 33 Als sie
aber das Füllen losbanden, sprachen seine Her-
ren zu ihnen: Warum bindet ihr das Füllen los?

34 Sie aber sprachen: Der Herr bedarf seiner.
35 Und sie brachten's zu Jesus und warfen ih-
re Kleider auf das Füllen und setzten Jesus dar-
auf. 36 Als er nun hinzog, breiteten sie ihre
Kleider auf den Weg.
37 Und als er schon nahe am Abhang des Öl-
bergs war, fing die ganze Menge der Jünger
an, mit Freuden Gott zu loben mit lauter Stim-
me über alle Taten, die sie gesehen hatten,
38 und sprachen:
Gelobt sei, der da kommt,
der König, in dem Namen des Herrn!
Friede sei im Himmel
und Ehre in der Höhe!

38: 2, 14.

Joh 12, 12-19

12 *Als am nächsten Tag die große Menge, die*
aufs Fest gekommen war, hörte, daß Jesus
nach Jerusalem käme, 13 *nahmen sie Palm-*
zweige und gingen hinaus ihm entgegen und
riefen:
Hosianna!
Gelobt sei, der da kommt
in dem Namen des Herrn,
der König von Israel!
14 *Jesus aber fand einen jungen Esel und ritt*
darauf, wie geschrieben steht (Sacharja 9,9):
15 *»Fürchte dich nicht, du Tochter Zion! Sie-*
he, dein König kommt und reitet auf einem
Eselsfüllen.«
16 *Das verstanden seine Jünger zuerst nicht;*
doch als Jesus verherrlicht war, da dachten sie
daran, daß dies von ihm geschrieben stand
und man so mit ihm getan hatte. 17 *Das Volk*
aber, das bei ihm war, als er Lazarus aus dem
Grabe rief und von den Toten auferweckte,
rühmte die Tat. 18 *Darum ging ihm auch die*
Menge entgegen, weil sie hörte, er habe die-
ses Zeichen getan. 19 *Die Pharisäer aber spra-*
chen untereinander: Ihr seht, daß ihr nichts
ausrichtet; siehe, alle Welt läuft ihm nach.

Lk 19, 39-44

39 Und einige Pharisäer in der Menge spra-
chen zu ihm: Meister, weise doch deine Jün-
ger zurecht! 40 Er antwortete und sprach: Ich
sage euch: Wenn diese schweigen werden, so
werden die Steine schreien. 41 Und als er na-
he hinzukam, sah er die Stadt und weinte über
sie 42 und sprach: Wenn doch auch du er-
kenntest zu dieser Zeit, was zum Frieden dient!
Aber nun ist's vor deinen Augen verborgen.

195. Jesus im Tempel und Rückkehr nach Betanien

Mt 21, 10-17

10 Und als er in Jerusalem einzog, erregte sich
die ganze Stadt und fragte: Wer ist der?
11 Die Menge aber sprach: Das ist Jesus, der
Prophet aus Nazareth in Galiläa.
12 Und Jesus ging in den Tempel hinein
und trieb heraus alle Verkäufer und Käufer im Tempel und stieß die Tische der Geldwechsler um und die Stände der Taubenhändler
13 und sprach zu ihnen: Es steht geschrieben (Jesaja 56,7):
»Mein Haus soll ein Bethaus heißen«; ihr aber macht eine Räuberhöhle daraus.
14 Und es gingen zu ihm Blinde und Lahme
im Tempel, und er heilte sie. 15 Als aber die
Hohenpriester und Schriftgelehrten die Wunder sahen, die er tat, und die Kinder, die im Tempel schrien: Hosianna dem Sohn Davids!,
entrüsteten sie sich 16 und sprachen zu ihm:
Hörst du auch, was diese sagen? Jesus antwortete ihnen: Ja! Habt ihr nie gelesen (Psalm 8,3):
»Aus dem Munde der Unmündigen und Säuglinge hast du dir Lob bereitet«?
17 Und er ließ sie stehen und ging zur Stadt hinaus nach Betanien und blieb dort über Nacht.

12: Sach 14, 21 / 13 par.: Jes 56, 7; Jer 7, 11/ 14: 11, 5 / 15: Ps 118, 25 / 16: Ps 8, 3.

Mk 11, 11. *15-17* (vgl. Nr. 197)

11 Und Jesus ging hinein nach Jerusalem
in den Tempel
15 *Und Jesus ging in den Tempel und fing an, auszutreiben die Verkäufer und Käufer im Tempel; und die Tische der Geldwechsler und die Stände der Taubenhändler stieß er um*
16 *und ließ nicht zu, daß jemand etwas durch den Tempel trage.*
17 *Und er lehrte und sprach zu ihnen: Steht nicht geschrieben (Jesaja 56,7):*
»Mein Haus soll ein Bethaus heißen für alle Völker«? Ihr aber habt eine Räuberhöhle daraus gemacht.

11b und er besah ringsum alles, und spät am Abend ging er hinaus nach Betanien mit den Zwölfen.

196. Der verdorrte Feigenbaum (vgl. Nr. 198)

Mt 21, 18-19

18 Als er aber am Morgen wieder in die Stadt ging, hungerte ihn.
19 Und er sah einen Feigenbaum an dem Wege,
ging hin und fand nichts daran als Blätter

und sprach zu ihm: Nun wachse auf dir niemals mehr Frucht! Und der Feigenbaum verdorrte sogleich.

Mk 11, 12-14

12 Und am nächsten Tag, als sie von Betanien
weggingen, hungerte ihn. 13 Und er sah einen
Feigenbaum von ferne, der Blätter hatte; da ging er hin, ob er etwas darauf fände. Und als er zu ihm kam, fand er nichts als Blätter; denn es war nicht die Zeit für Feigen.
14 Da fing Jesus an und sprach zu ihm: Nun esse niemand mehr eine Frucht von dir in Ewigkeit! Und seine Jünger hörten das.

Lk 19, 43-46

43 Denn es wird eine Zeit über dich kommen,
da werden deine Feinde um dich einen Wall
aufwerfen, dich belagern und von allen Sei-
ten bedrängen, 44 und werden dich dem Erd-
boden gleichmachen samt deinen Kindern in
dir und keinen Stein auf dem andern lassen
in dir, weil du die Zeit nicht erkannt hast, in
der du heimgesucht worden bist.

40: Hab 2, 11 / 41: Joh 11, 35 / 42: 13, 34; Mt 13, 13. 14 / 43: 5. Mose 28, 52; Jes 29, 2. 3; Jer 6, 6; Sach 14, 2 / 44: 21, 6 par.

Lk 19, 45-46

45 Und er ging in den Tempel
und fing an, die Händler auszutreiben,

46 und sprach zu ihnen: Es steht geschrieben
(Jesaja 56,7):
»Mein Haus soll ein Bethaus sein«; ihr aber
habt es zur Räuberhöhle gemacht.

vgl. Nr. 159

197. Die Tempelreinigung

Mt 21, 12-13; 22, 33 (vgl. Nr. 195. 204)

12 *Und Jesus ging in den Tempel hinein und trieb heraus alle Verkäufer und Käufer im Tempel und stieß die Tische der Geldwechsler um und die Stände der Taubenhändler*

13 *und sprach zu ihnen: Es steht geschrieben (Jesaja 56,7):*
»Mein Haus soll ein Bethaus heißen«; ihr aber macht eine Räuberhöhle daraus.

22, 33 *Und als das Volk das hörte, entsetzten sie sich über seine Lehre.*

Mk 11, 15-19

15 Und sie kamen nach Jerusalem. Und Jesus
ging in den Tempel und fing an, auszutreiben
die Verkäufer und Käufer im Tempel; und die
Tische der Geldwechsler und die Stände der
Taubenhändler stieß er um 16 und ließ nicht
zu, daß jemand etwas durch den Tempel trage.
17 Und er lehrte und sprach zu ihnen:
Steht nicht geschrieben (Jesaja 56,7):
»Mein Haus soll ein Bethaus heißen für alle Völker«? Ihr aber habt eine Räuberhöhle daraus gemacht.
18 Und es kam vor die Hohenpriester und Schriftgelehrten, und sie trachteten danach, wie sie ihn umbrächten. Sie fürchteten sich nämlich vor ihm; denn alles Volk verwunderte sich über seine Lehre.

19 Und abends gingen sie hinaus vor die Stadt.

17 par.: Jes 56, 7; Jer 7, 11 / 18: 1, 22; 6, 2; 7, 37.

198. Der verdorrende Feigenbaum (vgl. Nr. 196)

Mt 21, 20-22; *6, 14* (vgl. Nr. 29)

20 Und als das die Jünger sahen, verwunderten sie sich und fragten:

Wie ist der Feigenbaum so rasch verdorrt?
21 Jesus aber antwortete und sprach zu ihnen: Wahrlich, ich sage euch: Wenn ihr Glauben habt und nicht zweifelt, so werdet ihr nicht allein Taten wie die mit dem Feigenbaum tun, sondern wenn ihr zu diesem Berge sagt: Heb dich und wirf dich ins Meer!,

so wird's geschehen.
22 Und alles, was ihr bittet im Gebet, wenn ihr glaubt, so werdet ihr's empfangen.

6, 14 *Denn wenn ihr den Menschen ihre Verfehlungen vergebt, so wird euch euer himmlischer Vater auch vergeben.*

21 par.: 17, 20 (Nr. 123).

Zu Mt 21, 21 par. Thomasevangelium Logion 48, vgl. Nr. 123.

Mk 11, 20-25

20 Und als sie am Morgen an dem Feigenbaum vorbeigingen, sahen sie, daß er verdorrt
war bis zur Wurzel. 21 Und Petrus dachte
daran und sprach zu ihm: Rabbi, sieh, der Feigenbaum, den du verflucht hast, ist verdorrt.
22 Und Jesus antwortete und sprach zu ihnen:
Habt Glauben an Gott! 23 Wahrlich, ich sage euch:

Wer zu diesem Berge spräche: Heb dich und wirf dich ins Meer! und zweifelte nicht in seinem Herzen, sondern glaubte, daß geschehen werde, was er sagt, so wird's ihm geschehen.
24 Darum sage ich euch: Alles, was ihr bittet
in eurem Gebet, glaubt nur, daß ihr's empfangt, so wird's euch zuteilwerden. 25 Und
wenn ihr steht und betet, so vergebt, wenn ihr etwas gegen jemanden habt, damit auch euer Vater im Himmel euch vergebe eure Übertretungen[1]).

22: Joh 14, 1; Mk 9, 23; Mt 17, 20 / 24: Mt 7, 7; 1. Joh 5, 14-15 / 25: Mt 5, 23.

Lk 19, 47-48. *45-46; 21, 37* (vgl. Nr. 195. 225)

45 *Und er ging in den Tempel und fing an, die Händler auszutreiben,*

46 *und sprach zu ihnen: Es steht geschrieben (Jesaja 56,7):*
»Mein Haus soll ein Bethaus sein«; ihr aber habt es zur Räuberhöhle gemacht.
47 Und er lehrte täglich im Tempel. Aber die Hohenpriester und Schriftgelehrten und die Angesehensten des Volkes trachteten danach,
daß sie ihn umbrächten, 48 und fanden nicht,
wie sie es machen sollten; denn das ganze Volk hing ihm an und hörte ihn.
21, 37 *Er lehrte des Tags im Tempel; des Nachts aber ging er hinaus und blieb an dem Berg, den man den Ölberg nennt.*

47: 22, 53; Joh 18, 20; Mt 21, 45. 46 / 48: Mk 12, 37.

Joh 2, 13-17

13 *Und das Passafest der Juden war nahe,*
und Jesus zog hinauf nach Jerusalem. 14 *Und*
er fand im Tempel die Händler, die Rinder, Schafe und Tauben verkauften, und die
Wechsler, die da saßen. 15 *Und er machte ei-*
ne Geißel aus Stricken und trieb sie alle zum Tempel hinaus samt den Schafen und Rindern und schüttete den Wechslern das Geld aus und
stieß die Tische um 16 *und sprach zu denen,*
die die Tauben verkauften: Tragt das weg und macht nicht meines Vaters Haus zum Kaufhaus!
17 *Seine Jünger aber dachten daran, daß geschrieben steht (Psalm 69,10): »Der Eifer um dein Haus wird mich fressen.«*

Joh 14, 13. 14; 16, 23

13 *Und was ihr bitten werdet in meinem Namen, das will ich tun, damit der Vater verherrlicht werde im Sohn.* 14 *Was ihr mich*
bitten werdet in meinem Namen, das will ich tun.
16, 23 *An dem Tag werdet ihr mich nichts fragen.*
Wahrlich, wahrlich, ich sage euch: Wenn ihr den Vater um etwas bitten werdet in meinem Namen, wird er's euch geben.

1) 11, 25. Mehrere alte Textzeugen haben hier (wohl nach Mt 6,15) noch: »26 Wenn aber ihr nicht vergebt, wird auch euer Vater in den Himmeln eure Verfehlungen nicht vergeben.«

199. Die Frage nach Jesu Vollmacht

Mt 21, 23-27

23 Und als er in den Tempel kam und lehrte,
traten die Hohenpriester und die Ältesten des
Volkes zu ihm und fragten: Aus welcher Voll-
macht tust du das, und wer hat dir diese Voll-
macht gegeben?
24 Jesus aber antwortete und sprach zu ihnen:
Ich will euch auch eine Sache fragen; wenn ihr
mir die sagt, will ich euch auch sagen, aus wel-
cher Vollmacht ich das tue.
25 Woher war die Taufe des Johannes? War
sie vom Himmel oder von den Menschen? Da
bedachten sie's bei sich selbst und sprachen:
Sagen wir, sie war vom Himmel, so wird er
zu uns sagen: Warum habt ihr ihm dann nicht
geglaubt? 26 Sagen wir aber, sie war von
Menschen, so müssen wir uns vor dem Volk
fürchten, denn sie halten alle Johannes für ei-
nen Propheten. 27 Und sie antworteten Jesus
und sprachen: Wir wissen's nicht. Da sprach
er zu ihnen: So sage ich euch auch nicht, aus
welcher Vollmacht ich das tue.

25: Lk 7, 30; Apg 4, 7 / 26: 14, 5.

Mk 11, 27-33

27 Und sie kamen wieder nach Jerusalem.
Und als er im Tempel umherging, kamen zu
ihm die Hohenpriester und Schriftgelehrten
und Ältesten 28 und fragten ihn: Aus welcher
Vollmacht tust du das? oder wer hat dir diese
Vollmacht gegeben, daß du das tust? 29 Jesus
aber sprach zu ihnen: Ich will euch auch nur
eine Frage stellen; antwortet mir, so will ich
euch sagen, aus welcher Vollmacht ich das tue.
30 Die Taufe des Johannes — war sie vom
Himmel oder von Menschen? Antwortet mir!
31 Und sie bedachten bei sich selbst und spra-
chen: Sagen wir, sie war vom Himmel, so wird
er sagen: Warum habt ihr ihm dann nicht ge-
glaubt? 32 Oder sollen wir sagen, sie war von
Menschen? — da fürchteten sie sich vor dem
Volk. Denn sie hielten alle Johannes wirklich
für einen Propheten. 33 Und sie antworteten
und sprachen zu Jesus: Wir wissen's nicht. Und
Jesus sprach zu ihnen: So sage ich euch auch
nicht, aus welcher Vollmacht ich das tue.

200. Von den ungleichen Söhnen

Mt 21, 28-32

28 Was meint ihr aber? Es hatte ein Mann
zwei Söhne und ging zu dem ersten und
sprach: Mein Sohn, geh hin und arbeite heu-
te im Weinberg. 29 Er antwortete aber und
sprach: Nein, ich will nicht. Danach reute es
ihn, und er ging hin. 30 Und der Vater ging
zum zweiten Sohn und sagte dasselbe. Der
aber antwortete und sprach: Ja, Herr! und ging
nicht hin. 31 Wer von den beiden hat des Va-
ters Willen getan? Sie antworteten: Der erste.
Jesus sprach zu ihnen: Wahrlich, ich sage euch:
Die Zöllner und Huren kommen eher ins Reich
Gottes als ihr. 32 Denn Johannes kam zu euch
und lehrte euch den rechten Weg, und ihr
glaubtet ihm nicht; aber die Zöllner und Hu-
ren glaubten ihm. Und obwohl ihr's saht, ta-
tet ihr dennoch nicht Buße, so daß ihr ihm
dann auch geglaubt hättet.

30: 7, 21 / 31: Lk 3, 12; 18, 9-14 / 32: Lk 7, 29.

Lk 20, 1-8

1 Und es begab sich eines Tages, als er das
Volk lehrte im Tempel und predigte das Evan-
gelium, da traten zu ihm die Hohenpriester
und Schriftgelehrten mit den Ältesten 2 und
sprachen zu ihm: Sage uns, aus welcher Voll-
macht tust du das? oder wer hat dir diese Voll-
macht gegeben? 3 Er aber antwortete und
sprach zu ihnen: Ich will euch auch eine Sa-
che fragen; sagt mir:
4 Die Taufe des Johannes — war sie vom
Himmel oder von Menschen?
5 Sie aber bedachten's bei sich selbst und
sprachen: Sagen wir, vom Himmel, so wird
er sagen: Warum habt ihr ihm nicht geglaubt?
6 Sagen wir aber, von Menschen, so wird uns
alles Volk steinigen; denn sie sind überzeugt,
daß Johannes ein Prophet war.
7 Und sie antworteten, sie wüßten nicht, wo
sie her wäre. 8 Und Jesus sprach zu ihnen: So
sage ich euch auch nicht, aus welcher Voll-
macht ich das tue.

5: 7, 29. 30 / 6: Mt 11, 9.

Joh 2, 18-22

18 *Da fingen die Juden an und sprachen zu
ihm: Was zeigst du uns für ein Zeichen, daß
du dies tun darfst?* 19 *Jesus antwortete und
sprach zu ihnen: Brecht diesen Tempel ab, und
in drei Tagen will ich ihn aufrichten.* 20 *Da
sprachen die Juden: Dieser Tempel ist in sechs-
undvierzig Jahren erbaut worden, und du
willst ihn in drei Tagen aufrichten?* 21 *Er aber
redete von dem Tempel seines Leibes.* 22 *Als
er nun auferstanden war von den Toten, dach-
ten seine Jünger daran, daß er dies gesagt hat-
te, und glaubten der Schrift und dem Wort,
das Jesus gesagt hatte.*

201. Von den bösen Weingärtnern

Mt 21, 33-46

33 Hört ein anderes Gleichnis: Es war ein
Hausherr, der pflanzte einen Weinberg und
zog einen Zaun darum und grub eine Kelter
darin und baute einen Turm und verpachtete
ihn an Weingärtner und ging außer Landes.
34 Als nun die Zeit der Früchte herbeikam,
sandte er seine Knechte zu den Weingärtnern,
damit sie seine Früchte holten. 35 Da nahmen
die Weingärtner seine Knechte: den einen
schlugen sie, den zweiten töteten sie, den drit-
ten steinigten sie. 36 Abermals sandte er an-
dere Knechte, mehr als das erste Mal; und sie
taten mit ihnen dasselbe.

37 Zuletzt aber sandte er seinen Sohn zu ih-
nen und sagte sich: Sie werden sich vor mei-
nem Sohn scheuen. 38 Als aber die Wein-
gärtner den Sohn sahen, sprachen sie zuein-
ander: Das ist der Erbe; kommt, laßt uns ihn
töten und sein Erbgut an uns bringen! 39 Und
sie nahmen ihn und stießen ihn zum Weinberg
hinaus und töteten ihn.
40 Wenn nun der Herr des Weinbergs kom-
men wird, was wird er mit diesen Weingärt-
nern tun? 41 Sie antworteten ihm: Er wird
den Bösen ein böses Ende bereiten und seinen
Weinberg andern Weingärtnern verpachten,
die ihm die Früchte zur rechten Zeit geben.
42 Jesus sprach zu ihnen: Habt ihr nie gelesen
in der Schrift (Psalm 118, 22. 23):
»Der Stein, den die Bauleute verworfen haben,
der ist zum Eckstein geworden.
Vom Herrn ist das geschehen
und ist ein Wunder vor unsern Augen«?
43 Darum sage ich euch: Das Reich Gottes
wird von euch genommen und einem Volk ge-
geben werden, das seine Früchte bringt.
44 Und wer auf diesen Stein fällt, der wird
zerschellen; auf wen aber er fällt, den wird er
zermalmen[1]).
45 Und als die Hohenpriester und Pharisäer
seine Gleichnisse hörten, erkannten sie, daß
er von ihnen redete.
46 Und die trachteten danach, ihn zu ergrei-
fen; aber sie fürchteten sich vor dem Volk,
denn es hielt ihn für einen Propheten.

38: 26, 3-5; Joh 1, 11 / 42: Apg 4, 11; 1. Petr 2, 4-8.

1) Dieser Vers findet sich bei einigen alten Textzeugen nicht.

Mk 12, 1-12

1 Und er fing an, zu ihnen in Gleichnissen zu
reden: Ein Mensch pflanzte einen Weinberg
und zog einen Zaun darum und grub eine Kel-
ter und baute einen Turm und verpachtete ihn
an Weingärtner und ging außer Landes.
2 Und er sandte, als die Zeit kam, einen
Knecht zu den Weingärtnern, damit er von
den Weingärtnern seinen Anteil an den Früch-
ten des Weinbergs hole. 3 Sie nahmen ihn
aber, schlugen ihn und schickten ihn mit lee-
ren Händen fort. 4 Abermals sandte er zu ih-
nen einen andern Knecht; dem schlugen sie auf
den Kopf und schmähten ihn. 5 Und er sand-
te noch einen andern, den töteten sie; und viele
andere: die einen schlugen sie, die andern tö-
teten sie. 6 Da hatte er noch einen, seinen ge-
liebten Sohn; den sandte er als letzten auch
zu ihnen und sagte sich: Sie werden sich vor
meinem Sohn scheuen. 7 Sie aber, die Wein-
gärtner, sprachen untereinander: Dies ist der
Erbe, kommt, laßt uns ihn töten, so wird das
Erbe unser sein! 8 Und sie nahmen ihn und
töteten ihn und warfen ihn hinaus vor den
Weinberg. 9 Was wird nun der Herr des
Weinbergs tun? Er wird kommen und die
Weingärtner umbringen und den Weinberg an-
dern geben.

10 Habt ihr denn nicht dieses Schriftwort ge-
lesen (Psalm 118, 22. 23):
»Der Stein, den die Bauleute verworfen haben,
der ist zum Eckstein geworden.
11 Vom Herrn ist das geschehen
und ist ein Wunder vor unsern Augen«?

12 Und sie trachteten danach, ihn zu ergrei-
fen, und fürchteten sich doch vor dem Volk;
denn sie verstanden, daß er auf sie hin dies
Gleichnis gesagt hatte. Und sie ließen ihn und
gingen davon.

1 par.: Jes 5, 1. 2 / 4: 2. Chr 36, 16 / 8: Hebr 13, 12 / 10
f par.: Ps 118, 22. 23 / 12: 14, 1 par.

Lk 20, 9-19
9 Er fing aber an, dem Volk dies Gleichnis zu
sagen: Ein Mensch pflanzte einen Weinberg
und verpachtete ihn an Weingärtner

und ging außer Landes für eine lange Zeit.
10 Und als die Zeit kam, sandte er einen
Knecht zu den Weingärtnern, damit sie ihm
seinen Anteil gäben an der Frucht des Wein-
bergs. Aber die Weingärtner schlugen ihn und
schickten ihn mit leeren Händen fort.
11 Und er sandte noch einen zweiten Knecht;
sie aber schlugen den auch und verhöhnten ihn
und schickten ihn mit leeren Händen fort.
12 Und er sandte noch einen dritten; sie aber
schlugen auch den blutig und stießen ihn hin-
aus. 13 Da sprach der Herr des Weinbergs:
Was soll ich tun? Ich will meinen lieben Sohn
senden; vor dem werden sie sich doch scheu-
en. 14 Als aber die Weingärtner den Sohn sa-
hen, dachten sie bei sich selbst und sprachen:
Das ist der Erbe; laßt uns ihn töten, damit das
Erbe unser sei! 15 Und sie stießen ihn hinaus
vor den Weinberg und töteten ihn. Was wird
nun der Herr des Weinbergs mit ihnen tun?
16 Er wird kommen und diese Weingärtner
umbringen und seinen Weinberg andern ge-
ben. Als sie das hörten, sprachen sie: Nur das
nicht!
17 Er aber sah sie an und sprach: Was bedeu-
tet dann das, was geschrieben steht (Psalm
118, 22):
»Der Stein, den die Bauleute verworfen haben,
der ist zum Eckstein geworden«?

18 Wer auf diesen Stein fällt, der wird zer-
schellen, auf wen er aber fällt, den wird er zer-
malmen.
19 Und die Schriftgelehrten und Hohenprie-
ster trachteten danach, Hand an ihn zu legen
noch in derselben Stunde, und fürchteten sich
doch vor dem Volk; denn sie hatten verstan-
den, daß er auf sie hin dies Gleichnis gesagt
hatte.

10: 2. Chr 36, 15 f / 18: Jes 8, 14 f; Dan 2, 34. 44. 45 / 19: 19, 47 f.

202. Die königliche Hochzeit

Mt 22, 1-14

1 Und Jesus fing an und redete abermals in
Gleichnissen zu ihnen und sprach: 2 Das
Himmelreich gleicht einem König, der seinem
Sohn die Hochzeit ausrichtete. 3 Und er
sandte seine Knechte aus, die Gäste zur Hoch-
zeit zu laden; doch sie wollten nicht kommen.
4 Abermals sandte er andere Knechte aus und
sprach: Sagt den Gästen: Siehe, meine Mahl-
zeit habe ich bereitet, meine Ochsen und mein
Mastvieh ist geschlachtet, und alles ist bereit;
kommt zur Hochzeit! 5 Aber sie verachteten
das und gingen weg, einer auf seinen Acker,
der andere an sein Geschäft. 6 Einige aber er-
griffen seine Knechte, verhöhnten und töte-
ten sie. 7 Da wurde der König zornig und
schickte seine Heere aus und brachte diese
Mörder um und zündete ihre Stadt an.
8 Dann sprach er zu seinen Knechten: Die
Hochzeit ist zwar bereit, aber die Gäste wa-
ren's nicht wert. 9 Darum geht hinaus auf die
Straßen und ladet zur Hochzeit ein, wen ihr
findet. 10 Und die Knechte gingen auf die
Straßen hinaus und brachten zusammen, wen
sie fanden, Böse und Gute; und die Tische
wurden alle voll.
11 Da ging der König hinein, sich die Gäste
anzusehen, und sah da einen Menschen, der
hatte kein hochzeitliches Gewand an, 12 und
sprach zu ihm: Freund, wie bist du hier her-
eingekommen und hast doch kein hochzeitli-
ches Gewand an? Er aber verstummte. 13 Da
sprach der König zu seinen Dienern: Bindet
ihm die Hände und Füße und werft ihn in die
Finsternis hinaus! Da wird Heulen und Zäh-
neklappern sein. 14 Denn viele sind berufen,
aber wenige sind auserwählt.

2: Joh 3, 29 / 6: 21, 35 / 7: 24, 2 / 10: 13, 47 / 11: Offb 19, 8 / 13: 8, 12; Ps 112, 10.

203. Die Frage nach der Steuer (»Der Zinsgroschen«)

Mt 22, 15-22

15 Da gingen die Pharisäer hin und hielten
Rat, wie sie ihn in seinen Worten fangen könn-
ten; 16 und sandten zu ihm ihre Jünger samt
den Anhängern des Herodes. Die sprachen:
Meister, wir wissen, daß du wahrhaftig bist
und lehrst den Weg Gottes recht und fragst
nach niemand; denn du achtest nicht das An-
sehen der Menschen. 17 Darum sage uns, was
meinst du: Ist's recht, daß man dem Kaiser
Steuern zahlt oder nicht? 18 Als nun Jesus ih-
re Bosheit merkte, sprach er: Ihr Heuchler,
was versucht ihr mich? 19 Zeigt mir die Steu-
ermünze! Und sie reichten ihm einen Silber-
groschen. 20 Und er sprach zu ihnen:

Mk 12, 13-17

13 Und sie sandten zu ihm einige von den
Pharisäern und von den Anhängern des He-
rodes, daß sie ihn fingen in Worten. 14 Und
sie kamen und sprachen zu ihm: Meister, wir
wissen, daß du wahrhaftig bist und fragst nach
niemand; denn du achtest nicht das Ansehen
der Menschen, sondern du lehrst den Weg
Gottes recht. Ist's recht, daß man dem Kaiser
Steuern zahlt oder nicht? Sollen wir sie zah-
len oder nicht zahlen? 15 Er aber merkte ihre
Heuchelei und sprach zu ihnen: Was versucht
ihr mich? Bringt mir einen Silbergroschen, daß
ich ihn sehe! 16 Und sie brachten einen. Da
sprach er:

Lk 14, 16-24 (vgl. Nr. 167)

16 *Er aber sprach zu ihm: Es war ein Mensch,*
der machte ein großes Abendmahl und lud vie-
le dazu ein. 17 *Und er sandte seinen Knecht*
aus zur Stunde des Abendmahls, den Gelade-
nen zu sagen: Kommt, denn es ist alles bereit!
18 *Und sie fingen an alle nacheinander, sich*
zu entschuldigen. Der erste sprach zu ihm: Ich
habe einen Acker gekauft und muß hinausge-
hen und ihn besehen; ich bitte dich, entschul-
dige mich. 19 *Und der zweite sprach: Ich*
habe fünf Gespanne Ochsen gekauft und ich
gehe jetzt hin, sie zu besehen; ich bitte dich,
entschuldige mich. 20 *Und der dritte sprach:*
Ich habe eine Frau genommen; darum kann
ich nicht kommen. 21 *Und der Knecht kam*
zurück und sagte das seinem Herrn. Da wur-
de der Hausherr zornig und sprach zu seinem
Knecht: Geh schnell hinaus auf die Straßen
und Gassen der Stadt und führe die Armen,
Verkrüppelten, Blinden und Lahmen herein.
22 *Und der Knecht sprach: Herr, es ist ge-*
schehen, was du befohlen hast; es ist aber noch
Raum da. 23 *Und der Herr sprach zu dem*
Knecht: Geh hinaus auf die Landstraßen und
an die Zäune und nötige sie hereinzukommen,
daß mein Haus voll werde. 24 *Denn ich sage*
euch, daß keiner der Männer, die eingeladen
waren, mein Abendmahl schmecken wird.

Zu Mt 22, 1-14 Thomasevangelium Logion 64: Ein Mann hatte Gäste. Als er das Mahl bereitet hatte, sandte er seinen Knecht, die Gäste zu laden. Er ging zum ersten und sagte: Mein Herr lädt dich ein! Er antwortete: Ich habe Geldforderungen an Kaufleute. Sie kommen am Abend, und ich werde gehen und ihnen Aufträge geben. Ich entschuldige mich für das Mahl. — Er kam zu einem anderen . . . Er sagte zu ihm: Ich habe ein Haus gekauft. Man braucht mich für einen Tag. Ich werde keine Zeit haben. — Er kam zu einem anderen . . . Er sagte zu ihm: Mein Freund wird heiraten, und ich sein Fest ausrichten. Ich werde nicht kommen können. Entschuldige mich für das Mahl. — Er kam zu einem anderen . . . Er sagte zu ihm: Ich habe ein Gut gekauft und gehe die Pacht holen. Ich werde nicht kommen können. — Der Knecht ging und sagte seinem Herrn: Die du zum Mahle eingeladen hast, lassen sich entschuldigen. Der Herr befahl seinem Knecht: Gehe hinaus auf die Straßen und bringe, wen du findest, damit sie am Mahl teilnehmen. Käufer und Händler werden nicht in die Orte meines Vaters eingehen.

Lk 20, 20-26

20 Und sie belauerten ihn und sandten Leute
aus, die sich stellen sollten, als wären sie
fromm; die sollten ihn fangen in seinen Wor-
ten, damit man ihn überantworten könnte der
Obrigkeit und Gewalt des Statthalters.
21 Und sie fragten ihn und sprachen: Meister,
wir wissen, daß du aufrichtig redest und lehrst
und achtest nicht das Ansehen der Menschen,
sondern du lehrst den Weg Gottes recht.
22 Ist's recht, daß wir dem Kaiser Steuern
zahlen oder nicht?
23 Er aber merkte ihre List und sprach zu ih-
nen: 24 Zeigt mir einen Silbergroschen!

Joh 3,2

2 *Der kam zu Jesus bei Nacht und sprach zu*
ihm: Meister, wir wissen, du bist ein Lehrer,
von Gott gekommen; denn niemand kann die
Zeichen tun, die du tust, es sei denn Gott mit
ihm.

Mt 22, 21-33

Wessen Bild und Aufschrift ist das? 21 Sie sprachen zu ihm: Des Kaisers. Da sprach er zu ihnen: So gebt dem Kaiser, was des Kaisers ist, und Gott, was Gottes ist!
22 Als sie das hörten, wunderten sie sich, ließen von ihm ab und gingen davon.

15: Joh 8, 6 / 21: Röm 13, 17

Mk 12, 17-27

Wessen Bild und Aufschrift ist das? Sie sprachen zu ihm: Des Kaisers. 17 Da sprach Jesus zu ihnen: So gebt dem Kaiser, was des Kaisers ist, und Gott, was Gottes ist!
Und sie wunderten sich über ihn[1]).

13 par.: 3, 6.

[1]) Hier könnte nach einigen Kommentatoren die Erzählung Joh 7, 53 - 8, 11 (vgl. Nr. 35) gestanden haben.

Zu Mt 22, 15-18 par. Papyrus Egerton 2: Sie traten zu ihm, um ihn auf die Probe zu stellen und zu versuchen, indem sie sagten: Meister Jesus, wir wissen, daß du von Gott gekommen bist; was du nämlich tust, gibt dir ein Zeugnis, das über das aller Propheten hinausgeht. Sage uns nun: Ist es erlaubt, den Königen die der Obrigkeit zukommenden Steuern zu zahlen? Sollen wir ihnen zahlen oder nicht? Jesus aber durchschaute ihren Plan, wurde unwillig und sprach zu ihnen: Was nennt ihr mich mit eurem Munde Meister

204. Die Frage nach der Auferstehung

Mt 22, 23-33

23 An demselben Tage traten die Sadduzäer zu ihm, die lehren, es gebe keine Auferstehung, und fragten ihn 24 und sprachen:
Meister, Mose hat gesagt (5. Mose 25, 5. 6):

»Wenn einer stirbt und hat keine Kinder, so soll sein Bruder die Frau heiraten und seinem Bruder Nachkommen erwecken.«

25 Nun waren bei uns sieben Brüder. Der erste heiratete und starb; und weil er keine Nachkommen hatte, hinterließ er seine Frau seinem Bruder;
26 desgleichen der zweite und der dritte bis zum siebenten. 27 Zuletzt nach allen starb die Frau.
28 Nun in der Auferstehung: wessen Frau wird sie sein von diesen sieben? Sie haben sie ja alle gehabt.
29 Jesus aber antwortete und sprach zu ihnen: Ihr irrt, weil ihr weder die Schrift kennt noch die Kraft Gottes.
30 Denn in der Auferstehung werden sie weder heiraten noch sich heiraten lassen, sondern sie sind wie Engel im Himmel.

31 Habt ihr denn nicht gelesen von der Auferstehung der Toten, was euch gesagt ist von Gott, der da spricht (2. Mose 3,6):

32 »Ich bin der Gott Abrahams und der Gott Isaaks und der Gott Jakobs«? Gott ist nicht ein Gott der Toten, sondern der Lebenden.

33 Und als das Volk das hörte, entsetzten sie sich über seine Lehre.

23: Apg 4, 2; 23, 6. 8 / 24 par.: 1. Mose 38, 8 / 33: 7, 28.

Mk 12, 18-27

18 Da traten die Sadduzäer zu ihm, die lehren, es gebe keine Auferstehung; die fragten ihn und sprachen:
19 Meister, Mose hat uns vorgeschrieben (5. Mose 25, 5. 6):
»Wenn jemand stirbt und hinterläßt eine Frau, aber keine Kinder, so soll sein Bruder sie zur Frau nehmen und seinem Bruder Nachkommen erwecken.«
20 Nun waren sieben Brüder. Der erste nahm eine Frau; der starb und hinterließ keine Kinder.
21 Und der zweite nahm sie und starb und hinterließ auch keine Kinder. Und der dritte
ebenso. 22 Und alle sieben hinterließen keine Kinder. Zuletzt nach allen starb die Frau auch.
23 Nun in der Auferstehung, wenn sie auferstehen: wessen Frau wird sie sein unter ihnen? Denn alle sieben haben sie zur Frau gehabt.
24 Da sprach Jesus zu ihnen: Ist's nicht so? Ihr irrt, weil ihr weder die Schrift kennt noch die Kraft Gottes.
25 Wenn sie von den Toten auferstehen werden, so werden sie weder heiraten noch sich heiraten lassen, sondern sie sind wie die Engel im Himmel.
26 Aber von den Toten, daß sie auferstehen, habt ihr nicht gelesen im Buch des Mose, bei dem Dornbusch, wie Gott zu ihm sagte und sprach (2. Mose 3, 6):
»Ich bin der Gott Abrahams und der Gott Isaaks und der Gott Jakobs«?
27 Gott ist nicht ein Gott der Toten, sondern der Lebenden. Ihr irrt sehr.

26: Lk 16, 22 / 27: 9, 4

Wessen Bild und Aufschrift hat er? Sie spra-
chen: Des Kaisers. 25 Er aber sprach zu ih-
nen: So gebt dem Kaiser, was des Kaisers ist,
und Gott, was Gottes ist!
26 Und sie konnten ihn in seinen Worten
nicht fangen vor dem Volk und wunderten
sich über seine Antwort und schwiegen still.

20: 11, 54 / 21: 3. Mose 19, 15 / 25 par.: 23, 2; Röm 13, 7.

und tut doch nicht, was ich sage? Jesaja hat recht über euch geweissagt, als er sprach (29, 13): Dieses Volk ehrt mich mit seinen Lippen, aber ihr Herz ist weit weg von mir. Vergeblich ist ihr Gottesdienst. Menschensatzung lehren sie!
Zu Mt 22, 19-21 par. Thomasevangelium Logion 100: Sie zeigten Jesus ein Goldstück und sagten: Die Kaiserlichen fordern von uns Tribut. Er antwortete: Gebt dem Kaiser was des Kaisers, gebt Gott was Gottes ist, und was mein ist, das gebt mir!

Lk 20, 27-40

27 Da traten zu ihm einige der Sadduzäer, die
lehren, es gebe keine Auferstehung, und frag-
ten ihn und sprachen:
28 Meister, Mose hat uns vorgeschrieben (5.
Mose 25, 5. 6):
»Wenn jemand stirbt, der eine Frau hat, aber
keine Kinder, so soll sein Bruder sie zur Frau
nehmen und seinem Bruder Nachkommen er-
wecken.«
29 Nun waren sieben Brüder. Der erste nahm
eine Frau und starb kinderlos.

30 Und der zweite nahm sie, 31 und der drit-
te; desgleichen alle sieben, sie hinterließen kei-
ne Kinder und starben. 32 Zuletzt starb auch
die Frau.
33 Nun in der Auferstehung: wessen Frau
wird sie sein unter ihnen? Denn alle sieben ha-
ben sie zur Frau gehabt.
34 Und Jesus sprach zu ihnen: Die Kinder die-
ser Welt heiraten und lassen sich heiraten;
35 welche aber gewürdigt werden, jene Welt
zu erlangen und die Auferstehung von den To-
ten, die werden weder heiraten noch sich hei-
raten lassen. 36 Denn sie können hinfort auch
nicht sterben; denn sie sind den Engeln gleich
und Gottes Kinder, weil sie Kinder der Auf-
erstehung sind.
37 Daß aber die Toten auferstehen, darauf
hat auch Mose gedeutet beim Dornbusch, wo
er den Herrn nennt Gott Abrahams und Gott
Isaaks und Gott Jakobs (2. Mose 3, 6).
38 Gott aber ist nicht ein Gott der Toten,
sondern der Lebenden; denn ihm leben sie alle.
39 Da antworteten einige der Schriftgelehrten
und sprachen: Meister, du hast recht geredet.
40 Und sie wagten nicht mehr, ihn etwas zu
fragen.

35: Phil 3, 11 / 36: 1. Joh 3, 1. 2 / 38: Röm 14, 8 / 40: Mt 22, 46; Mk 12, 34

205. Die Frage nach dem höchsten Gebot

Mt 22, 34-40

34 Als aber die Pharisäer hörten, daß er den
Sadduzäern das Maul gestopft hatte, versam-
melten sie sich. 35 Und einer von ihnen, ein
Schriftgelehrter, versuchte ihn und fragte:
36 Meister, welches ist das höchste Gebot im
Gesetz?
37 Jesus aber antwortete ihm:

»Du sollst den Herrn, deinen Gott, lieben von ganzem Herzen, von ganzer Seele und von ganzem Gemüt« (5. Mose 6,5).
38 Dies ist das höchste und größte Gebot.
39 Das andere aber ist dem gleich:
»Du sollst deinen Nächsten lieben wie dich selbst« (3. Mose 19, 18).
40 In diesen beiden Geboten hängt das ganze Gesetz und die Propheten.

37: 10, 12 / 39 par.: 3. Mose 19, 18; Röm 13, 9 / 40: Röm 13, 10.

Mk 12, 28-34

28 Und es trat zu ihm einer von den Schriftgelehrten, der ihnen zugehört hatte, wie sie miteinander stritten. Und als er sah, daß er ihnen gut geantwortet hatte, fragte er ihn: Welches ist das höchste Gebot von allen?

29 Jesus aber antwortete ihm: Das höchste Gebot ist das: »Höre, Israel, der Herr, unser Gott, ist der Herr allein,
30 und du sollst den Herrn, deinen Gott, lieben von ganzem Herzen, von ganzer Seele.«

31 Das andre ist dies:
»Du sollst deinen Nächsten lieben wie dich selbst« (3. Mose 19, 18).
Es ist kein anderes Gebot größer als diese.

32 Und der Schriftgelehrte sprach zu ihm:
Meister, du hast wahrhaftig recht geredet! Er
ist nur einer, und ist kein anderer außer ihm;
33 und ihn lieben von ganzem Herzen, von
ganzem Gemüt und von allen Kräften, und sei-
nen Nächsten lieben wie sich selbst, das ist
mehr als alle Brandopfer und Schlachtopfer.
34 Als Jesus aber sah, daß er verständig antwortete, sprach er zu ihm: Du bist nicht fern vom Reich Gottes. Und niemand wagte mehr, ihn zu fragen.

29 u. 30 par.: 5. Mose 6, 4. 5 / 31: Joh 15, 12 / 32: 5. Mose 4, 35 / 33: 1. Sam 15, 22; Hos 6, 6; Mt 9, 13 / 34: Mt 22, 46; Lk 20, 40; Apg 26, 27-29.

206. Die Frage nach dem Davidssohn

Mt 22, 41-46

41 Als nun die Pharisäer beieinander waren,
fragte sie Jesus: 42 Was denkt ihr von dem
Christus? Wessen Sohn ist er? Sie antworte-
ten: Davids. 43 Da fragte er sie: Wie kann ihn
dann David durch den Geist Herr nennen,
wenn er sagt (Psalm 110, 1):
44 »Der Herr sprach zu meinem Herrn:
Setze dich zu meiner Rechten,
bis ich deine Feinde unter deine Füße lege«?
45 Wenn nun David ihn Herr nennt, wie ist
er dann sein Sohn? 46 Und niemand konnte
ihm ein Wort antworten, auch wagte niemand
von dem Tage an, ihn hinfort zu fragen.

44 par.: 26, 64; Ps 110, 1; Apg 2, 34; Hebr 1, 13 / 46: Mk 12, 34; Lk 20, 40.

Mk 12, 35-37a

35 Und Jesus fing an und sprach, als er im Tempel lehrte: Wieso sagen die Schriftgelehrten, der Christus sei Davids Sohn?

36 David selbst hat durch den heiligen Geist gesagt (Psalm 110, 1):
»Der Herr sprach zu meinem Herrn:
Setze dich zu meiner Rechten,
bis ich deine Feinde unter deine Füße lege.«
37 Da nennt ihn ja David selbst seinen Herrn:
Woher ist er dann sein Sohn?

35: Jes 11, 1; Joh 7, 42; Röm 1, 3 / 36: 2. Sam 23, 2.

Lk 10, 25-28 (vgl. Nr. 140)
25 *Und siehe, da stand ein Schriftgelehrter*
auf, versuchte ihn und sprach:

Meister, was muß ich tun, daß ich das ewige
Leben ererbe?
26 *Er aber sprach zu ihm: Was steht im Ge-*
setz geschrieben? Was liest du?
27 *Er antwortete und sprach:*
»Du sollst den Herrn, deinen Gott, lieben von ganzem Herzen, von ganzer Seele, von allen Kräften und von ganzem Gemüt,

und deinen Nächsten wie dich selbst« (5. Mose 6, 5; 3. Mose 19, 18).
28 *Er aber sprach zu ihm: Du hast recht ge-*
antwortet; tu das, so wirst du leben.

Zu Mt 22, 37-39 par. Didache 1, 2; vgl. Nr. 73. Didache 2, 7: Du sollst keinen Menschen hassen, sondern die einen ermahnen, für andere beten, die dritten mehr als dein Leben lieben.

Zu Mt 22, 39 par. Thomasevangelium Logion 25: Liebe deinen Bruder wie deine Seele, bewahre ihn wie deinen Augapfel.

Zu Mk 12, 33 2. Clemens 3, 4: Wodurch bekennen wir ihn? Daß wir tun, was er befiehlt und seine Gebote nicht überhören und nicht nur mit den Lippen ihn ehren, sondern mit vollem Herzen und Gemüt.

Lk 20, 41-44
41 Er sprach aber zu ihnen: Wieso sagen sie,
der Christus sei Davids Sohn?

42 Denn David selbst sagt im Psalmbuch
(Psalm 110, 1):
»Der Herr sprach zu meinem Herrn:
Setze dich zu meiner Rechten,
43 bis ich deine Feinde zum Schemel deiner
Füße mache.« 44 David nennt ihn also einen
Herrn; wie ist er dann sein Sohn?

207. Gegen die Schriftgelehrten und Pharisäer

Mt 23, 1-36

1 Da redete Jesus zu dem Volk und zu seinen
Jüngern 2 und sprach: Auf dem Stuhl des
Mose sitzen die Schriftgelehrten und Pharisäer.
3 Alles nun, was sie euch sagen, das tut und
haltet; aber nach ihren Werken sollt ihr nicht
handeln; denn sie sagen's zwar, tun's aber
nicht. 4 Sie binden schwere und unerträgliche
Bürden und legen sie den Menschen auf die
Schultern; aber sie selbst wollen keinen Fin-
ger dafür krümmen. 5 Alle ihre Werke aber
tun sie, damit sie von den Leuten gesehen wer-
den. Sie machen ihre Gebetsriemen breit und
die Quasten an ihren Kleidern groß. 6 Sie sit-
zen gern obenan bei Tisch und in den Syna-
gogen 7 und haben's gern, daß sie auf dem
Markt gegrüßt und von den Leuten Rabbi ge-
nannt werden. 8 Aber ihr sollt euch nicht
Rabbi nennen lassen; denn einer ist euer Mei-
ster; ihr aber seid alle Brüder. 9 Und ihr sollt
niemanden unter euch Vater nennen auf Er-
den; denn einer ist euer Vater, der im Him-
mel ist. 10 Und ihr sollt euch nicht Lehrer
nennen lassen; denn einer ist euer Lehrer: Chri-
stus. 11 Der größte unter euch soll euer Die-
ner sein. 12 Denn wer sich selbst erhöht, der
wird erniedrigt; und wer sich selbst erniedrigt,
der wird erhöht.
13 Weh euch, Schriftgelehrte und Pharisäer,
ihr Heuchler, die ihr das Himmelreich zu-
schließt vor den Menschen! Ihr geht nicht hin-
ein, und die hinein wollen, laßt ihr nicht
hineingehen.[1])

15 Weh euch, Schriftgelehrte und Pharisäer,
ihr Heuchler, die ihr Land und Meer durch-
zieht, damit ihr einen Judengenossen gewinnt;
und wenn er's geworden ist, macht ihr aus ihm
ein Kind der Hölle, doppelt so schlimm wie
ihr.
16 Weh euch, ihr verblendeten Führer, die ihr
sagt: Wenn einer schwört bei dem Tempel, das
gilt nicht; wenn aber einer schwört bei dem
Gold des Tempels, der ist gebunden. 17 Ihr
Narren und Blinden! Was ist mehr: das Gold
oder der Tempel, der das Gold heilig macht?
18 Oder: Wenn einer schwört bei dem Altar,
das gilt nicht; wenn aber einer schwört bei dem
Opfer, das darauf liegt, der ist gebunden.
19 Ihr Blinden! Was ist mehr: das Opfer oder
der Altar, der das Opfer heilig macht?

Mk 12, 37b-40; *9, 35* (vgl. Nr. 126)

37b Und alles Volk hörte ihn gern. 38 Und er
lehrte sie und sprach zu ihnen:

Seht euch vor vor den Schriftgelehrten, die
gern in langen Gewändern gehen und lassen
sich auf dem Markt grüßen 39 und sitzen gern
obenan in den Synagogen und am Tisch beim
Mahl;

9, 35 *Wenn jemand will der Erste sein, der*
soll der Letzte sein von allen und aller Diener.

12, 40 sie fressen die Häuser der Witwen und
verrichten zum Schein lange Gebete. Die wer-
den ein um so härteres Urteil empfangen.

Mk 12, 40: Jak 1, 27

Mt 23, 3: Mal 2, 7. 8; Röm 2, 21-23 / 4: 11, 28-30; Apg 15, 10. 28 / 5: 6, 1; 2. Mose 13, 9; 4. Mose 15, 38. 39; 5. Mose 6, 8 / 6: Lk 14, 7 / 9: 1. Kor 8, 6 / 11: 20, 26. 27 / 12: Hiob 22, 29; Spr 29, 23; Hes 21, 31; Mt 18,4; Lk 14, 11; 1. Petr 5, 5 / 16: 5, 34-37; 15, 14 / 19: 2. Mose 29, 37

[1]) 23, 13. Minder gewichtige Textzeugen fügen (wohl nach Mk 12, 40) hinzu: 14 »Wehe euch, ihr Schriftgelehrten und Pharisäer, ihr Heuchler, daß ihr die Häuser der Witwen aufzehrt und (dabei) zum Schein lange Gebete sprecht. Deshalb werdet ihr ein strengeres Gericht empfangen.«

Lk 20, 45-47; *11, 46; 18, 14; 11, 52. 39-42. 44. 47-51* (vgl. Nr. 151.183)

20, 45 Als aber alles Volk zuhörte, sprach er zu seinen Jüngern:

11, 46 *Er aber sprach: Weh auch euch Schriftgelehrten! Denn ihr beladet die Menschen mit unerträglichen Lasten, und ihr selbst rührt sie nicht mit einem Finger an.*

20, 46 Hütet euch vor den Schriftgelehrten, die es lieben, in langen Gewändern einherzugehen, und lassen sich gern grüßen auf dem Markt und sitzen gern obenan in den Synagogen und bei Tisch;

18, 14 *Denn wer sich selbst erhöht, der wird erniedrigt werden; und wer sich selbst erniedrigt, der wird erhöht werden.*
11, 52 *Weh euch Schriftgelehrten! Denn ihr habt den Schlüssel der Erkenntnis weggenommen. Ihr selbst seid nicht hineingegangen und habt auch denen gewehrt, die hinein wollten.*

20, 47 sie fressen die Häuser der Witwen und verrichten zum Schein lange Gebete. Die werden ein um so härteres Urteil empfangen.

Zu Mt 23, 8 f Thomasevangelium Logion 13, vgl. Nr. 119

Zu Mt 23, 13 Papyrus Oxyrhynchos 655: Die Pharisäer und Schriftgelehrten haben die Schlüssel des Reiches empfangen und verborgen. Sie selbst gehen nicht hinein und verbieten denen hineinzugehen, die hineingehen wollen. Ihr aber seid klug wie die Schlangen und ohne Falsch wie die Tauben.

20 Darum, wer schwört bei dem Altar, der
schwört bei ihm und bei allem, was darauf
liegt. 21 Und wer schwört bei dem Tempel,
der schwört bei ihm und bei dem, der darin
wohnt. 22 Und wer schwört bei dem Himmel,
der schwört bei dem Thron Gottes und bei
dem, der darauf sitzt.
23 Weh euch, Schriftgelehrte und Pharisäer,
ihr Heuchler, die ihr den Zehnten gebt von
Minze, Dill und Kümmel und laßt das Wichtigste im Gesetz beiseite, nämlich das Recht,
die Barmherzigkeit und den Glauben! Doch
dies sollte man tun und jenes nicht lassen.
24 Ihr verblendeten Führer, die ihr Mücken
aussiebt, aber Kamele verschluckt!
25 Weh euch, Schriftgelehrte und Pharisäer,
ihr Heuchler, die ihr die Becher und Schüsseln
außen reinigt, innen aber sind sie voller Raub
und Gier! 26 Du blinder Pharisäer, reinige zuerst das Innere des Bechers, damit auch das
Äußere rein wird!
27 Weh euch, Schriftgelehrte und Pharisäer,
ihr Heuchler, die ihr seid wie die übertünchten Gräber, die von außen hübsch aussehen,
aber innen sind sie voller Totengebeine und
lauter Unrat! 28 So auch ihr: von außen
scheint ihr vor den Menschen fromm, aber innen seid ihr voller Heuchelei und Unrecht.
29 Weh euch, Schriftgelehrte und Pharisäer,
ihr Heuchler, die ihr den Propheten Grabmäler baut und die Gräber der Gerechten
schmückt 30 und sprecht: Hätten wir zu Zeiten unserer Väter gelebt, so wären wir nicht
mit ihnen schuldig geworden am Blut der Propheten! 31 Damit bezeugt ihr von euch selbst,
daß ihr Kinder derer seid, die die Propheten
getötet haben. 32 Wohlan, macht auch ihr
das Maß eurer Väter voll! 33 Ihr Schlangen,
ihr Otternbrut! Wie wollt ihr der höllischen
Verdammnis entrinnen? 34 Darum: siehe, ich
sende zu euch Propheten und Weise und
Schriftgelehrte; und von ihnen werdet ihr einige töten und kreuzigen, und einige werdet
ihr geißeln in euren Synagogen und werdet sie
verfolgen von einer Stadt zur andern,
35 damit über euch komme all das gerechte
Blut, das vergossen ist auf Erden, von dem
Blut des gerechten Abel an bis auf das Blut des
Secharja, des Sohnes Berechjas, den ihr getötet habt zwischen Tempel und Altar[2]).
36 Wahrlich, ich sage euch: das alles wird
über dieses Geschlecht kommen.

Zu Mt 23, 25-28 Thomasevangelium Logion 89: Warum wascht ihr die Außenseite des Bechers? Versteht ihr nicht? Wer die Innenseite bildete, machte auch die Außenseite.

Zu Mt 23, 27 f Papyrus Oxyrhynchos 840: Da sprach der Heiland zu ihm: Wehe euch, ihr Blinden, die ihr nicht seht. In dem ausgegos-

11, 42 *Aber weh euch Pharisäern! Denn ihr gebt den Zehnten von Minze und Raute und allerlei Gemüse, aber am Recht und an der Liebe Gottes geht ihr vorbei. Doch dies sollte man tun und jenes nicht lassen.*

39 *Der Herr aber sprach zum ihm: Ihr Pharisäer, ihr haltet die Becher und Schüsseln au-*
ßen rein; aber euer Inneres ist voll Raubgier
und Bosheit. 40 *Ihr Narren, hat nicht der, der*
das Äußere geschaffen hat, auch das Innere
geschaffen? 41 *Gebt doch, was drinnen ist,*
als Almosen, siehe, dann ist euch alles rein.
44 *Weh euch! Denn ihr seid wie die verdeckten Gräber, über die die Leute laufen, und wissen es nicht.*

11, 47 *Weh euch! Denn ihr baut den Prophe-*
ten Grabmäler; eure Väter aber haben sie ge-
tötet. 48 *So bezeugt ihr und billigt die Taten eurer Väter; denn sie haben sie getötet; und ihr baut ihnen Grabmäler!*

49 *Darum spricht die Weisheit Gottes: Ich will Propheten und Apostel zu ihnen senden, und einige von ihnen werden sie töten und verfolgen,*

50 *damit gefordert werde von diesem Ge-*
schlecht das Blut aller Propheten, das vergos-
sen ist seit Erschaffung der Welt, 51 *von*
Abels Blut an bis hin zum Blut des Secharja, der umkam zwischen Altar und Tempel. Ja, ich sage euch: Es wird gefordert werden von diesem Geschlecht.

Mt 23, 22: 5, 34 / 23: 12, 7; 3. Mose 27, 30; Mi 6, 8; Lk 18, 12; 1. Tim 1, 5 / 24: 15, 14 / 25: Mk 7, 4 / 26: Joh 9, 40; Tit 1, 15 / 28: Lk 16, 15 / 31: Jer 26, 20-23; Mt 5, 12; Apg 7, 52 / 32: 1. Thess 2, 16 / 33: 3, 7 / 35: 1. Mose 4, 8; 2. Chr 24, 20. 21.

2) Mt 23, 35. Das ist der erste (1. Mose 4, 8. 10) und letzte (2. Chr 24, 20-22) im AT vermeldete Mord. Der letzte ist besonders schändlich, da er im Bereich des Tempels geschah, wo einem Asylrecht zusteht.
Der Vater des ermordeten Secharja hieß Jojades (2. Chr 24, 20). Matthäus verwechselt diesen Sacharja mit dem Propheten gleichen Namens und gibt deshalb als Vaternamen fälschlich »Berechja« an (Sach 1, 1). Auf diesen Fehler macht das Nazaräerevangelium bereits aufmerksam (Hieronymus, Mt Komm. zu 23, 35): In dem Evangelium, das die Nazarener gebrauchen, haben wir statt »Sohn des Berechja« »Sohn des Jojada« geschrieben gefunden.

senen Wasser, in dem Hunde und Schweine Tag und Nacht liegen, hast du dich gebadet. Du hast dich gewaschen und die äußere Haut abgerieben, die auch die Huren und Flötenspielerinnen salben, baden, abreiben und schminken, um die Begierde der Männer anzureizen, inwendig sind sie aber voller Skorpione und Schlechtigkeit.

208. Klage über Jerusalem

Mt 23, 37-39

37 Jerusalem, Jerusalem, die du tötest die Propheten und steinigst, die zu dir gesandt sind! Wie oft habe ich deine Kinder versammeln wollen, wie eine Henne ihre Küken versammelt unter ihre Flügel; und ihr habt nicht ge-
wollt! 38 Siehe, »euer Haus soll euch wüst
gelassen werden« (Jeremia 22, 5; Psalm 69, 26).

37: Apg 7, 59; Hebr 11, 37 / 38: 24, 2; Jer 12, 7; 1. Kön 9, 7. 8 / 39 par.: 21, 9; Joh 12, 13; Ps 118, 26.

209. Das Scherflein der Witwe

Mk 12, 41-44

41 Und Jesus setzte sich dem Gotteskasten gegenüber und sah zu, wie das Volk Geld einlegte in den Gotteskasten. Und viele Reiche legten viel ein.

42 Und es kam eine arme Witwe und legte zwei Scherflein ein; das macht zusammen einen Pfennig.

43 Und er rief seine Jünger zu sich und sprach zu ihnen: Wahrlich, ich sage euch: Diese arme Witwe hat mehr in den Gotteskasten gelegt als alle, die etwas eingelegt haben.

44 Denn sie haben alle etwas von ihrem Überfluß eingelegt; diese aber hat von ihrer Armut ihre ganze Habe eingelegt, alles, was sie zum Leben hatte.

41: 2. Kön 12, 10; Joh 8, 20.

210. Das Ende des Tempels. Anlaß zu den Endzeitreden (Nr. 211-224)

Mt 24, 1-3

1 Und Jesus ging aus dem Tempel fort, und
seine Jünger traten zu ihm und zeigten ihm die
Gebäude des Tempels. 2 Er aber sprach zu ih-
nen: Seht ihr nicht das alles? Wahrlich, ich sa-
ge euch: Es wird hier nicht ein Stein auf dem
andern bleiben, der nicht zerbrochen werde.
3 Und als er auf dem Ölberg saß, traten seine Jünger zu ihm
und sprachen, als sie allein waren: Sage uns, wann wird das geschehen? und was wird das Zeichen sein für dein Kommen und für das Ende der Welt?

2: Lk 19, 44 / 3: Apg 1, 6-8.

Mk 13, 1-4

1 Und als er aus dem Tempel ging, sprach zu
ihm einer seiner Jünger: Meister, siehe, was
für Steine und was für Bauten! 2 Und Jesus
sprach zu ihm: Siehst du diese großen Bauten? Nicht ein Stein wird auf dem andern bleiben, der nicht zerbrochen werde.
3 Und als er auf dem Ölberg saß gegenüber
dem Tempel, fragten ihn Petrus und Jakobus
und Johannes und Andreas, als sie allein wa-
ren: 4 Sage uns, wann wird das geschehen?
und was wird das Zeichen sein, wenn das alles vollendet werden soll?

3: Mt 17,1.

Lk 13, 34-35 (vgl. Nr. 164)
34 *Jerusalem, Jerusalem, die du tötest die Propheten und steinigst, die zu dir gesandt werden, wie oft habe ich deine Kinder vesammeln wollen wie eine Henne ihre Küken unter ihre Flügel, und ihr habt nicht gewollt!*
35 *Seht, »euer Haus soll euch wüst gelassen werden« (Jeremia 22, 5; Psalm 69, 26). Aber ich sage euch: Ihr werdet mich nicht mehr sehen, bis die Zeit kommt, da ihr sagen werdet: Gelobt ist, der da kommt in dem Namen des Herrn!*

Lk 21, 1-4
1 Er blickte aber auf und sah, wie die Reichen ihre Opfer in den Gotteskasten einlegten.
2 Er sah aber auch eine arme Witwe, die legte dort zwei Scherflein ein.

3 Und er sprach:
Wahrlich, ich sage euch: Diese arme Witwe hat mehr als sie alle eingelegt.

4 Denn diese alle haben etwas von ihrem Überfluß zu den Opfern eingelegt; sie aber hat von ihrer Armut alles eingelegt, was sie zum Leben hatte.

4: 2. Kor 8, 12.

Lk 21, 5-7
5 Und als einige von dem Tempel sagten, daß
er mit schönen Steinen und Kleinoden geschmückt sei, sprach er: 6 Es wird die Zeit
kommen, in der von allem, was ihr seht, nicht ein Stein auf dem andern gelassen wird, der nicht zerbrochen werde.

7 Sie fragten ihn aber:
Meister, wann wird das geschehen? und was wird das Zeichen sein, wenn das geschehen wird?

6 par.: 19, 44.

211. Vorzeichen der Endzeit

Mt 24, 4-8

4 Jesus aber antwortete und sprach zu ihnen:
Seht zu, daß euch niemand verführe. 5 Denn
es werden viele kommen unter meinem Na-
men und sagen: Ich bin der Christus, und sie
werden viele verführen. 6 Ihr werdet hören
von Kriegen und Kriegsgeschrei; seht zu und
erschreckt nicht. Denn das muß so geschehen;
aber es ist noch nicht das Ende da.
7 Denn es wird sich ein Volk gegen das an-
dere erheben und ein Königreich gegen das an-
dere; und es werden Hungersnöte sein und
Erdbeben hier und dort.
8 Das alles aber ist der Anfang der Wehen.

5: 1. Joh 2, 18.

Mk 13, 5-8

5 Jesus fing an und sagte zu ihnen: Seht zu,
daß euch nicht jemand verführe! 6 Es werden
viele kommen unter meinem Namen und sa-
gen: Ich bin's, und werden viele verführen.
7 Wenn ihr aber hören werdet von Kriegen
und Kriegsgeschrei, so fürchtet euch nicht. Es
muß so geschehen. Aber das Ende ist noch
nicht da.
8 Denn es wird sich ein Volk gegen das an-
dere erheben und ein Königreich gegen das an-
dere. Es werden Erdbeben geschehen hier und
dort, es werden Hungersnöte sein.
Das ist der Anfang der Wehen.

5: Joh 5, 43.

212. Weissagungen über die Endzeit

Mt 24, 9-14; *10, 17-21* (vgl. Nr. 57)

9 Dann werden sie euch der Bedrängnis
preisgeben…
10, 17 *Hütet euch aber vor den Menschen;
denn sie werden euch den Gerichten überant-
worten und werden euch geißeln in ihren Syn-
agogen.* 18 *Und man wird euch vor Statt-
halter und Könige führen um meinetwillen, ih-
nen und den Heiden zum Zeugnis.* 19 *Wenn
sie euch nun überantworten werden, so sorgt
nicht, wie oder was ihr reden sollt; denn es
soll euch zu der Stunde gegeben werden, was
ihr reden sollt.* 20 *Denn nicht ihr seid es, die
da reden, sondern eures Vaters Geist ist es, der
durch euch redet.* 21 *Es wird aber ein Bruder
den andern dem Tod preisgeben und der Va-
ter den Sohn, und die Kinder werden sich em-
pören gegen ihre Eltern und werden sie töten
helfen.* 24, 9 … und euch töten. Und ihr wer-
det gehaßt werden um meines Namens willen
von allen Völkern. 10 Dann werden viele ab-
fallen und werden sich untereinander verra-
ten und werden sich untereinander hassen.
11 Und es werden sich viele falsche Prophe-
ten erheben und werden viele verführen.
12 Und weil die Ungerechtigkeit überhand
nehmen wird, wird die Liebe in vielen erkal-
ten. 13 Wer aber beharrt bis ans Ende, der
wird selig werden. 14 Und es wird gepredigt
werden dies Evangelium vom Reich in der gan-
zen Welt zum Zeugnis für alle Völker, und
dann wird das Ende kommen.

9: 10, 21. 22; Joh 16, 2 / 11: 2. Petr 2, 1; 1. Joh 4, 1 / 12: 2. Thess 2, 10; 2. Tim 3, 1-5 / 13: 10, 22; Offb 13, 10 / 14: 28, 19.

Mk 13, 9-13

9 Ihr aber seht euch vor! Denn sie werden
euch den Gerichten überantworten, und in den
Synagogen werdet ihr gegeißelt werden, und
vor Statthalter und Könige werdet ihr geführt
werden um meinetwillen, ihnen zum Zeugnis.
10 Und das Evangelium muß zuvor gepredigt
werden unter allen Völkern. 11 Wenn sie
euch nun hinführen und überantworten wer-
den, so sorgt euch nicht vorher, was ihr re-
den sollt, sondern was euch in jener Stunde
gegeben wird, das redet. Denn ihr seid's nicht,
die da reden, sondern der heilige Geist.
12 Und es wird ein Bruder den andern dem
Tod preisgeben und der Vater den Sohn, und
die Kinder werden sich empören gegen die El-
tern und werden sie töten helfen.
13 Und ihr werdet gehaßt sein von jedermann
um meines Namens willen.

Wer aber beharrt bis an das Ende, der wird
selig.
10 *Und das Evangelium muß zuvor gepredigt
werden unter allen Völkern.*

10: 16, 15 / 12: Mi 7, 6 / 13: Joh 15, 18. 21.

Lk 21, 8-11

8 Er aber sprach: Seht zu, laßt euch nicht
verführen. Denn viele werden kommen unter
meinem Namen und sagen: Ich bin's und: Die
Zeit ist herbeigekommen. — Folgt ihnen nicht
nach! 9 Wenn ihr aber hören werdet von
Kriegen und Aufruhr, so entsetzt euch nicht.
Denn das muß zuvor geschehen; aber das Ende
ist noch nicht so bald da. 10 Dann sprach er
zu ihnen: Ein Volk wird sich erheben gegen
das andere und ein Reich gegen das andere,
11 und es werden geschehen große Erdbeben
und hier und dort Hungersnöte und Seuchen;
auch werden Schrecknisse und vom Himmel
her große Zeichen geschehen.

8 par.: Mt 24, 23-26 / 10 par.: Jes 19, 2; 2. Chr 15, 6.

Lk 21, 12-19

12 Aber vor diesem allen werden sie Hand an
euch legen und euch verfolgen, und werden
euch überantworten den Synagogen und Ge-
fängnissen und euch vor Könige und Statthal-
ter führen um meines Namens willen. 13 Das
wird euch widerfahren zu einem Zeugnis.
14 So nehmt nun zu Herzen, daß ihr euch
nicht vorher sorgt, wie ihr euch verantwor-
ten sollt. 15 Denn ich will euch Mund und
Weisheit geben, der alle eure Gegner nicht wi-
derstehen noch widersprechen können.

16 Ihr werdet aber verraten werden von El-
tern, Brüdern, Verwandten und Freunden; und
man wird einige von euch töten.

17 Und ihr werdet gehaßt sein von jedermann
um meines Namens willen. 18 Und kein Haar
von eurem Haupt soll verloren gehen.

19 Seid standhaft, und ihr werdet euer Leben
gewinnen.

12 par.: 12, 11 f; Mt 10, 18-22. 30 / 14: 12, 11 / 15: Apg 6, 10 / 18 par.: 12, 7 / 19: Hebr 10, 36.

Joh 16, 2; 14, 26; 15, 21

2 *Sie werden euch aus der Synagoge aussto-*
ßen. Es kommt aber die Zeit, daß, wer euch
tötet, meinen wird, er tue Gott einen Dienst
damit.

14, 26 *Aber der Tröster, der heilige Geist, den*
mein Vater senden wird in meinem Namen,
der wird euch alles lehren und euch an alles
erinnern, was ich euch gesagt habe.

15, 21 *Aber das alles werden sie euch tun um*
meines Namen willen; denn sie kennen den
nicht, der mich gesandt hat.

213. Die große Bedrängnis

Mt 24, 15-28

15 Wenn ihr nun sehen werdet das Greuelbild
der Verwüstung stehen an der heiligen Stät-
te, wovon gesagt ist durch den Propheten Da-
niel (Daniel 9, 27; 11, 31), — wer das liest,
der merke auf! —, 16 alsdann fliehe auf die
Berge, wer in Judäa ist; 17 und wer auf dem
Dach ist, der steige nicht hinunter, etwas aus
seinem Hause zu holen; 18 und wer auf dem
Feld ist, der kehre nicht zurück, seinen Man-
tel zu holen. 19 Weh aber den Schwangeren
und den Stillenden zu jener Zeit! 20 Bittet
aber, daß eure Flucht nicht geschehe im Win-
ter oder am Sabbat.
21 Denn es wird dann eine große Bedrängnis
sein, wie sie nicht gewesen ist vom Anfang der
Welt bis jetzt und auch nicht wieder werden
wird.
22 Und wenn diese Tage nicht verkürzt wür-
den, so würde kein Mensch selig werden; aber
um der Auserwählten willen werden diese Ta-
ge verkürzt.
23 Wenn dann jemand zu euch sagen wird:
Siehe, hier ist der Christus! oder da!, so sollt
ihr's nicht glauben.
24 Denn es werden falsche Christusse und fal-
sche Propheten aufstehen und große Zeichen
und Wunder tun, so daß sie, wenn es mög-
lich wäre, auch die Auserwählten verführten.
25 Siehe, ich habe es euch vorausgesagt.
26 Wenn sie also zu euch sagen werden: Sie-
he, er ist in der Wüste!, so geht nicht hinaus;
siehe, er ist drinnen im Haus!, so glaubt es
nicht. 27 Denn wie der Blitz ausgeht vom
Osten und leuchtet bis zum Westen, so wird
auch das Kommen des Menschensohnes sein.
28 Wo das Aas ist, da sammeln sich die
Geier.

Mk 13, 14-23

14 Wenn ihr aber sehen werdet das Greuel-
bild der Verwüstung stehen, wo es nicht soll —

wer es liest, der merke auf! —, alsdann, wer
in Judäa ist, der fliehe auf die Berge. 15 Wer
auf dem Dach ist, der steige nicht hinunter und
gehe nicht hinein, etwas aus seinem Hause zu
holen. 16 Und wer auf dem Feld ist, der wen-
de sich nicht um, seinen Mantel zu holen.
17 Weh aber den Schwangeren und den Stil-
lenden zu jener Zeit! 18 Bittet aber, daß es
nicht im Winter geschehe.

19 Denn in diesen Tagen wird eine solche Be-
drängnis sein, wie sie nie gewesen ist bis jetzt
vom Anfang der Schöpfung, die Gott geschaf-
fen hat, und auch nicht wieder werden wird.
20 Und wenn der Herr diese Tage nicht ver-
kürzt hätte, würde kein Mensch selig; aber um
der Auserwählten willen, die er auserwählt
hat, hat er diese Tage verkürzt.
21 Wenn dann jemand zu euch sagen wird:
Siehe, hier ist der Christus! siehe, da ist er!,
so glaubt es nicht.
22 Denn es werden sich erheben falsche Chri-
stusse und falsche Propheten, die Zeichen und
Wunder tun, so daß sie die Auserwählten ver-
führen würden, wenn es möglich wäre. 23 Ihr
aber seht euch vor! Ich habe euch alles zuvor
gesagt!

214. Das Kommen des Menschensohns

Mt 24, 29-31

29 Sogleich aber nach der Bedrängnis jener
Zeit wird die Sonne sich verfinstern und der
Mond seinen Schein verlieren, und die Ster-
ne werden vom Himmel fallen,

und die Kräfte der Himmel werden ins Wan-
ken kommen. 30 Und dann wird erscheinen
das Zeichen des Menschensohns am Himmel.

Mk 13, 24-27

24 Aber zu jener Zeit, nach dieser Bedräng-
nis, wird die Sonne sich verfinstern und der
Mond seinen Schein verlieren, 25 und die
Sterne werden vom Himmel fallen,

und die Kräfte der Himmel werden ins Wan-
ken kommen. 26 Und dann

Lk 21, 20-24; *17, 21. 23. 24. 37b* (vgl. Nr. 180.
181)

20 Wenn ihr aber sehen werdet, daß Jerusa-
lem von einem Heer belagert wird, dann er-
kennt, daß seine Verwüstung nahe herbeige-
kommen ist. 21 Alsdann, wer in Judäa ist, der
fliehe ins Gebirge, und wer in der Stadt ist,
gehe hinaus, und wer auf dem Lande ist, kom-
me nicht herein. 22 Denn das sind die Tage
der Vergeltung, daß erfüllt werde alles, was
geschrieben ist. 23 Weh aber den Schwange-
ren und den Stillenden in jenen Tagen!

Denn es wird große Not auf Erden sein und
Zorn über dies Volk kommen, 24 und sie
werden fallen durch die Schärfe des Schwer-
tes und gefangen weggeführt unter alle Völ-
ker, und Jerusalem wird zertreten werden von
den Heiden, bis die Zeiten der Heiden erfüllt
sind.

17, 21 *man wird auch nicht sagen: Siehe, hier
ist es! oder: Da ist es! Denn siehe, das Reich
Gottes ist mitten unter euch[1]).*

23 *Und sie werden zu euch sagen: Siehe, da!
oder: Siehe, hier! Geht nicht hin und lauft ih-
nen nicht nach!*
24 *Denn wie der Blitz aufblitzt und leuchtet
von einem Ende des Himmels bis zum andern,
so wird der Menschensohn an seinem Tage
sein.* 37 b *Wo das Aas ist, da sammeln sich
auch die Geier.*

Mt 24, 15 par.: Dan 9, 27; 11, 31; 12, 11 / 19: Lk 23, 29 / 21 par.: Dan 12, 1 / 24: 5. Mose 13, 2-4; 2. Thess 2, 8.9; Offb 13, 13 / 25: Joh 14, 29; 16, 1. 4 / 28: Hiob 39, 30; Offb 19, 17. 18.

Mk 13, 14b par.: Hes 7, 16; Dan 9, 27; 11, 31 / 16: Lk 17, 31 / 19: Dan 12, 1; Joel 2, 2 / 22 par.: 5. Mose 13, 1

Lk 21, 21 par.: 17, 31 / 22: Hos 9, 7; 5. Mose 32, 35; Sir 5, 7 / 23: 1. Kor 7, 26 / 24: 5. Mose 28, 64; Jes 63, 18; Röm 11, 25; Offb 11, 2.

1) 21, 21. Nämlich in der Stadt Jerusalem.

Lk 21, 25-28

25 Und es werden Zeichen geschehen an Son-
ne und Mond und Sternen, und auf Erden wird
den Völkern bange sein, und sie werden ver-
zagen vor dem Brausen und Wogen des Mee-
res, 26 und die Menschen werden vergehen
vor Furcht und in Erwartung der Dinge, die
kommen sollen über die ganze Erde; denn die
Kräfte der Himmel werden ins Wanken kom-
men. 27 Und alsdann

Und dann werden wehklagen alle Geschlech-
ter auf Erden und werden sehen den Men-
schensohn kommen auf den Wolken des
Himmels mit großer Kraft und Herrlichkeit.
31 Und er wird seine Engel senden mit hellen
Posaunen, und sie werden seine Auserwähl-
ten sammeln von den vier Winden, von einem
Ende des Himmels bis zum andern.

29: Jes 13, 10; 2. Petr 3, 10; Offb 6, 12-17 / 30 par.: 25, 31; 26, 64; Mk 14, 62; Dan 7, 13. 14; Offb 1, 7; 19, 11-13 / 31 par.: 13, 41; 1. Thess 4, 15. 16; Jes 27, 13; Sach 2, 6; 5. Mose 30, 4; 1. Kor 15, 52; Offb 8, 2.

werden sie sehen den Menschensohn kommen
in den Wolken mit großer Kraft und Herr-
lichkeit.
27 Und dann wird er die Engel senden
und wird seine Auserwählten versammeln von
den vier Winden, vom Ende der Erde bis zum
Ende des Himmels.

25 par.: Jes 13, 10; 34, 4; Hebr 12, 26 / 26: Dan 7, 13 / 27: Mt 13, 41.

215. Das Gleichnis vom grünenden Feigenbaum

Mt 24, 32-33

32 An dem Feigenbaum lernt ein Gleichnis:
wenn seine Zweige jetzt saftig werden und
Blätter treiben, so wißt ihr, daß der Sommer
nahe ist. 33 Ebenso auch: wenn ihr das alles
seht, so wißt, daß er nahe vor der Tür ist.

Mk 13, 28-29

28 An dem Feigenbaum aber lernt ein Gleich-
nis. Wenn jetzt seine Zweige saftig werden und
Blätter treiben, so wißt ihr, daß der Sommer
nahe ist. 29 Ebenso auch: wenn ihr seht, daß
dies geschieht, so wißt, daß er nahe vor der
Tür ist.

216. Wann geschieht die Wiederkunft?

Mt 24, 34-36

34 Wahrlich, ich sage euch: Dieses Geschlecht
wird nicht vergehen, bis dies alles geschieht.
35 Himmel und Erde werden vergehen; aber
meine Worte werden nicht vergehen. 36 Von
dem Tage aber und von der Stunde weiß nie-
mand, auch die Engel im Himmel[1]) nicht,
auch der Sohn nicht, sondern allein der Vater.

35: 5, 18; Jes 51, 6 / 36: Apg 1, 7; 1. Thess 5, 1. 2.

[1]) Mehrere alte Textzeugen fügen hier ein: »auch der Sohn nicht« (vgl. Mark.)

Mk 13, 30-32

30 Wahrlich, ich sage euch: Dieses Geschlecht
wird nicht vergehen, bis dies alles geschieht.
31 Himmel und Erde werden vergehen; mei-
ne Worte aber werden nicht vergehen.
32 Von dem Tage aber und der Stunde weiß
niemand, auch die Engel im Himmel nicht,
auch der Sohn nicht, sondern allein der Vater.

31: Jes 51, 6.

217. Das Gleichnis vom Türhüter (Markus-Schluß der Endzeitrede)

Mt 25, 13f. 15b; 24, 42 (vgl. Nr. 223. 220. 222)

14 *Denn es ist wie mit einem Menschen, der*
außer Landes ging: er rief seine Knechte und
vertraute ihnen sein Vermögen an; 15 *jedem*
nach seiner Tüchtigkeit, und zog fort.

24, 42 *Darum wachet; denn ihr wißt nicht, an*
welchem Tag euer Herr kommt.

25, 13 *Darum wachet! Denn ihr wißt weder*
Tag noch Stunde.

Mk 13, 33-37

33 Seht euch vor, wachet! denn ihr wißt
nicht, wann die Zeit da ist. 34 Wie bei einem
Menschen, der über Land zog und verließ sein
Haus und gab seinen Knechten Vollmacht, ei-
nem jeden seine Arbeit, und gebot dem Tür-
hüter, er solle wachen: 35 so wacht nun: denn
ihr wißt nicht, wann der Herr des Hauses
kommt, ob am Abend oder zu Mitternacht
oder um den Hahnenschrei oder am Morgen,
36 damit er euch nicht schlafend finde, wenn
er plötzlich kommt. 37 Was ich aber euch sa-
ge, das sage ich allen: Wachet!

Lk 21, 28-33

werden sie sehen den Menschensohn kommen
in einer Wolke mit großer Kraft und Herrlichkeit.

28 Wenn aber dieses anfängt zu geschehen,
dann seht auf und erhebt eure Häupter, weil
sich eure Erlösung naht.

28: Phil 4, 4. 5.

Lk 21, 29-31

29 Und er sagte ihnen ein Gleichnis: Seht den
Feigenbaum und alle Bäume an:
30 wenn sie jetzt ausschlagen und ihr seht es,
so wißt ihr selber, daß jetzt der Sommer nahe ist.
31 So auch ihr: wenn ihr seht, daß dies
alles geschieht, so wißt, daß das Reich Gottes nahe ist.

Lk 21, 32-33

32 Wahrlich, ich sage euch: Dieses Geschlecht
wird nicht vergehen, bis es alles geschieht.
33 Himmel und Erde werden vergehen; aber
meine Worte vergehen nicht.

32 par.: 9, 27 par., Nr. 120 / 33 par.: 16, 17 par., Nr. 173.

Lk 12, 35-38 (vgl. Nr. 155)

35 *Laßt eure Lenden umgürtet sein und eure*
Lichter brennen 36 *und seid gleich den Men-*
schen, die auf ihren Herrn warten, wann er aufbrechen wird von der Hochzeit, damit, wenn er kommt und anklopft, sie ihm sogleich
auftun. 37 *Selig sind die Knechte, die der*
Herr, wenn er kommt, wachend findet. Wahrlich, ich sage euch: Er wird sich schürzen und wird sie zu Tisch bitten und kommen und ih-
nen dienen. 38 *Und wenn er kommt in der*
zweiten oder in der dritten Nachtwache und findet's so: selig sind sie.

218. Ermahnung zur Wachsamkeit (Lukas-Schluß der Endzeitrede)

219. Ermahnung zur Wachsamkeit

Mt 24, 37-41

37 Denn wie es in den Tagen Noahs war, so wird auch sein das Kommen des Menschensohns. 38 Denn wie sie waren in den Tagen vor der Sintflut — sie aßen, sie tranken, sie heirateten und ließen sich heiraten bis an den Tag, an dem Noah in die Arche hineinging;
39 und sie beachteten es nicht, bis die Sintflut kam und raffte sie alle dahin —, so wird es auch sein beim Kommen des Menschensohns.
40 Dann werden zwei auf dem Felde sein; der eine wird angenommen, der andere wird preisgegeben. 41 Zwei Frauen werden mahlen mit der Mühle; die eine wird angenommen, die andere wird preisgegeben.

37: 1. Mose 6, 9-7, 23.

220. Vom Dieb in der Nacht

Mt 24, 42-44

42 Darum wachet; denn ihr wißt nicht, an welchem Tag euer Herr kommt.
43 Das sollt ihr aber wissen: Wenn ein Hausvater wüßte, zu welcher Stunde in der Nacht der Dieb kommt, so würde er ja wachen und nicht in sein Haus einbrechen lassen.
44 Darum seid auch ihr bereit! Denn der Menschensohn kommt zu einer Stunde, da ihr's nicht meint.

42: 25, 13; 1. Thess 5, 2-4 / 43: 2. Petr 3, 10; Offb 3, 3 / 44: Offb 16, 15

Mk 13, 33 (vgl. Nr. 217)

33 *Seht euch vor, wachet! denn ihr wißt nicht, wann die Zeit da ist.*

Lk 21, 34-36

34 Hütet euch aber, daß eure Herzen nicht
beschwert werden mit Fressen und Saufen und
mit täglichen Sorgen und dieser Tag nicht
plötzlich über euch komme wie ein Fallstrick;
35 denn er wird über alle kommen, die auf
der ganzen Erde wohnen. 36 So seid allezeit
wach und betet, daß ihr stark werdet, zu entfliehen diesem allen, was geschehen soll, und
zu stehen vor dem Menschensohn.

34: Mk 4, 19; Jes 5, 11-13; 1. Thess 5, 3. 7; Röm 13, 13 / 35: Jes 24, 17 / 36: Mt 26, 41; Mk 13, 33; 1. Petr 4, 7; 2. Petr 3, 11-13; 1. Joh 2, 28.

Lk 17, 26. 27. 34-35 (vgl. Nr. 181)

26 *Und wie es geschah zu den Zeiten Noahs,
so wird's auch geschehen in den Tagen des
Menschensohns:* 27 *sie aßen, sie tranken, sie
heirateten, sie ließen sich heiraten bis zu dem
Tag, an dem Noah in die Arche ging und die
Sintflut kam und brachte sie alle um.*

34 *Ich sage euch: In jener Nacht werden zwei
auf einem Bett liegen; der eine wird angenommen, der andere wird preisgegeben werden.*
35 *Zwei Frauen werden miteinander Korn
mahlen; die eine wird angenommen, die andere wird preisgegeben werden.*

Lk 12, 39-40 (vgl. Nr. 155)

39 *Das sollt ihr aber wissen: Wenn ein Hausherr wüßte, zu welcher Stunde der Dieb
kommt,
so ließe er nicht in sein Haus einbrechen.*
40 *Seid auch ihr bereit! Denn der Menschensohn kommt zu einer Stunde, da ihr's nicht
meint.*

221. Vom treuen und vom bösen Knecht

Mt 24, 45-51

45 Wer ist nun der treue und kluge Knecht,
den der Herr über seine Leute gesetzt hat, da-
mit er ihnen zur rechten Zeit zu essen gebe?
46 Selig ist der Knecht, den sein Herr, wenn
er kommt, das tun sieht. 47 Wahrlich, ich sa-
ge euch: Er wird ihn über alle seine Güter set-
zen. 48 Wenn aber jener als ein böser Knecht
in seinem Herzen sagt: Mein Herr kommt noch
lange nicht, 49 und fängt an, seine Mitknech-
te zu schlagen, ißt und trinkt mit den Betrun-
kenen: 50 dann wird der Herr dieses Knechts
kommen an einem Tage, an dem er's nicht er-
wartet und zu einer Stunde, die er nicht kennt,
51 und er wird ihn in Stücke hauen lassen
und ihm sein Teil geben bei den Heuchlern;
da wird sein Heulen und Zähneklappern.

47: 25, 21. 23 par. / 48: 2. Petr 3, 4 / 51: 8, 12.

222. Von den klugen und törichten Jungfrauen

Mt 25, 1-13

1 Dann wird das Himmelreich gleichen zehn
Jungfrauen, die ihre Lampen nahmen und gin-
gen hinaus, dem Bräutigam entgegen. 2 Aber
fünf von ihnen waren töricht, und fünf wa-
ren klug. 3 Die törichten nahmen ihre Lam-
pen, aber sie nahmen kein Öl mit. 4 Die
klugen aber nahmen Öl mit in ihren Gefäßen,
samt ihren Lampen. 5 Als nun der Bräutigam
lange ausblieb, wurden sie alle schläfrig und
schliefen ein. 6 Um Mitternacht aber erhob
sich lautes Rufen: Siehe, der Bräutigam
kommt! Geht hinaus, ihm entgegen! 7 Da
standen diese Jungfrauen alle auf und mach-
ten ihre Lampen fertig. 8 Die törichten aber
sprachen zu den klugen: Gebt uns von eurem
Öl, denn unsre Lampen verlöschen. 9 Da ant-
worteten die klugen und sprachen: Nein, sonst
würde es für uns und euch nicht genug sein;
geht aber zum Kaufmann und kauft für euch
selbst. 10 Und als sie hingingen zu kaufen,
kam der Bräutigam; und die bereit waren, gin-
gen mit ihm hinein zur Hochzeit, und die Tür
wurde verschlossen. 11 Später kamen auch
die andern Jungfrauen und sprachen: Herr,
Herr, tu uns auf! 12 Er antwortete aber und
sprach: Wahrlich, ich sage euch: Ich kenne
euch nicht. 13 Darum wachet! Denn ihr wißt
weder Tag noch Stunde[1]).

1: Lk 12, 35. 36; Offb 19, 7 / 11: Lk 13, 25-28 / 12: 7, 22. 23 / 13: 24, 42. 44.

[1]) Minder gewichtige Textzeugen ergänzen: 'in welcher des Menschen Sohn kommen wird'.

Mk 13, 35a (vgl. Nr. 217)

35 *so wacht nun; denn ihr wißt nicht, wann der Herr des Hauses kommt.*

Lk 21, 36

Lk 12, 42-46 (vgl. Nr. 155)

42 *Der Herr aber sprach: Wer ist denn der
treue und kluge Verwalter, den der Herr über
seine Leute setzt, damit er ihnen zur rechten
Zeit gibt, was ihnen zusteht?* 43 *Selig ist der
Knecht, den sein Herr, wenn er kommt, das
tun sieht.* 44 *Wahrlich, ich sage euch: Er wird
ihn über alle seine Güter setzen.* 45 *Wenn
aber jener Knecht in seinem Herzen sagt: Mein
Herr kommt noch lange nicht, und fängt an,
die Knechte und Mägde zu schlagen, auch zu
essen und zu trinken und sich vollzusaufen,*
46 *dann wird der Herr dieses Knechtes kommen an einem Tage, an dem er's nicht erwartet, und zu einer Stunde, die er nicht kennt, und wird ihn in Stücke hauen lassen und wird ihm sein Teil geben bei den Ungläubigen.*

Zu Mt 25, 1-13 Justin, Dial. 47, 5: Darum hat unser Herr Jesus Christus gesagt: Worin ich euch antreffe, darin werde ich euch auch richten.

223. Von den anvertrauten Zentnern

Mt 25, 14-30

14 Denn es ist wie mit einem Menschen, der
außer Landes ging: er rief seine Knechte und
vertraute ihnen sein Vermögen an; 15 dem ei-
nen gab er fünf Zentner Silber, dem andern
zwei, dem dritten einen, jedem nach seiner
Tüchtigkeit, und zog fort. 16 Sogleich ging
der hin, der fünf Zentner empfangen hatte,
und handelte mit ihnen und gewann weitere
fünf dazu. 17 Ebenso gewann der, der zwei
Zentner empfangen hatte, zwei weitere dazu.
18 Der aber einen empfangen hatte, ging hin,
grub ein Loch in die Erde und verbarg das Geld
seines Herrn.

19 Nach langer Zeit kam der Herr dieser
Knechte und forderte Rechenschaft von ihnen.

20 Da trat herzu, der fünf Zentner empfangen
hatte, und legte weitere fünf Zentner dazu und
sprach: Herr, du hast mir fünf Zentner anver-
traut; siehe da, ich habe damit weitere fünf
Zentner gewonnen.
21 Da sprach sein Herr zu ihm: Recht so, du
tüchtiger und treuer Knecht, du bist über we-
nigem treu gewesen, ich will dich über viel set-
zen; geh hinein zu deines Herrn Freude!
22 Da trat auch herzu, der zwei Zentner emp-
fangen hatte, und sprach: Herr, du hast mir
zwei Zentner anvertraut; siehe da, ich habe
damit zwei weitere gewonnen. 23 Sein Herr
sprach zu ihm: Recht so, du tüchtiger und treu-
er Knecht, du bist über wenigem treu gewe-
sen, ich will dich über viel setzen; geh hinein
zu deines Herrn Freude! 24 Da trat auch her-
zu, der einen Zentner empfangen hatte, und
sprach: Herr, ich wußte, daß du ein harter
Mann bist: du erntest, wo du nicht gesät hast,
und sammelst ein, wo du nicht ausgestreut
hast; 25 und ich fürchtete mich, ging hin und
verbarg deinen Zentner in der Erde. Siehe, da
hast du das Deine.
26 Sein Herr aber antwortete und sprach zu
ihm: Du böser und fauler Knecht! Wußtest du,
daß ich ernte, wo ich nicht gesät habe, und
einsammle, wo ich nicht ausgestreut habe?

Mk 13, 34 (vgl. Nr. 217)

34 *Wie bei einem Menschen, der über Land
zog und verließ sein Haus und gab seinen
Knechten Vollmacht, einem jeden seine Ar-
beit, und gebot dem Türhüter, er solle wachen:*

Lk 21, 36

Lk 19, 11-27 (vgl. Nr. 192)
11 *Als sie nun zuhörten, sagte er ein weiteres Gleichnis; denn er war nahe bei Jerusalem, und sie meinten, das Reich Gottes werde sogleich offenbar werden.* 12 *Und er sprach: Ein Fürst zog in ein fernes Land, um ein Königtum zu erlangen und dann zurückzukommen.* 13 *Der ließ zehn seiner Knechte rufen und gab ihnen zehn Pfund*[1]*) und sprach zu ihnen: Handelt damit, bis ich wiederkomme!*

14 *Seine Bürger aber waren ihm feind und schickten eine Gesandtschaft hinter ihm her und ließen sagen: Wir wollen nicht, daß dieser über uns herrsche.*
15 *Und es begab sich, als er wiederkam, nachdem er das Königtum erlangt hatte, da ließ er die Knechte rufen, denen er das Geld gegeben hatte, um zu erfahren, was ein jeder erhandelt hätte.*
16 *Da trat der erste herzu*

und sprach:
Herr dein Pfund hat zehn Pfund eingebracht.

17 *Und er sprach zu ihm: Recht so, du tüchtiger Knecht; weil du im Geringsten treu gewesen bist, sollst du Macht haben über zehn Städte.*
18 *Der zweite kam auch*
und sprach: Herr, dein Pfund hat fünf Pfund erbracht.
19 *Zu dem sprach er auch: Und du sollst über fünf Städte sein.*

20 *Und der dritte kam*
und sprach: Herr, siehe, hier ist dein Pfund, das ich in einem Tuch verwahrt habe;
21 *denn ich fürchtete mich vor dir, weil du ein harter Mann bist; du nimmst, was du nicht angelegt hast, und erntest, was du nicht gesät hast.*
22 *Er sprach zu ihm: Mit deinen eigenen Worten richte ich dich,*
du böser Knecht. Wußtest du, daß ich ein harter Mann bin, nehme, was ich nicht angelegt habe, und ernte, was ich nicht gesät habe:

27 Dann hättest du mein Geld zu den Wechs-
lern bringen sollen, und wenn ich gekommen
wäre, hätte ich das Meine wiederbekommen
mit Zinsen.
28 Darum nehmt ihm den Zentner ab und
gebt ihn dem, der zehn Zentner hat.

29 Denn wer da hat, dem wird gegeben wer-
den, und er wird die Fülle haben; wer aber
nicht hat, dem wird auch, was er hat, genom-
men werden. 30 Und den unnützen Knecht
werft in die Finsternis hinaus; da wird sein
Heulen und Zähneklappern.

14: 21, 33 / 15: Röm 12, 6 / 19: 18, 23 / 21: 24, 45-47 par. / 29: 13, 12 par.; Spr 11, 24. 25 / 30: 8, 12.

Zu Mt 25, 14-30 Nazaräerevangelium und 2. Clemens 8, 5-6, vgl. Nr. 192.

224. Vom Weltgericht

Mt 25, 31-46

31 Wenn aber der Menschensohn kommen
wird in seiner Herrlichkeit, und alle Engel mit
ihm, dann wird er sitzen auf dem Thron sei-
ner Herrlichkeit, 32 und alle Völker werden
vor ihm versammelt werden. Und er wird sie
voneinander scheiden, wie ein Hirt die Scha-
fe von den Böcken[1]) scheidet, 33 und wird die
Schafe zu seiner Rechten stellen und die Böcke
zur Linken. 34 Da wird dann der König sagen
zu denen zu seiner Rechten: Kommt her, ihr
Gesegneten meines Vaters, ererbt das Reich,
das euch bereitet ist von Anbeginn der Welt!
35 Denn ich bin hungrig gewesen, und ihr
habt mir zu essen gegeben. Ich bin durstig ge-
wesen, und ihr habt mir zu trinken gegeben.
Ich bin ein Fremder gewesen, und ihr habt
mich aufgenommen. 36 Ich bin nackt gewe-
sen, und ihr habt mich gekleidet. Ich bin krank
gewesen, und ihr habt mich besucht. Ich bin
im Gefängnis gewesen, und ihr seid zu mir ge-
kommen. 37 Dann werden ihm die Gerechten
antworten und sagen: Herr, wann haben wir
dich hungrig gesehen und haben dir zu essen
gegeben? oder durstig und haben dir zu trin-
ken gegeben? 38 Wann haben wir dich als
Fremden gesehen und haben dich aufgenom-
men? oder nackt und haben dich gekleidet?
39 Wann haben wir dich krank oder im Ge-
fängnis gesehen und sind zu dir gekommen?
40 Und der König wird antworten und zu ih-
nen sagen: Wahrlich, ich sage euch: Was ihr
getan habt einem von diesen meinen gering-
sten Brüdern, das habt ihr mir getan.

Lk 21, 36

23 *warum hast du dann mein Geld nicht zur
Bank gebracht? Und wenn ich zurückgekommen wäre, hätte ich's mit Zinsen eingefordert.*
24 *Und er sprach zu denen, die dabeistanden:
Nehmt das Pfund von ihm und gebt's dem, der
zehn Pfund hat.* 25 *Und sie sprachen zu ihm:
Herr, er hat doch schon zehn Pfund.*
26 *Ich sage euch aber: Wer da hat, dem wird
gegeben werden; von dem aber, der nicht hat,
wird auch das genommen werden, was er hat.*
27 *Doch diese meine Feinde, die nicht wollten, daß ich ihr König werde, bringt her und
macht sie vor mir nieder.*

1) 19, 13. Wörtlich: »Minen«. Mit »Pfund« wird der Wert einer Mine (etwa 225 DM) durch Angabe des Gewichts (jedoch nicht des heutigen) bezeichnet.

Joh 5, 29

41 Dann wird er auch sagen zu denen zur Linken: Geht weg von mir, ihr Verfluchten, in das ewige Feuer, das bereitet ist dem Teufel und seinen Engeln. 42 Denn ich bin hungrig gewesen, und ihr habt mir nicht zu essen gegeben. Ich bin durstig gewesen, und ihr habt mir nicht zu trinken gegeben. 43 Ich bin ein Fremder gewesen, und ihr habt mich nicht aufgenommen. Ich bin nackt gewesen, und ihr habt mich nicht gekleidet. Ich bin krank und im Gefängnis gewesen, und ihr habt mich nicht besucht. 44 Dann werden sie ihm auch antworten und sagen: Herr, wann haben wir dich hungrig oder durstig gesehen oder als Fremden oder nackt oder krank oder im Gefängnis und haben dir nicht gedient? 45 Dann wird er ihnen antworten und sagen: Wahrlich, ich sage euch: Was ihr nicht getan habt einem von diesen Geringsten, das habt ihr mir auch nicht getan. 46 Und sie werden hingehen: diese zur ewigen Strafe, aber die Gerechten in das ewige Leben.

31: 16, 27; Dan 7, 13; Sach 14, 5; Offb 20, 11-13 / 32: 13, 49; Röm 14, 10 / 33: Hes 34, 17 / 35: Jes 58, 7 / 40: 10, 42; Spr 19, 17; Hebr 2, 11 / 41: 7, 23; Offb 20, 10. 15 / 42: Jak 2, 15. 16; 4, 17 / 46: Dan 12, 2; Jak 2, 13.

1) 25, 32. 33. Gemeint sind nicht Schafböcke, sondern Ziegenböcke, und gedacht ist an den Gegensatz zwischen Schafen und Ziegen, die in Palästina zusammen geweidet und dann durch den Hirten für die Nacht getrennt werden.

225. Jesu Aufenthalt in den Tagen vor seinem Leiden

Mt 21, 17 (vgl. Nr. 195)

17 *Und er ließ sie stehen und ging zur Stadt hinaus nach Betanien und blieb dort über Nacht.*

Mk 11, 19 (vgl. Nr. 197)

19 *Und abends gingen sie hinaus vor die Stadt.*

5, 29 *und werden hervorgehen, die Gutes getan haben, zur Auferstehung des Lebens, die aber Böses getan haben, zur Auferstehung des Gerichts.*

Lk 21, 37-38

37 Er lehrte des Tags im Tempel;
des Nachts aber ging er hinaus und blieb an dem Berg, den man den Ölberg nennt.
38 Und alles Volk machte sich früh auf zu ihm, ihn im Tempel zu hören[1]).

37: 19, 47; Joh 8, 1; 18, 1 / 38: 19, 48.

1) Hier hat eine Handschriftengruppe den Text Joh 7, 53 - 8, 11 (vgl. Nr. 35) eingefügt.

3. Jesu Leiden, Sterben und Auferstehen

(Mt 26-28; Mk 14-16; Lk 22-24; Joh 18-20)

226. Der Plan der Hohenpriester und Ältesten

Mt 26, 1-5

1 Und es begab sich, als Jesus alle diese Reden vollendet hatte, daß er zu seinen Jüngern sprach: 2 Ihr wißt, daß in zwei Tagen Passa ist; und der Menschensohn wird überantwortet werden, daß er gekreuzigt werde. 3 Da versammelten sich die Hohenpriester und die Ältesten des Volkes im Palast des Hohenpriesters, der hieß Kaiphas, 4 und hielten Rat, wie sie Jesus mit List ergreifen und töten könnten. 5 Sie sprachen aber: Ja nicht bei dem Fest, damit es nicht einen Aufruhr gebe im Volk.

2: 2. Mose 12, 1-20; 20, 18 / 3: Lk 3, 1. 2.

Mk 14, 1-2

1 Es waren noch zwei Tage bis zum Passafest und den Tagen der Ungesäuerten Brote.

Und die Hohenpriester und Schriftgelehrten suchten,

wie sie ihn mit List ergreifen und töten könnten. 2 Denn sie sprachen: Ja nicht bei dem Fest, damit es nicht einen Aufruhr im Volk gebe.

227. Die Salbung in Betanien (vgl. Nr. 81)

Mt 26, 6-13

6 Als nun Jesus in Betanien war im Hause Simons des Aussätzigen, 7 trat zu ihm eine Frau, die hatte ein Glas mit kostbarem Salböl und goß es auf sein Haupt, als er zu Tisch saß.

8 Als das die Jünger sahen, wurden sie unwillig und sprachen: Wozu diese Vergeudung? 9 Es hätte teuer verkauft und das Geld den Armen gegeben werden können. 10 Als Jesus das merkte, sprach er zu ihnen: Was betrübt ihr die Frau? Sie hat ein gutes Werk an mir getan.
11 Denn Arme habt ihr allezeit bei euch,

mich aber habt ihr nicht allezeit.
12 Daß sie das Öl auf meinen Leib gegossen hat, das hat sie für mein Begräbnis getan. 13 Wahrlich, ich sage euch: Wo dies Evangelium gepredigt wird in der ganzen Welt, da wird man auch sagen zu ihrem Gedächtnis, was sie getan hat.

11 par.: 5. Mose 15, 11 / 13: 24, 14.

Mk 14, 3-9

3 Und als er in Betanien war im Hause Simons des Aussätzigen und saß zu Tisch, da kam eine Frau, die hatte ein Glas mit unverfälschtem und kostbarem Nardenöl, und sie zerbrach das Glas und goß es auf sein Haupt.
4 Da wurden einige unwillig und sprachen untereinander: Was soll diese Vergeudung des Salböls? 5 Man hätte dieses Öl für mehr als dreihundert Silbergroschen verkaufen können und das Geld den Armen geben. Und sie fuhren sie an. 6 Jesus aber sprach: Laßt sie in Frieden! Was betrübt ihr sie? Sie hat ein gutes Werk an mir getan. 7 Denn ihr habt allezeit Arme bei euch, und wenn ihr wollt, könnt ihr ihnen Gutes tun; mich aber habt ihr nicht allezeit. 8 Sie hat getan, was sie konnte; sie hat meinen Leib im voraus gesalbt für mein Begräbnis. 9 Wahrlich, ich sage euch: Wo das Evangelium gepredigt wird in aller Welt, da wird man auch das sagen zu ihrem Gedächtnis, was sie jetzt getan hat.

Lk 22, 1-2

1 Es war aber nahe das Fest der Ungesäuerten Brote, das Passa heißt.

2 Und die Hohenpriester und Schriftgelehrten trachteten danach,

wie sie ihn töten könnten; denn sie fürchteten sich vor dem Volk.

2: 20, 19

Joh 11, 47-53

47 Da versammelten die Hohenpriester und
die Pharisäer den Hohen Rat und sprachen:
Was tun wir? Dieser Mensch tut viele Zeichen.
48 Lassen wir ihn so, dann werden sie alle an
ihn glauben, und dann kommen die Römer
und nehmen uns Land und Leute. 49 Einer
aber von ihnen, Kaiphas, der in dem Jahr Ho-
herpriester war, sprach zu ihnen: Ihr wißt
nichts; 50 ihr bedenkt auch nicht: Es ist bes-
ser für euch, ein Mensch sterbe für das Volk,
als daß das ganze Volk verderbe. 51 Das sag-
te er aber nicht von sich aus, sondern weil er
in dem Jahr Hoherpriester war, weissagte er.
Denn Jesus sollte sterben für das Volk, 52 und
nicht für das Volk allein, sondern auch, um
die verstreuten Kinder Gottes zusammenzu-
bringen. 53 Von dem Tage an war es für sie
beschlossen, daß sie ihn töteten.

Joh 12, 1-8

1 Sechs Tage vor dem Passafest kam Jesus
nach Betanien, wo Lazarus war, den Jesus auf-
erweckt hatte von den Toten. 2 Dort mach-
ten sie ihm ein Mahl, und Marta diente ihm;
Lazarus aber war einer von denen, die mit ihm
zu Tisch saßen. 3 Da nahm Maria ein Pfund
Salböl von unverfälschter, kostbarer Narde
und salbte die Füße Jesu und trocknete mit ih-
rem Haar seine Füße; das Haus aber wurde
erfüllt vom Duft des Öls. 4 Da sprach einer
seiner Jünger, Judas Iskariot, der ihn hernach
verriet: 5 Warum ist dieses Öl nicht für drei-
hundert Silbergroschen verkauft worden und
den Armen gegeben? 6 Das sagte er aber
nicht, weil er nach den Armen fragte, sondern
er war ein Dieb, denn er hatte den Geldbeu-
tel und nahm an sich, was gegeben war. 7 Da
sprach Jesus: Laß sie in Frieden! Es soll gelten
für den Tag meines Begräbnisses. 8 Denn Ar-
me habt ihr allezeit bei euch; mich aber habt
ihr nicht allezeit.

228. Der Verrat des Judas

Mt 26, 14-16

14 Da ging einer von den Zwölfen, mit Namen Judas Iskariot,
hin zu den Hohenpriestern 15 und sprach:

Was wollt ihr mir geben? Ich will ihn euch verraten. Und sie boten ihm dreißig Silberlinge.
16 Und von da an suchte er eine Gelegenheit, daß er ihn verriete.

15: Joh 11, 57; Sach 11, 12; Mt 27, 9; 1. Tim 6, 9 f.

Mk 14, 10-11

10 Und Judas Iskariot, einer von den Zwölfen,
ging hin zu den Hohenpriestern, daß er ihn an sie verriete.
11 Als sie das hörten,

wurden sie froh und versprachen, ihm Geld zu geben. Und er suchte, wie er ihn bei guter Gelegenheit verraten könnte.

229. Vorbereitung des Passamahles

Mt 26, 17-19

17 Aber am ersten Tage der Ungesäuerten Brote traten die Jünger zu Jesus und fragten:

Wo willst du, daß wir dir das Passalamm zum Essen bereiten?

18 Er sprach: Geht hin in die Stadt zu einem

und sprecht zu ihm: Der Meister läßt dir sagen: Meine Zeit ist nahe; ich will bei dir das Passa feiern mit meinen Jüngern.

19 Und die Jünger taten, wie ihnen Jesus befohlen hatte, und bereiteten das Passalamm.

17 par.: 2. Mose 12, 17-20 / 18: 21, 3.

Mk 14, 12-16

12 Und am ersten Tage der Ungesäuerten Brote, als man das Passalamm opferte, sprachen seine Jünger zu ihm:

Wo willst du, daß wir hingehen und das Passalamm bereiten, damit du es essen kannst?
13 Und er sandte zwei seiner Jünger und sprach zu ihnen: Geht hin in die Stadt, und es wird euch ein Mensch begegnen, der trägt einen Krug mit Wasser, folgt ihm,
14 und wo er hineingeht, da sprecht zu dem Hausherrn: Der Meister läßt dir sagen: Wo ist der Raum, in dem ich das Passalamm essen kann mit meinen Jüngern?
15 Und er wird euch einen großen Saal zeigen, der mit Polstern versehen und vorbereitet ist; dort richtet für uns zu.
16 Und die Jünger gingen hin und kamen in die Stadt und fanden's, wie er ihnen gesagt hatte, und bereiteten das Passalamm.

14: 11, 3.

230. Jesus kündigt den Verrat des Judas an

Mt 26, 20-25

20 Und am Abend setzte er sich zu Tisch mit den Zwölfen.
21 Und als sie aßen, sprach er: Wahrlich, ich sage euch: Einer unter euch wird mich verraten.

22 Und sie wurden sehr betrübt und fingen an, jeder einzeln, ihn zu fragen: Herr, bin ich's?
23 Er antwortete und sprach: Der die Hand mit mir in die Schüssel taucht, der wird mich verraten.

Mk 14, 17-21

17 Und am Abend kam er mit den Zwölfen.
18 Und als sie bei Tisch waren und aßen, sprach Jesus: Wahrlich, ich sage euch: Einer unter euch, der mit mir ißt, wird mich verraten.
19 Und sie wurden traurig und fragten ihn, einer nach dem andern: Bin ich's?
20 Er aber sprach zu ihnen: Einer von den Zwölfen, der mit mir seinen Bissen in die Schüssel taucht.

Lk 22, 3-6

3 Es fuhr aber der Satan in Judas, genannt Is-
kariot, der zur Zahl der Zwölf gehörte.
4 Und er ging hin und redete mit den Hohen-
priestern und mit den Hauptleuten darüber,
wie er ihn an sie verraten könnte.
5 Und sie wurden froh und versprachen, ihm
Geld zu geben. 6 Und er sagte es zu und such-
te eine Gelegenheit, daß er ihn an sie verriete
ohne Aufsehen.

3: Joh 13, 2. 27.

Lk 22, 7-13

7 Es kam nun der Tag der Ungesäuerten Bro-
te, an dem man das Passalamm opfern muß-
te. 8 Und er sandte Petrus und Johannes und
sprach: Geht hin und bereitet uns das Passa-
lamm, damit wir's essen.
9 Sie aber fragten ihn: Wo willst du, daß
wir's bereiten?
10 Er sprach zu ihnen: Siehe, wenn ihr hin-
einkommt in die Stadt, wird euch ein Mensch
begegnen, der trägt einen Wasserkrug; folgt
ihm in das Haus, in das er hineingeht, 11 und
sagt zu dem Hausherrn: Der Meister läßt dir
sagen: Wo ist der Raum, in dem ich das Pas-
salamm essen kann mit meinen Jüngern?
12 Und er wird euch einen großen Saal zei-
gen, der mit Polstern versehen ist; dort berei-
tet es. 13 Sie gingen hin und fanden's, wie er
ihnen gesagt hatte, und bereiteten das Pas-
salamm.

13: 19, 32.

Zu Mt 26, 17 par. Ebionäerevangelium (Epiphanius, Haer. 30, 22, 4): Sie (sc. das Eb.-Ev.) entstellen das Wort ... und ließen die Jünger sagen: Wo willst du, daß wir dir das Passamahl zu essen bereiten? Und (ließen) ihn darauf antworten: Ich begehre nicht, an diesem Passa Fleisch mit euch zu essen!

Lk 22, 14. *21-23* (vgl. Nr. 232)

14 Und als die Stunde kam, setzte er sich nie-
der und die Apostel mit ihm.

21 *Doch siehe, die Hand meines Verräters ist*
mit mir am Tisch.
23 *Und sie fingen an, untereinander zu fra-*
gen, wer es wohl wäre unter ihnen, der das
tun würde.

Joh 13, 21-30

21 *Als Jesus das gesagt hatte, wurde er be-*
trübt im Geist und bezeugte und sprach:
Wahrlich, wahrlich, ich sage euch: Einer un-
ter euch wird mich verraten. 22 *Da sahen sich*
die Jünger untereinander an, und ihnen wur-
de bange, von wem er wohl redete. 23 *Es war*
aber einer unter seinen Jüngern, den Jesus lieb
hatte, der lag bei Tisch an der Brust Jesu.
24 *Dem winkte Simon Petrus, daß er fragen*
sollte, wer es wäre, von dem er redete.

Mt 26, 24-29

24 Der Menschensohn geht zwar dahin, wie von ihm geschrieben steht; doch weh dem Menschen, durch den der Menschensohn verraten wird! Es wäre für diesen Menschen besser, wenn er nie geboren wäre.
25 Da antwortete Judas, der ihn verriet, und sprach: Bin ich's, Rabbi? Er sprach zu ihm: Du sagst es[1]).

23: Joh 13, 18 / 24: 18, 7; Lk 17, 1. 2.

1)26, 25. Das bedeutet: Doch, du bist es.

Mk 14, 21-25

21 Der Menschensohn geht zwar hin, wie von ihm geschrieben steht; weh aber dem Menschen, durch den der Menschensohn verraten wird! Es wäre für diesen Menschen besser, wenn er nie geboren wäre.

18: Ps 41, 10.

231. Das Abendmahl

Mt 26, 26-29

29 *Ich sage euch: Ich werde von nun an nicht mehr von diesem Gewächs des Weinstocks trinken bis an den Tag, an dem ich von neuem davon trinken werde mit euch in meines Vaters Reich.*

26 Als sie aber aßen, nahm Jesus das Brot, dankte und brach's und gab's den Jüngern und sprach: Nehmet, esset; das ist mein Leib.

27 Und er nahm den Kelch und dankte, gab ihnen den und sprach: Trinket alle daraus;
28 das ist mein Blut des Bundes, das vergossen wird für viele zur Vergebung der Sünden.
29 Ich sage euch: Ich werde von nun an nicht mehr von diesem Gewächs des Weinstocks trinken bis an den Tag, an dem ich von neuem davon trinken werde mit euch in meines Vaters Reich.

26: 14, 19; 1. Kor 10, 16 / 28 par.: 20, 28; 2. Mose 24, 8; Jer 31, 31; Sach 9, 11; Hebr 9, 20.

Mk 14, 22-25

25 *Wahrlich, ich sage euch, daß ich nicht mehr trinken werde vom Gewächs des Weinstocks bis an den Tag, an dem ich aufs neue davon trinke im Reich Gottes.*

22 Und als sie aßen, nahm Jesus das Brot, dankte und brach's und gab's ihnen und sprach: Nehmet; das ist mein Leib.

23 Und er nahm den Kelch, dankte und gab ihnen den; und sie tranken alle daraus.
24 Und er sprach zu ihnen: Das ist mein Blut des Bundes, das für viele vergossen wird.
25 Wahrlich, ich sage euch, daß ich nicht mehr trinken werde vom Gewächs des Weinstocks bis an den Tag, an dem ich aufs neue davon trinke im Reich Gottes.

Zu Mt 26, 27-28 par. Justin, Apologie 1, 66, 3: Die Apostel berichten in den von ihnen geschriebenen Erinnerungen, die Evangelien genannt werden, daß ihnen folgendes aufgetragen worden sei: Jesus habe das Brot genommen, das Dankgebet darüber gesprochen und gesagt: Dieses tut zu meinem Gedächtnis, das ist mein Leib! Und desgleichen habe er den Kelch genommen, das Dankgebet darüber gesprochen und gesagt: Das ist mein Blut! Ihnen allein aber habe er das mitgeteilt.

Zu Mt 26, 26-29 par. Hebräerevangelium (Hieronymus, de viris ill. 2): Als aber der Herr dem Knecht des Priesters das Leinentuch gegeben hatte, ging er zu Jakobus und erschien ihm. Jakobus hatte nämlich geschworen, von jener Stunde an, in der er den Kelch des Herrn getrunken hatte, kein Brot mehr zu essen, bis er ihn von den Entschlafenen auferstanden sähe. Und kurz darauf sagte der Herr: Bring einen Tisch und Brot! ... Er nahm das Brot, segnete es und brach es und gab es Jakobus dem Gerechten und sprach zu ihm: Mein Bruder, iß dein Brot, denn der Menschensohn ist von den Entschlafenen auferstanden.

22 *Denn der Menschensohn geht zwar dahin,*
wie es beschlossen ist; doch weh dem Men-
schen, durch den er verraten wird!

25 *Da lehnte der sich an die Brust Jesu und*
fragte ihn: Herr, wer ist's? 26 *Jesus antwor-*
tete: Der ist's, dem ich den Bissen eintauche
und gebe. Und er nahm den Bissen, tauchte
ihn ein und gab ihn Judas, dem Sohn des Si-
mon Iskariot. 27 *Und als der den Bissen*
nahm, fuhr der Satan in ihn. Da sprach Jesus
zu ihm: Was du tust, das tue bald! 28 *Aber*
niemand am Tisch wußte, wozu er ihm das
sagte. 29 *Einige meinten, weil Judas den Beu-*
tel hatte, spräche Jesus zu ihm: Kaufe, was wir
zum Fest nötig haben!, oder daß er den Ar-
men etwas geben sollte. 30 *Als er nun den*
Bissen genommen hatte, ging er alsbald hin-
aus. Und es war Nacht.

Lk 22, 15-20

15 Und er sprach zu ihnen: Mich hat herzlich
verlangt, dies Passalamm mit euch zu essen,
ehe ich leide. 16 Denn ich sage euch, daß ich
es nicht mehr essen werde, bis es erfüllt wird
im Reich Gottes. 17 Und er nahm den Kelch,
dankte und sprach: Nehmt ihn und teilt ihn
unter euch;
18 denn ich sage euch: Ich werde von nun an
nicht trinken von dem Gewächs des Wein-
stocks, bis das Reich Gottes kommt.

19 Und er nahm das Brot, dankte und brach's
und gab's ihnen und sprach: Das ist mein Leib,
der für euch gegeben wird; das tut zu meinem
Gedächtnis.
20 Desgleichen auch den Kelch nach dem
Mahl und sprach: Dieser Kelch ist der neue
Bund in meinem Blut, das für euch vergossen
wird!
16 *Denn ich sage euch, daß ich es nicht mehr*
essen werde, bis es erfüllt wird im Reich
Gottes.

(1. Kor 11, 23-26)

23 *Denn ich habe von dem Herrn empfangen,*
was ich euch weitergegeben habe: Der Herr
Jesus, in der Nacht, da er verraten ward, nahm
er das Brot, 24 *dankte und brach's und*
sprach: Das ist mein Leib, der für euch gege-
ben wird; das tut zu meinem Gedächtnis.
25 *Desgleichen nahm er auch den Kelch nach*
dem Mahl und sprach: Dieser Kelch ist der
neue Bund in meinem Blut; das tut, sooft ihr
daraus trinkt, zu meinem Gedächtnis.
26 *Denn sooft ihr von diesem Brot eßt und*
aus diesem Kelch trinkt, verkündigt ihr den
Tod des Herrn, bis er kommt.

15: 1. Kor 5, 7 / 16: 13, 29 / 20: 2. Mose 24, 8; Jer 31, 31; Hebr 9, 20.

zu Mt 26, 26-28 par. Didache 9, 1-4: Beim Abendmahl dankt 1. für den Kelch: Wir danken dir, unser Vater, für den heiligen Weinstock Davids, deines Knechtes, den du uns durch deinen Knecht Jesus kundgetan hast. Dir sei Ehre in Ewigkeit. 2. für das gebrochene Brot: Wir danken dir, unser Vater, für das Leben und die Erkenntnis, die du uns durch deinen Knecht Jesus kundgetan hast. Dir sei Ehre in Ewigkeit. Wie dieses Brot auf den Bergen zerstreut war und zusammengebracht eins war, so laß auch deine Kirche von den Enden der Erde in dein Reich zusammengebracht werden. Denn dein ist die Herrlichkeit und die Kraft durch Jesus Christus in Ewigkeit.

232. Abschiedsworte beim Abendmahl

Mt 26, 21-25; 20, 25-28; 19, 28; 26, 33-34 (vgl.
Nr. 230. 189. 186. 233)

26, 21 *Wahrlich, ich sage euch: Einer unter
euch wird mich verraten.*
22 *Und sie wurden sehr betrübt und fingen
an, jeder einzeln, ihn zu fragen: Herr, bin
ich's?* 23 *Er antwortete und sprach: Der die
Hand mit mir in die Schüssel taucht, der wird
mich verraten.* 24 *Der Menschensohn geht
zwar dahin, wie von ihm geschrieben steht,
doch weh dem Menschen, durch den der Men-
schensohn verraten wird! Es wäre für diesen
Menschen besser, wenn er nie geboren wäre.*
25 *Da antwortete Judas, der ihn verriet, und
sprach: Bin ich's, Rabbi? Er sprach zu ihm: Du
sagst es.*

Mk 14, 18-21; 10, 42-45; 14, 29-30
(vgl. Nr. 230. 189. 233)

14, 18 *Wahrlich, ich sage euch: Einer unter
euch, der mit mir ißt, wird mich verraten.*
19 *Und sie wurden traurig und fragten ihn, ei-
ner nach dem andern: Bin ich's?* 20 *Er aber
sprach zu ihnen: Einer von den Zwölfen, der
mit mir seinen Bissen in die Schüssel taucht.*
21 *Der Menschensohn geht zwar hin, wie von
ihm geschrieben steht; weh aber dem Men-
schen, durch den der Menschensohn verraten
wird! Es wäre für diesen Menschen besser,
wenn er nie geboren wäre.*

20, 25 *Aber Jesus rief sie zu sich und sprach:
Ihr wißt, daß die Herrscher ihre Völker nie-
derhalten und die Mächtigen ihnen Gewalt an-
tun.* 26 *So soll es nicht sein unter euch;
sondern wer unter euch groß sein will, der sei
euer Diener;* 27 *und wer unter euch der Erste
sein will, der sei euer Knecht,* 28 *so wie der
Menschensohn nicht gekommen ist, daß er
sich dienen lasse, sondern daß er diene und
gebe sein Leben zu einer Erlösung für viele.*

10, 42 *Da rief Jesus sie zu sich und sprach zu
ihnen: Ihr wißt, die als Herrscher gelten, hal-
ten ihre Völker nieder, und ihre Mächtigen tun
ihnen Gewalt an.* 43 *Aber so ist es unter euch
nicht; sondern wer groß sein will unter euch,
der soll euer Diener sein;* 44 *und wer unter
euch der Erste sein will, der soll aller Knecht
sein.* 45 *Denn auch der Menschensohn ist
nicht gekommen, daß er sich dienen lasse, son-
dern daß er diene und sein Leben gebe als Lö-
segeld für viele.*

19, 28 *Jesus aber sprach zu ihnen: Wahrlich,
ich sage euch: Ihr, die ihr mir nachgefolgt seid,
werdet bei der Wiedergeburt, wenn der Men-
schensohn sitzen wird auf dem Thron seiner
Herrlichkeit, auch sitzen auf zwölf Thronen
und richten die zwölf Stämme Israels.*

26, 33 *Petrus aber antwortete und sprach zu
ihm: Wenn sie auch alle Ärgernis nehmen, so
will ich doch niemals Ärgernis nehmen an dir.*
34 *Jesus sprach zu ihm: Wahrlich, ich sage
dir: In dieser Nacht, ehe der Hahn kräht, wirst
du mich dreimal verleugnen.*

14, 29 *Petrus aber sagte zu ihm: Und wenn sie
alle Ärgernis nehmen, so doch ich nicht!*
30 *Und Jesus sprach zu ihm: Wahrlich, ich sa-
ge dir: Heute, in dieser Nacht, ehe der Hahn
zweimal kräht, wirst du mich dreimal ver-
leugnen.*

Lk 22, 21-38

21 Doch siehe, die Hand meines Verräters ist
mit mir am Tisch.
22 Denn der Menschensohn geht zwar dahin,
wie es beschlossen ist; doch weh dem Men-
schen, durch den er verraten wird.

23 Und sie fingen an, untereinander zu fra-
gen, wer es wohl wäre unter ihnen, der das
tun würde.
24 Es erhob sich auch ein Streit unter ihnen,
wer von ihnen als der Größte gelten solle.
25 Er aber sprach zu ihnen: Die Könige herr-
schen über ihre Völker, und ihre Machthaber
lassen sich Wohltäter nennen. 26 Ihr aber
nicht so! Sondern der Größte unter euch soll
sein wie der Jüngste, und der Vornehmste wie
ein Diener. 27 Denn wer ist größer: der zu
Tisch sitzt oder der dient? Ist's nicht der, der
zu Tisch sitzt? Ich aber bin unter euch wie ein
Diener. 28 Ihr aber seid's, die ihr ausgeharrt
habt bei mir in meinen Anfechtungen. 29 Und
ich will euch das Reich zueignen, wie mir's
mein Vater zugeeignet hat, 30 daß ihr essen
und trinken sollt an meinem Tisch in meinem
Reich und sitzen auf Thronen und richten die
zwölf Stämme Israels.
31 Simon, Simon, siehe, der Satan hat be-
gehrt, euch zu sieben wie den Weizen. 32 Ich
aber habe für dich gebeten, daß dein Glaube
nicht aufhöre. Und wenn du dereinst dich be-
kehrst, so stärke deine Brüder. 33 Er aber
sprach zu ihm: Herr, ich bin bereit, mit dir
ins Gefängnis und in den Tod zu gehen. 34 Er
aber sprach: Petrus, ich sage dir: Der Hahn
wird heute nicht krähen, ehe du dreimal ge-
leugnet hast, daß du mich kennst.
35 Und er sprach zu ihnen: Als ich euch aus-
gesandt habe ohne Geldbeutel, ohne Tasche
und ohne Schuhe, habt ihr da je Mangel ge-
habt? Sie sprachen: Niemals. 36 Da sprach er
zu ihnen: Aber nun, wer einen Geldbeutel hat,
der nehme ihn, desgleichen auch die Tasche,
und wer's nicht hat, verkaufe seinen Mantel
und kaufe ein Schwert. 37 Denn ich sage
euch: Es muß das an mir vollendet werden,
was geschrieben steht (Jesaja 53, 12):

Joh 13, 12-14. 36-38

12 *Als er nun ihre Füße gewaschen hatte,*
nahm er seine Kleider und setzte sich wieder
nieder und sprach zu ihnen: Wißt ihr, was ich
euch getan habe? 13 *Ihr nennt mich Meister*
und Herr und sagt es mit Recht, denn ich bin's
auch. 14 *Wenn nun ich, euer Herr und Mei-*
ster, euch die Füße gewaschen habe, so sollt
auch ihr euch untereinander die Füße waschen.

36 *Spricht Simon Petrus zu ihm: Herr, wo*
gehst du hin? Jesus antwortete ihm: Wo ich
hingehe, kannst du mir diesmal nicht folgen;
aber du wirst mir später folgen. 37 *Petrus*
spricht zu ihm: Herr, warum kann ich dir dies-
mal nicht folgen? Ich will mein Leben für dich
lassen. 38 *Jesus antwortete ihm: Du willst*
dein Leben für mich lassen? Wahrlich, wahr-
lich, ich sage dir: Der Hahn wird nicht krä-
hen, bis du mich dreimal verleugnet hast.

233. Jesus auf dem Wege nach Gethsemane

Mt 26, 30-35

30 Und als sie den Lobgesang gesungen hatten, gingen sie hinaus an den Ölberg.

31 Da sprach Jesus zu ihnen: In dieser Nacht werdet ihr alle Ärgernis nehmen an mir. Denn es steht geschrieben (Sacharja 13, 7):
»Ich werde den Hirten schlagen, und die Schafe der Herde werden sich zerstreuen.«
32 Wenn ich aber auferstanden bin, will ich vor euch hingehen nach Galiläa.

33 Petrus aber antwortete und sprach zu ihm: Wenn sie auch alle Ärgernis nehmen, so will ich doch niemals Ärgernis nehmen an dir.
34 Jesus sprach zu ihm: Wahrlich, ich sage
dir: In dieser Nacht, ehe der Hahn kräht, wirst
du mich dreimal verleugnen. 35 Petrus sprach
zu ihm: Und wenn ich mit dir sterben müßte, will ich dich nicht verleugnen. Das gleiche sagten auch alle Jünger.

30 par.: Ps 113-118; Joh 18, 1 / 32: 28, 7.

Mk 14, 26-31

26 Und als sie den Lobgesang gesungen hatten, gingen sie hinaus an den Ölberg.

27 Und Jesus sprach zu ihnen: Ihr werdet alle Ärgernis nehmen, denn es steht geschrieben (Sacharja 13, 7):
»Ich werde den Hirten schlagen, und die Schafe werden sich zerstreuen.«
28 Wenn ich aber auferstanden bin, will ich vor euch hingehen nach Galiläa.

29 Petrus aber sagte zu ihm: Und wenn sie alle Ärgernis nehmen, so doch ich nicht!

30 Und Jesus sprach zu ihm: Wahrlich, ich sage dir: Heute, in dieser Nacht, ehe der Hahn zweimal kräht, wirst du mich dreimal verleugnen.
nen. 31 Er aber redete noch weiter: Auch
wenn ich mit dir sterben müßte, werde ich dich nicht verleugnen! Das gleiche sagten sie alle.

28: 16, 7.

234. Jesus in Gethsemane

Mt 26, 36-46

36 Da kam Jesus mit ihnen zu einem Garten,
der hieß Gethsemane, und sprach zu den Jüngern: Setzt euch hier, solange ich dorthin ge-
he und bete. 37 Und er nahm mit sich Petrus
und die zwei Söhne des Zebedäus und fing an
zu trauern und zu zagen. 38 Da sprach Jesus
zu ihnen: Meine Seele ist betrübt bis an den
Tod; bleibt hier und wacht mit mir! 39 Und
er ging ein wenig weiter, fiel nieder auf sein
Angesicht und betete
und sprach: Mein Vater, ist's möglich, so gehe dieser Kelch an mir vorüber; doch nicht wie ich will, sondern wie du willst!

Mk 14, 32-42

32 Und sie kamen zu einem Garten mit Namen Gethsemane. Und er sprach zu seinen Jüngern: Setzt euch hierher, bis ich gebetet habe.
33 Und er nahm mit sich Petrus und Jakobus
und Johannes und fing an zu zittern und zu
zagen 34 und sprach zu ihnen: Meine Seele ist
betrübt bis an den Tod; bleibt hier und wachet! 35 Und er ging ein wenig weiter, warf
sich auf die Erde und betete, daß, wenn es
möglich wäre, die Stunde an ihm vorüberginge, 36 und sprach: Abba, mein Vater[1]), alles
ist dir möglich; nimm diesen Kelch von mir; doch nicht, was ich will, sondern was du willst!

»Er ist zu den Übeltätern gerechnet worden.« Denn was von mir geschrieben ist, das wird vollendet. 38 Sie sprachen aber: Herr, siehe, hier sind zwei Schwerter. Er aber sprach zu ihnen: Es ist genug.

21: Joh 13, 21. 22 / 24: 9, 46 / 26: 9, 48 / 28: Joh 6, 67 / 29: 12, 32 / 31: 2. Kor 2, 11 / 32: Joh 17, 9-15; 21, 15 / 35: 9, 3; 10, 4.

Lk 22, 39; *22, 33-34* (vgl. Nr. 232)

39 Und er ging nach seiner Gewohnheit hinaus an den Ölberg. Es folgten ihm aber auch die Jünger.

22, 33 *Er aber sprach zu ihm: Herr, ich bin bereit, mit dir ins Gefängnis und in den Tod zu gehen.*
34 *Er aber sprach: Petrus, ich sage dir: Der Hahn wird heute nicht krähen, ehe du dreimal geleugnet hast, daß du mich kennst.*

Joh 16, 32; 13, 36-38

16, 32 *Siehe, es kommt die Stunde und ist schon gekommen, daß ihr zerstreut werdet, ein jeder in das Seine, und mich allein laßt. Aber ich bin nicht allein, denn der Vater ist bei mir.*
13, 36 *Spricht Simon Petrus zu ihm: Herr, wo gehst du hin? Jesus antwortete ihm: Wo ich hingehe, kannst du mir diesmal nicht folgen, aber du wirst mir später folgen.* 37 *Petrus spricht zu ihm: Herr, warum kann ich dir diesmal nicht folgen? Ich will mein Leben für dich lassen.* 38 *Jesus antwortete ihm: Du willst dein Leben für mich lassen? Wahrlich, wahrlich, ich sage dir: Der Hahn wird nicht krähen, bis du mich dreimal verleugnet hast.*

Zu Mt 26, 31-34 par. Fajjumfragment: ... da sprach Er: In dieser Nacht werdet ihr alle Anstoß nehmen, wie geschrieben steht: Ich werde den Hirten schlagen, und die Schafe werden sich zerstreuen. Als Petrus gesagt hatte: Und wenn alle, ich nicht!, sagte Jesus: Ehe der Hahn zweimal krähen wird, wirst du mich dreimal verleugnen.

Lk 22, 40-46

40 Und als er dahin kam, sprach er zu ihnen: Betet, damit ihr nicht in Anfechtung fallt!

41 Und er riß sich von ihnen los, etwa einen Steinwurf weit, und kniete nieder, betete

42 und sprach: Vater, willst du, so nimm diesen Kelch von mir; doch nicht mein, sondern dein Wille geschehe!

Joh 18, 1; 12, 27; 18, 11

18, 1 *Als Jesus das geredet hatte, ging er hinaus mit seinen Jüngern über den Bach Kidron; da war ein Garten, in den gingen Jesus und seine Jünger.*

12, 27 *Jetzt ist meine Seele betrübt. Und was soll ich sagen? Vater, hilf mir aus dieser Stunde. Doch darum bin ich in diese Stunde gekommen.*
18, 11 *Da sprach Jesus zu Petrus: Steck dein Schwert in die Scheide! Soll ich den Kelch nicht trinken, den mir mein Vater gegeben hat?*

40 Und er kam zu seinen Jüngern und fand sie
schlafend und sprach zu Petrus: Könnt ihr
denn nicht eine Stunde mit mir wachen?
41 Wachet und betet, daß ihr nicht in An-
fechtung fallt! Der Geist ist willig; aber das
Fleisch ist schwach. 42 Zum zweiten Mal ging
er wieder hin, betete und sprach: Mein Vater,
ist's nicht möglich, daß dieser Kelch an mir
vorübergehe, ohne daß ich ihn trinke, so ge-
schehe dein Wille! 43 Und er kam und fand
sie abermals schlafend, und ihre Augen wa-
ren voller Schlaf.

44 Und er ließ sie und ging abermals hin und
betete zum dritten Mal und redete dieselben
Worte. 45 Dann kam er zu seinen Jüngern
und sprach zu ihnen: Ach, wollt ihr weiter
schlafen und ruhen? Siehe, die Stunde ist da,
daß der Menschensohn in die Hände der Sün-
der überantwortet wird. 46 Steht auf, laßt
uns gehen! Siehe, er ist da, der mich verrät.

37: 17, 1; Hebr 5,7 / 38 par.: Ps 42, 6. 12; 43, 5; Jona 4, 9 / 39 par.: Joh 6, 38; 18, 11; Hebr 5, 7. 8 / 41: Eph 6, 18; Hebr 2, 18 / 42 par.: 6, 10 / 44: 2. Kor 12, 8.

37 Und er kam und fand sie schlafend und
sprach zu Petrus: Simon, schläfst du? Ver-
mochtest du nicht, eine Stunde zu wachen?
38 Wachet und betet, daß ihr nicht in Versu-
chung fallt! Der Geist ist willig; aber das
Fleisch ist schwach. 39 Und er ging wieder hin
und betete und sprach dieselben Worte

40 und kam zurück und fand sie abermals
schlafend; denn ihre Augen waren voller
Schlaf, und sie wußten nicht, was sie ihm ant-
worten sollten.

41 Und er kam zum dritten Mal und sprach
zu ihnen: Ach, wollt ihr weiter schlafen und
ruhen? Es ist genug; die Stunde ist gekommen.
Siehe, der Menschensohn wird überantwor-
tet in die Hände der Sünder. 42 Steht auf,
laßt uns gehen! Siehe, der mich verrät, ist
nahe.

33: Mt 17, 1 / 36: 10, 38.

235. Jesu Gefangennahme

Mt 26, 47-56

47 Und als er noch redete, siehe, da kam Ju-
das, einer von den Zwölfen, und mit ihm ei-
ne große Schar mit Schwertern und mit
Stangen, von den Hohenpriestern und Älte-
sten des Volkes.
48 Und der Verräter hatte ihnen ein Zeichen
genannt und gesagt: Welchen ich küssen wer-
de, der ist's; den ergreift. 49 Und alsbald trat
er zu Jesus und sprach: Sei gegrüßt, Rabbi!
und küßte ihn. 50 Jesus aber sprach zu ihm:
Mein Freund, dazu bist du gekommen? Da tra-
ten sie heran und legten Hand an Jesus und
ergriffen ihn. 51 Und siehe, einer von denen,
die bei Jesus waren, streckte die Hand aus und
zog sein Schwert und schlug nach dem Knecht
des Hohenpriesters und hieb ihm ein Ohr ab.
52 Da sprach Jesus zu ihm: Stecke dein
Schwert an seinen Ort! Denn wer das Schwert
nimmt, der soll durchs Schwert umkommen.

Mk 14, 43-52

43 Und alsbald, während er noch redete, kam
herzu Judas, einer von den Zwölfen, und mit
ihm eine Schar mit Schwertern und mit Stan-
gen, von den Hohenpriestern und Schriftge-
lehrten und Ältesten. 44 Und der Verräter
hatte ihnen ein Zeichen genannt und gesagt:
Welchen ich küssen werde, der ist's; den er-
greift und führt ihn sicher ab. 45 Und als er
kam, trat er alsbald zu ihm und sprach: Rab-
bi! und küßte ihn.

46 Die aber legten Hand an ihn und ergriffen
ihn.
47 Einer aber von denen, die dabeistanden,
zog sein Schwert und schlug nach dem Knecht
des Hohenpriesters und hieb ihm ein Ohr ab.

43 Es erschien ihm aber ein Engel vom Him-
mel und stärkte ihn. 44 Und er rang mit dem
Tode und betete heftiger. Und sein Schweiß
wurde wie Blutstropfen, die auf die Erde fielen.
45 Und er stand auf von dem Gebet und kam
zu seinen Jüngern und fand sie schlafend vor
Traurigkeit 46 und sprach zu ihnen: Was
schlaft ihr? Steht auf und betet, damit ihr nicht
in Anfechtung fallt!

1) Abba heißt in der aramäischen Muttersprache Jesu: »Vater«. Vielleicht hat ein Leser der ältesten Zeit das Wort »Vater« als Übersetzung an den Rand geschrieben, und es ist später in den Text aufgenommen worden.

42: Mt 6, 10.

Zu Lk 22, 46 par. Tertullian, De bapt. 20, 2: Niemand kann das Himmelreich erlangen, der nicht versucht worden ist.

Lk 22, 47-53

47 Als er aber noch redete, siehe, da kam ei-
ne Schar; und einer von den Zwölfen, der mit
dem Namen Judas, ging vor ihnen her
und nahte sich zu Jesus, um ihn zu küssen.
48 Jesus aber sprach zu ihm: Judas, verrätst
du den Menschensohn mit einem Kuß? 49 Als
aber, die um ihn waren, sahen, was gesche-
hen würde, sprachen sie: Herr, sollen wir mit
dem Schwert dreinschlagen? 50 Und einer
von ihnen schlug nach dem Knecht des Ho-
henpriesters und hieb ihm sein rechtes Ohr ab.
51 Da sprach Jesus: Laßt ab! Nicht weiter!
Und er rührte sein Ohr an und heilte ihn.

Joh 18, 2-11.20

*2 Judas aber, der ihn verriet, kannte den Ort
auch, denn Jesus versammelte sich oft dort mit
seinen Jüngern. 3 Als nun Judas die Schar der
Soldaten mit sich genommen hatte und Knech-
te von den Hohenpriestern und Pharisäern,
kommt er dahin mit Fackeln, Lampen und mit
Waffen. 4 Da nun Jesus alles wußte, was ihm
begegnen sollte, ging er hinaus und sprach zu
ihnen: Wen sucht ihr? 5 Sie antworteten ihm:
Jesus von Nazareth. Er spricht zu ihnen: Ich
bin's! Judas aber, der ihn verriet, stand auch
bei ihnen. 6 Als nun Jesus zu ihnen sagte: Ich
bin's!, wichen sie zurück und fielen zu Boden.
7 Da fragte er sie abermals: Wen sucht ihr?
Sie aber sprachen: Jesus von Nazareth.
8 Jesus antwortete: Ich habe euch gesagt, daß
ich es bin. Sucht ihr mich, so laßt diese ge-
hen! 9 Damit sollte das Wort erfüllt werden,
das er gesagt hatte:*

53 Oder meinst du, ich könnte meinen Vater
nicht bitten, daß er mir sogleich mehr als zwölf
Legionen Engel schickte? 54 Wie würde dann
aber die Schrift erfüllt, daß es so geschehen
muß? 55 Zu der Stunde sprach Jesus zu der
Schar:
Ihr seid ausgezogen wie gegen einen Räuber
mit Schwertern und mit Stangen, mich zu fan-
gen. Habe ich doch täglich im Tempel geses-
sen und gelehrt, und ihr habt mich nicht
ergriffen. 56 Aber das ist alles geschehen, da-
mit erfüllt würden die Schriften der Prophe-
ten. Da verließen ihn alle Jünger und flohen.

52: 1. Mose 9, 6 / 53: Joh 1, 51; 4, 11; 18, 36.

48 Und Jesus antwortete und sprach zu
ihnen:
Ihr seid ausgezogen wie gegen einen Räuber
mit Schwertern und mit Stangen, mich zu fan-
gen. 49 Ich bin täglich bei euch im Tempel ge-
wesen und habe gelehrt, und ihr habt mich
nicht ergriffen. Aber so muß die Schrift erfüllt
werden.
50 Da verließen ihn alle und flohen.
51 Ein junger Mann aber folgte ihm nach, der
war mit einem Leinengewand bekleidet auf der
bloßen Haut; und sie griffen nach ihm. 52 Er
aber ließ das Gewand fahren und floh nackt
davon.

50: Joh. 16, 32 / 52: Am 2, 16.

236. Jesus vor dem Hohen Rat

Mt 26, 57-68; *27, 1* (vgl. Nr. 238)

57 Die aber Jesus ergriffen hatten, führten ihn
zu dem Hohenpriester Kaiphas, wo die Schrift-
gelehrten und Ältesten sich versammelt hat-
ten. 58 Petrus aber folgte ihm von ferne bis
zum Palast des Hohenpriesters und ging hin-
ein und setzte sich zu den Knechten, um zu
sehen, worauf es hinaus wollte.

s.u. Vers 69-75 (Nr. 237)

Mk 14, 53-65; *15, 1* (vgl. Nr. 238)

53 Und sie führten Jesus zu dem Hohenprie-
ster; und es versammelten sich alle Hohenprie-
ster und Ältesten und Schriftgelehrten.
54 Petrus aber folgte ihm nach von ferne, bis
hinein in den Palast des Hohenpriesters, und
saß da bei den Knechten und wärmte sich am
Feuer.

s.u. Vers 66-72 (Nr. 237)

52 Jesus aber sprach zu den Hohenpriestern
und Hauptleuten des Tempels und den Älte-
sten, die zu ihm hergekommen waren: Ihr seid
wie gegen einen Räuber mit Schwertern und
mit Stangen ausgezogen. 53 Ich bin täglich
bei euch im Tempel gewesen, und ihr habt
nicht Hand an mich gelegt. Aber dies ist eure
Stunde und die Macht der Finsternis.

Ich habe keinen von denen verloren, die du
mir gegeben hast. 10 *Simon Petrus aber hat-*
te ein Schwert und zog es und schlug nach dem
Knecht des Hohenpriesters und hieb ihm sein
rechtes Ohr ab. Und der Knecht hieß Malchus.
11 *Da sprach Jesus zu Petrus: Steck dein*
Schwert in die Scheide! Soll ich den Kelch
nicht trinken, den mir mein Vater gegeben hat?
20 *Jesus antwortete ihm: Ich habe frei und of-*
fen vor aller Welt geredet. Ich habe allezeit ge-
lehrt in der Synagoge und im Tempel, wo alle
Juden zusammenkommen, und habe nichts im
Verborgenen geredet.

47: Apg 1, 16 / 53: Joh 7, 30; 8, 20; 19, 11.

Lk 22, 54-71. *63-65*

54 Sie ergriffen ihn aber und führten ihn ab
und brachten ihn in das Haus des Hohenprie-
sters. Petrus aber folgte von ferne. 55 Da zün-
deten sie ein Feuer an mitten im Hof und
setzten sich zusammen; und Petrus setzte sich
mitten unter sie. 56 Da sah ihn eine Magd am
Feuer sitzen und sah ihn genau an und sprach:
Dieser war auch mit ihm. 57 Er aber leugne-
te und sprach: Frau, ich kenne ihn nicht.
58 Und nach einer kleinen Weile sah ihn ein
andrer und sprach: Du bist auch einer von de-
nen. Petrus aber sprach: Mensch, ich bin's
nicht. 59 Und nach einer Weile, etwa nach ei-
ner Stunde, bekräftigte es ein andrer und
sprach: Wahrhaftig, dieser war auch mit ihm;
denn er ist ein Galiläer. 60 Petrus aber
sprach: Mensch, ich weiß nicht, was du sagst.
Und alsbald, während er noch redete, krähte
der Hahn. 61 Und der Herr wandte sich und
sah Petrus an. Und Petrus gedachte an des
Herrn Wort, wie er zu ihm gesagt hatte: Ehe
heute der Hahn kräht, wirst du mich dreimal
verleugnen. 62 Und Petrus ging hinaus und
weinte bitterlich.
63 Die Männer aber, die Jesus gefangen hiel-
ten, verspotteten ihn und schlugen ihn,
64 verdeckten sein Angesicht und fragten:
Weissage, wer ist's, der dich schlug? 65 Und
noch mit vielen andern Lästerungen schmäh-
ten sie ihn.

Joh 18, 12-16. 19-24

12 *Die Schar aber und ihr Anführer und die*
Knechte der Juden nahmen Jesus und banden
ihn 13 *und führten ihn zuerst zu Hannas; der*
war der Schwiegervater des Kaiphas, der in
jenem Jahr Hoherpriester war. 14 *Kaiphas*
aber war es, der den Juden geraten hatte, es
wäre gut, ein Mensch stürbe für das ganze
Volk.
15 *Simon Petrus aber folgte Jesus nach und*
ein anderer Jünger. Dieser Jünger war dem Ho-
henpriester bekannt und ging mit Jesus hin-
ein in den Palast des Hohenpriesters.
16 *Petrus aber stand draußen vor der Tür. Da*
kam der andere Jünger, der dem Hohenprie-
ster bekannt war, heraus und redete mit der
Türhüterin und führte Petrus hinein.

27, 1 *Am Morgen aber faßten alle Hohenprie-*
ster und die Ältesten des Volkes den Beschluß
über Jesus, ihn zu töten.

26, 59 Die Hohenpriester aber und der ganze
Hohe Rat suchten falsches Zeugnis gegen Je-
sus, daß sie ihn töteten. 60 Und obwohl vie-
le falsche Zeugen herzutraten, fanden sie doch
nichts.

Zuletzt traten zwei herzu 61 und sprachen: Er
hat gesagt: Ich kann den Tempel Gottes ab-
brechen und in drei Tagen aufbauen.

62 Und der Hohepriester stand auf und
sprach zu ihm: Antwortest du nichts auf das,
was diese gegen dich bezeugen?
63 Aber Jesus schwieg still. Und der Hohe-
priester sprach zu ihm: Ich beschwöre dich bei
dem lebendigen Gott, daß du uns sagst, ob du
der Christus bist, der Sohn Gottes.

64 Jesus sprach zu ihm: Du sagst es [1]). Doch
sage ich euch: Von nun an werdet ihr sehen
den Menschensohn sitzen zur Rechten der
Kraft und kommen auf den Wolken des Him-
mels. 65 Da zerriß der Hohepriester seine
Kleider und sprach: Er hat Gott gelästert! Was
bedürfen wir weiterer Zeugen? Siehe, jetzt
habt ihr die Gotteslästerung gehört. 66 Was
ist euer Urteil? Sie antworteten und sprachen:
Er ist des Todes schuldig.
67 Da spien sie ihm ins Angesicht und schlu-
gen ihn mit Fäusten. Einige aber schlugen ihm
ins Angesicht 68 und sprachen: Weissage uns,
Christus, wer ist's, der dich schlug?

60: 5. Mose 19, 15 / 61: Apg 6, 14; Joh 2, 19-21; 63: 16, 16; 27, 12; Joh 10, 24 / 64: Ps 110, 1; Mt 16, 27; 24, 30; Dan 7, 13.14 / 65: 3. Mose 24, 16; Mt 9, 3: Joh 10, 33; 19, 7 / 66: Joh 19, 7; 3. Mose 24, 16 / 67: Jes 50, 6.

[1]) 26, 64. Das bedeutet: Ja, ich bin es.

15, 1 *Und alsbald am Morgen hielten die Ho-*
henpriester Rat mit den Ältesten und Schrift-
gelehrten und dem ganzen Hohen Rat.

55 Aber die Hohenpriester und der ganze Ho-
he Rat suchten Zeugnis gegen Jesus, daß sie
ihn zu Tode brächten, und fanden nichts.
56 Denn viele gaben falsches Zeugnis ab ge-
gen ihn; aber ihr Zeugnis stimmte nicht über-
ein. 57 Und einige standen auf und gaben
falsches Zeugnis ab gegen ihn und sprachen:
58 Wir haben gehört, daß er gesagt hat: Ich
will diesen Tempel, der mit Händen gemacht
ist, abbrechen und in drei Tagen einen andern
bauen, der nicht mit Händen gemacht ist.
59 Aber ihr Zeugnis stimmte auch so nicht
überein. 60 Und der Hohepriester stand auf,
trat in die Mitte und fragte Jesus und sprach:
Antwortest du nichts auf das, was diese ge-
gen dich bezeugen? 61 Er aber schwieg still
und antwortete nichts. Da fragte ihn der Ho-
hepriester abermals und sprach zu ihm: Bist
du der Christus, der Sohn des Hochgelobten?

62 Jesus aber sprach: Ich bin's; und ihr wer-
det sehen den Menschensohn sitzen zur Rech-
ten der Kraft und kommen mit den Wolken
des Himmels.
63 Da zerriß der Hohepriester seine Kleider
und sprach:
Was bedürfen wir weiterer Zeugen? 64 Ihr
habt die Gotteslästerung gehört. Was ist euer
Urteil? Sie aber verurteilten ihn alle, daß er
des Todes schuldig sei.
65 Da fingen einige an, ihn anzuspeien und
sein Angesicht zu verdecken und ihn mit Fäu-
sten zu schlagen und zu ihm zu sagen: Weis-
sage uns! Und die Knechte schlugen ihn ins
Angesicht.

61: 15,5; Jes 53, 7 / 65: 10, 34; 15, 19.

66 Und als es Tag wurde, versammelten sich
die Ältesten des Volkes, die Hohenpriester und
Schriftgelehrten und führten ihn vor ihren Rat

19 *Der Hohepriester befragte nun Jesus über*
seine Jünger und über seine Lehre. 20 *Jesus*
antwortete ihm: Ich habe frei und offen vor
aller Welt geredet. Ich habe allezeit gelehrt in
der Synagoge und im Tempel, wo alle Juden
zusammenkommen, und habe nichts im Ver-
*borgenen geredet.*21 *Was fragst du mich? Fra-*
ge die, die gehört haben, was ich zu ihnen
geredet habe. Siehe, sie wissen, was ich gesagt
habe. 22 *Als er so redete, schlug einer von*
den Knechten, die dabeistanden, Jesus ins Ge-
sicht und sprach: Sollst du dem Hohenprie-
ster so antworten? 23 *Jesus antwortete: Habe*
ich übel geredet, so beweise, daß es böse ist;
habe ich aber recht geredet, was schlägst du
mich? 24 *Und Hannas sandte ihn gebunden*
zu dem Hohenpriester Kaiphas.

67 und sprachen: Bist du der Christus, so sa-
ge es uns! Er sprach aber zu ihnen: Sage ich's
euch, so glaubt ihr's nicht; 68 frage ich aber,
so antwortet ihr nicht. 69 Aber von nun an
wird der Menschensohn sitzen zur Rechten der
Kraft Gottes. 70 Da sprachen sie alle: Bist du
denn Gottes Sohn? Er sprach zu ihnen: Ihr sagt
es, ich bin es.
71 Sie aber sprachen: Was bedürfen wir noch
eines Zeugnisses? Wir haben's selbst gehört aus
seinem Munde.

63 *Die Männer aber, die Jesus gefangen hiel-*
ten, verspotteten ihn und schlugen ihn,
64 *verdeckten sein Angesicht und fragten:*
Weissage, wer ist's, der dich schlug? 65 *Und*
noch mit vielen andern Lästerungen schmäh-
ten sie ihn.

61: 22, 34 / 62: Ps 51, 19 / 67 par.: Joh 3, 12; 8, 45; 10, 24-26 / 69 par.: Dan 7, 13; Ps 110, 1; Mt 16, 27; 24, 30 par.; Apg 7, 56.

237. Die Verleugnung des Petrus

Mt 26, 69-75

69 Petrus aber saß draußen im Hof; da trat eine Magd zu ihm und sprach:

Und du warst auch mit dem Jesus aus Galiläa.

70 Er leugnete aber vor ihnen allen und sprach: Ich weiß nicht, was du sagst.

71 Als er aber hinausging in die Torhalle,

sah ihn eine andere und sprach zu denen, die da waren:

Dieser war auch mit dem Jesus von Nazareth.

72 Und er leugnete abermals und schwor dazu: Ich kenne den Menschen nicht.

73 Und nach einer kleinen Weile traten hinzu, die da standen, und sprachen zu Petrus: Wahrhaftig, du bist auch einer von denen, denn deine Sprache verrät dich.
74 Da fing er an, sich zu verfluchen und zu schwören: Ich kenne den Menschen nicht. Und alsbald krähte der Hahn.

75 Da dachte Petrus an das Wort, das Jesus zu ihm gesagt hatte: Ehe der Hahn kräht, wirst du mich dreimal verleugnen. Und er ging hinaus und weinte bitterlich.

Mk 14, 66-72

66 Und Petrus war unten im Hof. Da kam eine von den Mägden des Hohenpriesters;
67 und als sie Petrus sah, wie er sich wärmte, schaute sie ihn an und sprach:

Und du warst auch mit dem Jesus von Nazareth.

68 Er leugnete aber und sprach: Ich weiß nicht und verstehe nicht, was du sagst.

Und er ging hinaus in den Vorhof, und der Hahn krähte.
69 Und die Magd sah ihn und fing abermals an, denen zu sagen, die dabeistanden:

Das ist einer von denen.

70 Und er leugnete abermals.

Und nach einer kleinen Weile sprachen die, die dabeistanden, abermals zu Petrus: Wahrhaftig, du bist einer von denen; denn du bist auch ein Galiläer.
71 Er aber fing an, sich zu verfluchen und zu schwören: Ich kenne den Menschen nicht, von dem ihr redet.
72 Und alsbald krähte der Hahn zum zweiten Mal.

Da gedachte Petrus an das Wort, das Jesus zu ihm gesagt hatte: Ehe der Hahn zweimal kräht, wirst du mich dreimal verleugnen. Und er fing an zu weinen.

72: 16, 16 / 75: 26, 34.

238. Jesus wird dem Pilatus übergeben

Mt 27, 1-2

1 Am Morgen aber faßten alle Hohenpriester und die Ältesten des Volkes den Beschluß über Jesus, ihn zu töten,

2 und sie banden ihn, führten ihn ab und überantworteten ihn dem Statthalter Pilatus.

Mk 15, 1

1 Und alsbald am Morgen hielten die Hohenpriester Rat mit den Ältesten und Schriftgelehrten und dem ganzen Hohen Rat,

und sie banden Jesus, führten ihn ab und überantworteten ihn Pilatus.

Lk 22, 56-62 (vgl. Nr. 236)

56 *Da sah ihn eine Magd am Feuer sitzen*

und sah ihn genau an und sprach:
Dieser war auch mit ihm.

57 *Er aber leugnete und sprach: Frau, ich ken-*
ne ihn nicht.

58 *Und nach einer kleinen Weile sah ihn ein*
andrer und sprach:

Du bist auch einer von denen.
Petrus aber sprach: Mensch, ich bin's nicht.

59 *Und nach einer Weile, etwa nach einer*
Stunde, bekräftigte es ein andrer und sprach:
Wahrhaftig, dieser war auch mit ihm; denn
er ist ein Galiläer. 60 *Petrus aber sprach:*
Mensch, ich weiß nicht, was du sagst. Und als-
bald, während er noch redete, krähte der
Hahn. 61 *Und der Herr wandte sich und sah*
Petrus an.
Und Petrus gedachte an des Herrn Wort, wie
er zu ihm gesagt hatte: Ehe heute der Hahn
kräht, wirst du mich dreimal verleugnen.
62 *Und Petrus ging hinaus und weinte bit-*
terlich.

Joh 18, 17. 25-27

17 *Da sprach die Magd, die Türhüterin, zu*
Petrus: Bist du nicht auch einer von den Jün-
gern dieses Menschen? Er sprach: Ich bin's
nicht.
25 *Simon Petrus aber stand da und wärmte*
sich. Da sprachen sie zu ihm: Bist du nicht ei-
ner seiner Jünger? Er leugnete und sprach: Ich
bin's nicht. 26 *Spricht einer von den Knech-*
ten des Hohenpriesters, ein Verwandter des-
sen, dem Petrus das Ohr abgehauen hatte: Sah
ich dich nicht im Garten bei ihm? 27 *Da leug-*
nete Petrus abermals, und alsbald krähte der
Hahn.

Zu Mt 26, 74 par. Nazaräerevangelium *(Variante aus der Evangelienausgabe Zion): Und er verleugnete und schwur und verfluchte sich.*

Lk 23, 1; *22, 66* (vgl. Nr. 236)

22, 66 *Und als es Tag wurde, versammelten*
sich die Ältesten des Volkes, die Hohenprie-
ster und Schriftgelehrten und führten ihn vor
ihren Rat.
23, 1 Und die ganze Versammlung stand auf,
und sie führten ihn vor Pilatus

Joh 18, 28-32

28 *Da führten sie Jesus von Kaiphas zum Prä-*
torium; es war früh am Morgen. Und sie gin-
gen nicht hinein, damit sie nicht unrein
würden, sondern das Passamahl essen könn-
ten. 29 *Da kam Pilatus zu ihnen heraus und*
fragte: Was für eine Klage bringt ihr gegen die-
sen Menschen vor? 30 *Sie antworteten und*
sprachen zu ihm: Wäre dieser nicht ein Übel-
täter, wir hätten ihn dir nicht überantwortet.
31 *Da sprach Pilatus zu ihnen: So nehmt ihr*
ihn hin und richtet ihn nach eurem Gesetz. Da
sprachen die Juden zu ihm: Wir dürfen nie-
mand töten. 32 *So sollte das Wort Jesu erfüllt*
werden, das er gesagt hatte, um anzuzeigen,
welchen Todes er sterben würde.

239. Das Ende des Judas

Mt 27, 3-10

3 Als Judas, der ihn verraten hatte, sah, daß er zum Tode verurteilt war, reute es ihn, und er brachte die dreißig Silberlinge den Hohenpriestern und Ältesten zurück 4 und sprach: Ich habe Unrecht getan, daß ich unschuldiges Blut verraten habe. Sie aber sprachen: Was geht uns das an? Da sieh du zu! 5 Und er warf die Silberlinge in den Tempel, ging fort und erhängte sich. 6 Aber die Hohenpriester nahmen die Silberlinge und sprachen: Es ist nicht recht, daß wir sie in den Gotteskasten legen; denn es ist Blutgeld. 7 Sie beschlossen aber, den Töpferacker davon zu kaufen zum Begräbnis für Fremde. 8 Daher heißt dieser Acker Blutacker bis auf den heutigen Tag.
9 Da wurde erfüllt, was gesagt ist durch den Propheten Jeremia[1]), der da spricht:
»Sie haben die dreißig Silberlinge genommen, den Preis für den Verkauften, der geschätzt wurde bei den Israeliten, 10 und sie haben das Geld für den Töpferacker gegeben,
wie mir der Herr befohlen hat« (Jeremia 32, 9; Sacharja 11, 12. 13).

3: 26, 15 / 5: Apg 1, 18; 2. Sam 17, 23; Sach 11, 13 / 6: 5. Mose 23, 19 / 8: Apg 1, 19 / 9: Jer 32, 9.

1) 27, 9. 10. Die angeführten Worte sind aus Sach. 11, 13 entnommen. Daß hier von einem Töpfer die Rede sei, beruht aber nur auf einem Schreibfehler, der in den hebräischen Text eingedrungen ist. Daß die Stelle aus Jeremia stamme, erklärt sich aus der Erinnerung daran, daß Jer 18, 2 ein Töpfer erwähnt wird; gemeint ist diese Stelle bei Matthäus jedoch nicht.

240. Jesus wird vor Pilatus angeklagt

Mt 27, 11-14

11 Jesus aber stand vor dem Statthalter; und der Statthalter fragte ihn und sprach: Bist du der König der Juden? Jesus aber sprach: Du sagst es. 12 Und als er von den Hohenpriestern und Ältesten verklagt wurde, antwortete er nichts. 13 Da sprach Pilatus zu ihm: Hörst du nicht, wie hart sie dich verklagen? 14 Und er antwortete ihm nicht auf ein einziges Wort, so daß sich der Statthalter sehr verwunderte.

12 par.: 26, 63; Jes 53, 7 / Joh 19, 9

Mk 15, 2-5

2 Und Pilatus fragte ihn: Bist du der König der Juden? Er aber antwortete und sprach zu ihm: Du sagt es [1]). 3 Und die Hohenpriester beschuldigten ihn hart. 4 Pilatus aber fragte ihn abermals: Antwortest du nichts? Siehe, wie hart sie dich verklagen! 5 Jesus aber antwortete nichts mehr, so daß sich Pilatus verwunderte.

1) Das bedeutet: Ja, ich bin es.

1: Lk 22, 66 / 5: 14, 61.

Lk 23, 2-5

2 und fingen an, ihn zu verklagen, und spra-
chen: Wir haben gefunden, daß dieser unser
Volk aufhetzt und verbietet, dem Kaiser Steu-
ern zu geben, und spricht, er sei Christus, ein
König. 3 Pilatus aber fragte ihn und sprach:
Bist du der Juden König? Er antwortete ihm
und sprach: Du sagst es.

4 Pilatus sprach zu den Hohenpriestern und
zum Volk: Ich finde keine Schuld an diesem
Menschen. 5 Sie aber wurden noch ungestü-
mer und sprachen: Er wiegelt das Volk auf da-
mit, daß er lehrt hier und dort in ganz Judäa,
angefangen von Galiläa bis hierher.

Joh 18, 33-38

33 *Da ging Pilatus wieder hinein ins Prätori-
um und rief Jesus und fragte ihn: Bist du der
König der Juden?* 34 *Jesus antwortete: Sagst
du das von dir aus, oder haben dir's andere
über mich gesagt?* 35 *Pilatus antwortete: Bin
ich ein Jude? Dein Volk und die Hohenprie-
ster haben dich mir überantwortet. Was hast
du getan?* 36 *Jesus antwortete: Mein Reich ist
nicht von dieser Welt. Wäre mein Reich von
dieser Welt, meine Diener würden darum
kämpfen, daß ich den Juden nicht überantwor-
tet würde; nun aber ist mein Reich nicht von
dieser Welt.* 37 *Da fragte ihn Pilauts: So bist
du dennoch ein König? Jesus antwortete: Du
sagst es, ich bin ein König. Ich bin dazu ge-
boren und in die Welt gekommen, daß ich die
Wahrheit bezeugen soll. Wer aus der Wahr-
heit ist, der hört meine Stimme.* 38 *Spricht Pi-
latus zu ihm: Was ist Wahrheit?*

2: 20, 21-26; Apg 24, 5 / 3: 1. Tim 6, 13 / 5: Apg 10, 36-38

Mt 27, 15-19

Mk 15, 6-10

241. Jesus vor Herodes

242. Pilatus läßt Barabbas frei und verurteilt Jesus

Mt 27, 15-26

15 Zum Fest aber hatte der Statthalter die Ge-
wohnheit, dem Volk einen Gefangenen loszu-
geben, welchen sie wollten. 16 Sie hatten aber
zu der Zeit einen berüchtigten Gefangenen, der
hieß Jesus Barabbas.

17 Und als sie versammelt waren, sprach Pi-
latus zu ihnen: Welchen wollt ihr? Wen soll
ich euch losgeben, Jesus Barabbas oder Jesus,
vom dem gesagt wird, er sei der Christus?
18 Denn er wußte, daß sie ihn aus Neid über-
antwortet hatten.
19 Und als er auf dem Richterstuhl saß,
schickte seine Frau zu ihm und ließ ihm sa-
gen: Habe du nichts zu schaffen mit diesem
Gerechten; denn ich habe heute viel erlitten
im Traum um seinetwillen.

Mk 15, 6-15

6 Er pflegte ihnen aber zum Fest einen Gefan-
genen loszugeben, welchen sie erbaten. 7 Es
war aber einer, genannt Barabbas, gefangen
mit den Anführern, die beim Aufruhr einen
Mord begangen hatten. 8 Und das Volk ging
hinauf und bat, daß er tue, wie er zu tun pfleg-
te. 9 Pilatus aber antwortete ihnen: Wollt ihr,
daß ich euch den König der Juden losgebe?

10 Denn er erkannte, daß ihn die Hohenprie-
ster aus Neid überantwortet hatten.

Lk 23, 6-17

Lk 23, 6-16

6 Als aber Pilatus das hörte, fragte er, ob der
Mensch aus Galiläa wäre. 7 Und als er ver-
nahm, daß er ein Untertan des Herodes war,
sandte er ihn zu Herodes, der in diesen Ta-
gen auch in Jerusalem war. 8 Als aber Hero-
des Jesus sah, freute er sich sehr; denn er hätte
ihn längst gerne gesehen; denn er hatte von
ihm gehört und hoffte, er würde ein Zeichen
von ihm sehen. 9 Und er fragte ihn viel. Er
aber antwortete ihm nichts. 10 Die Hohen-
priester aber und Schriftgelehrten standen da-
bei und verklagten ihn hart. 11 Aber Herodes
mit seinen Soldaten verachtete und verspot-
tete ihn, legte ihm ein weißes Gewand an und
sandte ihn zurück zu Pilatus. 12 An dem Tag
wurden Herodes und Pilatus Freunde; denn
vorher waren sie einander feind.
13 Pilatus aber rief die Hohenpriester und die
Oberen und das Volk zusammen 14 und
sprach zu ihnen: Ihr habt diesen Menschen zu
mir gebracht als einen, der das Volk aufwie-
gelt; und siehe, ich habe ihn vor euch verhört
und habe an diesem Menschen keine Schuld
gefunden, deretwegen ihr ihn anklagt;
15 Herodes auch nicht, denn er hat ihn uns
zurückgesandt. Und siehe, er hat nichts getan,
was den Tod verdient. 16 Darum will ich ihn
schlagen lassen und losgeben.[1])

7: 3, 1 / 8: 9, 9; Mt 14, 1. 2 / 9: Joh 19, 10 / 12: Apg 4, 27.

[1]) 23, 16. Viele alte Textzeugen haben hier noch (wohl nach Mt 27, 15): »17 Er mußte ihnen aber jedes Fest einen freilassen.«

Lk 23, 17-25

17 Er mußte ihnen aber zum Fest einen Ge-
fangenen losgeben[1]).

[1]) Vgl. Nr. 241, Anm. 1.

Joh 18, 39-40; 19, 4-16

18, 39 *Es besteht aber die Gewohnheit bei*
euch, daß ich euch einen zum Passafest los-
gebe; wollt ihr nun, daß ich euch den König
der Juden losgebe? 40 *Da schrien sie wieder-*
um: Nicht diesen, sondern Barabbas! Barab-
bas aber war ein Räuber.
19, 4 *Da ging Pilatus wieder hinaus und*
sprach zu ihnen: Seht, ich führe ihn heraus zu
euch, damit ihr erkennt, daß ich keine Schuld
an ihm finde. 5 *Und Jesus kam heraus und*
trug die Dornenkrone und das Purpurgewand.
Und Pilatus spricht zu ihnen: Seht, welch ein
Mensch! 6 *Als ihn die Hohenpriester und die*
Knechte sahen, schrien sie: Kreuzige! kreuzi-
ge! Pilatus spricht zu ihnen: Nehmt ihr ihn hin
und kreuzigt ihn, denn ich finde keine Schuld
an ihm.

Mt 27, 20-31a

20 Aber die Hohenpriester und Ältesten über-
redeten das Volk, daß sie um Barabbas bit-
ten, Jesus aber umbringen sollten.
21 Da fing der Statthalter an und sprach zu
ihnen: Welchen wollt ihr? Wen von den bei-
den soll ich euch losgeben? Sie sprachen: Ba-
rabbas! 22 Pilatus sprach zu ihnen: Was soll
ich denn machen mit Jesus, von dem gesagt
wird, er sei der Christus?
Sie sprachen alle: Laß ihn kreuzigen!
23 Er aber sagte: Was hat er denn Böses
getan?

Sie schrien aber noch mehr: Laß ihn kreuzigen!

24 Als aber Pilatus sah, daß er nichts ausrich-
tete, sondern das Getümmel immer größer
wurde, nahm er Wasser und wusch sich die
Hände vor dem Volk und sprach: Ich bin un-
schuldig an seinem Blut; seht ihr zu! 25 Da
antwortete das ganze Volk und sprach: Sein
Blut komme über uns und unsere Kinder!
26 Da gab er ihnen Barabbas los,

aber Jesus ließ er geißeln und überantwortete ihn, daß er gekreuzigt werde.

18: Joh 11, 47 f; 12, 19 / 20 par.: Apg 3, 13 f / 24: 27, 4; 5. Mose 21, 6 f; Ps 26, 6 / 25: 23, 35; Apg 5, 28.

Mk 15, 11-20a

11 Aber die Hohenpriester reizten das Volk auf, daß er ihnen viel lieber den Barabbas losgebe.

12 Pilatus aber fing wiederum an und sprach
zu ihnen: Was wollt ihr denn, daß ich tue mit
dem, den ihr den König der Juden nennt?
13 Sie schrien abermals: Kreuzige ihn!
14 Pilatus aber sprach zu ihnen: Was hat er
denn Böses getan?

Aber sie schrien noch viel mehr: Kreuzige ihn!

15 Pilatus aber wollte dem Volk zu Willen sein und gab ihnen Barabbas los
und ließ Jesus geißeln und überantwortete ihn, daß er gekreuzigt werde.

15: Joh 19, 1

Zu Mt 27, 24. 26 Petrusevangelium 1-2: Aber keiner von den Juden wusch sich die Hände: Herodes nicht und keiner seiner Richter. Und als sie sich nicht waschen wollten, stand Pilatus auf. Da befiehlt König Herodes, den Herrn abzuführen, und er sagte zu ihnen: Was ich euch befohlen habe ihm zu tun, das tut!

243. Die Verspottung Jesu durch die römischen Soldaten

Mt 27, 27-31

27 Da nahmen die Soldaten des Statthalters
Jesus mit sich in das Prätorium und sammel-
ten die ganze Abteilung um ihn. 28 Und zo-
gen ihn aus und legten ihm einen Purpur-
mantel an 29 und flochten eine Dornenkrone
und setzten sie ihm aufs Haupt und gaben ihm
ein Rohr in seine rechte Hand und beugten die
Knie vor ihm und verspotteten ihn und spra-
chen: Gegrüßet seist du, der Juden König!
30 und spien ihn an und nahmen das Rohr
und schlugen damit sein Haupt.

31 Und als sie ihn verspottet hatten, zogen sie ihm den Mantel aus und zogen ihm seine Kleider an

30: Jes. 50, 6.

Mk 15, 16-20a

16 Die Soldaten aber führten ihn hinein in
den Palast, das ist ins Prätorium, und riefen
die ganze Abteilung zusammen 17 und zogen
ihm einen Purpurmantel an und flochten ei-
ne Dornenkrone
und setzten sie ihm auf

18 und fingen an, ihn zu grüßen: Gegrüßet
seist du, der Juden König! 19 Und sie schlu-
gen ihn mit einem Rohr auf das Haupt und
spien ihn an und fielen auf die Knie und hul-
digten ihm.
20 Und als sie ihn verspottet hatten, zogen sie
ihm den Purpurmantel aus und zogen ihm sei-
ne Kleider an.

Lk 23, 18-25

18 Da schrien sie alle miteinander: Hinweg
mit diesem, gib uns Barabbas los! 19 Der war
wegen eines Aufruhrs, der in der Stadt gesche-
hen war, und wegen eines Mordes ins Gefäng-
nis geworfen worden.

20 Da redete Pilatus abermals auf sie ein, weil
er Jesus losgeben wollte.

21 Sie riefen aber: Kreuzige, kreuzige ihn!
22 Er aber sprach zum dritten Mal zu ihnen:
Was hat denn dieser Böses getan? Ich habe
nichts an ihm gefunden, was den Tod verdient;
darum will ich ihn schlagen lassen und losge-
ben. 23 Aber sie setzen ihm zu mit großem
Geschrei und forderten, daß er gekreuzigt
würde. Und ihr Geschrei nahm überhand.

24 Und Pilatus urteilte, daß ihre Bitte erfüllt
werde, 25 und ließ den los, der wegen Auf-
ruhr und Mord ins Gefängnis geworfen war,
um welchen sie baten; aber Jesus übergab er
ihrem Willen.

*7 Die Juden antworteten ihm: Wir haben ein
Gesetz, und nach dem Gesetz muß er sterben,
denn er hat sich selbst zu Gottes Sohn ge-
macht. 8 Als Pilatus dies Wort hörte, fürch-
tete er sich noch mehr 9 und ging wieder
hinein in das Prätorium und spricht zu Jesus:
Woher bist du? Aber Jesus gab ihm keine Ant-
wort. 10 Da sprach Pilatus zu ihm: Redest
du nicht mit mir? Weißt du nicht, daß ich
Macht habe, dich loszugeben, und Macht ha-
be, dich zu kreuzigen? 11 Jesus antwortete:
Du hättest keine Macht über mich, wenn es
dir nicht von oben her gegeben wäre. Darum:
der mich dir überantwortet hat, der hat grö-
ßere Sünde. 12 Von da an trachtete Pilatus
danach, ihn freizulassen. Die Juden aber
schrien: Läßt du diesen frei, so bist du des Kai-
sers Freund nicht; denn wer sich zum König
macht, der ist gegen den Kaiser. 13 Als Pila-
tus diese Worte hörte, führte er Jesus heraus
und setzte sich auf den Richterstuhl an der
Stätte, die da heißt Steinpflaster, auf hebrä-
isch Gabbata. 14 Es war aber am Rüsttag für
das Passafest um die sechste Stunde. Und er
spricht zu den Juden: Seht, das ist euer Kö-
nig! 15 Sie schrien aber: Weg, weg mit dem!
Kreuzige ihn! Spricht Pilatus zu ihnen: Soll ich
euren König kreuzigen? Die Hohenpriester
antworteten: Wir haben keinen König als den
Kaiser. 16 Da überantwortete er ihnen Jesus,
daß er gekreuzigt würde.*

Zu Mt 27, 16 Nazaräerevangelium (Hieronymus, Kom. Mat. 27, 16): Barrabas . . . wird im sog. Hebräerevangelium als »Sohn ihres Lehrers« interpretiert.

Joh 19, 1-3

*1 Da nahm Pilatus Jesus und ließ ihn geißeln.
2 Und die Soldaten flochten eine Krone aus
Dornen und setzten sie auf sein Haupt und leg-
ten ihm ein Purpurgewand an 3 und traten zu
ihm und sprachen: Sei gegrüßt, König der Ju-
den! und schlugen ihm ins Gesicht.*

Zu Mt 27, 27-31 par. Petrusevangelium 5-9: Und er lieferte ihn dem Volke am Tage vor den ungesäuerten Broten, ihrem Feste, aus. Sie aber nahmen den Herrn und stießen ihn eilig und sprachen: Lasset uns den Sohn Gottes fortschleifen, wo wir Gewalt über ihn haben. Und sie legten ihm ein Purpurgewand um und setzten ihn auf den Richtstuhl und sprachen: Richte gerecht, o König Israels! Und einer von ihnen brachte einen Dornenkranz und setzte ihn auf das Haupt des Herrn. Und andere, die dabei standen, spien ihm ins Angesicht und andere schlugen ihm auf die Wangen, andere stießen ihn mit einem Rohr, und etliche geißelten ihn und sprachen:Mit solcher Ehre wollen wir den Sohn Gottes ehren.

244. Jesu Weg nach Golgatha

Mt 27, 31b-32

31b und führten ihn ab, um ihn zu kreuzigen.
32 Und als sie hinausgingen, fanden sie einen Menschen aus Kyrene mit Namen Simon; den zwangen sie, daß er ihm sein Kreuz trug.

Mk 15, 20b-21

20b Und sie führten ihn hinaus, daß sie ihn kreuzigten.
21 Und zwangen einen, der vorüberging, mit Namen Simon von Kyrene, der vom Feld kam, den Vater des Alexander und des Rufus, daß er ihm das Kreuz trage.

21: Röm 16, 13.

245. Jesu Kreuzigung

Mt 27, 33-44. *48* (vgl. Nr. 246)

33 Und als sie an die Stätte kamen mit Namen Golgatha, das heißt: Schädelstätte,
34 gaben sie ihm Wein zu trinken mit Galle vermischt; und als er's schmeckte, wollte er nicht trinken.
35 Als sie ihn aber gekreuzigt hatten,
38 *Und da wurden zwei Räuber mit ihm gekreuzigt, einer zur Rechten und einer zur Linken.*

verteilten sie seine Kleider und warfen das Los darum[1]).
36 Und sie saßen da und bewachten ihn.
37 Und oben über sein Haupt setzten sie eine Aufschrift mit der Ursache seines Todes: Dies ist Jesus, der Juden König.
38 Und da wurden zwei Räuber mit ihm gekreuzigt, einer zur Rechten und einer zur Linken.

Mk 15, 22-32. *36* (vgl. Nr. 246)

22 Und sie brachten ihn zu der Stätte Golgatha, das heißt übersetzt: Schädelstätte.
23 Und sie gaben ihm Myrrhe in Wein zu trinken; aber er nahm's nicht.
24 Und sie kreuzigten ihn.
27 *Und sie kreuzigten mit ihm zwei Räuber, einen zu seiner Rechten und einen zu seiner Linken.*

Und sie teilten seine Kleider und warfen das Los, wer was bekommen sollte.
25 Und es war die dritte Stunde, als sie ihn kreuzigten.
26 Und es stand über ihm geschrieben, welche Schuld man ihm gab; nämlich: Der König der Juden.
27 Und sie kreuzigten mit ihm zwei Räuber, einen zu seiner Rechten und einen zu seiner Linken.[1])

Lk 23, 26-32

26 Und als sie ihn abführten,
ergriffen sie einen Mann,
Simon von Kyrene, der vom Feld kam,
und legten das Kreuz auf ihn, daß er's Jesus
nachtrüge.
27 Es folgte ihm aber eine große Volksmen-
ge und Frauen, die klagten und beweinten ihn.
28 Jesus aber wandte sich um zu ihnen und
sprach: Ihr Töchter von Jerusalem, weint nicht
über mich, sondern weint über euch selbst und
über eure Kinder. 29 Denn siehe, es wird die
Zeit kommen, in der man sagen wird: Selig
sind die Unfruchtbaren und die Leiber, die
nicht geboren haben, und die Brüste, die nicht
genährt haben! 30 Dann werden sie anfangen,
zu sagen zu den Bergen: Fallt über uns! und
zu den Hügeln: Bedeckt uns! 31 Denn wenn
man das tut am grünen Holz, was wird dann
am dürren werden? 32 Es wurden aber auch
andere hingeführt, zwei Übeltäter, daß sie mit
ihm hingerichtet würden.

29: 21, 23; Mt 24, 19 / 30: Hos 10, 8; Offb 6, 16; 9, 6 / 31: 1. Petr 4, 17. 18.

Lk 23, 33-43

33 Und als sie kamen an die Stätte, die da heißt Schädelstätte,

kreuzigten sie ihn dort und die Übeltäter mit ihm, einen zur Rechten und einen zur Linken.

34 Jesus aber sprach: Vater, vergib ihnen; denn sie wissen nicht, was sie tun!
Und sie verteilten seine Kleider und warfen das Los darum.

38 *Es war aber über ihm auch eine Aufschrift: Dies ist der Juden König.*

33b *kreuzigten sie ihn dort und die Übeltäter mit ihm, einen zur Rechten und einen zur Linken.*

Joh 19, 17-29

17 *und er trug sein Kreuz und ging hinaus zur
Stätte, die da heißt Schädelstätte, auf hebrä-
isch Golgatha.* 18 *Dort kreuzigten sie ihn und
mit ihm zwei andere zu beiden Seiten, Jesus
aber in der Mitte.* 19 *Pilatus aber schrieb ei-
ne Aufschrift und setzte sie auf das Kreuz; und
es war geschrieben: Jesus von Nazareth, der
König der Juden.* 20 *Diese Aufschrift lasen
viele Juden, denn die Stätte, wo Jesus gekreu-
zigt wurde, war nahe bei der Stadt.*

*Und es war geschrieben in hebräischer, latei-
nischer und griechischer Sprache.* 21 *Da spra-
chen die Hohenpriester der Juden zu Pilatus:
Schreib nicht: Der König der Juden, sondern,
daß er gesagt hat: Ich bin der König der Ju-
den.* 22 *Pilatus antwortete: Was ich geschrie-
ben habe, das habe ich geschrieben.*
23 *Als aber die Soldaten Jesus gekreuzigt hat-
ten, nahmen sie seine Kleider und machten vier
Teile, für jeden Soldaten einen Teil, dazu auch
das Gewand. Das war aber ungenäht, von
oben an gewebt in einem Stück.*

Mt 27, 39-45

39 Die aber vorübergingen, lästerten ihn und
schüttelten ihre Köpfe 40 und sprachen: Der
du den Tempel abbrichst und baust ihn auf
in drei Tagen, hilf dir selber, wenn du Gottes
Sohn bist, und steig herab vom Kreuz!
41 Desgleichen spotteten auch die Hohenprie-
ster mit den Schriftgelehrten und Ältesten und
sprachen:
42 Andern hat er geholfen und kann sich sel-
ber nicht helfen. Ist er der König von Israel,
so steige er nun vom Kreuz herab. Dann wol-
len wir an ihn glauben. 43 Er hat Gott ver-
traut; der erlöse ihn nun, wenn er Gefallen an
ihm hat; denn er hat gesagt: Ich bin Gottes
Sohn.

Mk 15, 29-33

29 Und die vorübergingen, lästerten ihn und
schüttelten ihre Köpfe und sprachen: Ha, der
du den Tempel abbrichst und baust ihn auf
in drei Tagen, 30 hilf dir nun selber und steig
herab vom Kreuz!
31 Desgleichen verspotteten ihn auch die Ho-
henpriester untereinander samt den Schriftge-
lehrten und sprachen:
Er hat andern geholfen und kann sich selber
nicht helfen. 32 Ist er der Christus, der König
von Israel, so steige er nun vom Kreuz, da-
mit wir sehen und glauben.

48 *Und sogleich lief einer von ihnen, nahm ei-*
nen Schwamm und füllte ihn mit Essig und
steckte ihn auf ein Rohr und gab ihm zu trin-
ken. 40 *und sprachen: Der du den Tempel ab-*
brichst und baust ihn auf in drei Tagen, hilf
dir selber,
37 *Und oben über sein Haupt setzten sie eine*
Aufschrift mit der Ursache seines Todes: Dies
ist Jesus, der Juden König.
44 Desgleichen schmähten ihn auch die Räu-
ber, die mit ihm gekreuzigt waren.

36 *Da lief einer und füllte einen Schwamm*
mit Essig, steckte ihn auf ein Rohr, gab ihm
zu trinken
29 *und sprachen: Ha, der du den Tempel*
abbrichst und baust ihn auf in drei Tagen,
30 *hilf dir nun selber . . .*
26 *Und es stand über ihm geschrieben, welche*
Schuld man ihm gab, nämlich: Der König der
Juden.
32b Und die mit ihm gekreuzigt waren,
schmähten ihn auch.

34: Ps 69, 22 / 38: Jes 53, 12 / 39: Ps 22, 8; 109, 25 / 40: 26, 61; 4, 3. 6; Joh 2, 19 / 43: Ps 22, 9; Weish 2, 13. 16-20.

[1]) 27, 35. Einige alte Textzeugen fügen (wohl nach Joh 19, 24) hinzu: »damit erfüllt würde, was durch den Propheten gesagt worden ist: Sie haben meine Kleider unter sich verteilt und über mein Gewand das Los geworfen.« (Ps 22, 19)

24 par.: Ps, 22, 19 / 29 par.: 14, 58; Ps 22, 8.

[1]) 15, 28. Viele alte Textzeugen lassen diesen Vers weg, der bei Mt (27, 38) nicht vorkommt.

Zu Mt 27, 33-44 par. Petrusevangelium 10-14: Und sie brachten zwei Verbrecher und kreuzigten den Herrn zwischen ihnen. Er aber schwieg, als hätte er keine Schmerzen. Und als sie das Kreuz aufgerichtet hatten, schrieben sie darauf: Dieses ist der König Israels! Und sie legten die Kleider vor ihn, verteilten sie unter sich und warfen das Los über sie. Einer aber jener Verbrecher machte ihnen Vorwürfe (sc. den kreuzigenden Juden): Wir müssen so sterben, weil wir Verbrechen begangen haben. Dieser aber, der der Retter der Menschheit geworden ist, was hat er euch zu Leide getan? Und sie wurden über ihn zornig und befahlen, daß ihm keiner die Schenkel zerbreche, damit er qualvoll sterbe.

246. Der Tod Jesu

Mt 27, 45-56

45 Und von der sechsten Stunde an kam eine
Finsternis über das ganze Land bis zur neunten
Stunde.
51 *Und siehe, der Vorhang im Tempel zerriß*
in zwei Stücke von oben an bis unten aus.

Mk 15, 33-41

33 Und zur sechsten Stunde kam eine
Finsternis über das ganze Land bis zur neunten
Stunde.
38 *Und der Vorhang im Tempel zerriß in*
zwei Stücke von oben an bis unten aus.

Lk 23, 35-45

35 Und das Volk stand da und sah zu.

37b *Bist du der Juden König, so hilf dir selber!*

Aber die Oberen spotteten und sprachen:

Er hat andern geholfen; er helfe sich selber,
ist er der Christus, der Auserwählte Gottes.

36 Es verspotteten ihn auch die Soldaten,
traten herzu und brachten ihm Essig

37 und sprachen: Bist du der Juden König, so
hilf dir selber!

38 Es war aber über ihm auch eine Aufschrift:
Dies ist der Juden König.

39 Aber einer der Übeltäter, die am Kreuz
hingen, lästerte ihn und sprach: Bist du nicht
der Christus? Hilf dir selbst und uns! 40 Da
wies ihn der andere zurecht und sprach: Und
du fürchtest dich auch nicht vor Gott, der du
doch in gleicher Verdammnis bist? 41 Wir
sind es zwar mit Recht, denn wir empfangen,
was unsre Taten verdienen; dieser aber hat
nichts Unrechtes getan. 42 Und er sprach:
Jesus, gedenke an mich, wenn du in dein Reich
kommst! 43 Und Jesus sprach zu ihm:
Wahrlich, ich sage dir: Heute wirst du mit mir
im Paradies sein.

34: Ps 22, 19; Mt 5, 44; Apg 3, 17; 7, 59 / 36: Ps 69, 22 / 42: Mt 20, 21 / 43: Joh 5, 24; 2. Kor 12, 4; Offb 14, 13; Jes 53, 11 f.

24 *Da sprachen sie untereinander: Laßt uns
das nicht zerteilen, sondern darum losen, wem
es gehören soll. So sollte die Schrift erfüllt
werden, die sagt (Psalm 22, 19): »Sie haben
meine Kleider unter sich geteilt und haben über
mein Gewand das Los geworfen.« Das taten
die Soldaten.*

25 *Es standen aber bei dem Kreuz Jesu seine
Mutter und seiner Mutter Schwester, Maria,
die Frau des Klopas, und Maria von Mag-
dalena.* 26 *Als nun Jesus seine Mutter sah und
bei ihr den Jünger, den er lieb hatte, spricht
er zu seiner Mutter: Frau, siehe, das ist dein
Sohn!* 27 *Danach spricht er zu dem Jünger:
Siehe, das ist deine Mutter! Und von der
Stunde an nahm sie der Jünger zu sich.*
28 *Danach, als Jesus wußte, daß schon alles
vollbracht war, spricht er, damit die Schrift
erfüllt würde: Mich dürstet.* 29 *Da stand ein
Gefäß voll Essig. Sie aber füllten einen
Schwamm mit Essig und steckten ihn auf ein
Ysoprohr und hielten es ihm an den Mund.*

Lk 23, 44-49. *36* (vgl. Nr. 245)

44 Und es war schon um die sechste Stunde,
und es kam eine Finsternis über das ganze Land
bis zur neunten Stunde, 45 und die Sonne
verlor ihren Schein, und der Vorhang des
Tempels riß mitten entzwei.

Joh 19, 29-37. 25-27

29 *Da stand ein Gefäß voll Essig. Sie aber
füllten einen Schwamm mit Essig und steckten
ihn auf ein Ysoprohr und hielten es ihm an den
Mund.* 30 *Als nun Jesus den Essig genommen
hatte, sprach er: Es ist vollbracht! und neigte
das Haupt und verschied.*

46 Und um die neunte Stunde schrie Jesus
laut: Eli, Eli, lama asabtani? das heißt: Mein
Gott, mein Gott, warum hast du mich verlas-
sen? 47 Einige aber, die da standen, als sie das
hörten, sprachen sie: Der ruft nach Elia.
48 Und sogleich lief einer von ihnen, nahm ei-
nen Schwamm und füllte ihn mit Essig und
steckte ihn auf ein Rohr und gab ihm zu trin-
ken. 49 Die andern aber sprachen: Halt, laß
sehen, ob Elia komme und ihm helfe! 50 Aber
Jesus schrie abermals laut und verschied.

34 Und zu der neunten Stunde rief Jesus laut:
Eli, Eli, lama asabtani? daß heißt übersetzt:
Mein Gott, mein Gott, warum hast du mich
verlassen? 35 Und einige, die dabeistanden,
als sie das hörten, sprachen sie: Siehe, er ruft
den Elia. 36 Da lief einer und füllte einen
Schwamm mit Essig, steckte ihn auf ein Rohr,
gab ihm zu trinken und sprach: Halt, laßt se-
hen, ob Elia komme und ihn herabnehme!

37 Aber Jesus schrie laut und verschied.

51 Und siehe, der Vorhang im Tempel zerriß
in zwei Stücke von oben an bis unten aus.
52 Und die Erde erbebte, und die Felsen zer-
rissen, und die Gräber taten sich auf, und viele
Leiber der entschlafenen Heiligen standen auf
53 und gingen aus den Gräbern nach seiner
Auferstehung und kamen in die heilige Stadt
und erschienen vielen. 54 Als aber der Haupt-
mann und die mit ihm Jesus bewachten das
Erdbeben sahen und was geschah, erschraken
sie sehr und sprachen: Wahrlich, dieser ist
Gottes Sohn gewesen!

38 Und der Vorhang im Tempel zerriß in
zwei Stücke von oben an bis unten aus.

39 Der Hauptmann aber, der dabeistand, ihm
gegenüber, und sah, daß er so verschied,
sprach: Wahrlich, dieser Mensch ist Gottes
Sohn gewesen!

55 Und es waren viele Frauen da, die von fer-
ne zusahen; die waren Jesus aus Galiläa nach-
gefolgt und hatten ihm gedient; 56 unter
ihnen war Maria von Magdala und Maria, die
Mutter des Jakobus und Josef, und die Mut-
ter der Söhne des Zebedäus.

40 Und es waren auch Frauen da, die von fer-
ne zuschauten, unter ihnen Maria von Mag-
dala und Maria, die Mutter Jakobus' des
Kleinen und des Joses, und Salome, 41 die
ihm nachgefolgt waren, als er in Galiläa war,
und ihm gedient hatten, und viele andere Frau-
en, die mit ihm hinauf nach Jerusalem gegan-
gen waren.

46 par.: Ps 22, 2 / 48 par.: Ps 69, 22 / 51: 2. Mose 26, 31-33; 2. Chr 3, 14; Hebr 10, 19. 20 / 55: Lk 8, 2.3.

Zu Mt 27, 45-51 par. Petrusevangelium 15-20: Es war aber Mittag und eine Finsternis lag über ganz Judäa. Und sie gerieten in Unruhe und waren in Angst, weil die Sonne schon untergegangen, er aber noch am Leben war. Es steht nämlich ihnen geschrieben, daß die Sonne nicht über einem Getöteten untergehen darf. Und einer von ihnen sprach: Gebet ihm Galle mit Essig zu trinken! Und sie mischten es und gaben ihm zu trinken. Und sie erfüllten alles und machten das Maß der Sünden über ihr Haupt voll. Viele aber gingen mit Lampen umher und meinten, daß es Nacht sei und legten sich zur Ruhe. Und der Herr schrie auf und rief: Meine Kraft, Kraft, du hast mich verlassen! Und als er dies sagte, wurde er aufgenommen. Und zur selben Stunde riß der Vorhang des Tempels Jerusalems entzwei.

247. Jesu Grablegung

Mt 27, 57-61

57 Am Abend aber

kam ein reicher Mann aus Arimathäa,
der hieß Josef
und war auch ein Jünger Jesu.
58 Der ging zu Pilatus und bat um den Leib
Jesu.

Mk 15, 42-47; *16, 1* (vgl. Nr. 249)

42 Und als es schon Abend wurde, und weil
Rüsttag war, das ist der Tag vor dem Sabbat,
43 kam Josef von Arimathäa, ein angesehener
Ratsherr, der auch auf das Reich Gottes
wartete, der wagte es und ging hinein zu Pi-
latus und bat um den Leichnam Jesu.

36 *Es verspotteten ihn auch die Soldaten, tra-*
ten herzu und brachten ihm Essig

46 Und Jesus rief laut: Vater, ich befehle mei-
nen Geist in deine Hände! Und als er das ge-
sagt hatte, verschied er.
45 *und die Sonne verlor ihren Schein, und der*
Vorhang des Tempels riß mitten entzwei.

47 Als aber der Hauptmann sah, was da ge-
schah, pries er Gott und sprach:
Fürwahr, dieser ist ein frommer Mensch ge-
wesen! 48 Und als alles Volk, das dabei war
und zuschaute, sah, was da geschah, schlugen
sie sich an ihre Brust und kehrten wieder um.
49 Es standen aber alle seine Bekannten von
ferne, auch die Frauen, die ihm aus Galiläa
nachgefolgt waren, und sahen das alles.

31 *Weil es aber Rüsttag war und die Leich-*
name nicht am Kreuz bleiben sollten den Sab-
bat über — denn dieser Sabbat war ein hoher
Festtag —, baten die Juden Pilatus, daß ihnen
die Beine gebrochen und sie abgenommen
würden. 32 *Da kamen die Soldaten und bra-*
chen dem ersten die Beine und auch dem an-
dern, der mit ihm gekreuzigt war. 33 *Als sie*
aber zu Jesus kamen und sahen, daß er schon
gestorben war, brachen sie ihm die Beine
nicht; 34 *sondern einer der Soldaten stieß mit*
dem Speer in seine Seite, und sogleich kam
Blut und Wasser heraus. 35 *Und der das ge-*
sehen hat, der hat es bezeugt, und sein Zeug-
nis ist wahr, und er weiß, daß er die Wahrheit
sagt, damit auch ihr glaubt. 36 *Denn das ist*
geschehen, damit die Schrift erfüllt würde (2.
Mose 12, 46): »Ihr sollt ihm kein Bein zerbre-
chen.« 37 *Und wiederum sagt die Schrift an*
einer andern Stelle (Sacharja 12, 10): »Sie wer-
den den sehen, den sie durchbohrt haben.«

25 *Es standen aber bei dem Kreuz Jesu seine*
Mutter und seiner Mutter Schwester, Maria,
die Frau des Klopas, und Maria von Magdala.
26 *Als nun Jesus seine Mutter sah und bei ihr*
den Jünger, den er lieb hatte, spricht er zu sei-
ner Mutter: Frau, siehe, das ist dein Sohn!
27 *Danach spricht er zu dem Jünger: Siehe,*
das ist deine Mutter! Und von der Stunde an
nahm sie der Jünger zu sich.

44: Am 8, 9 / 45: 2. Mose 36, 35 / 46: Ps 31, 6; Apg 7, 59 / 48: 18, 13 / 49 par.: 8, 1-3.

Zu Lk 23, 48 Petrusevangelium 25-27: Da begannen die Juden, Ältesten und Priester zu klagen, weil sie erkannt hatten, was für ein großes Übel sie sich selbst zugefügt hatten, und sprachen: Wehe über unsere Sünden! Das Gericht und das Ende Jerusalems ist nahe herbeigekommen. Ich und meine Freunde trauerten und versteckten uns mit schmerzendem Herzen. Denn sie suchten uns als Verbrecher und solche, die den Tempel anzünden wollen. Wegen alle dem fasteten wir und saßen trauernd und weinend Tag und Nacht bis zum Sabbat.

Zu Lk 23, 48 Nazaräerevangelium (Haimo v. Auxerre, Kom. zu Jes 53, 2): Durch dieses Wort des Herrn wurden viele Tausende der Juden, die um das Kreuz standen, gläubig.

Lk 23, 50-56

50 Und siehe, da war ein Mann mit Namen
Josef, ein Ratsherr, der war ein guter, from-
mer Mann 51 und hatte ihren Rat und ihr
Handeln nicht gebilligt. Er war aus Arimathäa,
einer Stadt der Juden, und wartete auf das
Reich Gottes. 52 Der ging zu Pilatus und bat
um den Leib Jesu

Joh 19, 38-42

38 *Danach bat Josef von Arimathäa, der ein*
Jünger Jesu war, doch heimlich, aus Furcht vor
den Juden, den Pilatus, daß er den Leichnam
Jesu abnehmen dürfe. Und Pilatus erlaubte es.
Da kam er und nahm den Leichnam Jesu ab.

Da befahl Pilatus, man sollte ihm ihn geben.
59 Und Josef nahm den Leib und wickelte ihn
in ein reines Leinentuch
60 und legte ihn in sein eigenes neues Grab,
das er in einen Felsen hatte hauen lassen, und
wälzte einen großen Stein vor die Tür des Gra-
bes und ging davon. 61 Es waren aber dort
Maria von Magdala und die andere Maria; die
saßen dem Grab gegenüber.

58: 5. Mose 21, 23 / 60: Jes 53, 9.

44 Pilatus aber wunderte sich, daß er schon
tot sei, und rief den Hauptmann und fragte
ihn, ob er schon lange gestorben sei. 45 Und
als er's erkundet hatte von dem Hauptmann,
gab er Josef den Leichnam. 46 Und der kauf-
te ein Leinentuch und nahm ihn ab und wickel-
te ihn in das Tuch und legte ihn in ein Grab,
das war in einen Felsen gehauen, und wälzte
einen Stein vor des Grabes Tür.
47 Aber Maria von Magdala und Maria, die
Mutter des Joses, sahen, wo er hingelegt
wurde.
16, 1 *Und als der Sabbat vergangen war,
kauften Maria von Magdala und Maria, die
Mutter des Jakobus, und Salome wohlriechen-
de Öle, um hinzugehen und ihn zu salben.*

248. Die Bewachung des Grabes

Mt 27, 62-66

62 Am nächsten Tag, der auf den Rüsttag
folgt, kamen die Hohenpriester mit den Pha-
risäern zu Pilatus 63 und sprachen: Herr, wir
haben daran gedacht, daß dieser Verführer
sprach, als er noch lebte: Ich will nach drei
Tagen auferstehen. 64 Darum befiehl, daß
man das Grab bewache bis zum dritten Tag,
damit nicht seine Jünger kommen und ihn
stehlen und zum Volk sagen: Er ist auferstan-
den von den Toten, und der letzte Betrug är-
ger wird als der erste. 65 Pilatus sprach zu
ihnen: Da habt ihr die Wache; geht hin und
bewacht es, so gut ihr könnt. 66 Sie gingen
hin und sicherten das Grab mit der Wache und
versiegelten den Stein.

62: Mk 15, 42 / 63: 12, 40; 16, 21; 20, 19; 17, 23; Joh 7, 12.

249. Jesu Auferstehung

Mt 28, 1-10

1 Als aber der Sabbat vorüber war und der
erste Tag der Woche anbrach, kamen Maria
von Magdala und die andere Maria, um nach
dem Grab zu sehen.
2 Und siehe, es geschah ein großes Erdbeben.
Denn der Engel des Herrn kam vom Himmel
herab, trat hinzu und wälzte den Stein weg
und setzte sich darauf. 3 Seine Gestalt war
wie der Blitz und sein Gewand weiß wie der
Schnee. 4 Die Wachen aber erschraken aus
Furcht vor ihm und wurden, als wären sie tot.

Mk 16, 1-8

1 Und als der Sabbat vergangen war, kauften
Maria von Magdala und Maria, die Mutter des
Jakobus, und Salome wohlriechende Öle, um
hinzugehen und ihn zu salben.
2 Und sie kamen zum Grab am ersten Tag
der Woche, sehr früh, als die Sonne aufging.

53 und nahm ihn ab, wickelte ihn in ein
Leinentuch und legte ihn in ein Felsengrab, in
dem noch nie jemand gelegen hatte. 54 Und
es war Rüsttag, und der Sabbat brach an.

55 Es folgten aber die Frauen nach, die mit
ihm gekommen waren aus Galiläa, und
beschauten das Grab und wie sein Leib
hineingelegt wurde. 56 Sie kehrten aber um
und bereiteten wohlriechende Öle und Salben.
Und den Sabbat über ruhten sie nach dem
Gesetz.

51: 2, 25. 38 / 56: 2. Mose 20, 10.

39 *Es kam aber auch Nikodemus, der vor-*
mals in der Nacht zu Jesus gekommen war,
und brachte Myrrhe gemischt mit Aloe, etwa
hundert Pfund. 40 *Da nahmen sie den Leich-*
nam Jesu und banden ihn in Leinentücher mit
wohlriechenden Ölen, wie die Juden zu begra-
ben pflegen. 41 *Es war aber an der Stätte, wo*
er gekreuzigt wurde, ein Garten und im Gar-
ten ein neues Grab, in das noch nie jemand
gelegt worden war. 42 *Dahin legten sie Jesus*
wegen des Rüsttags der Juden, weil das Grab
nahe war.

Zu Mt 27, 57-60 par. Petrusevangelium 21-24: Und darauf zogen sie die Nägel aus den Händen des Herrn und legten ihn auf die Erde. Und die ganze Erde erbebte und große Furcht entstand. Darauf erstrahlte die Sonne, und es zeigte sich, daß es die neunte Stunde war. Die Juden aber freuten sich und gaben Joseph seinen Leib, damit er ihn beerdige, da er ja alles gesehen hatte, was er (sc. Jesus) Gutes getan hatte. Er nahm den Herrn, wusch ihn, hüllte ihn in ein Leinentuch und brachte ihn in sein eigenes Grab, das Josephs Garten genannt wurde.

Zu Mt 27, 57-60 par. Petrusevangelium 3-5: Joseph, der Freund des Pilatus und des Herren stand aber dort. Als er bemerkte, daß sie ihn kreuzigen wollten, ging er zu Pilatus und erbat den Leichnam des Herren zum Begräbnis. Pilatus sandte zu Herodes und bat ihn um den Leichnam, und Herodes ließ sagen: Bruder Pilatus, auch wenn keiner um ihn gebeten hätte, würden wir (sc. die Juden) ihn begraben haben, da ja auch der Sabbat anbricht. Denn im Gesetz steht geschrieben (5. Mose 21, 22 f.), daß die Sonne nicht über einem Getöteten untergehen darf.

Zu Mt 27, 62-67 Petrusevangelium 28-34: Die Schriftgelehrten, Pharisäer und Ältestes kamen miteinander zusammen und hörten, daß das ganze Volk murrte und sich an die Brust schlug und sprach: Wenn diese gewaltigen Zeichen bei seinem Tode geschehen sind, so sehet, wie gerecht er war! Da fürchteten sie sich und kamen zu Pilatus, baten ihn und sprachen: Gib uns Soldaten, damit wir drei Tage sein Grab bewachen, damit nicht etwa seine Jünger kommen und ihn stehlen und das Volk annimmt, daß er von den Toten auferstanden sei und uns Böses antut. Pilatus aber gab ihnen zum Bewachen des Grabes den Hauptmann Petronius mit Soldaten. Und mit ihnen kamen Älteste und Schriftgelehrte zum Grabe. Und mit dem Hauptmann und den Soldaten wälzten alle, die dort waren, einen großen Stein herbei und legten ihn vor den Grabeseingang. Und sie legten sieben Siegel an, schlugen ein Zelt auf und hielten Wache. Frühmorgens, als der Sabbat anbrach, kamen viele Leute aus Jerusalem und Umgebung, um das versiegelte Grab zu sehen.

Lk 24, 1-11

1 Aber am ersten Tag der Woche sehr früh
kamen sie zum Grab und trugen bei sich die
wohlriechenden Öle, die sie bereitet hatten.

Joh 20, 1-10

1 *Am ersten Tag der Woche kommt Maria*
von Magdala früh, als es noch finster war,
zum Grab und sieht, daß der Stein vom Grab
weg war. 2 *Da läuft sie und kommt zu Simon*
Petrus und zu dem andern Jünger, den Jesus
lieb hatte, und spricht zu ihnen: Sie haben den
Herrn weggenommen aus dem Grab, und wir
wissen nicht, wo sie ihn hingelegt haben.

Mt 28, 5-10

5 Aber der Engel sprach zu den Frauen:
Fürchtet euch nicht. Ich weiß, daß ihr Jesus,
den Gekreuzigten, sucht. 6 Er ist nicht hier;
er ist auferstanden, wie er gesagt hat.
Kommt her und seht die Stätte, wo er gelegen hat;

7 und geht eilends hin und sagt seinen Jüngern, daß er auferstanden ist von den Toten. Und siehe, er wird vor euch hingehen nach Galiläa; dort werdet ihr ihn sehen. Siehe, ich habe es euch gesagt.

8 Und sie gingen eilends weg vom Grab mit Furcht und großer Freude und liefen, um es seinen Jüngern zu verkündigen.

9 Und siehe, da begegnete ihnen Jesus und sprach: Seid gegrüßt! Und sie traten zu ihm und umfaßten seine Füße und fielen vor ihm
nieder. 10 Da sprach Jesus zu ihnen: Fürchtet
euch nicht! Geht hin und verkündigt es meinen Brüdern, daß sie nach Galiläa gehen: dort werden sie mich sehen.

1: Apg 20, 7; 1. Kor 16, 2; Offb 1, 10 / 3 par.: 17, 2; Apg 1, 10 / 6 par.: 12, 40; 16, 21; 17, 23; 20, 19 / 7: 26, 32; Joh 16, 16. 22 / 10: Hebr 2, 11; Ps 22, 23.

Mk 16, 3-8

3 Und sie sprachen untereinander: Wer wälzt
uns den Stein von des Grabes Tür? 4 Und sie
sahen hin und wurden gewahr, daß der Stein weggewälzt war; denn er war sehr groß.
5 Und sie gingen hinein in das Grab
und sahen einen Jüngling zur rechten Hand sitzen, der hatte ein langes weißes Gewand an, und sie entsetzten sich.
6 Er aber sprach zu ihnen: Entsetzt euch nicht! Ihr sucht Jesus von Nazareth, den Gekreuzigten.
Er ist auferstanden, er ist nicht hier.
Siehe da die Stätte, wo sie ihn hinlegten.

7 Geht aber hin und sagt seinen Jüngern und Petrus,

daß er vor euch hingehen wird nach Galiläa; dort werdet ihr ihn sehen, wie er euch gesagt hat.

8 Und sie gingen hinaus und flohen von dem Grab; denn Zittern und Entsetzen hatte sie ergriffen. Und sie sagten niemandem etwas; denn sie fürchteten sich.

1: 15, 40; Lk 23, 56 / 7: 14, 28.

Zu Mt 28, 1-8 par. Petrusevangelium 35-60: Und in der Nacht, in der der Herrentag anbrach (die Soldaten standen Wache, jede Ablösung zu zweit), erschallte eine gewaltige Stimme am Himmel. Und sie sahen die Himmel offen stehen und zwei Männer von dort in einem gleißenden Lichtschein herabkommen und dem Grabe sich nähern. Jener Stein, der vor den Eingang der Grabeshöhle gelegt worden war, geriet von selbst ins Rollen, wich zur Seite, das Grab öffnete sich, und die beiden Jünglingen traten ein. Als nun jene Soldaten das sahen, weckten sie den Hauptmann und die Ältesten auf. Denn auch diese waren bei der Wache zugegen. Und während sie noch erzählten, was sie gesehen hatten, sehen sie fernerhin, wie drei Männer aus dem Grabe herauskommen, wie die zwei den einen stützen und ein Kreuz ihnen folgt, wie das Haupt der zwei bis zum Himmel reicht, das Haupt aber dessen, den sie an der Hand führen, den Himmel überragt. Und sie hörten eine Stimme aus den Himmeln fragen: Hast du den Entschlafenen gepredigt? Und vom Kreuz her vernahm man die Antwort: Ja! Jene beratschlagten nun untereinander, hinzugehen und dieses dem Pilatus zu melden. Doch während sie noch überlegten, sieht man wiederum die Himmel geöffnet, und ein Mensch kommt herab und geht in das Grab hinein. Als der Hauptmann und seine Leute dies sahen, hasteten sie in die Nacht zu Pilatus, verließen das Grab, das sie bewachten, und berichteten voll großer Angst alles, was sie gesehen hatten und sagten: Wahrlich, er war Gottes Sohn! Pilatus antwortete: Ich bin rein am Blute des Sohnes Gottes. Ihr habt das beschlossen! Dann traten sie alle (sc. Älteste etc.) herzu, baten und hielten dringend an, dem Hauptmann und den Soldaten zu befehlen, niemandem zu sagen, was sie gesehen hatten. Denn es ist besser, sagten sie, daß wir uns der größten Sünde vor Gott schuldig machen, als daß wir in die Hände des Volkes der Juden fallen und gesteinigt werden. Also befahl Pilatus dem Hauptmann und den Soldaten, nichts zu sagen.

2 Sie fanden aber den Stein weggewälzt von
dem Grab 3 und gingen hinein und fanden
den Leib des Herrn Jesus nicht. 4 Und als sie
darüber bekümmert waren, siehe, da traten
zu ihnen zwei Männer mit glänzenden Klei-
dern. 5 Sie aber erschraken und neigten ihr
Angesicht zur Erde. Da sprachen die zu ihnen:
Was sucht ihr den Lebenden bei den Toten?
6 Er ist nicht hier, er ist auferstanden.
Gedenkt daran, wie er euch gesagt hat, als er
noch in Galiläa war: 7 Der Menschensohn
muß überantwortet werden in die Hände der
Sünder und gekreuzigt werden und am drit-
ten Tage auferstehen. 8 Und sie gedachten an
seine Worte.
9 Und sie gingen wieder weg vom Grab und
verkündigten das alles den elf Jüngern und den
andern allen.
10 Es waren aber Maria von Magdala und Jo-
hanna und Maria, des Jakobus Mutter, und
die andern mit ihnen; die sagten das den Apo-
steln. 11 Und es erschienen ihnen diese Wor-
te, als wär's Geschwätz, und sie glaubten ihnen
nicht[1]).

3 Da ging Petrus und der andere Jünger hin-
aus, und sie kamen zum Grab. 4 Es liefen
aber die zwei miteinander, und der andere Jün-
ger lief voraus, schneller als Petrus, und kam
zuerst zum Grab, 5 schaut hinein und sieht
die Leinentücher liegen; er ging aber nicht hin-
ein. 6 Da kam Simon Petrus ihm nach und
ging in das Grab hinein und sieht die Leinen-
tücher liegen, 7 aber das Schweißtuch, das
Jesus um das Haupt gebunden war, nicht bei
den Leinentüchern liegen, sondern daneben,
zusammengewickelt an einem besonderen Ort.
8 Da ging auch der andere Jünger hinein, der
zuerst zum Grab gekommen war, und sah und
glaubte. 9 Denn sie verstanden die Schrift
noch nicht, daß er von den Toten auferstehen
müßte. 10 Da gingen die Jünger wieder heim.

1) 24, 11. Viele alte Textzeugen haben hier noch (wohl nach Joh 20, 3-10): »12 Petrus aber machte sich auf und lief zur Gruft; und wie er sich hineinbeugt, sieht er nur die leinenen Binden. Und er ging heim voll Verwunderung über das Geschehene.«

7: 9, 22; 18, 31-33 / 10: 8, 2. 3.

In der Frühe des Herrentages nahm Maria Magdalena, die Jüngerin des Herrn (weil sie die Juden fürchtete, da sie vor Zorn brannten, hatte sie am Grab des Herrn nicht das getan, was die Frauen an den Sterbenden zu tun pflegen, die sie lieben) ihre Freundinnen mit sich und kam zum Grabe, wo er hingelegt war. Und sie fürchteten, daß die Juden sie sehen könnten, und sprachen: Wenn wir an dem Tage, an dem er gekreuzigt wurde, nicht weinen und klagen konnten, wollen wir das jetzt an seinem Grabe tun. Wer aber wird uns auch den Stein wegwälzen, der vor den Eingang der Grabeshöhle gelegt ist, damit wir hineinkönnen und uns neben ihn setzen und die Verpflichtungen erfüllen? (Denn der Stein war groß.) Wir fürchten, daß uns irgendwer sieht! Und wenn wir es nicht können, dann wollen wir am Eingang niederlegen, was wir zu seinem Gedächtnis mitbringen, wollen weinen und klagen, bis wir nach Hause gehen.

Und als sie hinkamen, fanden sie das Grab geöffnet. Und sie traten herzu, bückten sich und sahen dort einen Jüngling inmitten des Grabes sitzen, schöngestaltet und mit einem hell leuchtenden Gewand bekleidet. Der sprach zu ihnen: Warum seid ihr gekommen? Wen sucht ihr? Etwa jenen Gekreuzigten? Er ist auferstanden und weggegangen. Wenn ihr es aber nicht glaubt, so bückt euch und seht die Stelle, wo er lag, denn er ist nicht da. Er ist nämlich auferstanden und dort hingegangen, von wo er gesandt war. Da flohen die Frauen voller Furcht.

Es war aber der letzte Tag der ungesäuerten Brote. Viele gingen weg und zogen nach Hause, denn das Fest war zu Ende. Aber wir, die 12 Jünger des Herren, wir weinten und trauerten. Und jeder ging nach Hause, voll von Trauer über das Geschehene. Ich, Simon Petrus, und mein Bruder Andreas, wir nahmen unsere Netze und gingen ans Meer. Bei uns war Levi, der Sohn des Alphäus. . .

III. NACHGESCHICHTEN. Die Auferstehung Jesu

A. Die Nachgeschichte nach Matthäus (Mt 28, 11-20)

Die Bestechung der Wache durch die Juden

Mt 28, 11-15

11 Als sie aber hingingen, siehe, da kamen ei-
nige von der Wache in die Stadt und verkün-
deten den Hohenpriestern alles, was geschehen
war. 12 Und sie kamen mit den Ältesten zu-
sammen, hielten Rat und gaben den Soldaten
viel Geld 13 und sprachen: Sagt, seine Jünger
sind in der Nacht gekommen und haben ihn
gestohlen, während wir schliefen. 14 Und
wenn es dem Statthalter zu Ohren kommt,
wollen wir ihn beschwichtigen und dafür sor-
gen, daß ihr sicher seid. 15 Sie nahmen das
Geld und taten, wie sie angewiesen waren.
Und so ist dies zum Gerede geworden bei den
Juden bis auf den heutigen Tag.

13: 27,64.

Der Auferstandene erscheint den Jüngern in Galiläa

Mt 28, 16-20

16 Aber die elf Jünger gingen nach Galiläa auf
den Berg, wohin Jesus sie beschieden hatte.
17 Und als sie ihn sahen, fielen sie vor ihm
nieder; einige aber zweifelten. 18 Und Jesus
trat herzu und sprach zu ihnen: Mir ist gege-
ben alle Gewalt im Himmel und auf Erden.
19 Darum gehet hin und machet zu Jüngern
alle Völker: Taufet sie auf den Namen des Va-
ters und des Sohnes und des heiligen Geistes
20 und lehret sie halten alles, was ich euch be-
fohlen habe[1]). Und siehe, ich bin bei euch al-
le Tage bis an der Welt Ende.

16: 28, 7; 26, 32 / 18: 11, 27; Eph 1, 20-22; Dan 7, 14 / 19: 10, 5. 6; 24, 14; Mk 16, 15. 16; 2. Kor 5, 20 / 20: 5, 19; 18, 20.

[1]) Mt 28, 19. 20. Wörtlich: »... machet alle Völker zu Jüngern, indem ihr sie tauft auf den Namen des Vaters und des Sohnes und des heiligen Geistes, indem ihr sie alles halten lehrt, was ich euch befohlen habe!«

Lk 24, 11

Zu Mt 28, 11-15 Petrusevangelium 45-49: Als der Hauptmann und seine Leute dies sahen, hasteten sie in der Nacht zu Pilatus, verließen das Grab, das sie bewachten, und berichteten voll großer Angst alles, was sie gesehen hatten und sagten: Wahrlich, er war Gottes Sohn! Pilatus antwortete: Ich bin rein am Blute des Sohnes Gottes. Ihr habt das beschlossen! Dann traten sie alle (sc. Älteste etc.) herzu, baten und hielten dringend an, dem Hauptmann und den Soldaten zu befehlen, niemandem zu sagen, was sie gesehen hatten. Denn es ist besser, sagten sie, daß wir uns der größten Sünde vor Gott schuldig machen, als daß wir in die Hände des Volkes der Juden fallen und gesteinigt werden. Also befahl Pilatus dem Hauptmann und den Soldaten, nichts zu sagen.

Joh 14, 23

23 *Jesus antwortete und sprach zu ihm: Wer mich liebt, der wird mein Wort halten; und mein Vater wird ihn lieben, und wir werden zu ihm kommen und Wohnung bei ihm nehmen.*

B. Die Nachgeschichte nach Lukas (Lk 24, 13-53)

Der Gang nach Emmaus

Lk 24, 13-35

13 Und siehe, zwei von ihnen gingen an dem-
selben Tage in ein Dorf, das war von Jerusa-
lem etwa zwei Wegstunden entfernt; dessen
Name ist Emmaus[1]). 14 Und sie redeten mit-
einander von allen diesen Geschichten.
15 Und es geschah, als sie so redeten und sich
miteinander besprachen, da nahte sich Jesus
selbst und ging mit ihnen. 16 Aber ihre Au-
gen wurden gehalten, daß sie ihn nicht erkann-
ten. 17 Er sprach aber zu ihnen: Was sind das
für Dinge, die ihr miteinander verhandelt un-
terwegs? Da blieben sie traurig stehen.
18 Und der eine, mit Namen Kleopas, ant-
wortete und sprach zu ihm: Bist du der einzi-
ge unter den Fremden in Jerusalem, der nicht
weiß, was in diesen Tagen dort geschehen ist?
19 Und er sprach zu ihnen: Was denn? Sie
aber sprachen zu ihm: Das mit Jesus von Na-
zareth, der ein Prophet war, mächtig in Ta-
ten und Worten vor Gott und allem Volk;
20 wie ihn unsre Hohenpriester und Oberen
zur Todesstrafe überantwortet und gekreuzigt
haben. 21 Wir aber hofften, er sei es, der Is-
rael erlösen werde. Und über das alles ist heute
der dritte Tag, daß dies geschehen ist.
22 Auch haben uns erschreckt einige Frauen
aus unserer Mitte, die sind früh bei dem Grab
gewesen, 23 haben seinen Leib nicht gefun-
den, kommen und sagen, sie haben eine Er-
scheinung von Engeln gesehen, die sagen, er
lebe. 24 Und einige von uns gingen hin zum
Grab und fanden's so, wie die Frauen sagten;
aber ihn sahen sie nicht. 25 Und er sprach zu
ihnen: O ihr Toren, zu trägen Herzens, all dem
zu glauben, was die Propheten geredet haben!
26 Mußte nicht Christus dies erleiden und in
seine Herrlichkeit eingehen? 27 Und er fing an
bei Mose und allen Propheten und legte ihnen
aus, was in der ganzen Schrift von ihm gesagt
war. 28 Und sie kamen nahe an das Dorf, wo
sie hingingen. Und er stellte sich, als wollte
er weitergehen. 29 Und sie nötigten ihn und
sprachen: Bleibe bei uns; denn es will Abend
werden, und der Tag hat sich geneigt. Und er
ging hinein, bei ihnen zu bleiben. 30 Und es
geschah, als er mit ihnen zu Tisch saß, nahm
er das Brot, dankte, brach's und gab's ihnen.
31 Da wurden ihre Augen geöffnet, und sie
erkannten ihn. Und er verschwand vor ihnen.

Jesu Erscheinung vor den Jüngern

Lk 24, 32-45

32 Und sie sprachen untereinander: Brannte
nicht unser Herz in uns, als er mit uns redete
auf dem Wege und uns die Schrift öffnete?
33 Und sie standen auf zu derselben Stunde,
kehrten zurück nach Jerusalem und fanden die
Elf versammelt und die bei ihnen waren;
34 die sprachen: Der Herr ist wahrhaftig auf-
erstanden und Simon erschienen. 35 Und sie
erzählten ihnen, was auf dem Wege gesche-
hen war und wie er von ihnen erkannt wur-
de, als er das Brot brach.

13: Mk 16, 12. 13 / 15: Mt 18, 20 / 17: Joh 16, 20 / 19: 7, 16; Mt 21, 11; Apg 2, 22 / 21: 1, 68; 2, 38; Apg 1, 6 / 24: Joh 20, 3-10 / 25: Mk 16, 14 / 27: 5. Mose 18, 15; Ps 22; Jes 9, 6; Jes 52, 13-53, 12; Apg 8, 31- 35 / 30: 9, 16; 22, 19; Mt 26, 26 / 31: 2. Kön 6, 17 / 34: 1. Kor 15, 4. 5.

1) 24, 13. Lk gibt 24, 13 als Entfernung von Jersusaelm 60 Stadien (11,5 km) an. In dieser Entfernung liegen 7 Orte, die den Anspruch erheben, Emmaus zu sein. Der Codex Sinaiticus u.a. geben Lk 24, 13 als Entfernung 160 Stadien an. Dann könnte man Emmaus mit z.B. Eusebius, Hieronymus und dem Palästina-Kenner G. Dalman im heutigen 'Amwâs, in der Mitte des Weges von Jerusalem nach Joppe (Jaffa), suchen. Diese Lokalisierung hat (trotz Vers 33) die größte Wahrscheinlichkeit.

Lk 24, 36-49

36 Als sie aber davon redeten, trat er selbst,
Jesus, mitten unter sie[1]) und sprach zu ihnen:
Friede sei mit euch! 37 Sie erschraken aber
und fürchteten sich und meinten, sie sähen ei-
nen Geist. 38 Und er sprach zu ihnen: Was
seid ihr so erschrocken, und warum kommen
solche Gedanken in euer Herz? 39 Seht mei-
ne Hände und meine Füße, ich bin's selber.
Faßt mich an und seht; denn ein Geist hat nicht
Fleisch und Knochen, wie ihr seht, daß ich sie
habe[2]). 40 Und als er das gesagt hatte, zeigte
er ihnen die Hände und Füße. 41 Als sie aber
noch nicht glaubten vor Freude und sich ver-
wunderten, sprach er zu ihnen: Habt ihr hier
etwas zu essen? 42 Und sie legten ihm ein
Stück gebratenen Fisch[3]) vor. 44 Und er
nahm's und aß vor ihnen. 44 Er sprach aber
zu ihnen: Das sind meine Worte, die ich zu
euch gesagt habe, als ich noch bei euch war.
Es muß alles erfüllt werden, was von mir ge-
schrieben steht im Gesetz des Mose, in den
Propheten und in den Psalmen. 45 Da öffne-
te er ihnen das Verständnis, so daß sie die
Schrift verstanden,

Joh 20, 19-23

19 *Am Abend aber dieses ersten Tages der*
Woche, als die Jünger versammelt und die Tü-
ren verschlossen waren aus Furcht vor den Ju-
den, kam Jesus und trat mitten unter sie und
spricht zu ihnen: Friede sei mit euch! 20 *Und*
als er das gesagt hatte, zeigte er ihnen die Hän-
de und seine Seite. Da wurden die Jünger froh,
daß sie den Herrn sahen. 21 *Da sprach Jesus*
abermals zu ihnen: Friede sei mit euch! Wie
mich der Vater gesandt hat, so sende ich euch.
22 *Und als er das gesagt hatte, blies er sie an*
und spricht zu ihnen: Nehmt hin den heiligen
Geist! 23 *Welchen ihr die Sünden erlaßt, de-*
nen sind sie erlassen; und welchen ihr sie be-
haltet, denen sind sie behalten[1]).

Jesu Himmelfahrt

Mk 16, 19-20

19 *Nachdem der Herr Jesus mit ihnen geredet hatte, wurde er aufgehoben gen Himmel und setzte sich zur Rechten Gottes.*

20 *Sie aber zogen aus und predigten an allen Orten. Und der Herr wirkte mit ihnen und bekräftigte das Wort durch die mitfolgenden Zeichen.*

Lk 24, 46-53

46 und sprach zu ihnen: So steht's geschrie-
ben, daß Christus leiden wird und auferste-
hen von den Toten am dritten Tage; 47 und
daß gepredigt wird in seinem Namen Buße zur
Vergebung der Sünden unter allen Völkern.
Fangt an in Jerusalem 48 und seid dafür Zeu-
gen. 49 Und siehe, ich will auf euch herabsen-
den, was mein Vater verheißen hat. Ihr aber
sollt in der Stadt bleiben, bis ihr ausgerüstet
werdet mit Kraft aus der Höhe.

36: Mk 16, 14; 1. Kor 15, 5 / 37: Mt 14, 26 / 39: 1. Joh 1, 1 / 40: Joh 20, 20 / 41 u. 42: Joh 21, 5. 10; Apg 10, 41 / 43: Apg 10, 41 / 44: 18, 31-33; 24, 26. 27 / 46: Hos 6, 2; Apg 17, 3 / 47: Mt 24, 14; Apg 2, 38; 17, 30 / 49: Joh 14, 26; 15, 26; 16, 7; Apg 1, 4. 8; 2, 1-4.

1) 24, 36. Viele alte Textzeugen haben hier noch (wohl nach Joh 20, 19): »und sagte zu ihnen: Friede sei (mit) euch!«

2) 24, 39. Viele alte Textzeugen haben hier noch (wohl nach Joh 20, 20): »40 Und als er dies gesagt hatte, zeigte er ihnen die Hände und die Füße.« (Joh 20, 25. 27; Ps 22, 17.)

3) 24, 42. Manche alte Textzeugen haben hier noch: »und von einer Honigwabe«.

1) 20, 23. Wörtlich: »wenn ihr (sie) jemandem (als Schuld) festhaltet, sind sie (ihm als Schuld) festgehalten«.

Lk 24, 50-53

50 Er führte sie aber hinaus bis nach Betanien
und hob die Hände auf und segnete sie.
51 Und es geschah, als er sie segnete, schied
er von ihnen und fuhr auf gen Himmel. 52 Sie
aber beteten ihn an

und kehrten zurück nach Jerusalem mit gro-
ßer Freude 53 und waren allezeit im Tempel
und priesen Gott.

52: Joh 5, 23; 16, 22.

(Apg 1, 9-14)

9 *Und als er das gesagt hatte, wurde er zuse-
hends aufgehoben, und eine Wolke nahm ihn
auf vor ihren Augen weg.* 10 *Und als sie ihm
nachsahen, wie er gen Himmel fuhr, siehe, da
standen bei ihnen zwei Männer in weißen Ge-
wändern.* 11 *Die sagten: Ihr Männer von Ga-
liläa, was steht ihr da und seht zum Himmel?
Dieser Jesus, der von euch weg gen Himmel
aufgenommen wurde, wird so wiederkom-
men, wie ihr ihn habt gen Himmel fahren
sehen.*
12 *Da kehrten sie nach Jerusalem zurück von
dem Berg, der heißt Ölberg und liegt nahe bei
Jerusalem, einen Sabbatweg entfernt.* 13 *Und
als sie hineinkamen, stiegen sie hinauf in das
Obergemach des Hauses, wo sie sich aufzu-
halten pflegten: Petrus, Johannes, Jakobus und
Andreas, Philippus und Thomas, Bartholo-
mäus und Matthäus, Jakobus, der Sohn des
Alphäus, und Simon der Zelot und Judas, der
Sohn des Jakobus.* 14 *Diese alle waren stets
beieinander einmütig im Gebet samt den Frau-
en und Maria, der Mutter Jesu, und seinen
Brüdern.*

C. Die Nachgeschichte nach Markus (Mk 16, 9-20)

Erscheinungen des Auferstandenen; Aussendung der Jünger; Himmelfahrt[1])

Mk 16, 9-20

9 Als aber Jesus auferstanden war früh am er-
sten Tag der Woche, erschien er zuerst Maria
von Magdala, von der er sieben böse Geister
ausgetrieben hatte. 10 Und sie ging hin und
verkündete es denen, die mit ihm gewesen wa-
ren und Leid trugen und weinten. 11 Und als
diese hörten, daß er lebe und sei ihr erschie-
nen, glaubten sie es nicht. 12 Danach offen-
barte er sich in anderer Gestalt zweien von
ihnen unterwegs, als sie über Land gingen.
13 Und die gingen auch hin und verkündeten
es den andern. Aber auch denen glaubten sie
nicht.
14 Zuletzt, als die Elf zu Tisch saßen, offen-
barte er sich ihnen und schalt ihren Unglau-
ben und ihres Herzens Härte, daß sie nicht
geglaubt hatten denen, die ihn gesehen hatten
als Auferstandenen[2]). 15 Und er sprach zu ih-
nen: Gehet hin in alle Welt und predigt das
Evangelium aller Kreatur. 16 Wer da glaubt
und getauft wird, der wird selig werden; wer
aber nicht glaubt, der wird verdammt werden.
17 Die Zeichen aber, die folgen werden de-
nen, die da glauben, sind diese: in meinem Na-
men werden sie böse Geister austreiben, in
neuen Zungen reden, 18 Schlangen mit den
Händen hochheben, und wenn sie etwas Töd-
liches trinken, wird's ihnen nicht schaden; auf
Kranke werden sie die Hände legen, so wird's
besser mit ihnen werden.
19 Nachdem der Herr Jesus mit ihnen geredet
hatte, wurde er aufgehoben gen Himmel und
setzte sich zur Rechten Gottes. 20 Sie aber zo-
gen aus und predigten an allen Orten. Und der
Herr wirkte mit ihnen und bekräftigte das
Wort durch die mitfolgenden Zeichen.

1) 16, 9-20. Dieser Abschnitt ist ein Nachtrag von späterer Hand. Wenige Textzeugen haben statt der Verse 9-20 einen anderen Schluß. »Alles aber, was ihnen aufgetragen war, richteten sie dem Petrus und seinen Begleitern in Kürze aus. Nachher aber sandte auch Jesus selbst durch sie die heilige und unvergängliche Predigt von dem ewigen Heil aus vom Osten bis zum Westen.«

2) 16, 14. Die Freerhandschrift fügt an dieser Stelle noch ein: Jene aber entschuldigten sich und sagten: »Das gegenwärtige Weltalter der Gesetzlosigkeit und des Unglaubens steht unter dem Satan. Dieser läßt nicht zu, daß von unreinen Geistern die Wahrheit Gottes erfaßt wird. Deshalb offenbare jetzt deine Gerechtigkeit (wohl im Sinne von 'deinen Sieg')«, sagten jene zu Christus. Und Christus entgegnete ihnen: »Die Grenze der Jahre für die Macht des Satans ist erfüllt. Aber andere Schrecken nahen. Und für die Sünden bin ich dem Tode überantwortet worden, damit sie umkehren zu der Wahrheit und nicht mehr sündigen, damit sie die himmlische, geistliche und unvergängliche Herrlichkeit der Gerechtigkeit (bzw. des Sieges) ererben.«

9: Lk 8, 2; Joh 20, 11-18 / 10: Joh 16, 20; Lk 24, 10 / 11: Lk 24, 11 / 12. 13: Lk 24, 13-35 / 14-16: 13, 10; Mt 28, 16-20 / 14: 1. Kor 15, 5; Lk 24, 25; Joh 20, 26-29 / 15: 13, 10; Mt 28, 18-20 / 16: Joh 3, 18; Apg 2, 38; 16, 31.33 / 17: 6, 7. 13; Apg 16, 18; 2, 4. 11; 10, 46; 19, 6; Lk 9, 1; 10, 17 / 18: Lk 10, 19; Apg 28, 3-6. 8; Jak 5, 14. 15 / 19: Lk 10, 19; 24, 50-53; Apg 1, 4-11; 1 Tim 3, 16; Ps 110, 1; Hebr 1, 3. 13 / 20: Hebr 2, 4; Apg 3, 16; 5, 12; 14, 3.

Lk 24, 50-53

50 *Er führte sie aber hinaus bis nach Betanien
und hob die Hände auf und segnete sie.*
51 *Und es geschah, als er sie segnete, schied
er von ihnen und fuhr auf gen Himmel.* 52 *Sie
aber beteten ihn an und kehrten zurück nach
Jerusalem mit großer Freude* 53 *und waren allezeit im Tempel und priesen Gott.*

Joh 20, 11-23

11 *Maria aber stand draußen vor dem Grab
und weinte. Als sie nun weinte, schaute sie in
das Grab* 12 *und sieht zwei Engel in weißen
Gewändern sitzen, einen zu Häupten und den
andern zu den Füßen, wo sie den Leichnam
Jesu hingelegt hatten.* 13 *Und die sprachen zu
ihr: Frau, was weinst du? Sie spricht zu ihnen:
Sie haben meinen Herrn weggenommen, und
ich weiß nicht, wo sie ihn hingelegt haben.*
14 *Und als sie das sagte, wandte sie sich um
und sieht Jesus stehen und weiß nicht, daß es
Jesus ist.* 15 *Spricht Jesus zu ihr: Frau, was
weinst du? Wen suchst du? Sie meint, es sei
der Gärtner, und spricht zu ihm: Herr, hast
du ihn weggetragen, so sage mir, wo du ihn
hingelegt hast, dann will ich ihn holen.*
16 *Spricht Jesus zu ihr: Maria! Da wandte sie
sich um und spricht zu ihm auf hebräisch:
Rabbuni!, das heißt: Meister!* 17 *Spricht Jesus
zu ihr: Rühre mich nicht an! denn ich bin noch
nicht aufgefahren zum Vater. Geh aber hin zu
meinen Brüdern und sage ihnen: Ich fahre auf
zu meinem Vater und zu eurem Vater, zu meinem Gott und zu eurem Gott.* 18 *Maria von
Magdala geht und verkündigt den Jüngern: Ich
habe den Herrn gesehen, und das hat er zu mir
gesagt.*
19 *Am Abend aber dieses ersten Tages der
Woche, als die Jünger versammelt und die Türen verschlossen waren aus Furcht vor den Juden, kam Jesus und trat mitten unter sie und
spricht zu ihnen: Friede sie mit euch!* 20 *Und
als er das gesagt hatte, zeigte er ihnen die Hände und seine Seite. Da wurden die Jünger froh,
daß sie den Herrn sahen.* 21 *Da sprach Jesus
abermals zu ihnen: Friede sei mit euch! Wie
mich der Vater gesandt hat, so sende ich euch.*
22 *Und als er das gesagt hatte, blies er sie an
und spricht zu ihnen: Nehmt hin den heiligen
Geist!* 23 *Welchen ihr die Sünden erlaßt, denen sind sie erlassen; und welchen ihr sie behaltet, denen sind sie behalten[1]).*

1) 20, 23. Wörtlich: »wenn ihr (sie) jemandem (als Schuld) festhaltet, sind sie (ihm als Schuld) festgehalten«.

Parallelenverzeichnis

C) Jesus in Judäa
(Mt 19—27; Mk 10—15; Lk 18,15—23)

1. Jesus zieht nach Jerusalem
(Mt 19—20; Mk 10; Lk 18,15—19,27)

Register der Abschnittsüberschriften

(Die Zahlen verweisen auf die Seiten)